国家“985”创新基地项目 “社会转型与中国大众传媒改革”研究成果

中国媒体发展研究报告

2013年·媒体卷

本集刊为CSSCI收录刊源

武汉大学媒体发展研究中心
武汉大学新闻与传播学院 主办
武汉大学“社会转型与中国大众传媒改革”创新基地

WUHAN UNIVERSITY PRESS
武汉大学出版社

目 录

上篇 2012年中国媒体发展盘点与研究述评

中篇 重大项目专题研究报告

教育部人文社科项目“转型社会我国大众媒介对争议性事件的报道与传播研究”中期成果报告

武汉大学人文社会科学“70后”学者学术发展计划学术团队“发展广告学与中国案例研究”创新团队研究成果

下篇　2013年中国媒体发展专题研究报告

Contents

Volume One An Overview & Research Commentary of China's Media Development in 2012

Volume Two Special Research Report of Major Projects

Volume Three Special Research Report of China's Media Development in 2013

上篇　2012年中国媒体发展盘点与研究述评

竞争·转型·突围

——2012 年中国媒体发展盘点①

强月新　刘莲莲

2012 年中国媒体发展状况基本上可以概括为竞争、转型与突围。从媒体整体生存环境来看，全球经济形势低迷与国内经济增速放缓塑造了中国传媒的大环境。如果说经济形势对媒体营收具有总体性限制作用，导致媒体营收总体上呈现趋缓态势，那么不同媒体类型之间形成了外部竞争压力，而同类媒体之间的相互竞争则形成了内部竞争压力。在双重竞争压力之下，媒体开始施展浑身解数，或转变经营重点，改变经营策略，或进行整合与兼并，或集约发展以整合资源，或拓展新的经营领域以探寻新的增长点，从而在竞争中创造奇迹，实施突围。

传统媒体的营收状况总体上呈增长放缓态势，其中报纸受到其他类型媒体尤其是新媒体的冲击较大。为应对营收整体下降的状况，在国家推动下，报业纷纷进行资源整合，并进行融资和多元化经营，而非时政类报刊开始走上转企改制道路。广电营收总体保持持续增长，但增长势头减弱，而“限娱令”的出台则推动节目结构调整，品牌效应得以彰显，纪录片则走上规模化生产道路，其市场效应初步彰显。出版、动漫等创意产业在政府推动下开始走上重组、多元经营和国际化发展轨道。

新媒体发展势头依旧强劲。随着 3G 手机的普及，手机这一移动互联网终端超过网络成为第一大上网终端，并在电子商务方面表现抢眼，其市场潜力得到初步发挥。微博的社会化功能进一步彰显，微信成为网络问政新平台，而微博则发挥着政务信息发布、反腐和公益三大功能。网络视频行业盈利模式单一，整合与并购成为 2012 年度主题，并开始涉足以手机为平台的移动视频业务。电子商务竞争激烈，但增长较快，厂商有进有退，呈现“一超多强”局面。传统媒体与新技术之间的结合越加紧密，新技术运用不断刺激新业务的产生，商机频频显现，其中，广播电视 OTT 和 3D 市场效应初步彰显。

在媒体规制方面，传统媒体的规制具有内容规范特征，而新媒体的规制则重在规范竞争行为和规范言论两个方面。国家规制使得传统媒体和新媒体的内容结构更加合理，市场行为更加规范。

从 2012 年的发展状况来看，竞争导致转型，在转型过程中媒体尤其是新媒体呈现优胜劣汰局面，在此过程中，传媒发展所面临的新老问题得以显现，一些问题得到了解决或缓解，一些疑难杂症依旧存在，但从总体上来看，在国家与市场两种力量的推动下，中国媒体产业布局和结构将渐趋合理，竞争行为将越来越理性化和规范化。

一、2012 媒介经营盘点

2012 年，受全球经济形势影响，国内经济增速放缓，中国媒介经营在此背景下亦受影

---

① 本文系教育部人文社会科学重大项目“传媒生态变革与新闻传媒发展体制与机制研究”阶段性成果，项目编号：11JJD86003。

响。受到经济因素影响，兼之新媒体的逐渐成熟对受众市场的瓜分，传统媒体收入整体具有增长下滑的趋势。据 CTR 统计，传统媒体 2012 年全年的广告刊例花费虽然增长了 4.5%，但其增长水平远远低于 2008—2011 年 13.5%的平均增长水平。尽管如此，传统媒体也进行了一系列调整，一方面，传统媒体或继续以内部调整和转型为手段，激发自身参与市场竞争的能力，或以外部之数字化拓展为路径，通过实现媒体间融合来抢占市场制高点；另一方面，国家继续采取自上而下的方式出台相关改革措施，对传统媒体的未来发展施加影响。而新媒体则面临着如何避免自身发展中存在的难题而从传统媒体手中抢占更多的市场份额。

(一) 报业营收下降，拐点倒逼转型迎来新曙光

2012 年，中国报业面临着读者流失、发行下滑、广告萎缩等发展困境。困境之形成既有全球经济低迷的影响，也与继 2011 年以后面对发展增速放缓的主动改革转型有关，同时也有新媒体技术的冲击和报纸自身发展的瓶颈等因素。这些问题的出现迫使报业在 2012 年不得不进行进一步的转型和突围，以应对生存的挑战。其中，非时政类报刊转企改制初见成效，各类报纸实施数字化转型，搏击报业资本市场，“走基层、转作风、改文风”(以下简称“走转改”)活动轰轰烈烈地开展，报业突围露出了新的曙光。

1. 报业广告下滑，营收状况不容乐观

2012 年，报业广告出现大幅滑落。2012 年上半年传统媒体广告刊例花费同比增长 3.9%，增幅为近五年最低。根据 CTR 的数据显示，在传统的四大媒体中，报纸成为唯一负增长媒体，2012 年前三季度报业广告同比下降 8.2%，全年-7.5%的降幅与媒体整体逆向而行；在广告资源量上，报纸的广告面积降幅为-17.2%。而国家工商总局发布的数据表明，2012 年全国报纸广告总收入 550 亿元，比上一年增长 18.6%。中国广告协会报刊分会主任梁勤俭认为，“虽然整体的数据表明报刊广告的整体走势是积极的，但现实是很多报社的经营在 2012 年出现了负增长的现象”①。当然，广告的下滑并非仅仅表现于报业，电视媒体广告也出现下滑势头，甚至以互联网为代表的新媒体的广告收入增幅也呈现大幅放缓的趋势。从广告来源来看，与 2011 年相比减少的将近 85 亿元的报纸广告收入中，有将近 60 亿元来自于汽车、零售业和房地产三大行业广告投入的减少。

报业广告收入的变化可以看成是经济发展的晴雨表。首先，2012 年，世界经济形势整体低迷，中国 GDP 增速放缓(CTR 统计显示，2012 年中国 GDP 增长率为 7.8%，这是中国自 1999 年以来年度 GDP 增长率第一次低于 8%，也是 1998 年以后最低的年度增长率)，与经济发展关系比较密切的政府的广告投入及上述三大行业广告投入的减少直接影响了报业的广告收入。从中可以看出报纸广告收入对于经济发展的依赖。其次，新媒体的强势发展对报业广告市场的冲击较大，尤其是新媒体对于年轻受众的分流使得具有消费潜力的年轻人成为广告主广告投入的重点，而传统媒体尤其是报纸的读者规模被新媒体所蚕食，其读者群的平均年龄逐步增大。再次，都市类报纸和一些专业性报纸如财经类报纸的发行量出现了较大面积的滑坡，这对报业收入造成了直接和间接影响。世纪华文对全国 60 个城市的监测数据显示，与 2011 年相比，2012 年全国报纸单位零售总销量下滑了 3.09%②。

2. 非时政类报刊转企改制，寻求突围

媒体经营管理体制的改革一直是传媒产业化、集团化改革最受关注的焦点。2012 年，非时政类报刊出版单位转企改制是国家文化体制改革的两大重点任务之一。为此，新闻出版

---

① 梁勤俭．开拓思路　良性发展——2012 年报刊广告经营工作小结[J]．广告人，2013(4).

② 田珂．发行态势相对稳定　竞争格局井然有序[J]．中国报业，2013(2).

总署先后组织召开了部分首批中央各部门各单位非时政类报刊出版单位主管单位座谈会和部分省区市新闻出版局非时政类报刊改革工作座谈会，确定了在党的十八大前全国须要转企改制的非时政类报刊出版单位改革范围。到2012年年底，中央各部门、单位和省区市两批改革方案基本批复完成，全国3388种应转企改制的非时政类报刊中，共有3271种完成了改革任务，占总数的96.5%①。

然而，非时政类报刊的转企改制工作还有很长的路要走，尤其是从制度层面来说，国家事业单位改革尚未启动，这就难以为非时政类报刊提供足够的制度支撑，导致在改革过程中出现改革目标不清、步骤不明和范围模糊等诸多问题。而对参与改革的非时政类报刊而言，如何建立符合现代企业制度的报刊内部管理体制机制是深化改革的关键环节，也是参与市场竞争、赢取生存空间的核心问题。

3. 进军资本市场，实现跨区合作、多元经营

随着市场经济体制的确立和文化体制改革的深入推进，报业迫切需要通过深化改革，创新体制机制，提高竞争力。对于报业存量的改革，除了非时政类报刊的转企改制之外，就是报业旗下时政类网站的转制上市。2012年4月27日，在中央及有关部门推动下，人民网成功登陆上海证券交易所，成为第一家在国内A股上市的新闻网站和第一家在国内A股整体上市的媒体企业。因为有人民日报社的背景，人民网的此次上市被称为"官网"第一股。

同时，跨区合作、多元化经营也是2012年报业集团拓展市场的主要措施。在省际合作方面，南方报业传媒集团与合肥日报报业集团合办了《江淮晨报》，中国新闻出版传媒集团和合肥日报报业集团合办了《东方周报》。在省内跨区域合作方面，大众日报报业集团在烟台市场创办了《蓝色快报》，在东营市场创办了《黄三角早报》。在多元化经营方面主要表现为传媒业进一步加快向金融业进军的速度，如大众日报报业集团、浙江日报报业集团、华商传媒集团等纷纷成立投资公司，涉足投资领域，而河南日报报业集团注资4.4亿元成为信阳银行的第一大股东②。

4. 改版与云服务：报纸的数字化转型

在数字化冲击之下，2012年报纸进行了集体改版，《京华时报》、《新京报》、《北京晨报》、《广州日报》、《深圳晚报》、《生活新报》等多家报纸纷纷对版面进行了较大调整。此外，为了应对纸报发行颓势，以吸引年轻读者，各报运用各种手段和技术，新招奇招怪招迭出。如：《三晋都市报》在中秋节推出的会发光的报纸；《三秦都市报》推出中国首份4D报纸。

另一方面，报纸在参与数字化过程中，经历了从电子报起家到报网互动再到全媒体的发展布局。而2012年，"云报纸"成为报业数字化探索的新趋势。《京华时报》于2012年5月推出云报纸服务；长江日报报业集团于2012年11月集结旗下的《长江日报》、《武汉晚报》、《武汉晨报》等7家报纸正式推出全媒体云报纸平台。云报纸实现了从二维到三维、从静态到动态的转变，读者的阅读体验得到了进一步拓展。但云报纸的发展也面临着软件种类庞杂、精确营销难等问题，这些问题的存在使得云报纸在短期内难以对改善报业经营状况作出足够的贡献。

5. "走转改"的常态化

2011年8月9日，中宣部等五部门为贯彻落实胡锦涛同志"七一"讲话精神，推动新闻

① 全国3271种非时政类报刊完成转企改制 占总数96.5%[EB/OL].[2013-05-11]. http://media.people.com.cn/n/2012/1025/c40606-19380145.html.

② 郭全中.2012年传媒经营管理点评[J].青年记者，2012(36).

工作者切实将群众路线点、群众路线体现在新闻宣传实践中，部署并着手推动了新闻战线的“走转改”活动。在媒体实践过程中，“走转改”活动积累了实践经验，探索了新思路和新做法，也出现了覆盖对象不均衡、报道方式单一、报道议题层次不深等问题①。如何巩固现阶段“走转改”活动的成果，解决实践中存在的问题，把“走转改”活动推向纵深，实现常态化，成为迫在眉睫的现实问题②。

2012年4月，新闻战线“三项学习教育”活动领导小组召开“发扬‘走转改’精神、深化‘走转改’活动研讨会”，强调新闻战线要深入总结“走转改”的成功经验。9月，新闻出版总署发出《关于促进“走转改”大型主题采访活动深入开展的通知》，要求“走转改”纳入采编人员培训、新闻记者考核、群众评议报刊、报刊年度核验、出版质量评估中。12月，中央发出关于改进工作作风、密切联系群众的八项规定。规定要求，中央政治局同志出席会议和活动应根据工作需要、新闻价值、社会效果决定是否报道，进一步压缩报道的数量、字数、时长。

（二）广电：“限娱令”下的战略调整

CTR数据表明，2012年，电视广告增幅为6.4%，电台则没有保持持续两位数的增长态势，仅增长8.9%；在广告资源量方面，2012年电视广告资源量缩减10.3%，而电台广告资源量则出现12.8%的缩减。在传统媒体中，广电的营收状况较好，但增幅有所回落。国家“限娱令”对电视节目的影响较大，新闻、娱乐节目、电视剧等均发生了较大调整和转变；而广播所受影响较小，在“走转改”活动常态化过程中，广播新闻发生了较大变化，农村服务节目开始纳入广播经营内容。“限娱令”的施行将对中国广电节目构成产生深远影响，加之“走转改”的常态化和继续深化，广电行业的市场竞争将更加规范，受众的信息需求和娱乐需要可望得到平衡，广电节目本身因过度市场化而出现的泛娱乐化现象将受到遏制，其公共服务功能将得到进一步彰显。

1.“限娱令”与“走转改”力推新闻节目发展

新闻节目的变化发展与《关于进一步加强电视上星综合频道节目管理的意见》的出台、“走转改”活动的深化等因素有关。2011年10月，国家广电总局在《关于进一步加强电视上星综合频道节目管理的意见》中规定，“从2012年1月1起，每日6：00—24：00新闻类节目不得少于2小时；18：00—23：30必须有两档以上自办新闻类节目，每档新闻节目时间不得少于30分钟”。这一规定出台后，绝大多数省级卫视将18：00这一时段播出的娱乐节目替换成了新闻节目或生活服务类节目，而随之，省级上星频道新闻节目的收视份额升至15.9%。据CSM数据，2012年全国共播出新闻节目约47.8万小时，比2011年提升了10.8%。而《意见》的出台除了增加了省级卫视新闻节目的比重之外，还引发了各大卫视在新闻类节目上的激烈竞争，且竞争的目标不再是央视新闻节目，而是转向了对地方新闻节目空间的探索。

同时，中央关于深化“走转改”活动成果、实现“走转改”常态化的要求也促使媒体更加重视新闻节目的质量，在新闻作风、文风等方面进行了调整和转变，注重提高新闻节目的舆论引导能力。在“限娱令”和“走转改”的推动下，电视新闻节目形态呈现多元发展势头，时政新闻、民生新闻、主题报道、调查评论类新闻节目等均有发展和创新。尽管各省级卫视新

① 新华社新闻研究所课题组．“走转改”活动的思想理论渊源与实践效果研究[M]//中共中央宣传部新闻局．“走基层、转作风、改文风”活动优秀理论文章选辑．北京：学习出版社，2012：44-60.

② 强月新，刘莲莲．理论阐释、实践拓展与机制保障——推进“走转改”常态化的三个向度[J]．新闻与传播研究，2013(2).

闻节目呈现出梯队发展趋势，但因为央视对于新闻资源的垄断地位难以撼动，在新闻议题的选择上，形成了央视完成新闻元内容生产，省级卫视进行二次加工①的新闻生产局面。

2. 娱乐节目："限娱令"下的节目品牌战

自2005年湖南卫视《超级女声》创造收视奇迹之后，音乐选秀节目一直萎靡不振。2012年，浙江卫视通过外购*The Voice*版权打造《中国好声音》，重新创造了收视奇迹。从《超级女声》到《中国好声音》、《激情唱响》、《完美声音》等，表面上看是音乐选秀节目的卷土重来，实际上彰显了此类节目在娱乐节目竞争中从此前基于海选的大众化娱乐向专业化水准的转变，"声音"成为了2012年音乐选秀节目最重要的评判标准。

综艺娱乐节目的转变与"限娱令"的出台有着直接关系。《关于进一步加强电视上星综合频道节目管理的意见》对此类节目进行了总量控制，即：各大卫视对婚恋交友类、才艺竞秀类、情感故事类、游戏竞技类、综艺娱乐类、访谈脱口秀、真人秀七类节目实行播出总量控制，每天19：30—22：00播出的上述节目类型每周播出量不超过两档，同时，"上星综合频道每天19：30—22：00播出的上述类型节目时长不超过90分钟"。在这种限制之下，各大卫视调整播出战略，将最具有市场竞争力的节目置于此时段内进行精心打造，并逐渐形成了独具自身特色的品牌节目，从2012年的情况来看，《中国好声音》、《快乐大本营》、《非诚勿扰》、《中国达人秀》等已然成为娱乐节目的典型代表。

此外，"限娱令"对黄金时段播出娱乐节目的总量限制促使电视媒体将22：00之后的时段作为重点打造时段，综艺节目、电视剧、具有娱乐性和故事化的新闻类节目成为这一时段的主打品牌，这在一定意义上形成了第二收视重点，如央视《谢天谢地，你来啦》、湖南卫视的《百变大咖秀》、江苏卫视的《一站到底》等。但在电视娱乐节目获得不俗收视率的表现之下，应当注意到，目前比较成功的电视娱乐节目大部分来自于海外节目版权的引进，并不代表国内在此类节目中的原创水平。

3. 电视剧制作逆势增长，制作水平有待提高

如果说"限娱令"提高了综艺娱乐节目的价值，那么"禁插令"则使得电视剧的广告时长和刊例收入大幅缩减。但是，这种缩减仍然无法影响电视剧是电视媒体广告收入的主要渠道的地位，并且电视剧的竞争越演越烈。

2011年11月28日，国家广电总局下发的《〈广播电视广告播出管理办法〉的补充规定》提出，自2012年起全国各电视台播出电视剧时，不得以任何形式在每集电视剧中间插播广告。"禁插令"并未对电视剧制播产生太大影响。2012年，国产电视剧产量突破1.7万集②，这一数据表明，经济不景气并未对电视剧产量造成直接影响，而三个方面的因素对电视剧的生产具有重要影响：一是制作机构数量的大幅度增长，国家广电总局2012年公布的广播电视节目制作经营许可证合格机构共有5363家，比2007年翻了一番多；二是在文化产业发展过程中，投资者对于电视剧制作的热度剧增；三是"限娱令"为黄金时段电视剧的播出提供了足够的时间资源。

当然，电视剧制作量大幅增长并无法掩盖电视剧制作过度类型化的事实。从2012年的电视剧播出状况来看，抗日剧和家庭伦理剧在电视媒体播出的电视剧中占据绝对主力位置，这说明：抗日剧和家庭伦理剧具有吸引收视率的优势，叙事技巧基本成型，制作手段基本成熟。但同时也说明其他类型电视剧在制作题材上难以突破，叙事技巧创新乏力。而一个不得

① 梁波，房宝玲."限娱令"后省级卫视18点档新闻节目盘点[J].青年记者，2013(4).

② 2012国产电视剧产量破1.7万集：文以化人 变以求新[EB/OL].[2013-01-11].http://media.people.com.cn/n/2013/0111/c40606-20167799.html.

不重视的问题是，抗日剧逐渐演变为抗日“神剧”，过度注重电视剧的娱乐效果而夸大英雄人物的神奇能力；家庭伦理剧则过于琐碎化。

4. 纪录片市场潜力初步彰显

对于央视而言，纪录片一直以纪录频道和科教频道为主要播出平台。2012 年，央视在综合频道开办《魅力 · 纪录》栏目，并于 5 月 14 日播出 7 集纪录片《舌尖上的中国》，其高达 0.5%的平均收视率，超过了同时段所有电视剧的收视率，在中国电视纪录片史上书写了浓墨重彩的一笔。9 月，《魅力 · 纪录》播出的纪录片《超级工程》所获得的成功并不亚于《舌尖上的中国》。对纪录片生产而言，两者的成功说明纪录片集体制作与运营的可能性；在传播效果上则促进了社会公众对纪录片认识的提升以及对纪录片市场潜力的认可。2012 年，央视纪录频道的广告经营收入达 2 亿元。

从播出平台的分布来看，纪录片播出已经形成了以央视为主、七家省级专业纪录频道为补充的播出格局，除了具有较强市场效应的规范化、模式化生产的纪录片之外，拍摄周期较长、成本较高的现实题材纪录片也开始从收视边缘向收视中心转移，重新焕发生机。国家广电总局公布的数据显示，2012 年中央和省级制作机构所制作的国产纪录片总时长达 3000 小时，是 2010 年的纪录片生产时长的 3 倍。而主要电视台相关频道首播国产纪录片总时长达到 1 万小时，是 2010 年首播量的 3 倍多①。此外，纪录片的市场潜力也引起了网络媒体的关注。通过开设纪录片频道、台网联动和共同营销等方式，网络媒体在推动纪录片发展过程中发挥着自身独特的作用。

5. 广播推进资源整合，强化农村公共服务功能

2012 年，广播继续推进跨区域跨行业资源整合，辽宁广播电视台与沈阳广播电视台于年初实施战略合作，裁撤重复频率，2012 年前五个月，广播实际收入与 2011 年同期相比增长 20.4%；而中央人民广播电台与全国 16 家地方报业集团于 7 月签署战略合作协议，共享新闻资源，实现了跨媒体合作。此外，广播一改保守姿态，开始涉足广播外围及衍生产品的经营，如中央人民广播电台 3 月成立央广投资(北京)有限公司，7 月成立银河互联网有限公司，致力于互联网电视业务之发展，黑龙江广播则拥有了策划公司、动漫基地、音乐工厂、演艺团队等。而践行“走转改”活动则促使广播电台从内部建立资源整合机制，如中央电台及中国广播联盟发动各级电台、各频率，共同开展走基层大型调研采访活动。

在市场化改革过程中，广电节目在布局上出现了城乡二元化发展格局，尤其是对农服务节目的缺失成为广电节目构成失衡的集中表现。中央电台中国乡村之声于 2012 年 9 月 26 日正式开播，这是国内第一套全国性对农广播频率，以公益性、服务性、实用性为基本理念，并通过涉农政府部门签订了公益性“广播惠农”战略合作协议。同时，浙江金华广播电视台、天津广播电视台、河南电台等地也开办、筹办或改版了对农广播，使得广播开始承担起农村公共服务职能。

6. 网络整合尚需时日

从 2012 年 1 月三网融合第二批试点名单的公布，42 个城市进入三网融合试点，到 2012 年底，三网融合试点阶段期限结束，三网融合试点固然取得了一定的成效，在年底广电和电信互发业务许可证使双向准入成为可能，但事实上，除了少数地方之外，三网融合试点进展异常缓慢。整体上看，三网融合并未达到预期效果。

---

① 张丕民. 加强国际交流　推动中国纪录片发展[EB/OL]. [2013-01-11]. http://docuchina.cntv.cn/20121204/100298.shtml.

“条块分割”的布局一直是影响广电网络合并的重要阻碍因素。因此，一省一网是各省级广电部门的当务之急——始于2009年的“一省一网”整合到2011年年底有26个省(区、市)完成或基本完成，但因地方利益与技术标准难以统一等问题，此项工作在县级实施难度尤其大。因而，2012年省网整合的主要精力集中于县级网的整合上，部分省份已将县级网纳入了省网。就算实现了一省一网，广电网合并还面临着如何将各省网纳入国家有线网络这一困难。而与网络整合同步进行的是，有线网络运营商开始进军资本市场，以解决资金不足的问题，如杭州华数传媒股份有限公司、湖北广电网络分别于2012年10月、11月借壳上市。

2012年10月，国务院批准了国家广电网络公司组建方案，并于11月下发了184号文件，确认公司由广电总局负责组建和代管，并命名为中国广播电视网络有限公司，简称为中国广电。可以说，中国广电获得了与三大电信运营商相同级别的竞争主体地位。但因资金和省网资产整合等问题，中国广电挂牌时间一再被延迟，直到2012年年底仍未挂牌。

(三)互联网：技术革新下的经营转型

中国互联网络信息中心(CNNIC)2013年1月发布的《第31次中国互联网络发展状况统计报告》显示，截至2012年底，我国网民规模为5.64亿，互联网普及率为42.1%，保持低速增长。而手机网络各项指标的增长速度超过了传统网络，手机在微博、电子商务应用等方面增长较快。微博、微信、电商、网购、物联网、视频网站、婚恋网、云存储、大数据、个性化搜索等新词汇的出现表明新兴网络技术的蓬勃发展。而技术更新带来的不仅仅是机遇，对于传统互联网营销模式而言，更多的是挑战。互联网经营者如何不断更新自身经营理念和经营模式以适应技术的发展，成为赢得市场的关键因素。随着市场竞争的进一步深入，互联网行业优胜劣汰机制将渐趋完善，市场投资行为将越来越理性，资源配置将越来越合理，而移动互联网则随着无线网络技术的完善而发挥更大的市场潜力，可以预见，手机作为上网终端在未来新媒体产业中将获得更大的发展空间，创造更多盈利的可能性。

1. 营销方式转变助推互联网广告增长

与传统媒体相比，尽管面临着人口红利削减、行业泡沫破裂、资本市场收缩等困境，但网络广告依然引领着行业发展。艾瑞咨询数据显示，2012年第三季度网络广告规模为213.7亿元，同比增长43.8%，环比增长16.1%，前三季度累计中国互联网广告市场规模539.1亿元。① 其中，热门剧集和电视节目的热播给网络视频行业带来极高的关注度，这使得视频广告已成为网络广告市场增长的核心驱动力。传统媒体与网络之间采取“网台联动”的模式使得电视节目在电视直播之后实现视频网站内容上线，提升网民集中收视访问的可能性，这促使广告商增加了广告的跨媒体投放规模。可以说，网台之间的整合营销刚刚开始，随着三网融合的实施，这一进程可能得到进一步加快。这对于传统媒体和互联网及广告商而言既是机遇也是挑战。

而淘宝、京东等电商企业对传统市场营销和商品销售模式的颠覆进一步推动网络购物行业的持续发展，其在网络广告中的份额进一步提升。与微博等社交媒体的商业影响力增加相比，传统新闻和门户、垂直网站则集体面临着营收和转型的压力，这说明单纯的“资讯+广告”的商业模式在日益成熟的互联网经营过程中已显得过于简单。

2. 电子商务蓬勃发展背后矛盾凸显

据《2012年度中国电子商务市场数据监测报告》(中国电子商务研究中心发布)，中国电

---

① 2012年中国网络广告行业五大盘点[EB/OL]. [2013-05-13]. http://www.iresearch.com.cn/View/190461.html.

子商务市场交易规模达到 7.85 万亿元，同比增长 30.83%，其中，网购交易规模约 1.32 万亿元，同比增长 64.7%，网购交易额占社会消费品零售总额的比重首次超过 5%。节日营销尤其是"双十一"营销使得 2012 年 11 月 11 日成为阿里巴巴乃至整个中国电商界的狂欢日，"双十一"从天猫的项目变成整个阿里集团的项目，通过打折大促销等手段让"阿里系"实现了 191 亿元的销售额。

然而，电商在 2012 年的蓬勃发展并不能掩盖多年积蓄的矛盾和弊病。国美、苏宁先后加入电商领域，引得京东、天猫等电商巨头发起史上最激烈的价格战。至 2012 年 8 月 15 日，各电商均放言"史上最低"的产品价格，然而，价格战最终演化为口水战，价格竞争成为形式，网页无法打开、商品无货等现象的出现，最终表明电商之间的的竞争混乱无序，消费者则沦为价格战的旁观者。

3. 团购网站步入洗牌期

2012 年，曾经风光无限的团购网站进入洗牌阶段。据中国团购导航"领团网"(www.lingtuan.com)发布的《全国团购网站普查数据公报》统计，截至 2012 年年底，全国团购网站诞生总数高达 6177 家，截至 9 月底累计关闭 3245 家，自团购兴起以来 53%的团购网站相继倒闭或转型退出团购市场。赶集团、58 团购相继转型为团购平台，京东团购也放弃了生活服务的自营团购，24 券由于资金链危机"暂停"了运营。虽然团购网站的数量在减少，但是团购交易额在不断地增长，据中国电子商务研究中心与领团网监测数据显示，2012 年全年，团购市场(含聚划算)成交规模达到了 348.85 亿元，与 2011 年的 216.32 亿元相比增长 61%。洗牌是团购行业的一个必经阶段，经过洗牌，团购行业泡沫被驱除，保留下来的团购网站的发展会更加规范、更加成熟。

4. 融资受阻，电商行业"抱团取暖"

资金短缺是阻碍电商企业壮大和发展的关键因素。为募集资本，2012 年，电商企业开始了 IPO 之路。3 月，唯品会正式登陆纽交所，成为 2012 年首家也是唯一一家赴美 IPO 的电商企业。唯品会上市当天临时下调发行价至 6.5 美元，但开盘即遭遇"破发"跌至 5.99 美元，最终收盘价较发行价大幅下跌 15.38%。唯品会的 IPO 之路变成了噩梦，究其原因，一方面是受国际经济大环境影响，股市低迷，投资人采取较为谨慎的投资态度；另一方面则因 2011 年中概股信任危机等因素影响，中国电商企业的 IPO 之路遭受了极大阻碍。有了唯品会的前车之鉴，拉手网随后宣布撤销上市计划，而窝窝团的 IPO 计划也暂时搁浅，在资本失去了 IPO 作为退出的主渠道的背景下，团购等互联网应用的投资热情迅速冷冻，进入资本冬天。

因融资受阻，2012 年未能走出盈利困局的电商行业正在进入一个密集整合期，电商企业纷纷走上"抱团取暖"的道路以求生存并获取更大发展空间。其中，苏宁以 6600 万美金收购红孩子；当当网携图书、日用百货两大类目入驻天猫和腾讯电商；F 团和 QQ 团购被整合进新高朋。

5. 物联网将以实际应用惠及民生

3650 亿元，比上年增长 38.6%，这是 2012 年我国物联网产业的市场规模。经过近年来的发展，从智能安防到智能电网，从二维码普及到"智慧城市"落地，物联网已逐渐从概念导入、试点示范开始逐步进入到以实际应用带动整体发展的新阶段。尤其是 2012 年 2 月工信部发布《物联网"十二五"发展规划》，对推动物联网的发展具有标志性作用。该《规划》提出，我国物联网将重点发展包括智能工业、智能农业、智能物流、智能交通、智能电网、智能环保、智能安防、智能医疗和智能家居在内的九大应用，并且将于 2015 年初步完成物联网产业体系构建。按照这一规划提出的目标，走进生活、惠及百姓将成为物联网重要的发展趋势。根据国家测绘地理信息局的要求，2013年将在全国范围内组织开展智慧城市时空信息云平台建设试点工作。此后每年将选择十个左右的试点城市，为城市居民提供智能家居、路网监控、智能医院、食品药品管理等方面的便捷服务。

6. 移动购物推动移动互联网产业高速发展

2012年，智能终端和网民规模获得了较快的增长。在这一年，中国智能手机保有量达3.6亿部，增速达到了80%。艾瑞咨询预计，智能手机将进一步取代功能手机，虽然智能手机的增速具有趋缓的态势，但到2016年智能手机保有量可望超过7亿部。这为移动互联网的发展提供了基础条件，也刺激了移动互联网的市场吸引力。移动互联网市场经过两年的发展，吸引了大量投资者和创业者的加入，各大互联网公司也开始调整发展布局，将发展重心转向移动领域。2012年中国移动互联网市场规模为549.7亿元，增长了96.4%。其中，移动购物和移动营销等细分行业都获得大幅增长，是移动互联网增速较快的细分领域。艾瑞分析认为，2012年移动互联网市场规模呈现高速增长态势，主要原因在于移动购物的快速发展，移动购物所占份额从2011年的10.9%增长到2012年的23.7%，预计到2014年，移动购物市场规模将超越移动增值，成为移动互联网第一大细分行业①。

(四)电影：高新技术成票房增长点，行业投资日趋理性

2012年的中国电影产业呈现出新的发展趋势：首先是大投资的国产影片在国外影片的冲击下突围失败；其次是小成本电影开始崭露头角，续写票房神话。这一方面反映出国产电影创作能力较弱，第六代导演的国产大片失去了与国外影片一较高下的能力；另一方面则表明新生代导演的创作能力有了较大提升，可望成为国产电影振兴的中坚力量。综观整个行业，电影“新政”影响可能更加深刻地影响国产电影的产制，中国电影在投资、创作、发行、放映等领域均面临着重大挑战，亟待进行调整和转型，强化合作，提升原创力，以应对来自进口影片更大的冲击。

1. 高新技术成为电影票房新的增长点

2012年中国电影市场票房达170.73亿元人民币(包含城市院线市场、二级市场、农村市场)，较2011年增长31.08%②。12月12日，徐峥导演的处女作《泰囧》全国公映，五天即获得3.1亿元票房，创华语片首周票房最高纪录。这部中型成本的爆笑喜剧是2012年贺岁档的超级黑马，良好的口碑与超强的排片，加之影片契合观众观影习惯和口味，让《泰囧》不断刷新着各种纪录，一跃成为内地票房首破10亿的华语电影，继《失恋33天》后再次续写“黑马电影”的票房神话。而与此相反的是，国产大片的票房则在进口影片的冲击下略显惨淡。

根据艺恩咨询发布的《2012—2013年中国电影产业研究报告》数据，2012年城市影院观影人次约4.7亿，同比增长27%，涨幅与去年持平；全年新增银幕3832块，平均每天全国新增银幕10.5块，且全部为数字影厅。2012年，国产3D制式影片有11部、IMAX影片有4部。国产3D、IMAX影片票房约占全年票房12.8%，较2011年增加5个百分点。全年3D影片中有6部为动画类型影片，成为国内动画电影发展新趋势③。随着国内制片水平不断提

① 2012年中国移动互联网规模549.7亿　年增96.4%[EB/OL].[2013-05-20]. http://www.ce.cn/yd/gd/201301/25/t20130125_24064000.shtml.

② 2012年全国电影总票房超170亿元[EB/OL].[2013-05-20]. http://www.ce.cn/culture/gd/201301/10/t20130110_24016275.shtml.

③ 2012年中国电影市场特点与趋势十大盘点之一[EB/OL].[2013-05-21]. http://www.entgroup.com.cn/research/detail_views.aspx?id=15643&typeid=16.

高，国产 3D、IMAX 影片数量会进一步增加，其中合拍片会占据主导地位，未来以 3D、IMAX 为代表的高新技术格式影片将成为电影市场持续增长点。

2. 电影“新政”：国产片票房首次低于进口片，竞争更加激烈

2012 年，全年生产的各类电影总量达到 893 部。国产影片票房 82.73 亿元，占全部票房总额的 48.46%，是 9 年来国产影片票房首次低于进口影片票房。截止到 2012 年 12 月 31 日，全年共有 43 部票房过亿影片，共创造超过 125 亿元票房，同比增长 26.4%。其中国产票房过亿电影（包含合拍片）共计 21 部，票房 52 亿元，同期涨幅 18.2%，国产过亿影片票房占整体票房过亿影片的 41.6%。

2012 年 2 月，中美双方就解决 WTO 电影相关问题的谅解备忘录达成协议。协议主要内容包括：中国将在原来每年引进美国电影配额约 20 部的基础上增加 14 部 3D 或 IMAX 电影；美方票房分账从原来的 13%升至 25%；增加中国民营企业发布进口片的机会，打破过去国营公司独大的局面①。根据此次双方的协议，未来将会有更多 3D、IMAX 等高清格式电影被引进中国，国产电影和进口影片的竞争更加激烈。此外，2012 年 12 月初，国家广电总局电影管理局《关于加强海峡两岸电影合作管理的现行办法》规定了台湾影片进入大陆不受进口配额限制、增加引进台湾电影的数量、大陆与台湾合拍电影的优惠政策、发行方法等一系列有关政策。该政策的出台可增加大陆与台湾之间的合作力度，这在一定程度上推动了国产电影的产制水平和能力的提高。

3. 行业投资日趋理性，产业化改革亟待推进

与美国进口影片相比，国产影片数量偏少。在 5000 万元至 2 亿元的中等票房影片中，虽然国产影片比例占有一定优势，但存在质量参差不齐、口碑与票房不相称等诸多问题。这些现象凸显了国产电影核心创作力不强、对影院市场的过度依赖等问题，但也说明国产电影在类型化开发、多样性建设等方面尚有较大的提升空间。此外，因电影科技人才的匮乏，国产电影的数字制作技术与国外影片相比较为薄弱，加之电影技术标准及监管体系仍不完备，对在经济利益驱动下产生的伪 3D 影片未能形成有效制约，这些因素对于国产电影的产制水平具有较大制约和影响。

2012 年 11 月 15 日，一份由中影、华谊、博纳、星美、光线五大发行公司联合发出的《关于调整国产影片分账比例的通知》向院线提出，将发行方票房分账比例从 43%提高到 45%，涉及贺岁档《1942》、《王的盛宴》、《大上海》、《一代宗师》、《十二生肖》、《血滴子》、《泰囧》等 9 部电影。这一举动被公众视为五大发行方组成的针对院线的“复仇者联盟”。此事件背后凸显的是发行方与院线方长期存在的利益分配矛盾。

而随着行业内部资本、金融资本等良性资本的理性投资趋势的显现，电影行业逐渐告别“跑马圈地”的时代，投资日趋理性。一方面，近年来“大片”与高票房之间的必然联系被打破，对“大片”项目的过度迷恋逐渐成为过去；另一方面，影院终端建设步伐有所放缓，影院项目“跑马圈地”、哄抬票价的时代正在过去，投资注意力开始从“圈地”向项目评估本身转移②。2012 年 5 月，大连万达集团以 26 亿美元购买美国 AMC 影院公司 100%股权并承担其债务。至此，万达跃居成为全球第一大院线，成为同时拥有北美和亚洲两大院线的运营商。

---

① 解读中美电影新政策　困境还是机遇[EB/OL]．[2013-06-11]．http://www.takungpao.com/ent/content/2012-04/12/content_18941.htm.

② 中美电影产业及其对本国经济发展贡献的比较分析[EB/OL]．[2013-05-01]．http://www.chinaleike.com/info/84.html.

(五)出版等文化创意产业在国家推动下继续前行

2012年，世界经济形势低迷，国内经济增速放缓，技术革新，国际行业巨头竞相角逐国内市场，诸多因素对新闻出版业的发展提出严峻挑战。在复杂的发展环境之下，出版等文化创意产业纷纷进行调整、转型与创新，在数字化、产业化、国际化的道路上步履坚定，逐渐步入了发展的战略机遇期。

1. 国家政策为出版业提供“走出去”动力

对于出版业来说，2012年莫言获得诺贝尔文学奖这一事件不仅促使莫言文集迅速畅销，给出版业带来了直接的经济收益，更重要的是，鼓舞了我国出版界集体的信心。2012年1月9日，新闻出版总署发布的《关于加快我国新闻出版业走出去的若干意见》是我国出台的首个新闻出版业“走出去”专门文件，文件对新闻出版业“走出去”战略进行了全方位布局。2012年，尽管出版业面临着来自图书产品进出口权、版权需求信息等多方面挑战，但各出版集团、出版社、版权中介服务机构等相关市场主体积极参与国际竞争，“走出去”的步伐持续加大。2012年第64届法兰克福书展，我国版权输出数量达2409项；伦敦书展，我国出版界达成各类版权输出与合作出版协议1859项；9月，第19届北京国际图书博览会共达成中外版权贸易协议3298项，比2011年同比增长11.68%；其中，达成各类版权输出与合作出版协议1867项，比2011年同期增长13%，达成引进协议1431项，引进与输出之比为1∶1.3①。

为支持出版业“走出去”战略，新闻出版总署与中国进出口银行7月在京签署《关于扶持培育新闻出版业走出去重点企业、重点项目的合作协议》。根据协议，未来5年内，中国进出口银行将为新闻出版企业提供不低于200亿元人民币或等值外汇融资支持，着力打造新闻出版“走出去”重点企业和重点项目的融资平台，新闻出版“走出去”得到了金融业的大力扶持。

此外，通过并购上市吸纳资本，是我国新闻出版企业发展壮大的另一条路径。2012年初，新闻出版总署《加快出版传媒集团改革发展的指导意见》要求破除地区封锁和行业壁垒，支持出版传媒集团跨媒体、跨地区、跨行业、跨所有制发展，以培育多个年销售收入超过200亿元的大型骨干出版传媒集团，这一政策为出版业整合扫清了障碍。而在2012年11月23日，重庆出版集团公司债券公开发行，这是我国出版行业的第一只企业债券，标志着出版业通过企业债券进行市场融资取得实质性突破。

2. 出版业实现数字化转型，发展布局基本成形

如何实现数字化转型、形成数字出版产业链是传统出版业应对数字技术冲击、获取快速发展的关键。2012年全国科技与数字出版管理工作会重点围绕出版企业转型示范、数字出版基地建设、内容投送平台规范、专业社团筹建等方面工作，要求出版业加快推进传统出版产业转型升级，促进数字出版产业的快速发展。

2012年，我国的数字出版产业实现了从早期数字出版企业“单打独斗”到产业链日趋完善再到集群化发展的三级跨越，出版业立体化发展格局基本成形。2012年7月，新闻出版总署与中国联通签署了《推进数字出版产业发展战略合作备忘录》，支持中国联通“沃阅读”运营中心开展数字阅读平台的建设和运营。至此，中国电信、中国移动、中国联通三大电信运营商均进军移动数字出版领域。此后，新闻出版总署陆续批准设立了9个国家级数字出版

---

① 2012：国内出版业在探索中前行　数字出版深化[EB/OL].[2013-05-11]. http://www.keyin.cn/news/sczc/201212/29-1023376_2.shtml.

基地，以提高数字出版产业的集中度，打通产业链。

电商在数字出版业务方面也并未驻足观望。自 2011 年当当网上线电子书平台之后，京东、苏宁易购、亚马逊中国等电商也于 2012 年先后打造电子书平台。此外，数字出版也于 2012 年作为特设专业被列入教育部普通高等学校本科专业目录，这一举措为培养数字出版专业人才、数字出版业的发展打下了基础。

3. 出版企业加快重组进程

2012 年 2 月，新闻出版总署出台《关于加快出版传媒集团改革发展的指导意见》，鼓励出版传媒集团对业务相近、资源相通的中央和地方出版企业进行兼并重组，实现跨地区发展；鼓励出版传媒集团兼并重组新闻出版领域以外的其他国有企业，实现跨行业发展①。9 月 28 日，辽宁大族冠华宣布"筱原所有规格印刷机在中国和日本拉开了批量生产序幕"，筱原品牌重生，也标志着大族冠华对筱原的重组获得成功。此外，一些国内企业也在通过内部股权转移的方式实现重组。如上海电气宣布下属企业上海机电协议受让上海电气(集团)总公司持有的高斯国际 100%股权，通过重组进行资源整合，解决印刷包装机械产业面临的发展瓶颈问题；北人印刷以其全部资产和负债与京城控股所持有的气体储运装备业务相关资产进行置换，通过资产置换以摆脱短期内难以解决的困难。目前，我国共组建了 120 余家出版传媒集团。

4. 出版业以技术升级步入快速发展轨道

2012 年，出版业以技术升级步入快速发展轨道，绿色印刷、3D 打印、纳米印刷技术纷纷取得不俗成绩。历经三年的发展，绿色印刷在 2012 年迎来了新的发展。年初，环境保护部、新闻出版总署召开绿色印刷 2012 年度工作讨论会，对全年绿色印刷工作情况进行部署。3 月，新闻出版总署启动教材教辅产品和食品包装装潢印刷品质量监督检测活动，以确保绿色印刷推进工作落到实处。4 月，新闻出版总署、教育部、环境保护部联合印发《关于中小学教科书实施绿色印刷的通知》，规定到 2012 年秋季，30%的中小学教科书必须实施绿色印刷，并在 7 月至 10 月对全国 24 个省(区、市)共 95 种绿色印刷中小学教科书进行了环保质量抽样检测。可以说，绿色印刷的发展与国家相关部门的推动有着密切关系。

同样，3D 打印技术也开始实现快速发展。华中科技大学快速制造中心研发出大型"3D 打印机"，将原材料烧结成包括复杂的工业零部件等在内的各种物品。10 月 15 日，由亚洲制造业协会联合华中科技大学、北京航空航天大学、清华大学等权威科研机构和 3D 行业领先企业共同发起成立了中国 3D 打印技术产业联盟。这为 3D 打印技术在中国的发展带来更大的机遇。

国内市场中，纳米印刷技术的应用虽未得到广泛推广，但成熟的技术和产品为其进一步发展奠定了基础。由北京中科纳新自主研发的纳米打印制版技术开始占领市场先机，其技术已经达到国际水平，并在北京日报、齐鲁晚报和潍坊日报印刷厂等二十余家印刷企业正式投入生产应用。通过对出版技术的整合，出版业可实现以纳米材料的创新为基础，以绿色打印印刷技术为平台的基本发展格局，从而向绿色印刷电子、印染、纺织、建材等众多行业进行技术延伸。

5. 国家推动，动漫产业前景看好

近年来，国家对于动漫产业进行了大力扶持。2012 年 7 月，由十部委组成的扶持动漫

---

① 新闻出版总署出台《关于加快出版传媒集团改革发展的指导意见》[EB/OL]. [2013-02-21]. http://www.cnci.gov.cn/content/2012229/news_70685.shtml.

产业发展部际联席会议办公室印发了《"十二五"时期国家动漫产业发展规划》指出："动漫产业的影响力、辐射力、带动力持续增强，动漫在社会生活各领域的普及应用更加广泛深入，成为文化产业发展的重要增长点。"该《规划》首次将动漫产业进行单列规划，从此中国动漫产业有了自己的地位及目标。

中央对动漫产业的扶持政策带动了地方政府发展动漫产业的热情，在全国34个省区市中，九成以上举办过动漫节展或赛事活动，总数超过70个。与2009年相比，2012年节展数量增幅约为47%；从主办方来看，由政府或有政府背景的事业单位当主办单位的节展占87.1%①。从中可以看出，政府依然是我国动漫节展的主要推手，也是中国动漫产业发展的主要动力。

另一方面，动画电影也是动漫产业中的一大增长点。数据显示，2012年全年上映动画电影31部，总票房超过13亿元。国产动画电影总票房近4亿元，有8部票房过千万元，引进的动画电影总票房超过9亿元，仅两部票房未过千万元。国产动画第一品牌《喜羊羊与灰太狼》自2009年第一部改编电影《喜羊羊与灰太狼之牛气冲天》收入8000万元票房后，连续四年凭借生肖电影征战贺岁档，稳坐国内动画电影"头把交椅"，共收入5.14亿票房②；2012年《喜羊羊与灰太狼之我爱灰太狼》与《喜羊羊与灰太狼之开心闯龙年》共获得2.33亿票房，以动画电影形式成为了我国最成功的系列电影。此外，2012年的国产动画电影《神秘世界历险记》取得了超过2000万元的票房成绩，被业内人士公认为"黑马"，但也有一部分动画电影因制作水平与宣传间反差过大而遭痛批。不过，少数动画电影的成功并不能掩盖中国动漫产业面临着创作乏力、原创性不足、高素质创作人才匮乏的问题。

二、政府规制建设

2012年，无论是宏观层面的对于整个产业发展和从业人员的规制，还是微观层面的对于报业、广播电视、广告等的具体规制，都呈现出进一步规范化的特点。同时，在一些规章制度的空白领域，制定了相应的管理办法，保障了文化市场的良性发展，规范了从业人员的行为准则。随着国家规制的进一步完善，中国媒体发展的制度环境可望得到进一步改善，与此相关的媒体市场竞争与公共服务的障碍性因素将逐步消除，媒体的社会效益和经济效益将日趋平衡，网络言论行为将得到进一步规范，谣言生长空间有望缩小。

(一)宏观层面的政策规制

1. 继续推进文化体制改革

文化产业是国民经济的重要支柱，其发展的最大障碍是体制机制。经过多年的推进，文化体制改革在三个方面取得了成就：首先是明确区分文化事业和文化产业两大类型，形成了新的文化理念；其次是推进政事、政企、事企分开和管办分离等方面的体制机制改革；第三是文化事业和文化产业得到了快速发展。文化产业的多个领域在2012年实现了快速发展，党和政府在贯彻落实科学发展观和《文化产业振兴规划》的基础上，继续推进文化体制改革，加大文化产业发展力度。

---

① 2012—2013中国动漫回顾与展望：在展会中扬名，在银幕上成长[EB/OL].[2013-05-11]. http://www.cnci.gov.cn/content/2013116/news_77571_p2.shtml.

② 动漫电影扎堆上映 行业发展喜忧参半[EB/OL].[2013-05-11]. http://www.cccnews.com.cn/2013/0117/21721.shtml.

5月7日，文化部发布关于印发《文化部"十二五"时期文化改革发展规划》的通知①，该《规划》主要分为12个章节和8个专栏，包含"指导思想和方针原则"、"发展目标和主要指标"、"加强文化产品创作生产的引导"、"加快构建公共文化服务体系"、"加强文化遗产保护利用和传承"、"推动文化产业成为国民经济支柱性产业"、"完善文化市场监管体系"、"加强对外文化交流与贸易"、"推动文化体制机制改革创新"、"加强文化人才队伍建设"、"保障政策"、"组织实施"等内容，"十二五"期间文化建设中的重大项目都包含其中。该《规划》着重构建"文化中国"的新形象，并强调国家对外工作时文化的独特作用。

为切实推进文化体制改革，4月28日，财政部公布了最新修订的《文化产业发展专项资金管理暂行办法》②，该文件指出中央财政将加大对文化产业发展的保障，并大幅度提高文化产业发展专项资金的支持范围，推进文化体制改革、构建现代文化产业体系、促进金融资本和文化资源对接等成为其支持领域。新办法确定了将推进文化体制改革，重点支持中央级经营性文化事业单位改革及其重点文化产业项目等六大专项资金的支持方向，并首次对受资助单位资金使用行为进行规范，确立了专款专用、单独核算、注重绩效三大原则，要求中央各部门和各省、自治区、直辖市、计划单列市财政部门建立专项资金监督检查制度③。

胡锦涛同志曾在十八大报告中指出，要深化行政体制改革，推进事业单位分类改革。而对于报刊业来说，改革不仅仅是报刊社的转企改制，还要帮助和支持转企后的报刊社建立现代企业制度，同时，还要推动党报党刊进一步完善管理和运行机制，推动一般时政类报刊社等事业单位实行企业化管理，增强面向市场、面向群众提供服务的能力④。2012年8月，新闻出版总署还下发了《关于报刊编辑部体制改革的实施办法》⑤，该文件给出了针对非时政类报刊编辑部的改革方法。据《新京报》统计，我国非时政类报刊共3388种，截至2012年10月，完成转企改制的有3271种，约为96.5%，由此可见，改革任务目标取得了阶段性的胜利。

2. 加强文化市场监管力度

近些年，党和政府着重对文化市场的监管力度进行了加强，为了保证文化产业的科学发展，国家制定并颁布了一系列规章制度。

2011年，文化部认真履行国务院赋予的"指导文化市场综合执法"职责，制定了《文化市场综合行政执法管理办法》⑥。这是我国首部专门针对文化市场综合行政执法工作进行管理和规范的部门规章，对贯彻党的十七届六中全会精神，深化文化体制改革和落实依法行政，加强文化市场管理和维护文化市场有序发展，具有重大意义⑦。此外，新闻出版总署发布关于下发《〈中国标准录音制品编码〉国家标准实施办法》和《音像电子出版物专用书号管理办法》的通知，进一步规范音像制品的出版和传播，保护著作权及相关权利人的合法权益，加

---

① 文化部关于印发《文化部"十二五"时期文化改革发展规划》的通知[EB/OL]. [2013-02-25]. http://59.252.212.6/auto255/201205/t20120510_28451.html.

② 关于重新修订印发《文化产业发展专项资金管理暂行办法》的通知[EB/OL]. [2013-02-25]. http://wzb.mof.gov.cn/pdlb/zcfb/201205/t20120504_648718.html.

③ 文化产业发展专项资金支持范围扩大[EB/OL]. [2013-08-14]. http://news.xinhuanet.com/theory/2012-05/24/c_123182152.htm.

④ 杨驰原，彭波．认真学习贯彻十八大精神 推动报刊业迈上新台阶[J]. 传媒，2012(12).

⑤ 中华人民共和国新闻出版总署[EB/OL]. [2013-04-20]. http://www.gapp.gov.cn/cms/html/21/508/201208/761738.html.

⑥ 文化市场综合行政执法管理办法[EB/OL]. [2013-01-25]. http://59.252.212.6/auto255/201202/t20120201_28148.html.

⑦ 《文化市场综合行政执法管理办法》施行[J]. 今传媒，2012(3).

快我国音像产业相关标准与国际接轨①。

2012年3月16日，文化部发布关于印发《文化市场举报办理规范》的通知，规范自3月18日起施行，2004年11月23日发布的《文化市场举报办理规定》同时废除②。该规范进一步提高了举报受理工作的服务质量和政府部门工作效率，同时在查处文化市场违法违规行为、保障公民、法人和其他组织的举报权利等方面起到积极促进作用。

3. 加强从业人员管理

根据有关法规和国务院规定，国家新闻出版总署制定一系列关于规范新闻从业人员行为、积极倡导转变文风的条例，以期保障新闻记者的正常采访活动，并维护新闻记者和社会公众的合法权益。

国家广电总局在2012年6月对全国广电系统下发了通知，要求对有偿新闻等违法违规行为进行坚决抵制，在广播电视新闻类节目的采访、编辑、播出等任何环节不得以任何方式收取任何费用。同一时间，新闻出版总署等有关部门开展了为期3个月的“打击新闻敲诈、治理有偿新闻”的专项行动，对假冒新闻机构和采编人员开展“新闻采访”活动及利用“新闻采访”活动敲诈勒索的行为进行了严厉打击；并治理了新闻采编人员利用采访活动谋取利益、接受采访对象、单位、利益相关方和公关公司“红包”等不良现象。同时，严禁新闻机构及其工作人员以新闻报道形式发布广告，搞有偿新闻、有偿不闻的行为，规范新闻采访活动秩序，清除新闻工作中存在的不正之风。③ 新闻出版总署此次针对新闻行业中暴露出来的问题及时采取措施，连续开展打击有偿新闻、敲诈新闻等专项行动，对于规范新闻业界采编秩序、端正行业作风、维护社会和谐稳定有着重要意义。

此外，2012年6月28日，由光明日报社和中国社科院中国特色社会主义理论体系研究中心联合主办的“深化‘走转改’理论与实践研讨会”在京举行，“走转改”活动开展以来，社会反响强烈，不仅赢得了公众的口碑与好评，还使得传媒界对自身行业的规律性认识有了更高层次的理性提升。④

（二）具体行业的政策规制

1. 报刊业：强化内部管理，加大对不规范行为查处力度

新闻出版总署于2012年发布了一系列规定、办法，管理报业内部相关人员的具体行为，规范报业运行秩序，严格查处违反规定的不规范行为。

2012年7月，新闻出版总署发布了《关于报刊编辑部体制改革的实施办法》⑤，对经新闻出版总署批准从事报刊出版活动，获得国内统一连续出版物号，但不具有独立法人资格的报刊编辑部体制改革作出部署。该《办法》强调，原则上不再保留报刊编辑部体制，对现有的报刊编辑部，区别不同情况实施不同改革办法。随着报刊业转制改革的深入推进，以及报

---

① 中华人民共和国新闻出版总署[EB/OL].[2014-05-21]. http://www.gapp.gov.cn/govpublic/86/313.shtml.

② 文化部关于印发《文化市场举报办理规范》的通知[EB/OL].[2013-02-25]. http://59.252.212.6/auto255/201203/t20120323_28290.html.

③ 广电总局要求坚决抵制有偿新闻、有偿不闻等行为[EB/OL].[2013-02-25]. http://www.chinanews.com/cul/2012/06-21/3978978.shtml.

④ 深化“走转改”理论与实践研讨会在京召开[EB/OL].[2013-06-01]. http://cpc.people.com.cn/n/2012/0629/c64387-18406911.html.

⑤ 关于报刊编辑部体制改革的实施办法[EB/OL].[2013-05-01]. http://www.gapp.gov.cn/cms/html/21/508/201208/761738.html.

刊社产业链的重组、经营模式的创新、结构组织的再造及业务功能的调整等，报刊出版也将进一步加快向以创意和服务为特征的数字形态转型①。

此外，为了加强对不规范行为的查处力度，塑造媒体形象，2012 年 2 月 6 日新闻出版总署下发《关于查处虚假新闻的通报》，通报了《新财经》杂志关于《紫金矿业之祸》等四起违规新闻报道的调查处理情况②。为了维护新闻媒体的公信力，对于新闻媒体中存在的使用网络虚假信息、采编流程不健全、新闻细节失实、人员管理不规范等问题，该通报要求给予严厉打击。

2. 出版业：加快体制改革，规范复制经营活动

2012 年 2 月 15 日，新闻出版总署继续积极稳步推进非时政类报刊出版单位转企改制，积极稳妥推进党报党刊发行体制改革，确定新闻出版改革 15 项工作要点，其中包括进一步深化出版单位体制改革；推动出版传媒企业集团化建设和上市融资；推进新闻出版事业单位改革；落实和完善新闻出版改革发展各项政策；切实加强新闻出版改革发展工作的组织领导等内容。③

同时，为了给出版业提供更大的发展空间，新闻出版总署就民间资本参与出版经营活动发出明确支持信号。总署发布的《关于支持民间资本参与出版经营活动的实施细则》④中，具体扶持内容多达十项。该《细则》规定实行采编与经营“两分开”后的党报党刊出版单位，亦可在报刊出版单位国有资本控股 51% 以上的前提下，允许民间资本投资参股报刊出版单位的发行、广告等业务，提高市场占有率。该《细则》的发布充分调动了民间资本参与文化建设，有利于促进出版行业科学发展，推动社会主义文化大发展大繁荣。⑤

为贯彻落实党的十七届六中全会精神，充分发挥出版传媒集团在新闻出版改革发展中的主导作用，2012 年 2 月，新闻出版总署下发《关于加快出版传媒集团改革发展的指导意见》，鼓励出版传媒集团实现“跨媒体、跨地区、跨行业、跨所有制、跨国界”发展，首次出现“跨媒体”、“跨国界”提法，并相应出台八大举措。同时，支持出版传媒集团发展以网络出版、手机出版、云出版等为代表的出版新业态；支持出版传媒集团和大型电子商务企业进行战略合作和资源整合，构建线上流通和线下流通相结合的现代化出版物流通体系。⑥

2012 年 7 月 6 日，国家版权局在其官网上发布了《中华人民共和国著作权法》(修改草案第二稿)，从 6 日起至 7 月 31 日，公开向社会各界征求意见。第一稿中引起广泛争议的有关“法定许可”和“延伸集体管理”的条款在第二稿中被删除或修改，进一步加强了我国著作权的保护力度。⑦

---

① 龚维忠，方提．我国报刊业改革中的“转制”与“转型”[J]．出版广角，2012(11)．

② 新闻出版总署通报四起违规报道情况 严打虚假新闻[EB/OL]．[2013-11-15]．http://www.chinanews.com/gn/2012/02-10/3658900.shtml.

③ 新闻出版总署确定 2012 年新闻出版改革发展 15 项工作要点[EB/OL]．[2013-05-11]．http://www.gapp.gov.cn/govpublic/92/117037.shtml.

④ 新闻出版总署关于支持民间资本参与出版经营活动的实施细则[EB/OL]．[2013-04-17]．http://www.gov.cn/zwgk/2012-06/29/content_2172870.htm.

⑤ 新闻出版总署十项细则支持民间资本参与出版经营[EB/OL]．[2013-10-11]．http://news.xinhuanet.com/politics/2012-06/29/c_123350338.htm.

⑥ 2 月 27 日：新闻出版总署下发指导意见 实现出版传媒集团“五跨”发展[EB/OL]．[2013-05-18]．http://www.gapp.gov.cn/news/1671/108446.shtml.

⑦ 史燕君．88 个条款修改了 81 个条款 删除“新歌 3 个月后可翻唱” 著作权法修改案二稿重民意[N]．国际金融报．2012-07-10.

3. 广播影视行业

(1)推动数字电视电影产业创新升级

为了加快数字电视电影产业发展，政府在2012年出台一系列相关规定。5月7日，广电总局科技司向各数字电视广播条件接收系统设备生产企业发出《广电总局科技司关于严格管理地面数字电视广播中采用条件接收系统设备的通知》，要求未经广电总局批准，不得销售用于地面数字电视广告的条件接收系统设备(CA)，不得支持地面数字电视广播接收终端的条件接收集成。广电总局的上述通知主要针对广电行业运行多年的CA接收系统，该通知瓦解了CA接收系统各霸一方的局面，并帮助实现全国的互联互通。①

2012年7月13日，广电总局发布《广电总局关于加强地面数字电视管理的通知》②。数字电视广播是广播电视传输覆盖网的重要组成部分，同时也是政府提供广播电视公共服务的重要渠道，对于广大人民群众获取新闻信息、享受精神文化生活有重要意义。该通知对于地面数字电视广播的使用进行了规范，对人民群众的基本收视权益进行了保证。

与此同时，广电总局科技司和全国广电标委会在北京召开了广播电视行业标准《NGB宽带接入系统HINOC传输和媒质接入控制技术规范》审查会，该标准对推动我国下一代广播电视网的发展具有重要意义，一致同意该标准通过审查③。2012年8月2日，云南广电网络集团与中国移动云南分公司在昆明签订《直播卫星户户通战略合作协议》，这标志着“户户通”工程在云南省正式启动。云南广电网络集团有限公司与中国移动通信集团云南有限公司的这次合作，将促进广电信号传输将从县到乡大范围与移动开展资源合作，并通过打破行业壁垒和技术屏障最终实现低成本、高效率的扩大覆盖范围。如此一来，不但为广大农民朋友送去广播电视节目，还为构建云南现代文化传播新体系奠定了基础④。

此外，广电总局科技司和全国广电标委员会在北京召开了广播电视行业标准《NGB(下一代广播电视网)宽带接入系统C-DOCSIS技术规范》审查会。审查委员会专家听取了标准起草小组关于标准编制说明和征求意见处理情况、知识产权报告、测试报告的介绍，对标准送审稿进行了逐章逐条的审查并对有关内容提出修改意见。与会专家认为该标准的制定对于加快推进三网融合和NGB宽带接入的发展具有重要意义，一致同意该标准通过审查。⑤ 2012年8月11日，《基于“无线三网融合”技术的农村信息化解决方案》专家论证会在长沙召开，“无线三网融合”技术是一种利用无线数字电视网和无线通信网建设农村农业信息高速公路的解决方案，它可在有效利用当前无线电视网和无线通信网络资源的基础上，将电视节目、通信服务和农业信息通过无线输送的方式直接对农户实行个性化服务，按照三网融合的要求整合资源实现效益，避免投入大量资源重新建设。⑥

(2)规范国产电视剧发行

为保证国产电视剧的发行质量，广电总局办公厅向各省、自治区、直辖市广播影视局、新疆生产建设兵团广播电视局，中央电视台，总政宣传部艺术局发出《关于启用新〈国产电

---

① 力推CA标准化　广电直指三网融合“顽疾”[EB/OL]. [2013-05-18]. http://finance.ifeng.com/news/industry/20120613/6599493.shtml.

② 广电总局关于加强地面数字电视管理的通知[EB/OL]. [2013-05-18]. http://www.sarft.gov.cn/articles/2012/07/19/20120719161021780009.html.

③ 《NGB宽带接入系统HINOC传输和媒质接入控制技术规范》通过审查[J]. 卫星电视与宽带多媒体，2012(16).

④ 推进云南直播卫星户户通工程[J]. 卫星电视与宽带多媒体，2012(16).

⑤ 行业标准《NGB宽带接入系统C—DOCSIS技术规范》通过审查[J]. 广播电视信息，2012(9).

⑥ 湖南：“无线三网融合”给力农村信息化建设[EB/OL]. [2013-05-18]. http://tech.hexun.com/2012-08-14/144707453.html.

视剧发行许可证〉的通知》①，规定自4月1日起采用新的《国产电视剧发行许可证》，以期规范国产电视剧发行许可证的核发管理工作。另外，2012年11月23日，广电总局办公厅发布《关于开展广播电视节目制作经营机构和〈电视剧制作许可证(甲种)〉持证机构2012年度业绩审核工作有关事宜的通知》，进一步提升了广播电视节目制作经营机构管理工作效能。

(3)广电节目"限娱令"

2011年10月，国家广播电影电视总局下发《关于进一步加强电视上星综合频道节目管理的意见》(即外界所称的"限娱令")，要求自2012年元旦起，全国34个电视上星综合频道要提高新闻类节目播出量，同时对部分类型节目播出实施调控，以防止过度娱乐化和低俗倾向，满足广大观众多样化多层次高品位的收视需求。②"限娱令"的出台提高了新闻节目在黄金时段的份额，提升了黄金时段娱乐节目的质量和市场价值，并使电视节目形成了22：00之后的次黄金时段收视重心。从整体上而言，"限娱令"对于进一步完善电视节目的制作播出、净化电视环境、提升节目质量、打造绿色收视环境意义重大。该意见并不是"一刀切"地限制老百姓娱乐，而是限制娱乐节目中恶俗、消极的过度娱乐化内容，引导电视节目制作的审美观，避免节目内容的同质化和低俗化。

(4)加强境外影视引进管理

为规范境外影视引进秩序，管理境外影视引进内容，广电总局向各省、自治区、直辖市广播影视局，新疆生产建设兵团广播电视局，中央电视台，中国电影集团公司，中国国际电视总公司发出《广电总局关于进一步加强和改进境外影视剧引进和播出管理的通知》③。通知规定，应优先引进高清版本的境外影视剧，引进境外影视剧的长度原则上控制在50集以内，且不得在黄金时段播出。该通知进一步规范了我国文化市场上的境外影视的引进管理工作，加强了境外影视剧播出国别比例的管理，有助于抑制某些电视台因某一国或地区的剧集过热便一窝蜂地引进某一国或地区剧集的现象，有利于电视屏幕"百花齐放"。

(5)规划动漫产业发展

动漫产业作为最具潜力的新兴文化产业，除了能够满足广大群众的精神文化需求外，对于传承先进文化、促进青少年茁壮成长、优化产业结构、创造就业岗位以及培育新的经济增长点等，均具有重大意义。2012年6月26日，《"十二五"时期国家动漫产业发展规划》的出台，既是推进我国动漫产业科学快速健康发展的客观要求，也是动漫领域落实中央有关文化改革发展精神的具体实践。④该规划立足动漫产业发展的现实境况并结合市场需求，着重分析了"十二五"时期我国动漫产业面临的形势和发展的主要任务，制订了一系列促进动漫产业进一步健康发展的保障措施，对动漫产业今后五年的发展有着重要的指导意义。

4. 广告行业

(1)加强广告发布审查

2012年6月28日，国家工商总局与国家互联网信息办公室、国家广电总局、新闻出版总署等部委联合召开了"贯彻实施《大众传播媒介广告发布审查规定》全国电视电话会议"。

---

① 广电总局办公厅关于启用新《国产电视剧发行许可证》的通知[EB/OL]．[2013-05-18]．http://dsj.sarft.gov.cn/article.shanty? id=01365c8e7c2e003f402881a2365c5fb3.

② 广电总局将加强电视上星综合频道节目管理[EB/OL]．[2013-05-18]．http://news. xinhuanet. com/newmedia/2011-10/25/c_122197336. htm.

③ 广电总局关于进一步加强和改进境外影视剧引进和播出管理的通知[EB/OL]．[2013-05-11]．http：//www. sarft. gov. cn/articles/2012/02/13/20120213172305860202. html.

④ 《"十二五"时期国家动漫产业发展规划》解读[EB/OL]．[2013-05-11]．http：//www. comicyu. com/html2010/2/2012/71144. html.

会上，央视作为全国媒体代表宣读了《倡议书》，倡议大众媒体：诚实守信、严格自律；加强管理、强化审查；担当责任、抵制低俗；引领风尚、率先垂范；接受监督、促进发展。①《审查规定》的出台与实行，将进一步促进广告市场的规范，为大众传播媒介的广告发布活动提供相关准则；同时，可以强化广告监管工作的力度，落实和执行广告法律法规的有关规定，进而推动广告业又好又快发展，促进社会主义文化大发展大繁荣。②

(2)严厉整治虚假违法广告

虚假、违法广告一直是社会大众诟病和关注的焦点，为防范虚假、违法广告的传播，营造健康有序的广告市场环境，2012年国家广电总局接二连三地开展了多项活动严厉整治虚假违法广告，进一步加强对广播电视广告的管理，创造绿色收视、绿色收听。2月28日，工商总局、卫生部、广电总局等12部门启动虚假违法广告专项整治行动。发违法医疗广告受到2次警告仍拒不改正的医疗机构将被停业整顿，而违法广告问题严重的播出机构还可能面临撤销频道、吊销《广播电视频道许可证》的处罚。③ 7月13日，广电总局办公厅下发《关于停止播出"祛毒复肝组合"等33条资讯服务和电视购物短片广告的通知》，指出一些电视台播出的"祛毒复肝组合"等33条资讯服务和电视购物短片广告，内容违反了《广播电视广告播出管理办法》及《广电总局关于加强电视购物短片广告和居家购物节目管理的通知》④，要求各广播电视播出机构对此类短片广告予以停播。7月20日，广电总局办公厅发布《关于暂停播出宣传"清基胶囊"和"鑫方胶囊"产品广告的通知》。11月14日，广电总局办公厅发布《关于停止播出"中国航母宝玺"等电视购物短片广告的通知》，要求各级广播电视播出机构停止播出"中国航母宝玺"、"航母模型"、"港澳台纪念钞王"、"人民币大系珍藏版"、"第三套人民币珍钞大全"和"人民币大系"等6条电视购物短片广告。⑤

5. 互联网和电信行业

(1)加强网络视听节目内容管理

2012年，政府出台多项政策加强互联网、手机等新兴媒体行业的安全管理，进一步规范市场行为，提升产业素质。

近年来，微电影、网络剧等视频类节目如雨后春笋般迅速充满整个网络，这为广大人民群众满足文化需求、参与文化建设提供了新的路径和方式。但这些视听类节目良莠不齐，出现了不少涉及"星"、"腥"、"性"等恶俗、低级趣味的内容。对此，一方面是网民反应强烈，要求政府依法保护青少年身心健康；另一方面是致力于制作、播出优秀的网络剧、微电影等网络视听节目的视听网站反应强烈，要求政府部门及时约束，防止不良节目占据优良节目的时间和空间⑥。为引导和规范网络剧、微电影等网络视听节目健康发展，2012年7月9日，国家广电总局和国家互联网信息办联合下发《关于进一步加强网络剧、微电影等网络视

① 12部委印发《广告发布审查规定》 央视广告经营坚持社会效益受肯定[EB/OL]．[2013-05-18]．http：//news. cntv. cn/china/20120629/113123. shtml.

② 《大众传播媒介广告发布审查规定》出台背景[EB/OL]．[2013-02-25]．http://www. saic. gov. cn/ywdt/gsyw/sjgz/ggjdgls/201203/t20120306_124700. html.

③ 广电总局等12部门：播违法广告严重频道将被撤销[EB/OL]．[2013-02-25]．http://www. ha. chinanews.com/GNnews/5/2012/02/29/214638.shtml.

④ 关于停止播出"祛毒复肝组合"等33条资讯服务和电视购物短片广告的通知[EB/OL]．[2013-02-25]．http://www.sarft.gov.cn/articles/2012/07/19/20120719154805650450.html.

⑤ 关于停止播出"中国航母宝玺"等电视购物短片广告的通知[EB/OL]．[2013-02-25]．http://www. sarft.gov.cn/articles/2012/11/22/20121122165639570073.html.

⑥ 广电总局新闻发言人就《关于进一步加强网络剧、微电影等网络视听节目管理的通知》答记者问[EB/OL]．[2013-02-25]．http://news. xinhuanet. com/local/2012-07/09/c_112394211. htm.

听节目管理的通知》①。《通知》要求互联网视听节目服务单位，切实履行开办主体职责，承担大众传媒的社会责任，对播出的网络剧、微电影等网络视听节目负责。在节目播出前，应组织审核人员进行内容审核，审核通过后方可上网播出②。

7月13日，广电总局发布《中国网络视听节目服务自律公约》，《公约》共4章19条，进一步促进我国网络视听节目服务业的可持续发展，对于繁荣网络文化、维护健康有序的行业秩序具有重大意义。③

4月22日，最高人民法院公布《关于审理侵犯信息网络传播权民事纠纷案件适用法律若干问题的规定(征求意见稿)》，对侵犯网络著作权的界定、网络服务提供者是否具有过错、直接获取经济利益的认定等予以了明确规定。④ 此外，针对网络谣言干扰正常的网络传播秩序，危及我国互联网的健康发展这一严峻现实，国家加强了对网络谣言的整治力度，特别是对微博客谣言传播的打击力度，依法严惩利用互联网造谣传谣行为，依法追究造谣者的法律责任，同时发动广大人民群众积极举报谣言，对举报有功者予以奖励。⑤

(2)网络信息服务实行实名制

为进一步规范互联网运行秩序，加强互联网服务功能，经工业和信息化部批准，由中国互联网络信息中心修订的《中国互联网络信息中心域名注册实施细则》于2012年5月29日零时起开始实施⑥。其中，自然人可注册“. CN”、“. 中国”域名是此次修改的最大亮点之一。此次修订重点修改了原《实施细则》第十四条关于域名注册主体的规定，提出“任何自然人或者能独立承担民事责任的组织均可在本细则规定的顶级域名下申请注册域名”，即将域名注册的主体扩大至自然人。此外，还加强域名注册者信息的安全保护，并针对域名注册、转移、续费等环节进行修改完善。⑦

6月7日，工业和信息化部发布《互联网信息服务管理办法(修订草案征求意见稿)》⑧，对实名制、网站准入条件、公民个人信息安全等问题做出了明确规定。意见稿明确了使用论坛、博客、微博客等互动服务的用户用真实身份信息注册的要求，规定在这个办法施行前已经从事提供由互联网用户向公众发布信息的服务，或者提供互联网信息搜索服务的，应当依照办法的规定办理许可手续。其中，不完全具备规定条件的，应当自这个办法施行之日起6个月内达到规定的条件；逾期未达到规定条件的，由互联网信息内容主管部门予以取缔。⑨

(3)整治淫秽色情及低俗内容信息

---

① 关于进一步加强网络剧、微电影等网络视听节目管理的通知[EB/OL].[2013-02-25]. http://www.sarft.gov.cn/articles/2012/07/09/20120709191200420303.html.

② 广电总局新闻发言人就《关于进一步加强网络剧、微电影等网络视听节目管理的通知》答记者问[EB/OL].[2013-06-01]. http://news. xinhuanet. com/local/2012-07/09/c_112394211. htm.

③ 中国网络视听节目服务自律公约[EB/OL].[2013-02-25]. http://www. sarft. gov. cn/articles/2012/07/19/20120719171530510192. html.

④ 最高法院就网络著作权保护司法解释征求意见[EB/OL].[2013-02-25]. http://news. xinhuanet. com/legal/2012-04/22/c_111822896. htm.

⑤ 国信办负责人：利用互联网造谣传谣是违法行为[EB/OL].[2013-03-30]. http://news. xinhuanet. com/politics/2012-04/12/c_111772774. htm.

⑥ 中国互联网络信息中心域名注册实施细则[EB/OL].[2013-09-20]. http://www. cnnic. net. cn/gywm/xwzx/xwzxtzgg/201207/t20120709_30913. htm.

⑦ “. CN”“. 中国”域名即将向自然人开放注册[EB/OL].[2013-05-11]. http://news. xinhuanet. com/tech/2012-05/28/c_112050820. htm.

⑧ 互联网信息服务管理办法(修订草案征求意见稿)[EB/OL].[2013-02-01]. http://www. miit. gov. cn/n11293472/n11293862/n11301570/14649252. html.

⑨ 工业和信息化部昨发布《互联网信息服务管理办法(修订草案征求意见稿)》 我国将实名制管理论坛、微博[EB/OL].[2013-05-11]. http://hsb. hsw. cn/2012-06/08/content_8344831. htm.

在加强对互联网服务功能管理的同时，相关部门对互联网、手机等传播低俗信息进行严格整治。由国家互联网信息办牵头，全国“扫黄打非”办、工信部、公安部、文化部、国务院国资委、国家工商总局、广电总局、新闻出版总署九部门召开电视电话会议，部署在全国深入开展整治互联网和手机传播淫秽色情及低俗信息专项行动，大力整治淫秽色情和低俗信息集中、人民群众反映强烈的网络传播重点领域，严厉打击互联网和手机淫秽色情违法犯罪，广泛发动社会公众监督举报，形成打击网络淫秽色情的强大舆论声势。①

三、新媒体发展回望

2012 年，中国新媒体产业继续强劲发展势头，社会化媒体微博与微信进一步与其他媒体进行深度融合，成为本年度最热的两个产品；视频新媒体基本格局成形，其以广告为营收渠道的模式面临挑战；移动互联网业务随着 3G 手机的普及而成为市场宠儿，并实现了电子商务的移动化；手机则首次超越电脑成为最大的上网终端，并保持了平稳发展；新技术的发展催生了其他新产品，并具有较强的市场潜力……凡此种种说明新媒体发展势头依旧不减，其市场潜力尚未得到真正显现。在未来几年内，新媒体的发展可能对传统媒体造成更大的冲击，媒体市场份额结构可能发生较大转变，传统媒体的营收和生存空间将进一步缩小。在国家规制进一步强化的基础上，新媒体市场竞争行为将更加规范，内容生产行为将更加理性，网络谣言现象可望得到遏制。

1. 微信——新媒体发展的新宠

据腾讯官方消息，自 2012 年发布以来，微信的注册用户数在 10 个月内已超过 5000 万，其中活跃用户达 2000 万，微信“摇一摇”功能的日启动率已经超过 1 亿次②。对于微信的早期用户来说，几乎免费的语音通话功能显然是最大卖点；而随着微信用户数的增长及技术的完善，电子商务逐渐成长为微信的盈利增长点，并通过 O2O 业务形成新型关系链③。

(1) 微信成为网络问政新平台

2012 年 9 月 6 日，肇庆市公安局在全国率先开通了微信公众平台“平安肇庆”。到目前为止，微信平台“平安肇庆”已经发布了数百条涉及出境、入境、户政、车管、治安等公安业务的资讯类信息，共接收并答复了上千余条问政信息。不仅如此，微信平台“平安肇庆”还在《肇庆公安报》、《肇庆警讯》电视专题节目、网络问政、官方网站、微博等基础上，将国语、粤语、英语等音频资料引入微信公众平台。“这比简单文字要来得亲切”，平安肇庆微信平台的创始人之一、肇庆市公安局民警彭家祥介绍说，微信拓宽了警民沟通互动的渠道。

微信促使政务信息发布的通道越来越丰富化，网络问政的快速发展早已丰富了网民获取信息的方式，如今，微信也已经成为政务信息发布的重要平台之一。

(2) 微信成为营销新阵地

2012 年 5 月 15 日，微信推出“扫一扫会员卡”功能，这一功能为微信营销提供了更加便捷的途径。用户通过手机用微信扫描二维码就可以在微信上关注企业的账户。企业则给会员或粉丝推送营销信息，这种推送在假日促销季效果比较明显，商家可以向其忠实客户推送促销活动信息。

---

① 九部门启动深入整治网络淫秽色情和低俗信息专项行动[EB/OL]. [2013-05-26]. http://news.xinhuanet.com/politics/2012-02/27/c_111575844.htm.

② 陈雅静. 微信，还能红多久？——以经济学 SWOT 理论分析微信[J]. 新闻知识，2012(6).

③ 陈静. 微信给 3 亿用户创造了哪些卖点[N]. 经济日报，2013-01-23.

与微博相比，微信营销通过 GPS 定位的技术，可实现精确营销，其准确度更高。通过微信营销，商家可根据数据库和时间、地点来分析出用户状态，获知用户潜在的消费需求，并向用户推送相关消费信息。除此之外，微信还提供了与 CRM(客户关系管理)系统的对接功能。从未来趋势上看，移动营销最关键的不是信息推送以及与客户沟通，而是数据挖掘，深度开发客户，所以 CRM 是关键。这也是众多企业参与微信营销的关键所在。

在 2012 年的互联网大会上，腾讯的主要创办人之一马化腾强调了 O2O 的机会："二维码将是腾讯整合线上和线下业务的关键入口"。自从微信这个平台开放以后，二维码这个早就存在的信息工具被激活，各大电商、厂商、公司、媒体等都在求扫二维码，以此来得到公众的关注。然而，事情远远不是获得关注就没事了那样简单，一方面来说，获得二维码关注的同时也有了来自于微信平台的约束，未认证的官方账号每天只能发出一条信息，而已认证的账号一天也只能发布两条信息。这种信息量的限制对于保证商家与用户的有效互动是一种限制。此外，信息推送对于微信用户而言，是否存在强制推送现象，是否涉及用户隐私信息，这些都是微信营销必须面对的问题。

(3)微信——移动社交引发公共安全问题

移动社交媒体从未停止过发展的脚步，依赖于微信这个平台推出的"摇一摇"功能可以迅速与陌生人聊天，移动社交的新通讯方式逐渐成为年轻人手中的交友利器。然而，伴随交友的便利产生的不道德举动也给民众带来了一定困扰。在沈阳一家民营企业工作的小伙子刘尧曾热衷于微信交友，最近却对此颇有顾虑："以前我很喜欢用微信交友，总希望'摇一摇'能'摇'到一个有缘人。后来我都'摇'怕了，因为总有陌生人骚扰我，甚至个别人还找到了我的家庭住址。"①

微信作为新型交友方式的同时也为犯罪提供了另一种操作渠道，在微信用户便捷交流的背后，那些不是那么显而易见的危机则容易被用户所忽视。微信所具备的查找用户功能，是微信拥有独特的吸引力的原因之一，然而这一功能却在提供沟通便利的同时，容易给不良企图者创造犯罪的机会，利用微信诈骗、抢劫、强奸的案件屡见不鲜。

2. 微博：新力量推进社会变革

与微信相比，微博更容易形成舆论群，引发公众对相关事件聚焦讨论，也正是因为这一特征，微博在 2012 年发挥了其社会功能：微博政务、微博反腐和微博公益。这些功能具有较强的社会性和行动化特点，从而使得微博成为推动社会变革的一种重要力量。随着互联网相关法律法规的出台以及国家对微博管理力度的加强，微博的政务信息发布功能和公益功能可望得到进一步彰显，微博造谣行为可望得到遏制，微博言论将进一步规范化，其对社会变革的推动将更加理性。

(1)微博政务

2011 年被誉为政务微博元年，2012 年，微博政务功能继续得到强化。新浪平台上的政务微博除继续保持数量的持续增长外，在覆盖面、微博质量、应用水平、综合影响力等方面呈现出不断提升的趋势。截至 2012 年 12 月 31 日，新浪微博的注册用户增长 73%，达到了 5.03 亿。仅 12 月，日均活跃用户数在 4620 万，同比增长 82%。《2012 年新浪政务微博报告》显示，至 2012 年 10 月底，新浪微博认证的政务微博总数超过 6 万，与去年同期相比净增 41932 个，增长率达 231%，发博总数约为 3200 万条，平均每个政务微博的发博数为 531 条②，政务微博整体上呈现出"部委微博与基层微博齐头并进"的发展趋势。微博已经成为

① 微信让人不敢"信" 移动社交引发安全问题需谨慎[EB/OL]. [2013-05-22]. http://www.news.china.com.cn.

② 人民网舆情监测室. 2012 年新浪政务微博报告[R]. 2012.

发布政务信息、引导舆论的社交网络平台之一，截至2012年11月30日，经过认证的党政机构和党政干部微博数量超过12000个，12家中央部委级机构微博和百名副部级以上官员微博在人民网微博与网友互动。①

2012年也是政务微博集群化快速发展的一年，从2011年11月17日全国首个微博发布厅——北京微博发布厅上线至今，落户在新浪微博平台上的政务微博发布厅总数达133个。这一年中诞生了交通、卫生、公安、检察、司法行政、法院等多个全国性的系统微博发布厅，这标志着新浪微博成为我国政务微博集群化发展的最佳阵地。②

从整体上来看，政务微博逐渐承担起国家与民众之间政务信息沟通的功能，这一沟通功能具有及时性、互动性的特征，与传统媒体对信息有选择性的单向传播特点相区别。通过新媒体的快速传播和高效互动，蕴含在新媒体里的巨大"政"能量，正在影响着传统的执政理念和方式。

(2)微博反腐

2012年"微博反腐"成为社会关注的热点。据统计，在2012年广受关注的15起真实的网络反腐案件中，通过微博举报的共有6起，占40%，而在其余9起案件中，微博虽然没有直接充当举报平台，但其产生的巨大转发量，对案情的推动产生了不可忽视的作用③。

《2012年微博年度报告》指出，网民对腐败事件的强烈关注，不再满足于曝光事件的表面现象，而在于深挖表象背后的真相。网民面对腐败案例的态度有更鲜明的自主性，他们不再以政府或媒体曝光的事件表象作为舆论中心点，而是通过继续深挖，找到更深层的事实，这意味着网民的知情权和自主意识正在不断提高。当然，微博反腐也有失实的时候，2012年通过网络举报的24起反腐事件中，其中有9起经过调查之后确认为失实。

在微博反腐过程中，网民对微博的这一功能反应不一，这是因为微博反腐有着自身难以避免的缺点：首先是微博反腐过程中，相关信息的发布具有较强的个人特征，个人与信息之间的利益关系使得发布者难以做到公正客观，甚至可能产生网络谣言；其次，微博反腐行为缺乏有效的法律规范，这难以对信息发布者的责任和行为形成有效的约束；再次，因为微博反腐缺乏足够规范的应对与反馈机制，容易导致不实信息大范围扩散。

(3)以微博为平台的微公益正在释放"正能量"

"微公益"具有两重含义：一是以微博为平台而发起的公益行为；二是重在人人参与而不是捐款额度，通过积微小之力量而形成大公益。因此，从这个角度来看，微公益具有自发性和参与性的特征。微博平台凭借其大众化、广泛性、草根性和传播迅捷性，在便利和提高人们参与或者组织慈善公益活动效率的同时，也大大降低了普通民众做公益慈善活动的门槛。

2012年以微博为平台的公益活动呈现多样化、纵深化发展的趋势。人民网舆情监测室的统计数据显示，2012年，由微公益引发的大型网络热点事件超过40次。随着新技术的发展和新平台的不断拓展，微公益集聚与释放的"正能量"也会发挥更大的能量并辐射更多的地方，在慈善的同时会更加突出正义与公平。

3. 手机新媒体

随着3G手机的普及，手机的媒体功能越来越得到彰显，尤其在移动互联网运用方面，手机的优势明显。虽然手机的网络终端功能的发挥受到无线网络覆盖面和信号强度的影响，但手机在未来发展中的市场潜力不可小视。

---

① 人民网.2012年人民微博政务影响力报告[R].2012.

② 人民网.2012年新浪政务微博报告[R].2012.

③ 上海交通大学新媒体与社会研究中心、舆情网.2012年微博年度报告[R].2012.

(1)手机媒体成第一大上网终端，Android 系统市场份额潜力最大

《第 31 次中国互联网络发展状况统计报告》显示，截至 2012 年我国手机网民数达到 4.2 亿，年增长率为 18.1%，该数据表明，手机网民的增长速度远超整体网民的增长速度。不仅如此，网民中使用手机上网的比例也从 69.3%上升到 74.5%。手机网络各项指标增长速度全面超越传统网络，手机在微博用户及电子商务应用方面也出现较快增长。① 手机网民数量将随着无线网络与智能手机终端设备等技术的快速发展得到更快的增长。据调查，未来有 50.6%的手机网民计划购买智能手机，同时，智能手机用户中有 48.0%的用户计划再次购买。计划购买 Android 系统手机的用户有 43.3%，购买 iOS 系统手机的用户有 28.6%。由此可知，在计划购买智能手机系统的所有用户中，预计购买 Android 系统手机的比例最大，这也表明了 Android 系统的市场价值。随着智能手机不断普及，将形成以智能手机网民为主导的新局面。②

(2)智能手机革命已经到来

智能手机早已成为现代人生活的一部分。据 Google 和市场调研机构 Ipsos(益普索)的《2012 智能手机使用情况调查报告》显示，中国城市的智能手机普及率已达到总人口的 33%；用户对智能手机的依赖性越来越高，64%的用户每天都会使用智能手机访问互联网，43%的用户出门时一定会带上智能手机；用户主要使用智能手机的主要地点为家里(94%)、路上(87%)、办公室(87%)、乘坐公共交通工具(83%)及餐馆(75%)。在日常生活中智能手机为我们提供所需信息，如产品信息(65%)，旅行信息(43%)，餐厅、酒馆和酒吧信息(41%)，工作职位信息(32%)，公寓、住房信息(29%)。

同时，智能手机还改变了一般消费者购物的行为，它已成为一种便利的购物工具。虽然当下愿意使用手机来进行网络购物的用户数量不多，但很多用户会选择通过手机网络来了解相关商品信息，从而影响该用户的实际购买行为。

(3)遗憾：多元化上网需求尚待满足

2012 年，中国手机网民对无线网络流量的使用量提升很快，但多元化上网需求尚待满足。据调查，90%以上手机网民采用包月流量形式，平均每月包月流量为 125.3M，其中，以 30~100M 最多，占比 39.6%，仅能进行 QQ、微博、网页等基本网络操作，对于多图片、视频等耗流量较大的应用需求满足能力尚待提高。③

另外，尽管 2012 年 Wi-Fi 使用规模有较大提升，从 2011 年 7.6%的使用率增长至 28.6%④，且主要集中在手机娱乐类应用、网络购物、手机邮件和视频类应用上。但目前 Wi-Fi 网络的覆盖面主要集中在公共服务领域，如肯德基与麦当劳这样的大型餐饮服务机构，其覆盖面太小。Wi-Fi 网络若不能普及，将导致多元化的上网需求无法得到满足，限制智能手机的后续发展。

4. 网络视频

2012 年，网络视频行业在用户规模上有所突破，并在年内开始了整合与并购，而在手机发挥出移动互联网功能之后，网络视频行业面临着新的发展机遇与挑战，且挑战主要在于网络视频行业如何摆脱传统的广告营收模式，以产业链的塑造创新收入模式。

(1)视频行业大步快跑，网络新媒体转向移动新媒体

艾瑞咨询最新统计数据显示，2012 年我国在线视频用户规模突破 4 亿大关，行业整体

---

① 中国互联网络信息中心．第 31 次中国互联网络发展状况统计报告[R]．2013.

② 中国互联网络信息中心．2012 年中国手机网民上网行为研究报告[R]．2012.

③ 中国互联网络信息中心．2012 年中国手机网民上网行为研究报告[R]．2012.

④ 中国互联网络信息中心．2012 年中国手机网民上网行为研究报告[R]．2012.

市场规模预计超过90亿元，视频行业的版权市场规模达到126.3亿元。在此背景下，保守估计微电影市场容量已超100亿元。①

2012年，超过95%的中国网民在看网络视频，视频成为中国互联网第一大应用。随着用户增速的放缓，PC端网络视频的发展已到极限，但移动互联网的爆发式增长则为视频网站展开了一个“美丽新世界”。到2012年底，优酷来自移动终端的流量已占据全站流量的20%以上。照此发展态势，移动端视频在2013年有望迎来商业化元年。②

从网络新媒体到移动新媒体，新技术不断推动新媒体的变革与创新。随着3G网络的规模化发展和智能移动终端的普及，中国移动互联网用户规模已经接近5亿，使用移动终端收看视频的用户已经过亿，PC用户正加速向移动互联网环境下的“智能移动终端+APP”的移动新媒体模式迁移。2013年，将是移动新媒体爆发的年份，是以智能移动终端为特征的移动新媒体元年。③

(2)新主题：整合与并购

2012年被视作视频网站的并购元年，而在未来两三年内，“整合并购”还将在行业内持续下去。原本争得你死我活的优酷和土豆，一夜之间成为一家人；百度收购美国私募公司普罗维登斯资本所持有的爱奇艺股份；百事通斥资3000万美元现金收购在线视频网站风行网络有限公司和北京风行在线技术有限公司各35%的股权，等等，这些举动是视频行业烧钱大势下的必然结果。④

2012年4月24日，爱奇艺、搜狐视频、腾讯视频联合宣布，三方已达成协议，共同组建“视频内容合作组织”(Video Content Cooperation，VCC)，实现资源互通、平台合作，在版权和播出领域展开深度合作⑤。“VCC”形成了当前中国互联网视频行业最强大的整合宣传和营销平台，涵盖视频、门户、搜索、社交网络等国内最主流互联网应用，由此，中国网络视频市场格局基本确定，三方视频的市场份额总和已接近60%。此外，“VCC”所倡导的“联合购买，联合播出”理念在传统卫视已被广泛采用，这种模式在网络视频行业的实现，意味着中国网络视频行业进入成熟阶段，巨头之间的竞合关系将引导行业走向良性快速发展。⑥

(3)新方向：多屏合一受青睐

打通手机、PC、Pad等多个屏幕，建构“多屏合一”，让用户随时随地、在各种平台之间无缝便捷收看海量内容，已成为视频网站领先者的战略重点。优酷作为最早开始尝试移动互联产品研发的视频网站，其移动客户端在过去两年中已率先全面支持各大主流手机系统；而腾讯视频上线之初就完成了移动互联网布局，不管是Android、iOS，还是Pad，都可以看到腾讯视频APP的身影。2012年欧洲杯期间，腾讯视频以“PC+手机+Pad”模式直播，成为国内首家多终端直播世界顶级赛事的网络媒体。⑦

视频网站热衷于实现多屏合一，主要原因在于互联网用户的视频观看时间基本上已被瓜分殆尽。而移动互联网的高速发展给视频网站带来新的机遇，各大视频网站都期望通过移动

---

① 陈晶晶，南瑞，池何熠.“新人”出头——2012新媒体九大关键词[N].综艺报，2013-01-28.

② 2013关于新媒体的猜想：网络反腐能否制度化？[EB/OL].[2013-05-04].http://www.xinhuanet.com/newmedia/2013-01/10c_124212180.htm.

③ 2013—2017年新媒体行业发展前景分析及投资风险预测报告[EB/OL].[2013-01-20].http://www.zikoo.com/reports/4veoga3z1.html.

④ 陈晶晶，南瑞，池何熠.“新人”出头——2012新媒体九大关键词[N].综艺报，2013-01-28.

⑤ 腾讯搜狐百度三家共推视频内容合作组织[EB/OL].[2013-05-20].http://www.chinaz.com/biz/2012/0424/247636.html.

⑥ 搜狐腾讯爱奇艺三大视频平台推“视频内容合作组织”[EB/OL].[2013-04-24].http://finance.chinanews.com/it/2012/04-24/3842976.shtml.

⑦ 陈晶晶，南瑞，池何熠.“新人”出头——2012新媒体九大关键词[N].综艺报，2013-01-28.

终端整合用户的碎片化时间，拉开与其他视频网站的距离。视频网站的主要受众是年轻用户，他们的碎片化时间多、更换屏幕频率高，多屏合一的交替满足了年轻用户在桌前、沙发和床上观影的差异化需求。①

然而，对多屏互动的实现而言，最大的挑战来自于内容、盈利模式和商业模式。目前还没有合适的商业模式，各大厂商仍以出售硬件为主，这影响了多屏互动真正运营的速度。

(4)微电影突破单一广告收费模式尚需时日

风头正劲的微电影，2012年在数量、题材和发行平台上都实现了大幅跃升，同时，因知名导演和演员的加入，形式上也呈现出“大片化”特点。而易于创作和市场运作使得微电影特别受到广告商的青睐，微电影中的广告比传统广告更有吸引力。一方面，它从技术手段上超越了传统广告；另一方面，微电影往往把产品功能和品牌理念与故事情节巧妙结合，用精彩的视听效果吸引观众，使观众形成对品牌的认同感。

广告商定制的模式虽然带来了微电影的繁荣，但也从一开始就为微电影的发展设下了障碍。要在竞争激烈的市场中站稳脚跟，没有收费模式的微电影依靠植入广告的方式收回成本。关键问题在于，如何用创意的方式植入广告，让商业性服从于艺术性。此外，单一的盈利模式、被商业广告占领和内容良莠不齐等问题的存在表明，微电影要成为新的增长点，创意、差异化品牌、规范化道路和完备的产业链缺一不可。微电影想做大做强，就必须发展产业链，为实现盈利模式的转型创造条件。②

5. 广播电视新媒体

广播电视新媒体是广播电视与以互联网为代表的新媒体之间交相融合和渗透的产物。从2012年的发展状况来看，广播电视新媒体本质上还是将广播电视的媒体内容通过技术创新并以新媒体的传输方式进行传播，具体表现于OTT TV和3D电视。而技术的进一步完善将有可能使广播电视与网络新技术之间的融合日趋完善，更加具有发展潜力。

(1)OTT市场前景看好　山寨和侵权行为较普遍

OTT TV是“Over The Top TV”的缩写，是指基于开放互联网的视频服务，简单说就是以Over-The-Top方式服务的互联网电视，其终端可以是电视机、电脑、机顶盒、PAD、智能手机，等等。它可以通过互联网传输视频节目，强调服务与物理网络的无关性，如PPS、UUSEE等平台的内容传输到显示屏幕(包括电视)上。③

2012年OTT市场一片繁荣，机顶盒、一体机、IPTV+OTT等不同种类融合创新的模式相继诞生，OTT市场前景广被看好。但格局未定之际，集成牌照方、运营商、机顶盒厂商、视频网站、电视机制造商等都想抢夺先机扶摇直上。基于此，国家广电总局2011年年底颁发的181号文，明确规定了各利益方开展OTT业务时必须要遵从的规范，要求开展互联网电视服务必须要在牌照方的平台上运营。④

遗憾的是，互联网电视的市场蓝海力量尚未彰显，山寨和侵权行为却已成为普遍现象。打击山寨和侵权，必将是置身于恶性竞争中的互联网电视业面临的攻坚战。由于用户规模和使用习惯有待开发，OTT TV业务至今依然处于发展的初级阶段，如何在短期内盈利尤其让利益相关方头疼。截止到2012年年底，国内OTT并未形成如IPTV的付费商业模式，无论

① 陈晶晶，南瑞，池何熠．“新人”出头——2012新媒体九大关键词[N]．综艺报，2013-01-28.

② 陈晶晶，南瑞，池何熠．“新人”出头——2012新媒体九大关键词[N]．综艺报，2013-01-28.

③ 百度百科[EB/OL]．[2013-05-11]．http://baike.baidu.com/link? url=-HfT5OixByNcIKYniWqJBoN2Tki9sWnAzXDL i85kRp4De8ozSNMzI4ZMgu8Pe9ObFD8g94IkxHX8bvz0lb3Z8q.

④ 陈晶晶，南瑞，池何熠．“新人”出头——2012新媒体九大关键词[N]．综艺报，2013-01-28.

是电视机还是机顶盒，利润集中在终端销售环节，其他收入环节难以形成可持续的服务性收入。①

(2)3D频道开始试播，可望成为电视行业"主唱"

2012年，内容聚合、语音识别、人机互动、在线影视体感游戏等领域取得了技术突破，为彩电业的智能化升级提供了技术支撑，同时电视在大屏、高清、互动等方面发挥优势，彩电市场的发展开始步入智能化时代。随着3D技术的日渐成熟，面板价格走低，3D电视价格也随之下降，这为3D电视进入寻常百姓家打下了基础。可以预见，超高清电视市场将面临激烈的竞争，而决定获胜的关键因素在于技术成熟度和技术实力。

同时，国家有关部门出台了3D行业标准，并加大行业的政策扶持力度，3D产业可望在国家支持和行业规范的推动下获得快速发展。中央电视台、北京广播电视台、上海广播电视台、天津广播电视台、江苏广播电视总台等六家单位联合开办3D电视试验频道，开始分栏目制作3D电视节目，并于2012年元旦在中央电视台统一播出，每晚首播4.5小时，每天共播出13.5小时。试验频道节目主要包括动漫、体育、专题片、影视剧、综艺等类型的3D电视节目，并涉足重大活动的现场转播。这种尝试对于未来3D电视产业的发展具有较强的示范带头作用。

6. 电子商务

2012年，电子商务企业之间的竞争异常激烈，电商巨头不断加大市场营销和推广力度，价格战最终发展成为口水战。电商行业中新加入者与退出者成为一道景观。整体而言，正是在激烈甚至有点惨烈的市场竞争中，电子商务依然保持了较快的增长势头，产业结构调整与升级的步伐也逐渐加快。《第31次中国互联网络发展状况统计报告》显示，截至2012年12月，我国网络购物使用率提升至42.9%，网络购物用户规模达到2.42亿，比2011年增长24.8%，而团购用户数为8327万，全年增长28.8%，使用率提升2.2%达到14.8%。手机端电子商务类应用也在迅速扩张。网民使用手机进行网络购物相比2011年增长了6.6%，用户量是2011年的2.36倍；此外，手机团购、手机在线支付、手机网上银行三类用户的规模增速均超过了80%。② 从整体上看，除京东和苏宁易购的价格战升级为口水战之外，电子商务呈现出以下新的趋势：

(1)电子商务呈现一超多强格局

2012年11月份电子商务B2B排名前10位的分别是阿里巴巴、慧聪网、中国图书网、中国供应商、敦煌网、马可波罗网、一呼百应、八方资源网、网络114、勤加缘网，以"阿里系"企业为代表的平台型电商继续保持领先。仅2012年"双十一"，支付宝销售总额达191亿元。2012年，阿里巴巴已成为全球企业间(B2B)电子商务的著名品牌和全球领先的网上交易市场及商人社区，其超过1400万网商的电子商务网站分布于220个国家地区，是全球商人销售产品、拓展市场及网络推广的首选网站，呈现一超多强局面。

(2)微支付需求市场仍处于萌芽阶段

数字媒体的兴起也正在改变着人们的消费模式。随着电子支付的渐趋流行，"微支付"开始显现出市场潜力。"Q币"、盛大旗下的游戏币、世纪佳缘的"佳缘邮票"等是微支付应用的主要领域。2012年4月，财付通升级"微支付"业务体系，并覆盖了腾讯旗下的游戏、开放平台、QQ视频、电子图书等数字产品和服务。以现金购买虚拟货币，进而在应用场景里消费，是微支付的基本方式。

但微支付的需求市场仍处于发展萌芽阶段。支付宝、财付通在国内第三方支付工具市场

① 陈晶晶，南瑞，池何熠."新人"出头——2012新媒体九大关键词[N].综艺报，2013-01-28.

② 中国互联网络信息中心.2012年中国网民消费行为报告[R].2013.

中位居前列。而随着更多的第三方支付公司进入网游、手机网购、SNS 社区、手机应用等微支付市场，微支付行业面临激烈的竞争，获得更大的发展机会。随着竞争加剧，微支付市场在经历市场分化之后集中于少数经营较好、服务针对性强的支付公司中。

(3)电子商务区域布局初步成形

电子商务的发展在国家推动下逐渐开始产生产业聚集效应，同时地方的电子商务发展规划呈现出以点带面的特征。2012 年，国家商务部公布了首批 34 个国家电子商务示范基地。这些示范基地分布于全国 27 个省、32 个城市。结合先前发改委公布的电子商务示范城市，当前中国电子商务的区域发展已经形成了覆盖全国的区域节点。在国家商务部公布电子商务示范基地名单之后，各地也纷纷推出了电子商务发展规划，通过重点工程、重点企业、重点行业、重点园区的带动效应加强区域内电子商务资源的集聚，进而辐射周边地区的行业发展，呈现出以点带面的分布特点。政策优惠、公共服务平台的搭建和资金扶持等措施的出台，吸引了国内外电子商务企业和相关配套企业入驻，集商品贸易、平台建设、物流配送、融资支持等多功能、多业态的产业载体得以形成。① 可以说，在国家和地方的积极推动下，电子商务的产业化格局将逐步成形。

7. 新型业务形态、新技术与新平台

在传统传媒业务与新媒体交汇过程中，随着新技术的出现，新兴业务形态以及新运用平台也纷纷显现。商机转瞬即逝，先入者可能占据优势，这对于厂商把握商机的能力提出了较高要求。在此状况下，厂商凭借自身的敏锐度而纷纷涉足新业务，开发新平台。新技术和新平台的出现固然可以催生新业务，但随着时间推移，一些比较成熟、具有市场潜力的新技术和新平台将得以发展，相反，另一部分新技术和新平台可能面临发展瓶颈，并可能被淘汰。

(1)微动漫

顾名思义，微动漫诞生于微时代，其以手机这一互联网移动网络终端作为平台，是一种以普通网民为制作主题的、旨在表现网民对社会、生活等方面看法和观点的艺术形式。这一形式随着 3G 手机的普及而逐渐成为中国新媒体动漫的主产品之一。而 3G 本身所具有的便携性、伴随性和互动性则给微动漫的流行奠定了基本条件，手机的支付功能则成为微动漫的市场营销和推广基础，其用户规模则为微动漫提供了规模化传播和受众规模性聚集的空间。微动漫的出现可望为动漫产业的发展提供一个市场发展分支。

鉴于 3G 手机用户大多为年轻人，且动漫制作技术的拥有者也大多为年轻人。因而，微动漫具有产制主体和接受主体年轻化倾向。在这样的条件下，微动漫更能吸引年轻人的价值观和生活品位。因而，微动漫更多地成为了年轻人表达情感、实现互动的载体。从目前的微动漫市场发展来看，微动漫采用动画的基本形式，但使用漫画式的艺术语言，以夸张的笔法来刻画作者对社会、生活的基本看法和主张；虚构漫画人物或超时空人物，借这些人物之口，采用比喻、暗示、象征、调侃的技巧，隐晦地表达作者观点。这种形式具有微言大义的特点，较多用于敏感题材和敏感话题。

尽管微动漫市场发展潜力巨大，但也面临着创作水平不高、原创性不足、艺术性不高等问题，这与中国动漫市场缺乏高端创意人才的整体状况有着紧密联系。

(2)微网：一款真正实现 Web 3.0 的产品

2012 年 6 月，微网在北京正式上线。微网的出现被视为代表着互联网深度变革、全球首个大型云计算自主收藏分享搜索的网站。微网集传统网站的收藏导航、搜索、内容提供等多种功能于一身，而在传统网站此类功能分别由不同网站承担，因此，微网具有较强的聚合

① 2012 年电子商务发展回顾与展望[EB/OL]. [2013-06-23]. http://finance.eastmoney.com/news/1355，20130228275858833.html.

效应，是一款真正的 Web 3.0 产品，用户可通过微网快速获取自己感兴趣的内容，而这些内容在微网上已被预先分类和排列，并且可根据自身的意愿和兴趣将相关内容和网站放置于个人网站中，同时可根据相关兴趣实现对其他用户网页进行访问的功能。微网这种便携性、个人化和分享性特征对于传统网站来说具有较强的冲击力。微网给予用户较大的自主性，可实现网站的自主收藏导航、自主搜索分类和自主建站分享。

微网创始人张晓崧表示：微网是一款真正实现 Web 3.0 的产品，因为网站创办者与网站使用者的身份已可以自由转换，微网用户可以自主全面多向地提供网站的信息内容和收藏搜索分享。① 微网未来的发展，将致力成为中国乃至全球互联网领域自主收藏分享搜索类网站的开创者和领导者。

(3)“二维码”技术

以手机为终端的移动互联网之位置信息，可实现对用户的动态式定点、定时营销，一直是商家比较推崇的营销手段。而二维码则是线上与线下之间的关键性入口。手机上网用户规模超过电脑终端上网用户规模，这表明手机上网成为用户的普遍需求。但手机上网同时也面临着屏幕和键盘尺寸的限制，用户操作麻烦，影响了手机用户上网的体验。而二维码则可以使手机用户摆脱这一困境。“扫一扫”成为二维码技术的标志性动作。

二维码负载着上网的相关信息，对其他产品具有较强的附着性，而这也正是二维码的商业价值之所在。事实上，二维码尚用于商家的营销过程中，通过位置信息与二维码相联系，可推送相关营销信息，实现真正的精准营销。此外，二维码技术也正在被用于行业防伪领域，如火车票、药品、证照等。据估算，到 2015 年，我国二维码的市场规模将达到 1000 亿元。

(4)大数据

大数据在 2012 年无疑是网络运用和研究的关键词。“大数据时代”、“大数据挖掘”成为了流行语。鉴于大数据本身所负载的用户营销信息，国内各门户网站开始向“大数据时代的智慧门户”转型，通过旗下门户、微博、视频、无线、游戏等各产品线的跨平台深度整合，从海量数据中挖掘、分辨出用户的行为模式、兴趣偏好等，实现内容和服务的精准营销。大数据尤其对于电子商务营销领域有较强的市场价值。其可实现快速更新产品和服务的价格信息，在商家与用户之间实现间接沟通，提升营销效率和针对性。

【作者简介】

强月新，武汉大学媒体发展研究中心研究员，教授，博士生导师，主要研究领域为新闻实务、媒介经营。

刘莲莲，武汉大学新闻与传播学院 2012 级博士研究生。

---

① 微网创始人张晓崧谈微网前景——人人希望拥有别墅[EB/OL]. [2013-01-02]. http://finance.china.com.cn/roll/20121127/1155324.shtml.

2012年中国大陆新媒体研究的学术图景
——基于9种新闻传播类CSSCI期刊论文的分析①

冉 华 邓 倩

一、引 言

新媒体的影响力正渗透到人们的社会生活之中，给人际交往、组织沟通和传播格局带来了全新的变革。新媒体无疑是当前学术研究热点之一，进入21世纪以来，新闻传播学领域的新媒体研究热潮已持续了一段时间。近年来国内学界也基本形成了定期进行新媒体研究文献评述的传统，这为我们较准确地把握新媒体研究的现状及动态提供了丰富而有益的借鉴。2012年中国大陆新媒体研究会呈现怎样的图景？本研究试图克服已有研究存在的不足，对2012年国内新媒体研究的现状给予必要考察，以期能客观、翔实地展示国内新媒体研究的整体概貌。在分析期刊分布、作者机构、主题内容、研究方法等基础上，探寻2012年国内新媒体研究的创获与缺失，试图为进一步寻求研究突破点提供参考。

二、研究实施

本研究参照中国社会科学引文索引CSSCI(2012—2013)及扩展版来源期刊目录，选择新闻传播学类的9种期刊作为研究对象，包括《新闻与传播研究》、《国际新闻界》、《新闻大学》、《现代传播》、《当代传播》、《新闻记者》、《传媒》、《新闻界》和《新闻与写作》。② 本研究已筛除编辑出版专业CSSCI期刊，所选定的9种期刊可以说基本涵盖了全部综合类新闻传播学CSSCI期刊，以实现客观展示国内新闻传播学领域新媒体研究的整体图景。为保证检索文献的查全率，本研究选定中国期刊全文数据库CNKI作为获取研究文献的源数据库。笔者于2013年1月15日以文献出版来源为检索项，查找上述9种期刊从2012年1月1日至2012年12月31日发表的研究文献目录，并逐一选取以新媒体、互联网及数字媒介等为主题的研究文献。将研究文献类型限定在学术论文，筛选剔除后的有效研究文献记录为318条，确定为本研究的样本。

本研究在文献信息分析方面，对于除研究内容之外的其他文献数据信息，如作者隶属机构分布、期刊分布和论文被引频次等，采用频数统计法。在研究内容分析方面，采用文献计量学中常用的词频统计法，本研究选择运用武汉大学信息与管理学院研究团队开发的ROST Word Parser专业软件对研究文献的题目、关键词和摘要词频进行统计分析。在运用专业软

---

① 本文是2012年教育部人文社科重点研究基地重大项目《国家经济发展战略框架下中国传媒经济发展的理论与实践研究》(项目编号：12JJD860006)成果之一；武汉大学2012年度博士研究生自主科研项目阶段性成果(项目编号：2012103010202)。

② 依据南京大学中国社会科学研究评价中心发布的中国社会科学引文索引CSSCI(2012—2013)来源期刊及扩展版来源期刊目录，新闻学与传播学期刊数量共计20种，本研究选择了其中9种综合性期刊。

件进行词频分析时，研究首先剔除了文献检索中的半禁用词和无意义虚词等对于发现研究热点无实质意义的相关词汇。在研究方法分析方面，运用内容分析法，在样本总体中抽取 20 条，笔者与研究助理分别独立试编码，通过 Krippendorff's α 值①公式用定类变量研究方法计算出编码员间信度值(inter-coder credibility)为 87.4%，显示研究信度良好，满足进一步研究的要求。

三、研究发现

(一)国内新媒体领域的研究主体多样化，不同主体的知识生产差异相对显著

一个研究领域的研究主体构成通常具备一定的多样性，其研究主体属性越多元，往往在某些方面表明这一研究领域的发展越活跃。检视 2012 年国内 318 篇新媒体研究文献的第一作者群体可知，国内新媒体研究领域的研究主体主要有以下四大来源：高等学校、专业研究机构、新闻出版及传媒机构和政府机构，其研究主体属性相对多元。国内新媒体研究领域研究主体的多样化在一定程度上说明了国内新媒体研究经过数年的蓬勃发展其研究影响力辐射范围逐渐扩展。某一主体在一个研究领域发表的研究文献越多，则该主体在这一领域的研究实力越强。本研究在对 318 篇研究文献第一作者隶属机构的判别与统计的基础上，试图呈现 2012 年国内新媒体领域研究主体间的实力对照。在 318 篇文献中，来自全国各地高等学校的文献共有 288 篇，占比达 90%，高等学校研究者是目前新媒体研究的中坚力量。来自新闻出版及传媒机构的文献有 18 篇，占比 6%，全国各出版集团、报业集团、广电集团和各大门户网站，如新浪网、搜狐网、人民网等，均纷纷加入新媒体研究的队伍。一些专业研究机构也将注意力投射到新媒体研究领域，共发表文献 10 篇，占比 3%。此外，仅有 2 篇研究文献来自政府机构(见图 1)。从研究实力的比较来看，作为综合性的具备较高研究条件和水平的高等教育机构，高校无疑是国内新媒体研究的主要承担者。高等学校凭借自身在科研方面的传统优势，成为新媒体研究格局中的核心引导者。

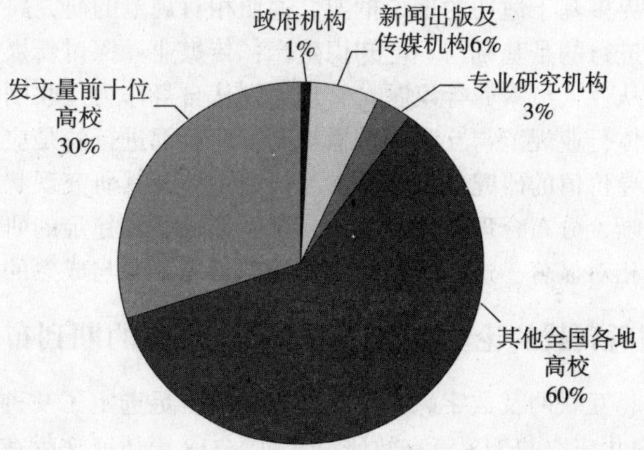

图 1　2012 年新媒体研究的研究主体分布

① 本文采用内容分析信度计算中应用最广泛的 Krippendorff's α 值作为测度。Krippendorff's α 值的计算公式较为繁琐，可参见 Krippendorff，K.（2004）. Measuring the Reliability of Qualitative Text Analysis Data. Quality & Quantity，38，787-800. 使用 Krippendorff's α 值时，编码员信度应达到 0.75。

通过对各研究主体发表研究论文数量的进一步分析，2012 年国内新媒体研究领域发表研究论文数量排名由高到低的前十位是以下高校（见图 2）：中国人民大学（17 篇），中国传媒大学（15 篇），复旦大学（10 篇），武汉大学（9 篇），南京师范大学（8 篇），北京大学（6 篇），华东师范大学、清华大学、上海交通大学发表研究论文数量均为 5 篇（按英文字母排序），暨南大学、南京大学、四川大学、浙江大学发文量均为 4 篇（按英文字母排序）。2012 年发表新媒体研究论文数量前十位高校的总发文量达 96 篇，刚好是全国其他 70 余所高校总发文量的一半，占 2012 年新媒体研究论文总量的 30%。发文量前十名的高校均为国内较著名的新闻传播学教学与研究大学，且除四川大学外，其余都是位于中东部地区的高校。从上述数据可以解读出国内高校之间新媒体研究实力对比差异明显，传统新闻传播学名校的研究实力依然强势，国内中东部与西部地区高校的新媒体研究实力不平衡现象依然存在。

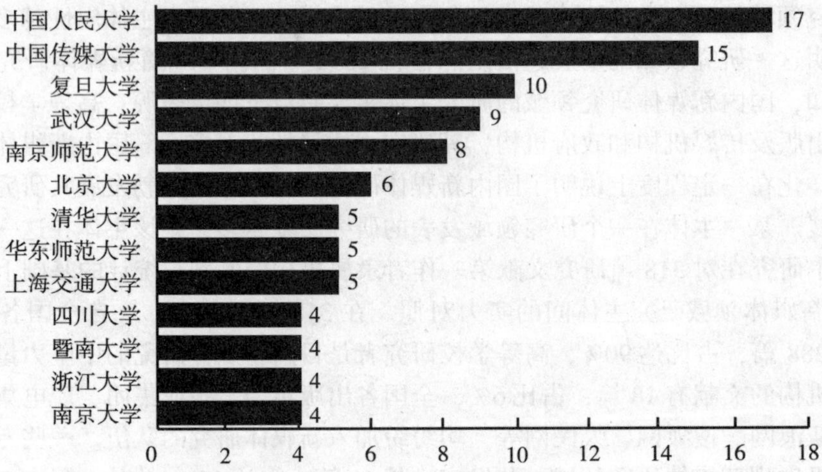

图 2　2012 年发表新媒体研究论文数量排名前十位的高校

同时，某一研究领域中研究主体间的知识生产常常也存在差异性。2012 年国内新媒体研究主体可归纳为三种类型：研究学界、传媒业界和政府管理界。交叉比较三大类型的研究主体的知识产出，学界多基于适切的理论框架，遵照相对规范的研究路径开展新媒体多层面问题的基础研究，多进行的是基础与理论知识生产；传媒业界探讨新媒体发展实操层面的先进经验、运作策略和从业人员素养等议题；管理界则从自身作为互联网管理政府职能部门的角色出发，解析新媒体行业规范与互联网传播规制，两者都进行的是应用知识生产，产出了部分具有较强实践指导价值的研究成果。从参与研究主体及其研究现状来看，国内新媒体领域的研究主体构成明晰、分布合理、核心突出，基本形成了较稳定的研究格局；且不同研究主体的知识生产差异相对显著，这是国内新媒体研究日臻繁荣与成熟的表现。

（二）不同期刊所刊载的论文各有侧重，研究文献的期刊布局日趋形成

本研究以新媒体、互联网及数字媒介等为研究主题立足选定了 9 种新闻传播学类 CSSCI 期刊在 2012 年时限内共获取的 318 篇有效研究文献。318 篇研究文献在各期刊分布如图 3 所示，由于 9 种期刊全年出版周期、刊载版面数量和被收录 CNKI 数据库的时间等略有不同，统计显示各期刊 2012 年刊载的新媒体研究论文数量存在一定差异。其中《现代传播》、《新闻界》和《新闻与写作》2012 年刊载的新媒体研究论文数量位列前三位，分别为 58 篇、48 篇、44 篇，所占比例依次是 18%、15%和 14%。而《国际新闻界》、《新闻大学》和《新闻与传播研究》刊载的新媒体研究论文数量则相对较少。同时，不同的期刊在选择发表论文上各有侧重。《新闻与传播研究》、《国际新闻界》、《新闻大学》和《现代传播》由知名新闻传播学

高校创办，刊载论文以学术研究为主，主要展示新媒体研究领域的理论贡献，重视开拓跨学科研究，并保证对国际学界动态的高度关注。而《当代传播》、《新闻记者》、《新闻界》、《新闻与写作》和《传媒》5种期刊大多由各地报业集团创办，所刊论文注重与新闻传播实践的紧密结合，研究性与实用性并重，具有较普遍的业务指导意义。总体而言，新媒体研究论文在9种期刊的数量分布符合文献分布的一般规律，新闻传播学领域新媒体研究成果的期刊布局日趋形成。9本期刊2012年刊载新媒体研究论文数量的明显差异与其各自不同的出版周期直接相关，刊载研究论文数量较多的是月刊，而刊载数量相对较少的往往是双月刊。因而，年度刊载研究论文数量从客观上看并不能作为衡量某一期刊新媒体研究关注度和水准的一项指标。据不完全统计，2012年新媒体研究论文总量较之往年仍有所增长，研究成果颇为丰富。以各期刊2012年度刊载研究论文总量为基准，2012年9种期刊发表的有关新媒体研究论文均在各自的年度发表论文总体中占有相当比重。这些都从侧面体现出新媒体研究是当今新闻传播学研究领域中不可或缺且持续增长的部分。

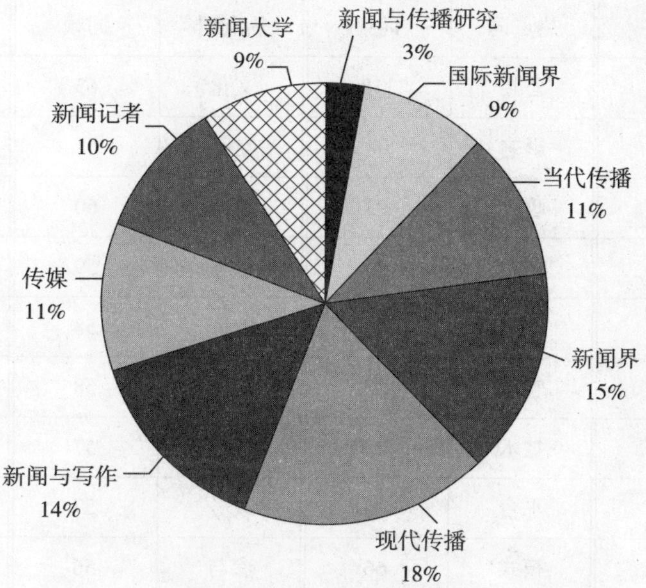

图3　2012年新媒体研究论文的期刊分布

（三）新媒体研究内容逐渐从传播自系统研究向社会化系统研究过渡

作为文献计量方法之一，词频分析可以归纳出某一研究领域文献中词汇的频率，通过统计高频词可以分析出某一领域的研究热点和发展动向。本研究运用ROST Word Parser软件对318篇新媒体研究文献的题目、关键词和摘要进行词频分析，剔除不符合统计要求的无意义虚词和半禁用词后，筛选出新媒体研究的40个实词高频词，如表1所示。将部分意义相近的词语归类合并，“媒体”的词频共计604，“互联网”的词频共计563；两者词频分列第一、第二位。互联网作为当前最重要的新媒体平台，无可厚非是新媒体研究最广泛涉及的研究对象。检视高频词汇表可以发现，微博、手机、社交网站、网络视频这几类媒体在列，这些是2012年新媒体研究重点关注的几大新媒体形态，也是近年发展迅猛的新媒体应用。值得一提的是，新兴社会化媒体微博在2012年依旧强势发展，词频达446，位列第四，维持了其研究热点的位置。手机、社交网站、网络视频等新媒体忝列其后。

剔除媒介类型等与研究内容关联性不紧密的词语后进行高频词的聚类分析，可以发现，2012年词频居前40位的社会、舆论、事件、公共、影响、政治、群体、社会化、公众等词语，同属于新媒体社会化系统研究。新媒体社会化系统研究涉及新媒体在整个社会大系统中的多向度社会影响，与社会经济、政治、文化的相关性，如解析网络舆论扩散、聚集、协同的特征，探求如何更好地实现网络舆论的引导和监督；聚焦2012年热点公共群体事件，阐释网络公共群体事件传播的动力机制及其规避策略；关注新媒体传播环境下的数字政务、公众参与、社会治理等问题。从词频数来看，2012年国内新媒体研究对这一层面关注最盛。而传播、新闻、信息、内容、技术、模式、平台、用户等词语，归属于新媒体传播自系统研究，其总词频稍低于社会化系统研究。这类研究立足于新媒体传播系统中的传播内容、技术、模式、用户行为及其规范管理等，如学者们思考数字媒体的迅猛发展给传统新闻生产带来了怎样的改变，并提出未来的新闻内容生产需要依循的标准和路径；考量某一特定社会群体的新媒体使用行为及其对用户的影响；解读新兴社会化媒体的传播形态，以探求新媒介演进和变革的趋势。同时，新媒体传播相关的基础理论研究也是学者们持续关注的话题。

表1　　**2012年新媒体研究前40位高频词**

热点词	词频	热点词	词频	热点词	词频	热点词	词频
媒体	604	公共	118	文化	63	机制	54
互联网	563	影响	94	空间	61	社交	53
传播	518	政府	93	政治	60	视频	53
微博	446	网站	90	群体	59	功能	52
新闻	321	内容	86	特征	58	社区	51
社会	192	管理	82	谣言	58	理论	49
信息	168	技术	75	环境	57	社会化	47
舆论	147	平台	70	政务	57	公众	38
事件	131	模式	66	参与	56	议题	37
发展	123	手机	64	用户	56	治理	37

研究文献的被引情况也充分印证了新媒体研究主题的分布特征。2012年国内新媒体研究论文的总体被引频次少，被引用率偏低。在所获取的318篇研究论文中，被引频次排在前10位的论文，最高被引频次为7次，最低仅有4次(见表2)。① 在被引频次前十位的论文中，除2篇涉及新媒体传播自系统研究外，其余8篇均以新媒体社会化系统相关议题为研究对象，如网络舆论、数字与网络传播背景下政务微博的发展路径和策略、全球社交网络的文化影响。这一结果与上文基于词频分析的研究主题分布情况基本吻合，也从另一角度反映了2012年新媒体研究的热门议题。2012年新媒体研究的热点议题与社会发展动向、传媒发展实践及国家政策导向等层面相互呼应，已有研究表现出较强的时代感和前沿性。新媒体的迅速崛起带动了其相关研究的极大丰富，2012年新媒体研究主要围绕新媒体传播引发的多向度社会性影响而展开，研究视野从传播形态、用户逐渐向更广泛的社会层面扩展。近两年，新媒体传播的社会影响越发受到关注，研究内容从传播自系统到社会化系统的过渡，在一定层面彰显了国内新媒体研究层次的深化，这是国内新媒体学者们持续投入并不断提升的结果。

① 该数据来源于2012年1月15日中国知网CNKI数据库统计的论文被引频次。

表 2 **2012 年被引频次前十位的新媒体研究论文**

作者	题　　名	出处	被引频次
刘鹏飞 周培源	2011 年网络舆情走势与社会舆论格局	新闻记者，2012(1)	7
相德宝 吴竞祎	政务微博的现状与发展对策	新闻与写作，2012(2)	7
费爱华	新媒体背景下的政府舆论引导——基于政府再造的视角	现代传播，2012(1)	5
王艺	对微博舆论场的传播学解构——以“温州动车事故”的微博传播为例	新闻界，2012(1)	5
殷乐	全球社交网络新态势及文化影响	新闻与写作，2012(1)	5
靖鸣 李姗姗	微博舆论监督中的集群行为及其成因探析——以“药家鑫事件”为例	新闻与写作，2012(1)	5
韩娜	传播学视角下政务微博的发展路径探析	新闻与写作，2012(2)	5
余秀才	全媒体时代的新媒介素养教育	现代传播，2012(2)	4
张沐宁	微博问政的“多中心治理结构”与策略探讨	新闻界，2012(1)	4
匡文波	微博热的冷思考	新闻与写作，2012(2)	4

(四)实证研究方法的广泛运用是国内新媒体研究深化发展的必然趋势

基于研究文献，在操作层面本研究将研究方法区分为内容分析法、调查法、实验法、模型分析法、访谈法、个案研究法、文本分析法、民族志和阐释思辨。其中前 8 种均归属于实证研究方法，“阐释思辨”则是非实证研究路径，注重逻辑推理、演绎或批判。研究方法分析采用内容分析法，笔者与研究助理对 318 篇研究文献分别独立编码，当研究文献使用多种研究方法时，在编码时统一把“以某种方法为主”作为判定分类依据。通过 Krippendorff's α 值公式用定类变量研究方法计算出编码员间信度为 87.4%，显示研究信度良好，满足进一步研究要求。在 2012 年新媒体研究中，依循阐释与思辨的非实证路径的研究文献远多于实证研究文献，非实证研究文献数量(66.04%)将近是实证研究的(33.96%)2 倍。统计发现共有 194 篇研究论文是通过梳理相关文献围绕某一议题进行描述、归纳和解释，所占比重最大达 61%，超过半数；还有 16 篇研究论文是沿袭批判学派和文化研究的传统，对新媒体发展的某些现象给予了深刻阐释和反思，占总体的 5.04%。在国内新媒体研究领域，非实证研究路径处于绝对主导地位，这与国内新闻传播学研究基本态势相符；研究者们更多按照对已有文献资源比较、归纳、总结的研究套路，这与国内新闻传播学长期积累的人文学科传统密切相关。

尽管非实证研究取向仍是主导，但较之前两年，2012 年新媒体实证研究文献数量在不断增长，所占比重有了较大幅度的提高。2012 年新媒体实证研究的比重是 33.96%，其中以调查法和个案研究法为主，两者所占比例基本相同，各约 10%。问卷调查法是国内实证研究运用得最广泛且较成熟的研究方法之一，得到许多传播研究者的青睐，如基于天津居民的“媒介接触”调查①、上海中心城区居民互联网对其医疗决策

① 喻国明．我国居民网络功能使用情况的报告——基于天津居民的“媒介接触”的定量考察[J]．新闻界，2012(14)．

影响的调查①等。同时，多层面的新媒体研究均侧重结合典型个案展开，如学者们以"药家鑫事件"、"郭美美事件"、北京"7·21"特大自然灾害等热点公共事件为例探析网络舆论的成因、特征和监管引导策略。有部分研究引入了内容分析法（4.08%）和模型分析法（3.14%）。随着微博等社会化媒体的普及，社会网络分析等社会学定量研究方法开始在新媒体研究中受到重视。越来越多的研究借助模型分析工具来解读一些较复杂的新媒体传播问题，如网络时代的虚拟社区及其成员参与模型②、基于社会网络分析的网络口碑传播研究③、突发事件中网络论坛用户声望的影响因素模型分析④等。民族志田野调查、文本分析、访谈法和实验法等研究方法在2012年新媒体研究中也有所体现，但所占比重相对较小（6.92%），如运用实验法的基于眼动追踪技术的网页可用性测试⑤、上海大学生对网络色情信息的接触与评价研究⑥等；使用民族志方法实施的电视实践与维吾尔族村民日常生活研究⑦、电视与传统文化的社会互动研究⑧等。这些高级实证研究方法的运用，丰富了国内新媒体研究的学术地图。数据显示，2012年国内学者加大在实证研究上的尝试和投入，取得了令人欣喜的成果。这一努力顺应国际新闻传播学注重实证的研究路径，突出研究的科学性和精确性，逐渐提升了国内新媒体研究的层次和水准。新的研究问题必然催生出新的研究路径，实证研究方法的广泛运用是国内新媒体研究深化发展的必然趋势，也为国内新媒体研究走向国际学术舞台奠定了基础。近两年国际新闻传播学研究开始在实证研究传统中导入理论层面观照，在理论分析基础上寻求实证研究支持，研究路径上体现出理论阐释与实证分析相融合的趋向。国内新闻传播学界也应该在未来研究中不断导入这一研究路径的新趋势。

四、结论与讨论

本研究整体抽取了9种新闻传播类CSSCI期刊，通过检索中国知网CNKI数据库共获取318条有效研究文献记录，从作者属性、期刊分析、研究内容、被引频次和研究方法等角度对研究文献进行了系统量化分析，较客观、准确地展示了2012年中国大陆新媒体研究的整体概貌。研究发现，2012年国内新媒体研究图景呈现出以下特征：国内新媒体领域的研究主体多样化，主体间知识生产的差异相对显著，基本形成了较稳定的研究格局；不同期刊所刊载的论文各有侧重，研究文献的期刊布局日趋形成；新媒体研究内容逐渐从传播自系统研究向社会化系统研究过渡；国内新媒体研究层次正经历着从形态研究、受众研究向效果研究的演进；国内学者加大了实证研究的尝试和投入，实证研究方法的广泛运用是国内新媒体研究深化发展的必然趋势。新媒体在全球范围内高速成长和广泛普及，一些新的概念、现象和问题在新媒体发展过程中被不断提出，引发学界给予相应的关注和探讨，新媒体自然成为新

---

① 王学成，刘长喜．互联网在健康传播、病患医疗决策中的作用与影响研究——基于对上海中心城区居民的调查分析[J]．新闻大学，2012(1)．

② 聂磊．网络时代的虚拟社区及其成员参与模型[J]．现代传播，2012(8)．

③ 周文娟．基于社会网络分析思路的口碑传播研究[J]．当代传播，2012(3)．

④ 薛可，陈晞．突发事件下网络论坛用户声望的影响因素研究：跨层次的分析[J]．新闻大学，2012(4)．

⑤ 葛岩，郑雪梅．眼睛是心灵的窗口——基于眼动追踪技术的网页可用性测试[J]．现代传播，2012(2)．

⑥ 申琦．上海大学生对网络色情信息的接触与评价研究[J]．新闻大学，2012(1)．

⑦ 金玉萍．电视实践与维吾尔族村民日常生活研究——基于托台村民族志调查[J]．新闻与传播研究，2012(1)．

⑧ 陈峻俊，何莲翠．电视与传统文化的社会互动研究——基于女书村落的民族志调查[J]．当代传播，2012(4)．

闻传播学领域的研究焦点。面对新媒体技术在全球范围发展步伐相对一致的事实，国内新媒体研究动态也与欧美相关研究基本同步。全面检视 2012 年国内新媒体研究现状，不难发现学界围绕网络舆论的监督和引导，特别是公共群体性事件的网络舆论疏导，社会化媒体兴起对新媒体传播生态的多重影响，互联网传播给社会带来的多向度影响，尤其是在政治、文化层面的影响等几大主题进一步开展了颇具价值的研讨。

除上述研究动向之外，特别值得肯定的还有新媒体基础理论研究方面的建树。新媒体基础理论研究原本一直相对薄弱，近两年越来越多的学者开始将注意力放到了对新媒体传播理论的修正和建构，不遗余力地推进相关基础研究工作，试图弥补以往新媒体研究的缺失。2012 年的新媒体基础理论研究已逐步跳脱出以往的概念梳理、范畴界定和理论验证，开始借鉴多重理论和研究范式透析新媒体传播的相关问题，试图建构与数字与网络传播环境相契合的理论假设。如有研究以符号学视域对网络时代女性身体符号进行解读，揭示新媒体时代女性身体符号消费的内涵与逻辑①。李红、董天策从符号竞逐所指向的价值客体出发，对网络公共事件重新分类，厘清了网络公共事件中的符号主体及其相互关系。② 吴文汐借助建筑学有关空间与交往的理论，归纳了电子邮件、SNS 网站、微博等六类网络交往空间的空间意象以及形成的交往模式，总结了未来网络交往空间形态发展的三大趋势。③ 庞云黠引入了互联网研究“哈佛学派”的研究成果，从跨学科视角为当前互联网在商业利益与政府力量裹挟下遭遇的发展窘境提供了解决路径。④ 还有部分学者致力于新媒体研究方法的探索，努力寻求使新媒体研究更加科学有效的路径。张轶楠、陈锐逐一分析了当前媒体广泛使用的民意调查方法所存在的误区，并有针对性地提出了改进措施以及未来发展趋势⑤；戴丽娜运用社会网络分析法，构建了由微博舆论领袖特征指标、微博平台测量指标和观测变量组成的微博舆论领袖识别体系⑥。虽然既有研究尚无系统性成果，但相关学科丰富理论和研究范式的导入，开阔了国内新媒体研究的视野，具有重要启发意义。有国内学者们的继续重视和投入，新媒体基础理论研究在今后有所突破是可以期待的。

既有新媒体研究虽有所创获，但尚有待于持续研究的深入。新媒体研究层次从形态、受众向效果的过渡表明，未来新媒体研究的重心应安放在剖析新媒体传播的多向度社会影响之上，但这一核心议题的相关研究尚需在实证支持和理论观照的互动中不断发掘和深入。近年国内新媒体研究在研究路径上有所完善，但总体而言学术的规范性仍有待进一步加强。多数仍采用从经验出发的归纳阐述，模糊混淆一些词语概念而缺乏严格准确的学术界定，流于空疏的描述议论而缺乏精准的实证分析，胶着于零星经验总结与表象陈述而缺乏成熟的研究范式和理论框架。针对既有研究浅表化、宽泛化的倾向，未来新媒体研究应跨越表象描述回归到探究新媒体传播一系列本原性问题的基点上，完善和吸纳既有研究并竭力提出更系统、缜密、富有创见的思想。

本研究绘制了 2012 年中国大陆新媒体研究的学术图景，以期能给未来进一步寻求新媒体研究的突破点提供借鉴，具有一定的现实意义。但是，由于多种研究局限，本研究也存在一些不足。如为保证研究样本的统一与适当，本研究选择了 9 种新闻传播类 CSSCI 期刊作为研究样本，由于 CSSCI 索引收录标准的限制，本研究获取的研究文献虽具有较高的代表性和典型性，但只是 2012 年新媒体研究文献总体的一部分，研究样本的范围和数量可能有一些

---

① 靳琰，王莉. 网络时代女性身体符号消费的内涵与逻辑[J]. 现代传播，2012(9).

② 李红，董天策. 符号学视域下的网络公共事件及其主体分析[J]. 现代传播，2012(9).

③ 吴文汐. 网络交往空间形态的演变逻辑及趋势展望[J]. 现代传播，2012(5).

④ 庞云黠. “哈佛学派”与互联网空间的未来[J]. 国际新闻界，2012(2).

⑤ 张轶楠，陈锐. 网络民意调查的方法探讨[J]. 现代传播，2012(1).

⑥ 戴丽娜. 微博舆论领袖的识别方法与管理策略研究[J]. 新闻记者，2012(9).

局限。此外，截至本研究的文献检索日 2013 年 1 月 15 日，因部分所选 CSSCI 期刊论文被收录 CNKI 数据库时间延迟，无法与其公开出版时间同步的客观问题，本研究所获取的有效文献记录在全面性上可能存在一定误差。因而，本研究的研究结论虽具有较大的参考价值，但也不可避免带有相对片面性，更全面、客观、准确地描绘国内新媒体研究的特征仍需要后续研究的进一步探索。

【作者简介】

冉华，教育部人文社科重点研究基地媒体发展研究中心研究员，武汉大学新闻与传播学院教授，博士生导师，主要研究领域为传播学、媒介经营。

邓倩，武汉大学新闻与传播学院 2011 级博士研究生。

在历史与现实间游走
——2012年中国电视剧的生产与播出

王瀚东 高一萍

21世纪以来，我国电视剧产量连年攀升，基本形成投资方、制作方、购买方、播出方、观众和广告客户等多方参与的相对完整的产业链，电视剧创作与产业均进入异常活跃的历史时期。2012年，与之前的侵占式发展不同，国产电视剧总体呈现出优势与弊端、短缺与过剩、政策获益与市场受限等同步共存的多重矛盾的态势。

一、2012年电视剧生产播出的整体呈现

(一)规模扩大，流通提速

根据国家新闻出版广电总局公布的数据，2012年国产电视剧的总产量依然继续攀升。全国共计生产完成并获得《国产电视剧发行许可证》的剧目共计506部17703集，平均日产48集，电视剧集数突破历史最高纪录(见图1)。

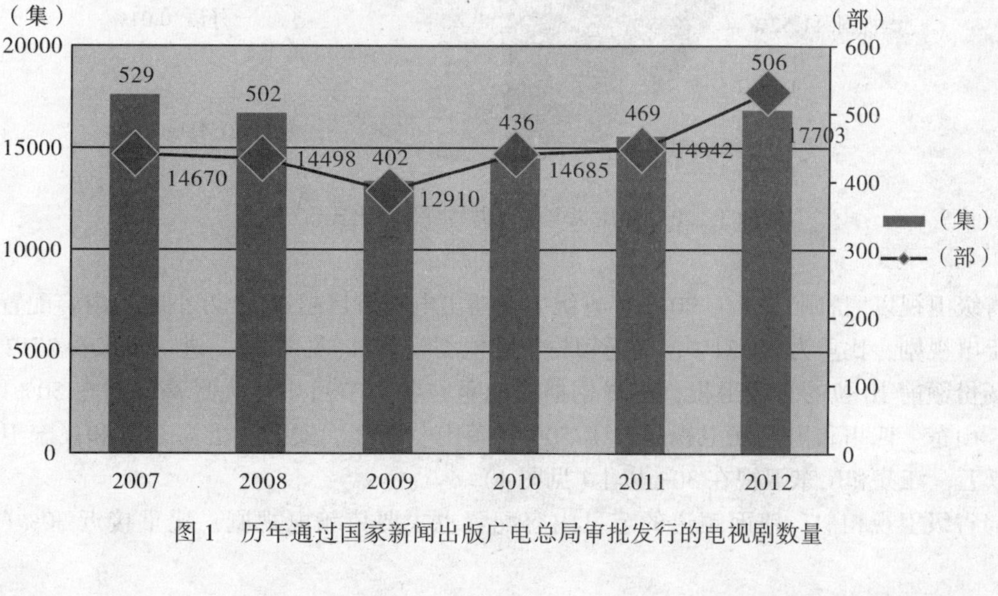

图1 历年通过国家新闻出版广电总局审批发行的电视剧数量

随着产量的提升，2012年播出新剧的数量也持续走高，达391部，年增长3%(见图2)。电视剧生产到播出的周期缩短了，当年审批、发行播出的电视剧比例上升到47%~48%。

(二)电视剧占据节目配置的核心位置

根据CSM媒介研究数据，2012年中央电视台16个电视频道播出电视节目超过13万小

时。在类型节目播出比重上，专题节目位居首位，达到 21. 45%；电视剧名列第二，占 11. 52%(见图 3)。而在综合频道中，电视剧播出比重位居第一，占 28. 99%。

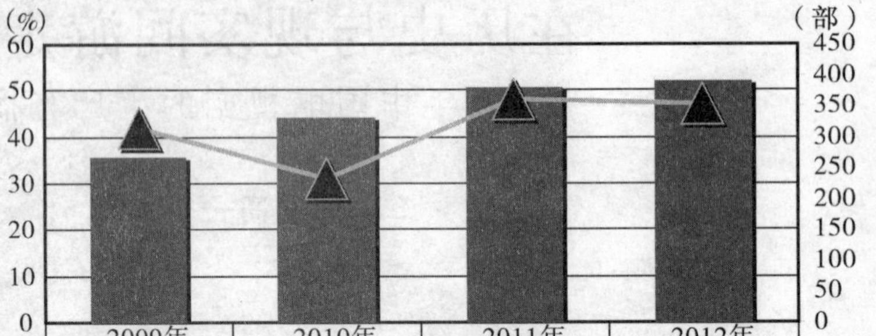

	2009年	2010年	2011年	2012年
新剧播出部数（部）	269	332	381	391
当年获批发行当年播出的比例（%）	42	31	48	47

图 2　每年播出新剧数量、取得发行许可证的电视剧当年和次年播出的大致比

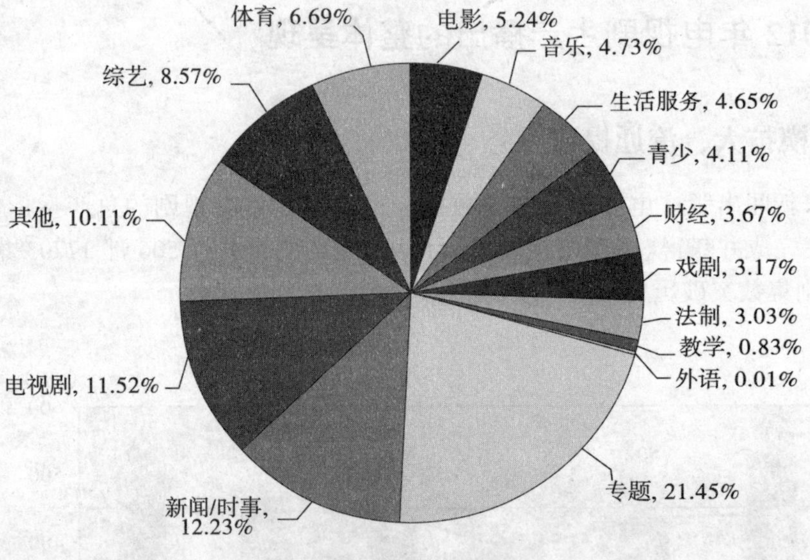

图 3　2012 年中央电视台类型节目播出比重(%)

省级卫视以“拼剧”立台。2012 年省级卫视播出电视节目超过 35 万小时。内容配置主要侧重于电视剧，比重为 38. 31%，遥遥领先于其他类型节目(见图 4)。进一步来看 2012 年全国市场份额前 10 位的省级卫视，电视剧播出比重在各类节目中均为最高，都在 30%以上。其中，山东、四川和黑龙江卫视超过了 50%，湖南、浙江、安徽、上海东方和辽宁卫视在 40%以上，江苏和广东卫视在 30%以上(见图 4)。

与省级卫视相似，地面频道的节目内容配置也主要依赖电视剧，比重接近 30%(见图 5)。

(三)收视平平，鲜有精品

尽管 2012 年电视剧生产风生水起、占位靠前，但收视效果并不尽如人意。根据 CSM 媒介研究数据显示，与 2011 年电视剧收视情况相比较，2012 年各项收视指标几乎均占下风(见表 1)。

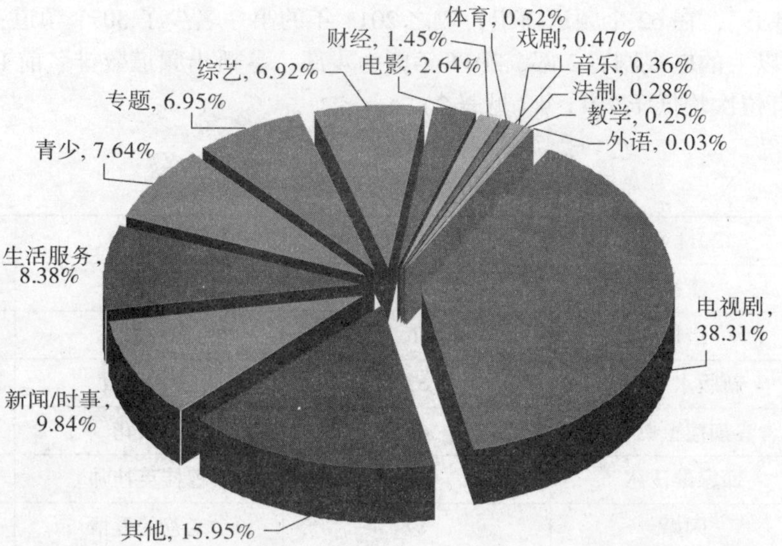

图 4　省级卫视类型节目播出比重

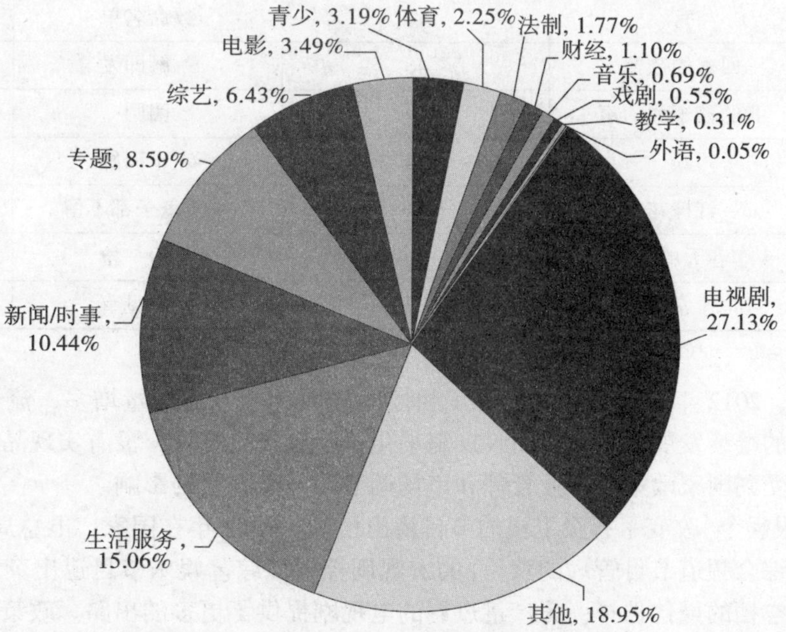

图 5　2012 年地面频道类型节目播出比重(%)

表 1　**2011—2012 年中央台一套和八套、省卫视播出的电视剧收视阶梯分布**

(19:30—21:30 时段,80 城市组)

平均收视率范围	部　数		百分比	
	2011	2012	2011	2012
超过(含)2%	9	6	1%	0.7%
超过(含)1%	45	88	5%	10%
0.5%(含)~1%之间	152	180	17%	20.5%
0.5%以下	689	604	77%	68.8%
总　计	895	878	100%	100.0%

再从播出频道数来看，2012 年播出电视剧的频道数全部低于 2011 年。《甄嬛传》作为 2012 年的“播出王”，在 62 个频道播出，较之 2011 年的第一名少了 30 个频道；2012 年播出频道数在 60 个以上的电视剧有 2 部，2011 年则为 4 部。拿播出频道数排名前 15 位的电视剧进行比较，所有位次均低于 2011 年(见表 2)。

表 2　　**2011—2012 年播出频道数较多的电视剧**

排名	2011 年	总频道数	2012 年	总频道数
1	旗袍	92	甄嬛传	62
2	借枪	66	绝杀	60
3	新版水浒传	62	正者无敌	51
4	青春期撞上更年期	62	杀狼花	50
5	回家的诱惑	57	穆桂英挂帅	50
6	闪婚	49	老爸的爱情	47
7	毒宫刺	48	宝贝战争	46
8	水上游击队	47	老爸的筒子楼	44
9	宫	47	致命名单	42
10	回家的欲望	46	一触即发	41
11	我的孩子我的家	44	团圆	40
12	娘	44	三十而嫁	40
13	红槐花	44	一个鬼子都不留	40
14	李春天的春天	43	最后一枪	40
15	家常菜	43	抬头见喜	39

概而言之，2012 年电视剧状况出现了相悖的局面，一方面数量增多，流通提速，实现了电视剧生产的继续发展；另一方面收视扁平化，经典作品难现，没有实现品质的发展。这种局面的产生受到国家政策、行业管理和市场调节几方面因素的影响。

第一，“限娱令”改变了省级卫视的节目播出格局。2012 年在国家广电总局《关于进一步加强电视上星综合频道节目管理的意见》的宏观调控下，综艺娱乐节目退出荧屏黄金档，电视剧成为填补空档的最佳选择，为产量过剩的电视剧提供了更多的出路。政策的调整极大地延展了电视剧播出的时间和播出的平台。

第二，市场经济成为撬动电视剧波动的又一杠杆。2011 年曾被戏称为“演员抢钱的一年”，大投入、大制作、大阵容的粗放型发展导致当年不超过 1/3 的电视剧赚钱，盲目的投资热情和疯狂投拍留下了后遗症。2012 年电视剧投资市场开始冷却，变得理性。2012 年 1 月 1 日与“限娱令”同时实施的《关于进一步加强广播电视广告播出管理的通知》、《〈广播电视广告播出管理办法〉的补充规定》等政府指令，规定全国各电视台播出电视剧时，每集电视剧中间不得再以任何形式插播广告，如此限制了电视剧广告的频度与时长，对广告的吸纳有着负面的影响。根据 CTR 对于各台发布的广告刊例价格的统计，2012 年电视剧广告虽然在电视行业整体广告中的占比为 36. 46%，为各类节目之首，但与 2011 年的 44. 85%相比下降了 18. 7%。① 在市场经济的自我调节下，电视剧播出比重和收视比重更加接近，收视市场

① 张海潮. 剧领天下[M]. 北京：中国民主法制出版社，2013：9.

达到更为饱和的状态，播出市场的竞争更为激烈。电视剧市场的血拼，导致高位收视率下降，各位次相邻的省级卫视之间的收视差异缩小，收视趋于分散化、扁平化。

第三，平台差异化未得到行业重视。随着新媒体的迅猛发展，网络视频受众日益增多。根据CSM统计，2012年全国电视观众规模有了新的发展，达到12.82亿人，比5年前增长了7700万人，增幅为6.39%。其中，45岁以上的电视观众占比高达51.8%。网络视频用户为3.72亿人，比2011年增加约4653万人；其中80%为10~39岁网民。受众的年龄差异，平台的不同，会造成电视剧播出效果的显著差异吗？根据CSM媒介研究数据，下面以进入2012年电视平台和5家最大视频网站电视剧排行榜前15名的剧目为例进行比照观察(见表3)。

表3

排名	2012年全国市场收视率排名Top15的电视剧	2012年爱奇艺、搜狐、腾讯、优酷、乐视总点播量Top15的电视剧
1	国门英雄	隋唐英雄
2	幸福妈妈	我是特种兵2
3	阳光路上	轩辕剑之天之痕
4	宫锁珠帘	北京爱情故事
5	木府风云	麻辣女兵
6	樱桃	乡村爱情5
7	誓言今生	AA制生活
8	麻辣女兵	微博达人
9	妈祖	北京青年
10	温州一家人	爱情公寓3
11	感动生命	加油妈妈
12	生死依托	夫妻那些事
13	知青	新白发魔女传
14	非常有喜	浮沉
15	火蓝刀锋	活佛济公3

两相比较，只有一部《麻辣女兵》同时进入到两种平台的前15名，其余无一相同。传统电视观众年龄相对较大，具有传统价值观的剧目较受欢迎，如主旋律、农村题材、军旅生活等。而在网络平台中，受众相对年轻，对电视剧的选择趋向娱乐化和趣味化，古装戏说剧目、都市言情剧目等纷纷入围。因此，播出平台的不同会直接导致电视剧播出效果，平台差异化现象显著。显然，当前电视剧生产者尚未对播出平台目标的设定给予足够的重视。

二、主旋律与娱乐化

2006年，国家广电总局颁布了《电视剧题材的分类标准》，根据剧情年代背景对电视剧题材做出统一划分：年代背景为改革开放以来的各类电视剧为当代题材剧；1949年至改革开放前为现代题材剧；辛亥革命至1949年以前为近代题材剧；辛亥革命以前的为古代题材剧。另有重大题材剧特指总局关于重大革命和历史题材文件规定的电视剧题材。“主旋律电视剧”并没有出现在国家规定的分类标准中，却被业界广泛使用。最初这一概念来自于1987

年 3 月广电部提出的“突出主旋律、坚持多样化”口号，当时针对的是电影业，1990 年开始运用于电视剧的生产之中。主旋律剧对于题材和类型界定比较宽泛，内容体现社会主流价值观的电视剧都可以被称为主旋律剧，不仅包括重大题材，也渗透于其他各类题材中。或者说，弘扬主流文化价值的各类题材电视剧均可以被称为主旋律电视剧。比如，2011—2012 年主旋律电视剧分类情况如下(见图 6)。①

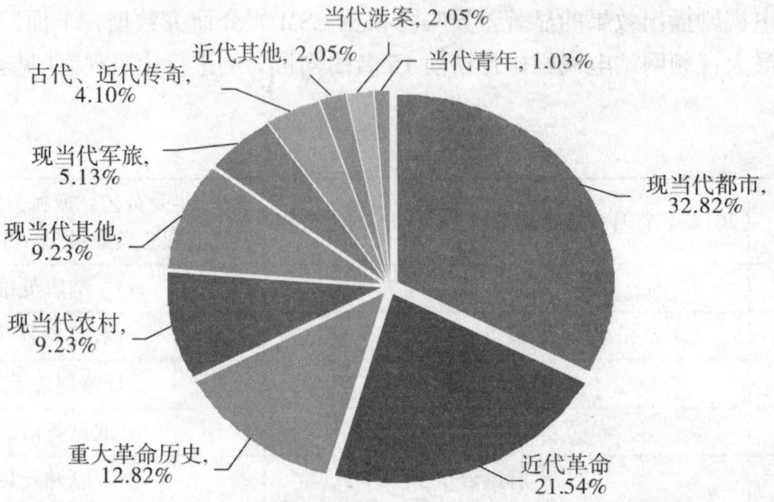

图 6　主旋律电视剧分类

中国电视剧的播出体制具有伴随重大节庆日、重大宣传活动变化的特点。每年的重大节庆日，电视剧作为舆论宣传的一部分，均体现出与时事相呼应、配合的特征。比如，中央强调三农问题，就有《都市外乡人》、《圣水湖畔》、《插树岭》、《欢乐农家》等电视剧；2011 年建党 90 周年中宣部推荐了《中国地》、《五星红旗迎风飘扬》、《幸福来敲门》等主旋律电视剧名单。

2012 年，国际国内政治舞台风云万千、形势严峻。从外部国家安全来看，南海争端此起彼伏，“钓鱼岛事件”引发世人忧虑和凝聚；从内部政治形势来看，正值国家领导人代际更替，党的十八大召开是国家发展进程中的一个节点。此种情形之下，围绕党的十八大召开，涌现了一批题材类型丰富的主旋律电视剧。主要有中宣部和广电总局推荐的“迎接党的十八大重点电视剧剧目”10 部，以及 2012 年“9 月至 11 月十八大献礼季电视剧播出推荐参考剧目”149 部。这些剧目题材丰富，包容力高。囊括从基层到高层、从琐细生活到宏大叙事、从政策宣传到人性关怀、从历史观照到现实面向各个方面。以中宣部和广电总局确定的 10 部重点剧目为例，分别是《不曾见过你》、《焦裕禄》、《创业年代》、《营盘镇警事》、《民生书记》、《我们的法兰西岁月》、《五星红旗迎风飘扬》(第二部)、《火蓝刀锋》、《青海花儿》、《铁血男儿夏明翰》，内容涉及重大革命、农村、军旅、社会发展、企业改革以及普通群众生活多个领域和方面。主旋律倾向于风格融合，边界模糊，类型混杂。如《红娘子》、《雪狼谷》、《中国骑兵》、《战旗》形成“革命谍战”剧，将主旋律与谍战剧杂糅起来。值得忧虑的是，过分注重商业效应导致的戏耍化现象。

2012 年主旋律电视剧从叙事角度、叙事结构、戏剧矛盾的运用上有所突破，在意识形态的艺术化叙事范畴内加强对审美接受的注重，《焦裕禄》、《粟裕大将》、《刘伯承元帅》把宏大叙事与生活点滴交错辉映，增加了受众与伟人的贴近感，增添了人物魅力、剧目磁力。然而，对商业效应的过分追求导致了“主旋律娱乐化”现象，其代表是“抗日娱乐剧”。2012

① 张海潮. 剧领天下[M]. 北京：中国民主法制出版社，2013：51.

年，抗日娱乐剧势头甚猛，抗战剧变为了武侠剧、搞笑剧、红粉剧、言情剧、黑帮剧等。娱乐化的元素占据了太大篇幅而喧宾夺主，改编过于离谱而脱离了历史和实际。巨大的牺牲被轻佻化，亵渎了革命先烈；战争被描绘成浪漫的场景，误导了后人；以意淫的方式，炫耀我方的神勇，取笑日军的无能，以阿 Q 的精神胜利的方式娱乐自我、娱乐受众，背弃和遗忘了历史的耻辱。中国八年抗战的艰辛与苦痛化为游戏、戏耍，失去了主旋律本真的追求。

2012 年这一主旋律娱乐现象已经泛滥，加以矫正迫在眉睫。源于此，2013 年 5 月，国家新闻出版广电总局正式提出要"清理娱乐化的抗战剧，加大现实题材比例"。

三、现实题材与非现实时尚

与备受关注的"限娱令"、"限广令"相比，2011 年 12 月广电总局颁布的《省级卫视电视剧播出管理意见》显得低调不少，但这第三道"令"同样深刻影响着 2012 年的电视荧屏。该《意见》明确规定自 2012 年 1 月 1 日起卫视黄金档禁止播出宫斗、穿越、涉案剧等，将严控宫斗、穿越和谍战、警匪题材。同时，在"全国卫视综合频道电视剧播出工作会议"上，广电总局要求各省级卫视加大现实题材电视剧的播出比重，具体来说，2012 年开始逐步增加其在电视台特别是黄金档的播出比例，到 2013 年这一比例将提升到 40%以上。

现实题材剧指的是表现现实生活和现实主题内容的剧目。对现实题材电视剧的政策支持是中国广电部门的一贯政策。国家广电总局一直通过审批或备案环节对电视剧的题材比例实行直接或是间接的调控。2001 年，全国电视剧题材规划会议提出"2000 年，全国电视剧中现实题材占 78.4%；古装题材占了 21.6%……古装题材仍然偏多，上升幅度仍然偏大"。2005 年，电视剧题材规划会议要求"大力抓好现实题材剧目的创作，特别是那种以小见大、表现当代中国人现实生活、弘扬中华民族优秀传统美德与高尚道德伦理情操的剧目……亲情伦理题材和当代生活题材都是紧密联系生活实际，能够真实生动地反映建设中国特色社会主义进程中各民族、各阶层人民生活形态和心理状态，描写刻画普通人的优秀品德和伦理情操，是我们现实题材创作的重点"。

在政府一以贯之的政策倾斜下，现实题材剧得到了稳定的发展。21 世纪以来，现实题材电视剧的集数比例在 2004 年和 2007 年曾经达到 71%以上，多数年份稳定在 50%到 65%之间。2011 年，全国发行现实题材剧目共计 237 部、7114 集，分别占总部、总集数的 50.53%、47.61%；2012 年全年全国现实题材剧目共计 28 部 9274 集，分别占总比例的 56.13%、52.39%，显著高于 2011 年(见图 7)。

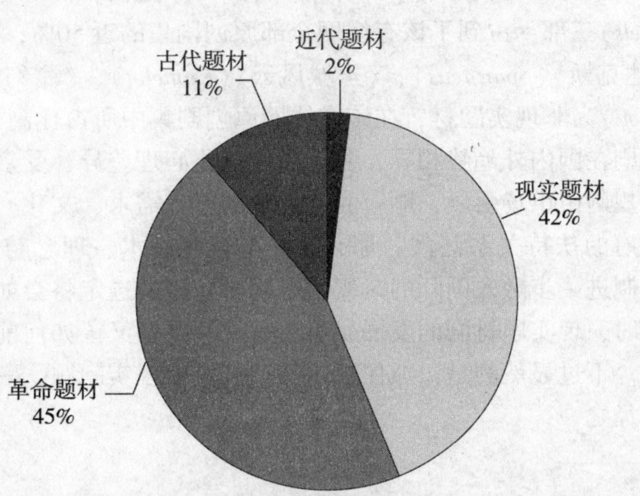

图 7　2012 年全国卫视黄金时段播出电视剧题材比例

再从 2012 年获奖情况察看现实题材剧的后续成效。2012 年 6 月 11—15 日，第 18 届上海国际电视节“白玉兰奖”中，国内电视剧获奖共四部，现实题材一部，占 25%；2012 年 9 月 7—9 日，唯一以观众投票为主要评选方式的“第 26 届中国电视金鹰奖暨第 9 届中国金鹰电视艺术节”中，题材分布为：革命历史剧占 71%，现实题材剧位于第二，占 14%（见图 8）。

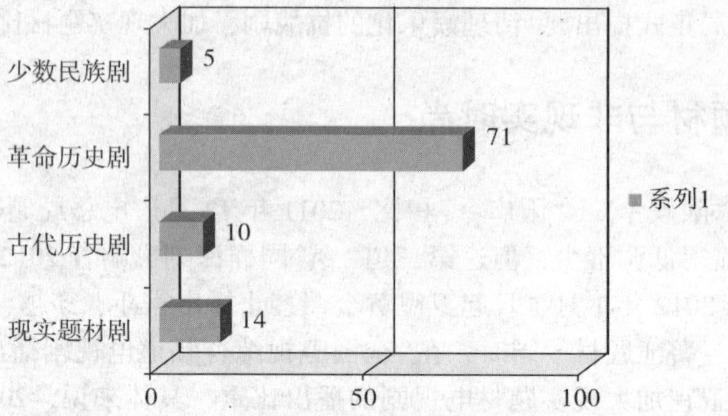

图 8　第 26 届金鹰奖获奖电视剧题材比重（%）

2012 年 9 月 25 日，中宣部组织实施的第 12 届精神文明建设“五个一工程”奖，共评选出 176 部获奖作品，电视剧为 33 部，其中革命历史题材比重最大，占 58%；少数民族题材最少，占 6%；现实题材占 36%。可以看出，在各个层面的评奖中，现实题材剧均占有举足轻重的位置。

值得关注的是，在国际电视银屏上情形并不相似。以近期美国播出的电视剧为例，科幻剧、穿越剧、古装剧和魔幻剧成为热点，非现实题材成为商业电视网和有线电视网的潮流。在 2012—2013 年演季播出的新剧中，非现实题材剧集有 NBC 的《灭世革命》（*Revolution*）、CBS 的《拉斯维加斯往事》（*Vegas*）、ABC 的《鬼楼契约》（666 *Park Ave*）、《外星邻居》（*The Neighbors*）、《终极审判》（*Last Resort*）、CW 的《绿箭侠》（*Arrow*）、《美女与野兽》（*Beauty and the Beast*）七部，占新剧总数的三分之一。这些剧集的收视情况也相当可观。比如《灭世革命》首播时便吸引了 1165 万名观众，收视率高达 4. 1%；《绿箭侠》是近三年来 CW 电视网首播收视成绩最好的新剧，首播观众为 402 万，收视率为 1. 3%。① 在 AMC 常规播出的原创剧集中，非现实题材剧集有《广告狂人》（*Mad Man*）、《行尸走肉》（*The Walking Dead*）、《地狱之轮》（*Hell on Wheels*）三部，占到了该有线网全部原创剧集的近 50%；在 Starz 常规播出的原创剧集中，《斯巴达克斯》（*Spartacus*）、《圣城风云》（*Camelot*）、《魔幻城市》（*Magic City*）和《火炬木》（*Torchwood*）为非现实题材，在该有线网原创剧集中所占比高达 80%。②

现实题材电视剧在国内外趋势相异，除了民族文化心理差异、受众口味有别以外，更直接相关的是国外的规制由市场引领，顺应时代受众的审美需求、文化心理；国内现实题材的昌盛与双轨制下政府的扶持关系甚大。那么，在电视剧技术、理念与国际进一步接轨的时候，在国家管理体制进一步融入国际的时候，电视剧题材的选定将会如何呢？当市场经济进一步扩大其掌握力时，现实题材剧的发展会不会有波澜呢？又该如何前瞻应对呢？这是进一步需要考虑的问题。不过显然的是，抓住民生热点，挖掘现实问题，一定是现实题材剧应对市场变化的重要途径之一。

---

①　秋季档新剧成绩报告[J]. 环球银幕，2012(9).

②　张海潮. 剧领天下[M]. 北京：中国民主法制出版社，2013：260.

四、古装化：在历史与现实之间游走

历史题材剧近几年一直在国产电视剧中占据重要位置，2012 年也不例外。根据国家新闻出版广电总局的统计，在 2012 年播出的国产剧中重大题材共计 6 部 240 集，分别占总数的 1.19%和 1.36%；现当代题材占 284 部 9274 集，占总数的 56.13%和 52.39%；历史题材剧目(包括近代题材和古代题材)共计 216 部 8189 集，分别占总数的 42.69%和 46.26%。可以说，历史题材剧占据国产电视剧的近半壁江山(见图 9)。

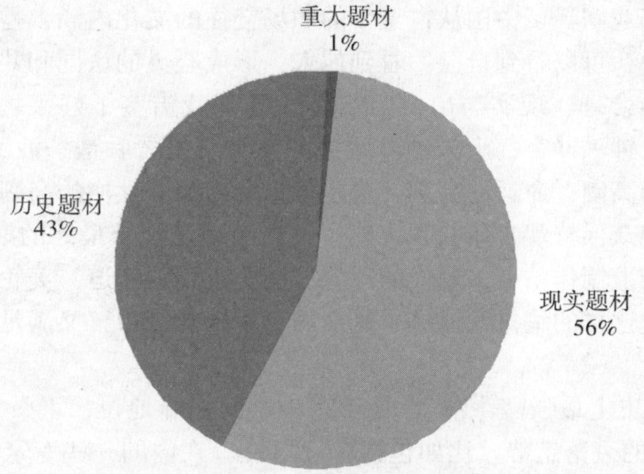

图 9　2012 年中国生产电视剧题材比例

2012 年的古装历史剧基本分为两类：一类是严肃历史正剧，像《楚汉传奇》、《隋唐演义》、《精忠岳飞》、《赵氏孤儿》、《曹操》、《大秦帝国 2》等；另一类是戏说历史，对历史进行游戏化处理，如《薛平贵与王宝钏》、《隋唐英雄》、《西施秘史》、《深宫谍影》等过度解构、娱乐历史。前一类创作认真、制作精良，但反应平平，后一类放弃了历史史实的底线，艺术价值较低。然而，在历史题材剧中，在 2012 年，《甄嬛传》是不得不谈到的一个亮点。

《甄嬛传》是年度播出王，其播出频道为 62 个，而且部分频道反复播出，如在黑龙江卫视的播出超过十遍；《甄嬛传》是年度收视王，是进入收视率前 5 名的城市数最多的，有 14 座城市。其中，在上海东方卫视收视率最高破 9%、全国最高 1.87%的数字，创下该台电视剧有史以来在本地和全国的最高值。《甄嬛传》在海外热销十几个国家，比如在美国纽约播出时，创下了当地中文台的历史收视新高。美国纽约中文台台长蒋天龙先生说："《甄嬛传》是建台以来播出时间最长、最受热捧的一部剧。"进一步来看，该剧社会反响热烈，出现了红遍网络的"甄嬛体"，即广大网友对《甄嬛传》中的台词进行的古诗风韵效仿。

《甄嬛传》为什么会成为"史上最强宫斗剧"呢？第一是地面与网络互动，推广策略奏效。《甄嬛传》在安徽卫视首轮播出时，收视率只是 1.486%，仅排名第 12，但是到后来多轮播出时，收视率一路飙升。这与宣传策略的奏效不无关系。《甄嬛传》首先来源于网络小说，具有网络受众基础，前期效应良好，之后进行地面的线性宣传和话题宣传，先设定宣传周期，再设置时间轴，分别在不同的宣传时期启动相应的宣传项目，并通过主题活动带动地面推广；相伴相随的是网络互动推广。这一策略相当奏效，比如在台湾华视首轮播出后，买下重播权的纬来电视台购入有线版权，3 年可播 8 次，而爱尔达频道买网络版权，3 至 4 年播出不限次数，所以 3 台若合起来播，3 年内，台湾观众可天天看到《甄嬛传》；在日本，该剧仅播出一周便成为热门话题，在网络上引发日本观众的热烈讨论；在马来西亚，最大的有线电视台之一 Astro 的黄金时段播出了《甄嬛传》，不仅收视第一名，网上点击率遥遥领先，同时带动了 DVD 热销，不少网民购买 DVD 作为收藏。无独有偶，来源于网络游戏的《轩辕剑》也采取相同的传播策略，同样成为古装剧的一大热点。

第二个更关键的因素是采用现代职场的历史叙事。《甄嬛传》故事发生的时代远在清朝，实际描绘的却是当代生活。可以认为，整个后宫就是一家企业的暗喻，皇帝是董事长，太后是书记，皇后是经理，诸位嫔妃是中层干部，太监宫女没有说话的权利，是一线群众。各中层干部为了赚取更多利益，讨好董事长，拉帮结派、结党营私、打压异己，这与宫廷女子为了争宠求生存的心理转折及防卫斗争并无二致。剧中表现的种种言语中的旁敲侧击、行为中的两面三刀、交往中的伎俩手段，无不令人似曾相识，一面看到了自己身旁的熟识场景，一面从中得到了更多的手段运用。于是这部披着古装戏外衣的现实剧，深深吸引了大众的眼球。进一步看，这部戏阐释了中国从古至今的职场交往的文化内涵，是独特的中庸之道的实际运用。在这部戏中，可以看到自己，看到他人，形成心灵的认同和共鸣。

第三，冲突节奏合理，现实与历史“混搭”。这部戏借鉴了好莱坞类型片的冲突节奏，情节冲突跌宕。三分钟一冲突，十分钟破题，冲突明朗化之后是一波又一波的“桥段”即冲突高潮，包括情感的高潮、命运的高潮、主题思想的高潮、性格的高潮、打斗的高潮、情感的高潮。小高潮让观众保持观赏体验和快感，大高潮则是观众最终的期待。而在服装道具、对白台词、妆容服饰上制作精良，现代的理念、历史正剧的味道，美轮美奂的仕女场景诉说着今天的现实。通过这样的编排既抓住了受众的心理探求欲望，又满足了镜像审美需求，推动了继续观赏的动机。

《甄嬛传》作为“史上最强宫斗剧”，处于宫斗剧的巅峰地位，下一步，也许会呈现如同“穿越剧”在 2012 年的衰落走势。比如包括《人民日报》在内的一些专家和观众对《甄嬛传》有不少诟病，认为它给观众营造了一个充满争斗敌意、冷漠疏离的人际关系环境。它构建了一个由男权主宰的世界，在这种“主宰—服从”的内在秩序中，一切人情伦理都在发生异化，女人的自我被遮蔽。这种权谋之争片面地将人性恶的一面放大，传达出你死我活的“丛林生存法则”的价值取向。而 2011 年 12 月，广电总局颁布第三道“令”明确规定自 2012 年 1 月 1 日起，卫视黄金档禁止播出宫斗、穿越、涉案剧等，将严控宫斗、穿越和谍战、警匪题材。进一步来看，2013 年 5 月《卫视综合频道电视剧播出调控管理办法》，即“22 条”出炉，鼓励现实题材，限制古装、涉案、引进、合拍剧。文件继续鼓励现实题材，要求其黄金时段播出集数的比例需要达到总集数的 50% 以上；古装题材每月和年度播出的总集数都不得超过总数的 15%，原则上两部古装剧不能接档播出。

通观 2012 年的电视剧的全局，2012 年国产电视剧发展稳定。从题材角度审视，主旋律剧在意识形态的艺术化叙事方面仍有进步空间；现实题材剧的深度挖掘、触及实质的政策与艺术探讨势在必行；部分历史题材剧的文化价值观尚需匡正引导。近几年，中国电视剧取得了长足的进步，并以此为基点，响应文化“走出去”战略，为国家文化软实力进一步取得国际认同感而努力发挥着积极的影响。

五、走向海外，任重道远

为了更好地推进中国电视剧在国际市场上的贸易，将本土电视产品推向世界舞台。国家广电为此施行“走出去工程”，进行了一系列政策的扶植和举措：2001 年国家广播电影电视总局《关于广播影视“走出去工程”的实施细则》指出广播影视“走出去工程”的目标、任务是把中国的声音传向世界各地；此后，国家广电总局又相继出台了《关于促进广播影视产业发展的意见》(2004)、《国家“十一五”时期文化发展规划纲要》(2006)、《关于金融支持文化出口的指导意见》(2009)、《文化产业振兴规划》(2009)，《关于扶持培育广播影视出口重点企业、重点项目的合作协议》(2010)，《广播影视知识产权战略实施意见》(2010) 等文件政策，大力倡导广播影视产业要强化市场运作，主动参与国际合作和竞争。2012 年 5 月，国家广电总局推行了支持民营企业的新政《广电总局关于鼓励和引导民间资本投资广播影视产业的实施意见》明确提出“民营广播电视节目制作企业制作的广播电视节目，在参加相应的政府奖评奖、鼓励优秀剧本创作、向海外推广销售方面，享有与国有影视节目制作机构同等权利和扶持政策”。

在实践上，中国电视剧从 20 世纪 90 年代初期就开始了向海外输出。20 年来，我国国产电视剧的海外市场相当有限。按照销售分布情况，重点发行地域为港台地区，占比为 60%~70%，售价也最高。如《成吉思汗》在台湾年代电视剧频道被卖到了 80 万美元；以新加坡、马来西亚、越南等为主的东南亚国家，售卖单价较低，需求量较大，其市场份额逐渐增加；国产剧在欧美等发达国家的发行仍相对滞后，销路以当地华人电视台为主，如《牵手》、《欲望》、《让爱做主》、《拿什么拯救你，我的爱人》等剧都落地于当地的华语电视台，还没有进入欧美国家的主流电视媒体。①

再从经济效益上看，蓝海战略成效也甚为有限。拿中国电视剧国际市场的出口逆差情况来看，除了 2006 年电视剧进口总额为 3806.00 万元，出口总额为 6472.81 万元而告别逆差以外，从 2007 年到 2011 年，电视剧进出口贸易持续呈现逆差的现象。2012 年情况持续低迷，出口视听媒介产品 28.4 亿美元，同比下降 44.2%。②

然而，单纯从经济的角度审视问题是不够全面深入的，起步阶段中的海外推广需要扎实的积累，这些努力中有不少成绩可圈可点。2005 年《为奴隶的母亲》获得美国电视最高奖项艾美奖，2008 年《等郎妹》获得艾美奖提名，2011 年《宫锁心玉》编剧于正荣获“第 16 届亚洲电视奖”最佳编剧奖；2010 年，新版《三国》的播映权售出到包括土耳其、罗马尼亚、摩洛哥等海外 20 多个国家和地区，海外发行收入超过 3.4 亿元，是迄今为止海外市场销售成绩最好的中国电视剧，创造了国产剧“走出去工程”的纪录；2011 年，民营企业海润影视与香港电讯盈科共同成立了一个面向中国香港地区观众的“NOW 海润”频道，全天候滚动播出优秀的国产电视剧，每年保持在 500 集以上。

第一，2012 年，电视媒体国际传播能力加强，电视剧平台得以延展。从国家广电层面看，2012 年，以中央电视台等重点媒体为主导的全球采集、全球发布和全球覆盖国际传播体系初步建成，中国电视信号基本覆盖全球。汉语、英语、西班牙语、法语、阿拉伯语、俄语等 6 个语种、7 个国际频道已在全球 171 个国家和地区落地，海外落地用户总数超过 3 亿户，整频道覆盖用户数累计增加 3112 万；中央电视台非洲分台、北美分台正式开播；中央电视台与日本合作开办的 CCTV 大富频道正式进行日语播出；与德国合作对节目进行德语本土化制播并在德国北威州等 6 家电视台播出；从地方广电层面看，黑龙江电视台在俄罗斯、乌克兰举办“黑龙江电视周”、安徽电视台在肯尼亚举办了“2012 · 中国安徽电视周”；从影视企业看，中国国际电视总公司巩固日本、马来西亚等重点市场，成功进入斐济等新兴国家市场，并针对外销节目资源短缺的问题，通过版权买断、保底代理、一般代理等方式选择《楚汉传奇》、《大秦帝国Ⅱ》等电视剧远销欧美国家。2012 年 1 月，中阿精典等民营公司在约旦投资设立 CATV 国际立体电视台，计划于 2013 年通过 24 档精品栏目的全天候滚动播出，实现对阿拉伯地区 23 个主要国家的全面覆盖，打造一个中国国产影视产品交易播出平台“中阿超市”，推动国产影视作品进入阿拉伯世界。

第二，多种形式沟通世界，电视剧国际推广与交流增强。2012 年 8 月，由国家广电总局主办的首届中非媒体合作论坛在北京成功举办，有来自非洲 42 个国家的 150 余名代表参加论坛。此次论坛探讨了中非媒体政策、广播影视交流合作和广播电视数字化等，并发表了

---

① 张海潮. 剧领天下[M]. 北京：中国民主法制出版社，2013：173.

② 王希. 去年我国文化产品出口同比增长 16.3%[N]. 光明日报，2013-02-13.

《中非媒体合作论坛北京宣言》，明确了中非媒体合作的战略目标和具体措施；在中非合作论坛第五届部长级会议《北京行动计划(2013—2015)》中，明确列入了中非影视媒体合作的具体内容。这一年，由国家广电总局牵头组织国内影视机构组成“中国联合展台”，参加了春秋两季戛纳电视节、匈牙利 DISCOPD 电视节、非洲 DISCOP 电视节，以及新加坡亚洲电视论坛，并集中推介和展映了 30 部中国优秀电视作品，共达成签约和意向销售金额 2000 多万美元；这一年，第十届中国国际影视节目展参展节目数量创历史之最，共展出电视剧、电影、动画等节目 16245 部，比 2011 年增加 91. 84%，十年间参展节目平均增长 41. 71%，节目交易额(含意向)也创历史新高，达 39. 16 亿元，比上一届增长 30. 01%，十年间展会交易金额年平均增长 24. 88%。展会还专门设立“国家广播影视出口企业联合展区”，吸引了全国 60 家广播影视企业参展。这一年，中国电视媒体注重了对节目内容的多语种译制。在传统英文字幕的基础上，电视剧《媳妇的美好时代》、《金太郎的幸福生活》分别被译成斯瓦希里语、缅甸语配音版，并在坦桑尼亚、肯尼亚、缅甸等地区热播，实现了中国电视剧译制片在当地主流电视台黄金时段的成功播出。①

第三，艺术价值得以肯定，在亚洲赛事中占有位置。“亚洲电视奖”是亚洲地区最重要的国际性电视盛事之一。2012 年，在“第 17 届亚洲电视奖”中江涛荣获最佳编剧奖，香港演员陈豪与胡定欣分别荣获最佳戏剧男主角和女配角。这一成绩保持了以往的水平，彰显了国产剧的实力。另外，在第 7 届“首尔国际电视剧节”中，国产剧《步步惊心》获得“最受韩国观众喜爱剧集奖”。这一情况较之 2011 年有所下降，却也有所收获。

2012 年在电视剧海外推广上做了不少扎实的工作，取得了进展。现在，展望 2012 年国际部分海外扩张策略，用以开拓我们的视野，审视以后的动向。一是内容扩张步伐加快。比如，2012 年日本政府面向全国各主要媒体招募“走出去”项目，目前它已经从 107 个项目中选定了北海道电视台、北海道放送、读卖电视台等多家电视媒体的 10 个项目。其中，日本一家电视台已和泰国多家电视台达成协议，后者将预留专门时段播放日本电视连续剧。② 二是电视剧模式输出。2012 年英国向美国输出《皮囊》(*Skins*)、《办公室》(*The Office*)、《人生苦短》(*Life's Too Short*)等英国模式版权。哥伦比亚向美国销售了《丑女贝蒂》(*Ugly Betty*)的模式版权。三是利用互联网输出新服务。2012 年 1 月，美国 Netflix 网开始在英国和爱尔兰为电视机、个人电脑、蓝光播放器、智能电视、手机和平板电脑等多种终端用户提供视频点播服务；8 月，Netflix 宣布在 2012 年年底前为瑞典、挪威、丹麦以及芬兰提供在线点播服务，继续在欧洲大陆进行大规模扩张。2011 年美国 Hulu 网在日本推出在线视频业务。2012 年，Hulu 网日本分站已经拥有来自 24 家内容商的 800 部影片和 6900 集电视剧，日本全国共有 2900 万台网络终端支持 Hulu 服务。

无论从国内还是国际来看，2012 年中国电视剧市场风云诡谲，旧的秩序被打破，新的秩序尚未建立。2012 年要想成为进一步蓬勃发展的节点，从政策、管理、行业自身与国际接轨，创作好剧、深耕好剧、保护好剧是必行之道。

【参考文献】

[1]国家新闻出版广电总局发展研究中心. 中国广播电影电视发展报告[M]. 北京：社会科学文献出版社，2013.

[2]张海潮. 剧领天下[M]. 北京：中国民主法制出版社，2013.

[3]崔保国. 2013 年中国传媒发展报告[M]. 北京：社会科学文献出版社，2013.

---

① 国家新闻出版广电总局发展研究中心. 中国广播电影电视发展报告[M]. 北京：社会科学文献出版社，2013：151-161.

② 日本在泰国多家电视台辟出日本电视节目播出时段[N]. 读卖新闻，2012-11-16.

[4]国家新闻出版广电总局发展研究中心. 中国广播电影电视发展报告(2013)[M]. 北京：社会科学文献出版社，2013.
[5]张晓明. 中国文化产业发展报告(2012—2013)[M]. 北京：社会科学文献出版社，2013.
[6]唐绪军. 中国新媒体发展报告(2013)[M]. 北京：社会科学文献出版社，2013.
[7]王兰柱. 中国电视收视年鉴2012[M]. 北京：中国传媒大学出版社，2012.

【作者简介】

王瀚东，武汉大学新闻与传播学院教授、博士生导师，主要从事媒介理论与媒介批评研究。

高一萍，武汉大学新闻与传播学院2012级博士生，聊城大学文学院教师。

2012年中国报业数字化和报纸产业转型研究述评①

程　明　谢道喜

一、前　　言

数字技术和新媒体的发展深刻地改变了传媒的生态环境，传统报业面临着严峻的生存挑战和危机，在发行量、广告收入、读者结构、阅读习惯等方面发生了不利的变化，由此出现了报纸"消亡论"和报业"寒冬论"。

世界报业正处于其发展历史上的一个关键时期，面对新媒体的迅速崛起，面对不断加剧的竞争，面对行业自身的种种问题，能否及时有效地做出应对，将决定报业的命运。数字化不仅是报业的一个部门、一种业务、一种新媒介技术，更是报业首要的战略决策，是未来报业安身立命之本。②《中国报业年度发展报告(2005)》就已经把"报业的数字化生存"作为一个重要的趋势提出，认为"数字报业"战略将改变传统传媒产业形态，以互联网为代表的新型传播技术将重塑报刊业形态。

什么是数字报业？新闻出版总署报纸出版期刊管理司在《全国报纸出版业十一五发展纲要》中指出，"数字报业"包括两个方面：一是利用数字技术改造本身传统的生产方式，包括印前、印刷、发行、管理等各个环节；二是利用数字技术"重塑报纸出版业的行业边界和业务形态，推动多元传播格局下报纸出版方式和报业经营模式的转型，实现报业核心竞争力与信息网络传播技术的深度融合"③。

与传统的报业相比，数字报业具有自身独有的特征。第一是数字化。这是数字报业与传统报业最鲜明的特征。数字化报业是用数字技术改造和装备传统报业。它不仅实现了采编、印刷环节的数字化，而且实现了发行渠道、表现形态等环节的数字化。第二是全时性。所谓全时性是指网络新闻不仅要最大限度地保障对个别事件的新闻报道的时效性，而且还要作为一个"全天候"的媒体，在一切新闻报道中争取最强的时效性，同时保证对新闻事件的全程关注。第三是互动性。数字报业改变了传统报纸单向的大众传播模式。在数字报业的平台上，受众不仅可以使用媒介，而且可以参与大众媒介，从而实现传者和受众的良性互动。第四是共享性。传统纸媒生产的产品不仅可以实现报网之间的信息共享，而且可以通过多种传播平台进行传播。同时受众也可以用多种数字终端来接收信息。第五是全球性。数字报业打破了传统报纸时间和空间的限制，使世界上只要有条件接入互联网的人都成为其"读者"，这样就扩大了报纸的知名度和影响力④。

---

① 本文为"教育部人文社会科学重点研究基地"2009年重大项目"报业数字化生存与发展研究"(项目批准号：2009JJD860003)成果之一。

② 刘晓燕．数字化的机遇与困境——美国报业转型的五个层面[J]．中国报业，2012(3)．

③ 马利．报业数字化生存的探索与思考[J]．青年记者，2012(6)．

④ 斯雪松．报业的媒介融合与数字时代[J]．中国地市报人，2012(6)．

顺应时代潮流，报业的数字化生存和转型，已经成为不可逆转的趋势，这是世界报业发展所面临的共同挑战，是报业发展必然的战略选择，是报业提升竞争力的必然选择，也是传媒学术研究的前沿问题。找到适合中国国情的有效的数字化转型之路，是我国报业面临的不可回避的重大课题。

纵览2012年报业数字化和产业转型的研究全局，本文根据其研究内容进行归纳总结，分析整理出2012年报业数字化和产业转型研究的脉络框架，并对研究中存在的问题和未来研究方向进行了探讨，以期对我国报业数字化发展之路有所贡献。

二、报业数字化发展的路径与策略研究

“搞数字化找死，不搞数字化等死”，这是近年来业界盛行的一种说法，这种说法道出了传统报业在数字化发展背景下无所适从的困境和尴尬。然而，在数字时代的背景下，报业的数字化发展该选择何种路径与策略，才能摆脱困境，谋取可持续经营发展，这是不得不探讨的问题。

目前对报业的实际而言，更为紧要的是主动将媒体纳入自身发展之中，从三个着力点进行扩展创新，即基于目标受众构建、内容开发和数字化产业链的建立等问题进行思考，将其作为报业转型的切入点，以突破技术瓶颈、内容瓶颈、人才瓶颈以及实现理念的转型升级。① 这为我们思考报业数字化转型的路径提供了可借鉴的方向。

(一)受众的需求决定着发展数字报业的现实价值

传播学家E. 卡茨的使用与满足理论认为：“人们接触使用传媒的目的都是为了满足自己的需要；同时受众在媒介接触使用经验基础上形成的媒介印象将影响其以后的媒介选择行为。”报纸就必须通过提供新闻报道满足受众的精神文化需求，否则，受众就会流失，报纸就无法生存。传统报纸是一种单向的大众传播模式，因为报纸受版面和出版时间的限制，所以报纸只能满足大众的共同需求，而不可能满足某些人的特定需求。然而随着社会变革的加剧和社会联系的增强，受众对信息的需求与日俱增。为了更好地满足受众的需求，传统报纸就要与网络融合发展电子报、与手机融合发展手机报。报纸只有借鉴其他媒体的优势，才能更好地发展。②

新媒体袭来，传统报业面临巨大的冲击，尤其是新闻信息载体发生改变，受众的阅读行为随之改变，数字化阅读日益兴盛，传统报业原有的受众不断分化，可以说，受众分众化已是大势所趋，借助社会化媒体平台，用户可以随心所欲“拉”出自己需要的信息，个性化的垂直服务纷纷出现。传统媒体只有通过与新媒介的融合扩充信息容量、改变传播方式，才能在分众传播时代与新媒体的竞争中占据优势。③ 这是一个“人人都有麦克风”、“人人皆媒体”的时代。

据不完全统计，目前热门新媒体形态接近30种，网络电视、移动视频、手机报纸、虚拟社区、博客、播客、微博等传播形态对于用户的吸引已引发了消费心理和阅读习惯的改变。特别是在中国，新媒体用户集中于18~30岁年龄段的青年人群，这部分人代表着未来的阅读行为和媒介选择观，也形成着消费趣味和阅读理念：“分众”、“小众”取代大众，用

---

① 高宪春．新受众、新内容、新产业链——浅析报业转型升级的三个着力点[J]．新闻实践，2012(1)．

② 斯雪松．报业的媒介融合与数字时代[J]．中国地市报人，2012(6)．

③ 方立明．新媒体技术发展趋势和报网融合新业——温州日报报业集团数字化布局的探索[J]．中国报业，2012(12)．

户创造媒介内容，消费者产生媒体，报业要为“我”所用。

有研究者提出“受众为王”的法则将见证报业的未来①。因此，发展数字报业，我们需要构建和扩展新的受众群体，通过引导，培养人们接触并阅读报纸的习惯，提高他们的读报热情，尤其是完全依赖于新媒体的群体，更具有扩展意义；可以从共同兴趣的培养入手扩展受众群体，共同兴趣是构建、凝聚受众群体的有效纽带；另外也可以以品牌延伸扩展受众，因为媒体品牌对公众意味着对本媒体的信任——公信力强是扩展受众的重要砝码。② 报业要有长远的眼光和细致入微的布局打算，要发挥报业长项，提取不可替代的核心价值，要做优做足做细经营服务，强化用户对媒体和品牌的认可，将品牌纳入到媒介融合中来。③

在报业发展变化过程中，受众的地位越来越突出，越来越重要。报业数字化变革的动力不仅来自于报业自身发展的需要，更来自于报纸读者或报业用户的需要。从需求的角度来看，社会对信息需求的大小决定了相对应的媒体规模的大小，只要有需求存在，相对应的媒体就不会消亡。人们需要快捷、迅速地获得海量信息，同样也需要对这些信息进行深度剖析、整理、归纳和概括。那么，报业的数字化必须把受众的需求纳入发展的整体战略，才可能最终成就报业的发展愿景。所以，报业必须首先考虑其受众对数字化的态度。

（二）报业数字化：内容依然是核心竞争力

数字化变的是介质，不变的是优秀内容的永恒④。随着产业链的延伸，传统报业在产业链中的地位向上游靠拢，成为数字媒体的内容生产商和供应商。报业只有立足现有的资源，检讨经营战略和经营策略的问题，调整经营观念，依托报业的核心产品——内容，才能打造品牌核心竞争力。而从网络新闻的内容生产来看，大多数门户网站的信息生产都是一种不加验证的复制粘贴，也就制造了网络中大量的垃圾信息，使互联网在重大事件的传播中，难以获得受众的信任。⑤ 而报纸的公信力在短期内是新媒体无法比拟的，如果说新媒体的优势是没有印刷环节，能够及时迅速地报道新闻的话，那么，报纸的优势就在于能够有效地引导读者，深入地解析新闻事件，它不仅仅是一个新闻的提供者，更加是一个新闻事件的“深度解析者”⑥。在全媒体格局中，报纸的优势在于内涵，在于它的深度和理性优势，要充分发挥报纸的深度和理性优势，进一步提升报纸的权威性和影响力。⑦ 所以有研究指出报业打造核心竞争力最重要的手段就是追求高品质、具有个性化和特色化的新闻产品，体现新闻的权威性、前瞻性、实用性和特殊性。为此，报业需要进行以下发展：打造“中央厨房”，实现新闻内容产品的全介质化；成为信息管家，按照读者需要提供定制信息服务的全介质化；精确定位，针对目标读者提供有针对性的服务；独家报道，为读者提供及时快捷的个性化服务；深度报道，提升新闻报道的品质，彰显报业组织的品牌效应。⑧

也有研究指出，报业保证质量是应对互联网挑战的最佳手段，报业必须不断有高品位、高质量、大深度的报道推出，构建新的“冷点”内容。⑨ 具体来说，从报道角度开掘“冷点”，与新媒体呈现的海量信息不同，报业的突破点在于对信息的观点和评论，报业可以提供不同

---

① 郜书锴．受众为王：媒介融合与报业愿景[J]．新闻与写作，2012(05)．

② 高宪春．新受众、新内容、新产业链——浅析报业转型升级的三个着力点[J]．新闻实践，2012(01)．

③ 孟威．报业全媒体转型的三个关节点[J]．中国报业，2012(3)．

④ 夏明华．报业传媒中的数字化产业研究[J]．现代商贸工业，2012(20)．

⑤ 周立春．三网融合下的报业转型策略[J]．漯河职业技术学院学报，2012(9)．

⑥ 张慷．媒介融合时代报业发展之路[J]．青年记者，2012(10)．

⑦ 周燕群．嫁接传统报业优势　探寻全媒体转型新渠道——访羊城晚报报业集团党委书记、管委会主任、羊城晚报社社长黄斌[J]．中国记者，2012(8)．

⑧ 周善．传统报业数字化转型的内容策略[J]．新闻知识，2012(8)．

⑨ 高宪春．新受众、新内容、新产业链——浅析报业转型升级的三个着力点[J]．新闻实践，2012(1)．

的视角，对事件给予解读；从报道的深度开掘“冷点”，受众不缺信息，而是缺少有质量的信息；从报道的“导航”开掘“冷点”，帮助受众辨别真假、把握轻重，展现报道的权威性。①

有研究指出，要解决报业的生存和发展问题，无法绕开内容控制这一核心要素。提高内容的控制力，首先要增强“内容提供商”的商业属性，增强价格协商的话语权。而要做到这一点，就要提高报纸内容商品化的自觉性和内容质量的自信心，打破集体无意识的面对困境无所作为的现状。② 所以，报业要继续做大做精做深原创内容，从原有信息报道为主向观点引导、思想引领转变，要有周密的策划、独特的视角、独家的观点，提供深度的解读，使内容向深度发展，守住传统媒体的“口粮田”。在此基础上，把独家、深度报道向其他数字媒体和终端输送，抢占内容领域的制高点。③

内容是报纸的核心竞争力。数字化报业是当前报业发展的新趋势，我们要发现和挖掘一切有新闻价值内容的题材，通过发现、选择和创造有特色新闻，增强新闻内容的营销和增值能力。围绕数字化内容产品的发现、传播和营销来展开，用高新智能化的数字化技术更好地展现这种核心能力，并让它转化为社会价值和市场价值。④ 作为报业数字化产业链中的内容生产商和供应商，传统报业组织在数字化转型中，应该立足自身的内容优势，从传统报业经营的角色中走出来，迅速树立“内容为王”的经营理念，在数字化转型的时代背景下，思考如何做大做强内容产业，真正实现从传统业务转变为内容生产商和内容供应商的角色转变。

拥有最强大的新闻生产能力的媒体组织，报业向数字化发展的战略转移，关键不是我们拥有了多少新的传播渠道，而是在新闻传播的新格局中，我们是否还能继续创造出最有价值的内容。而且，我们是否能够通过运用新技术、新载体，为网络时代越来越分众化的用户提供为他们量身定制的内容和服务，突破以往报纸、广播、电视面向大众进行粗放型的内容生产的模式，让内容生产能够针对不同的用户，实现更加精准的定位、更加深度的加工和更加贴心的服务。⑤

“内容为王”是报业的本质，报业要靠提供有效的“内容”服务才能培育形成稳定、忠实的受众群。随着信息技术的不断发展，报业所面对的受众发生了很大变化，如智能手机、PDA 等一系列新的信息终端，这对受众获取信息的方式和体验感受都产生了较大的影响，因此，在数字化传媒时代，“内容为王”已经不仅是一个如何有效开发内容的问题，而且还是一个如何针对不同的消费群体，将相关的内容进行重新编辑整理，使其产生新的利用价值，并有效传播的信息服务问题。

(三)数据库是报业数字化转型程度的重要标志

在传统报业向数字报业转型的内容策略上，数据库开发将起到至关重要的作用。有学者认为，是否注重建立、开发和运用数据库，是传统报业数字化转型程度的重要标志，这里的数据库分为信息内容数据库、读者资料数据库和广告客户数据库。有研究指出报业集团应该强化服务性功能，比如建立数据库，利用网站容量大、可搜索的特点，为受众提供有关历史资料、经济或金融方面的相关数据等等，以此吸引受众。⑥

还有学者提出，传统报业应该再造采编流程，生产全介质的新闻产品，以实现新闻信息的 N 次售卖。报业组织将生产出来的全介质新闻产品存储于数据库中，并将其中的一些专

① 靳静．数字化时代报业集团如何实现人才机制创新[J]．中国报业，2012(9).
② 章宏法．报业转型五问——传统媒体数字化战略反思[J]．中国记者，2012(2).
③ 桑翔．浅析“三网融合”下的报业数字化路径[J]．中国报业，2012(10).
④ 夏明华．报业传媒中的数字化产业研究[J]．现代商贸工业，2012(20).
⑤ 蔡雯．在全媒体探索中增强核心竞争力——对报业集团转型的一点思考[J]．传媒观察，2012(2).
⑥ 栾心国．传统报业：数字化转型迫在眉睫[J]．青年记者，2012(6).

业性的信息分类进行拣选和整理。针对不同读者群体的需要，专业化数据库中的信息可以打包进行有偿销售。这样一来，特定信息的多次售卖得以实现。同时，报业组织还可以将新闻产品根据介质不同售卖给不同的终端，从而实现同一信息的N次售卖。① 这也就需要报业做好信息的汇编和“二次加工”。面对海量信息和受众价值选择之间的矛盾，报业正好可以发挥既有的采编和策划特长，为新媒体提供选题策划和信息整合服务。报纸可以根据长期以来受众的阅读习惯和消费喜好，加强信息加工和资讯整合，归纳出分类阅读数据库，在此基础上为不同群体的终端服务商和新媒体提供更具针对性的内容。

三、报业产业转型的研究

报业发展从消极的“消亡论”转向“春天论”，数字化和产业转型成为拯救报业产业危机的重要举措。转型就是要在充分发挥传统媒体内容生产优势、长期积累下来的品牌优势和公信力优势基础上，把传统媒体的内容制造与新技术、新渠道信息发布的速度和宽度优势相结合，通过流程重组，实现新闻信息统一采集、加工、编辑，跨媒介、跨媒体多次发布，实现多媒体融合发展。②

我国各大报业集团也纷纷采取措施走向数字化发展和产业转型之路，《2012年全国报业集团数字化转型调研项目报告》指出，2012年89.3%的报业集团制定了数字化转型的发展规划，78.6%的报业集团开展了数字化转型培训，报业在数字化新媒体方面的资金投入同比平均增长7%。可以说，在推进新媒体数字化转型工作方面，我国主要报业集团在战略指导思想上已经相当重视，积极探索新的发展方式。

（一）报业集团全媒体转向

《泰州晚报》小记者军事夏令营图文直播系列活动，采用了“全方位”出版，以报纸、互联网、手机阅读等载体，与广大读者互动，通过互动既了解报业中存在的问题，也提高了数字出版运营的快速增长；《人民日报》在“人民网”的基础上，推出搜索、博客、微博、电视等多媒体功能；《东方早报》借助“东早网”平台，开设纪录片频道，由该报记者采集拍摄视频内容，以提供更丰富的视觉感受等。③

基于数字化技术，许多报业集团提供多版本内容下载，推出了手机报、移动客户端以及电子阅读器等，主动对接数字终端。如《东方早报》在其官方网站推出了数字报多媒体版、iPhone手机报和Wap手机报下载、iPhone客户端和iPad客户端安装程序下载等5种不同版本，占据了数字阅读的领先权；《南方都市报》在推出iPad版进行尝试的同时，还推荐E-mail下载版。④

同时，“云报纸”的兴起与发展提供了报业数字化发展的重要路径。2012年5月17日，《京华时报》正式推出基于云服务的“云报纸”，读者可以通过手机拍摄报纸上的图片，打开云端的海量信息，进行全媒体阅读。同时，《光明日报》、《长江日报》、《金陵晚报》等媒体也都试水云报纸。作为传统报纸纸质形态同云计算技术、移动互联网以及便携式终端等技术形式和硬件支持相融合的产物，云报纸成为中国报业经过长期数字化模式探索之后，又一次

---

① 周善．传统报业数字化转型的内容策略[J]．新闻知识，2012(8)．

② 周燕群．南方报业全媒体转型的思路与做法：专访南方报业传媒集团董事长杨兴锋[J]．中国记者，2012(3)．

③ 桑翔．浅析“三网融合”下的报业数字化路径[J]．中国报业，2012(10)．

④ 桑翔．浅析“三网融合”下的报业数字化路径[J]．中国报业，2012(10)．

顺应时代特征的转型探索。① 读者随手拿起手机拍下报纸图像，通过云阅读手段就能观看与新闻有关的内容、丰富的视频资料或背后故事。除了全媒体阅读，云报纸还实现了广告的立体展示。比如，读者发现一条汽车广告，就可以通过云阅读手段观看生动的视频。同时，云报纸与电子商务结合，读者在报纸上发现了自己心仪的产品，只需轻轻一拍，手机将自动跳转到该产品的电子商务平台，实现直接点击购物。有研究为我们分析了云平台在整个数字报业链中所处的地位，处在上游的是传统报业新闻内容生产，云平台处在报业传播的中心地位，传统报纸和新媒体处在平行的位置，二者之间充分互动。以数字平台为依托，以内容生产为主体，实现新闻服务的全媒体、网络化、互动化传播，是新时期报业传播的本质特性。②

要成为适应新型竞争的现代传媒集团，必须站在战略高度，以新视角、新理念，着眼于机制转换、资源整合、产业升级来寻找整个传媒产业链的“利益共同点”和“价值连接点”，建立文化传媒企业自身的竞争优势。有研究以宁波日报报业集团为范例为我们阐释了如何进行报业集团转型升级。其在业内比较早地就开始了数字化探索，不仅自主研发和应用移动采编系统，而且不断开拓新的数字渠道，包括新闻网站、媒体微博、移动客户端、电子书、户外大屏幕、手机报，等等。在内容生产方面，宁报集团各报纸充分发挥信息生产加工优势，通过载体的现代化、内容的数字化、传播的互动化，成为积极的数字内容提供者，并创造性地提出了以转型升级调结构、转企改制促发展“二转”为主线，通过多元化、集团化、数字化、市场化、资本化、品牌化“六化”联动来打造国内同类城市一流的文化传媒集团。③ 这一系列举措对报纸丰富新闻线索和报道题材、及时了解社情民意，特别在吸引受众、扩大报纸有效覆盖和品牌影响力等方面起到了重要作用。

有研究以苏州日报报业集团为例进行分析。其制定了“以新闻、资讯、娱乐信息、服务为重点，以互联网技术为平台，做具有苏州报业特色的多媒体互联网站、手机媒体和户外流媒体”的新媒体发展战略，在转型中坚持内容为王、注重本土、整合、开发、创新信息产品形态等三方面，全面实施集团数字化战略，打造苏州地区传媒第一品牌，建成一个拥有强势媒体、拥有先进技术、拥有财力支撑、拥有经营规模、拥有优质人才的现代传媒集团。④ 总结起来，其在产业转型中有四大创新：对“旧报纸”历史数据数字化，建设大型报业数据库系统；与信息载体提供商合作；通过户外联播系统加强与社区读者的互动；利用品牌资源，在会展和演艺等领域打造品牌活动等值得其他报业集团学习和创新。

也有研究以国内外知名报业的全媒体转型案例为研究对象，从产业建构的角度对报业全媒体转型进行研究，认为报业全媒体转型体制层面最大的问题是市场主体的缺位及体制弊端带来的报业条块分割影响了报业资源的激活和整合并使得产业之间未能形成真正的整合，内容层面存在的问题是重复建设、缺乏创新以及内容未找到“融合点”，产业层面存在的问题是没有清晰的盈利模式和产业链未能实现整合。其认为报业需要通过再造品牌文化来强化品牌营销力和整合报业内部资源，以建立全媒体整合数据库的方式来拓展并延伸全媒体产业链。⑤ 其认为只有将全媒体纳入报业产业发展的视角中来，从产业的视角建构全媒体的经营理念、运营模式、产业模式才能真正地实现报业全媒体转型。

向全媒体转型是一项系统工程，需要各个方面的环环配套，缺一不可。其中，最重要的是人才和机制。报业集团必须高度重视人才队伍建设，队伍中既要有精通媒体内容生产、信

① 郭泽德．云报纸：报业数字化转型新探索[J]．传媒，2012(11)．
② 田勇．全媒体背景下传统报业的“云”思考[J]．中国报业，2012(9)．
③ 何伟．宁波日报报业集团全力探寻转型升级之道[J]．中国记者，2012(12)．
④ 李小学．苏州日报报业集团的战略转型及创新[J]．青年记者，2012(10)．
⑤ 欧英男．数字化背景下报业全媒体转型策略研究[D]．山东师范大学，2012.

息加工的人才，又要有了解日新月异的传播技术和传播领域最新发展趋势的复合型人才，还要有善于从传媒产业的新发展中寻找市场商机、探求新的盈利模式的人才，通过加强人才绩效管理建设，严格考评机制，提高工作的规范化和高效化水平，打造管理创新型的集团①；必须高度重视向全媒体转型的体制机制建设，包括面向全媒体的业务流程、管理机制重建，利于聚合战略推进的利益分配和业绩考核机制创新，以及从传统事业体制转向以市场为导向的企业体制的薪酬激励机制的改革等。

我国报业集团数字化之路虽在积极探索中前行，但是我们也从中看到一些问题。虽然目前大部分纸媒已建立了网站，但许多网站内容和功能还较单一，急需根据网民的阅读习惯，加快更新速度，拓展频道栏目，开展各种活动，提高附加服务等，增强网站的吸引力和流量。除了利用互联网、手机以及社交媒体等与读者和广告客户保持联系，报纸进军新媒体的主要做法是，将其印刷版的内容移植到新媒体平台上，而大部分的报纸网站都是重文字、轻互动，并没有针对新媒体的优势与特色进行专门的内容定制。大部分的移动多媒体产品也缺乏即时性、互动性、个性化和贴近性，很难满足使用者的实际需求。显然，“我说、你听”的传统模式在新媒体时代是行不通的。②

要想在数字化环境中生存，传统报业还应留出更多精力去推广全媒体业务，树立品牌形象，延伸产业链条。③ 报业全媒体转型要重新整合和配置各类媒介资源，根据不同的终端和受众特点，在统一的数字网络平台上，部署各种媒体产品，拉长内容增值链，实现由一元化的报纸经营向多元化的内容产品经营和信息增值服务转变。“三网融合”为全媒体产品搭建了一个很好的平台，报业应尽快实现自身的数字化改造和升级，打造报纸、广播、电视、网络、手机、户外视频、电子纸移动报等全媒体产业链。

近年来，传统报业依靠单一市场、单一媒体、单一盈利方式，高投入、高消耗、高成本的发展模式所拥有的增长动力正在减退。随着新媒体技术及技术平台的进步和大规模应用，以互联网、手机媒体和各类移动终端为代表的新媒体商业模式日渐清晰和完善，对传统报业读者资源与广告资源的分流作用更加明显。业界竞争已经从单一传统内容生产、广告和发行竞争，向以全媒体内容生产为核心，以新媒体技术和技术平台为依托，全媒体形式的信息发布和服务，传统媒体运营模式和新媒体运营模式有机结合的全面竞争发展。面对当前激烈的市场竞争和未来的发展，必须建设集团全媒体平台，全力提升本集团的媒体竞争力，为面向未来的市场竞争和发展提供核心支持能力。

(二)数字报业的盈利模式构建

我国数字化报业在报业集团整合创新、整合资源、开辟信息技术空间应用的情况下，必须把经济效益的重要性提到首位，并不能因为只是处在报业数字化的转型期而对其进行“无偿”的资金支持与投入，必须跳出传统的思维圈，对新媒体时代产生的报业数字化转型经营有清醒的认识，这样才能给报业数字化的发展提供一个更大的平台，才能更好地考虑报业数字化发展的未来，这就涉及报业集团经营的盈利模式问题。

盈利问题是企业的首要问题，盈利模式对于企业成功至关重要。数字化，既给报业带来了原有盈利模式的消解，同时新的盈利模式也是数字化转型的探索目标和应有之义。长期以来，传统媒体的盈利模式一般都遵循着“二次售卖”模式，其中发行涉及内容、版权及相关产品的销售和转让，是常规意义上的报纸媒体销售，也是其获得盈利的第一个渠道；而广告

---

① 靳静．数字化时代报业集团如何实现人才机制创新[J]．中国报业，2012(9)．

② 陈怡．报业：数字化的经营困局[J]．中国报业，2012(5)．

③ 张保文．新媒体格局下报业产业的发展与创新[J]．产业与科技论坛，2012(9)．

经营则是面向广告(代理)商推销版面的运作过程，又被称为报纸的“第二次销售”。① 线上的“二次售卖”必须与“首次售卖”的创新相结合才能获得最大利益，毕竟，读者群是“二次售卖”最大的资本。传统的“二次售卖”模式仍然有效，但随着产业价值链的重构，报业“二次售卖”的商业模式亟待创新。② 在数字化商业模式中，内容不再只是二次销售，而是从共时性到历时性层面都可以进行多次销售。而报业组织只有通过多媒体，报纸的内容资源才能在复合性的使用中不断增值，才能在不断增值中实现效益的最大化。

建立基于消费者与广告主并重的、以品牌营销为核心的新的盈利模式，借以占领产业链的制高点，这是必然的趋势。有研究提出传统报业应该再造采编流程，生产全介质的新闻产品存储于数据库中，并将其中一些专业性信息分类进行拣选和整理，通过精确把握每一位读者对信息的需求特点，有针对性地给读者提供定制化、个人化的服务，帮助报业组织完成信息的重新整合和推送，实现新闻信息的多次售卖。③ 另有研究对数字报业内容增值途径进行探讨，提出目前数字报业的内容增值服务包括移动终端接收的内容服务、数字化报纸或互动多媒体报、多元化出版、新闻线索供应服务、弱势受众专属内容服务等。④

在“二次售卖”中，为了取得更好的广告和盈利效果，我们可以采取以下措施。第一，根据不同的终端发布不同的广告。一般来说，拥有智能手机以及平板电脑的读者经济实力要高于其他读者，因此，附着于移动终端的在线新闻可以发布汽车、数码产品等消费品的广告。而基于桌面或笔记本阅读的在线新闻，其广告内容则可以不受限制。第二，采取灵活的广告营销策略。例如根据点击量或根据不同的广告形式收取不同的费用。另外，购买了印刷版面的广告主应当在报纸网站植入广告时获得一定的优惠。第三，根据读者特点进行精准的广告投放。可以根据读者的浏览记录或者阅读爱好进行精准的广告投放。第四，深度开掘互动广告、分类广告和个人广告，也是扩大收入的有效途径。帮助广告商利用互动广告形式开展直销，以分类广告刊发实用的生活信息，招徕更多的个人做广告，不仅能获得一定的广告收入，有时还能吸引更多的读者。需要注意的是，采取在线收费订阅的报纸网站一定要注意广告的数量和质量，否则很容易引起读者对广告内容的反感，甚至退订在线新闻。

报业数字化转型能否成功的关键是能否找到适应数字化的盈利模式，除了传统的广告盈利，“付费墙”成为报业艰难的选择。有研究指出今天部分报纸所探索的“全媒体”、“云报纸”的成功，将依赖于付费墙的构建(石磊，2012)。⑤ 付费墙(Pay Walls)，是成熟市场经济体制国家的传统报纸对其在线内容实行有价阅读而建立的支付模式，是新闻提供商对在线内容实行付费阅读的“准入”系统。虽然付费墙的具体方式多种多样，可以硬付费(将读者与网络内容完全隔离，在线支付以前读者看不见任何内容)，可以软付费(允许读者阅读一部分内容后计时付费、计量付费，或者残缺吸引、捆绑订阅、微支付等)，但不管哪一种方式，其关键是传统纸媒以其超强的内容生产能力占据市场制高点，为目标读者创造不可替代的价值和阅读体验。⑥ 同时，要实现在线阅读收费，需要一定的媒介环境，这包括同行媒体对在线付费模式的探索、用户对内容付费的态度以及数字版权保护的情况，等等。优质的内容生产、忠诚的用户群体、成熟的媒介环境是支撑付费墙的必然要素。⑦ 基于市场认同、客户认同的内容的权威性和不可替代性，是中国报纸构建付费墙需要解决的首要问题。

另有研究指出报业集团在数据库条件下内容销售的盈利点包括商业合作的盈利和报业组

① 姜鹏．浅谈国外报纸数字化转型之道[J]．新闻界，2012(4)．
② 禹建强．数字化转型中“二次售卖”模式的创新[J]．青年记者，2012(9)．
③ 刘凡磊．传统报业数字化转型的内容策略[J]．军事记者，2012(11)．
④ 王朝阳．数字内容产业的内容增值途径探索——以数字报业内容增值为例[J]．媒体时代，2012(2)．
⑤ 石磊．从西方主流报纸看报业数字化转型[J]．西南民族大学学报，2012(4)．
⑥ 吕尚彬．谁能够成为构建付费墙的中国报纸[J]．中国报业，2012(12)．
⑦ 徐雅兰．付费墙模式的应用实践[J]．新闻界，2012(12)．

织收费的盈利。广告是数据库营销收入的主要来源，利用报业组织数据库平台，采取“前店后厂”模式，通过为中小企业及从业人群提供培训、管理咨询、营销策划、企业公关等方面的服务以及出版等业务，获得衍生服务收入。通过这种营销方式，品牌传播功能将数据库资源全面整合。同时，通过建立新闻信息数据库，报业组织网站背后有一个可以查阅国内几乎所有企业的信用和经营状况的庞大数据库，供读者付费检索和下载。也可以根据企业需求提供针对目标市场的调查报告，方便企业市场营销的进行。数据库条件下内容销售的盈利模式，包括独立经营模式和合作经营模式。数字报业可以在对整个市场进行重新定位，建立全球、全国或者某一区域领先的内容数据库的前提下，自主进行数据库平台的商业运作，也可联合不同的运营商进行数据库平台的建设与运营，以达到共赢的目的。①

除了这些盈利模式外，作为数字化战略中的重要一员，报业更需要的是革新自己的经营理念，跳出传统报纸既有的“发行、广告、活动”等常见经营模式，使用数字化和新媒体的思维，探索出新型的盈利模式，进行整体产业链包装，把数字化进行打包，条件成熟时可以投融资或者打包上市。

四、结　　语

中国报业数字化的演变轨迹不是渐进式的改良，也不是适度的优化或一般的创新，而是激进式的变革。从新兴、趋近到共存、支配的激进式演变，将是中国报业在数字化进程中的基本演进轨迹。其间，有可能出现纸报的短暂复苏，但这一轨迹的整体走向不可逆转。② 不久的将来，数字化媒体终将取代报纸成为主流媒体。面对数字化浪潮的强烈冲击，中国报业要想保持良好发展态势，就必须抓紧宝贵时间加快推进数字化转型。

在报业数字化发展的进程中，首先，报纸要与新媒体融合，将新媒体的海量信息进行有效整合和筛选，以正确的舆论引导受众。这样，既扩大了报纸的信息量，又避免了新媒体的负面效应，最终促进报业的健康发展。事实也证明，新媒体的出现非但没有像人们担忧的那样把报媒逼上绝路，反而激活了整个媒体市场，促成了传统媒体与新媒体之间的互动和融合。其次，报纸要与网络一体化发展，以网络为基础平台，创新整合“报网”资源，实现报网双赢，使报纸和其他媒体资源在网络平台上同步发展，互为新媒体。从这个意义上来说，报网一体化发展绝对不等同于报网融合(报纸和新媒体融合)。在报纸和网络融合的情况下，报纸和新媒体是两条交叉线；在报网一体化发展的情况下，报网是两条永远延伸下去的平行线。③

全媒体是一个内容生产平台，一个共享的信息平台和发布平台，也是一种全新的经营模式，意味着传媒经济规模的扩大。对于报业全媒体模式，是否能够引领传统媒体走向数字化时代，陈国权并不看好，他在《新媒体拯救报业?》一书中指出，“这股疯狂的全媒体热，是中国传媒界面对新媒体的挑战和拯救报业的机遇诱惑陷入的一个集体迷思，它完全无视不同媒体机构的差异，无视不同媒体形态的特殊性，无视传媒竞争的细分和集中原则”。④

但是，在新形势下，数字化转型仍然成为报业集团推进转型升级的主要路径和业务形态，报业集团也应将数字化生存纳入常规操作。报业发展需要从战略角度进行思考，变“被动”为“主动”，改变“大而全”的思路，主动地向数字出版的环境进发，从而找到自己独特的

---

① 刘凡磊．传统报业数字化转型的内容策略[J]．军事记者，2012.11.

② 吕尚彬．渐进性演变，还是激进性变革——我国报业数字化演变轨迹的思考[J]．中国报业，2012(8).

③ 子央．大众媒介的数字化与报业发展[J]．东岳论丛，2012(9).

④ 陈国权．新媒体拯救报业[M]．广州：南方日报出版社，2012：122.

价值品牌发展核心。发展新媒体绝不仅仅是引进新的媒体技术，更重要的是商业模式创新和制度创新，寻找适合自身的商业模式，并在此基础上逐步建设现代化的企业制度。

可以说，传统报业向全媒体转型是一项系统工程，需要各个方面的环环配套，缺一不可。按着市场经济规律的观点审视报业产业，我们会看到报业的竞争主体——报业集团发展还存在诸多方面的问题值得我们思考。例如，全媒体模式下报业集团内部资源的配置问题——涉及报业集团的制度、组织和人才等结构问题；报业集团价值链较短且利用不充分，如何构建和延伸有效盈利的产业价值链；报业集团如何延伸产业链条，实现多元化拓展；集团利润来源途径单一，全媒体转型中盈利模式的构建与创新等，这些因素无疑会影响到报业集团的市场竞争力和长远发展，而这些也都是接下来报业数字化和产业转型所面对的重大的研究课题。

【作者简介】

程明，武汉大学新闻与传播学院教授，主要研究广告传播和媒介经营与管理领域。

谢道喜，武汉大学新闻与传播学院 2012 级硕士研究生。

全媒体环境下媒介营销的探索、变革与迈进

——2012 年中国媒介营销活动评析①

吕尚彬　迟　强

全媒体最初是指新闻业务运作的一种整体模式与策略，即运用多种媒体手段和平台来构建大的报道体系。2008 年，烟台日报传媒集团便在全国率先实施全媒体战略，组建全媒体新闻中心，再造内容生产流程，通过建立完善的多种媒体形态的组合，形成崭新的全媒体框架，以求实现从“营销报纸”到“营销内容”的转变，这可称得上是中国媒介机构在全媒体领域的早期探索。近两年，全媒体的内涵更加丰盈，既是对多媒体、泛媒体、媒介融合、跨媒体经营、整合传播等多个概念的综合性概括，又伴随数字化技术的迅猛发展而催生了新的营销和传播体系。

可以说，全媒体已成为企业、媒介组织、广告公司等各方力量构建新型营销模式的重要基础。2012 年的中国媒介营销活动，突出表现为媒介的市场营销主体角色愈发强化，媒介经营运作更多触及“全媒体”的核心要素，不但直接影响了传媒市场，甚至变革、改造了整个传媒产业链。

一、政策、技术、市场驱动下全媒体营销环境的构建

当下的媒体环境已不能仅仅用“融合”来概括，这是一个内容无限丰裕、传播渠道高度互动、数据信息广泛深入应用的时代。随着数字技术、网络技术的发展和日趋成熟，不同媒体之间的壁垒逐渐销蚀，全媒体营销环境在循序渐进的过程中建构与逐步完善。2012 年，这一营销环境的构建过程更具推力和张力。以下主要从政策法规、技术变革、市场三大层面来展开论述。

(一)政策法规层面：支持性与管制性双重驱动

2012 年出台的传媒业相关政策法规主要是以 2011 年国家“十二五”规划纲要以及 2011 年 10 月 26 日中共十七届六中全会审议通过的《中共中央关于深化文化体制改革推动社会主义文化大发展大繁荣若干重大问题的决定》为指导纲领。“十二五”规划明确提出我国将推动文化产业成为国民经济支柱性产业，这无疑为传媒业增添了新的动力。在“十二五”规划中，国家强调加快转变经济发展方式，推动文化大发展大繁荣，提升国家文化软实力。以传媒产业为主体的文化产业，肩负着成为国民经济支柱产业的重任，新闻出版业产值到“十二五”末要超常规翻番增长到 3 万亿元的规模，这些指导纲领及产业发展目标均推动着 2012 年相关政策法规的细化和落实。

1. 文化体制改革

2012 年 2 月 15 日，根据《中共中央关于深化文化体制改革、推动社会主义文化大发展

① 本文属于教育部人文社会科学重点研究基地重大项目《中国报业发展战略转型研究》(2008JJD860220)中期成果的一部分。

大繁荣若干重大问题的决定》和《中华人民共和国国民经济和社会发展第十二个五年规划纲要》，中共中央办公厅、国务院办公厅印发了《国家“十二五”时期文化改革发展规划纲要》①。该《纲要》决定，构建结构合理、门类齐全、科技含量高、富有创意、竞争力强的现代文化产业体系，推动文化产业跨越式发展，使之成为新的经济增长点、经济结构战略性调整的重要支点、转变经济发展方式的重要着力点，为推动科学发展提供重要支撑。该《纲要》决定，加快转变文化产业发展方式，促进从粗放型向集约型、质量效益型转变，增强文化产业整体实力和竞争力。实施一批重大项目，推进文化产业结构调整，发展壮大出版发行、影视制作、印刷、广告、演艺、娱乐、会展等传统文化产业，加快发展文化创意、数字出版、移动多媒体、动漫游戏等新兴文化产业。培育骨干企业，扶持中小企业，完善文化产业分工协作体系。鼓励有实力的文化企业跨地区、跨行业、跨所有制兼并重组，推动文化资源和生产要素向优势企业适度集中，培育文化产业领域战略投资者。

在加快文化体制机制改革创新层面，该《纲要》决定，以建立现代企业制度为重点，加快推进经营性文化单位改革，培育合格市场主体。完成一般国有文艺院团、非时政类报刊社、新闻网站转企改制，拓展出版、发行、影视企业改革成果，加快公司制股份制改造，完善法人治理结构，形成符合现代企业制度要求、体现文化企业特点的资产组织形式和经营管理模式。

在这方面，2012 年报纸媒体的编辑部体制改革走在了前面。根据 2011 年下发的《中央办公厅、国务院办公厅关于深化非时政类报刊出版单位体制改革的意见》，新闻出版总署于 2012 年 7 月 30 日制定了《关于报刊编辑部体制改革的实施办法》②，对经新闻出版总署批准从事报刊出版活动、获得国内统一连续出版物号、但不具有独立法人资格的报刊编辑部体制改革作出部署。该《办法》尤其强调，原则上不再保留报刊编辑部体制。对现有报刊编辑部，区别不同情况实施不同改革办法。应转企改制的报刊出版单位所属的报刊编辑部，一律随隶属单位进行转企改制。该《办法》鼓励和支持党报党刊出版单位和大型新闻出版传媒集团公司对报刊编辑部进行整合，鼓励和支持以党报党刊的子报子刊、实力雄厚的行业性报刊出版企业为龙头对报刊编辑部进行整合，形成大型综合性或专业性报刊出版传媒集团公司。该政策重点是将以编辑部制度为基础的事业单位属性的报纸业调整为市场化运行的传媒集团，整体目的在于继续深化传统媒体的市场化体制改革，在继出版行业之后，逐步取消报纸行业的事业单位属性。这将是近年来一直提倡的报刊业集约化、集团化经营的大胆而有效的迈进，利于推动传统报刊业向数字化、网络化现代传媒业转型相结合，与建立健全报刊准入和退出机制、科学配置报刊资源相结合。通过改革、解放和发展报刊生产力，破解报刊业“小、散、滥”的结构性弊端，实现报刊业转型和升级，推动报刊业又好又快发展。

2. 加强传播体系建设

《国家“十二五”时期文化改革发展规划纲要》提出，要加强文化传播渠道建设，积极推进下一代广播电视网、新一代移动通信网络、宽带光纤接入网络等网络基础设施建设，推进三网融合，创新业务形态，发挥各类信息网络设施的文化传播作用，实现互联互通、有序运行。在确保播出安全的前提下，广播电视播出机构与电信企业可探索多种合资、合作经营模式。同时，整合全国有线电视网络，基本实现全程全网，跨部门集成文化资源、产品和服务，加快电影院线建设，大力发展跨区域规模院线、特色院线和数字院线。三网融合一直是

---

① 国家“十二五”时期文化改革发展规划纲要[EB/OL]. [2012-02-15]. http://www.gov.cn/jrzg/2012-02/15/content_2067781.htm.

② 关于报刊编辑部体制改革的实施办法[EB/OL]. [2012-08-03]. http://www.gapp.gov.cn/news/1303/87163.shtml.

近年来我国传播体系建设的重点战略，三网融合的进程在很大程度上依赖行政力量，但由于我国有线电视网的特殊属性以及各方利益之争，在实践操作上依然有许多难题。

3. 文化经济政策

2012 年，国家对已有的支持文化体制改革、支持文化事业和文化产业发展的经济政策进行修订或延续，加大财政、税收、金融、用地等方面对文化产业的政策扶持力度。《国家“十二五”时期文化改革发展规划纲要》决定，在国家许可范围内，引导社会资本以多种形式投资文化产业，参与国有经营性文化单位转企改制，参与重大文化产业项目实施和文化产业园区建设，在投资核准、信用贷款、土地使用、税收优惠、上市融资、发行债券、对外贸易和申请专项资金等方面给予支持，营造公平参与市场竞争、同等受到法律保护的体制和法制环境。同时，建立健全文化产业投融资体系，鼓励和引导文化企业面向资本市场融资，促进金融资本、社会资本和文化资源的对接。推动条件成熟的文化企业上市融资，鼓励已上市公司通过并购重组做大做强。进一步落实鼓励社会组织、机构和个人捐赠以及兴办公益性文化事业的税收优惠政策，促进企业及民间对文化的投入明显增加。

4.“限娱令”、“限广令”等管制性措施

2012 年可称得上是电视媒体的裂变年、激荡年，改版、创新几乎成为了各频道贯穿全年的主题词，这很大原因是受国家广电总局对电视媒体一系列管制措施的直接影响。《关于进一步加强电视上星综合频道节目管理的意见》和《〈广播电视广告播出管理办法〉的补充规定》均自 2012 年 1 月 1 日起正式生效，受影响最大的便是上星频道。《关于进一步加强电视上星综合频道节目管理的意见》要求 34 个电视上星综合频道要提高新闻类节目播出量，同时对节目形态雷同、过多过滥的婚恋交友类、才艺竞秀类、情感故事类、游戏竞技类、综艺娱乐类、访谈脱口秀、真人秀等类型节目实行播出总量控制，以防止过度娱乐化和低俗倾向，满足广大观众多样化多层次、高品位的收视需求。该《意见》同时要求各广播电视播出机构要坚持把社会效益放在首位，坚持社会效益和经济效益的有机统一，建立科学客观公正的节目综合评价体系。该《意见》明确提出“三不”，即不得搞节目收视率排名，不得单纯以收视率搞末位淘汰制，不得单纯以收视率排名衡量播出机构和电视节目的优劣。①

《关于进一步加强电视上星综合频道节目管理的意见》主要侧重对内容进行管理，提高新闻类节目播出量，调控部分类型节目播出比重，以防止荧屏过度娱乐化和低俗倾向。《〈广播电视广告播出管理办法〉的补充规定》则是重点对广告播出进一步规范，规定在播出电视剧时，不得在每集（以 45 分钟计）中间以任何形式插播广告。

由于传媒产业具有经济性和公共性双重属性，各国政府都高度重视传媒产业的规制。随着环境的变化、技术的革新，规制与政策也在发生变革。尤其是我国传媒“事业单位，企业化管理”的规定，表明了其特殊性。2012 年政府相关部门对媒介的管制性措施也属常态，以电视媒体为例，自从禁止在电视剧中插播广告的规定施行后，不少电视台采取了加强大剧整合营销、将硬性广告转化为植入等方式应对新规。但是，大部分电视频道的广告流失仍然在所难免。新形势下，电视媒体不能再仅仅拘泥于电视单一平台，必须充分调动和利用电视剧等核心优势资源，全媒体广告营销投放平台已经成为必然走势。

以上政策法规的提出与施行，反映了我国深化文化体制改革工作的全面开展。传媒业作为文化产业重要组成部分，必会进一步提升规模化、集约化、专业化水平。同时，国家相关政策法规尤其对文化创意、数字出版、移动多媒体等新兴文化产业十分重视与大力扶持。

① 关于进一步加强电视上星综合频道节目管理的意见[EB/OL].[2011-10-25]. http://www.sarft.gov.cn/articles/2011/10/25/20111025170755801010.html.

2012年，我国互联网行业第一次有了政府层面的互联网行业发展规划。2012年5月，工业和信息化部发布《互联网行业“十二五”发展规划》。这一规划明确提出涉及经济社会发展、战略性新兴产业等七大发展目标，将从网络、技术环境、市场等方面实现产业的全面升级。这些都推动了新兴产业与传媒业进一步实现功能聚合、跨界整合，必将促进全媒体局面的打造与实现。

(二)技术层面：大数据、HTML5、二维码等推动全媒体技术整合

当前普遍认为，以数字技术为代表的新传播技术推动了继工业革命之后的又一次传播革命。近年来传媒业的发展，技术的进步即使不是主导性的，也绝对称得上是颠覆性的。2012年，大数据的建构、应用以及移动互联网相关新兴技术手段进一步冲击、打破了既有的媒介运营规则，促进了全媒体营销环境的形成。

1. 大数据与媒介营销

在全媒体时代的整个营销体系中，媒体到达效果、广告到达效果、受众心理变化效果以及行动效果都无法再用传统的手段和方式来获知，既有的营销与广告体系也因此而崩塌了。在微软、IBM、谷歌等公司机构的探索与推动下，数据与营销之间的关系愈发变得牢不可破，也证明了只要有合适的数据收集方法、正确的数据处理手段，才可以帮助营销者建立起更加科学、有效的营销手段。对于媒体机构来说，需要能够记录信息痕迹，建立海量数据库，能够运用大数据分析和优化自身的内容、产品与营销服务。广告公司等营销机构需要能够以多样化的手段追踪广告效果，应用大数据分析媒体的广告价值以优化广告营销服务。总的来说，数据挖掘能力和应用能力是全媒体营销时代必备的能力，大数据对媒介传播的驾驭能力逐渐提升。

2012年，媒介等相关机构正加快海量数据库体系的建设和运营工作。广电媒体的海量数据库正在逐步建立中，一些网络媒体更是已开展了基于数据库系统的广告服务实践。如何去接近、打通、利用这些数据库，形成真正可以提升内部生产效率、指导广告主营销传播活动的情报体系，成为媒体经营者布局未来的关键一环。

2. HTML5促进移动互联网技术升级换代

Web 2.0带来的丰富互联网技术让所有人都享受到了技术发展和体验进步的乐趣。作为下一代互联网标准，HTML5备受期待和瞩目，成为2012年度互联网行业的绝对关键词之一。HTML5是用于取代1999年所制定的HTML 4.01和XHTML 1.0标准的HTML标准版本，其目标是能够减少浏览器对于需要插件的丰富性网络应用服务的需求，并且提供更多能有效增强网络应用的标准集。HTML5已经逐渐在国内崭露头角，国内外各大公司包括苹果、谷歌、微软、Adobe、Opera、百度、腾讯、新浪等在内先后推出基于HTML5技术的游戏、应用、开发工具、平台、操作系统等产品。Firefox、Google Chrome、Opera、Safari、Internet Explorer等浏览器已不同程度地支持了HTML5，这些均促进了移动互联网的技术升级与改造。

3. 二维码技术使用与推广方兴未艾

二维码又称二维条码，是在一维条码的基础上扩展出另一维具有可读性的条码。它是用按一定规律分布于平面(二维方向上)的黑白相间的图形记录数据符号信息，在代码编制上利用构成计算机内部逻辑基础的比特流的概念，使用若干个与二进制相对应的几何形体来表示文字数值信息，通过图像输入设备或光电扫描设备自动识读以实现信息自动处理。

2012年10月，腾讯CEO马化腾在移动开发者大会上公开表示，二维码将是移动互联网

的重要入口。二维码获得腾讯为代表的公司机构的重视源于在智能手机日趋普及的市场条件下，其简化了沟通互动的方式，提供了实时信息，能极大满足用户对消费体验越来越高的要求，给移动营销平台带来机遇。同时，二维码促进了物联网与移动互联网的综合应用，颠覆了传统防伪手段，一站式解决公司在品牌传播和营销活动的核心需求，使公司直接面对消费终端，获取第一手消费数据，为各种服务公司进入移动互联网开辟了一条新的捷径。2012年，二维码应用渐趋广泛，但仍存在技术、终端适配、盈利模式这些方面的制约因素。可以说，培养用户群和良好的商业模式将会是其发展的关键所在。

2012 年，“大数据”时代的脚步悄然而至，“大数据”这一高科技公司的专用技术手段已具有广泛的普适性，并迅速在精准经销领域找到用武之地。移动带宽迅速提升、云计算以及更多的移动终端的普及，均使得传媒业技术与营销、与市场紧密结合，推动了全媒体环境的最终实现。

(三)市场层面：传统媒体和新媒体互补性的市场生存诉求

2012 年的广告市场出现了几大现象：市场整体下滑，电视广告增幅减缓，广告支出萎缩，广告主投放更理性，优势广告资源更抢手，互联网广告迎来开局之年。根据尼尔森网联的数据显示，2012 年的中国广告市场花费 6528 亿元，与 2011 年的数据基本持平，增幅低于 GDP 的增长，这一现象是多年来首次出现。①

从媒体市场来看，各媒体的市场表现也参差不齐。以上市传媒公司为例，从披露的 2012 年度财报来看，传媒板块表现稳定，但是两极分化明显。其中，博瑞传播、粤传媒、浙报传媒、新华传媒、华闻传媒和北青传媒等报业传媒集团上市公司业绩下滑明显，广告和印刷业务等传统核心业务板块利润大幅滑坡。这种业绩表现一方面受到了 2012 年整个宏观经济运行低迷给广告市场带来的影响，另一方面，来自互联网、移动互联网等新兴网络媒体的广告和用户分流是报业广告市场萎缩的主因。可以说，这几家上市公司的境遇折射的是整个报业市场的困境。

2012 年，电视媒体广告市场整体稳中有升，但广告主更倾向于稀缺优质广告资源，更加注重投放效果和媒体布局。CTR 媒介智讯《2012 年广告主营销调查》的结果显示，82%的广告主会考虑采用其他媒体来补充或代替部分电视广告，其中互联网是他们的首选。互联网已成为主流传播渠道，规模庞大的群体通过互联网来获得信息、交流沟通和娱乐休闲。据中国互联网络信息中心发布的第 31 次互联网调查报告显示，截至 2012 年 12 月底，我国网民规模达到了 5. 64 亿，互联网普及率为 42. 1%。在手机方面，手机网民规模为 4. 2 亿，较上年底增加了 6440 万人，使用手机上网的用户占比上升至 74. 5%。② 正是在这样的行业大背景下，互联网和移动互联网的新媒体营销市场呈现勃勃生机。

可以说，正是基于传统媒体和新媒体自身的市场生存诉求，才构成了“全媒体营销”的强大动力。一方面，面对新媒体带来的巨大挑战和技术革新，传统媒体为了谋求自身的生存发展，必须寻求一种革新求变的途径，与其他媒体合作则不失为一种很好的选择。另一方面，新媒体于现实中的发展态势其实并没有想象的那么乐观，对传统媒体内容的依赖决定了它现在只能在某种程度上扮演渠道运营商的角色，而模糊且有限的盈利模式又让新媒体自身陷入了行业发展的危机。这两方面在客观上都要求新媒体与传统媒体在各自领域中以及领域之间展开多种形式的合作。因而，多平台、跨媒体、全网整合的“全媒体”成为未来营销的

① 2012 年广告市场大盘点[EB/OL]. [2013-07-23]. http://www.nielsenccdata.com/marketSecondCh/list.ht?&mainId=1&page=5&pageSize=10.

② 第 31 次中国互联网络发展状况统计报告[EB/OL]. [2013-01-15]. http://www.cnnic.net.cn/hlwfzyj/hlwxzbg/hlwtjbg/201301/t20130115_38508.htm.

关键。

二、媒体营销战略的调整与重新布局

1. 强化资本运营，打造传媒业“上市年”

我国传媒产业的融资渠道一直比较单一，多以内源性融资和银行贷款融资为主。国家“十二五”规划中明确提出，“鼓励文化企业跨地域、跨行业、跨所有制经营和重组，提高文化产业规模化、集约化、专业化水平”，“鼓励和支持非公有制经济以多种形式进入文化产业领域，逐步形成以公有制为主体、多种所有制共同发展的产业格局”。其中，鼓励社会资本进入和鼓励兼并收购的政策导向，将造成市场化媒体数目和规模分布、市场份额和市场集中度的重大改变，也促进了传媒业资本运营手段的加强，“上市”成为2012年传媒业的关键词。

2012年4月27日，被称为“中国官网第一股”的人民网在上交所正式上市，随即获得市场的大力追捧。人民网不仅是第一家在中国内地A股上市的新闻网站，也是第一家在中国内地A股整体上市的媒体企业。人民网主营业务包括经营“人民网”和“环球网”两个主要网络平台，从事互联网广告业务、信息服务业务、移动增值业务和其他技术服务。据《证券日报》统计，截至2012年年末，沪深两市IPO排队企业中，文化传媒类企业有35家，涉及数字内容服务、传播与文化产业、文化与传播、文化艺术业等七个子行业。按照申银万国行业标准划分，沪深两市文化传媒类上市公司有29家。在35家拟上市企业中，中航文化、思美传媒两家企业已通过发审会，广州金逸已预披露，另有19家企业尚处在落实反馈意见中，13家企业处在初审中。中国电影、上海电影、万达电影院线、保利文化集团等知名企业均在名单之列。以数字内容服务为主营业务的公司无疑成了行业新星。创业板IPO排队中的10家数字内容服务公司包括上海炫动传播、北京麒麟网文化、北京水晶石数字科技等企业。除此之外，还有中文在线等数字媒体。① 我国传媒发展历史上从未经历过如此庞大的追加投资，预计两三年内传媒上市募资的密集释放将彻底改变中国传媒产业的格局和竞争水平。

2. 并购、整合媒介资源，多元化运营

2012年，传媒纷纷加快并购步伐，在8月份，优酷土豆合并方案获批准通过。强强联合的优酷、土豆两大平台日均覆盖人数将远远超过其他视频网站，从而进一步确立了自己在视频网站行业中龙头老大的地位。本年度影视类公司业绩增长较快，在并购整合资源、实施多元经营和培育新业态方面表现最为活跃。华谊兄弟以投资参股的方式持有北京随视传媒科技有限公司、华狮盛典文化传媒有限公司的部分股权，光线传媒以投资参股的方式持有金华长风信息技术有限公司、天神互动科技公司的部分股权，通过外部股权收购等方式拓展互联网新媒体渠道，进一步完善产业链条布局。

2012年，报业的核心业务利润下降趋势难以逆转，向其他领域寻找商业机会成为报业转型的一大趋势。浙报传媒提出整合浙江省内电影产业资源，打造从编剧基地、制作发行到院线、影视投融资，甚至电影频道、影视城基地、影视新媒体等影视行业的全产业链。华闻传媒也提出进军影视产业链，旨在成为视频内容提供商。博瑞传播持续推进全国性户外媒体资源发展平台，正式进军海南户外广告市场。同时，博瑞传播在网络游戏领域布局已久，2012年又增资5000万，收购北京漫游谷信息技术有限公司的股权，深耕游戏全产业链。浙报传媒也于2012年收购杭州边锋和上海浩方两大游戏平台，加快向移动互联网游戏的拓展、

① 陈妍妍. 35家文化传媒企业排队上市，北京地区占近5成[N]. 证券日报，2012-12-24.

布局。除此之外，传媒机构热衷于投资地产、金融等热门产业。浙报传媒的影视城基地、新华传媒提出的文化 Mall 项目都是文化地产方向的投资，也成为文化体制改革背景下的报业投资新热点。在金融领域，2012 年博瑞传播投资 3.7 亿元成立小额贷款公司，浙报传媒成立了东方星空文化基金，进行新媒体、影视等方向的文化产业战略投资。

总之，本年度传媒并购与多元化动作频繁，但新兴业务能否做到与旧有资源有效整合，以及是否能产生可观利润，尚需时日检验。

3. 社交媒体商业化战略进程不断推进

2012 年，各大社交媒体平台基本完成了最初的资本积累，以及对用户的积累和对市场的划分，正式开始了商业化进程。其中新浪微博、腾讯微信成绩斐然。截至 2012 年 12 月，新浪微博注册用户达到 5.03 亿，日均活跃用户为 4620 万。腾讯官方也宣布 2012 年底微信用户突破 3 亿。在积累了庞大的用户基数之后，商业化成为必由之路。新浪微博宣布本年度正式开始商业化进程，从第二季度开始，新浪开始对外公布微博收入，主要营收分为广告收入与相关增值付费收入。根据新浪公司公布的截至 2012 年 12 月 31 日的财务报告显示，2012 年新浪微博全年相关支出为 9300 万美元，营收为 6600 万美元，微博广告收入占比为 77%，其余为相关增值服务收入，包括应用和游戏分成以及会员付费收入。新浪全年营收 5.29 亿美元，微博广告收入占全年营收比重为 9.6%，微博增值服务占比为 2.9%。① 从数据来看，新浪微博在 2012 年支出仍高于营收，商业化处于起步阶段，变现能力仍有限。但随着信息流广告的跨平台投放、个人增值服务的多样化以及社会化电商策略的启动，都将进一步提高新浪微博的盈利能力。

微信是 2012 年移动应用领域的最大亮点，短时间内获得海量用户后，微信正逐步推进商业化进程，先后推出朋友圈、公众平台并开放 API(应用程序编程接口)吸引第三方合作，在商业模式的探索中步伐迅速，同时在 O2O 领域创造了巨大的可能性和想象空间。

纵观社交媒体在 2012 年的市场表现，并没有呈现普遍高歌猛进的态势。前两年风光无限的人人网在整个 2012 年均为亏损状态，究其原因，除了其旗下糯米网持续亏损以及投入性成本增长之外，社交媒体竞争的加剧以及用户流量从 PC 向移动终端持续迁移造成的广告收入下降可称得上是两大主因。因而，也不难理解腾讯为何对微信的商业化一直处理得比较保守缓慢。如何适应移动互联网趋势、如何优化用户体验并强化用户社交网络联系是社交媒体商业化的基础。

三、媒介营销内容与模式的创新

1. 传统媒体寻求打造优质产品内容，构筑核心竞争力

在全媒体环境下，并不是所有媒体都拥有强大资本与实力来积极扩张，但在数字化以及融合趋势下，媒介必须努力成为全介质的媒介生产力环节中的一员，并能够打造具有一定特色和价值的媒介产品，方可在媒介市场立足。浙江卫视在 2012 年，正是凭借《中国好声音》在全国卫视总收视率排行榜上一跃进入前三甲。《中国好声音》秉承“以真声音、真音乐为唯一的宗旨”为标准，将节目定位与以毒舌、炒作、绯闻为卖点的低俗选秀节目相区分，尤其是其“盲听盲选”和“转椅”的节目内容创意模式令人耳目一新，为中国观众献上音乐与梦想的精彩真人秀。并且，《中国好声音》创新了制播分离模式，浙江卫视与灿星制作公司双方

---

① 新浪发布 2012 年第四季度及全年财报[EB/OL]. [2013-02-20]. http: //tech. sina. com. cn/i/2013-02-20/05308072930. shtml.

达成了共同投资、共担风险、共同招商、均分收益的协议，激发了创作精品节目热情，也解决了制作与播出机构责任风险分担的问题。高收视率直接促使《中国好声音》不断刷新着中国电视栏目的吸金神话，更吸引了以加多宝为代表的中国广告主的青睐。据报道，整个《中国好声音》第一季十期节目的广告费和版权销售一共卖出了3亿多元。同时，《中国好声音》联合爱奇艺等视频网站，利用广泛的网络渠道加速了节目的迅猛蔓延，制造了人气，形成了一个有益的合作互补关系，建立了一个以满足用户利益为核心的循环。

2012年5月，《舌尖上的中国》首播，立即引发热播，一举颠覆纪录片"小众"、"曲高和寡"等固有标签，成为中国纪录片发展的一个标志性事件。《舌尖上的中国》已经销往30多个国家和地区，播出覆盖领域达到100多个国家和地区，海外发行收入也创造了中国纪录片单集销售的最好成绩。因为第一季的火爆，2012年11月，央视2013年黄金资源广告招标大会上，《舌尖上的中国II》受到热烈追捧，广告招标额达8931万元。

随着我国媒体市场化运作程度不断提高以及行业竞争日益加剧，广播、电视等传统媒体面临更为严重的挑战，媒介产品策划与生产也从最初的单纯"点子"式创意逐渐趋向规范化与系统化，更注重将主体资源与客体资源整合。这种成熟与规范折射的正是媒介产业化营销与运作的主流趋势。

在打造优质产品内容方面，传统纸媒的内容生产、广告经营、出版发行以及报社组织结构等核心经营要素，都亟待进行变革和重构。报业的读者、人才、广告资源以及品牌资产等都在流失，且趋势愈演愈烈。随着互联网和数字移动终端的不断发展，人们已经越来越习惯依赖于新媒体，这些变化给传统媒体，特别是传统纸媒带来了极大的冲击。2011年3月，《纽约时报》正式开始实施付费墙政策，建立传统报纸对其在线内容实行有价阅读而建立的支付模式，成为首份实施数字订阅的大众类报纸，《纽约时报》付费墙政策的成功鼓舞了其他报纸的尝试，2012年也被称为美国报纸的"付费墙年"。付费墙模式以及客户、产品、呈现、价格、促销等运营要素值得处于数字化转型、市场化转型过程中的我国报业学习、借鉴。

2. 网络媒体营销全面发力

2012年是数字媒体变革、重生的一年。在中国，互联网超越报纸成为第二大广告媒介。随着企业对营销及传播效果的重视度日益提高，传统新闻和门户网站等集体面临着营收和转型的压力，单纯的"资讯+广告"的商业模式已经难以适应网络营销大环境。2012年，网络媒体营销可圈可点之处主要有以下三方面：

在视频媒体领域，2012年视频广告增幅最大，已成为网络广告市场增长的核心驱动力之一。热门剧集和电视节目给网络视频行业带来极高的关注度及流量，同时也使得更多广告主开始向网络广告倾斜预算。2012年3月，优酷和土豆宣布合并，这是我国互联网历史上第一次在同一领域行业前三的上市公司之间进行的并购，这加剧了视频行业内的竞争，也促进了强强合作。各大视频网站选择合作战略，爱奇艺、搜狐视频、腾讯视频等共同组建了"视频内容合作组织"，这种战略合作使正版长视频网络版权价格迅速回归理性。同时，视频网站还通过投资和资源置换等方式杀入生产环节。这些均推动了网络视频营销与商业手段的进一步成熟。

在社交媒体领域，2012年社会化营销持续火热。在社会化营销中，腾讯在QQ空间、腾讯微博、朋友网等方面持续发力，新浪微博的社交化属性稳定，其商业化和媒体化属性明显增强，影响力也日益壮大，不论是事件营销还是内容营销，都引领了阵阵风潮。在社会化营销的大趋势下，企业在营销的理念、方式及效果评估方面纷纷开始转变，社会化营销已然颠覆了大众传播的方式，并成为企业营销新动向。

在电商平台建设方面，网络购物行业持续快速发展，电商行业的发展颠覆了传统市场营销和商品销售的局限。以淘宝网、天猫、京东商城为代表的电商企业，不仅仅为企业提供了销售平台，更拓展了企业的营销空间。这一年，京东向日用百货、图书音像等领域践行全品类扩张战略，阿里巴巴旗下淘宝和天猫的交易额突破万亿元大关。尤其是在2012年1月11日放弃“淘宝商城”旧称而正式更名的天猫，全力打造B2C综合购物网站，更是在“双十一”大促销中创下了单日交易额191亿元的纪录，成为我国电子商务行业在2012年迅猛发展的最好写照。

纵观网络营销市场不难发现，视频媒体、电商平台及社会化媒体等媒体形式不再各自独立运作，而是相互融合、平台共建，丰富的媒体形式不仅能够满足企业营销的多元化需求，也使得推动网络营销的意义更加凸显。

3. 移动互联网催生移动营销

根据艾瑞咨询统计数据显示，2012年中国智能手机保有量达到3.6亿，增速为80.0%，智能手机在这一年得到了进一步普及，这也意味着使用智能手机的用户数量取得了非常快的增长。在这庞大用户载体以及网络带宽大幅改善的支撑下，2012年中国移动互联网市场规模为549.7亿元，市场保持高速增长。①

2012年，移动互联网市场主要划分为移动增值、移动搜索和移动购物三大领域。传统的彩信、手机报等移动增值业务增长平缓，营销手段少有创新。移动搜索则处于流量大、营收小的市场格局，其原因主要是手机屏幕限制等使得搜索关键词广告在移动端发展中受到了较大的制约，现有的商业模式还未适应移动端的发展。移动购物则快速增长，营销创新手段也层出不穷。电子商务是目前移动互联网相对而言较为成熟的商业模式，电商企业的推动和传统企业在移动电商的布局，均促进了移动购物市场的发展。

在这方面，O2O营销模式成为移动营销的热点。O2O即Online To Offline，也就是将线下商务的机会与互联网结合在一起，使互联网成为线下交易的前台。O2O营销侧重的生活服务领域天然和位置相关，移动设备的位置属性决定了移动端更加适合O2O的发展。同时，手机的便携性也与用户的实时性生活需求正好吻合。

目前O2O包括两大主要入口，第一是LBS（基于位置的服务），第二就是二维码。尤其是二维码技术，随着移动互联网的爆发，这个“小方块”可以打通线下、线上，为网上购物、移动支付、电子票务、优惠券等提供便捷入口。2012年以来，阿里巴巴、百度、腾讯、奇虎360、盛大等互联网巨头纷纷加大了对O2O市场的重视和投入力度。其中，腾讯凭借微信，阿里巴巴凭借支付宝和淘宝本地生活，以及百度凭借地图向本地生活服务转型，使得这些网络巨头在O2O市场竞争中各具优势。当前，中国O2O行业市场仍处于用户培育阶段，前景十分广阔，各大媒介运营机构合力推动中国O2O市场发展，长远来看将有可能实现共赢。

纵观2012年，传媒业加大力度，强化与互联网等相关产业进一步实现功能聚合和跨界整合，媒介营销呈现出整合化、数字化、社会化和移动化等特征，并且越来越重视受众信息的重要价值，紧密地与企业营销捆绑配合。值得注意的是，全媒体并不等于单纯做加法，某些媒介组织将传统的单一媒介定位拓展至“营销+数字出版+院线+电商+文化地产”等所谓的全媒体板块，这种大而全的布局规划尚需运营实践检验。总之，中国媒介营销正在实现全面升级，必将迎来传媒业发展新局面。

---

① 2012年中国移动互联网市场规模为549.7亿元，市场保持高速增长[EB/OL]．[2013-02-25]．http：//wireless.iresearch.cn/app/20130125/192017.shtml.

【作者简介】

吕尚彬，武汉大学媒体发展研究中心副主任，武汉大学新闻与传播学院教授、博士生导师。主要研究领域为媒体发展、广告与媒介经营管理。

迟强，武汉大学新闻与传播学院2012级博士生，辽宁大学文学院广告系讲师。主要研究领域为广告与媒介经营管理、媒体发展。

中篇　重大项目专题研究报告

国家社科基金重点项目“媒介融合背景下中国广播影视发展趋势和政策引导研究”中期成果报告

媒介融合背景下中国广播影视发展趋势和政策引导研究①

庞井君

我们处在一个媒介融合的大时代。以互联网为代表的信息技术高速发展，对全球经济、政治、文化、社会产生了全方位影响，更给现代传媒生态与信息产业格局带来了深刻变革，融合已经成为当今时代传媒发展的主旋律。“融合”一词最早出现在科学领域，并于20世纪70年代与大众传播实现联姻。在互联网快速发展、应用和普及的基础上，数字技术把更多的部门汇集到一起，通信与传媒都用“0”、“1”的数字方式表达，融合也就成了发展中的必然趋势。

早在20世纪70年代末期，美国麻省理工学院的教授尼古拉斯·尼葛洛庞蒂(Nicholas Negroponte)就提出了不同工业“即将和正在趋于融合”的发展理念。1978年，他用三个重叠的圆圈来描述计算机、印刷和广播三者的技术边界，指出圆圈的交叉重叠处将成为成长最快、创新最多的领域。在此基础上，他提出了媒介融合的概念，即“各种各样的技术和媒介形式都汇集到一起”②。到了20世纪80年代，“媒介融合”这一概念得到了推广和普及，国内外有关方面的研究日渐增多。

梳理国外国内专家学者对“媒介融合”这一概念的认识，总体来看，它们从技术层面、媒介自身体制机制层面、管理学和社会学层面以及现代传播格局建设层面来界定媒介融合概念。中国对媒介融合的研究始于20世纪90年代末。21世纪初，国内首本关于媒介融合的译著《大汇流：整合媒介信息与传播》的面世，使“媒介汇流”作为一个新语词进入人们的视野。2005年以后，国内学界业界正式提出媒介融合概念，相关研究进一步深化和拓展开来。

随着信息传播技术的发展及新媒体新业态的不断呈现，媒介融合的内涵与外延会呈现出更多样、更丰富的层次。结合国内外专家的认识以及通过大量的调查研究，我们认为媒介融合应包括四个层面：技术融合、业务和功能融合、组织融合、规制融合。同时，在融合过程中，它呈现的特征主要有：一是媒体传播方式是双向交互，不再是传统的广播单向式；二是传媒生态多中心化或去中心化，传统中心集权或垄断式传播格局被打破；三是信息生产者与受众(消费者或用户)合而为一，用户不再是被动的信息接收者；四是内容呈现移动式、多终端化，一家人坐在沙发上看电视的传统时代即将远去。基于上述基本认识，我们认为：媒

① 本文根据国家社科基金2010年重点项目“媒介融合背景下中国广播影视发展趋势和政策引导研究”〈批准编号：10AXW002〉的研究主报告摘编而成。本项目主持人庞井君同志为国家新闻出版广电总局发展研究中心主任、研究员，博士。发展研究中心研究人员范洁、方德运和吕岩梅同志全程参加了本报告的起草工作，李岚、薛巧珍、刘汉文、王雷、熊艳红等同志参与了报告的起草。

② [美]托马斯·鲍德温，等. 大汇流：整合媒介、信息与传播[J]//蔡雯，王学文. 角度·视野·轨迹——试析有关“媒介融合”的研究. 国际新闻界，2009(11).

介融合是在技术不断进步和人类需求不断增长的双重力量推动下，各种新旧媒体相互汇聚、渗透和交融，实现各种形态传播媒介日趋融通和一体化的过程。这种融合不仅包括实体和技术层面的融合，也包括内容、渠道、终端的融合，同时还包括传媒市场、媒介文化、媒介价值，以及媒介与相关行业的融合。媒介融合正在改变传统的传媒生态格局，并推动形成新的传媒生态系统。

当前，媒介融合已经成为学界、业界和行政管理部门研究的焦点问题。媒介融合在深刻影响着中国广播影视的发展进程。我国正处社会转型的关键时期，在此背景下，以媒介融合为切入点，分析和研判传统广播影视行业的发展形势，厘清广播影视发展理念，对统筹协调广播影视的舆论宣传、公共服务、产业布局、国际传播、机构调整、规制监管等各个方面的发展，甚至对文化建设乃至整体社会发展都具有战略意义。

一、媒介融合背景下中国广播影视发展所面临的挑战

从规模和体量上看，经过30多年的高速发展，中国已成为广播影视大国，但还不是世界意义上的广播影视强国。中国广播影视与世界主要发达国家相比，与国内信息产业等行业相比还有很大差距。特别是在媒介融合大趋势下，中国广播影视在内容创意、节目质量、品牌建设等领域的建设还有很长的路要走。随着媒介融合进程的加快，以及广大群众精神文化需求日趋多样化、个性化，中国广播影视各领域各环节所面临的挑战和压力将会是前所未有的。

（一）传播生态深刻变革，传统广播影视面临竞争新格局

随着现代信息技术的快速发展，数字、网络、通信与影视技术的深度融合正悄然改变着传统广播影视传播格局，特别是新技术、新主体、新业务的介入，传统广播影视传播的空间结构和时间序列开始发生重组。

1. 内容制作与分发环节日益呈现社会化

除传统广电机构外，内容供应商、内容集成商、门户与社区网站、终端产品提供商等市场主体，纷纷介入内容制作与传输分发、终端消费等各环节。运营主体的多元化社会化促进了各种基于互联网的视听新业务的快速发展。传统单向、广播式的节目业态垄断市场的局面被打破，网络剧、网络音视频等视听新节目，以及时移、回看、移动等视听新服务成为消费时尚。

2. 传输覆盖环节趋向互联互通

随着互联网的快速发展和三网融合战略的实施，广播电视网、电信网、互联网的技术功能、业务范围趋于一致，各网络间的无线、有线、卫星传输方式无缝对接、平滑过渡，最终实现各网络间的互联互通、资源共享。可预计这种新型网络传播模式将取代传统单向、线型的广播式传播模式，并将成为未来文化消费的主导。从实践来看，目前视听各领域各环节的主体除了消费来自其他主体的视听内容外，还可将自制内容通过不同网络上的不同平台进行发布与传播，供其他运营主体采用、引用和消费，最终实现“视听无处不在”。

3. 终端成为兼具收发与互动功能的开放信息平台和视听服务超市

随着视听终端向移动、多样、智能化终端发展，手机和电视的PC化以及PC移动化趋势日渐明显。用户在使用这些新型智能终端时，除了收听收看视听节目外，还可制作和传播大量短节目、微视频，参与视听节目评论及在微博等社交网络进行社交化分享等。因此，基

于互联网的视听终端已经发展成为新型传播平台，该平台突出的特点是：具有最大化吸纳和释放资源的能力，这一点已经从苹果智能终端上得到明显体现。无限的内容通过无限的传输满足用户无限的需求。这样的"平台式"终端创造了令消费者新奇的体验，实际上是终端引领了消费，创造了新的价值空间。

4. 新业务新服务不断涌现，传统媒体的影响力日渐式微

随着视听新媒体新业务与社交化应用的融合，视听传媒服务正朝着移动化、社交化方向发展。到2011年底，近50%的网民会将自己看到的视频通过博客、微博等社交平台进行分享，43.5%的用户通过博客看视频，33.8%的用户通过微博看视频。① 到2012年12月底，中国社交网站用户达2.75亿人，占网民总数的48.8%。② 社交化收看增强了视听传媒与用户之间的黏合度，容易形成相对固定的收看群体。在技术进步和设备更新的推动下，通过移动终端收看视听内容的需求还将进一步扩大。

（二）传统广电管理体制机制难以适应媒介融合发展态势

新时期以来，影视剧、动画、纪录片等内容生产重点领域，以及国有影视制作单位转企改制等关键环节的体制机制改革方面取得了新突破，有力地推动了广电新的发展。但中国广播影视在管理体制机制上还不能很好地适应媒介融合发展的大环境大趋势。

首先，传统管理理念、范围明显滞后于现代视听传媒发展的需要。随着媒介融合进程日益加快，广播影视行业自身正发生三种变化：一是从单纯的宣传机构变成以宣传业务为主、兼营多样化广电产品和服务的运营实体；二是随着广电领域渐次开放，民营和社会资本逐步进入广电领域，除传统广电媒体播出环节外，广播影视大多数领域和新媒体领域的社会化、多元化、个性化、产业化趋势日益明显，"社会办视听"格局日趋成型；三是三网融合进程加快，视听新媒体新业务大量涌现，广电与互联网、通信行业和文化相关领域的融合程度日益加深。新的传播生态给传统影视形态带来革命性的变化，视听传播不再是广电机构的专利，各种视听传播机构和传播行为均应成为行业监管的对象。

其次，传统管理手段、方式难以适应媒介融合的发展。不难看到，在融合的大背景下，广播影视内容制作、传输与消费突破了条块和地域限制，尤其是以互联网为传输网络的视听服务，天然地具有全球性、全民性特征。随着视听技术发展，新的视听业务形态还会层出不穷，并将分布于不同网络、平台和终端上。因此，面对海量的视听信息和社会化的制作、发布和分享，传统的管理手段和管理方式出现明显的不适应。此外，视听服务的主体涉及不同行业、领域、资本和不同所有者，具有不同的特性和利益诉求。因此，如何保障、平衡各主体利益，真正促进广播影视文化市场繁荣和发展，也是一个全新的课题。在这一状况下，主要依靠行政手段进行监管，必然会造成管理漏洞频发、管理效率低下和管理跟不上发展等问题。融合背景下的视听传媒监管需要综合利用法律、行政、经济、技术、社会参与等多种手段。如何建立完善的监管体系，实现有效、长效和统筹协调监管，大力促进广播影视大发展，是广电行政部门面临的紧迫任务。

再次，广播影视机构内部机制制约媒介融合发展。在内部运营机制上，中国广电媒体机构目前还是以频率频道、新媒体为基础构建内部组织结构和业务流程，不同的传播平台均形成了"大而全、小而全"的采编播体系，相互之间难以进行有效的资源共享和联动发展，难以形成优势互补，从而造成大量人财物的浪费。并且，视听节目因为未能得到有效的市场配置整合而显得单一、同质，体验效果差，媒体机构的运转效率低下，不能有效满足用户的新

---

① 中国互联网络信息中心. 2011年中国网民网络视频应用研究报告[R]. 2012.

② 中国互联网络信息中心. 中国互联网络发展状况统计报告(第31次)[R]. 2013.

需求，难以满足传统业务模式向全媒体转化时期对高效业务流程的需求。

从国际一流媒体探索机构重组、流程再造的成功经验看。比如，英国 BBC 通过机构重组，在执行委员会下形成了新闻、视觉、北部中心等不同团队，每个团队都面向广播、电视、新媒体全平台运转。美国 CNN 通过改革，逐步形成扁平化组织结构体系，业务流程按照采集、制作、播出等功能组建，并建立了国际国内总任务台（Media Operation），使其成为连接新闻采集和各栏目的中心枢纽。这种运营机制，实现了媒体资源共享，集中了各平台优势，加快了信息传播速度，节省了运营成本，而且规模效应明显，达到“1+1+…+1>n”的传播效果，此举值得广播影视机构反思和借鉴。

（三）传统广播影视的内容优势正在被视听新媒体销蚀

随着摄录设备的微型化、普及化以及与移动网络、手持终端的融合，视听内容生产变成了一个开放的大市场。一是从内容拥有量看，各类视听传媒机构尤其是商业新媒体机构不断加强内容建设，纷纷进入内容制作行业，大量采购版权资源，并充分利用用户生成内容（UGC）方式，其内容存储量已大大超过传统广电机构。根据各机构提供的数据，截至 2011 年 6 月，优酷网视频总量达 2.31 亿条、土豆网达 1.93 亿条、搜狐网达 1.45 亿条，以平均每条视频 10 分钟推算，其视频节目时长分别为 3850 万小时、3216 万小时和 2417 万小时。① 而 2011 年全国电视节目制作时长仅为 295.05 万小时，播出时长也只有 1675 万小时，远远低于商业视听机构。② 二是从内容吸引力来看，各类新兴媒体充分利用其互动性特征，在内容制作流程上更加开放，每个环节都积极吸纳用户参与，其内容更受用户的喜爱。以电视剧制作为例，新兴媒体机构开始探索打破传统“剧本设计—前期筹备与拍摄—后期制作”的封闭流程，实施“边播边制”的模式，利用网络投票吸纳观众参与演员人选决定、道具场景设计、剧情走向、人物角色设计等，根据观众的不同意见和需求，设计多个版本，构造不同的剧情，极大提升了用户的参与意识，增强了对该媒体内容的用户黏性。

（四）传统广播电视传输网络弱势被进一步放大

有线网、地面无线网、卫星网是传统广播电视主要的传输通道，以高带宽为其主要竞争优势。但在媒介融合时代，传统广电网络互动性差、互联互通性不足、难以移动收看等弱势逐渐被放大，随着网络技术的不断升级改造，其带宽优势也在逐步减弱。另一方面，互联网、通信网、电网等都加入到广播影视内容传输行列。2012 年 7 月，中国正式启动“宽带中国”工程，预计到“十二五”末，中国城市家庭互联网带宽接入能力将基本达到 20M 以上，其中东部地区基本达到 30M，部分发达城市达到 100M，单位用户平均接入带宽超过 100M。移动通信网络带宽也不断拓展，并继续向新一代演进。在新型超高速网络的基础之上，“视听无处不在”正在实现，传统广播影视传输方式劣势凸显。

（五）传统广播影视用户市场分流严重

用户对传统广播影视的需求在逐步降低。从全球范围来看，尼尔森 2012 年 9 月的数据显示，全美大约有 500 万户家庭不再通过天线、有线或卫星收看电视节目，而是通过家庭电视机收看奈飞（Netflix）或苹果在线影视节目。有关数据显示，2012 年第二季度，美国社交网脸谱网（Facebook）全球月活跃用户已达 9.55 亿人。这些业绩全部来自用户的主动选择，是任何传统媒体都难以企及的，中国也不例外。以电视剧收看为例，据艾瑞咨询统计，2012

① 中国网络电视台（CNTV）内部研究报告[R]. 2011.

② 广电总局发展研究中心. 2012 年中国广播电影电视发展报告[M]. 北京：社会科学文献出版社，2012.

年6月，通过视听网站收看电视剧的总有效时长高达8亿小时，相当于2011年全年全国公共电视节目播出时间1675.3万小时的47.8倍。此外，互联网高峰使用时间段之一是晚8~10时，这与电视观看黄金时段形成直接冲突，导致广播影视用户分流较大，传统广播电视收听收视群体向老年人集中。央视-索福瑞调查数据表明，2007年以来15~44岁人群的每日电视收视时长在逐年下降，目前15~34岁人群的电视平均收视量仅为55岁以上中老年观众收视量的一半，而且两者之间的差距还在逐年扩大。

(六)传统广播影视的体量正被各类新媒体所赶超

趋利避损是资本流动的规律。作为新兴产业，各类视听新媒体的迅速成长很大程度上受到风险投资、私募股权投资、国内外资本市场的热捧。2012年5月18日，脸谱网首轮IPO即融资160亿美元，成为美国华尔街历史上规模最大的IPO之一。按当天收盘价格算，脸谱网市值约1050亿美元。美国的其他新媒体上市企业如微软市值约为2500亿美元，谷歌2040亿美元，苹果则接近5000亿美元，均明显超过迪士尼、时代华纳等传统媒体集团。中国的新媒体企业也同样获得巨大的资本支持。到2011年底，共有8家中国互联网公司实现上市，在全球融资14.76亿美元。优酷、腾讯等新媒体企业大都选择在境外上市，它们具备的共同特征是：市值和体量都比较高，甚至数倍于国内的传媒企业。腾讯网在2012年7月16日的市值是3046.80亿元人民币，百度、阿里巴巴的市值也都超过3000亿元人民币。

大资本是视听传媒大发展的重要前提和必要保障。到2012年底，芬兰Rovio公司的手机游戏“愤怒小鸟”(Angry Birds)在全球累计下载量超10亿次，每月移动广告业务价值最高时达到100亿美元，被誉为“创造了微时代的手指神话”。目前，与“愤怒小鸟”相关的品牌衍生品已扩展至图书、动画、玩具等，产业扩张潜力巨大。优酷网提交美国证监会(SEC)的文件显示，优酷网营业收入从2007年的180万元一跃增长到2012年的18亿元人民币，六年间增长了1000倍，年复合增长率在400%左右。而近年来中国广播影视总收入的年增长率在20%左右，两者有着明显的差距。

二、媒介融合背景下中国广播影视业发展的基本趋势

从广播影视来看，基于有线和移动互联网的各类新兴媒介如网络广播电视、IP电视、手机电视、互联网电视、智能电视等传播形态迅速崛起，传统广播影视传播格局即媒体间各种力量对比与组合的结构①在悄然发生着变化，世界各国包括中国均已进入了新旧媒体并存和融合发展的新阶段。总体来看，当前中国广播影视所面临的竞争格局的总体特征是：基于互联网的新兴媒体渗透力强、覆盖面广，用户规模日渐壮大，用户群的年轻化趋势日益明显；而传统广播电视的市场份额、实际用户规模则在逐步缩小，用户人群日益呈老龄化趋势。

传统广播影视在新技术助力下正在发生着深刻的变化。对我国广播影视发展图景作出这样的基本判断：即伴随着数字化、网络化和卫星技术的发展，中国广播影视将摆脱自身传统传输方式的限制，逐步发展为覆盖全球的融合型视听传媒形态。它们将拥有海量的新型视听内容作为发展追求，通过多种互联互通的网络，以多种终端向全球无缝传播，最大限度地实现“视听无处不在”，中华文化的国际国内影响力将会不断增强。在媒介融合背景下，中国广播影视发展的基本趋势可概括为以下四个方面：

---

① 郑保卫，李洋，等. 试论当前中国媒体格局变化的现状及特点[J]. 国际新闻界，2008(3).

1. 基本趋势之一：发展视听化

随着数字、网络等信息技术的发展，传统广播电视之间的边界日渐模糊。以电视机为例，当它与互联网深度融合后，传统的收音机电视机转变成为了一个集电视节目接收与分享、娱乐、通信、上网、购物等多种功能于一体的视听信息总汇，俨然成为传统广电媒体和新媒体新业务的集大成者。因此，可看出传统广播电视在数字化、网络化处理后，彼此之间的界限趋于模糊，而一律指向“视听”服务与消费体验，呈现出“泛视听化”趋势。这种泛视听化具有以下主要特征：

一是视听概念超越了传统广播影视的范畴，并且有了新的内涵和外延。随着互联网的快速发展，大量网络影视剧、网络视频等进入了大众生活。它们已不是传统意义上的广播电视节目或影片，传统广播影视概念已难以囊括这些在多屏多终端播出的、形态各异的视听内容。

二是所有可上网、带有视听接收和播放功能的信息终端都可以替代收音机、电视机来消费各种视听节目。随着 IT 技术的进步，视听终端已开始从收音机、电视机逐步拓展到智能手机、平板电脑等移动终端，用户在收听收看各类视听节目的同时，还可制作和发布大量短节目、微视频，或提供突发事件的第一手信息，积极参与视听节目评论等，因此，基于互联网的视听终端已发展成了信息发布、传播平台和文化消费平台。随着移动互联技术在机场、车站、火车站、码头、医院等各种公共场合的普及应用，持有各类可上网移动终端的用户，就能充分利用这些“碎片化”时间，上网体验现代视听内容。

三是视听已经成为文化表达的主流形态之一，是当代人参与文化建设与交流的重要载体。有统计数据显示，到 2012 年 6 月底，我国网络视频用户规模增至 3.5 亿人，比 5 年前增加了一倍多。其中，视频用户占网民总数的 65%，互联网上约 70% 的流量来自视听节目服务；使用手机收看视频的用户超过 1 亿人，占手机网民的 27.7%。因此，视听传媒已经成为广大群众文化生活的重要组成部分，成为人们参与社会建设、文化建设的重要载体和途径。

2. 基本趋势之二：视听融合化

融合是数字化、网络化和信息化进程中呈现的一种新的发展范式。随着媒介融合的演进，我国广播影视日益与各类相关技术和媒介相互渗透、融合共进，呈现出融媒体、全媒体的动态聚合特征。主要表现在：

一是信息传播技术间的渗透融合。现代信息技术与传统报刊、影视技术之间的渗透、融合加快，将以往单纯的视觉、听觉整合并扩大到人体全感官。新型融合传媒在信息传播和表达能力上将更具备“全媒体”特性，传受双方将需要调用各种生理感官来“体会”融合的视听内容，从而完成传播活动。随着人工智能、体感等智能技术的应用与普及，用户的视听新体验还将进一步提升。

二是不同媒体间的延伸融合。它主要是通过视听网站与广播电影电视、报纸杂志等媒介之间的延伸与互补，实现融合与发展。这类融合通过赋予传统广播影视新的附加功能，形成融合型的视听传播新形态，最大限度地满足用户的视听消费需求。另一方面，随着网络社交化应用与视听节目的融合，社交化收听收看群体正日渐扩大。到 2012 年 6 月底，我国社交网站用户达 2.51 亿人，占网民总数的 46.6%，该数字还有进一步增加的趋势。社交化收看将成为今后视听收看的主流方式。

三是媒体内部各要素的重组融合。通过重组和整合广播电影电视、报刊等各环节、各要素，由此产生不同于原有媒体产品和服务的新型视听产品和服务。其突出表现在：视听服务与终端的融合共进。这类融合催生出以终端为主导的新产业。比如，苹果应用商店（App

Store）就是一种商业模式的创新。软终端与硬终端的融合统一。在新技术条件下，各类基于互联网的硬终端包括个人电脑、智能手机、平板电脑等，与各类电台电视台应用客户端和社交网站、视频网站等应用软终端相互捆绑，它们呈现给用户的界面直观、简洁、容易操作，为用户提供了个性而惬意的应用体验。

3. 基本趋势之三：视听社会化

20世纪80年代以来，我国的各种社会力量积极参与到广播影视各领域各环节，大大促进了广播影视业的繁荣发展。新兴媒体有着与生俱来的开放性、互动性和市场化特征，从一开始它就铸就了新媒体的无限活力。在媒介融合大趋势下，我国广播影视在与新媒体融合共进的过程中快速转型，其社会化趋向日益明显。主要表现在：

一是内容生产供应逐步走向社会化。在视听内容供需链上，视听内容的提供不再被专业机构所垄断，内容的社会化创作生产格局初步形成。在内容制作流程上更加开放，每个环节上都积极吸纳有关各方参与，有效增强了内容的吸引力和凝聚力。例如，风靡全球的网络互动剧《苏菲日记》通过网络征集女主角苏菲以及剧情互动的模式，使得该剧一度成为欧洲视频网站下载量最高的视频。随着商业网站重视内容原创并逐步加大投入，内容生产的社会化趋势必将更加明显。

二是传受角色的一体化带来视听传播的全民化、全社会化。随着社交网站、视频分享网站，以及博客、微博、微信等自媒体的迅速崛起，受众角色和地位发生了根本改变。有学者使用了“产消者”（Prosumer）这个新的合成词汇，即受众已不再是被动的信息接收者，而是变成了生产者和消费者的结合体，但在实践上受众角色俨然成了生产者、消费者和发布者的结合体，变成了“产消发布者”。在融合媒体的技术条件下，“每个人都是一个电台、电视台”。

三是各项媒体服务提供逐步走向社会化。随着智能视听设备的广泛应用，“用电视”将成为消费主流。今后，越来越多的智能视听终端与终端系统开始转向通用硬件平台，视听业务流程更加依赖软件来实现和运行。操作系统和软件在新型移动智能终端应用中所占的比重越来越大。苹果应用商城在推出后的9个月之内，其应用程序下载量即达10亿次，到2012年6月12日，下载量已突破300亿次。苹果公司的服务模式将新媒体服务的社会化表现得淋漓尽致。

从国际上看，“社会化”既是一种发展趋势和发展格局，同时又是一种新的管理理念和价值取向。对此，要从中国实际出发，深刻洞察媒介融合和社会转型所带来的视听发展大趋势，牢牢把握“建设文化强国”这一宏伟目标，抓住“增强全民族文化创造活力”这个关键，进一步激发广大群众参与视听文化建设的热情，深化体制改革，加强顶层设计，开创视听中国建设新局面。

4. 基本趋势之四：“视听无处不在”

2009年，美国康卡斯特和时代华纳有线等有线电视运营商，为了应对互联网视频业务对传统有线电视业务的强大冲击，遏制传统付费电视用户快速流失的颓势，提出了“电视无处不在”（TV Everywhere）的发展理念或目标。它们提出，只要是有线电视的付费用户，所体验的各类视频内容将不再局限于电视机接收这一种方式，用户通过互联网或手机等终端也可体验它们提供的视频节目和服务。2010年，康卡斯特正式推出在线点播平台，向用户提供15万个在线视频点播节目，内容涵盖影视剧、儿童、体育节目等多个领域。同时，它还提供该平台应用程序供智能终端下载使用，当年视频点播总量达到180亿次。

随着媒介融合的深入推进，新的视听传播格局绝不限于电视节目延伸到互联网的“电视无处不在”，而是包括传统广播影视节目在内的所有视听内容，正在借助各种传输网络向社会各个角落延伸渗透，实现“视听无处不在”。当然，当前实现“视听无处不在”还存在一定的瓶颈：一是移动互联技术还处在发展的初级阶段，网络带宽和网速还难以承载大的视频流以及大量用户同时在线使用；二是适合不同终端的视听内容数量少、影响力偏弱，还很难吸引大部分用户付费开通相关业务；三是大多数用户移动收看习惯尚未养成。随着技术进步、内容产业成熟和用户习惯养成，这几个瓶颈将会逐步突破。

三、媒介融合背景下加快推动广播影视实现四个转型

媒介融合的实质是传媒格局、结构和形态、功能的革命性变革，是一场深刻的总体性的媒介转型，也是整个传媒界的一次思维革命。广播影视正在经历着四个重大转型。

（一）概念转型：从广播影视转向“视听传媒”

媒介融合时代“广播影视”这个历史形成的概念，其内涵和外延都正在发生深刻的变迁，这既象征着理念的变革，也预示着范式的转换和新的媒介时代的到来。我们如何用一个新的概念来界定和表征广播影视未来形态，可供选择的便是文化、信息、传播、媒介等概念，它们都是具有漫长历史的较为稳定的概念，但其内涵和外延也随着社会的发展而不断发生具体变化。这几个概念都是“广播影视”必须面对的上位概念，也是广播影视演进、融合与提升的不同方向。“广播影视”与这几个概念都有交叉和并列。同时，这四个概念之间也形成交集。综合各种考虑，我们的理论目光和实践脚步都停留在“视听传媒”上。

视听传媒既是一种媒介形态，是一种信息载体形式，是一种信息传播方式，同时也是一种文化表现形态。它既高于现有“广播影视”概念的层级，又有别于上述四个大的概念。

从世界范围来看，“视听”（Audiovisual）这一概念已经运用在一些国家的法律条文与监管机构的名称中。2007 年 5 月，欧盟委员会通过的《视听传媒服务指令》（AVMSD）取代了之前的《电视无国界指令》（TVWF）。英国先后颁布《2009 年视听传媒服务条例》和《2010 年视听传媒服务条例》。在法国，广播影视管理机构被称作法国高等视听委员会（CSA）。葡萄牙设有电影和视听委员会（ICA）。2011 年 7 月，俄罗斯媒体监管机构负责人表示俄罗斯将会在 2012 年发布新的“通用视听传媒许可证”，发放范围包括电视、广播和互联网业。日本从 2008 年 2 月即开始着手《融合法》的制定，从而为广电业与电信业的新兴融合业务拓展空间。

在中国，视听概念有悠远的历史。古代典籍《尚书·泰誓》中就有“天视自我民视，天听自我民听”的记载。随着媒介融合不断向纵深发展，原有的文化、信息、媒介等概念出现了交汇，文化、信息、通信等产业之间的界限日渐模糊，广播、电视、电影概念本身也在纵横拓展，呈现泛音频化和泛视频化，并且向视听一体化方向迈进。“广播影视”概念正在向“视听传媒”概念转型（见图 1）。

“视听传媒”概念的内涵是电子视听信息传播媒介；外延包括广播、电影、电视、网络广播电视、网络电影、微电影、手机电视等各种视听业务，以及未来可能出现的多种视听业务和媒介形态。至于动画、游戏、公共视听载体等与广电相关的各种新媒体形态也可以统合于“视听传媒”概念之中。从“广播影视”到“视听传媒”的概念转型，丰富了概念的内涵，大大地拓展了外延，对思考广播影视在媒介融合时代的发展理念、框架结构、运营管理等，提供了新的视角和新的框架。

（二）价值转型：从单一价值型转向融合价值型

在当前复杂剧烈的社会转型过程中，社会的价值结构、价值体系正发生根本的嬗变。改革开放以前中国广播影视以单一的政治价值为主；改革开放以来，媒介融合所形成的视听传媒格局正在重塑并形成新的融合价值体系。主要包括：

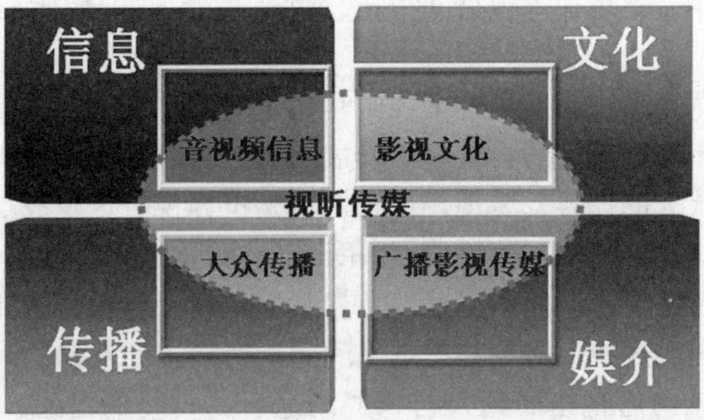

图 1 视听传媒概念与相关概念的交叉

一是政治价值。表现为一定的阶级、政党及其他政治集团利用各类视听传媒，传播自身的理论、纲领、政策等，引导和影响社会舆论，组织和动员民众采取有利于自身的政治行动，巩固和提升这些政治价值主体的政治地位，实现政治价值最大化。从国际来看，以美国为代表的广播影视业，注重商业价值，但也通过规制实现商业影视机构的公共价值与政治价值。以欧洲为代表的广播影视业，突出强调公共价值，但同时也实现了广播影视的商业价值、政治价值等。在中国，视听传媒的政治价值在价值结构的排序中具有主导性。广播影视作为党、政府的喉舌，其政治价值一直是最突出的。随着媒介融合的演进，视听传媒拓宽了传播渠道和沟通平台，视听传媒的政治价值也在不断丰富、不断提升。

二是经济价值。体现为一定的经济主体通过视听节目内容及其衍生产品的生产、传播和消费等活动，谋求经济效益最大化。视听传媒的经济价值是维持媒体运行、促进发展的基础性价值。包括广播影视在内的视听产业正影响和改变着世界经济发展的面貌与发展模式。在美国，以广播影视为代表的视听产业是所有产业中出口能力最强的产业。在当代中国，视听传媒经济价值的基础性、支撑性价值也日益凸现。2006 年到 2010 年，以数字电视为主的中国视听产业销售收入从 3967 亿元人民币增长到 10039 亿元人民币，工业增加值率从 17.4% 提升到 21%。①

三是文化价值。表现为社会、群体和个体通过各类视听传媒创造和传播一定的文化观念、文化内容、文化知识，创新文化表现形式，增强文化表达，实现文化沟通，扩大文化影响，确保文化传承。

从国际来看，以广播影视为代表的"视听"成为文化传播、跨文化交流的重要载体与形式，成为一种文化"通用语言"。美国好莱坞影片发行到 150 多个国家和地区，产生了广泛而深刻的文化影响。在中国，视听文化日益成为现代文化体系中最具活力、最具创造性、最具影响力的文化形式，是现时代的唐诗宋词，正在成为携带中华文化基因参与国际文化竞争的主要载体。

四是公共价值。主要体现为通过社会环境监测、社会安全预警、危机处理、社会公众利益表达、社会基本价值的维护和社会舆论监督等传播活动，确保社会安全，维护公共利益，伸张社会正义，保障公民权益，增进社会团结与和谐。

从国际上看，公共广播电视机构一方面加大内容生产，另一方面积极适应融合趋势，发展新媒体事业，不断完善和提升服务，更好地承担起应有的社会责任，以 BBC 为代表的英

① 工业和信息化部. 数字电视与数字家庭产业"十二五"规划[EB/OL]. [2013-05-01]. http://www.china.com.cn/policy/txt/2012-02/24/content_24720459_19.html.

国公共广播再次走在前列。中国传统广播影视机构主要承担了公共服务功能。广播影视在向视听传媒转型的过程中，将更加重视公共价值，进一步发挥监测社会环境、实施舆论监督、社会安全预警等作用。

五是人本价值。主要表现为通过各类视听传媒的建设，提升人的素质，满足人的需要，实现人的自我超越，不断推进人的自由全面发展。人的需要是发展视听传媒的根本价值尺度和价值目标，围绕现代人的需要发展现代传媒，也是世界视听传媒成功的秘密法则。从国际上看，谷歌 Apps、亚马逊 Music、微软 Sky Drive 和苹果 iCloud 已成为视听"云服务"的市场领导者，它们依靠云服务支撑起面向全球的海量数据储存、传送和智能计算，实现平台与终端、服务与用户、用户与用户、终端与终端之间的无障碍多元互动。随着物联网与媒介的融合，当前人与人的信息沟通将拓展到人与物的沟通、物与物的沟通，变成万网融合。互联网、物联网以及将来可能出现的各种网络的实质都是"人联网"，都是人和人、人和自然、人和社会之间的无限联结和融通。媒介融合、网络融合，说到底就是世界上每个人之间在信息世界的自由组合。马克思在《费尔巴哈提纲》中所说的"人的本质是社会关系的总和"这一经典语录，将在数字时代实现新的价值表达和彰显其理论意义。

在融合价值体系中，各个价值是相互依存、相互融合的。正确判断视听传媒价值体系转型的实质和必然趋势，进行制度安排和战略谋划，对于现代视听文化建设和视听传媒发展具有根本意义(见图 2)。

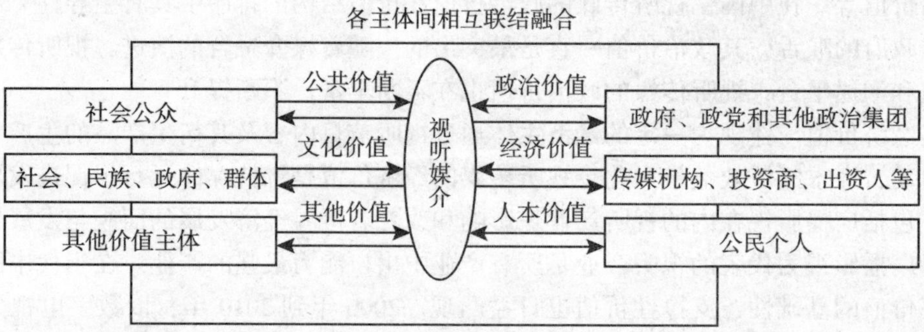

图 2　视听传媒融合价值体系

(三)传播模式转型：从广播型转向网络型

传播模式的研究可为审视媒介融合背景下的信息流动过程提供一个全新视角。梳理有关传播模式研究可以看到，早期报纸、广播、电视等大众传播媒介基本都是线性塔形广播型传播，其信息流动路径单一，过程相对简单，传播特性是单向的，由媒体机构掌握内容制作权及发布权，受众是被动的接收者。而媒介融合背景下的现代传播则是一种网络型传播模式，它颠覆了传统广播影视自上而下的广播型传播模式的绝对统治地位，开创了双向甚至多向交互的传播模式。随着博客、微博、微信、视频分享等在网络世界的广泛应用，以往单纯的信息接收者——受众，如今在世界任何角落只要能"触网"就可实现与全球的互动，发布和传播信息。

在网络型模式中，受众角色变得融合化、复合化。用户的高度参与，拓展和重塑了媒介生产与创新的空间。而社交媒体的发展及其与视听传媒的融合，更是推动了互联网与现实社会的深度交融。人们正在通过互联网完成自身的社会化过程，其视听信息文化消费习惯也日益走向网络化，达到对于互联网的深度依赖。全球数十亿人同在网上创造和消费着各类视听信息，也不断创造出新的需求和供给。"传播"的门槛变得从未有过的低——人人可以进入；"传播"的门槛也变得从未有过的高——网络将全世界的相关精英"一网打尽"，强中自有强中手，“专业”彻底贬值，让位于网络发掘和打造出来的各路真英雄，以及那些在网上自由连接而成、色彩斑斓的链条环节(见图3)。

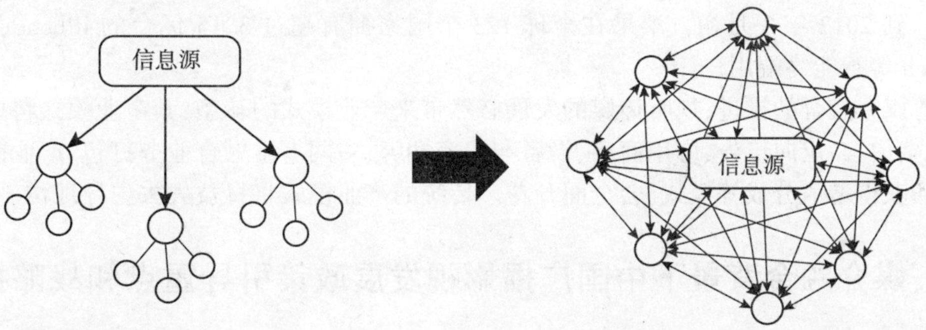

图3　传统“树状”与新媒体“网状”信息流动方式①

因此，基于互动、参与、自由、开放、协作、去中心等理念和机制的网络型传播模式，将成为未来最主要的传播方式。与此同时，传统“一对多”广播式的传播方式依然存在，但比重会大幅度下降。基于这种判断，传统影视机构必须引入新媒体理念，建立新媒体化的工作机制，再造生产流程，建立功能强大的信息处理平台，实现统一的信息采集、策划与处理，实现跨媒体的资源共享与整合营销，实现基于用户需求的多渠道、多屏、多终端内容分发。

(四)产业模式转型：从单一创收型转向用户多重开发型

用户是一切经济价值的核心，视听产业模式将从单一的广播电视广告、有线电视网络收费模式向以用户多重开发为核心的多元盈利模式转变。具体表现为，一是在线视频广告发展迅猛。2011年全球在线广告收入达到800亿美元，增长率为17.2%②，远超过电视广告10.1%的增幅③。截至2011年上半年，全球数字视频广告较上年增长42.1%④。二是定向、智能广告新模式已经出现。谷歌公司依托其强大的搜索功能和全球用户网络建立了谷歌搜索、谷歌陈列、YouTube、谷歌电视、谷歌移动广告以及谷歌视频等谷歌广告体系。该体系可以准确定位目标受众，并通过后台精确计算随时跟踪分析广告到达率、用户情况和消费情况等，整个过程的全智能化正在给世界传媒市场带来重大影响。三是在线付费模式已见成效。美国在线正版视频服务商葫芦网付费业务也迈出步伐，其在线视频订阅服务“Hulu Plus”，已经拥有200万付费用户。“Hulu Plus”主要有两项收入来源，视频订阅和广告收入。到2011年底其收入达4.2亿美元，实现上线以来60%的增长率。⑤ 2011年葫芦内容存储比上年增加了40%。四是APP模式取得广泛成功。2011年苹果公司销售收入达到1080亿美元，比上一年增长66%，其中应用商店等相关销售收入63亿美元，其中iPad及相关产品与服务增幅最大，达311%。⑥ 五是社交媒体带来新型商业模式。美国高德纳公司(Gartner)的

---

① 柯惠新，黄可．从平面化(2D)到立体化(3D)——对新媒体时代受众测量的思考[J]．现代传播，2011(10)．

② eMarketer. Online Ad Spend to Pass Print in 2012[EB/OL].[2012-01-19].http://eMarketer.com.

③ 数据来源：本研究根据尼尔森 *Global Adview Pulse Lite* 整理而来。

④ 数据来源：本研究根据尼尔森 *Global Adview Pulse Lite* 整理而来。

⑤ 美国靠广告支撑的Hulu Plus视频服务有150万付费用户[EB/OL]．[2012-01-30]．http://www.gbds.com.cn.

⑥ Apple Inc. Annual Report 2011[R].2011-10-24。该年报所呈现的是2010年9月24日至2011年9月24日公司经营情况。

研究报告显示，2012 年全球社交媒体收入有望达到 149 亿美元，2015 年预计可达 291 亿美元。社交媒体改变了传统网络广告“一次投放，等待点击”的模式，转向与网民“持续互动”的模式，因此吸引了更多的广告预算。六是智能手机、联网电视机等智能终端消费成为产业驱动力。到 2012 年 3 月初，苹果在全球 123 个国家拥有超过 3. 15 亿台的 iPhone、iPad 和 iPod touch 等智能终端用户。①

随着媒介融合的推进，视听传媒的发展必然带来产业模式的转型，其产业模式将更加丰富多元，付费内容、定向广告、应用商店、设备与内容捆绑、多网多重融合业务打包、产业链各环节合纵连横获得增值分成等模式，会全面开花。传统的产业模式将日益失去主导地位。

四、媒介融合背景下中国广播影视发展政策引导重点和战略措施

（一）充分认识媒介融合背景下加强视听传媒建设的战略意义，适时制定并逐步实施“视听中国”计划

在媒介融合背景下，从国家战略层面充分认识视听传媒建设的重大意义，加强视听传媒建设，对于占领和巩固宣传阵地、促进文化产业发展和文化繁荣、提升中华文化竞争力、维护国家文化安全至为重要。

1. 加强视听传媒建设是占领和巩固传播阵地的重要手段

在媒介融合背景下，传统媒体与新媒体、网络广播电视台与商业视频网站、中央与地方视听服务、广播电视与电影、内宣与外宣，都逐渐融为一体，汇流到“视听传媒”这一概念所统摄的大矩阵中。面对这样一个丰富多彩而相互交融的传播和服务格局，广播影视业应当树立新的舆论宣传阵地理念，以新的姿态和新的实力，赢得媒介融合时代宣传格局的主导权。必须以更宽广的视野、更新的理念、更优的体制、更大的投入切实加强视听传媒建设。要以占领舆论新阵地、巩固宣传老阵地为基本原则，以促进行业发展、做强做大为基本目标，扶持和培育出几个具有国际竞争力的大型视听市场主体，带动中国视听产业成为世界视听传媒生态中的重要一极。只有这样，中国广播影视才能提高自己在视听竞争格局中的市场份额，才能通过赢得用户占领传播市场和拓展宣传阵地，才能最大限度地巩固和扩大主流媒体的影响力、公信力和引导力。

2. 加强视听传媒建设能大大提升视听产业对国民经济的贡献率

在国际上，视听产业已经成为主要发达国家国内经济和对外出口的主导产业和意识形态输出的重要载体，也是各国抢夺国际话语权与产业链主导权的必争之地。国际知识产权联盟的研究报告表明，2010 年美国的核心版权产业（影视、音乐和电脑软件等）增加值高达 9300 多亿美元，占同期 GDP 的 6. 36%；出口额达 1340 亿美元，仅次于化工医药业，遥遥领先于飞机制造业，成为美国第二大出口产业。②

根据国际文化产业发展经验判断，未来中国实现视听传媒转型后，与目前传统广播影视相比，视听产业将会释放出万亿元（人民币）级的巨大增长空间，并对相关产业产生极大的统合、渗透和带动作用，成为国民经济发展的一支不可忽视的力量。近年来，中国广播影视产业一直

---

① Apple App Store 下载量突破 250 亿[EB/OL]. [2013-05-30]. http://www.apple.com/cn/pr/library/2012/03/05Apples-App-Store-Downloads-Top-25-Billion.html.

② E. Siwek.Copyright Industries in the US. Economy：The 2011 Report[R].The International Intellectual Property Alliance(IIPA),2011-11-02.

以接近20%的速度增长,已经表现出对相关产业一定的拉动作用。

3. 加强视听传媒建设能更好地传播中华文化,维护国家文化安全

从国家文化安全来看,美国等西方发达国家建立以视听传媒为代表的强大的全球传播体系,以产业发展为载体,向全球倾销其视听文化产品,传播西方的价值观念和意识形态,消解和冲击着各国的民族文化,形成了强大的文化霸权。

相比之下,中国在全球视听产业中的地位与中国的经济实力和庞大的视听用户市场极不对称,视听文化产品的吸引力、传播力还明显不足。在媒介融合化、全球化的背景下,视听产业具有能够集聚创新资源、带动性强、渗透性广的特点。中国广播影视应抓住机遇、奋起直追,在融合中求得转机,在融合中求得突破,在融合中求得发展,在融合中做大做强视听产业。

4. 适时制订并逐步实施"视听中国"计划

媒介融合所带来的视听转型比以往任何一次技术革命都来得更加迅猛,影响更加深远,以至于整个世界正在被全面"刷新"。时不我待,与时俱进。面对这样的大趋势,广播影视业必须积极顺应并努力寻找自己前进的方向和发展的目标,不辱使命,将自己的服务全面提升到一个新时代的新水平。在这方面,发达国家已经捷足先登。中国也应适时推出自己的视听发展大规划、大战略。建议实施"视听中国"计划,以期从国家战略层面谋划媒介融合背景下中国广播影视发展的战略路径,建设与中国国际地位相匹配的视听强国。"视听中国"计划主要内容有:

一是大力加强视听媒体建设。按照视听化、融合化、社会化、网络化、信息化和产业化发展的要求,加大政府投入,并在财税、土地、准入等方面给予强力支持,统筹中央和地方、国有和民营、事业和产业等各类视听媒体建设,制定媒介融合背景下视听媒体发展总体规划。按照视听媒体发展规律和市场经济规律,着力培养一批有国际影响力和竞争力的现代视听媒体。

二是着力加强视听内容建设。内容是视听产业的核心资源和优势资源。进一步创新竞争与发展环境,积极推进视听内容制作的社会化,大力增加视听内容数量,努力提升视听内容品质。实施视听内容精品战略,下大力气扶持一批无愧于时代和人民,具有世界影响,能如唐诗宋词般在历史上流传的优秀视听作品,使其成为新时期中国文化振兴的旗帜、先锋队和排头兵。积极推动广播影视媒体对传统直播节目的品质的大力提升,加强创新,打造品牌。切实重视开展适合多屏多终端播出的视听新媒体节目服务,抢占舆论新阵地。

三是进一步加强网络建设。按照国家宽带工程和三网融合战略的实施要求,统筹规划广电网、电信网、互联网、电网等,调动各方面力量加快互联互通改造,建设成技术先进、传输快捷、覆盖广泛、安全高效的现代视听传播网络。积极统筹广播影视无线、有线、卫星和互联网等网络建设与发展,加快建设下一代广播电视网络,积极推进广电网络整合与数字化、双向化和互联互通改造,尽快组建国家级视听传输网络公司,为"视听无处不在"创造良好的网络传输条件。

四是积极推进终端建设。融合时代,终端平台化趋势已经显现。它不再仅仅是信息的接收终端,而且是信息的集成者、发布者和传播终端,媒体特征已经十分明显。而且,就苹果智能终端来看,一部iPhone或iPad不仅仅是一个媒体,而是以亿万计的媒体的集成!因此,终端建设在融合时代显得尤为重要。当前,智能手机、平板电脑、智能电视等终端的核心技术和标准大多掌握在外国人手里,信息安全存在很大隐患。为此,有关部门要着力推动和支持终端核心芯片和操作系统等关键核心视听技术的研发,以及相关软硬件产品的应用与成果转化,抢占视听技术制高点,掌控视听终端发展的主动权。

五是切实加强视听监管。在原有广电监管机构的基础上,建立健全一套具有专业性、技术性,符合视听产业发展规律的法治化、规范化视听监管体系,建设和培养一支政治强、专业化、复合型和高素质的视听监管队伍，确保国家文化安全、信息安全。同时，面对视听传媒日益社会化的现实，加强社会化监管机制建设以进一步提高政府监管的效率和效能。要建立受众举报投诉机制，充分发挥民间社团、中介组织、专业组织机构等非政府组织的作用，充分利用互联网等新媒体的优势，充分调动广大网民参与和监督的积极性，形成社会共治共管、各负其责的监管格局。

六是加快实施媒介素养教育。建议加快研究制定专门规划，努力提高全民特别是青少年的媒介素养。要从孩子抓起，尽快将媒介素养教育课程引进中小学课堂和大学课堂。包括视听传媒在内的大众传媒要采取专题、公益广告等多种形式，加大对媒介素养教育的宣传力度，引导国民科学、理性地接触和使用现代媒介。发达国家的经验表明，媒介素养教育是视听建设乃至整个文化建设不可或缺的组成部分，这一点值得引起高度重视。

"视听中国"计划是一个系统工程，应当研究在前、规划在先、分步实施、重点突破。建议国家责成视听行政管理部门牵头，组织相关部门开展深入的调研和论证，制定具有世界性、时代性、前瞻性和现实针对性的"视听中国"计划实施方案。

农村一直是我国视听传媒建设的难点和重点，也是一个薄弱环节。建议配合国家实施"新四化"重大战略部署，可先启动"视听乡村"工程，以其作为"视听中国"计划的突破口。实施"视听乡村"工程具有承上启下的意义。20世纪末以来，为切实解决农村地区、边疆和少数民族地区群众听广播看电影看电视难的问题，国家相继实施了广播电视村村通、西新、农村电影放映等重点工程建设，并取得了明显成效。"十二五"时期，在上述重点工程任务基本完成的基础上，及时在中国农村地区推出"视听乡村"工程，以融合和统筹的"大视听"理念在广大农村推进视听文化建设，其意义重大。

（二）推动融合发展，创新当代视听传媒服务

1. 推动监管转型，对视听传媒各类资源实行融合统筹监管

融合统筹传统媒体与新媒体。新媒体与传统媒体已经相互交融、彼此捆绑。这一形势要求监管工作要调整思路、放宽视野，将视听传媒与传统广播影视统筹考虑，融合监管。

当前，广播影视内容大规模分发转移到网络音视频平台。加拿大宽带流量咨询公司Sandvine报告显示，2012年上半年，视频和音频流量占到北美移动数据流量的一半以上，排名前三的依次为YouTube、潘多拉音乐网站和奈飞。① 这些数据表明，传统广播影视内容已大规模转移分发到网络新平台。

"新媒体"与"传统媒体"的联动效应越来越明显。随着融合的演进，"台"与"网"在共同发力，充分调动和利用各种新技术、新介质、新渠道、新平台，为用户提供更为精彩的视听服务体验。两者的业务形态和服务模式越来越趋向于一致，进而形成一个共同的视听服务新领域。在不久的将来，所谓"传统媒体"与"新媒体"便难分彼此。

融合统筹商业视频网站与广电视听新媒体。近年来，商业视频网站的内容资源正在迅速积累起来，以明显的强势与广电系网络视听平台形成"非对称"竞争。商业视频网站的市场份额快速持续增长，并在网络视听节目市场占据绝对优势。2011年，以商业视频网站为主体的中国在线视频行业市场规模达62.7亿元人民币，同比增长100%。商业视频运营商在产业链中的控制力日益凸显，成为视听服务市场的重要主体。这些情况表明，商业视频网站已经迅速成长起来，成为重要的音视频服务提供商，并且发展势头、服务水平已明显超越由广电媒体和其他政府媒体创办的网络视听平台。其根本原因就是这些商业视频网站在体制机制、资本实力、政策环境等方面获得了广电新媒体难以获得的很多"空间"。正是这些"空间"促进了商业

① Sandvine.全球互联网现象报告[R].2012-04-24.

网站的发展壮大,也正是这些“空间”对广电造成了不均衡竞争,使其在这场融合竞争的媒体变革和市场重组中陷于被动。无论从促进广电新媒体健康发展,保持广电在融合时代的竞争优势,还是从整个视听产业的大发展大繁荣来看,都应将商业视频网站与广电新媒体统筹监管,使其齐头并进,共同做大做强中国的视听行业。

融合统筹中央与地方视听服务。“视听传媒”概念呼唤市场规则而消解行政层级、区划分割。2011 年 8 月,全国几十家城市电视台合资成立的城市联合网络电视台(CUTV)正式上线,它突破了行政区域、层级的限制,通过整合营销在全国范围内开拓市场。在媒介融合背景下,“中央媒体”与“地方媒体”概念将逐步淡出,CNTV、CUTV 以及那些正在做强做大的商业视频网站,将共同组成中国视听产业航母,在竞合中不断满足广大群众日益增长的视听需求,并走出国门,服务和影响世界。

2. 推动公共服务转型,引入多元服务主体,创建多元服务机制,提供繁荣创新的视听公共服务

拓展公共服务内涵,构建新型公共服务体系。首先,随着技术进步和需求不断提升,视听公共服务的内涵不断拓展,从数字化到网络化,再到“视听无处不在”,其服务从内容到形式,其服务标准不断提升。其次,在媒介融合背景下,为满足群众公共服务的新需求,公共服务主体将由一元的政府机构向企业、非营利部门等多元主体转变,新型视听公共服务的供给主体和资金来源将更加多元化。再次,在媒介融合背景下,通过引入社会力量和竞争机制,政府可以调动社会一切可以利用的资源来增强政府的公共服务能力,提高政府效率,降低费用,同时改进公共服务质量。

加强新型视听公共服务中的公民参与。随着中国社会主义民主化进程的不断推进,公共服务应该逐渐转变“政府强主导、公民弱表达”的制度供给模式。特别是在社会转型期,利益和价值多元,各种社会矛盾凸显,如能进一步培养和调动公民参与公共服务的积极性,构建“政府理性主导、公民充分表达”的新机制,将有利于化解社会矛盾,提高公共服务效率。

建立新型公共服务指标体系。在建设新型视听公共服务体系的过程中,一定要逐步形成科学化、社会化、规范化和法治化的公共服务评价机制,应科学设置评估指标体系,建立科学的评估模型和评估规则,对公共服务的内容提供质量、传输覆盖手段和效果等进行科学评估。唯有如此,才能有效改善和不断提升公共服务的质量与水平。

3. 推动产业发展转型,实现视听产业价值链的市场化效能配置

在媒介融合的背景下,整个传播媒介将越来越集中融合在以互联网为基本传播形态的媒介格局下,形成以互联网为形态、为核心概念的网状传播模式,逐步取代传统广播影视产业链。一是各个环节的参与主体越来越多,主体性质越来越复杂。如在内容生产环节,通讯社、报业、民营影视机构、商业网站、设备商、网络商、软件商乃至用户都可成为内容的生产者和提供者。二是视听服务运营方式越来越复杂。在媒介融合背景下很难再界定一个市场主体属于哪个领域,多元参与、新旧融合、多重叠加、价值重构,产业链条变得更宽、更长,并在各环节之间形成交集,构成一个基于最新网络技术发展而不断进行动态调整的价值网。

在新型产业链、价值网的构建中,视听传媒形态将朝着去中心化、开放、互动、体验的方向演进,相关领域的各种力量都试图通过不同方式主导视听服务的融合。在此背景下,广播影视业必须相应地重构自身价值链。重点把握两个“靠拢”:一要向新媒体靠拢,二要向市场靠拢。为此要在以下几方面做出努力:一是鼓励符合条件的广电市场主体进行跨区域、跨行业、跨媒体的融合发展,横向和纵向地整合产业链资源,打造具有核心竞争力的大型现代传媒企业集团。二是以互联网发展为思考的基点和工作的出发点,加快建设各类集成交互平台,通过开放的平台架构体系、良好的营收分享机制来促使内容和应用服务提供商开发更多、更好的产品,促进融合视听产业生态系统进入良性循环，充分挖掘广电内容资源优势，积极争取在终端市场中的地位。三是以市场为导向，努力提高视听产业链各环节的增值能力，创新产品形态，加强衍生产品开发，构建多元化盈利模式，促进广电产业与相关产业的融合。

（三）推进体制机制改革，建立与媒介融合发展相适应的视听传媒管理机构

一是借鉴发达国家的做法，以现有广电行政管理部门为基础，成立统一的法治化、专业化、规范化的视听传媒监管机构，将所有视听传媒形态和领域全部划入其管理范围。

在传播学上，视听传媒是一个特殊的大众传播领域，有着与报刊图书等平面媒体不同的特性和传播规律。因而，对其进行特殊、专业、法治化的监管是世界主要国家的通行做法。特别是对于处在社会转型期的中国，将所有的传媒领域统统划归一个部门管理的做法并不可取。美、英、韩、澳大利亚等发达国家和中国台湾、香港地区顺应融合趋势，将视听传媒与通信一同监管。当然，这种做法并不一定适合中国政治架构中突出视听媒体特性的要求。目前最好的做法是把视听拿出来作为传媒单独监管，并做好新形势下与通信、文化、报刊出版等行业在内容、技术、传输等领域的衔接与协调。

媒介融合带来的视听一体化，要求视听领域内部应当统一管理，不宜再分散在不同的部门监管。当前视听融合发展日趋迅猛，现有的广电行政管理部门的机构设置和职能划分早已不能涵盖整个视听领域，一些新的视听业态分散在不同的部门管理，因而在管理实践中职能交叉、多头管理、管理真空、部门冲突等现象屡屡发生，没人管、多头管等局面经常出现。若不在管理机构上做出必要的调整，随着媒介融合的演进和社会转型的加剧，这种混乱局面势必愈演愈烈。所以，组建一个统一的视听传媒监管机构已是媒介融合背景下加强视听传媒管理的一个必然选择。

新建构的视听传媒监管机构应是特殊的法制化的行业监管机构，依法行使职能，理想的选择是借鉴世界发达国家的做法，立法先行，依法设立。但考虑到立法的复杂性和周期性以及中国国情，目前最好的选择是先在国家广播影视行政管理部门的基础上，整合相关行政部门的职能，成立一个专门管理视听传媒的政府部门。待条件成熟后逐步向法治化的特设行业监管机构过渡。

二是参考发达国家以及中国文化、新闻出版等相关管理部门的做法，科学设置视听传媒管理部门的内部机构。视听传媒的公共性、艺术性和产业性很强，加强这些方面的监管是政府的重要职责，国家视听传媒管理部门内部要增设专门的文化艺术、产业发展和公共服务管理机构。此外，舆论引导是灵魂，科技是支撑，扩大国际交流合作是大趋势，在这三个方面管理部门的职能要大大加强。

三是进一步转变政府职能，改进管理方式。顺应融合化趋势，根据新媒体发展特性和现代传播规律要求，切实做到变管系统为管行业，变单一的行政管理为综合化管理，变管主体为管行为。媒介的日益社会化呼唤监管的社会化。应综合运用行政、法律、经济、科技、公众监督等手段管理视听传媒和视听业务，最终实现融合监管、专业监管、技术监管、法制监管和社会监管的有机统一和社会公共治理。

四是借鉴国外相关做法，按照“一臂间隔”原则，依法建设好各类中介和专业组织，使其成为行业监管的重要助手。要厘清它们和政府部门的界限，充分发挥它们的作用，整体提高政府监管效率。2010 年 3 月，英国通信办公室（Ofcom）依据《2009 年视听传媒服务条例》和《2010 年视听传媒服务条例》，将监管视频点播内容的职责授权给视频点播管理局（ATVOD），由其协助 Ofcom 做好相关监管工作。这个新设机构的前身就是行业自律机构视频点播协会，只是在履行了新的职责后，该组织对领导层进行了改组，以确保机构独立于行业利益，保护好消费者利益。这些国家的经验和做法给我们提供了一些启示。

（四）促进市场健康发育，建构媒介融合背景下视听传媒发展新格局

媒介融合标示着传媒生产力的巨大发展，生产力发展必然推动生产关系变革。因而变革不适应传媒生产力发展的传媒生产关系是一个必然选择。必须变革不适应媒介融合背景下传媒生产力大发展的传媒生产关系。从总体上看，广播影视产业的市场体系还不成熟、不完善，亟须突破陈旧体制机制的捆锁，打破区域分割，建立全国统一融合、富有竞争力、丰富多元、日益壮大的视听服务市场，建构视听传媒产业发展新格局。

1. 探索公共服务和产业运营双轨制视听服务新模式，释放视听传媒巨大的市场潜能

难以厘清公益性资产和经营性资产、事业部分和企业部分的关系成为视听传媒发展的主要瓶颈。一直以来，国家将传统广电播出机构定性为事业单位。从现实来看，这些事业单位也不是纯粹意义上的公共服务机构，其商业经营特性越来越突出，甚至出现了喉舌功能越强、创收能力也越强的矛盾局面。这个问题如果不解决；这些机构既履行不好公共服务职能，也发挥不好产业功能，很难做强做大。随着媒介融合的深化，这些事业单位将越来越成为视听传媒企业海洋中的一个个“孤岛”，事业单位垄断播出机构的格局将不复存在。因此，这种传统格局再延续下去，用不了多少年，在新媒体发展的冲击下，它们在现代视听传媒格局中的主导地位将不复存在，既有的舆论引导格局将受到严峻挑战。进入21世纪以来，按照中央文化体制改革的部署，广播影视系统一直在努力探索改革的路径，从集团化改革、经营性资产剥离转制、宣传经营两分开到制播分离，一直都是针对这个问题展开的。然而，这些没有实施主体分类、主体剥离的措施难以解决这个关键问题。

鉴于此，当前必须进一步解放思想，突破旧的框框。要重塑适应市场经济要求、适应媒介融合发展趋势，确保视听公共服务和产业健康发展，确保现代传播格局中宣传阵地更加巩固、更加扩大的视听主体新格局。可学习和借鉴发达国家和国内相关行业的经验和做法，研究探索公共服务和产业运营双轨制的视听传媒发展新模式。根据媒体所承担的公共服务和商业运营的不同性质，对现有视听传媒实行分类管理，分类运营，分类发展，分类规制，最终在全国形成公共服务和产业运营的二元格局和双轨体制。

从发达国家情况看，大部分都不同程度地、以不同方式存在着公共服务和产业运营的双轨制和二元发展格局，只是国情不同、各有特色。其中，美国的二元格局更侧重于商业模式，欧洲国家的二元格局更侧重于公共模式。在数字化融合化时代，两者又呈现出此消彼长、互动融合的态势。

建构新的视听传媒发展主体格局，我们可以在产权制度、构成比例、准入制度、监管规则等方面依据中国实际做出具体规定。根据中国国情，公共视听服务主体要以政府开办为主，本着少而精的原则发展，同时要充分调动社会和市场力量参与公共服务，以法律的形式赋予商业主体普遍服务职能，努力培育视听公共服务的多元提供模式。产业运营主体应以社会力量开办为主，并依法敦促其遵循普遍服务、公共服务原则，以法律约束保障其社会公共责任的实现。政府管理部门定位于监管规制主体，依法对两类主体实施规范监管。在社会转型期，中央和地方政府应该主导和控制一些事关国家文化安全和政治稳定的大型媒体企业，但一定要以市场经济的方式进行。考虑到传媒改革的复杂性和敏感性，为了稳妥起见，二元化视听传媒发展主体格局可先在中国沿海发达城市、改革开放前沿地区先行试点，等试点成功后再向全国铺开。

2. 鼓励有序、公平竞争，建立全国视听服务大市场

目前，中国视听传媒的市场体系尚不完善，主要存在以下问题：

首先，区域分割严重。随着市场经济的发展和媒介融合的深化，曾经对中国广播电视发展产生过重大促进作用的“四级办”格局，越来越不适应形势发展需要。严格的层级划分、井田

式的区域分割、行政式的市场划分、封闭的体制机制难以构建出统一的现代视听市场体系。在媒介融合时代,这些因素逐渐成为"壁垒",限制了"视听无处不在",限制了从需求到供应巨大市场潜能的释放。现代视听内容的传播具有明显的跨地区、跨行业、跨网络、跨屏幕、跨平台的特质。美国的"电视无处不在"计划就是由康卡斯特、时代华纳有线等视听服务提供商以市场需求为导向,以"台网互动"为抓手,以在线视频内容系统为运营平台,整合新老媒体资源,融合重构而成的一个升级型视频服务计划。据专家分析,"电视无处不在"每年可为最大的公共内容供应商增加约 100 亿美元的广告收入,为有线电视、卫星电视和电信分销商增加约 17 亿美元的收入。① 随着加盟公司的增加，该项计划在哪里有订户，市场就延伸到哪里，服务边界随着市场的发展而扩展，早已经超越了行政区划。当其市场扩展到全国各地甚至海外时，这个合作联盟就是当之无愧的全国性媒体或国际性媒体。在中国，城市联合网络电视台 CUTV 已迈出重要一步，开始在全国范围内开拓市场。因此，在媒介融合背景下，迫切需要建立全国统一的视听服务市场。只有在这样的市场中才能培育出一批真正有竞争力的视听服务市场主体。毫无疑问，中国的视听产业蕴含着数以万亿元人民币的潜能，只有构建出统一竞争的市场体系，培育出具有国际竞争力的现代视听市场主体，才能将这个巨大的产业潜能释放出来。

其次，各类市场发育程度低，市场体系内部各类市场的发育不平衡，运行不规范。相对而言，广播影视产品市场发育迅速。一方面院线制改革突破了行政区域限制，实现了电影产品在全国市场的发行，扩大了发行渠道；另一方面广播影视节(展)和专业发行公司的发展，促进了广播影视内容产品的交易和流通。但产品市场也存在交易价格混乱、竞争无序、诚信缺失等问题。同时尚缺少专业化、具有国际影响力的产品流通组织。金融市场是重要的要素市场之一。目前广播影视多层次资本市场发展相对缓慢，中小企业还存在着融资难问题。

再次，法律规章不完善，市场机制不健全，市场中介组织、行业自律机构发育落后。产品市场、金融市场和劳动力市场方面的法律法规建设尚需进一步完善，各类市场的运行秩序有待进一步规范。视听内容的版权中介机构、资产评估机构等中介组织数量、规模有限，组织程度等都不健全，这些都影响着市场体系正常、有序的运行。

在媒介融合背景下，建立健全视听产业市场体系，需遵循两个规律。一是要符合现代媒体发展规律。在媒介融合背景下，视听传播的双向性特质日益明显，用户开始利用手中的终端传播信息，呈现出"人人自媒体、处处是传播"的格局。从互联网到物联网，其实质都是"人联网"，未来这个"网"还将以我们所能想象的任何方式向前演进。视听传媒是这个传播体系中的重要组成部分，视听产业发展必须遵循它的发展规律。当前，媒体不断朝终端靠拢，更加注重对于用户选择权的尊重，更加重视对用户个性化的满足。媒体发展演变的规律要求当今视听服务运营商必须再造业务流程、重构组织结构，适应"海量内容、多种终端"。二是要符合市场经济规律。视听服务的经营性资源作为产业走向市场，必须遵循市场规律，按照市场的方式进行运营。视听产业主体和其他企业一样，本质上要求按照市场需求，在寻找和抓住各类商机的过程中配置、整合各类资源；在扩大服务、拓展增值业务的过程中实现兼并、联合、控股等外部扩张。资源集聚多了，规模做大了，集团化是必然趋势；资源配置优化了，产业链完善是必然结果。

所以，未来视听产业要实现做大做强的目标，必须要突破一切至今还在捆绑手脚的条条框框，构建一个完善的市场体系。放手并扶持各市场主体到市场上摸爬滚打，实现滚雪球式发展，走向全国，继而走向世界。

---

① 分析:电视无处不在为美国电视市场年增 120 亿美元收入[EB/OL].[2013-03-24].http://bp.imaschina.com/news/industry/2012/13072.html.

3. 培育市场主体，打造具有国际影响力和竞争力的现代综合视听传媒集团

主体是一切价值体系的核心。一个产业的规模和实力取决于有多少强大的具备竞争力的市场主体。在媒介融合背景下，打造合格的市场主体是视听产业发展的突破口。由于行政分割和体制封闭，中国传统广电产业主体分散、数量众多，大量的主体不具备合格的市场主体身份，大多数是以“事业身份”参与市场活动，名不正，言不顺，行难端。有学者把此情况概括为“主体在市场之外”。在产业发展中，主体放不开手脚，四处掣肘，竞争力不强，难以培育出具有强大市场竞争力的现代传媒产业集团；整体产业规模小、实力弱，难以参与国际文化市场竞争。2011 年全国广播影视总收入不足 3000 亿元人民币，广电运营实体中只有中央电视台、上海广播电视台、湖南广播电视台三家收入过百亿元人民币。全美共有广播影视企业近 10 万家，其中 80%以上拥有不到 10 人。但其在自由竞争的环境中培育出了好莱坞环球、哥伦比亚、派拉蒙、华纳兄弟、20 世纪福克斯、迪士尼等六大影视巨头，ABC、NBC、CBS、FOX 和 CNN 等全国五大广播网，以及有线电视运营商康卡斯特、时代华纳有线，直播卫星运营商 Direc TV 和碟形网络等一批内容集成传输大鳄，这些大集团统领带动了全国的广播影视业，形成核心企业带动相关企业的完善价值链。其视听产品不仅为国内民众所喜爱追捧，也走向世界，赢得了全球市场。2012 年，中国拥有经许可的影视节目制作发行企业虽有 5363 家，但它们规模普遍较小，缺乏一批跨地域、跨媒体、跨国界运营的大型媒体集团的拉动和统领，产业链不成体系。这使得我们整个广播影视产业难以做大做强，更难以与跨国传媒集团竞争。2011 年新闻集团资产总额 619. 80 亿美元①，接近中国全国广播电视同期资产总和的 62. 35%。2011 年新闻集团收入 334. 05 亿美元②，相当于同期中国广电创收收入总额的 88. 76%。2011 年，美国迪士尼集团年收入 408. 93 亿美元③，相当于同期中国广播电视创收收入的 1. 1 倍，等等。

从目前中国广播影视产业发展情况看，培育壮大市场主体的关键在于解决事业单位的市场主体身份，建立规范的现代产权制度，赋予广电经营性机构合法的企业身份和自主经营权，让其成为一个真正进行市场独立运营的企业。一是按照现代企业制度，建立现代产权制度和法人治理结构，把现有企业打造成真正的市场主体。针对传统广播影视事业、产业主体身份混合不清等现状，建议在以往集团化改革、经营性资产剥离、宣传和经营分开、制播分离等改革的基础上，对融合型视听传媒实施分类改革，对现有媒体性质进行清晰界定和规范监管。二是打造一批世界级大型骨干企业。应根据中国国情和广电实际，积极培育和扶持一批跨国传媒集团和网络运营主体。目前事业性质的中央电视台年收入已超过 300 亿元人民币，在亚洲是仅次于日本放送协会(NHK)的传媒机构，但是由于体制机制影响，离世界级传媒集团仍有不少差距。应进一步解放思想，努力探索现代视听传媒改革路径，顺应世界媒介融合的大趋势，把国内有一定基础和实力的广电媒体，培育成与中国国际地位相称、与国家经济社会发展水平相适应，在全球传播市场上有强大竞争力的现代国际视听传媒集团。目前按照中央和国务院要求，正在组建的国家级广播电视网络公司对现代视听产业发展具有重要作用，应加快推进其建设。公司成立后，要统筹运营有线、无线、卫星等多种传输业务，

---

① 数据来源：2011 年新闻集团年报[R]. 详见 http://www.newscorp.com/Report2011/,2013-11-11。每个财年均以 6 月 30 日为财年截止日。以下数据均以当前美元兑人民币汇率中间价 6. 3005 折算，数据来源：美元兑人民币汇率中间价今日为 6. 3005，较上周五下调 84 基点[EB/OL]. [2012-06-18]. http://finance. qq. com/a/20120618/002300. htm.

② News Corporation. Annual Report 2011 [EB/OL]. [2013-04-12]. http://www. newscorp. com/Report2011/.

③ The Walt Disney Company. Fiscal Year 2011 Annual Financial Report And Shareholder Letter[EB/OL]. [2013-04-23]. http://cdn. media. ir. thewaltdisneycompany. com/2011/annual/WDC-10kwrap-2011. pdf.

在发挥普遍服务的基础上（以法律法规的形式明确规定必传节目、安全播出、覆盖建设等公益任务），发挥广电固有优势，加快打造媒介融合中的核心竞争力，尽快成为现代视听产业的主力军。三是加快发展网络广播电视、手机电视、互联网电视等视听新媒体市场主体，打造新媒体的龙头企业。进一步加大资源整合力度，加快推进传统广电媒体与视听新媒体的融合发展，积极利用资本市场，推动骨干企业上市融资，进一步提高视听企业的规模化、集约化、现代化和国际化水平。要抓紧组建国家级视听内容运营主体。无论从国家文化安全、占领宣传阵地、视听文化建设的角度，还是从参与国际文化竞争的角度看，全国缺少一个有政府背景和强大市场竞争力的视听内容市场主体。建议借鉴美国葫芦网和奈飞公司的成功经验，加大政府投入和政策支持力度，整合现有广播影视内容资源，广泛吸收社会资源，开发新媒体资源，以新理念、新产业模式、新管理体制、新运营机制，组建一个政府主导、市场化运营的国家级视听内容运营市场主体，从而赢得视听文化建设的主动权和媒介融合中的竞争先机。要规范发展现有商业视听新媒体。截至 2011 年年底，中国合法的视听网站共 616 家，像优酷网、土豆网等民营视听新媒体网站在网民和用户中的吸引力、影响力日渐增强，市场规模正在赶超广电媒体。总体来看，这些商业视听新媒体为繁荣发展中国视听传媒产业作出了重要贡献，全国视听新媒体产业初具规模，节目质量明显好转，品牌影响力逐步扩大，节目监管体系初步建立，但行业秩序还有待进一步规范。因此，有必要在市场准入、音视频版权保护、内容管控、产业规范发展等方面加强监管，使商业视听新媒体成为视听服务市场上的重要提供主体。

（五）推进视听传播法治建设，加紧制定媒介融合背景下的视听传媒法

媒介融合的深入快速发展对视听行业的依法行政、依法管理、依法发展提出了更加迫切的要求。目前，我国视听方面的法制建设跟发达国家和国内相关行业相比有很大的距离，相对实践需求也很滞后。中国广播影视领域一直没有专门的法律，如广播影视行政管理部门正在积极与相关方面进行协调，努力推动《电影产业促进法》、《广播电视传输保障法》、《广播电视法》等立法工作。面对汹涌澎湃的媒介融合浪潮，视听领域的无法可依不但让业界无所适从，也常常让政府管理部门无可奈何。针对这种情况，目前广东省已率先开始了视听新媒体管理的地方立法调研。

从媒介融合角度和今后发展大趋势看，制定统一的视听传媒法势在必行。西方一些主要发达国家都先后制定了将传统媒体和视听新媒体一揽子规制的法律，如美国有《联邦通信法》，英国有《2003 年通信法》。中国台湾借鉴英美经验制定了专门的通信传播法，并成立了专门的行业监管机构。日本、韩国也制定了相应的法律，并均已根据媒介融合发展实际进行了多轮修订，同时依照这些法律成立了融合型监管机构。随着近年来视听传媒的逐步泛化，欧盟、英国等一些国家和地区又专门制定了相关法规。其中，英国针对基于互联网的视听新媒体业务形态专门颁布了《2009 年视听传媒服务条例》和《2010 年视听传媒服务条例》，作为对《2003 年通信法》的修订和补充。英美的“通信”（communication，也译作“传播”）概念包括了广播电视。我们认为，根据中国国情，按英美做法进行立法，将通信和视听传播混在一起进行立法监管不可行，我们应更突出现代视听的媒体特性，将通信和视听传媒分开立法监管。此外，按照传统广播影视发展格局将视听领域分成几块单独立法也已不合时宜。最好的选择是顺应媒介融合的要求和社会转型的形势，统筹考虑整个视听行业的情况，借鉴发达国家的成功经验，在正在进行的立法工作基础上，调整立法思路，协调各方面的力量，制定一部统一的融合性的视听传媒法，将涉及视听传媒的相关方面统一纳入一个法律框架。

立法的重点可以放在内容管理、舆论导向管理、传媒机构管理、文化信息安全、视听公共服务、视听产业发展等方面，从而与通信和文化方面的立法有所区别。

（六）更新国际传播理念，开创媒介融合背景下全球视听传播新局面

1. 树立大视听、大传播理念，提升国际传播的质量

统筹内宣与外宣视听资源，整体提高视听传媒国际传播内容质量。从广义上说，融合背景下任何视听平台所服务的对象都是全球消费者。从前的宣传对象，无论内外，现在正统统地转变为无国界的“用户”。因此，在视听传媒时代，原来曾经行之有效的“内宣”与“外宣”、“分而治之”的老观念、老做法已经受到严重冲击。在“一网联天下”的媒介环境中，几乎任何一个媒体一经创办就可能面对全世界消费者的使用和检验。原本“内外有别”的内容安排和传播方式设计，在这种世界大众的集体检视中不再具有意义；大量原本只用于“内宣”的节目借着各种新兴技术、新开渠道“走出去”，一些国内受众习以为常的政治术语、低端同质化内容一并裹挟出去，让海外受众感到迷惑不已，国际传播能力建设的效果因此打了折扣。

“视听时代”要求监管树立“大视听”和“大传播”概念，统筹国际国内两个市场，调整国内外视听传播总体布局，国内国际一盘棋，以国际标准打造中国视听品牌，以中国视角诠释世界故事。要立足中国大文化，瞄准国际大市场，打造世界影响力。比如，电视频道的专业化、特色化是获得差异化优势、实现差异化竞争的必然要求。国际上有影响力的视听传媒无不是依靠其富有独家特色的专业频道赢得受众青睐。CNN、探索频道、迪士尼、HBO、ESPN 等受欢迎的品牌频道分别以新闻资讯、纪录片、少儿节目、家庭影院、体育节目在强手如林的国际电视传播市场独树一帜。中国视听传媒“走出去”十年，成果丰硕，初步建立起新老媒体融合的视听传媒国际传播网络和体系。但据本课题组调查，也开始出现新用户不断开发、老用户不断“退订”的问题。其中严重的内容同质化、随处可见的说教式话语体系和信息处理的单向度、一元化等都是重要原因。中国视听传媒国际传播必须建设一批特色化、高清化的专业频道。以中国电视长城平台为例，应对现有几十个同质化频道进行精简整合，同时增设一批特色鲜明的专业频道，并使其高清化，可点播化，以适应用户需求。这样，还能以国际传播为突破口，进一步改进国内传播，全面提升中国视听服务的质量。让中国消费者也能不出国门就消费到由本国视听服务主体提供的具有世界水准的视听内容与服务。如此一来，中国视听业不仅能够应对融合挑战，以优质的内容和服务更好地吸引占世界人口 1/5 的国内受众，也能够真正为国际市场所认同和接受。中华文化价值也定会借着这一载体在全球传扬，为世界文明进步作出更大贡献。

整合海内外各种“走出去”资源，聚拢视听传媒国际传播的合力。一是加大对民营机构和视听新媒体的扶持力度，培养国际传播的新生力量。一些民营企业，包括商业性网络视听节目服务机构，具有灵活的机制、丰富的国际市场竞争经验，并已经通过各种方式成功进入欧美市场，开始影响西方主流社会。如在美国创办电视网的俏佳人传媒，产品销往 70 多个国家和地区的华策影视，通过提供数字技术服务在非洲十几个国家建成视听内容集成分发平台的北京四达时代，在海外上市融资实现规模迅速扩张的腾讯网、优酷网等视频网站，都说明中国视听文化在海外产生了影响力。政府应加大对这些文化企业的鼓励支持力度，为其在国际传媒市场竞争发展服好务、护好航，使其成为中国视听传媒国际传播能力的重要一极。二是充分利用国家有关部门在海外举办综合性文化活动的平台以及中国驻外使领馆、文化中心、孔子学院的优势，精心策划举办形式多样的中国视听文化展映活动。向驻外使领馆、文化中心、孔子学院等机构提供带有对象国语言及字幕的优秀视听作品，加强推介。三是加强与境外知名媒体、频道代理机构、运营商和各类传媒公司的合作。通过交换新闻信息产品、共享营销网络、合作办台办网等方式，推动中国广播电视频率频道落地，加强中国视听产品的海外营销推广。四是充分利用中非、中阿合作论坛和中国东盟地区对话合作机制等现有多

边平台，促进中国视听传媒与非洲、阿拉伯、东盟地区及其他发展中国家的交流合作和“走出去”。五是充分整合中央级广播影视媒体在各国家或地区设立的总站、记者站、海外分台、各语言网站、听众俱乐部等各方面的资源，丰富内容资源，提升媒体品牌价值。

2. 树立市场化传播理念，扩大中国视听传媒在全球的市场份额

市场化运作是媒介融合时代给中国国际传播提出的新要求。融合所带来的信息透明、公开，让有意融入世界的任何文化都必须跟国际通行的规则接轨。国际传播也不例外。

中国视听传媒国际传播的市场化推进起步较晚，但也出现了中央电视台长城平台、中国国际广播电台海外节目制作室公司化运作，民营影视企业打开国际市场等鲜活而成功的案例。这些案例都充分表明，在国际视听传播市场中，企业具有更大的适应性，更能发现市场需求，更有内在动力提高产品质量，打造媒体品牌，成为具有国际影响力的国际一流媒体。应鼓励国有视听传媒机构借加强国际传播能力建设的强劲东风，在体制机制上尽快实现突破，以市场主体身份参与到视听传媒国际传播竞争的大格局中，经风浪、迎挑战，在与国际同行同台竞合中不断提高自身实力，扩大在国际市场中的份额，打造成国际传播知名品牌，建立起世界影响力。

3. 树立本土化、对象化传播理念，增强中国视听传媒的国际传播效果

在国际传播中对目标受众实行本土化、对象化传播是在国际市场竞争中取胜的必由之路。因为不贴近对象和受众，不想其之所想、供其之所需，甚至在媒介融合时代没有超前性、创造性地契合其潜在的价值追求，你就不会拥有这块市场，就不会在这里立足。不同文化之间本来就有客观鸿沟，只有深入研究国外受众的信息需求和价值取向，有针对性地实施传播，才能降低传播阻力。只有进入“本土化”语境的传播，才能成就友好亲和的传播效果。在这方面，BBC、CNN、法国24小时等国际媒体已经有成功的经验，它们在全球不同地区设立直播室，各版本内容安排和主持播出风格在统一的品牌体系下各自偏重对对象地区的体贴关注，收到了较好的传播效果。当前中国应分别对不同语言的广播电视频率频道及其在线平台按照所覆盖国家的特点进行调整，分不同版本安排内容和播出时间，改变同一套节目面向全球观众的问题，提高节目的“土产率”和针对性。中央电视台、中国国际广播电台等应充分利用其在海外的分台、记者站和节目制作室，从人才队伍到传播内容、运作机制，全面“本土化”，同时加大对对象国家和地区本土事务的关注报道力度，有针对性地为不同地区和国家提供高效、快捷、全面、贴近的新闻资讯和娱乐服务。

4. 开阔国际视野，把握时代精神，观照人类价值，深入挖掘中国文化资源，把视听传媒建设成向世界传播中华文化的主要载体

与其他国家相比，中国视听传媒在国际传媒市场中应该具有得天独厚的优势。中国具有悠久的历史、丰厚的文化，形成了与西方世界不同的文化价值体系。古雅清新，和而不同，中国视听国际传播应在这样一个历史文化积淀之上走出差异化发展道路，给世界各国人民带来清新独特的精神气质和与众不同的文化享受。但这种差异化发展必须融入人类共同的价值追求，必须与现代人类文明发展需求相接轨，必须注意体贴和触摸人类所拥有、可以引发各国人民心灵共鸣的那些共同价值，诸如和平与发展、自然与环保、民主与自由、和谐与秩序、宽容与理解、真善美、公平正义等。价值是传播的核心与灵魂，价值强则传播强。国际传播更是如此。我们一定要在视听国际传播中高度重视价值建设，既要弘扬中华民族文化的个性价值，又要拥有人类共同尊崇和追求的共同价值情怀。越是民族的越是世界的，越是民族的也越是人类的。个性价值和共同价值不是对立冲突关系，而是相互融合、相互依存、相互转化、相互统一的。其实，或许我们的视听传媒所挖掘的中华民族文化最精髓、最珍贵、最具个性价值的部分，恰恰是以我们民族文化特有的方式触动了人类共同价值的核心与灵魂。国际文化传播成功的秘密之一也在于此。

我们要运用现代视听传媒大力挖掘中国丰富的文化资源，展现中国社会变革的时代风貌，吸纳世界各国丰富多彩的文明成果，打造并传播具有鲜明民族个性、鲜活时代特征，体现人类共同性和广阔世界性的中华文化核心价值，让中华文化以现代视听传播网络为主要渠道，以现代视听内容产品为主要载体，以现代视听产业拓展为主要形式，以现代国际传播市场为大舞台，传遍世界各地，服务世界人民。

【作者简介】

庞井君，博士，国家新闻出版广电总局发展研究中心主任、研究员。

国家社科基金项目“突发事件中政府新闻发布效果评估体系建构研究”研究成果

我国政府新闻发布研究十年述评①

侯迎忠　刘艳婷

一、政府新闻发布制度十年发展及研究概述

我国政府新闻发布制度初步建立于1983年，但真正的建立健全还是在2003年“非典”危机之后。学术界广泛关注政府新闻发布制度的研究，也是从2003年之后才开始的。政府新闻发布制度的本质是为了迎合媒介与社会公众的需要而展开的政府传播与公关活动，西方学者关于这方面的讨论更多地被纳入政治传播与公共关系的范畴。我国政府新闻发布制度的研究也大致包括三种取向：公共关系取向，探讨新闻发布与危机应对中的公关策略问题；政治与公共管理学取向，探讨政府传播、危机传播管理、新闻执政等问题；传播学取向，依据议程设置、框架、把关人等传播学经典理论以及传播的五大要素，探究新闻发布的传播主体——新闻发言人、传播过程、渠道、策略与效果等问题。无论何种研究取向，其研究客体均指向两个方面，一是对于政府新闻发言人的研究，二是对于政府新闻发布活动及其制度的研究。② 研究成果的展现方式，一是专业期刊论文，二是陆续出版的一些理论与实践结合、学理分析和经验归纳并重的专著、教材、操作手册，以及系统引介西方新闻发言人制度的译著等。就期刊论文而言，笔者在中国期刊网上以“新闻发布”或“新闻发言人”为关键词搜索2003年1月至2013年6月以来10年间的研究论文，得到内容完全相关的期刊论文691篇。其中2010年和2011年的研究论文最多，均超过100篇。10年来每年发表论文的规模分布见表1(由于中国期刊网收录的时效性，2013年上半年的论文数据不全)：

表1　**2003—2013年相关研究论文数量分布表**

年份	2003	2004	2005	2006	2007	2008	2009	2010	2011	2012	2013
论文数量	13	60	66	35	51	45	53	130	114	91	33

从上表可以看出，研究规模呈现两个高峰，即2004—2005年，2010—2012年。前一个高峰点出现在2003年“非典”之后，中央决定大力建设新闻发言人制度，与之相应的学术研究也成为热点，后一个高峰点出现在网络新媒体在政府新闻发布工作中被广泛应用后，网络新闻发言人、政府官方微博或政务微博的兴起与兴盛，由此引发学术界对于新媒体环境下政

① 本文是国家社科基金项目“突发事件中政府新闻发布效果评估体系建构研究”的成果(项目号：10BXW030)之一。

② 由于新闻发言人制度和新闻发布制度这两个概念及所涉及的研究领域具有很大的关联性和同一性，本文的论述将二者视作同一概念交叉使用。

府新闻发布制度运行与创新的思考和关注。综合而言，十年来政府新闻发布制度建设及相关学术研究大致经历了三个阶段：

第一阶段，2003—2007年，各级政府新闻发布基本制度建立与试运行时期。经历了非典危机之后，党和政府充分认识到建立政府新闻发布制度的必要性和紧迫性，从中央到地方的省、市三级政府开始全面建立新闻发布制度。2004年4月，《中共中央关于加强和改进新形势下对外宣传工作的意见》明确指出："建立中央对外宣传办公室、国务院各部委及省级政府三个层次的新闻发布工作机制"，2005年国务院下发《国家突发公共事件新闻发布应急预案》，2006年全国两会首次将"完善政府新闻发布制度和信息公开制度"写入《政府工作报告》，2007年8月颁布实施《中华人民共和国突发事件应对法》。这一系列相关政策、法规、意见等推动各级政府新闻发布制度如雨后春笋般建立起来。由于是制度初步建立与试运行时期，这一阶段的学术研究主要针对政府新闻发布及新闻发言人的相关定义、职责、功能，作用和意义，制度沿革，外部环境，法律依据及制度建设设想等基本问题的讨论，以及新闻发布会的操作流程、发言人策略与技巧等实践层面的经验总结与推介。并广泛引介西方新闻发布制度、新闻发言人培养及突发事件应急处理方面的先进理念与做法，从政府公关、危机传播管理层面思考政府新闻发布与危机传播方面的理论与现实问题。

这一时期发表的论文总量为225篇，出版了多部专著、译著和教材。史安斌教授2004年出版的《危机传播与新闻发布》、五洲传播出版社2004年出版的《如何面对记者》是较早的一批专著成果之一。刘建明教授所著的《新闻发布概论》是这一阶段少有的对新闻发布进行深入的理论阐述与实务介绍的专著。清华大学出版社、中国传媒大学出版社还分别出版了"国务院新闻办公室媒体素养高级教程"(系列)、"新闻发言人系列教材"，包括：《政府发言人15讲》、《发言人教程》、《新闻发言人理论与实践》、《新闻发言人实务》、《中外新闻发布制度比较》和《危机传播管理》等。另外还有一部分译著，着重引介西方国家特别是美国新闻发言人的实务操作策略与技巧，如：玛格莱特·苏丽文所著《政府的媒体公关与新闻发布　一个发言人的必备手册》，哈尔·哈特(Hal Hart)所著《打造成功的新闻发言人　掌握媒介采访和成功演讲展示之道》，阿里·弗莱舍所著自传《白宫发言人　总统、媒体和我在白宫的日子》等。

第二阶段，2008—2010年，政府信息公开条例推动下的制度健全与主动发布时期。2008年5月开始实施的《中华人民共和国政府信息公开条例》，对政务信息公开及突发事件的信息发布作了明确规定，也直接推动了各级政府信息公开与新闻发布制度的健全和完善。"到2008年年底，国务院新闻办、国务院各部门和31个省(区、市)政府三个层次的新闻发布制度已经完全建立起来，并逐步完善了各级政府突发事件新闻发布机制，组织定时、定点、例行新闻发布的政府部门不断增多。"①这一阶段全国各地频繁发生的突发事件、灾难事故、公共危机事件，也迫使各级政府不得不主动公开发布信息，及时应对危机，试图形成与媒体和公众的良性沟通机制。现实发展的需要无疑加大了应对突发事件中新闻发布及媒体沟通策略研究的紧迫性。针对突发事件中政府信息发布与舆论引导方面的策略探讨、案例解析应运而生。同时，深圳、青岛等地出台新闻发布问责制，对基层政府新闻发布制度实施效果进行绩效考核与问责，学术界也开始关注到新闻发布的实施效果及效果评估体系构建等问题。党委新闻发言人制度开始全面实施，其制度建立与运行也进入研究者的视野。

这一阶段发表的论文有228篇，出版了一系列专著。江苏人民出版社出版的政府新闻学系列丛书，包括叶皓所著的《政府新闻学　政府应对媒体的新学问》，曹劲松、庄传伟所著的《政府新闻发布》、叶皓等著的《正确应对网络事件　政府新闻学网络案例》等，着重于来

① 国新办就2009年各项工作进展情况举行发布会[EB/OL].[2011-12-11].http://www.scio.gov.cn/xwfbh/xwbfbh/wqfbh/2009/1229/index.htm.

自实务操作层面的经验提炼与案例分析，开辟了我国政府新闻学、政府新闻发布制度研究的独特领域。另外还有王凤英所著《中国政府新闻发布制度研究》，靖鸣、刘建明合著《实用新闻发布学》，等等。蒋晓丽主编的《党委新闻发言人理论与实务》成为党委新闻发言人制度建立以来的首部研究成果。

第三阶段，2011 年至今，网络新媒体时代的舆论交织与积极回应时期。随着网络新媒体技术在政府传播、政媒沟通、公众舆论等领域的广泛应用及迅速盛行，催生出网络问政、网络新闻发言人、政务微博等多种全新的新闻发布形式。2011 年被称为“政务微博元年”，学术界也迅速关注到政务微博在政府信息公开与新闻发布方面的应用状况。刚刚兴起的对网络新闻发言人的讨论迅即转向对微博发布的热切关注，特别是在突发事件、群体性事件、公共危机及社会问题处理过程中，政府运用微博等新媒体渠道进行新闻发布与官民沟通的策略、方式及问题，成为这一阶段新的研究热点。另外，新闻发布制度经过多年的发展，存在着诸多问题，必然面临制度的改良与提升，这方面广受学术界关注的主要是新闻发布制度法律保障、新闻发布运行机制、新闻发言人媒介素养与专业化转型等问题。

这一阶段发表的论文有 238 篇，出版了一系列专著和教材。尤以来自政府机构一线从业人员所著实用性读本居多，如：邹建华所著的《走进外交部发言人　新闻发言人面对媒体的策略与技巧》，王旭明编写的《王旭明说新闻发言人》，武和平编写的《打开天窗说亮话　新闻发言人眼中的突发事件》等，另外还有王婷所著的《面对媒体的策略　新闻发言人媒介素养实务》，白智勇所著的《一问一答一世界　新媒体时代下的新闻发言人》等。

二、文献综述

笔者对所检索到的 691 篇期刊论文的内容进行分析发现，10 年来的研究关注了以下主要问题：

第一，政府新闻发言人及新闻发布制度的含义、发展历程、作用与功能；新闻发言人制度建设的理论基础与法律依据；新闻发言人的职业素养及培养机制等。

有关新闻发言人的定义中比较权威并广受引用的是来自刘建明教授主编的《宣传舆论学大辞典》上的表述：“新闻发言人是指国家、政党、社会团体任命或指定的专职（比较小的部门为兼职）新闻发布人员，其职位一般是该部门中层以上的负责人。新闻发言人的职责是在一定时间内就某一重大事件或时局的问题，举行新闻发布会，或约见个别记者，发布有关新闻或阐述本部门的观点立场，并代表有关部门回答记者的提问。”①喻国明教授对于政府新闻发言人的界定也广受关注：“政府新闻发言人是指那些由政府及其下属机构所任命或指定的新闻发布人员，其职责是就政府或本机构责任范围内的重大事变或现实问题，或举行新闻发布会，或约见记者，提供相关的新闻事实，阐释政府的立场、观点，介绍政府已经采取和将要采取的对策措施，并作为政府或机构的代表回答记者的提问。”②这两个定义有很多相似之处，都突出了新闻发言人作为政府机构信息传播主体的地位，也强调了发言人所承担的与媒体沟通的职责与职能。

2003 年的非典危机，首先引发了一些地方政府部门新闻发布机构工作人员的思考。湖南省人民政府新闻办公室龚爱林撰文指出：“在我国建立经常化规范化的政府新闻发布制度有着极为重要的影响。首先，它是尊重和保护人民群众的知情权，确保人民群众当家做主的有效形式。其次，它是提高政府政策的透明度，树立政府良好形象的有效手段。再次，它是

① 刘建明. 宣传舆论学大辞典[M]. 北京：经济日报出版社，1992：357-358.
② 喻国明. 与时俱进建设好政府新闻发布制度[N]. 学习时报，2011-08-29.

积极引导舆论的有效途径。”①随后，这一领域的研究因为新闻发言人现象的“火爆”而格外引人注目。有研究者研究了新闻发言人的历史与现状，认为“新闻发言人的出现是源于现代公共关系理论的政府层面的应用和公民争取‘知情权’的斗争”。② 多数研究者认可政府新闻发言人对民主政治和社会沟通的意义，并且从保障公民“知情权”，维护社会稳定等角度来阐释新闻发言人的意义。③ 有研究者指出，“政府新闻发布的一个重要功能就是为人们基于信息获知的价值判断提供公众交流平台，在很大程度上降低社会发生冲突的可能性，增进人们对于异质文化及多元社会诉求的宽容和理解。”④也有研究者认识到政府新闻发言人的负面影响，提醒人们“新闻发言人可能导致的政府对媒体言论的操纵。”⑤

孟建教授系统梳理了政府新闻发布制度的理论脉络，并首次将政府新闻发布与公共关系关联起来，他认为“政府新闻发布制度理念层面的理论来源首先是知情权和政府信息公开理论，另一个重要理论来源是软实力理论。在这样的理论基础上，我国政府新闻发布制度理念呈现出一种‘由外而内’、‘由宣到传’的走向，‘由外而内’即指从传统的外宣思维转到外宣内宣结合。‘由宣到传’是指政府在传播策略上更加注重塑造自身形象而非硬性的宣讲。而从政府新闻发布制度的实践层面来考察，也可以看到公共关系研究中的许多理论都在深刻地影响着政府公共关系的处理和操作。”⑥

陈力丹教授考察了信息公开理念在我国得以提出和形成法律概念的历程，以及我国新闻发言人制度应遵循的若干基本原则。他认为“新闻发言人制度不能简单地视为是政府对外发布信息，应该看做是社会公仆向社会主人——人民报告工作的一种日常形式；新闻发言人制度还有另外一种功能就是政府公关功能，权力机关从过去的‘不说话’到主动‘说话’，如果形成规范，遇到突发情况即刻发布、定期发布，它们便成为一种积极的信息源，可以缓解政府和民众之间紧张的关系。”⑦针对新闻发言人的法律保障，有研究者认为“现阶段我国新闻发言人制度相关的立法体系或多或少存在一些障碍，而完善相关法律的对策在于：将知情权列为公民《宪法》基本权利之一；制定统一的政府信息公开法；修改《保守国家秘密法》和《档案法》，处理好两法与《政府信息公开条例》的实质冲突；建立正式的责任机制和监督机制，建立对新闻发言人制度的评估体系，定期对新闻发言人的业绩和行为进行考核。”⑧

对于新闻发言人应当具备的素质问题，有研究者认为“在当下日益开放、多元的媒介生态中，新闻发言人亟须走向职业化，延展业务素养。具体表现在：‘专业人才’定位确保新闻发言人进行信息发布的资本；与‘职业记者’间角色兼容则可优化其信息发布策略，助推核心信息传播效率；通过与‘节目主持人’的角色兼容，完善临场发挥技巧，更可提升信息发布精彩性，以接受度催化信息到达率，甚而以新闻发言人个人魅力辉映相关部门公众形象。”⑨还有研究者认为“政府新闻发言人还需要具备较高的媒体素养，这既是适应现行传媒发展的客观要求，也是优化政府形象、提高政府执政能力的迫切需要。要从政府管理的高度认识新闻发布的重要作用，掌握新闻传播规律，尊重媒体，服务媒体。”⑩“政府新闻发言人

---

① 龚爱林. 关于地方政府新闻发布工作的思考[J]. 红旗文稿，2003(11).

② 曹越. 新闻发言人的历史与现状[J]. 新闻记者，2003(7).

③ 王漱蔚. 新闻发言人制度益处良多[J]. 新闻记者，2003(8).

④ 原平方，刘笑盈. 微博化情境下政府新闻发布的要素及变化[J]. 中国记者，2012(4).

⑤ 杨萍. 新闻发言人制度尚存隐忧[J]. 新闻记者，2003(8).

⑥ 孟建. 国家形象建构与中国政府新闻发布制度[J]. 国际新闻界，2008(11).

⑦ 陈力丹. 论突发性事件的信息公开和新闻发布[J]. 南京社会科学，2010(3).

⑧ 祖萌萌，赵安萌. 政府信息公开与我国新闻发言人制度之完善[J]. 中国律师，2012(9).

⑨ 邓金木. 试论新闻发言人与媒体人的角色兼容[J]. 现代传播，2012(7).

⑩ 李兴亮，王显睿. 政府与媒体的双重视域：谈政府新闻发言人的媒体素养[J]. 重庆大学学报(社会科学版)，2012(3).

在处置突发事件中还应具备及时掌握突发事件中多方面信息的能力，迅捷的反应能力，与媒体打交道的能力，一定的新闻从业经历，较强的语言表达能力等。"①

第二，西方新闻发言人制度的引介及中西新闻发言人制度比较。

这方面的研究主要集中在对西方新闻发言人制度的起源、发展背景、发展历程、运行机制的介绍以及中外新闻发布制度比较。在我国政府新闻发布制度方兴未艾的现实环境下，广泛吸收借鉴西方新闻发布制度的先进经验和做法，对于我们逐步建立健全并高效推行政府新闻发布制度无疑具有重要的指导意义。有研究者通过梳理美国新闻发言人的发展历程，归纳出其特点在于："标榜尊重公民的信息自由权、有一系列法律作保障、政府公关的重要手段、发言人队伍高度职业化等"②还有研究者分析历任白宫新闻发言人，发现他们在很多地方有相同之处："新闻专业背景，理解新闻工作；良好的政治学修养，丰富的政府工作经验；适当的幽默感等。"③曹劲松通过对美国、加拿大部分地区的实地调研，总结归纳出政府新闻传播的运作特点和一般性原则："体系完备的政府新闻发布组织、灵活多样的政府新闻发布方式、尊重事实的政府媒体公关策略、快速有效的政府危机处置机制、实用规范的政府传播操作手册"。④ 曹爱民、靖鸣归纳出瑞典政府新闻发布制度的独到之处在于："坚实而独到的宪法保障和法律基础；沟通方便、发布及时；网上新闻信息发布的统筹规划等"。⑤对于新闻发布制度化构建的立法问题，有学者通过中外对比研究发现"我国新闻发布制度化实践中的法律缺失。"⑥研究者认为中美两国在新闻发言人制度方面的主要差异在于："对知情权的法律认可和法律保障有显隐、深浅的差别。美国新闻发言人制度之法律保障——《信息自由法》与《阳光下的政府法》(即"阳光法案")，对我国新闻发言人制度走向法律化，具有启示意义。"⑦

第三，我国政府新闻发布制度运行机制、操作理念、策略技巧及案例分析，政府新闻发布制度实施效果及新闻发布效果评估。

政府新闻发布制度运行机制、操作理念、策略技巧等这些实践操作层面的问题，是广受研究者们关注的话题之一，这方面的研究成果也很丰富。既有学术界结合相关理论对新闻发布制度建设的现实问题分析，也有从业人员结合实务操作层面的经验总结与得失分析。特别是针对突发事件、灾难事故、公共危机、群体性事件等社会危机处理过程中政府新闻发言人的表现及新闻发布制度在实施过程中的经验教训等，如：汶川地震、"7. 23"温州动车事故、湖北石首事件、广东乌坎事件、"7. 21"北京暴雨事故、河南兰考火灾事故等事件处置过程中的新闻发布与政府应对，成为这一方面的研究重点。有研究者分析"5. 12"汶川特大地震灾害中，"四川省政府组织的新闻发布会为及时高效传播灾区信息、有序引导救灾行动、遏制谣言流传、稳定团结人心起到了关键性作用，并呈现出反应迅速、高效公开等特点，创地方新闻发布之先河，是我国新闻发言人制度建设和实施走向成熟的一次检验。"⑧在总结上述类似事件中的政府新闻发布工作原则时，有研究者指出，"在中国特色的新闻发布环境中，政府新闻发言人应介入事件处理的全过程，第一时间进入现场，掌握第一手材料，参与事件的决策与处置，邀请相关责任方共同发布，成为第三方，实现从利益相关者到利益协调者、

① 韩华. 突发事件中的政府新闻发言人问题之思考[J]. 河南广播电视大学学报，2012(3).

② 骆正林. 美国新闻发言人制度的起源与特征[J]. 今传媒，2006(1).

③ 宋双峰. 白宫新闻发言人[J]. 新闻爱好者，2004(12).

④ 曹劲松. 北美政府新闻发布初探[J]. 传媒观察，2010(1).

⑤ 曹爱民，靖鸣. 瑞典政府新闻发布制度的独到之处[J]. 新闻与写作，2006(11).

⑥ 胡华涛. 新闻发布制度化构建中的立法问题[J]. 新闻大学，2005(1).

⑦ 张艳红. 法律依据法律保障的实际状况——中美新闻发言人制度之比较[J]. 新闻记者，2004(9).

⑧ 张玉川，吴建. 汶川地震中四川省政府新闻发布分析——兼论我国新闻发言人制度步入第三个发展阶段[J]. 西南民族大学学报(人文社科版)，2008(11).

平衡者的转变，这样才能让公众接受以至信服。”①

孟建教授较早关注到新闻发布的传播效果问题，他认为“新闻发布活动中的传播效果是指经过新闻发布活动的各种信息发布活动，使受众(新闻记者乃至接受媒体影响的公众)的感知、思维、情感乃至行为发生新闻发布者预期的变化。凸显新闻发布活动传播效果的重要策略，在于注重四个重要梯度指标：知晓度、理解度、赞成度、支持度。另外还有新闻发布的‘后续报道’效果以及在公众中的传播效果等。”②刘建明、郎劲松等学者在相关研究成果中也讨论到新闻发布会效果反馈问题，指出“要从传播信源、传播方式、传播对象、媒体报道质量、社会舆论反响等方面对政府新闻发布进行效果反馈分析，并从传播策略与技巧层面考察新闻发布会的传播效果。”③喻国明教授提出，“判断一个政府新闻发言人是否合格的根本标准是看他是否在相当大的程度上减少和消除了人们对于公共事务认知上的信息不对称状况，一个合格的新闻发言人培训，应该强调的问题并不是技巧问题，而是作为一个新闻发言人的角色自觉以及价值取向的把握。政府要通过新闻发言人的发言行为，使政府与公众之间的信息不对称状态得以改善，使公众对事实的了解更加全面，更加客观，更加深刻。这是判断新闻发言人做得到位不到位、称职不称职、效果好不好的最高标准。”④而如何落实这样的判断标准，需要强有力的考核与问责机制。陈力丹教授较早主张建立新闻发言人制度考核与问责机制，认为“对新闻发言人制度要有相应的监察和限权机制，并且应当以法律或法规的形式加以规范，明确哪些信息应该公开，按照什么程序公开，如何落实责任人和追究失职责任等等，以便能够造成一种权力的制衡。现在健全新闻发言人制度，需要考虑以法的形式保障人民的知情权，追究没有尽责的新闻发言人及其领导机关的责任。”⑤还有研究者在“政府—媒体—公众”的互动框架下，“以危机传播相关理论为研究基础，全面考察了政府、媒体、公众互动过程中各要素的关系，建构出政府危机传播的信息发布模式，建立政府危机传播效果的评估指标，提出了危机传播效果的指标及操作化定义。”⑥

笔者自2010年以来试图从政府新闻发布效果评估要素出发，探讨建构突发事件中政府新闻发布效果评估的指标体系，首先对新闻发布效果评估的五大内在要素：传播者、传播过程、传播内容、传播对象、传播策略及其相互关联进行理论分析，对新闻发布效果评估的外在要素：传播原动力、传播执行力、传播扩散力、传播影响力进行探索性解析，指出应以上述诸要素为基础建构科学的政府新闻发布效果评估机制。进而从政府危机传播、政府公共关系、政府绩效评估三个理论视角对突发事件中的政府新闻发布效果评估要素及指标体系建立进行系统梳理，并结合突发事件中政府新闻发布的社会效果与公众认知的实证调查与分析，探讨效果评估的现实应用问题。⑦

第四，我国政府新闻发布制度存在的问题及改进策略。

近年来政府新闻发布制度建设过程中暴露出的问题也是研究者们关注的重点，早在

---

① 原平方，刘笑盈. 微博化情境下政府新闻发布的要素及变化[J]. 中国记者，2012(4).

② 孟建. 关于新闻发布活动传播效果的若干思考[J]. 新闻传播，2006(2).

③ 详见刘建明. 新闻发布概论[M]. 北京：清华大学出版社，2006：437. 郎劲松. 新闻发言人实务[M]. 北京：中国传媒大学出版社，2005：168；刘荣华. 政府新闻发言人的说服效果：一个传播学视角[J]. 理论界，2007(4).

④ 喻国明. 与时俱进建设好政府新闻发布制度[N]. 学习时报，2011-08-29(6).

⑤ 陈力丹. 健全对新闻发言人制度的监察和限权机制[J]. 郑州大学学报(哲学社会科学版)，2004(9).

⑥ 于晶. “从媒体到受众”：政府危机传播效果的二级评估模式建构[J]. 新闻与传播研究，2012(2).

⑦ 侯迎忠. 政府新闻发布效果评估要素初探[J]. 新闻与传播研究，2010(4)；侯迎忠. 突发事件中政府新闻发布效果评估的多维理论视角[J]. 现代传播，2012(12)；侯迎忠. 突发事件中政府新闻发布公众认知与社会效果的实证研究——基于广州、兰州的调查分析[J]. 新闻与传播研究，2013(3).

2003年有研究者在回顾我国新闻发言人制度20年历程，反思非典危机中的信息传播缺陷时，归纳出“新闻发言人制度还不够健全，政务信息公开不足；制度不规范、缺乏协调统筹；设置目的各异、操作变味；缺少法律保障；发言人素质亟待提高；理论、实践研究滞后”等一系列问题。① 李希光教授等“通过对国务院新闻发言人培训班学员的问卷调查发现，地方政府新闻发言人存在新闻理论不足、实战经验缺乏等问题，以此提出因地制宜建立地方各级新闻发言人制度及相应的制度保障，明确地方各级新闻发言人的权责等建议。”②张明、靖鸣等以2005年松花江污染危机事件为例，“分析政府新闻发布在危机公关方面暴露出的某些问题，诸如以类似‘善意谎言’、‘社会稳定’等借口屏蔽事实真相，既损害广大民众的知情权与话语权，也销蚀政府的公信力。指出地方政府新闻发布应以民为本，提高发言人专业水平，切实推行政府信息公开，实现民众知情权、话语权的最大化；面对危机事件，应该让公众享有更多的话语表达权，以有效监督政府，凸显政府正面形象。”③

有研究者注意到目前突发事件应对过程中政府新闻发布所存在的一些体制性瓶颈：“一是制度操作性有限和制度效应递减，在实践中可能会出现法令操作性欠佳；二是协调机制欠缺和传播主体关系失衡，具体体现在执行新闻发布任务的新闻宣传部门与掌握决策信息的政府主管部门体制分属，各司其职，沟通不力。三是新闻发言人责权利不明确且专业水平不高。”④对于第三个方面的体制性瓶颈，广为学界诟病和担忧。有研究者以2011年“7. 23”温州动车事故中铁道部新闻发言人的表现为例，分析我国新闻发言人的困境在于：“官员出身居多，流动性大；公共危机时刻发言人处境艰难；自身修养不够，面对公众欠缺诚恳态度；教育培训有待进一步提高。”⑤来自业界的研究者还通过对南京江宁区房产局长周久耕事件、郑州规划局副局长质问记者“你是准备替党说话，还是准备替老百姓说话?”以及杭州飙车事件、湖北石首事件等现实案例的分析，“试图从新闻发布理念和运作层面分析当前政府新闻发布不当的案例，找出症结所在，探寻提高政府新闻发布效果的思路和方法。”⑥

刘笑盈教授认为2003年以来我国新闻发布制度十年发展存在的问题主要体现在“理念、角色、制度建设和发布能力欠缺”等四个方面，她以此提出的解决问题的策略与思路具有一定的代表性和可行性：“首先是新闻发布的理念和认识问题。对发言人的职责应做明确规定，‘披露信息，引导舆论，提升理念，拉近感情’，应该是发言人的职责和使命。其次是新闻发言的职业化及角色转化问题，目前的状况适合于要求专业化、职业化、稳定性的官员制；再次是制度建设的问题，建立更加完备的专业化制度体系；最后，发布能力的提升问题，提高新闻发布的有效性。”⑦

第五，网络新媒体时代的政府新闻发布制度及其前景。

网络新媒体环境下，政府新闻发布工作面临着新技术普及与使用过程中一系列的转变，包括官民沟通互动的理念、原则、策略等。2009年网络新闻发言人在各地兴起，迅即引起学术界广泛关注。笔者亦撰文认为“网络新闻发布集新闻发布、参政议政、舆论监督、官民互动等多种功能于一体，遵循网络开放、多边参与、上下互动的运行机制；其赢效因素在于主动性、及时性以及官民交流沟通的顺畅。但目前存在着网络平台有待完善、权威性与职业素养有待培育、网络发言的实效性有待保证等局限。网络新闻发言人的前景取决于各级政府

---

① 宋双峰. 新闻发言人制度在我国20年[J]. 中国记者，2003(9).

② 周敏，李希光. 中国地方新闻发言人制度建设三个核心要素[J]. 新闻与写作，2005(11).

③ 张明，靖鸣. 政府新闻发布与民众知情权、话语权冲突与协调——以松花江污染事件为例[J]. 新闻大学，2006(1).

④ 张洁. 突发事件政府新闻发布的体制性瓶颈[J]. 新闻爱好者，2010(6).

⑤ 周莉莉. 对我国新闻发言人制度的一些认识[J]. 新闻世界，2012(5).

⑥ 叶皓. 走出新闻发布的误区——政府新闻发布不当案例分析[J]. 对外传播，2010(2).

⑦ 刘笑盈. 新闻发布十年：进展、问题与发展趋势[J]. 对外传播，2013(1).

的执政理念与官民沟通的诚意，以及制度化、规范化、有约束力的运行机制。”①随着2010年微博元年和2011年政务微博元年的相继到来，学术界对网络新闻发言人的讨论迅速转向对政务微博或微博发布的关注。刘笑盈教授认为“政务微博的推出，为政府新闻发布和舆论引导带来了新手段，成为打通‘网络舆论’与‘传统媒体舆论’两个舆论场的新通道。”②林爱珺教授注意到，“新媒体的崛起催生了全媒体时代的到来，受政策与市场因素的影响，在新媒体与传统媒体全面融合的进程中，媒体自由度扩大，公众传播地位提升，这削弱了危机信息传播场中政府的信息主导地位，加之舆论观念落后、传播策略单一、信息发布方式陈旧，危机信息发布暴露出时代性的不适应。为此，政府应从信息沟通体系、信息发布文本与媒介三个方面完善信息发布策略，建立政府电子信息沟通网络，简化信息发布审批程序，强化信息发布文本的解释性与说服力，有效引导舆论，善用多元化传播渠道，构建全媒体信息发布网络。”③

面对新旧传播生态转化过程中新闻发布制度面临的机遇与挑战，程曼丽教授提出新闻发言人的专业化转型问题，认为“政府新闻发布制度面临一个由职务行为向职业行为转变，走专业化道路的转型期。专业化最重要的一点就是进行制度建设，完美信息收集系统、应急反应机制、媒体协调机制、信息反馈机制、人员培训机制和对策研究机制。另外，队伍建设也很重要。有媒体工作经历、从政经历和PR(公共关系)经历的人，对于从事新闻发布工作非常有利。因此，要想实现专业化运作，专业化的人才供给和对现有人员进行专业化的培训，是必不可少的。”④还有研究者认为“微博的即时性、便捷性、准入的低门槛以及病毒式传播等特点，加上较强的议程设置功能，对传统的新闻发布产生了很大影响，使新闻发言人处在一个信息快速传播、人人都有麦克风的信息传播环境中，给新闻发言人的工作带来了一定的挑战。为此，政府应该善于运用微博发布消息，真诚、主动地和媒体与公众交流，争取媒体和公众的理解与支持。”⑤

第六，政治传播、公共危机管理等跨学科视角的研究。

在政府新闻发布制度建设刚刚全面推进之时，就有学者从政治传播的角度，结合西方国家新闻发布制度运行机制进行分析，“在西方国家，新闻发言人、新闻发布会作为政府控制新闻传播的手段和通过新闻界与公众进行沟通的方式，是政治传播的一种日常的规范的传播形式。我国新闻发布制度的逐步完善和新闻发言人的设立意味着职业政治传播者的出现”。⑥有研究者充分认识到公共危机中政治传播的重要性，认为“公共危机中加强政府的媒体应对策略有利于维护和实现公共利益、保障公众的知情权、塑造良好的政府形象等。为此，要提高政府官员的媒体应对能力、完善政府的新闻发布机制、完善新闻媒体的管理体制、构建强大的民主执政文化。”⑦

在应对突发事件的现实环境中，政府新闻发布工作通常被纳入到应急管理的范畴，有学者在归纳我国突发事件应急管理的现状及问题时指出，“一些地方政府信息公开存在隐情不露的现象，对信息公开采取避实就虚态度，信息发布缺乏权威性。应当完善和创新应急管理中政府与媒体的协调机制，突发事件应急信息公开机制，境内外舆情收集、研判机制，发布

---

① 侯迎忠. 网络新闻发言人刍议[J]. 现代传播，2010(5).

② 刘笑盈. 政务微博：打通传播微血管的新尝试——谈北京市政府微博发布厅的成功上线[J]. 新闻与写作，2012(2).

③ 林爱珺，唐琼. 全媒体语境下的危机信息发布[J]. 北京航空航天大学学报(社会科学版)，2012(3).

④ 程曼丽. 中国政府新闻发布的专业化转型[J]. 现代传播，2012(1).

⑤ 李园春. 微博时代新闻发言人面临的挑战和应对策略[J]. 洛阳师范学院学报，2012(6).

⑥ 郎劲松，侯月娟. 现代政治传播与新闻发布制度[J]. 现代传播，2004(3).

⑦ 蒋冬青. 公共危机中我国政府的媒体应对探析[J]. 中共桂林市委党校学报，2012(1).

资料准备机制，信息发布沟通机制。完善与创新媒体舆论引导机制，媒体舆论服务机制等。建设好新闻发言人队伍，引导媒体活动范围、部门沟通和民间参与，防止媒体权力的异化。”①这一系列需要完善的机制，实际上与突发事件中的政府新闻发布制度建设密切相关。有学者还提出新闻应急管理的概念，特指“政府及其他公共机构处置突发事件过程中，通过传播媒介及时向社会发布准确信息，引导社会舆论，为迅速有效处置事件，解决争端，为维护社会稳定营造良好的整体氛围所实施的一系列服务，是突发事件应急管理的重要组成部分。重视新闻应急管理，就要树立与时俱进的新闻应急管理理念；完善各类新闻应急预案，加强应急演练；健全管理制度，重视队伍建设；广泛借助新媒体传播力，打造新闻应急管理的主体传播格局。”②还有研究者运用信息的供给—需求模型揭示政府对突发公共事件信息管制的社会成本，并对两者在突发公共事件管理过程中的互动关系进行博弈分析，提出“在突发公共事件管理中，基于双方利益最大化的角度出发，政府与新闻媒体必定在突发公共事件信息传播上进行充分的合作，构建政府与新闻媒体在突发公共事件管理中良性互动关系。”③

三、政府新闻发布研究的现状及前景分析

十年来关于政府新闻发布的研究关注到了制度建设及运行过程中的几乎所有领域，形成了一定的研究规模，呈现出学术界与新闻发布一线从业人员共同关注，学术专著、教材、译著与期刊论文齐头并进的景象，成为新闻传播及相关学科研究的重要热点话题。研究者们通过借鉴西方新闻发布制度的相关理论，以及多种学科领域的研究成果，对我国政府新闻发布制度建设与运行机制进行广泛深入的探讨，对新闻发布制度建设的历史与现状、理论与实践、策略与技巧、问题与前景进行了系统的分析，形成了多样化的意见和建议。综观现有的研究状况，多少存在一定的不足和缺陷。首先表现在现有的研究多为源自实践操作层面的经验总结、归纳与个案分析，缺少宏观层面的理性分析与理论解析，对于西方新闻发布制度及发言人培养的相关理论虽有一定的引介，但很少能够与我国的制度现实紧密结合，更不用说灵活运用。如何将西方的理论很好地运用到我国的现实环境中，还需要进一步探讨制度创新的问题。其次，对于新闻发布制度建设及运行机制的目标与前景还没有清晰的认识，对于新闻发布绩效考评机制的建立与完善，缺少有针对性的理论建构与微观研究，对于新闻发布效果评估体系构建方面的开拓性研究刚刚起步，而面对效果评估在实践层面的全面展开，这方面的理论探讨与实证研究必将成为今后的关注热点。再次，研究方法上多以定性分析、案例解析、比较研究为主，缺少大量的实证研究，没有将多种研究方法有机结合起来。我国政府新闻发布制度建设与制度创新有着非常大的开拓空间，而面对日益复杂的现实环境，一些研究者仍停留在就事论事式的总结提炼之中，缺少思维的拓展与方法上的创新。特别是少部分研究成果还停留在工作总结似的材料堆积，立论草率，论据不充分，结论牵强，研究方法简单，更没有理论支撑，不能说是严格意义上的研究成果。最后，十年来的研究大多还停留在对实践经验的介绍、总结以及案例积累阶段，没有系统的理论体系建构。单就出版的专著、教材、译著来看，大多偏重新闻发布工作流程、新闻发布实务操作层面的归纳、总结与引介，以及新闻发言人的工作策略、技巧、修养等方面的讨论，多为通俗易懂的实务性读本，少有理论体系探讨以及深厚的理论积淀。另外，目前政府新闻发布制度及相关领域的理论体系建构尚不明确，由于新闻发布制度及现实应用问题涉及新闻传播学、政治学、公共管理、

① 张维平. 应急管理中政府与媒体协调机制的完善与创新[J]. 政治学研究，2012(3).

② 张芹玲. 新闻应急管理的问题与对策论析[J]. 理论学刊，2012(4).

③ 黄玖，徐捷，宋英华. 突发公共事件管理中政府与新闻媒体互动关系研究[J]. 当代经济，2006(10).

公共关系等多学科交叉领域，很难形成独立的学科理论体系和成熟的研究框架，这需要在今后的研究中进一步理清思路，开拓创新。

随着我国政治民主化的不断变革与进步，政府信息公开与新闻发布制度建设必定会朝着更加科学理性的方向发展，而社会转型期社会问题与矛盾的复杂多样性也要求政府新闻发布制度及其绩效考评机制更加健全与完善，对于这一领域的研究也将更加紧迫。今后相关领域的研究可以从以下方面加以拓展：

第一，建构并完善政府新闻发布制度相关理论体系，在政治传播、公共关系、政府危机传播管理等学科理论的交叉融合之中，建立政府新闻发布与政府公共关系的理论体系框架。

第二，更加系统、全面地引介西方政府新闻发布乃至政府公共关系方面的系统理论与实践经验，在引介与吸收的过程中要特别注意西方理论与中国实际的有机结合，将西方先进的理论体系和实务操作理念转化为有利于建构我国政府新闻发布活动的理论框架与操作规范。

第三，充分挖掘新媒体环境下政府信息公开与新闻发布制度创新的边界与张力，在总结制度创新与现实操作策略方法的同时，积累研究成果，形成理论体系，以适应不断演化的传播生态对于制度建设的推动。

第四，在制度建设与实际效用的若即若离之中，密切关注政府新闻发布制度绩效考评与新闻发布效果评估等环节的问题，建构既科学合理、操作性强，又适应各地新闻发布工作现实要求的评价体系，为切实提升新闻发布制度的实施效果，实现制度效益最大化提供理论基础与现实支撑。

【作者简介】

侯迎忠，男，新闻学博士，广东外语外贸大学新闻与传播学院教授，对外传播与区域发展研究所所长。

刘艳婷，广东外语外贸大学新闻与传播学院2010级国际新闻专业本科生。

中国经济缓增期外媒眼中的中国经济形象

——以2012年7月中国经济数据公布后西方主流媒体的报道为例

陈国昌　侯迎忠①

一、选题与研究设计

(一)选题背景和意义

进入21世纪以来，我国经济持续保持高速增长，2003年至2011年年均增长10.7%，大大高于世界经济同期年均增长3.9%的增速。2011年中国占世界经济的比重已经升至10%，对世界经济贡献率超过20%②，随着中国经济地位和影响力的提升，中国作为迅速成长的重要经济体，在经济领域的一举一动都越来越受到外界关注。作为西方民众观察和了解中国的最重要途径，西方媒体对中国经济的报道更是逐年增加。

2012年初以来，中国经济受到世界经济环境变化以及国内各种因素影响，结束了高速增长势头。2012年7月13日，国家统计局公布的上半年宏观经济运行数据显示，上半年中国经济同比增长7.8%，其中，二季度增长7.6%，创最近三年以来的新低。经济数据一经公布，立即引起了全球各界的广泛关注。西方主流媒体纷纷第一时间进行报道和评论。众所周知，大众传播媒体具有设置“公众议程”的功能，而且在传播异国形象方面也是如此。一个国家的国际形象与外国舆论和主流媒体的塑造是分不开的。媒体对一个国家国际形象的形成又具有导向作用。③ 一国形象在他国媒体中的构建和塑造深刻影响他国受众对该国的理解和认识。西方主流媒体在国际传播中拥有绝对优势的话语权，不但是国际受众了解中国的重要渠道，而且还影响和引导国际受众对中国形象的解读。由于国家形象在国际关系中至关重要，而一国的经济形象又是该国整体形象的重要构成部分，因此，笔者认为有必要对中国经济缓增时期西方主流媒体所塑造的中国经济形象进行分析，并通过剖析西方主流媒体对这一特定时期中国经济形象的构建过程，揭示西方主流媒体及其所代表的国家在这一构建过程中的意识形态和利益诉求。

(二)研究设计

本文以2012年7月13日中国经济数据公布后西方四个国家(英国、美国、加拿大和澳大利亚)的十家主流报纸分别对这一事件的首篇报道作为研究样本，以话语分析的理论和方

---

① 本文是国家社会科学基金项目“全球化背景下我国新闻媒体国际传播能力建构及评价体系研究”的成果之一，项目号：13BXW029；广东外语外贸大学青年联合基金项目“中国经济缓增期外媒眼中的中国经济形象”的阶段性成果，项目序号：12S31；教育部区域和国别研究培育基地广东外语外贸大学加拿大研究中心2013年重点项目“中国在加拿大的国家形象研究”的成果之一，项目编号：A2013CCS01；“加拿大媒体眼中的中国经济形象研究”的阶段性成果，项目编号：B2013CCS05。

② 数据来自IMF(国际货币基金组织)的World Economic Outlook Database，2012年4月。

③ 王志强．德国《时代》周报视角下的经济中国形象[J]．德国研究，2009(4)．

法进行分析。这十家报纸包括美国的《华尔街日报》、《华盛顿邮报》、《国际先驱导报》、《纽约时报》和英国的《金融时报》、《太阳报》、《泰晤士报》、《卫报》以及澳大利亚的《时代报》、加拿大的《环球邮报》。这十家报纸均为其所在国主流报纸媒体，具有广泛的受众群体，不但对其本国受众有很大影响，而且在国际舆论上也具有极大影响力，影响着国际受众对包括经济形象在内的中国国家形象的解读。本研究旨在通过归纳中国经济缓增期西方媒体塑造的中国经济形象的主要特征，剖析西方主流媒体对中国经济形象“他塑”的话语模式和策略以及该现象的修辞动因。

(三)理论基础

“话语分析”(Discourse Analysis)从20世纪70年代开始普遍应用于心理学和语言学的研究，但近年来国内外很多学者将该方法应用于社会科学研究的各个领域，包括新闻传播学研究领域。话语研究领域著名学者凡·迪克(Van Dijk)在《作为话语的新闻》中主张借助话语分析的理论方法对新闻进行分析，这为新闻传播学研究提供了一个新的、跨学科的研究视角。米歇尔·福柯(Michel Foucault)在《知识考古学》一书中这样定义“话语”：“我们将把话语称为陈述(statements)的整体，因为它们隶属于同一个话语形成；……这是由有限的陈述构成的，我们能够为这些陈述确定存在条件的整体。”①按照福柯的理论，话语就是社会中某些占有一定地位的个人或者群体在特定环境中，就某个特定的问题，为了特定的目的而采取特定的形式、手段和策略，向特定的对象，说或写出的“话语”。因此我们借助“话语分析”方法来分析西方主流媒体新闻话语的形式、手段和策略，以期认识新闻话语背后的“特定目的”。可以说，话语分析的理论和方法对于新闻传播学研究具有很强的适用性，填补了新闻话语研究的空白，也为新闻传播学研究提供了新视角。

二、西方媒体眼中的中国经济形象特征及其话语策略

西方媒体对2012年中国经济增速减缓这一事件的报道角度和关注焦点比较多，主要包括五个方面：中国经济在世界的地位、中国经济发展模式、中国经济增长放缓的原因、中国经济增长放缓对世界的影响以及中国经济发展前景。下面就综合运用话语分析的理论和方法，分别从这五个方面归纳中国经济形象在西方媒体视野中所呈现的主要特征，剖析西方媒体“他塑”中国经济形象的话语模式和策略，并透视西方记者和媒体及其所代表国家的价值观、意识形态和利益诉求。

(一)中国经济在世界的地位

本研究选取的十篇报道除了《太阳报》的报道因为篇幅较小的原因以外，其余九篇报道都对中国经济在世界的地位进行了描述和评价。有趣的是，这九篇报道都不约而同地选择了一个几乎完全相同的短语来描述中国经济的地位，即“the world's second largest (biggest) economy”(世界第二大经济体)。这一短语在这九篇报道中要么被放在“China”一词后面作其同位语，如例(1)，要么就被直接用来替代和指称“China”，作为句子结构中的主语或宾语，如例(2)：

例(1) The trajectory of the economy is crucial for money managers facing a slowdown not only in China, the world's second-largest economy, but anemic growth across the BRIC grouping of major emerging economies. ②(中国经济的走势对于投资者来说至关重要，但投资者目前所面临的不

---

① [法]米歇尔·福柯. 知识考古学[M]. 谢强，马月，译，北京：三联书店出版社，1998：129.

② China's GDP Slowdown could Force Beijing's Hand[N]. The Globe and Mail(Canada), 2012-07-14.

仅仅是世界第二大经济体中国的经济增速放缓，而是包含主要新兴经济体的整个“金砖国家”的增长乏力。）

例（2）China's growth fell to 7.6 percent in the second quarter, its slowest since early 2009, as a property market downturn and weak exports weighed on the world's second-biggest economy. ①（由于房地产市场低迷以及出口减弱带来的压力，世界第二大经济体中国二季度经济增速下降到7.6%，为2009年初以来的最低点。）

例（1）中的同位语结构在语用上往往具有解歧、释义和评价的话语功能，不仅体现了名称、职位、头衔和事物的关系属性，为读者提供有关新闻报道的人物、事件、时间或地点等背景信息和新信息的必要知识关联，同时还体现了记者对特定事物的特定观点和价值判断，服务于新闻话语这一大众传媒特定体裁的社会交际语用功能。② 在例（2）中，该短语则在句中用作宾语，直接替代“China”一词，在意义上跟句首的“China”保持一致，说明了西方媒体的记者完全认同中国是“世界第二大经济体”这一事实。很明显，这些新闻语篇中的“the world's second-largest economy”，无论是被用作主语或者宾语来直接指称中国，还是被用作同位语来解释或评价中国，都代表了记者对中国经济地位的评价和判断。

罗兰·巴特（Rolland Barthes）说过，语言是“一套强权人物用来标注、界定和分类的记号系统”③。也就是说，语言并不是一种客观的分类工具。例如，在新闻语篇中，记者往往会根据自己的思想情感、价值观和意识形态，通过词汇的选择对所报道的事物和人进行命名和描述，以达到预设概念和分类的目的，并同时向受众巧妙地灌输其主观意识形态。这个过程其实就是话语策略中的指称策略（referential strategy）。对此，Van Dijk 也曾指出，“新闻话语中词汇的选择是显现隐含观点和意识形态的一种重要手法”④。

事实上，2010年第二季度中国成为世界第二大经济体之时，西方媒体就纷纷开始对中国的经济地位进行类似的描述。此外，本研究样本中的澳大利亚《时代报》和英国《泰晤士报》在各自报道中还分别选用词汇短语“economic powerhouse”（经济强国/经济发动机）和“the world's biggest engines of growth”（世界最大的增长引擎）来指称或描述中国的经济地位。

从以上针对西方媒体对中国经济地位的描述和指称编码的话语分析中可以看出：西方主流报纸媒体逐渐接受和认同中国经济近年来所取得的成就以及当今中国经济在世界的地位。从意识形态上来说，由于主流媒体往往影响着包括社会精英阶层在内的公众占主导地位的信念和观点，同时也代表着他们的信念和观点，我们可以得出这样一个推论：西方世界基本接受和认同中国的经济成就以及中国的经济地位。

必须注意的是，西方媒体刻意反复强调中国是“世界第二大经济体”是不是给中国扣高帽子和端迷魂汤呢？西方媒体的这种做法，跟近年来西方世界大肆炒作“中国崛起”，极力鼓吹“中国已经是发达国家”，甚至大肆散播“中国将称霸世界”等一系列危言耸听的“中国经济威胁论”的论调有着什么样的关系呢？其话语策略的目的何在？这些都值得我们深思和警惕。

（二）中国经济发展模式

一直以来，尽管中国在经济发展上取得举世瞩目的成就，中国经济发展的模式却一直备受西方世界的非议，尤其是当中国超越日本成为世界第二大经济体时，西方世界对中国经济发展模式的议论就越来越多。这一时期，影响和代表西方舆论的西方媒体对中国经济发展的

① Chinese GDP Growth Slows to 7.6%[N]. Financial Times (UK), 2012-07-13.

② 赖彦. 新闻话语的NP1+NP2同位结构特征及功能[J]. 外语学刊，2010(2).

③ Roland Barthes. Mythologies[M]. London: Paladin, 1972, p. 24.

④ [荷]托伊恩·A. 梵·迪克. 作为话语的新闻[M]. 曾庆香，译. 北京：华夏出版社，2003：182.

模式有肯定、有赞赏，也有质疑、有诋毁。而在中国经济增速放缓这一特殊时期，西方媒体对于中国经济发展模式又是怎么样的看法呢？以下通过例子作详细分析。

例(3) For all its success in the 34 years since Deng Xiaoping launched economic reform, China needs to find a new economic model. ①(尽管中国在邓小平倡导经济改革以来的34年里取得了巨大的成功，中国如今需要找到一个新的经济发展模式。)

例(3)中，复合介词“for all”，表示让步，意为“尽管、虽然”。句式虽为肯定，但意义和态度却是否定，直截了当地否定了中国改革开放以来所取得的成功。动词“need”具有强烈情态意义，强烈地暗示中国的发展现在面临困难急需解决。形容词“new”作为修饰语在语用上暗含预设，预设“旧的模式”行不通了。记者的观点很明显：中国原来的发展模式已经行不通了，急需找到新的模式。

例(4) Relying on abundant cheap labour, cheap capital and welcoming export markets is no longer a viable road map to the future in a nation where the leadership has embraced growth as a political weapon to buttress the party's claim to power; and where, as a result, materialism rules rather than communism or Confucianism. ②(对于中国这样一个领导层把经济增长作为巩固政权的政治武器的国家来说，原来那种依赖大量的廉价劳动力，低成本的资金和鼓励出口拉动经济的发展模式已经不再是切实可行的发展路线了。原来那种模式已经带来的后果是：在中国大行其道的是拜金主义，而非共产主义或儒家思想。)

例(4)中，记者选用“no longer”(不再)一词的目的一目了然：原来那种依赖大量的廉价劳动力(abundant cheap labour)、低成本的资金(cheap capital)和鼓励出口(welcoming export markets)拉动的发展模式不再可行了。两个由“where”引导的定语从句则把中国描述成了一个政权不稳而需依赖经济快速增长来巩固政权的国家，并指出这种做法已经带来了事与愿违的后果：拜金主义大行其道。很明显，作者不但不认可中国改革开放以来的发展模式，而且借机对中国政权说三道四。

例(5) China's runaway economy starts to run out of steam. ③(中国失控经济气数已尽。)

例(5)中，“runaway”一词原意为“脱缰的，失控的”，如“a runaway horse/train”(一匹脱缰的马/一列失控的火车)，在这里却被选用来修饰“economy”，暗指中国经济犹如一列失控的火车。动词短语“run out of steam”常用来指机器失去动力，在这却被用来指中国经济就像机器失去了动力。这两个词在这里被巧妙搭配起来暗指中国经济。这是话语策略中常见且有效的隐喻(metaphor)修辞手法。所谓隐喻，即用彼事体来理解、体验此事体，也就是以较具体、简单或与身体直接相关的事体，来理解和体验较抽象、复杂的事体的语言和思维过程。④ 在此过程中，事物的某些特征往往会被强调，而有些特征又会被隐藏，从而实现话语者的目的。新闻语篇中，报道者常常运用这种修辞手法将其所代表的意识形态间接地传递、渗透给读者，从而影响读者对新闻事件的评价或判断以及立场。⑤ 很明显，在记者看来，中国高速增长的经济只不过是一列失控的高速火车罢了，其结果可想而知。

例(6) Speed is essential for China, an economy which is basically built on the discount-store model of high turnover and low margin and which outperforms based on size, scale and speed. ”⑥

① China's Big Challenge: Declining Growth Figures Highlight a Country Still Searching for a Less Volatile Economic Model[N]. The Guardian, 2012-07-14.

② China's Big Challenge: Declining Growth Figures Highlight a Country Still Searching for a Less Volatile Economic Model[N]. The Guardian, 2012-07-14.

③ China's Runaway Economy Starts to Run Out of Steam[N]. The Times, 2012-07-14.

④ 王诗客. 概念隐喻在话语分析中的应用[J]. 浙江传媒学院学报，2010(6).

⑤ 徐颖，钟小佩. 概念隐喻下美国媒体涉华报道的意识形态分析[J]. 齐齐哈尔大学学报，2011(3).

⑥ China's Runaway Economy Starts to Run Out of Steam[N]. The Times, 2012-07-14.

(对中国来说，保证经济增长速度非常重要，因为中国基本上就是构筑在一种薄利多销的廉价商店模式上而且依靠大小、规模和速度取胜的国家。)

在例(6)中，记者首先用了一个 NP1+NP2 的同位语结构，即由包含了定语从句的 NP2(an economy)对前面的 NP1(China)进行释义和评价。新闻语体中这种同位结构往往具有很强的话语功能，即以最小的空间给读者提供最大的背景信息和新信息。在这里则向读者解释和介绍了中国经济发展模式。然后，记者又运用隐喻的修辞手法，把中国经济模式比喻成了“薄利多销的廉价商店”的模式。此外，“size, scale and speed”则是通过发音制造特殊效果的修辞手法，即押头韵(alliteration)，不但读起来朗朗上口，极容易被记住，而且具有极强劝服效果。记者的观点则被巧妙地强调和推销：中国的经济增长只不过是依赖大小、规模和速度取胜罢了。

例(7) But part of the downturn is self-induced—an effort by China to wean itself off decades of inefficient growth caused by heavy investment in sometimes dubious projects. ①(增长的放慢一部分也是自己造成的——这是中国让自己摆脱几十年来依靠对一些有时并无把握的项目大力投资所带动的低效增长的努力。)

例(7)中动词短语“wean off”通常用于表示“逐渐戒除恶习，或避免依赖……”，记者选用这个词就是预设原有增长模式是不好的，中国正试图摆脱它。同时，作者通过连续三个带强烈贬义形容词的名词短语，即 inefficient growth(低效增长)，heavy investment(过度投资)和 dubious projects(无把握的项目)，展现出一个不可持续发展的中国经济增长模式，即依靠对一些并无把握的项目过度投资而实现的低效增长。

例(8) But some economists say that China is in a battle over how to maintain the turbocharged growth of the past three decades. For years, China did this with government investment in production, tamped-down consumer demand and plenty of exporting. ②(但一些经济学家表示，中国正在为如何保持过去 30 年来的经济超负荷增长而斗争。多年来，中国用政府投资、消费需求和出口等因素来实现经济的高速增长。)

例(8)中，记者使用隐喻的修辞手法，把中国政府保增长的努力比作一场战争，即“battle”，暗示维持原有的高速增长十分艰难。过去三十多年的快速增长，在记者笔下变成了“turbocharged growth”(超负荷增长)，暗示中国经济就如超负荷运转的机器一样，出现问题也是必然的。三个名词短语，即 government investment(政府投资)，tamped-down consumer demand(巩固消费需求)，和 plenty of exporting(大量出口)，同样说明了中国经济增长模式所依赖的因素。

以上分析可以看出，外媒视野中的中国经济发展模式是过度依赖财政刺激政策、政府投资和外部需求拉动的低效不平衡增长模式，而且中国现在急需转型，找到一种新的可持续发展的模式。

(三)中国经济增长放缓的原因

西方媒体对于中国经济增长放缓的原因同样十分关注。本研究所选取的十家媒体无一例外地在其报道中分析和讨论了中国经济增长放缓的原因，这些原因可分为外部因素和内部因素两个方面。外部因素主要包括：demand fell in the US and Europe(欧美需求减少)，the euro zone crisis, a slump in the United States(欧元区危机，美国经济下滑)，a weak global economy(疲弱的全球经济)，sluggishness in the United States and Europe(欧美经济萧条)。内部因素则

① Boom Years are Over' in China, Data Suggest[N]. The International Herald Tribune, 2012-07-14.

② China's Economy Growing at Slowest Rate in Three Years, Official Data Show[N]. The Washington Post, 2012-07-14.

主要包括：a property market downturn and weak exports（房地产市场下滑和疲弱的出口），declining activity in export and construction industries（对外出口和房地产业的下滑），a decade of stalled domestic reform（十年来国内改革停滞不前），inefficient growth caused by heavy investment in sometimes dubious projects（不确定项目的过度投资造成的低效增长），curb inflation（抑制通胀），stagnant real estate investment（房地产投资停顿），its tight rein on the real estate sector（严控房地产业），self-induced（自己造成的）。

从以上关于增速减缓原因的话语中不难发现，西方媒体一致认为中国经济增速减缓的外部因素是全球经济不景气，特别是美国经济复苏缓慢和欧元区经济危机导致了需求的下滑。西方媒体的这些分析，似乎很全面很客观。然而，针对这些外部因素，这些报道基本上不是轻描淡写就是一语带过。主流话语既未指出造成中国经济内外部失衡的深层次原因，即全球经济失衡，也未指出造成全球经济失衡的根源是美国等发达资本主义国家过度消费、过度借贷、过度进口、过度福利、过度享受全球化红利。相反，这些媒体却“深入挖掘”中国内部自身的因素，例如过度依赖出口推动增长，内需疲弱，严控房地产业导致房地产投资下滑，政府出台政策抑制通胀，国内改革停滞不前以及近年来对不确定的项目的过度投资。这点可以从外媒分析内在因素时所使用的大量贬义形容词中得到印证，例如：weak（疲弱的），declining（下滑的），stalled（停滞的），inefficient（无效的），heavy（过度的），dubious（不确定的），stagnant（不景气的）。其中《国际先驱论坛报》和美国《纽约时报》，都分别使用 self-induced（自己造成的）一词强调中国经济下滑的原因是自己造成的。

话语研究领域人们所熟悉的学者 Van Dijk 对话语中的词汇选择作了大量的研究。他认为：“词汇选择是新闻语篇中的重要方面，通过它隐含的意识形态和观点可以得到再现。”①也就是说，新闻话语中词汇的选择，往往隐藏着新闻作者的价值观和意识形态。Fowler 在研究新闻语言时也指出，新闻是一种实践，是一种话语，它们根本不是公正地反映社会现实和事实，而是对现实的社会建构的干涉。②

可以说，西方媒体的看似客观的报道其实并不客观，它隐藏了西方媒体及其所代表的西方国家的主体欲望和意志。在全球经济一体化更加深入和国家之间更需要务实合作应对危机的今天，西方主要发达国家在全球经济陷入困境之时，往往不愿主动承担责任，甚至采取推卸责任的做法。西方媒体分析中国经济增长减速原因的话语策略恰好充分地体现了西方国家的国家意志和利益诉求。

（四）中国经济增长放缓对世界的影响

作为世界第二大经济体的中国，在全球经济衰退时期增速放缓，其带来的影响自然也备受外界关注。西方媒体纷纷针对中国经济增速放缓的影响进行分析和评论。试看下面几个例子：

例（9）China has been a big factor for the slowdown in Asia. ③（中国已成为亚洲经济增长放缓的重要因素）

例（9）是英国《太阳报》引自经济分析师的话语。句中“a big factor”（重要因素）说明了中国经济增速减缓对亚洲地区所带来的影响的程度。此外，句子使用现在完成时，而不是现在时，强调中国的经济放缓拖累了亚洲的经济增长已经是一个众所周知的事实，也暗含了中国

① VAN Dijk. Communication Racism：Ethnic Prejudice in Thought and Talk［M］. Newbury Park，CA：Sage Publications，Inc，1987.

② Roger Fowler. Language in the News：Discourse and Ideology in the Press［M］. London/New York：Routledge，1991.

③ China Slows［N］. The Sun，2012-07-14.

要为此负责的观点。

例(10) China's economy is expanding at the slowest rate in three years, government data released Friday showed, reinforcing concerns that Beijing will not be able to prop up a global economy being dragged down by sluggishness in the United States and Europe. ①(周五公布的政府数据显示，中国经济增长放缓到近三年来的最低水平。这些数据加深了人们对北京无法为受累于欧美经济萧条的世界经济提供支持的担忧。)

例(10)中"concerns"(担忧)一词说明了中国经济增速放缓让外界担忧。而动词短语"prop up"(支撑)又显示了外界对中国经济支撑世界经济寄予了厚望。"reinforcing"(加强，加深)一词，属于语言学家达鲁塔·里哈(Danuta Reah)在《报纸的语言》一书中列举的新闻话语中常用的表示预设含义并表示动作变化的动词。② 该词不但预设了"担忧"这个先前现象的存在，而且还说明这个"担忧"的变化，即"在不断加深"，说明外界对中国经济减速越来越担忧。

例(11) China's growth slowed in the second quarter, adding to the worries about the ability of the world's second-largest economy to offset low growth elsewhere. ③(二季度，中国经济增长放缓，这使得外界越发担忧靠中国这个全球第二大经济体能否弥补世界其他地区的缓慢增长。)

《纽约时报》的这句话中"worries"(担忧)一词跟上例中的"concerns"同样表明了外界对中国经济增速放缓的担忧；而"offset"(弥补，抵消)一词也显示了外界希望中国经济增长能够弥补世界其他地区经济下滑。

从总体上看，尽管有些西方媒体把现存的一些全球性问题归咎于中国，甚至认为中国经济增长减缓拖累了其他地区的增长，西方媒体普遍担忧中国经济放缓可能会影响中国对全球经济复苏"作贡献"，并希望中国能支撑世界经济。西方媒体出现了从"中国威胁论"向"中国责任论"转化的发展新趋势。

(五)中国经济发展前景

在新闻报道中，报道者为了让报道显得客观真实可信，往往不便直接在报道中加入报道者自己的观点和态度。然而，任何一篇新闻报道都不可能做到完全代表所有人的利益和反映所有人的看法。相反，每一篇新闻报道必定跟报道者的观点和态度有着紧密的联系。为了克服这个矛盾，报道者往往会巧妙地利用一些话语策略，把报道者个人的观点和信念含蓄地融入到新闻话语之中。新闻报道中的转述引语，就是西方媒体和记者普遍且成功使用的一种话语策略。Van Dijk 指出，新闻话语有许多增加其判断劝服效果的有效策略，而使用引语则是诸多策略之一。④ Fairclough 也认为，"转述话语是对某个重要的社会事件的意识形态加工过程，表面上呈现的是一些语法和语义上的技术特征，而实际上，这些特征恰恰再现了某些社会决定因素及其作用"。⑤ 下面就针对西方媒体在对中国经济发展前景进行预测时如何运用转述引语这一话语策略进行分析。

本研究所选取的十篇报道样本中有九篇总共 24 条转述引语对中国经济发展前景作出了

---

① China's Economy Growing at Slowest Rate in Three Years, Official Data Show[N]. The Washington Post, 2012-07-14.

② Danuta Reah. The Language of Newspapers[M]. London: Routledge, 2002: 106.

③ China's Growth Rate Slowed in the 2nd Quarter, Down Sharply From a Year Ago[N]. The New York Times, 2012-07-13.

④ [荷]托伊恩·A. 梵·迪克. 作为话语的新闻[M]. 曾庆香，译. 北京：华夏出版社，2003：87.

⑤ Norman Fairclough. Critical Discourse Analysis: Papers in the Critical Study of Language [M]. Harlow: Longman Group Ltd, 1995: 65.

预测。转述方式包括直接引语和间接引语，其中直接引语 17 条(71%)，间接引语 7 条(29%)。大量的使用直接引语的好处就是让受众感觉到记者是在完整真实地引用权威人士的话语，因而觉得新闻报道更加可信。从信源看，这 24 条引语来自不同背景的人士，主要包括：中国政府官员、中国学者、外国学者、境外金融机构驻中国专业人士以及境外权威机构分析人士。

从转述引语的观点倾向看，对中国经济走势持明显乐观态度，认为中国经济虽增速放缓，但已实现软着陆，甚至将很快出现反弹或回升的共有 7 条(29%)；对中国经济走势表示不确定的有 4 条(17%)；而持悲观态度，认为中国经济下行已成趋势且尚未见底并仍将继续下滑甚至硬着陆的却多达 13 条(54%)。其中持乐观态度的引语主要来自中国政府官员，如中国统计局的发言人。当然，也包括少数的境外驻中国的金融机构专业人士。对中国经济持悲观看法的主要是境外金融机构人士和分析人士，甚至还包括中国学者。

从表面上看，这些新闻报道大量使用引语，特别是直接引语，受众会很自然地认为这些报道的观点并非记者本人的观点和态度，因而觉得报道客观可信。再从信源上看，记者引用不同背景和意识形态人士的观点和看法，甚至包括看空的中国学者和看多的外籍人士。多元的声音被引入到新闻话语场域中，报道因而显得更加客观可信。然而不容忽视的是，一篇报道引用什么人的话，引用什么话，如何引用，都是由报道者的立场、观点和态度所决定的，因而这些话语往往具有很强的社会建构功能。Van Dijk 就曾一针见血地指出："引述不同背景或意识形态的人对这一事件的看法会增加报道的真实性，但一般情况下具有与记者相似意识形态的人会有可能最先被当做消息来源"。① 所以说，这些貌似多元的声音绝非广泛客观的民意调查，而表面客观的报道，也只不过是记者在报道时"伪平衡"的声音拓展策略运用的效果而已。②

此外，西方媒体在对中国进行报道的时候，还经常利用汉语和英语在句法和词汇方面的差异，对源文本进行重新组织，甚至肆意改变歪曲源文本，以达到操纵话语的目的。例如，中国国家统计局新闻发言人说了这么一句话："中国经济经过 30 多年的高速增长，现在处于转型的新阶段，在结构转型期，我们的资源供求关系发生了一些变化，潜在的增长生产率有些下降。这也是国际上结构转型中间存在的普遍规律，所以现在经济增速的下滑一定程度上受到经济结构转型期间潜在增长生产率下滑的影响。"然而，《纽约时报》在援引其讲话的时候，却对原话做了大肆的删减和改写，见例(12)：

例(12) "After 30 years of vigorous growth, China's economy has entered a period of transition," Mr. Sheng said, "The potential growth will slump, but this is a universal rule."③

很明显，原话已经被记者大肆删减和改写，却仍以直接引语的方式出现在新闻语篇中。新闻发言人原话中的"有些下降"，在时态上应属过去时或者完成时，指第二季度潜在的增长生产率跟前期相比已经有所下降，其话语目的只是为了解释经济下滑的原因。然而，该篇报道却用了将来时，而且还用了语气上非常强烈的"will"一词，其意是"必将"，话语目的由解释过去变成了预测将来。此外，原话中一个比较中性的动词"下降"变成了具有很强贬义的"slump"，意思是"大幅度下降"、"崩溃"或"暴跌"，暗示中国经济可能面临崩溃。以西方媒体作为唯一信息来源的国际受众所接受的信息自然就变成了：中国政府预测中国经济将大幅度下滑(暴跌)。西方话语操控的目的不言而喻。

从总体上看，西方主流媒体对中国经济前景的预测有一定的分歧，在报道中也费尽心机

---

① [荷]托伊恩·A. 梵·迪克. 作为话语的新闻[M]. 曾庆香，译，北京：华夏出版社，2003：88.

② 刘立华，毛浩然. 话语分析视域下西方媒体中的当代中国故事[J]. 当代传播，2011(5).

③ China's Growth Rate Slowed in the 2nd Quarter, Down Sharply from a Year Ago[N]. The New York Times, 2012-07-13.

地运用“伪平衡”的声音拓展策略引入了看似多元的声音，但西方媒体对话语的操控以及对中国经济前景占绝对多数的悲观消极观点，无法掩盖某些西方媒体“客观地”唱衰中国经济，危言耸听地鼓吹“中国经济崩溃论”的事实。

三、结论与讨论

综上可见，西方媒体对中国经济形象的勾画有好也有坏，但主要以负面为主，主流话语对中国经济表现出复杂矛盾的心理交织。一方面，西方主流媒体似乎已经逐渐接受和认同当今中国经济的地位，甚至还希望中国经济对世界经济复苏作出贡献；另一方面，西方媒体对中国经济发展模式又心存焦虑和质疑，甚至企图否定中国经济所取得的成就。面对中国经济增速放缓，有些西方媒体不但暴露出幸灾乐祸的心态，而且借机唱衰中国经济前景。总体来看，西方媒体在这一时期“他塑”中国经济形象时，“中国经济威胁论”和“中国经济崩溃论”从未消停，而“中国经济责任论”和“中国经济救世论”又开始悄然兴起。如果说西方媒体中阴魂不散的“中国威胁论”和“中国崩溃论”是西方世界企图借助国际话语权优势“捧杀”的无耻手段的话，那么如今甚嚣尘上的“中国救世论”和“中国责任论”则是企图推卸责任而“捧杀”中国的又一卑鄙伎俩。①

西方媒体不仅凭借其强大的国际媒体和绝对的话语权优势，而且在新闻语篇中利用各种话语和修辞策略，“他塑”出一个西方媒体眼中的中国经济形象。根据形象学的“他者”理论，西方媒体中的中国经济形象必定是从西方媒体以及其代表的国家自身的角度和利益出发而“他塑”的，并不是反映出真实客观的中国经济形象。著名的法国学者巴柔（Daniel-Henri Pageaux）曾经这样说道：“‘我’注视他者，而他者形象也传递了‘我’这个注视者、言说者、书写者的某种形象”。② 可以说，西方媒体和记者创造和塑造一个他者“形象”，往往也是为其自身的某种意识形态服务的。

对此，我们该如何应对呢？首先，从国家层面，我们必须有清醒的头脑和理性的思考，面对褒扬不妄自尊大或沾沾自喜，面对毁贬不妄自菲薄或气急败坏。相反，我们可以通过外媒的报道，了解这些媒体及其所代表国家的欲望和动机，了解西方世界对中国经济的关注领域、利益取向和兴趣所在，③ 从而在国际关系和国际事务中做到知己知彼，掌握主动权。有语道，兼听则明，在复杂多变的国际形势下，照照西方媒体这面“镜子”，听听来自西方媒体的声音，有利于我们发现自身存在的问题，也有利于我们加深对这些问题的认识，从而稳住阵脚走好自己的路。其次，从传播媒体层面看，当前国际传播秩序的严重失衡，国家之间的信息不对称导致了“西强东弱”的世界传播格局，国际舆论话语权被西方发达国家所垄断。我国目前拥有的全球传媒资源和国际话语权却依然十分有限，大众媒体的国际传播能力更是严重滞后于经济社会发展水平，导致了我国媒体的报道在西方主流社会影响力不够，也导致了中国经济形象长期处于被“他塑”的不利境地。鉴于此，我们必须加强跨意识形态、跨政体、跨文化、跨语言传播的观念，解决国际传播中主体性缺失、传播途径单一以及跨文化传播乏力等诸多问题④，贯彻落实“十八大”作出的重大战略部署，加快构建和发展我国现代传播体系，打造一流国际媒体，提高媒体的国际传播能力，掌握国际话语权，彻底扭转中国

① 刘洪．端给中国的迷魂汤［EB/OL］．［2010-06-18］．http://opinion.china.com.cn/opinion_18_418.html.

② ［法］达尼埃尔·亨利·巴柔．形象［M］//孟华．比较文学形象学．北京：北京大学出版社，2001：157.

③ 王志强．德国《时代》周报视角下的经济中国形象［J］．德国研究，2009(4)．

④ 孟建．增强中华文化的国际影响力［J］．上海商业，2012(1)．

经济形象乃至中国整体形象“他塑”的被动局面，构建客观真实的良好国际形象，推动中国更全面、更积极地参与全球经济治理，助力伟大的中华民族复兴伟业。

【作者简介】

陈国昌，男，广东外语外贸大学新闻与传播学院讲师，对外传播与区域发展研究所研究员，英国利兹大学传播学硕士。

侯迎忠，男，广东外语外贸大学新闻与传播学院教授，对外传播与区域发展研究所所长，新闻学博士。

基于混沌理论、复杂性理论视域下的西方危机公关实践研究①

刘　佩　侯迎忠

从20世纪80年代开始，全球化力量迅猛发展并不断地形塑我们的世界，我们越来越进入到德国社会学家乌尔里希·贝克所预设的“风险社会”发展阶段中。对于风险传播与危机公关的研究也成为传播学、管理学领域的一个重大课题，并形成了不同的理论流派。其中的混沌理论、复杂性理论具有一定的代表性。混沌理论、复杂性理论是起源于生物学，后向物理、化学拓展，并延伸至经济学、生态学、社会学、管理学等领域的一种新型科学研究范式，其研究内容的深度广度远远超过了现有系统科学的范围，被作为科学的世界观而得到倡导。近年来，不少西方危机公关学者将这些新科学研究范式运用到危机公关研究领域，提出了新的方法论。本文将对混沌理论、复杂性理论在西方危机公关领域内的研究和应用做一个系统梳理，力图为危机公关实践提供理论参照和指导性建议。

一、混沌理论在西方危机公关领域内的应用研究

在公共关系研究背景下，Cottone教授在其1993年的论文《混沌理论的世界观：对公共关系的启示》②中将混沌理论视为一个涵盖一切的方法论，推进公共关系研究从硬科学(自然科学)研究范式转变为“一个包含三个平行主题的混沌公共关系研究范式：多学科的共同努力、极端主义思潮研究和本质上变革的研究。”从这个意义上说，混沌代表“探索差异性和多样性的学术”和“发现传统研究所不能发现的”。

(一)“蝴蝶效应”与危机演化

“蝴蝶效应”反映在系统的长期行为中初值的微小变化在运动过程中不断被放大，导致未来状态产生极大差异，这种系统长期行为对初值的敏感依赖性被视为混沌运动的本质特征。混沌系统在面对细微变化时的脆弱性可以被用来解释某些机构对于由最初小规模事件发生为灾难性的社会事件时的猝不及防。这种情况往往是由耗时长、背景复杂、难以解决的大问题占主导地位。例如，虽然对环境破坏性远小于其他的一些漏油事件，埃克森石油公司在“瓦尔迪兹号”漏油事件中蒙受了巨大损失，至今仍是反环保企业的前车之鉴。混沌概念总结了这类累积性失调，解释了为什么是这些事件成为灾难性、长期性的难题：“瓦尔迪兹号”灾难是80年代中期技术灾难丛生的一部分(和印度博帕尔毒气泄漏事件、切尔诺贝利核事故、挑战者号航天飞机失事等事件一起)，带来了几十年的公众对于专家能力、风险评估和机构抗灾计划的不信任。从混沌理论的角度来看，当事件处于社会价值观的分歧点，积累

① 本文属于国家社科基金项目“突发事件中政府新闻发布效果评估体系建构研究”(项目号：10BXW030)的研究成果。

② Laura Perkins Cottone. The Perturbing Worldview of Chaos: Implications for Public Relations[J]. Public Relations Review, 1993(19).

了足够的社会不和谐因素，单一的企业危机事件便能演变成社会危机。

(二)分形理论探讨危机舆论走向

法国数学家曼德勃罗于1975年创立了混沌空间的分形几何理论，后在20世纪80—90年代取得巨大发展，成为20世纪创造的具有巨大影响力的科学概念之一。分形的主要特征是具有自相似性：部分与整体有某种相似性，把分形对象的某个局部放大后，可以看到与整个图形相似的特征；把部分的部分再放大，还可以看到相似的特征。整体和局部都有层次结构，它们在结构、功能和信息等方面存在着同构关系。①

采用分形理论方法能帮助危机公关实践者寻找新兴社会热点问题中的各种关系，然后寻求微观层面上的行业或组织行为直接的对应关系，传统的线性分析方法往往无法看出这种联系。危机公关管理者用“第六感”、“高度的敏感”甚至是对一个事件“神奇的感觉”来形容这种分形方法的复杂性。② 他们把感觉提炼成不同要点，其功能就像不同事件之间的耦合点。通过这些关键点来搜索数据库，然后追踪出把随机事件或多形态因素结合到一起来构成一个事件的推动力。

如分析危机公关中的利益集团及舆论走向，危机议题往往发源于孤立的个人，通常只是简单的不满。当人们找到具有同样不满的人的时候，他们便联系到了一起，当具有高度组织性的游说团体涉足，他们便不断壮大并且变得更加复杂。利益群体往往类似于混沌系统，这些群体往往是分开的(不只有一个命令中心，而有多个团体)、多中心的(有许多不同的方向或领导人)和网络状的(以松散的意识形态相连)。③ 因此，难以找到适合的沟通的平衡点，甚至很难辨别“真正的”问题到底是什么。

格拉赫(Luther P. Gerlach)对于一个不断扩散的环境危机事件的描述和混沌系统的演变过程十分接近。运动开始于美国明尼苏达中西部，少数农民想要阻止电线穿过他们的土地。随后，这个组织吸引了他们在农村的乡亲邻居，其中包括当地的教会领袖，其后吸引了圣克劳得和明尼阿波利斯圣保罗市的嬉皮士，等等。这些新的发展已经不仅仅是为了阻止电线通过，同时也为了保护家庭农场和农村生活，促进替代能源技术的发展，挑战大企业。此外，由于妇女开始引导抗议，该运动也推动了妇女解放。④

这些不同利益团体之间的耦合点极有可能在于对组织的不满，而不是单纯的电线问题。因此，利益集团的整合意识形态是充当一个“奇怪吸引子”(混沌吸引子)起作用的：一套压倒一切的信念、假设、价值观和习俗，能有力地支配个人的行为。分形理论表明，最有效与利益团体和平共处的方式是超越其即时、切身的需求，并找出其真正的吸引子。改变企业自身以适应而不是试图改变这种吸引力。

(三)“奇异吸引子”理论与危机谣言传播研究

混沌学理论中，“奇异吸引子”是混沌系统的本质特征，也是混沌运动的主要特征之一。它的出现与系统中包含某种不稳定性有密切关系，它具有不同属性的内外两种方向：在奇异

---

① 苗东升，刘华杰. 混沌学纵横论[M]. 北京：中国人民大学出版社，1994：94.

② Steven R. Thomsen. Using Online Databases in Corporate Issues Management[J]. Public Relations Review，1995(21).

③ Luther P. Gerlach. Protest Movements and the Construction of Risk[M]//Branden B. Johnson，Vincent T. Covello. The Social and Cultural Construction of Risk. Dordrecht，Netherlands：D. Reidel Publishing Company，1987：103-145.

④ Luther P. Gerlach. Protest Movements and the Construction of Risk[M]//Branden B. Johnson，Vincent T. Covello. The Social and Cultural Construction of Risk. Dordrecht，Netherlands：D. Reidel Publishing Company，1987：103-145，105-106.

吸引子外的一切运动都趋向(吸引)到吸引子，属于“稳定”方向；一切到达奇异吸引子内的运动都互相排斥，对应于“不稳定”的方向。这些吸引子具有多层次性与层次自相似性，围绕主体系统进行有序和无序演化，呈现诸多混沌现象。① 由于混沌系统本质上有着自反的天性，所以其吸引子能抵制变革，忽视外界压力。这种系统按照自己的逻辑运行，而其固有的不稳定性必然带来各种变化。外部势力很难给其带来时间上或性质上的影响。

在危机公关领域，“奇异吸引子”理论解释了某组织与其公众之间连续的低级冲突摩擦。这种长期、慢性的摩擦通常源于误解或误传，这些误解不可能彻底灭绝，而这些误传也抵制了一切为改正它而付出的努力。如关于组织的周期性谣言证实了这个模式。一般来说，当一个谣言随着时间的推移被反复描述时，它需要有所改变，使每个版本都各不相同；然而尽管叙述细节会发生变化，它仍保留原始结构中的一些因素。就混沌理论而言，这一特点表明谣言追求自身的奇异吸引子，该吸引子赋予处于永远变化中的、独特的复述以可辨识的意义或行动的结构，不可预测但又具有一定的模式。

组织经常试图用事实来澄清谣言。然而，如果谣言确实是混沌系统，事实对于消除文化焦虑(文化焦虑控制对既定产品、公司或技术的回应)没有持久的效果。例如尽管宝洁公司做出大量努力去解释事实、争取名人证言并起诉谣言散布者，但关于宝洁公司支持恶魔崇拜的谣言②从 1982 年到 1995 年反复出现。这些恶意谣言可能是由宝洁公司秘密的远程管理方式引起的，导致对宝洁商标进行充满敌意的解释。③ 在发现真正的吸引子之前，将宝洁联系到恶魔崇拜的谣言有可能再复发。如果不能确定谣言的意义——他们不寻常的吸引子——可能人们只能等谣言自己结束。事实上，当精心编造的谣言变得太可笑而导致没有任何人会相信时，大多数谣言最终会自行瓦解，或者，套用混沌理论的术语，当复述积累起足够的偏差时，谣言最终会不攻自破。

二、复杂性理论研究工具对危机公关问题解决路径的开发

复杂理论是混沌理论的衍生物，由“物理学、拓扑学和系统理论”发展而来，将宇宙的潜在本质视为由“混乱、多样性、不稳定性和非线性”所组成。复杂性理论的五个特征使得其探讨危机公关的核心问题十分有效。如非理性适应、非线性、公关、共同演化、间断性平衡以及自组织。

(一)非线性与共同演化原则为研究危机失控现象提供新路径

“共同演化”包括了有机体之间各种各样的互动关系及形式。个体间的相互作用会导致共同演化的结果：它们由大量变量决定，比如习俗、历史、权力和资源等。影响可能性抉择的变量如此之多(包括了偶然性这个关键因素)，可能性的交互行为几乎是无止境的。他们的构成动因会一直与其他个体动因相互适应，这种相互适应活动是一个无止境的过程。而外部环境中的其他因素又进一步加深了这种相互关系的复杂程度。结果，决策的背景环境也会随着决策活动的进行而发生改变。因此，复杂适应系统的历史是由系统中某个实体的消失或其行为变化所导致的一系列事件所决定的。

---

① 王显志，王丽瑾. 英语中“性别词”的混沌学研究[M]//张公瑾，丁石庆. 混沌学与语言文化研究新收获. 北京：中央民族大学出版社，2010：175.

② 指的是 1882 年，宝洁公司经改进的标识被谣言风传是恶魔的象征，被当时的邪教组织月亮教会所接管。1911 年宝洁公司对标识做了细节上的处理，去除了卷曲的胡须。但关于宝洁跟月亮教会、恶魔教会的谣言一直没有停息，两年之后，宝洁公司停用了星月标志，采用了 P&G 的字母标志，并沿用至今。

③ Patrick Lagadec. Prevention Chaos in a Ctisis：Strategies fm Prevention，Control and Damage Limitation [M]. New York：McGraw-Hill，1993.

危机公关中，当一些危机事件发生的时间相近，即使它们的咎因之间没有关联，在公众观点与媒体报道之间依然会存在这种“共同演化”效应。可口可乐公司在1999年发现了这一规律。当时在比利时和法国的两个车间生产的可口可乐中发现了口感和气味非常糟糕的化学物质，而这两个车间本身没有关联。随后不断放大的消费者恐慌、媒体疯狂报道以及产品召回事件，则部分是由于这两个独立的事件在空间和时间上的偶然性巧合。此外，可口可乐的这次灾难，是紧跟着比利时的动物饲料遭二噁英污染这一造成大量食品被召回的健康恐慌发生；而这一恐慌又被几年前在英国发生的动物饲料疯牛病感染的恐慌所放大。可口可乐这次灾难性事件的报道受到之前的疯牛病和比利时饲料遭二噁英污染事件所造成的公众舆论环境的共同演化效应而被扭曲。就如罗西瑙(James N. Rosenau)根据复杂理论所指出的那样，“我们现在知道了，历史并不仅是一件事接着一件事，更多的时候，它是一堆事情同时纠结在一起所形成的。”①

确实，复杂的相互作用对媒体危机报道带来的影响，可能是大部分管理者都没有意识到的。例如，Glascock发现，媒体对于AT&T在1982年拆分事件的报道，已经超出了该公司公关团队的掌控范围。他发现“AT&T本身……在该事件中的角色非常微小……除了该公司公关团队的作用，各种因素，如和解协议、媒体竞争威胁以及知情人士做出的实证分析，都在此次事件中发挥了相当的作用。”②

按传统做法，我们可能会通过媒体的报道标题和新闻导语来研究该过程中的潜在影响。而复杂理论则稍有不同，它关注的是导致这种预期外结果的变量间偶然的相互作用，以及它们是否有利于表现该公司想要展现出的形象(AT&T)，或者是否起了负面作用(如：欧洲的可口可乐公司)。总之，共同演化模型为危机公关的变化性和不确定性开拓了一条新路径。

非线性和共同演化原则也为我们研究危机事件脱离控制的倾向，开辟了一条新的途径。比如，英特尔公司在1994年在对其因具有缺陷的奔腾芯片所导致的激愤舆情进行控制的过程中，摆出了一副拒绝妥协的姿态，该决策成为危机管理的一个典型的失败案例。事实上，该危机是作为一个复杂系统被逐渐展开的，首先是一位数学教授发现该芯片具有缺陷，接着媒体开始对其大量报道，激起了用户对其缺陷的担忧，最终导致英特尔的合作伙伴IBM拒绝使用其产品。随着危机的扩散，英特尔缺乏远见的实用主义与其他持股人的局部策略相互作用，很大程度上放大了原始事件的严重程度。英特尔的例子结合了各种非线性的因素：芯片缺陷、数学教授非寻常的研发项目、网络公告栏、网站被一个具有媒体传播能力的记者浏览，再加上将这些因素混合起来的偶然性，最终造成了一次昂贵的产品召回事件，导致公司名誉一落千丈。

(二)模拟方法、定性解释等复杂性研究方法的应用

目前，复杂性理论早已不再是一种概念隐喻。研究人员现在可以使用一系列严密的方法来进行基于复杂性的研究，研究危机公关的各类动因、发展趋势等。总体而言，有两个基于复杂性的研究方法似乎在研究危机公关方面具有巨大的潜力。第一个方法依据复杂系统原则，对意料之外的公众关系结果进行定性解释。第二个方法则是运用各种计算机模拟方法。该方法可以建立在数据基础上，运用电脑探究由实践得出的数据结果；也可以建立在动因基础上，利用人造动因来模拟社会关系特征。

---

① James N. Rosenau. Many Damn Things Simultaneously: Complexity Theory and World Affairs[M]//David Stephen Alberts, Thomas J. Gzerwin ski. Complexity, Global Politics, and National Security Washington, D. C.: the National Defense University and the RAND Corporation, 1996: 8.

② Jack Glascock. The Role of AT&T's Public Relations Campaign in Press Coverage of the 1982 Breakup[J]. Public Relations Review, 2000(26).

基于数据的计算机模拟方法在模仿新信息对人态度改变的影响方面十分有效。他们超越隐喻的范畴，用数学概念解释假想的主体信任体系动态，并且采用电脑模拟方法研究这些信任系统内部因素之间的相互作用。很显然，模拟指定利益相关者群体的观点对研究危机公关具有理论和实践意义。研究者可以利用这种基于数据的模拟方法探究某个公众的态度如何就信息的关键内容进行自我组织，从而永久保持或者突然改变某个组织或事件的地位。模拟公众意见的动态为研究声誉混乱和问题管理提供了有利的角度。

基于数据模拟的另一种方法是将逻辑回归应用于时间序列，模拟社会行为随时间推移的非线性变化。这种方法可以预测方向、速度甚至未来变化的起伏，也被用来识别危机公关问题的潜在问题。

逻辑模型可以描绘媒体对某行业或某问题的报道轨迹；也可以建立起模拟声誉发展趋势的模式，这些趋势看似不受特定事件的影响，如比尔·盖茨声誉下降事件。由于数据回归方法将时间作为变量，这类分析也许可以解释为什么某些组织的名声会在一夜之间改变，而某些组织的名声处于缓慢变化中。

这种模型也可以引导人们进行前瞻性干预，减少未来的不稳定行为。逻辑模型十分适合于捕捉变化动态，即向混乱方向的发展。尤其具有潜力的研究是利用网络分析研究影响自组织进入新秩序的因素。例如，克勒(Gus A. Koehler) ①利用网络分析研究那些已经在自然灾害面前迷失方向的组织如何进行灾难恢复。他们的研究表明，组织稳定性在经历一段时期的混乱局面之后可能会依赖具体的指标，这些指标可以反映参与其中的多个组织的连通性。

公共关系研究有可能将此模型应用到整个行业之中，例如烟草或化学药品行业，这些行业正试图在公众舆论迅速变化的环境中稳定危机之后的声誉，探究能够使该行业保持成功或失败的因素。计算机分析可以模拟声誉的变化动态，发现通用的模式；例如，识别出帮助强生公司以及英特尔在危机之后恢复声誉，而使埃克森石油公司和美国国家航空航天局的声誉完全颠覆的因素。这些基于复杂性的研究都使用了实证数据来研究态度发生巨大变化的模式。

(三)基于动因的计算机模拟方法

在该方法中，研究人员规定了个体互动方式的最初特性，之后通过计算机程序模拟一系列互动，而后观察整体结果。以复杂性理论为前提的基于动因的模型已经提出许多有趣的、关于人类行为的假设，这些人类行为都与公共关系密切相关。在公共关系研究中，这种模拟便于人们理解许多对组织造成影响的联盟的动态，以及这些联盟是否包括激进团体、新闻人员或贸易协会。例如，基于动因的模拟方法可以模拟经常在某议题的论坛上进行竞争的实体(激进公众、企业和政府)之间的互动，研究道德、财富和政治资源对这些竞争的影响。基于动因的模拟也可以帮助树立某些原则，描述在打破平衡的危机发生之后同类媒体报道的演变。他们还可以模仿在出现分歧时，行业内部人员团结或背叛的影响。

三、小　结

在危机公关研究背景下，混沌理论、复杂性理论对危机管理的价值更多的是来自其利用突发机会的能力，而非为按预定方向影响受众观念而做出的努力。混沌模型表明，吸引子不

---

① Gus A. Koehler. Fractals and Path Dependent Processes: a Theoretical Approach for Characterizing Emergency Medical Responses to Major Disasters[M]//Proceedings of the Society for Chaos Theory in Psychology. Mahwah, NJ: Lawrence Erlbaum Associates, 1995; Louise K. Self Organization in Disaster Response and Recovery[M]. The Maharashtra: University of Colorado at Boulder, 1995.

会妥协；混沌系统遵循自己内在的一致性并逐渐改变自己，和外在力量做出的努力相抗衡。从这个角度来看，如果一个组织尝试去适应那些有影响力的观念而不是去试图改变吸引子，该组织可能会发展得更好。密切注意变化并对其背景进行解释可能是比预测或控制更为现实的公共关系目标。

在某种程度上，人们可以预测危机传播中混沌系统的行为，可以为激进的社会变革提供“早期预警系统”。尽管无法控制结果，问题处理者通过使用混沌理论的分形扫描的方法在某种程度上能够对问题加以预测，并影响混沌社会进程的结果。例如，通过确定引发混沌行为的条件，组织就会知道“何时、何地、如何准确地进行干预，防止社会、经济、政治或生态‘混乱’的产生”，或一旦掌握问题，对问题进行缓解或解决。

当然，危机情境分析中，接受新科学范式并不一定意味着完全拒绝传统模式。传统方法和混沌方法两者可以相互补充，传统的调查分析可以提供关于公众态度的一些证据，帮助组织将自己的行为适应于组织的吸引子。混沌理论为纠正公众舆论过于严格的线性观点提供了一个有效的对策，它帮助构建持久的问题情境，总之，从方法论的角度来看，每一种方法是否合适取决于出现的问题是否可以预测，并能适时解决。

【作者简介】

刘佩，女，广东外语外贸大学新闻与传播学院讲师，暨南大学新闻与传播学院博士研究生。

侯迎忠，男，广东外语外贸大学新闻与传播学院教授，对外传播与区域发展研究所所长，新闻学博士。

国家社科基金项目"'三网融合'背景下中国报业组织结构转型研究"中期成果报告

中国报业集团转型中经营环境演进分析①

唐玥蘅

2013 年，"移动互联"、"大数据"、"OTT TV"等热词对中国民众而言从陌生与好奇到熟悉并使用，新型的新闻聚合 APP 应用进一步深入民众的社会生活，网媒、纸媒、自媒体、社交媒体等新闻媒体以聚合的方式，多种新闻内容产出形式并存，中国报业集团变革加剧。正如美国学者凯文·凯利曾经在《技术元素》一书中对技术进行审视时所描述的一样："进化的技术，进化的进化——技术是人类思维探索可能性空间的方式"，近两年来，数字技术的进步，使我们的社会交往生活空间发生了巨变，使原来不可能的事成为了可能。② 中国报业集团在国家政策、受众阅读习惯、数字技术变革、新媒体应用的冲击下，不得不迅速做出应对的改变，不断尝试，寻找新形式生存，这种适应性的进化过程是随着社会环境演进而进行的。环境的激变促使传统报业岌岌可危，而环境的进化也推进了中国报业集团转型的步伐，在激变中分析环境、适应环境并进行适应性的自身变革求得生存，将是中国报业未来几年的转型主题。

一、传统报业的发行环境的激变

2011 年以来，中国传统报业所面临的发行环境是激变的环境，曾经还火热一时的纸质报纸的发行和征订，两年之内突然地发生剧变，让报业集团的发行系列必须适应性地激变。观察当今中国社会，曾是我国报业集团及其运营系统标志性事务的"报刊亭"，它也成为了我们关注中国报业的一个微缩的影像标志物。《中国青年报》2013 年 4 月的一则新闻(原标题《郑州拆了最后一座报亭》)：

> 这个清明节，在河南郑州，不少市民悼念一位特殊的"逝者"——报刊亭。
>
> 在当地人印象中，那个总是一副绿色铁皮模样、挂满花花绿绿报纸杂志、安静守候在街头一角的熟悉身影，在 4 月 2 日晚上 8 时 30 分左右彻底消失了。这一天，位于这座省会城市花园路和红旗路交叉口的报亭，也是郑州市区仅存的一座报亭被拆除。
>
> 一位网友伤感地写下悼词："再见，报刊亭；再见，街边小风景；再见，本就苍白无力的郑州精神文化生活。"河南省文联副主席郑彦英将它的拆除，比喻为"撕掉了城市的一道文化符号"。③

---

① 本文属于国家社科基金项目《"三网融合"背景下中国报业组织结构转型研究》(10BXW013)和教育部人文社会科学重点研究基地重大项目《中国报业发展战略转型研究》(2008JJD860220)中期成果之一。

② [美]凯文·凯利. 技术元素[M]. 张行舟，等，译. 北京：电子工业出版社，2013：54.

③ 郑州拆了最后一座报亭[EB/OL]. [2013-04-10]. http://news.cntv.cn/2013/04/10/ARTI1365543684282420.shtml.

我们从《经济》2013 年 10 月 10 日的一则新闻《正在消失的报刊亭》也可以看到类似的情景：

> 家住北京市海淀区蓝靛厂西路的刘老先生感叹道：现在买报纸越来越难了！他家附近以前有 3 个报刊亭，后来拆了一个，最近又倒闭一个，剩下的一个卖的报也越来越少，有时连《参考消息》都买不到。面对老读者的抱怨，亭主们也很无奈。据了解，北京报刊亭的月租金在 1500 元~1800 元之间，这意味着要想盈利，每个报刊亭一天的收入至少要维持在 50 元~60 元左右才行，一位报刊亭经营者告诉记者，在没有理想的选址和其他经营的情况下，单靠卖书报刊想达到这种收入难之又难。"如果不靠卖冷饮、卖饮料撑着，报刊亭早就倒闭了！"这位亭主一语道破了这个行业的艰难与尴尬。①

这些新闻都反映出传统报业发行运营模式的极度迅猛的萎缩，作为一个时代在各个城市随处可见的报业曾经辉煌的象征，为市民提供纸质报纸的"报亭"正以快速的不可逆转的方式消失。传统的发行方式正在迅速地死去，新的发行模式正在以极快的速度进行重建。人们获得报纸最方便快捷的方式正在改变，报业集团的经营方式的随之改变也是肯定的，人们对新闻的需求并没有消失，报业集团也正在为适应新的社会运行模式而进行经营模式转型的调整。这一切，都会以新的面貌展现在社会大众面前，不再是以"报亭"的样子，而这些消失的"报亭"会以什么样的新的方式出现呢？

如美国学者迈克尔·塞勒在《移动浪潮》一书中所言，"移动计算技术促使软件取代实体产品和服务。它为大多数人提供了一个全球通用的智能平台，而且它能激发无数新应用的产生。"②2012 年社区门口曾经热闹非凡的地方报纸订阅促销比拼大赠送，在 2013 年已经消失无踪，纸质的报纸和送报员的服务已经变得寥寥无几；取而代之的是随处可见的、拿着手中的智能手机、用各种新闻聚合 APP 阅读新闻的普通民众。"报纸与自己的赖以生存的生态环境互动，建构了报纸的社会角色，并且随着社会的转型发展，报纸的社会角色同样也在转型。"③根据 CNNIC 发布的《第 32 次中国互联网络发展状况统计报告》显示，截至 2013 年 6 月底，网络新闻的网民规模达到 4.61 亿，网民对网络新闻的使用率为 78.0%，是继即时通信和搜索引擎之后的第三大网络应用。中国整体网民为 5.91 亿，手机新闻使用人数达 3.62 亿。④ 南都集团，在国家三网融合推进的格局下利用自己的品牌优势搭建南都数字媒体经营平台，打造全媒体集群。南都集团的全媒体集群从"受众、规模和技术围绕品牌建立媒体核心资源系统"到"围绕'活性'用户为中心来建立自洽式的应用平台系统"；从"静态的、有明显截稿时间的报道模式"，转变为"全天候动态报道模式"；从"新闻、广告、服务资讯素材的单一使用"到"快速共享和 100%被多层次利用加工"。⑤ 广州日报报业集团于 2006 年年底推出了无线阅读器产品《广州日报移动数字报纸》，将每天 60 多个版的新闻下载到该阅读器中供受众阅读，2007 年 5 月，这个无线阅读器推出了语音播报新闻的功能。2008 年 3 月 Wi-Fi无线版《广州日报移动数字报纸》面世，2009 年 8 月该报业集团又推出了基于 3G 通信技术的"移动阅读本"，该报业集团的新闻发行方式紧随着技术的推进不断地更新自己的阅读器技术，也使得集团的报业新闻发行方式跟随目前的技术最新形式进行变革。该报业集团

---

① 正在消失的报刊亭[EB/OL].[2013-10-10]. http://news.hexun.com/2013-10-10/158599745.html.

② [美]迈克尔·塞勒. 移动浪潮[M]. 邹韬译. 北京：中信出版社，2013：12.

③ 吕尚彬. 中国大陆报纸转型[M]. 上海：上海交通大学出版社，2009：3.

④ 第 32 次中国互联网络发展状况统计报告[EB/OL].[2013-10-01]. http://www.cnnic.net.cn/hlwfzyj/hlwxzbg/hlwtjbg/201307/t20130717_40664.htm.

⑤ 详见 http://nandu.oeeee.com/.[2013-01-11].

2010年推出了手机产品矩阵，发布了多款移动媒体客户端，以及实现了对iPhone等主流智能手机平台支持的新闻产品，同时目前已推出了能适应多种智能系统的多版本广州日报iPad客户端平台，同时还在139说客、新浪微博、腾讯微博、网易微博上建立广州日报官方微博，以增加受众黏度，在新浪微博本身的受众聚合力基础上吸引到更多的受众成为报业集团的粉丝，成为新型的新闻发布方式。①

这种数字媒体平台的建立，完全打破了传统纸质报纸的印刷发行的方式，新闻的发行变为在数字平台上进行。中国报业集团都在尝试着建立自己新的发行模式，整体的发行竞争从线下转变到线上，从单一的全国性，地方报之间的发行竞赛转变为线上，和网络运营商、地方网站合作，利用自己的新闻制作优势来协同建立新的发行渠道。

二、报业盈利支付环境的演变

在希腊神话里珀尔修斯来到阿特拉斯山，意识到将蛇发美女梅杜莎的头颅砍下来放在口袋里能使自己成为世界上最强的人，他的口袋被称为神袋，后来学者称之为钱包。从"钱包"这个词延伸，到了荷兰人约翰·帕姆斯丘奇开始推行纸币，再到17世纪末伦敦出现的"贸易卡"，如今的信用卡、货币在人们的生活中进行着不断的演变。但当今世界，随着移动技术的不断演进，我们的钱包越来越小，甚至不复存在，现代社会中的商品交易，从实物交易、黄金白银支付，到纸币交易，到条形码扫描刷卡付费，再到现今的无线射频技术，我们的社会已经和古老的、曾经的旧世界完全的不同。到2012年，GOOGLE、微软、维萨等大公司将近距离无线通信技术推向市场，安卓系统手机对近距离无线通信技术芯片的普及，使得全球未来社会的人群使用手机系统将传统的货币交易改变为移动近距离无线通信方式来进行支付。② 货币的支付方式成为影响人们生活、社交方式的一个重要的因素，也改变着全球许多贸易运营的整个流程，报业也是被其影响的其中之一。

当贸易的交换支付方式进行改变后，人们所选择的商品也随之开始变得多样化，报业集团所生产的产品，将和其他媒体，甚至是网络运营商所生产出来的各种产品在消费者面前重新进行审视挑选，以往获取新闻的权威的方式已经被打破并重新洗牌，这种新的获得与支付系统，将以何种便捷的方式建立高效而便利的运行系统，这是未来社会将要呈现的，也是我们今天所思考的何去何从。报业激进性演进的第四个阶段是"支配"阶段，为传媒用户创造价值的新模式处于绝对支配地位，新的产业必须按照新模式来创造价值；大多数媒介用户，停止使用旧系统而更换新系统。③ 中国报业集团的支付方式也随着这种新旧系统的更新在发生着改变，并不断地寻找最具适应性的方式，目前货币支付方式也仍然在演变，报业集团的盈利支付方式也在探索适应当中。

例如在以上发行方式所举的两个案例中，中国两大报业集团都依据最新的阅读方式推出了自己的PAD阅读器，读者只需订阅两年南都全媒体的数字信息服务，即每月支付38元，就能获赠一部南都PAI，并支持信用卡支付方式等最潮的分期付款方式，使得年轻受众因为对电子产品的喜爱从而绑定消费特定品牌的新闻产品。南都PAI的软件应用产品以南都桌面为载体，聚合了包括南都新闻、南都阅读、南都视觉等拥有广泛受众基础的南都全媒体内容，以满足用户的泛阅读式新闻信息服务需求。④ 这种支付方式，不再是传统的买新闻的支

① 详见 http：//gzdaily. dayoo. com.［2013-01-12］.

② ［美］迈克尔·塞勒. 移动浪潮［M］. 邹韬，译. 北京：中信出版社，2013：107.

③ 吕尚彬. 渐进性演变，还是激进性变革？——我国报业数字化演变轨迹的思考［J］. 中国报业，2012(8).

④ 详见 http：//nandu. oeeee. com/.［2013-01-12］.

付方式，购买用户需要的阅读器，随之绑定销售新闻产品，也成为新的报业集团可盈利的发布新闻打包式支付方式。

纵观国外报业集团采用的新型付费模式，以付费墙方式进行新闻销售，从《纽约时报》发行收入变化图表可以看出，其周末版销量在付费墙实施后的五年内首次出现增长，对于95%以上 nytimes. com 的浏览者来说，该网站是免费的，《纽约时报》让一般读者一个月免费阅读20篇文章，并且可以继续在博客、Twitter 电子邮件等形式上获得新闻。① 这种支付模式在中国报业集团中还未有实施，这和中国报业的特殊发行模式的整体支付环境有莫大的关系，但这种模式也值得中国报业集团关注和研究其在中国的适应性。

随着基于搜索引擎的微支付系统也在逐步地成熟起来，中国受众使用量巨大的手机微信开发了微支付系统，使得受众在获得免费新闻的同时阅读付费新闻也变成非常容易的事。类似的支付系统早在2012年，Google 公司已经开始运营。Google 发布的微支付系统，Google One Pass，这个基于 Google Checkout 的微支付系统可嵌入进内容发布商的电子内容里，帮助他们完成支付或订阅过程，包括订阅、按天订阅、按量订阅、按文章订阅、多重打包订阅等等。受众只要一次购买，即可在任何地方获得这些内容，包括平板、手机、网站。Google One Pass 的按量订阅模式很有意思，内容发布商可以提供一部分限量内容给用户免费阅读，一旦用户阅读的数量超过定额，就需要付费阅读了。简化的支付方式，还可以在支付30分钟内退款，让内容买卖变得更加简单，这显然解决了之前内容买卖的各种缺陷。谷歌微支付平台可用于“收费内容环境”，适用于收费注册用户的报纸网站、收费报纸网站的第三方联盟网站等等。如果普通网民希望访问这些网站中的一些特定内容，则可通过该微支付平台交纳少许费用后，就可获得这些内容的访问权。②

进入2013年以来，越来越多的媒体，包括报业需要找到支付的出口、合适的支付方式，使得盈利建立在稳妥方便快捷的支付平台上，而这种支付系统不能是专有，而应该是通用支付服务，这样可以大大地提升受众的广泛性，报业集团必须快速适应新型的支付方式，与之搭建沟通的平台并随之对新闻生产发布方式进行适应性的调整，使付费新闻，或是盈利新模式成为可能。

三、报业广告环境的变化

随着中国电子商务平台的不断成熟，不断吸引顾客在网上购物，意味着越来越少的读者依赖报纸广告进行消费，纸质报纸对于传统的零售广告尤其是地方都市报对于本地商家广告的霸主地位也受到挑战。这令报纸发行方不由得思考：五年以后还剩下什么广告可以在报纸上做的？正如前文所述，如果纸质报纸的受众越来越少，大部分的受众改变了阅读与支付平台，那么传统的报业广告模式也随之要改变。

目前美国发行收入在一系列的变革后有所增长，全美有400家报纸向在线访问的读者收费，在一些情况下，在线订阅与印刷订阅捆绑在一起。结果是2012年发行收入回到了略高于2007年103亿美元的水平，然而仍低于2003年的峰值112亿美元。③ 而据世界报业和新闻出版协会近日发布的2013年世界新闻媒体整体发展趋势研究表明，目前全球报纸的发行

---

① Ryan Chittum. The WaPo Ombudsman's Faulty Paywall Analysis [EB/OL]. [2012-03-28]. http://www. cjr. org/the_audit/ombudding_the_ombudsman. php? page=all.

② 谷歌钱包推出微支付 允许用户购买网络内容[EB/OL]. [2013-05-04]. http://tech. 163. com/12/1004/12/8CVJIIJR000915BF. html.

③ 美国报业发行收入10年来首次增长 总营收下降[EB/OL]. [2013-04-08]. http://finance. sina. com. cn/world/mzjj/20130408/170315076826. shtml.

量接近 5.23 亿份，年收益 2000 亿美元，较 2011 年下降 0.9%，基本持平。其中，亚洲和拉美是少数纸媒发行量上升的地区，亚洲贡献了全球大部分的报纸发行量。① 然而，据央视市场研究媒介智讯《中国报纸广告市场分析报告》显示，1~6 月累计传统媒体广告增长了 7.9%。电视增长 11.3%，广播增长 2.7%，而报纸广告下降了 6.1%。从数据来看，报纸广告是全方位衰退，中国报业广告不仅毫无逆转下降趋势的迹象，而且降幅不断扩大。2013 年上半年，报纸广告的 20 个行业中增长的只有房地产、酒类、饮料和活动类 4 个行业，其他行业都是下降趋势。上半年能够支撑报纸广告经营的主要行业几乎只剩下房地产。商业零售业广告同比降幅扩大到 12.7%，汽车广告降幅达 25.6%。此外，医疗保健机构广告下降了 24.2%，邮电通讯广告下降 19.1%，金融业广告也下降 15.1%。药品广告由于 5 月开始连续下降，使得前 4 个月的增长转为下降 26.8%。食品广告也由于 5 月开始大幅下降，使 1~6 月由上升转为下降 19.2%。② 而从报告数据显示，西北地区是报纸广告唯一增长的地区，其他地方都在下降，中南和华东地区降幅较大，这种下降趋势也可以看出，在移动智能阅读使用广泛的地区，报纸广告下降明显。

这样一个报纸广告下滑的趋势和世界报业集团的整体趋势是吻合的，但是据英国《卫报》报道，英国每日邮报集团的在线数字广告增收 41%，抵消了纸媒广告下滑的部分。这也许是所有报业集团广告未来的一种出路，从传统的报业广告，向综合平台发展，与其他平台运营商、网络运营商联合打造新的广告环境，进行广告投放，应该是未来选择的一种新模式。例如谷歌与出版商合作，读者通过付费专区或包月服务来支付，在智能手机和平板电脑上进行新闻内容的推送，通过谷歌本身已经有的平台基础、搜索与推送广告的能力，来提高报业广告的流量等广告合作模式可能是报业集团必须做出的选择。其他的运营商，或是类似的网络门户口网站，它们拥有一定的用户数据库基础，能为广告精准定位、推送，结合报业的品牌吸引力，与专业的信息服务两者结合，各取所长，未来中国报业的广告环境应该不再是单一的、存在于自身内部的广告投入环境，而是向外延伸、合作、共享的新模式。

四、新闻媒体竞合态势的形成

我们一直在以各种角度去衡量考察传统报业的转型动向和趋势，从报业的产业链、品牌竞争力、内容价值、受众、业务经营运营等多种角度去探寻报业应该走向的正确方向。无可辩驳的是，受众是需要报业所提供的新闻信息的，市场仍然巨大，但是核心客户却仍然是在减少并消失，报业集团的生存越来越困难，这归结于新媒体技术对传统报业的冲击吗？答案也许并不尽然，多数的报业集团在积极努力地向新媒体靠拢，并建立了自己庞大的、足以和许多的网络新闻运营集团相抗衡的强大的新媒体报业体系，新技术也在报业集团的转型中成为重要的环节。如果说几年以前，全媒体的重心是努力打破不同媒体形式之间的阻隔，从平台融合、内容融合、终端融合等方面，探索全媒体生产、全介质传播、全方位运营的话，那么伴随着媒介融合的深度推进，报业全媒体探索的重心则应该是如何透过社交媒体嵌入用户的生活圈、交友圈、消费圈，以进一步拓展生存空间。③ 也有学者指出报纸要不断优化功能，增加黏度，由政策纸、消息纸向服务纸、功能纸转化。从内容到方式，新媒体报业的体

① 亚洲纸媒占全球逾半　广告收入超新媒体[EB/OL]．[2013-06-07]．http：//news.qq.com/a/20130607/010972.htm.

② 报告称上半年报纸广告全方位衰退[EB/OL]．[2013-07-31]．http：//news.sina.com.cn/m/2013-07-31/111327819446.shtml.

③ 吕尚彬．渐进性演变，还是激进性变革？——我国报业数字化演变轨迹的思考[J]．中国报业，2012(8).

系应该是建立在开放和共享的基础上的。

近两年来，三网融合是媒介融合的一个大的产业背景和技术背景，IT业与电信业等产业力量将全面向传媒业渗透，更高层次的融合将会在电信、IT界与传媒业等相关行业的各类机构大汇流的基础上出现。三网融合的推进，不仅仅是报业受到冲击，电视、广播等传媒一样也在不断地进行变革和整合，在电视、广播广告收入等总体上升的过程中，也不能说，这些媒体是一帆风顺的，同样也面临着巨大的竞争，而这些媒体的竞争和合作的态势是必然趋势。例如今年出现的OTT TV用互联网的生产方式改变了电视的生存模式，能进行基于大数据的内容生产、具有高度的定位、搜索、智能的内容检索及电视内容的回放，而有线网的垄断也面临着终结，整个传媒产业链在国家政策和新技术的驱动下可能要进行一场剧变。OTT TV是一种脱离了网络运营商的控制，直接连接内容和终端，可以集成无限的内容生产，通过无限的网络传输满足用户无限媒体服务需求的新兴电视服务模式，它使电视跳脱行业属性、专业生产、专网传输、专门终端的封闭状态，从而实现基于电视新媒体的所有人向所有人的传播。① 在这种新的冲击下，我国各传媒行业都处于被冲击的状态，新的产业链还没建立起来，电视、广播、报业、互联网、移动互联都极力打造自己的内容库，建立自己的品牌形象，争取进入其他行业的牌照，以争得在未来竞争中有利的地位，合作共赢的模式还有待完善和建立。内容服务商、网络运营商，已经失去了原来独霸一方、独享受众资源的可能，多家合作的模式应该是未来的几年的趋势，内容提供商包括原来的电视、广播、报业等传统媒体、牌照商、网络商，平台商、终端商可能会寻求更为开放的竞争合作姿态，向合作伙伴开放资源，甚至向自己的竞争对手开放，在开放的环境下，寻求自身新的价值实现途径，创造价值并与合作系统中的其他成员进行分享，从而产生更多的价值，提高运营资产的共同优势。例如2013年5月17日，全国60余家媒体在北京启动成立了全国云报纸技术应用平台，其中29家全国主流报纸签约该平台，全国云报纸技术应用平台将传统纸媒打造成互联网的一个入口，读者通过这个平台看到的不仅仅是一家媒体所承载的信息，而且是云平台的媒体信息共享，全国云报纸技术应用平台还将为成员媒体提供数据收集、数据分析等服务，在大数据时代为传统纸媒提供最权威的数据支撑，该技术平台不仅可对内容进行支持和扩展，更可以在发行、广告、产品、电子商务等领域发挥作用，最终实现一个资本的平台。② 我们可以看到，在新技术的激变环境下，各媒体之间的竞合态势已经形成，它们在发行、广告、支付等环境下可能存在许多的交叉、共享、互惠，这将是未来几年我国报业集团发展的一种必然的环境。

平面媒体的数字化、电子媒体的移动化、媒体搜索的海量化、交互式媒体终端的普及化，让我们的社交生活方式有了巨大的改变。而传统媒体、牌照商、网络商，平台商、终端商将共同建立一种新的系统与平台，在这样的一个系统中，报业集团应该是能够分享及共用这个系统中一切有利于自身发展的资源，这个庞大的系统中的发行、支付、广告的整体环境可能将打破以往的报业集团自身的单一的环境，而处于一种开放共享的状态，而报业集团身处其中，应该积极地去开放自己的资源，利用环境中的有利资源，开发自己的潜力和价值。

【作者简介】

唐玥薇，武汉大学新闻与传播学院2011级博士研究生，武汉体育学院新闻与传播学院讲师，研究领域为媒体发展、广告传播。

① 龙思薇，王薇. 电视OTT时代来临[J]. 媒介，2013(6).

② 古晓宇. 全国云报纸技术应用平台启动29家纸媒签约[EB/OL]. [2013-05-20]. http://news.qq.com/a/20130520/012869.htm.

我国报业组织结构转型的对策思考①

陈　薇

随着三网融合及其所表征的传媒产业与电信产业融合的推进，报业集团面临着制度和技术环境变化的挑战。一方面，数字化环境为传媒企业的横向兼并、纵向扩张创造了技术条件，模糊了产业边界，逐步改变着传统报业集团原有的业务板块、经营模式和产业链条。另一方面，网络运营商凭借其垄断地位和资本优势，在数字传媒产业链的上下游强势扩张，激活了报业集团发展内容生产组织和推进内容融合的巨大空间。以生产文本、图片、音频和视频内容见长的报社组织需要在数字传媒产业链上游的融合新闻生产组织领域上重新定位，重构自己的产业价值链，并形成新的组织结构形式。因此，报业组织的管理者和领导者必然需要寻求适应数字报业经营的新模式和新渠道，搭建适应数字化和全媒体的生产平台，并建立与之相适应的组织结构和生产流程，以优化结构、提高绩效，提升报业的盈利能力与竞争优势。

从组织行为学的视角来看，组织结构是指对于工作任务进行分工、分组和协调合作的方式和架构，它是一种连接任务、技术和人员的互动关系所形成的模式，是实现组织战略的手段。有效的组织结构可以保证资源能够按照组织战略需要得到充分利用。组织学的理论为媒介研究提供了组织机构、管理模式、文化形态乃至经济行为的一种认识基础，而组织创新理论也为正处于转型中的中国报业提供了一种产业研究的思路。研究中国报业的组织结构转型，需要植根于中国社会的特定现实与中国传媒组织的行为特质，综合考虑报业组织具有的政府喉舌、社会公器以及盈利机构等多重身份，既要强调产业和企业层面的重要性，更不可忽视对国家和社会、经济与生态环境相融合的诸多因素的考察。本文从组织行为学和组织创新理论出发，尝试探讨处于转型中的报业组织结构形态，力求建立起媒介技术、内容生产、产品消费与产业运营之间的关联，探寻既适合中国报业现实，又能体现现代企业成长进程中的一般规律和共性的报业组织结构创新策略。

一、打破传统事业部制、级层式结构，建立现代企业制度下的扁平化组织结构

组织管理学理论认为，不同的组织具有不同的结构，管理者对于组织的战略制定、组织的规模、技术和环境这些因素直接决定着组织结构的形式。同时，组织的规模直接影响到结构类型、专门化、部门化的选择与集权或分权机制的构建，规模越大，组织层级数越多，业务范围越广越分散，结构形态也更为复杂。我国报业自 1978 年开始产业化进程以来，从纯粹的宣传事业单位，到事业单位、企业化管理的双重属性，再到企业化、事业化并重，进而演化到集团化、规模化、集约化发展。② 传统的报业集团组织结构也相应经历了直线职能

① 本文属于国家社科基金项目《“三网融合”背景下中国报业组织结构转型研究》(10BXW013)和教育部人文社会科学重点研究基地重大项目《中国报业发展战略转型研究》(2008JJD860220)中期成果之一。

② 吕尚彬．非时政类报刊转企改制：2011 年中国报业发展主旋律[J]．中国报业，2012(3)．

型、事业部制和矩阵式组织结构等不同的阶段，但无论采取何种形式的组织结构，本质上依旧是一种金字塔形的组织结构，没有脱离科层制结构的范畴，纵向层次众多，横向部门林立，使得产权结构单一、管理层级延伸、资本运营不到位、资源缺乏有效整合。因此，在实现组织结构形态创新时，应充分考虑工作专门化、部门化、命令链、控制跨度、集权与分权、正规化等因素，① 打破传统事业部制、级层式结构类型，放开内容经营与生产要素经营的限制，建立以扁平结构为主要特征的矩阵式组织结构。

组织扁平化，即通过破除公司自上而下的垂直高耸的结构，打破部门界限、减少中间层次、增加管理幅度、裁减冗员来建立一种紧凑的横向组织，达到使组织变得灵活、富有柔性、创造性的目的，它强调系统、管理层次的简化、管理幅度的增加与分权。在报业市场化转型的进程中，转企改制是报社从外在生存环境到内在运行机制的彻底变革，建立"产权清晰、权责明确、政企分开、管理科学"的现代企业制度，使之成为"自主经营、自负盈亏、自我约束、自我发展"的市场运作主体。现代企业制度下的报业组织结构，需要克服事业"惰性"，建立公司制企业，构建包括股东会、董事会、监事会和经理层在内的公司法人治理结构，以外向型的扁平化组织结构来形成资本运作的合理架构，形成有效率、有活力、有竞争力的微观运行机制。在具体实施上，应参照现代大型企业集团的组织结构形态，建立直管部门、集团、子公司的三级管控，坚持直管部门在内容层面的管控力度、集团在战略层面的控制、子公司在经营运作层面的控制。② 报业集团的最高权力机构集团党委作为国有资产的出资者代表，行使《公司法》规定的股东会的各项权利，如干部任免权、业务指导权和收入分配权等。集团编委会总体把握舆论导向、编辑政策和采编资源的整合。而在经营领域，集团作为集团有限公司的投资主体，将集团的经营性资产、资源和业务注入集团有限公司，集团董事会及总经理按照《公司法》的规定建立法人治理结构，发挥投资中心、战略中心和产权管理中心的功能，通过人事任命、财务监控和资源配置等方式实现对子公司的监管。集团下设的子公司则根据 H 控股组织模式原则，分级经营、分级核算，成为独立承担民事责任和享受民事权力的市场主体，按照产权关系接受集团的领导，同时按照市场交易原则确立契约关系。③

通过这样一种统分结合的 M 型管理模式和 H 型分权管理模式混合并行的组织架构，能把党委领导和法人治理结构很好地结合起来，既体现党管舆论、党管干部和党管资产的基本原则，又在经营上充分放权，使经营决策更加科学有效。同时，报业集团也可利用内部绩效评价结果，及时分析经营管理中存在的问题，从内容生产、经营、人事、技术到财务等各子系统，形成决策、激励、约束和发展创新机制。如南方报业传媒集团在集团层面成立南方报业传媒集团公司，剥离下属各报的经营性资产，转制为集团母公司独资或控股的企业法人，媒体子公司则全面代理集团旗下的经营业务。《中国经营报》也将于 2014 年起在报社内部进行业务创新和组织结构调整，取消社委会，精简过多的层级结构和基于传统官媒的各层干部，以扁平化的组织架构建立起以"产品"为中心的项目团队，而原有的部门设置仅保留行政、法务、财务、人力资源、后期制作等"支持部门"以及新闻中心、网络中心等"平台部门"。项目团队的内部结构也将呈扁平型，以产品经理和客户经理为代表，实现不同工种人员的跨界合作；不同的项目团队根据客户的需求协同作战、取长补短，共同营造生态化、"动成长"的新型组织形态。通过组织结构的创新调整，《中国经营报》尝试将传统媒体资源转化成新媒体环境下的资源，把"二次销售"变成多维度销售，把单一的广告模式变为协同

---

① [美]斯蒂芬 · P. 罗宾斯．组织行为学[M]．孙健敏，译．北京：中国人民大学出版社，2008.
② 任义忠．新形势下报业集团管控战略转型[J]．青年记者，2010(11).
③ 刘年辉．中国报业组织结构演进轨迹考察[J]．编辑之友，2010(3).

利润模式，实现组织平台化，产品多样化，收入多元化。①

需要注意的是，报社组织结构转型所形成的融合型产品生产机构和跨媒介组织形态，将与传媒集团及其治理结构一样具有兼容性。作为国有媒体的传媒组织，其组织结构实质是组织运行的制度结构和权力结构、利益结构，调整组织结构是要对组织内部的既有制度、权力与利益进行重新配置，势必引发多重利益的冲突与博弈。这需要在产业政策资源上，继续向有利于媒介融合持续推进的方向倾斜。此外，也需要通过政府的力量整合目前数字报业发展所涉及的电信、新闻传媒、网络等多头监管机构，克服管理壁垒和版权壁垒，形成全国统一的数字传媒监管机构，从机构设置、法规制定、管理规制等方面，形成系统的适应媒介融合规律和要求的产业管理与规制机制。

二、组建三大平台中心，构建融合新闻生产组织结构

根据战略管理学家钱德勒的观点“组织结构服务于战略”，作为战略的运营平台与资源配置枢纽，组织结构是影响组织战略执行最为重要的因素之一，有效的组织结构可以保证资源按照组织战略的需要得到充分利用。② 随着媒体产业环境的变化，数字化转型是报业在应对来自管理机构、供应商、竞争者和公众群体等不确定因素影响下积极求生的发展战略，是报业在新技术条件下的整体价值提升和流程再造。要想更好地实施数字化转型的整体战略，就需要对报业组织结构进行调整，实现战略导向型的融合新闻组织结构创新，向扁平化、大跨度横向一体化、虚拟化和柔性化方向转变。

在知识经济时代，扁平化组织本质上可被视为一个知识体系，其竞争优势主要在于对组织所拥有的知识、信息进行整合、创造和管理，从而更直接地面向市场、面向用户。因此，扁平化组织内部不是以职能部门为单位，而是以工作流程为中心形成一个个动态的知识团队，促进用户知识的显性化和实体化，最终形成完整、统一的市场知识和转化机制。其运作核心就是通过这种知识团队的自我管理，不断释放整体知识能量，进而实现企业价值创造空间的创新和拓展。在这方面，以英国广播公司 BBC 为代表的西方广电行业已经在媒介领域率先进行了成功的尝试。BBC 从组织内部进行扁平化整合创新，打破以往部门的界限，改变原有的新闻生产方式和传播方式，以 BBC 新闻中心取代传统的电视新闻、网络新闻和广播新闻部门，新闻中心的工作小组按照记者、编辑和技术支持分区，彼此相邻，随时交流，共享资源。而以往各自为政的技术部门、管理部门也合并成能同时指挥各路媒介记者协调工作的统一部门，主要包括总编室（News Gathering Room）、用户创造内容部（UGC HUB）、素材加工部（SUB HUB）、全球视频资源部（Global Video Unit）、视觉工作室（Visual Journalism）、未来媒体中心（Future Media）等。③ 通过这种方式实现对新闻资源的一次采集、多次利用、充分共享、多层发布，实现新闻资源的最优配置和组合，摊低新闻信息生产成本，为集团赢得更多的利润回报空间。

因此，在报业数字化转型的整体战略下，以技术作为组织将拥有的资源转化为产品的手段，实现战略导向型的融合新闻组织结构创新，组建由内容中心、技术中心和运营中心构成的三大平台，这是报业当前形势下数字化转型在组织结构创新上的现实路径。④ 图 1 所示的是融合新闻生产组织结构转型的构想。

---

① 《中国经营报》社长李佩钰的内部改革动员令[EB/OL]. [2013-02-01]. http: //www. bianji. org/news/2013/01/784. html.

② [美]彼得·德鲁克. 管理的实践[M]. 齐若兰，译. 北京：机械工业出版社，2006：161.

③ 唐苗. BBC 媒介融合的多重意义[J]. 视听界，2013(4).

④ 吕尚彬. 中国报业转型发展的四大战略走向[J]. 中国报业，2010(3).

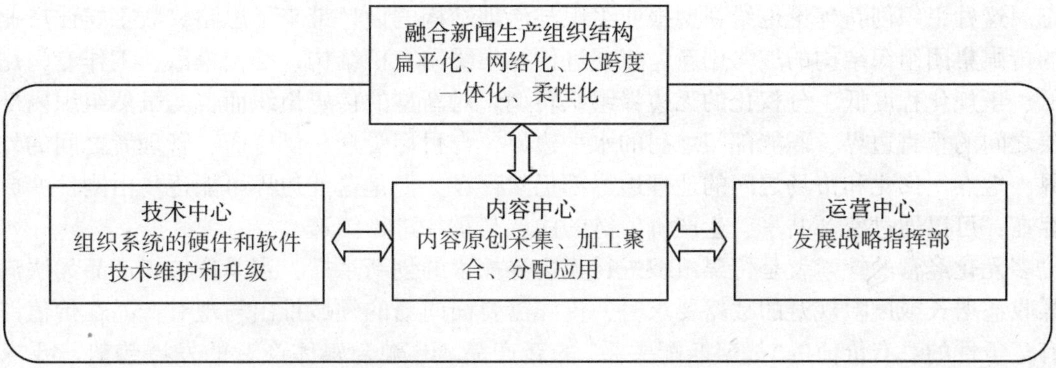

图1　融合新闻生产组织结构

在这三大平台中：①内容中心负责整个企业的内容原创采集、加工聚合和分配应用，是整个结构转型的核心。目前传统媒体面临的主要矛盾是受众日益增长的信息需求与传统媒体落后的产能之间的矛盾，而融合新闻的生产以其数字化聚合终端自由分配与接触的新闻样态，构成数字报业重构产业价值链的基点，不仅能从新闻信息的发现、鉴别、转换、整合、展示和增值六个基本环节适应数字技术的要求，更能在新的终端介质上实现多种阅听手段的自由选择和组合，重构新闻的原创、生产、应用产业价值链，为受众提供多重体验。因此，融合新闻产品将成为转型后的报社组织进行内容产品开发的主要形态，实现对产业价值链的"内容拥有"和"终端占有"两大端口的拓展。②技术中心负责整个企业组织系统的硬件和软件技术维护与升级，维护三大中心的正常有效运作，保障新闻内容的生产和配置、传播的顺利开展。从技术层面来看，报业的数字化转型是一种业务运作的整体模式与策略，即基于网络新技术而运用所有媒体手段和平台来汇流、整合构建全新的新闻传播与接触系统平台。伴随着数字报业传播网络融合与接触终端融合的推进，传统纸媒传播渠道和数字新媒体传播渠道之间的藩篱被彻底打破，无论是电子阅读器、数字电视、直播卫星电视、网络视频、户外屏幕，还是手机电视、手机电台、手机报纸、网上即时通信群组、虚拟社区、搜索引擎、门户网站等，三网融合的技术发展为报业转型提供了平台支持。③运营中心是决定报社内容生产发展全局的核心部门，也是统领内容中心和技术中心的战略指挥部。基于电信网、广电网、互联网而运行的各类受众接触终端，通过报社组织内容生产中心的全媒体多通道数字出版系统或者内容集成平台，实现新闻信息的聚合、管理和分发和内容的营销和增值服务，为受众提供多媒体、多样化、多层次的接触体验终端，从而成为盈利模式的构成点。同时，通过电子发行、在线发行，降低印刷和发行成本；整合发行和广告部门，形成具有报业集团整体特色的发行品牌；利用报业特有的新闻信息开辟新的数字化盈利模式和盈利渠道，通过多元化经营和资本运作为报业创造更好的经济效益。

组建报业的三大平台中心，实质上是传统报业借助信息技术，以重整业务流程为突破口，打通各渠道之间的区隔，整合内容生产、发行、品牌推广与消费的全媒体运作模式，建构起以受众价值导向为核心的流程性组织结构。这种组织结构通过团队化的自我管理，有利于调动报业集团各方面的资源，开拓一体化的业务平台以满足受众的精细化需求，从而真正实现对受众价值的尊重、迎合与开发。

三、探索无边界组织结构，实现多元扩张战略

根据组织管理学的复杂性理论，企业组织是一个处在复杂平衡环境下的动态、开放的生命有机系统，组织要想生存和发展就必须与外部环境不断地进行能量、物质和信息的交换，

使组织处于“混沌”的边缘，在一定条件下产生自组织现象，进而出现新的动态平衡结构和形态。这种组织创新理论也给新型报业组织与治理结构的设计带来了思路。数字媒体产业引发的传媒集团组织结构的战略创新，将促进传媒集团向有机结构、结构松散、工作专门化程度低、正规化程度低、分权化的无边界组织转型。对新型的传媒组织而言，虽然组织内部各阶层之间的垂直边界、职能部门之间的水平边界，与目标受众、供应商、管理者之间的外部边界，地点、文化和市场之间的地理边界都仍然存在，但是这些边界可能逐步由刚性变成柔性存在，可以通过资源共享、生产价值链的协调与重构进行渗透。

多元化经营的探索就是传媒组织进行无边界探索的创新举措，当单位传媒产品无法满足传媒收益增长或风险规避的战略要求时，传媒需要面向新的领域推出与现有产品在价值链上拥有竞争性的、有价值的“战略匹配关系”的新产品。① 融合媒体产业的发展趋势，要求报业集团在战略选择上更倾向于扩张型战略，以媒体为平台，吸收报业发展所必需的外部资源，从内容开发、渠道掌控、上下游产品开发、横向产业扩展等方面，形成跨媒体、跨行业、跨地域、跨市场的开放式价值链系统，通过彼此之间的相互影响，使价值的生成、分配、转移逐渐衍生为跨行业的价值网，形成一个紧密协调、利益共享、风险共担的利益共同体。因此，从单一的传媒组织内部价值链的运营管理到跨越不同媒介形态的传媒组织及相关行业间的价值链接、多元化扩张，实现价值链从附加值较低的环节向附加值较高的环节转换，构造出新的价值通道，是传媒集团探索无边界组织结构的重要策略。如湖北日报传媒集团在建构自身的数字产业链时，从五个层次来构建多元化经营战略蓝图，包括以新闻为基础的核心项目的第一层次，以与媒体密切相关的广告、发行、印刷等基础项目为内容的第二层次，以上下游延伸项目为主的第三层次，以资本运营为内容的第四层次和以包括房地产在内的多门类实业经营项目的第五层次，这些延伸业务成为集团主要的利益增长点。于 2013 年 10 月刚成立的上海报业集团与百度公司签署协议，双方将采取共同组建团队、联合运营的方式来运营百度新闻“上海频道”，将在涉及上海本地新闻搜索引擎、媒体资源购买、云服务器资源提供、舆情报告、手机阅读服务、人才合作、战略资源购买七个方面展开战略合作。

传媒的多元化战略对外涉及多个目标市场间的协作，对内涉及战略资源配置的重新安排以及能力结构的调整，按层次构建报刊业的内容产品市场、资本市场、劳动力市场、生产资料市场等子系统并发展配套。同时，利用报媒普遍加快上市步伐的契机，全面推进报业的资本运营，吸纳部分安全的民营资本，为转企改制后的报刊企业做大做优做强和集群规模化发展提供产权动力。资本运营是指经济实体围绕产品经营进行的资本集中和资本调整的经济活动，包括资产经营和资本运作。报业借助资本市场的力量，能够迅速整合，优化资源，扩展产业链，降低经营风险，使报业整体资产增值；同时，也能通过资本运营引进现代企业的先进管理模式和专业人才，促进报业法人治理结构的改善和内部机制的变革。② 报业资本运营主要有直接上市、借壳上市、兼并重组、入股参股、合作经营等模式，如成都商报全资子公司成都博瑞投资有限责任公司受让四川电器股份，通过资产置换，将广告、发行、印务等优质资产注入上市公司，经过剥离重组实现资产整体转移、迅速扩张、借壳上市，致力于“传统媒体运营商、新兴媒体内容提供商和文化产业战略投资商”的发展战略。人民日报全资子公司中国华闻实业发展总公司通过并购重组，与上市公司进行资产置换，实现间接上市融资，业务转型为文化产业投资、开发、管理、咨询服务及广告、发行代理服务，依靠内部资源整合与外部孵化并购打造重点媒体与业务品牌，并初步形成了网络业务矩阵。浙报传媒集团借壳上市，主营业务为浙江日报报业集团旗下 28 家媒体的广告、发行、印刷和新媒体，

① 朱春阳．传媒集团：如何实现创新成长的效率优化[J]．新闻大学，2008(4)．

② 漆亚林．报业资本运营的几种标本模式[J]．中国报业，2012(8)．

力求打造新闻传播、互动娱乐、影视三大主业平台和一个产业投资平台。粤传媒依靠将优质经营性资产注入上市公司，通过规模、业务、人才整合，形成以主业为中心、其他板块强势支撑的产业辐射群，打造以权威新闻为核心、生活服务为主导、电子商务为辅助、互动体验为特色的本土化资讯平台。到目前为止，中国报业领域已有成都商报、北京青年报、中国计算机报、广州日报等报刊改制为不同类型的股份公司进行上市融资，产生博瑞传播、赛迪传媒、新华传媒、粤传媒、华闻传媒、浙报传媒、中南传媒和北青传媒八家报业上市公司。依据我国媒体产权结构从一元向多元演进的趋势，以资本和利益为纽带，实现报媒资本运作的范围从增量传媒扩展到存量传媒，从单纯的上市融资发展为融资、投资和增资整体运营，利用资本市场赢得更大的发展空间。①

不过，即使是无边界组织的报社，形成其盈利模式的原点，则是相对开放的终端系统背后的新闻品牌，只有具有良好公信力和影响力的品牌资源，才能延伸到数字媒体接触终端系统的各个方面，在多元化扩张战略中实现价值让渡，最终实现传媒组织的资产增资。说到底，探索无边界的组织结构需要建立在企业组织核心竞争力的基础上，有效整合企业组织的市场通路能力、企业整合能力和企业功能性能力②，在纵向一体化的整合中获取更多传媒产品延伸的机会，同时有效抵御市场风险，实现复杂环境下组织结构的战略创新。

【作者简介】

陈薇，湖北大学新闻传播学院讲师，研究领域为媒体发展。

---

① 罗以澄，吕尚彬．民本化、产业化、数字化、国际化：我国传媒发展的四大战略走向[J]．新闻传播，2009(8)．

② Hamel，G. The Concept of Core Competence [M]//G. Hamel，A. Heene. Competence Based Competition. New York：John Wiley&Sons，1994：16.

大数据背景下的新媒介演进①

张鸣民

一、大数据的缘起

追根溯源，早在1980年，一本书《第三次浪潮》风靡全球，其作者是著名的未来学家阿尔文·托夫勒。他在本书中提到了“互联网上的海量数据”，预测“大数据”会是“第三次浪潮的华彩乐章”。但是当时的计算机、互联网才刚刚风生水起，这个预测基本上被忽略，人们对数据还只是停留在简单的运用之上。但随着移动通信、云计算等高科技技术的发展，数据运用的程度越来越高，面越来越广，类型越来越多，正如托夫勒20年前所预料的一样，“大数据”开始登堂入室。

2008年9月4日《自然》(*Nature*)刊登了名为“Big Data”的专辑，使大数据的概念逐渐为世人所熟悉。该专辑对如何研究PB级容量的大数据流以及充分地利用海量数据的最新策略进行了探讨。从2009年起，大数据开始成为互联网行业的流行用语，尤其在电子商务方面呈现得非常鲜明。2011年6月，美国麦肯锡咨询公司发布了《大数据：下一个竞争、创新和生产力的前沿领域》的研究报告。报告指出，我们这个世界的数据量已经爆炸，分析大数据将成为竞争的基础，支撑新的生产力增长。数据逐渐成为生产要素，人们对海量数据技术的运用将预示新一波生产率增长和消费者盈余的提高。② 此时，对“大数据”的理论的研究已在知识界全面铺开，学术论文接连不断。2013年第8期的《图书馆学研究》上刊登了一篇韩芳芳等人撰写的《我国大数据领域研究论文的计量分析》的论文，该文以“大数据”进行“精确”检索，共检出文献1439篇，筛选后保留大数据研究领域相关文献1121篇。

“数据，已经渗透到当今每一个行业和业务职能领域，成为重要的生产因素。人们对于海量数据的挖掘和运用，预示着新一波生产率增长和消费者盈余浪潮的到来。”

二、大数据的概念

大数据是个什么？“大数据”同“信息”的概念密不可分离的，换言之，“大数据”是对浩大繁杂信息的技术处理与制作的产物。“大数据”这一语汇的深刻意义，在于如何对巨量信息迅速做出有价值的处理和加工，使人类在信息爆炸面前成为主宰。各新闻媒体建立“大数据”机构，综合不断涌现的信息，提前预知并及时掌控突发事件，能够探索社会发展趋势。③由此，业界从四个方面表述大数据的特征：Volume(大量)，Variety(多样)，Value(价值)，

① 本文属于国家社科基金项目《“三网融合”背景下中国报业组织结构转型研究》(10BXW013)和教育部人文社会科学重点研究基地重大项目《中国报业发展战略转型研究》(2008JJD860220)中期成果之一。

② McKinsey Global Institute. Big data: The next frontier for innovation, competition, and productivity[EB/OL]. [2013-03-05]. http://www.mckinsey.com/insights/business_technology/big_data_the_next_frontier_for_innovation.

③ 刘建明. 新闻媒体对“大数据”的驾驭[J]. 新闻战线，2013(6).

Velocity（高速），即数据量大，数据类型多，数据商业价值高，数据处理速度快；尤其是最后一点与传统的数据有着本质的区别，反映出大数据的时代特征——“快”。全球信息咨询机构国际数据公司对大数据的技术定义是：通过高速捕捉、发现或分析，从大容量数据中获取价值的一种新的技术架构。① 商家最先敏锐捕捉到大数据与营销的契机，将其引入商品营销之中，很快就显示出成功的端倪。网络购物类网站，例如，当当、卓越、淘宝等对购物都设置了对商品反馈的调查，大量的数据与不同类型的购物人给下一位买者提供了海量的商品价值信息、商品使用效果，引导了营销的正向进行。

媒介对大数据的使用通过下面四个维度展开：存储数据、分析数据、展示数据和预测数据。新媒介利用终端将大量用户行为数字化，在积累了海量的有效数据后进行分析，将用户的需求最大化并利用现有数据对市场环境和未来变化作出预测以适应市场的需要。

在媒介演进过程中，大数据表现出其独特的技术优势：①大数据技术将人类行为数字化，受众可以在一定程度上被“识别”；②大数据技术能够将大量碎片化的信息拼接起来，为人类决策服务；③大数据的信息具有即时性特点；④大数据能够提供完整的地理信息。大数据的这些独特优势给公众提供了一个数字化、可视化的媒介视角，使媒介比以往表现出更加“亲民”和“人性化”的特点。

三、大数据背景下的社交媒体演进

互联网的诞生将人类带入了一个信息时代，中国互联网用户也经历了从信息匮乏到信息爆炸的过程，20 世纪 90 年代初第一代社交媒体 BBS 的兴起，扩大了人们的社交圈，让人们能够自由地在网络上与他人进行信息交流，转帖、跟帖，成为那个时代沿用至今的标志性词汇，网络进入到陌生人时代；1999 年 1 月腾讯公司推出的 OICQ，将人们带入到了即时通讯的网络社交时代，注册用户人数目前已经突破了 10 亿，同时在线人数也破亿，可以认为，QQ 首次将熟人之间的即时联系从线下搬到了线上，开启了社交媒体基于熟人关系的强联系时代；2009 年 8 月，新浪公司推出了新浪微博，目前新浪微博的注册用户突破 6 亿，日活跃用户达到近 5 千万人，其中，四分之三以上是手机用户，这种基于弱联系的社交媒体在移动互联网蓬勃发展的当下得到了极大的成功；2010 年 11 月微信推出，起初从作为 QQ 的辅助工具到如今已突破 3 亿用户的媒介，将人们在网络上的强联系从 PC 端过渡到移动端，至此微信已经成为流量最大的移动端即时社交媒体。

（一）从 BBS 到微信

BBS 是在网络刚刚在国内兴起时出现的，尤其在大学拥有广泛的用户群体。其中北京大学的未名 BBS、清华大学的水木清华 BBS、复旦大学日月光华 BBS 等深受用户欢迎。由于大学生思想的开放性、高校资源的共享性和包容性等原因，各种不同的声音在这里汇集、讨论、交流、辩论、留言和转发，成为大学生思想的集散地，使得这个虚拟的社区热闹非凡。但是，随着微博的出现，BBS 的公共性的功能被微博所取代。如今 BBS 只能针对特定的用户人群，更具有明显的专业和地域特征。以人大经济论坛为例，从图 1 的百度指数可以看到，人大经济论坛的两个搜索峰值分别在每年的一月底至三月初和十一前后，其中每年的极小值出现在一月底，正是学校放寒假后春节期间，每年极大值是在三月初大学开学之际。可以认为，论坛的主要用户群体为全国各大高校的教师和学生。

QQ 最初的出现是为了在网络上交到新朋友，“网友”也是从那个时候开始流行的。同时，人们发现熟人之间不局限于面对面的交流，可以从线下到线上，QQ 同时也解决了熟人

① 徐艳. 大数据时代媒体发展的 SWOT 分析[J]. 青年记者，2013(19).

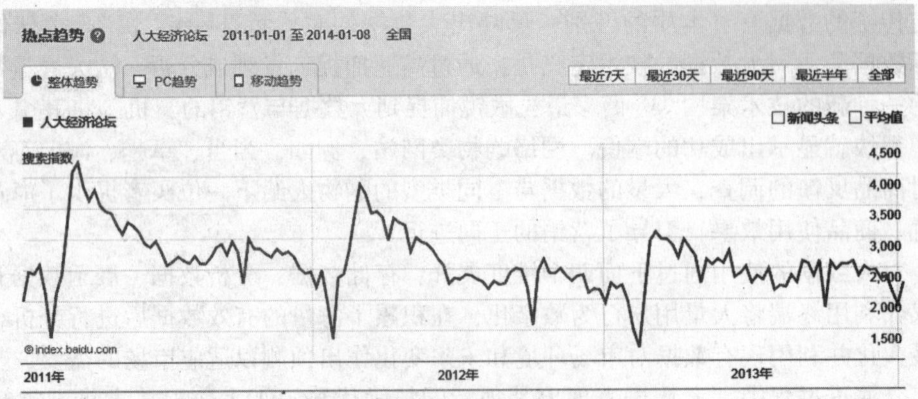

图 1　人大经济论坛百度指数

之间交流的时空限制。于是，它也成为生活中不可或缺的媒介。QQ 经过 15 年的积累，拥有了最广泛的用户群体，用户群以人际交流为主，同时，QQ 平台横跨 PC 端和移动端，包括了即时通讯、电子邮件、QQ 空间、新闻、在线游戏、在线支付等功能，兼容性极强。

微博的实时性和碎片化的特征使其已经成为了最有效的公众信息和突发性新闻发布平台，政府部门通过微博客发布政务信息、回应社会关切。在雅安地震发生 3 秒钟之后，第一条相关微博就出现在新浪网上，在 1 分 56 秒之后，在灾区的微博用户就发布了第一条实时信息。传统媒体、网络媒体通过微博拓展新闻信息传播手段和渠道，提高传播实效和覆盖。微博作为一种新兴的社交媒体，冲击着传统的 BBS 形态，使得原有的 BBS 用户分流到微博上。

从图 2 我们可以看到，微信从 2010 年 11 月 20 日上线到 2012 年 3 月 29 日历时 443 天，用户数量从零到亿，到 2012 年 9 月 17 日，半年时间破两亿，产品定位从最初的 QQ 的辅助工具到移动社交平台，已经逐步从功能上代替了手机 QQ，形成了 PC 端以为 QQ 为主，移动端以微信为主的格局。通过图 3 的百度指数可以看到，在 2012 年 4 月 19 日微信的朋友圈功能出现后，微博的指数明显开始下降，微信的指数开始上升，微博中代表熟人关系的连接被微信所取代，如今微信的指数已经高于微博指数。

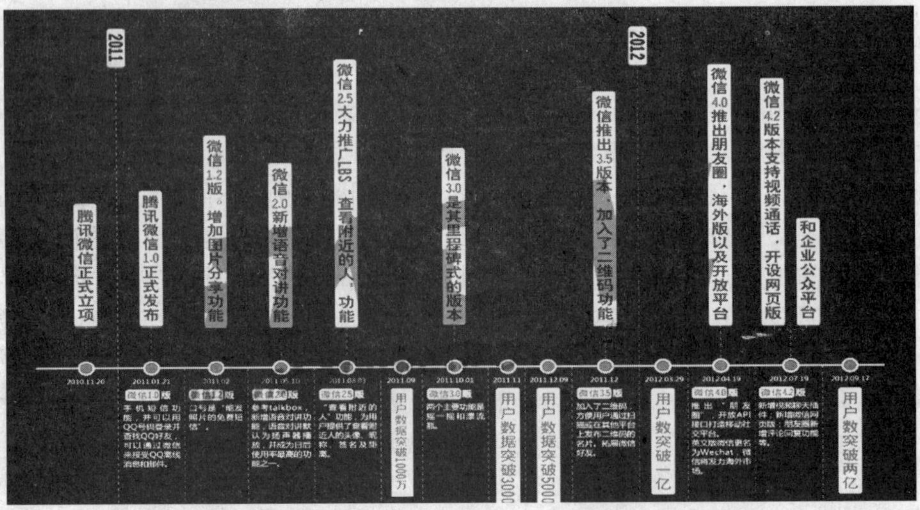

图 2　微信发展历程(图片来源：IWOM 口碑互动)

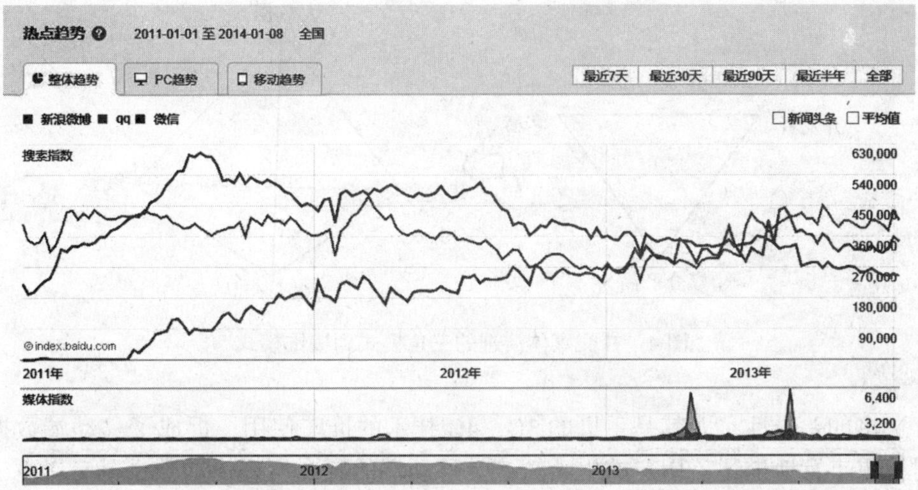

图 3 新浪微博、QQ、微信的百度指数

(二)对演进线路的解释

1. 促进演进的因素从初期的三角模式到移动互联网时代的棱锥模式

上文描述了新旧社交媒体从出现到部分功能被替代的现象，我们不难看出，技术在新旧媒介更替中所起的作用，从 BBS 到微博以及微信的产品定位背后都有数据的影子，微博的即时性和用户的爆发性增长带来的大量的数据，让我们也越来越感受到了信息过载的压力。微信利用腾讯强大的后台数据和信息流量分析，成功地将自身定位在移动客户端，同时，采用和微博不同的信息发布方式，分流了微博的用户群体。

用户在社交媒体的使用上一般从两个方面去考量，一是功能诉求，二是情感诉求。如何去感知用户情感，拓展新的功能，大数据技术为开发者提供了一个很好的工具。在网络发展的初期阶段，BBS 和 QQ 的早期版本的开发是直接来自国外的舶来品，满足了人们对网络交流工具的需要和渴望与外界沟通的心理诉求。BBS 主要用于与陌生人交流，QQ 从最初的交友很快发展到熟人间的即时沟通。在开发者、媒介产品和受众之间构成了稳固的三角模式，当时的 BBS 和 QQ 所产生的数据类型并不复杂，数据量也没有今天的规模，数据的使用不具备海量数据的特征，没有形成规模的商业价值。到了移动互联网时代，手机等无线终端的使用，网民数量的增加，图片、语音、视频等非结构化数据以及富含地理信息等空间数据的使用，使大数据成为了支撑分析用户行为的工具，开发者需要利用大数据存储、分析工具对用户使用媒介的行为作出产品改进，发掘更具价值的功能。因此，大数据成为连接开发者、受众和媒介的核心环节，在高速网络和移动互联网时代，对媒介演进的因素分析也从起初的三角模式过渡到棱锥模式(见图 4)。

2. 大数据的人性化趋势促成了新媒介功能上的补偿性替代

保罗·莱文森在《思想无羁：技术时代的认识论》中阐释了“补偿性媒介”的含义：任何一种新媒介都是对旧媒介或一种先天不足的功能的补偿。大数据的出现促成了这种补偿性替代的出现。

QQ 之于微信，BBS 之于微博的功能是相似的。前者是基于熟人关系的强联系，后者是基于陌生人关系的弱联系；从用户使用平台上来说，QQ 和 BBS 使用的是 PC 客户端，微信和微博使用的是移动客户端。四种媒介的特性表征见表 1。移动端媒介和 PC 端媒介的数据

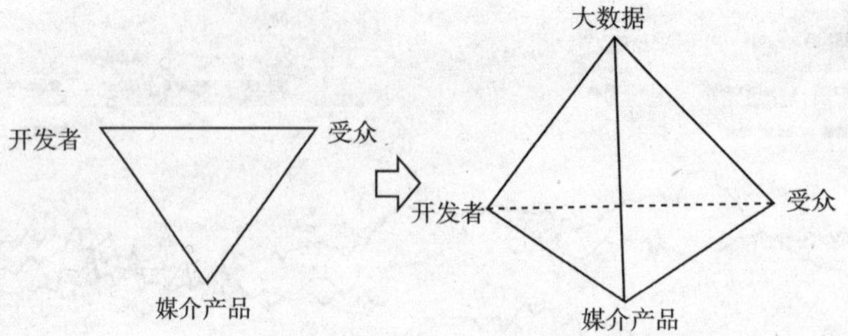

图 4　社交媒体演进的三角模式到棱锥模式

表现出了更多的差异性。尤其是手机的 3G、4G 技术的推广使用，促成了移动端数据的精准性，同时也更丰富地描述了用户的生活轨迹。移动端的媒介所提供的数据具有以下三个有别于 PC 端媒体的特性：①数据具有实时性；②数据携带地理信息；③数据内容碎片化，使得移动端数据在分析和处理媒介需求上的人性化趋势更加明显，能更好地描述用户行为。例如，QQ 的移动端功能、微博的熟人间的分享功能都逐步被微信所替代，以后者为例，微信通过数据分析和识别将个人所分享的信息评论只提供给熟人，能够有效地屏蔽一些不必要的无效信息，避免对个人造成信息过载的压力。这些都是新媒介对旧媒介在功能上的补偿性替代。同时，旧媒介有别于新媒介的差异性，新媒介也为旧媒介提供了生存的空间。

表 1　　　　各类社交媒体的特性表征

类型	特性表征
BBS	特定的用户群体
QQ	兼容性
微博	公共性
微信	智能化和便捷性

四、大数据深刻改变了视频媒介的发展

电视媒体历来是传统媒体的最大市场，近年来，有线数字电视的大规模推广，已经为电视业带来了一个巨大的真实用户信息数据库。因此，基于有线数字电视数据的基础，再利用大数据技术，尽快建立起一个互动信息平台，是电视媒体发展的当务之急。我们可以通过这个平台与用户进行实时的沟通、互动，可以用这个平台去搜集用户的所有数据信息，可以根据这些数据信息去分析用户的喜好，再根据用户的喜好去提供更适合的内容产品、更精准的营销与广告信息。① 这才是未来电视行业的产业流程。从这个角度来说，大数据时代是电视业发展的现实机会。如果错失这次机会，网络视频媒体的繁荣，使传统电视边被缘化不是没有可能。

大数据时代的电视发展同样也必须追求受众市场的最大化，其最明显的数据特征是有多少用户的需求，这种数据直接提供了营销的市场。在电视资源匮乏的年代，电视用户在媒体前面只能是被动地接受；而在大数据技术的今天，有了多种媒体手段，并提供了大量互动机

① 黄升民. 大数据时代，电视如何作为？[J]. 南方论坛，2013(3).

会，受众不再是被动地接受，作为媒体应充分利用大数据技术，适应受众需求的转变。

《纸牌屋》是一部美国政治题材电视剧，剧本改编自1991年首播的英国广播公司BBC同名剧集，由视频网站Netflix投资1亿美元制作。敢于斥巨资进行老剧重拍，是因为Netflix在分析3000万用户影视消费“大数据”后，认为其中有利可图。

知名电影人大卫·芬奇曾拿着《纸牌屋》的改编剧本，找过美国多家电视台，却没有一家敢掏钱，因为谁也说不准一部20年前的老剧是否还有市场。Netflix也有类似的担心，于是进行了“电视剧消费习惯数据库”分析。最终，Netflix发现老剧《纸牌屋》依旧是点播热门，于是决定投资1亿美元重拍，并由大卫·芬奇导演，凯文·史派西主演该剧。《纸牌屋》一夜成名，真正成为“大数据”时代，首部“算”出来的电视剧，也成功撬动了影视圈由明星名导决定收视率的基础。《纸牌屋》的专业数据随即也成为全球影视行业的热词，海外媒体将其视作“数据革命”的代表，《纸牌屋》的走红印证了大数据的威力。

传统收视率的统计只抽取数千个样本户，《纸牌屋》的数据库却包含了3000万用户的收视选择、400万条评论、300万次主题搜索，是名副其实的“大数据”。这些数据源自Netflix数年来积累的数据资源。Netflix是目前美国最大的在线视频点播商，主营业务类似我国的乐视网，拥有3000万活跃用户。

公司利用大数据对人类行为的理性分析“算”出电视剧受众的偏好，正确把握住市场的热点走向，造就了《纸牌屋》的成功，大数据对视频媒介的影响力可见一斑。

五、结　论

保罗·莱文森认为媒介是人类理性选择的结果，由于大数据技术所带来的各种符合人性化的趋势，使得新媒介在演化的过程中更加亲民和贴近用户。当然，新技术的使用虽然让新的媒介更加符合人类生存和发展的需要，但是并不能使得新的媒介能够完全替代前一种媒介，而是对前一种媒介的补偿，因此，我们能够看到在各种媒介产生的同时，却没有导致其他媒介的完全消亡，只是压缩了其生存的空间。在人类理性的控制下，媒介的进化也是为了更好地实现和满足人们对信息的需要，正是大数据提供了这种发掘人类需要的技术，大数据不仅在记录和分析人们的行为，同时也在深刻地影响着媒介的发展，未来我们会看到满足人们新的需求的新媒介诞生，使我们对媒介的选择更丰富和多元。

【作者简介】

张鸣民，武汉大学新闻与传播学院2012级博士生，研究领域为媒体发展、广告传播。

国家社科基金项目“新语境下中国广播电视对外传播战略与对策研究”研究成果

新媒介技术对文化格局的冲击①

李 东

一、前 言

关于网络社会，西班牙社会学家卡斯特尔认为我们的社会正经历着一场革命——信息技术革命。在这场革命中，信息技术就像工业革命时期的能源一样重要，它重组着社会的方方面面。

而根植于信息技术的网络，已成为现代社会的普遍技术范式，它使社会再结构化，改变着我们社会的形态。我们正在进入一个新的时代，这就是信息时代，或者说网络时代。“作为一种社会历史趋势，信息时代占支配地位的功能和过程均是围绕网络逐渐构成的。”②尼葛洛庞帝更是在他的《数字化生存》中阐述了数字化将给人类社会结构带来四个方面的改变：权力分散、全球化、追求和谐与赋予权力。③ 在他看来，网络出现以后，传统的中央集权将会真正解体，个人享有更多的自由，个人化的时代即将来临。而与此同时，文化的格局也发生了一系列的变化。

二、精英文化的衰退

从当代文化发展历程来看，精英文化与大众文化的对立经历了如下几个阶段：20世纪70年代至80年代中期，香港创作的通俗歌曲、电视剧和小说引领着大众文化发展潮流，而此时精英文化并没有受到它的侵袭，依然牢固地占据着社会主导地位，大众文化被精英文化所俯视和蔑视，时不时地表达自身对其的不屑与批判；进入到80年代中后期，大众文化以本土潮流为代表，进入到第二个繁荣发展期，此时精英文化明显感受到对方的威胁，开始奋起反抗，二者矛盾不断激化。

它们之间的斗争是前所未有的激烈，这是因为精英文化的理念虽然没有在工业革命时期得到充分的释放，但是其所倡导的启蒙思想被视为文化领域的重要风向标，并逐渐演化成一种全新的神话，开启了新的征程。假如将人性的启蒙推向最极端，人的品质就成为一种可以交易的商品，启蒙就凸显了它的主体地位。因此，当精英文化的启蒙性与大众文化的通俗性产生对抗时，前者会毫不留情地对大众文化进行彻底的打压。因而，知识分子对于通俗文化

---

① 本文系国家社科基金一般项目“新语境下中国广播电视对外传播战略与对策研究”（批准号：11BXW016）的阶段性研究成果之一，亦受到教育部重点研究基地武汉大学媒体发展研究中心项目基金资助。

② CastellS. M. The Rise of the Netuork Society[M]. Oxford：Blackwell. 1996：169.

③ [美]尼葛洛庞帝. 数字化生存[M]. 胡泳，等，译. 海口：海南出版社，1996：269.

的预防，就要像预防感冒一样做足工作。将其长期作为消遣工具的话，会助长浮躁的社会情绪。

20世纪80年代初期，第四代电影导演拥有高高在上的文化精英称号。这一阶段的电影可以集中体现精英文化的发展过程。其中，陈凯歌就是这一代电影导演的突出代表人物，他是精英文化成员的一员，他的早期影视作品淋漓尽致地刻画了中国文化思潮的发展历程。但在沉重的思想负担压迫之下，很难通过有限的作品来充分展现精英文化的全部脉络。假如说在《黄土高坡》这部电影作品中，其传递的信息是电影文化与现实生活对观众带来了强有力的冲击，那么在《一个都不能少》中，这种冲击力明显被弱化了许多。这不仅是因为电影包含的真实文化内涵已落后于时代的脚步，更为深刻的原因是其中想要体现的乌托邦式的文化理念已开始被大众所接纳和认同。

自此，精英文化逐渐步入没落的境况。其背后的深层次原因在于剧烈的社会变革，乌托邦理想在改革的现实中逐渐消解，现实物质逐渐成为社会公众的新宠。世俗文化在某种程度上扮演了乌托邦理想的角色。这里不深入分析其影响和后果，但是它无疑深深撼动了精英文化在社会中的统治地位。

20世纪80年代风靡一时的电影《边走边唱》，已彻底分离了电影情节和文化之间的关系，将现代主义手法转化成了抽象的假寓。“电影情节被寓言式的手法处理，顿时失去了生命的活力。换言之，当前的电影表达的对象已经没有了往日的价值和意义，它仅仅表达了寓言家孤注一掷的思想。”①

从当时的各种典型电影代表作品中，我们发现其中千篇一律地将不同零散的片段勉强地拼凑在一起的手法比比皆是，从中也可以发现导演在处理情感表达时存在较大的困难。这就是精英文化沦陷的信号，它与先锋文学的出现存在某种关联性。之所以会出现这种结果，是因为在市场需求面前，文化精英们彻底摆脱了以往的精英形象的束缚，开始寻求文化的转型。

改革开放以来在中国国内产生的工业革命将一直推崇乌托邦理想的知识分子彻底改造了，并将他们的社会地位由文化的高点拉低到普通的上班族。而且，在20世纪80年代初期，知识分子群体并没有卷入到改革开放的大潮之中去，因此同其他社会阶层相比他们的思维受到社会变迁的影响相对较小，思想更新较慢。因此精英文化在经过一段时期的繁荣期后，开始走向了没落。到了90年代初期，其降低到了最低谷。精英文化对整个社会文化的引导作用正在不断削弱。

转型是痛苦的过程，精英文化面临着高度抽象化、文化失意症状的纠缠，过去形成的语言结构在瞬间瓦解和消亡。90年代后期，陈凯歌脱下了文化精英华丽的外套，登上了商业化市场殿堂，精英文化逐渐从清高的社会地位走向了商业运作的道路。在陈凯歌的巨作《霸王别姬》中，我们看到了客观真实的历史事实被虚构的故事情节所替代。受不同的历史文化元素的影响，各种电影文化相续产生，并加速了商业文化的没落。

在仔细分析陈凯歌文化现象时，我们有机会深入了解到另一个话题。从一定程度上说，在失去方向感的文化精英观众面前，致力于为大众文化与精英文化之间搭建一座桥梁的新人更受欢迎。这一方面与文化精英的名人效应有关，他们内心抗拒市场化，但是又被观众广泛关注，正是这种关注带来了无可比拟的巨大商机；另一方面，在市场经济环境里，不同文化之间的界线被极度模糊化，精英文化与大众文化也存在着诸多共性，例如，在陈凯歌的早期电影作品《边走边唱》中，电影只不过是一种高度抽象化的文化故事，他运用精英文化的思维方式将具体的现实故事连接起来，组成了一部完整的电影作品。这与普通的商业电影制作手法存在天壤之别，但目的性却高度一致。甚至可以这样认为，如果精英文化发展到一定的

① ［德］本雅明．现代美学新维度［M］．北京：北京大学出版社，1990：479．

程度，它或许会褪去其特有的特征，而文化精英们一旦进入到市场化浪潮中，很快就会如鱼得水般找到自己的一席之地，因为商业经营是不受专业限制的，任何对此感兴趣的人都能够找到应对方法。

当然，中国的现实国情也促进了精英文化与大众文化的融合。从发展趋势来看，精英文化正是受到大众文化的强烈冲击而逐渐崩溃的。在文化主体——沦丧之后，精英文化走向了全面崩溃的边缘，通俗文化开始在社会弥漫扩散，精英文化承担的社会责任感也逐渐在历史发展潮流中慢慢消解。

在网络逐渐发达以后，曾几何时，与“专家”、“教授”等代表着精英文化的名词词汇一样，“公知”也渐渐成了带贬义的词汇。至此，精英文化彻底走下“神坛”。

三、大众文化的“逆袭”

文化的数字化生存已经成为全球趋势，在网络空间里，文化的重构、整合与再生能力进一步加强。比如“网络文学”具有全新的生存形态；多媒体技术系统不断提高着艺术设计的创新能力；大学、研究机构、图书馆、博物馆、档案馆等文化创作、整理、传承的机构在虚拟现实世界中，挖掘出新的生存空间。

事实上，精英文化和大众文化的消费者也存在着诸多共性，换言之，两种文化的受众都包含了不同的社会阶层人士。即使是社会精英，也同样会食人间烟火，也需要体验庸俗文化的趣味；精英文化虽然高高在上，但是并不为普通民众所厌恶，虽然大多数常人难以领会其中的精华之处，但是通过其他的一些渠道，他们也可以成为精英文化的受众。精英文化和大众文化通常具有相同的创造主体，即都为知识分子或学术工作者，只不过彼此之间存在对文化领悟的差距而已。

如果说传统媒介时代传统文化是精英文化的天地，那么新媒介时代现实社会则是大众文化的存在空间。精英文化着重突出人文主义情怀、忧国忧民的思想以及对社会道德的守护，大众文化则显得庸俗化、娱乐化和趣味性。相比之下，前者具有思考深邃人性、陶冶高雅情操、培养高贵品位和重构社会道德的使命，而大众文化例如我们日常生活中的港台流行歌曲、影视节目、畅销小说等都属于低级文化趣味范畴，具有很强的娱乐功能。

与传统媒介的社会崇尚一种比较平和、优雅、感性的生活节奏相比，现代社会却显得很浮躁、高度功利化、目的化和快节奏。因此，从品位上看，精英文化在传统媒介社会里具有更好的存在理由，而现代人则会不自觉地倾向于低级趣味化的大众文化。在商品经济中，我们必须肯定大众文化的产生和发展是符合历史发展规律的，有着一定的客观发展条件。

大众文化并不是凭空产生的，而是与社会经济、科技的发展息息相关，尤其是高新信息技术的出现，大大加速了大众文化的发展与进步，同时经济社会的逐利本能也促进了大众文化商业化的进程，因此大众文化是社会发展的必然产物。另一方面，大众文化作为一种文化快餐，具有较强的低级趣味性，很好地迎合了社会公众的娱乐口味，让生活在快节奏社会里的民众拥有了一个不可多得的娱乐工具；同时，大众文化为现代社会文化消费提供了诸多便利之处。在社会新闻媒介工具兴起、市场文化产业不断扩大、人们休闲时间越来越多的背景下，社会文化领域必然会为大众文化腾出一块发展空间，使其获得快速发展的机会。这种土壤为大众文化逐渐占据主导地位创造了条件和可能。

大众文化以其顽强而旺盛的生命力，挣脱了传统社会文化桎梏，以一种娱乐化、趣味化的姿态赢得了现代社会民众的青睐，给传统文化带来了严峻挑战。

首先它挤占了精英文化的生存空间。在市场经济浪潮的洗礼下，网络时代的到来使社会民众对文化的需求发生了翻天覆地的变化，低级趣味性的大众文化瞬间捕获了众人的注意力，不断侵占着精英文化的领地。在社会生活中充斥着大量的都市言情小说、职场小说、流行歌曲、选美比赛和娱乐节目。在国内文化领域，当精英文化犹豫不决，找不定发展方向徘徊不前的一段时期内，大众文化却获得了快速发展机遇，其充分发挥自身的轻松、愉悦的功能特点被政府和民间广泛接受①。

其次是社会文化功能定位由精英化转向大众化。精英文化的文化功能定位是高雅性的“阳春白雪”，而大众文化的文化功能则因为经济时代的变迁而呈现价值观短期化的特点。“下里巴人”似的短暂消遣与娱乐，从某种程度上说，更适合沉重的社会压力和大众普遍追求的文化娱乐方式。

格里芬·詹姆森指出②，大众文化是后现代社会中的一种典型文化范本，它的主要特征在于从现代主义的灵魂过渡到它的语言传达中心领域。在先进传媒技术的推动下，不同国家之间的文化发展差距被逐渐缩短。随着各种多媒体传媒技术的应用和普及，例如DVD、电脑、互联网等的流行，逐渐让现代社会拥有了强大的视频信息传播功能。这种传播功能让大众文化终于有了表达的平台和可能，也第一次有了和精英文化同等的话语权的环境和机会。往日被文化批评家深恶痛绝的文化产品，如今又焕发了生机，在现代社会里博得了更多消费者的关注，在詹姆森本人看来，这些都是后工业社会时代的文化产品。在新媒介时代，大众文化正在全面逆袭精英文化。

进入到双向互动的新媒介时代——多元化和差异性并存的宽容时代后，传播者和受众的地位都自然而然地产生了相应变化。新传播时代的媒体技术为大众提供了一个相当理想的沟通平台，彻底逆转了传播与受传者之间的地位，打破了传播者和受传者之间的对立关系，把曾经是唯一传播者的精英们的特权瞬间化为乌有，对传统媒介时代的传播形式和内容都进行了最有力的挑战和颠覆。

新媒介时代的大众文化借助新媒介技术的支持，使媒介文化成为真正的人人都可参与的文化广场，“阅众参与”、“去中心化”和“平等对话”意味着传统意义上的“受众”参与到新闻产制价值链的上游，而不再只是单纯的阅听大众，也意味着媒体生态和游戏规则的深刻改变正在酝酿和发生之中。

新媒介语境下的大众文化在某种意义上已成为普通百姓的日常生活的一个重要组成部分。从流行音乐、时尚杂志到无所不在的广告和千篇一律的肥皂剧等大众文化形式，急速扩张并占据了当代社会大众大部分的文化生活空间，在特殊语境下激发了社会大众对文化的参与愿望和体验热情，直接切入社会大众的生活，不仅表达着民众的喜怒哀乐，也体现着他们的趣味和追求，产生了空前的泛文化热点效应。

四、“亚文化”的崛起

当技术发展进入到网络时代，在网络作为主角的空间里，传统的传播模式发生改变，“作家”的身份也需要进行重新的界定。网络提供给世俗的是一个开放、平等、自由、匿名的言说空间，它为民间话语和文学边缘族群搭设了一个舒展性情、倾吐心扉、弘扬自我的传播平台，文化的空间向每一个人开放，每个人都能取得传播与交流的权利，每个人都能相对自由地发表自己的思想与各种文化观念，人人都有权利进行文学的创作。新媒介时代为每个人创造了极大的自由发挥的舞台与空间，亚文化群体开始有了更广阔的生存空间。

知识与信息之间的冲击越来越激烈，而信息高速公路可以说是“后大众传播时代”的产物，它以其迅捷方便和时效改变了人们日常生活的思维方式、生活方式甚至消费娱乐方式，亚文化人群在网络这个大舞台上，不再感到边缘化和不能呼吸，甚至，他们找到了新的呼吸

① 赵剑英. 世纪之交的中国文化[M]. 南宁：广西人民出版社，1994：125-126.

② 王政挺. 传播：文化与理解[M]. 北京：人民出版社，1998：49.

空间和生存土壤。

越来越多的亚文化存在方式为人们所接受和理解，“宅男”、“伪娘”这些网络创造出来的新名词代表着一种亚文化群体现象，在传统媒介中是被主流文化摒弃在社会之外的，随着新媒介时代的到来，已轻易为人们接受，同性恋等一些亚文化群也有了更多表达自己的机会和空间，从处于社会边缘无法进行平等表达，到畅所欲言，按照自己的方式去生活，亚文化人群正在借由新媒介时代的到来，开始一种全新的生活体验。

举个简单的例子来说明这种“渐入佳境”的状态，“宅男”(宅女)这种现象就是传统媒介与新媒介时代对于亚文化人群生活方式认同截然不同的典型范例。在传统媒介时代，对于这样的人群，被主流文化认为是自我封闭、性格缺陷、不善与人交往和沟通的范例，长期“宅”在家里，是不为主流社会认可和接受，要受到指责和批判的。

而在新媒介时代，“宅”已经成为一个比较时尚的新名词，其具备一些基本特质，比如独身，十分依赖电脑、依赖网络，痴迷于某事、某物或某人，痴迷到不能自拔，比如收集、收藏一些奇奇怪怪的东西、一个人躲在屋子里，不喜欢外出，不喜欢交际，尤其不喜欢接触陌生人，为人低调、内敛，其至封闭、孤僻，自我感觉却是自由自在，可以自得其乐。这些可能在传统媒介无法接受的特质，变成了新媒介时代“宅”人的前提条件和可以炫耀的资本，不是所有的人都有资格“宅”在家里，至少要有一定的稳定的收入来源，才有资格和条件“宅”。最初的贬义词，到现在趋于中性的理解，不能不直接地反映亚文化及亚文化人群的生活状态的改变。

新媒介时代，各种亚文化以小圈子的方式螺旋扩展，在主流影视作品中也开始或多或少地表现或暗示同性爱文化。主流文化电影《让子弹飞》是中国首部票房上亿元的影片，在该片中有一句台词，是其中的老三对老大说，“大哥你是知道我的，如果是我，那么趴在桌上的一定是她老公”这种暗示性台词，在电影院公然播出，审片人与观影者心照不宣的微笑表示，亚文化边缘化的被排挤地位正在发生变化。越来越多的亚文化人群和生活方式被主流群体接受并认可，而亚文化人群的地位也由文化的边缘逐渐向文化的主流中心进入。英剧《神探夏洛克》在剧情安排和台词设计中也明显有同性爱的暗示，而2013年春晚的“找力宏”也被全国网友热议，这些在主流媒体中出现的边缘人群的信号，是对亚文化人群的接受，也是以戏谑方式接受和认可的一种态度。

网络的传播和盛行，使人们接受信息和其他非主流文化的机会增多，人们在新媒体时代对于亚文化及其人群就会变的真正宽容得多，亚文化群体不再为人们所排斥，反而因为其特别，还成为吸引主流人群的另一个焦点，这是时代文明的进步，也是新媒介时代赋予人类更多的知识平台。

五、结　论

正如麦克卢汉说：“媒体就是信息。不管你是否愿意，它会消灭一种文化，引进另一种文化。”①希利斯·米勒接着说：媒体就是意识形态。波德里亚解释说：“铁路带来的‘信息’并非它运送的煤炭或旅客，而是一种世界观、一种新的结合状态，等等。电视带来的‘信息’，并非它传送的画面，而是它造成的新的关系和感知模式、家庭和集团传统结构的改变。”②

不管是哪一种时代，或者说是何种技术发展阶段，都可以归纳为这样一个共识：大众文

① ［加］埃里克斯·麦克卢汉，［加］弗兰克·秦格龙. 麦克卢汉精粹［M］. 南京：南京大学出版社，2000：248.

② ［法］波德里亚. 消费社会［M］. 南京：南京大学出版社，2000：132.

化拥有旺盛的生命力，它的发展趋势是势不可挡的。因此，新媒介时代大众文化对精英文化的全面逆袭，是趋势，也是必然。新媒介改变着世界，改变着人类的世界观，改变着人们对外来文化的观念和认识，改变着人们对于亚文化的态度和认知，进一步说，文明的演进是在媒体的嬗变中进行的。

【作者简介】

李东，武汉大学新闻与传播学院2009级博士研究生，南昌大学艺术与设计学院讲师，主要从事传播理论研究。

对 CCTV-NEWS 的节目内容分析报告①

刘 娜 冯 倩

CCTV-NEWS(中央电视台英语新闻频道)，改版自中央电视台原第九套英语国际频道(现 CCTV-9 为纪录频道)，于北京时间 2010 年 4 月 26 日开播。

该频道 24 小时全英文播出。改版时频道将节目定位为“中国观点、东方视角、国际化表达”。“中国观点”即坚定正确的政治立场，以国家利益为重；“东方视角”即把报道的重心放在亚洲区域，争取在世界媒体格局中实现与英国 BBC、美国 CNN 三足鼎立的格局；“国际化表达”即解放思想，按照符合国际惯例的传播方式来强化对国际舆论的引导。

本文意在通过对 CCTV-NEWS 现有节目的内容分析，分析其频道定位的贯彻情况、频道架构合理性以及对我国国家形象的建构，并对频道内容设置提出一定的建议。

一、CCTV-NEWS 节目设置

1. 节目类型设置

英语新闻频道以新闻立台，新闻节目占据频道节目总量的 40%，其中包括新闻资讯、专题新闻以及深度评论等多种新闻节目类型，主要涉及国内外政治、经济、军事、文化等多个方面。注重高端财经节目的制作，尤其关注亚洲、美洲，为其量身定做 Biz Asia Biz Asia America。文化类节目以及纪录片等“非严肃型”节目占总量的 30%左右，主要以中国历史文化、旅游文化、艺术文化以及世界自然科学为题材。纪录片以真实客观为制作原则，创作者的主观操作性不明显，是对外传播的文化软渗透。推出中国特色的专题节目，对新闻内容和世界发展变化进行深入介绍和评论(见图 1)。对亚洲、非洲及美洲有针对性节目，涉及新闻、财经和人物专题等题材。

整体看来，CCTV-NEWS 现有节目设置基本符合新闻立台的目标，在新闻节目制作上具有一定的广度和深度。其中国际新闻节目所占比重最大，符合“国际化表达”的目标。关于亚洲的节目所占比重不大，但“为你链接亚洲”的口号在这里并未得到体现(见图 2)。

娱乐节目和电视剧在英语新闻频道有所缺失。由于编导与受众处在不同的文化环境下，娱乐节目中蕴含的精神文化难以得到准确有效的传播，是否能在对外外语媒体中投放还需要大量的受众调查基础。而电视剧能够通过故事化表达、人物背景、镜头语言，潜移默化地传播中国饮食服饰文化、建筑景观文化，以及生活方式、精神面貌等行为文化。CCTV-4 作为中央电视台面向海外华人的频道，在早午晚三个时段播放国产电视剧，收到一定的反响。除了电视剧翻译，专门针对海外受众的电视剧制作有更大的市场需求。最先成功的案例是 2007 年中国国际电视总公司、中央电视台文艺节目中心联合发行的《李小龙传奇》，销售到

① 本文系国家社科基金一般项目“新语境下中国广播电视对外传播战略与对策研究”(批准号：11BXW016)的阶段性研究成果之一，亦受到教育部重点研究基地武汉大学媒体发展研究中心项目基金资助。

国外60多个国家，并进入欧美主流电视频道。另外电视剧导演与国外电视台合作拍摄也是近年来中国在跨文化传播中走出来的一条新路径。比如导演杨亚洲与加拿大罗杰斯(Rogers) OMNI电视公司合作，拍摄的以反映中外友人感情为主线的电视剧《蝴蝶》，在中国文化元素的运用、国际商业元素的表达、增强国际合作以及调和国内外观众的收看需求方面都做出了有益探索。关于中外文化交流题材的电视剧生产，将成为未来我国提高文化软实力、传播中国文化的重要领域。

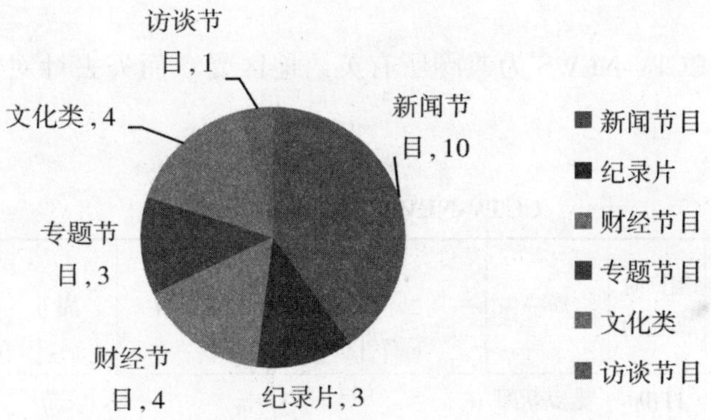

图1 CCTV-NEWS节目类型分布(2013年)

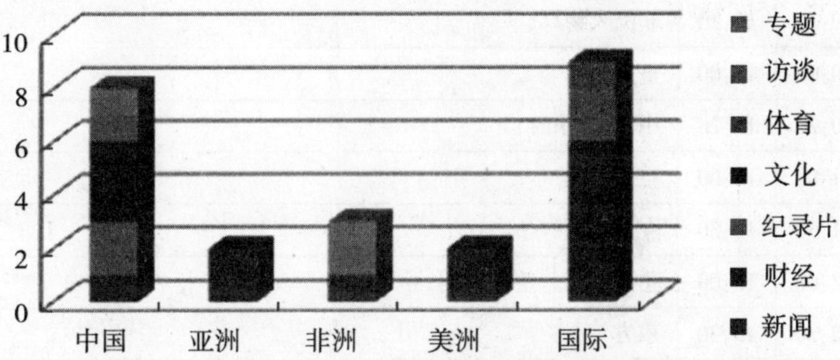

图2 CCTV-NEWS频道节目所涉及的国家题材分布

2. 节目时间安排

在节目时间安排上以亚洲为重点。针对与中国同一时区的东亚地区，在黄金时段(19:00—24:00)设置了一档中国新闻资讯节目《中国24小时》、五档《整点新闻》、三档国际新闻专题《今日话题》、《世界观察》、《热点》、两档财经新闻《新财富》、《财经高峰会》、三档文化节目、两档纪录片节目，以及亚洲新闻《今日亚洲》和《财经亚洲》。而在西亚地区黄金时段，即北京时间02:00—07:00，则设置了四档《整点新闻》，一档《中国24小时》，两档新闻专题节目《今日话题》、《世界观察》，以及两档纪录片、两档文化节目。

制作亚洲专题的新闻、财经节目。《今日亚洲》每周一至周六的北京时间22:00播出半个小时，内容全部为亚洲最近新闻，以中国和日本为主。《财经亚洲》则安排在周一至周五的下午四点和周一至周三的晚上九点分别播出两小时，作为财经专题节目所占用的时间远远高于其他财经节目。总体来看，在节目播放时间上能够体现“链接亚洲”的宗旨。

其次，美洲地区黄金时段包括四档《整点新闻》、两档新闻专题、两档财经节目、两档纪录片节目和两档文化节目。并设置了专门针对美洲地区的《美洲观察》、《美洲新闻》和《财经亚洲》美洲版。《财经亚洲》以中国、亚洲财经新闻为主，兼覆盖其他国际财经新闻，而《财经亚洲》美洲版并非像它的中文标题所显示的财经节目，而是针对美洲地区的综合新闻节目。

欧非地区，与西亚地区类似，包括五档《整点新闻》、一档《中国 24 小时》，两档新闻专题节目《今日话题》、《世界观察》、两档纪录片、两档文化节目，以及针对欧非地区的新闻节目《非洲直播室》和非洲专题节目《对话非洲》、《非洲人物》。

另外，CCTV-NEWS 借鉴 CNN、FOX，对周末节目进行特别编排。在常规的新闻节目基础上，加强文化类节目和纪录片比重，形成了《东方》、《看中国》、《海客谈》、《体育报道》、《自然》、《发现》、《中心舞台》、《文化报道》八大专题覆盖，充分展现了中国文化软实力。

在时间编排上，CCTV-NEWS 为兼顾所有英语地区受众而失去针对性，节目表安排略显混乱（见表 1）。

表 1　　**CCTV-NEWS 节目单（2013 年）**

北京时间	欧非时间柏林	亚洲时间开普敦	美洲时间纽约	周一	周二	周三	周四	周五	周六	周日
00:00	17:00	18:00	11:00	整点新闻						
00:30	17:30	18:30	11:30	中心舞台	旅游指南			看中国		
01:00	18:00	19:00	12:00	非洲直播室						
01:30	18:30	19:30	12:30	非洲人物						对话非洲
02:00	19:00	20:00	13:00	整点新闻						
02:20	19:20	20:20	13:20	中国 24 小时						
03:00	20:00	21:00	14:00	整点新闻						
03:30	20:30	21:30	14:30	今日话题						
04:00	21:00	22:00	15:00	世界观察	整点新闻					
04:30	21:30	22:30	15:30	东方						
05:00	22:00	23:00	16:00	整点新闻						
05:30	22:30	23:30	16:30	旅游指南			看中国			中心舞台
06:00	23:00	00:00	17:00	整点新闻						
06:30	23:30	00:30	17:30	今日话题						
07:00	00:00	01:00	18:00	整点新闻						
07:20	00:20	01:20	18:20	中国 24 小时						
08:00	01:00	02:00	19:00	美洲新闻	美洲新闻					美洲新闻
08:30	01:30	02:30	19:30	美洲观察						热点
09:00	02:00	03:00	20:00	美洲新闻	财经亚洲（美洲版）					美洲新闻
09:30	02:30	03:30	20:30	非洲人物						对话非洲
10:00	03:00	04:00	21:00	整点新闻						
10:30	03:30	04:30	21:30	文化报道					财经高峰会	新财富
11:00	04:00	05:00	22:00	整点新闻						
11:30	04:30	05:30	22:30	旅游指南			看中国			中心舞台
12:00	05:00	06:00	23:00	新闻一小时						
13:00	06:00	07:00	00:00	今日话题						
13:30	06:30	07:30	00:30	东方						

续表

北京时间	欧非时间柏林	亚洲时间开普敦	美洲时间纽约	周一	周二	周三	周四	周五	周六	周日
14:00	07:00	08:00	01:00	整点新闻						
14:30	07:30	08:30	01:30	美洲观察	发现					热点
15:00	08:00	09:00	02:00	世界观察	整点新闻					
15:30	08:30	09:30	02:30		体育报道					
16:00	09:00	10:00	03:00	财经亚洲					整点新闻	
16:30	09:30	10:30	03:30	非洲人物	自然					对话非洲
17:00	10:00	11:00	04:00	整点新闻						
17:30	10:30	11:30	04:30	旅游指南			看中国			中心舞台
18:00	11:00	12:00	05:00	非洲直播室						
18:30	11:30	12:30	05:30	文化报道						
19:00	12:00	13:00	06:00	整点新闻						
19:30	12:30	13:30	06:30	今日话题						
20:00	13:00	14:00	07:00	中国 24 小时						
20:40	13:40	14:40	07:40	体育报道						
21:00	14:00	15:00	08:00	财经亚洲			整点新闻			
21:30	14:30	15:30	08:30				财经高峰会			新财富
21:40	14:40	15:40	08:40	整点新闻						
22:00	15:00	16:00	09:00	今日亚洲						世界观察
22:30	15:30	16:30	09:30	文化报道						
23:00	16:00	17:00	10:00	整点新闻						
23:30	16:30	17:30	10:30	美洲观察	海客谈					热点

注：此处西亚、美洲、欧非时间为非夏令时间。

二、CCTV-NEWS 新闻节目内容分析

1. 研究对象与方法

为实现对 CCTV-NEWS 节目设置的细致分析，笔者从中选取了一档综合新闻节目《新闻一小时》（“*News Hour*”）进行内容分析。《新闻一小时》主要关注国内和国际主要新闻事件，将最新动态、综述分析、背景介绍、专家点评等组合在一起，有对重要事件的深入解读，也有动态事件的消息类新闻，加入经济和体育两个固定板块，保证了对各类最新消息的全面覆盖。因而节目具有一定的代表性和可分析性。

对电视新闻节目的评析应该包括演播室设置、人员设置、文本内容和画面选取等多个方面，由于客观条件的限制，本次研究主要针对新闻的文本构成和内容选取等方面，引进传播学、受众心理学及电视节目制作等相关理论进行分析。采用非概率抽样的就近法①，样本为

① 就近法是指以自己方便的形式抽取偶然遇到的人/事物作为调查对象，或者仅仅选择那些离得最近的、最容易找到的人/事物作为调查对象。

2013 年 12 月 1 日至 31 日的 724 条新闻。

定量分析的内容构建类目主要包括以下四个方面：报道版面；报道题材；报道对象；报道倾向。

(1) 报道版面

“*News Hour*”新闻版面主要是有头条和非头条之分，节目每期开头固定会提前播报四条头条，以“headline”标记，同时这几条新闻在报道中会做深度分析，从中能够体现节目组的编辑策略和倾向。

(2) 报道题材分类

政治：政府会议、选举、内乱、暴动等；

经济：市场、股市分析，经济会议或法案，投资贸易新闻等；

外交：外交会议、外交访问、针对性对外发言等；

军事：军事力量、军事武器等；

法律：法律发布和提出；

社会：百姓生活、气候、社会治安、节日庆祝等；

文化：电影电视、文艺活动、考古等；

安全：食品安全、安全生产、恐怖袭击、意外事故、自然灾害等；

环境：环境污染、污染天气等；

科技：科学探索、新技术研发等；

医疗：医疗技术、医疗政策、疾病新闻等；

体育：体育赛事、体育场馆建设等；

其他。

(3) 报道对象

报道对象一般按国别来统计，外交领域的新闻一般是对于两国都具有重要性才会报道，因而将对两国分别进行统计。最终再将国家的数据按洲来进行因子分析。

(4) 报道倾向分类

正面：报道内容给人正面感觉，如关怀、反歧视、行动呼吁和推荐、肯定等语气。

中立：报道或描述时，语气上无明显倾向，间或夹杂着正面、负面或其他一种以上不同的语气。

负面：充满令人感觉负面的词汇，包括歧视、道德判断、丑化、使用特殊用语等。

信度检测：内容分析的信度检测目的在于追求类目构建的稳定性、可执行性与准确性。本次研究在正式编码之前，从 724 条样本中抽出约十分之一进行信度检测，分别由三名编码员进行试编码。信度计算方式即相互同意的编码次数与总编码数的比率，按照以下公式计算：

相互同意度 $a=2M/(N1+N2)$

信度 $CR=n*(\text{平均相互同意度})/[1+(n-1)\times\text{平均相互同意度}]$

其中，M 为完全相同数目，N1 为第一位编码员应有的同意数目，N2 为第二位编码员应有的同意数目，n 为参与编码工作的人员数目。

统计发现，1 号编码员和 2 号编码员的问题同意度为 0.93，2 号编码员和 3 号编码员的问题同意度为 0.95，1 号编码员和 3 号编码员的问题同意度为 0.90。三人的平均同意度为 $a=0.927$。编码表的总体信度为 $CR=3\times0.927/[1+(3-1)\times0.927]\approx0.974$。

2. “*News Hour*”新闻的内容分析

(1) 新闻议题

“*News Hour*” 2013 年新闻报道中涉及议题最多的为体育新闻，体育新闻播报为节目的一个固定板块，时长不固定，基本为短消息，因而数量较大。12月关注的体育赛事主要包括中国男篮职业联赛、英格兰足球超级联赛、德国足球甲级联赛等国际重要体育赛事进程以及2014年巴西世界杯场馆建设情况。世界人民对体育赛事的关注和热爱是共通的，尤其是在西方国家。“*News Hour*”对体育赛事的重视体现了对受众的迎合、国际化的表达，通过体育文化更能巧妙而不露痕迹地来推介中国体育人物、体育精神(见图3、图4)。

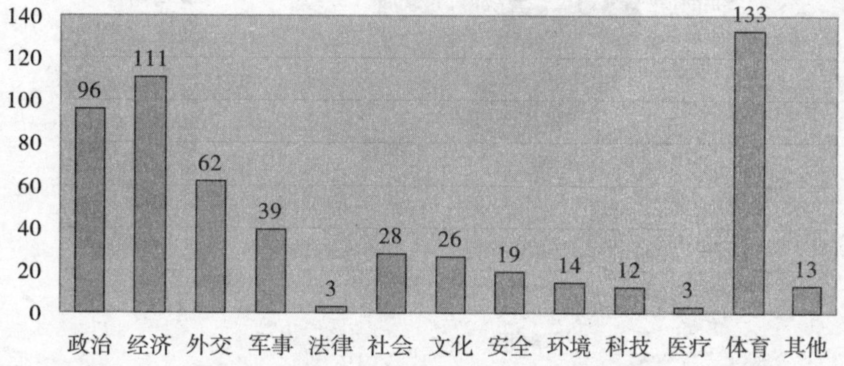

图3 “*News Hour*”2013年12月新闻议题分布

其次是经济新闻，在所有报道量中占据第二的位置。经济新闻同样具有一个相对固定的板块，时长不固定，内容一般包括大陆股市、日本市场、其他亚洲市场这三个固定对象，以及其他国际热点经济新闻。财经板块一般由《财经亚洲》节目主持人播报，同时每期连线在日本、新加坡的两个记者。亚洲经济与中国息息相关，这个板块充分体现了CCTV-NEWS对亚洲市场的关注。当然国际经济问题也是各国都十分关注的问题，也是和平年代各国交流合作的主战场，经济新闻的确应该受到关注。

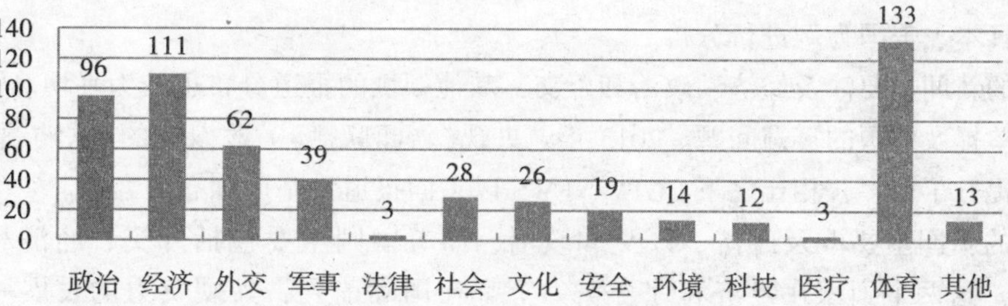

图4 “*News Hour*”2013年12月头条新闻题材分布

除开两个固定板块，主要为政治、外交、军事新闻，这一点在头条新闻的议题中明显可以看出。这些都是国际交流的热点，外交新闻尤其在对外媒体中应该受到重视，因此这样的比例设置是符合新闻规律的。另外，除了社会文化的常规新闻，12月新闻中多次提及安全、环境等新问题，这也是国际话题发展的重点。

此外，“其他”一类全部是纪念南非前总统曼德拉的新闻，且多为头条新闻，新闻时长不低于十分钟，内容包括最新消息、背景资料、扩展采访以及深度评论。这是由曼德拉身份的特殊性和我国的政治形态所决定的，下文中会有具体的分析。

(2)报道对象分布(见图5、图6)

新闻报道主要集中在亚洲地区，其中以东亚地区的中国、日本为最多。另外北美地区主

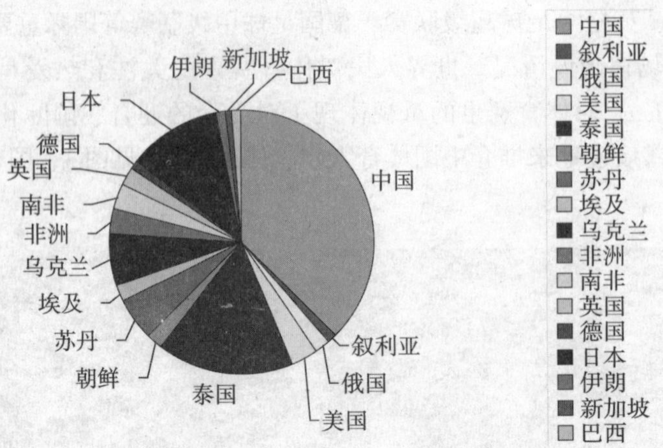

图 5　“*News Hour*”2013 年 12 月头条新闻的所涉及的国家分布

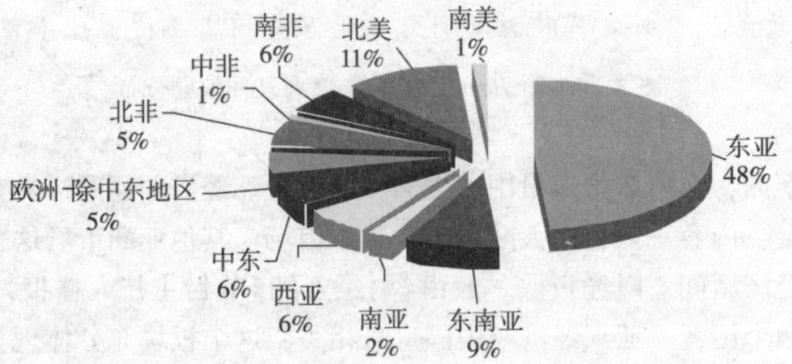

图 6　“*News Hour*”12 月报道对象分布

要针对美国、东南亚地区主要涉及泰国，此处下文另有具体分析。针对单一国家的报道中，以中国、日本、美国为例进行分析。

中国的新闻主要涉及经济、政治和外交，其他领域的报道分布也较为平均。没有负面报道，只简单提及中国的雾霾问题。2013 年，央视《新闻联播》一改以往的“歌功颂德”，负面新闻数量提升了很多，相比之下 CCTV-NEWS 以正面报道为基调则有失客观。

日本的新闻主要涉及经济、外交和政治，而美国则主要包括外交、经济和军事、政治、社会。这两个国家在经济和综合实力上都在国际前列，其硬实力的发展一直是国际关注的热点。两国与中国的外交发展对中国也是非常重要。而日本多次被提及主要是由于其首相安倍晋三参拜靖国神社，引起了多个国家的谴责，其中包括美国。日本军国主义势力抬头，这对国际的和平与安全都是重大威胁，中国作为二战时期被日本侵略的国家，对此事一向反映强烈。而美国作为世界第一大强国，一直与日本交往密切，其对日本行为的看法也对事件的走向影响巨大。中美问题是我国外交问题的重要方面，美国与其他第三世界国家——朝鲜、印度以及其对巴以冲突的干涉，都是因为它举足轻重的国际地位。值得注意的是，“*News Hour*”中对日本和美国的社会、医疗、科技、文化问题关注较少，这导致了两国的硬实力和软实力报道的严重不平衡，在新闻原则上有失偏颇（见图 7、图 8、图 9）。

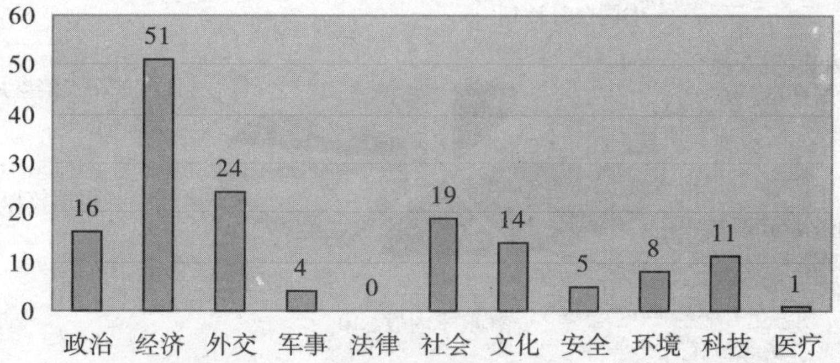

图 7 “*News Hour*”2013 年 12 月新闻中涉及中国的题材分布

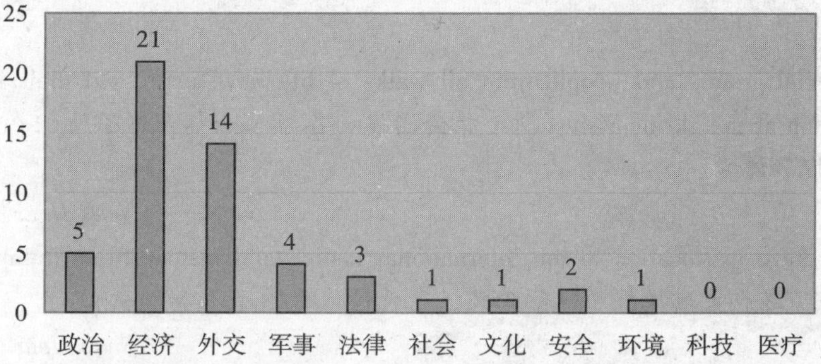

图 8 “*News Hour*”2013 年 12 月新闻中涉及日本的题材分布

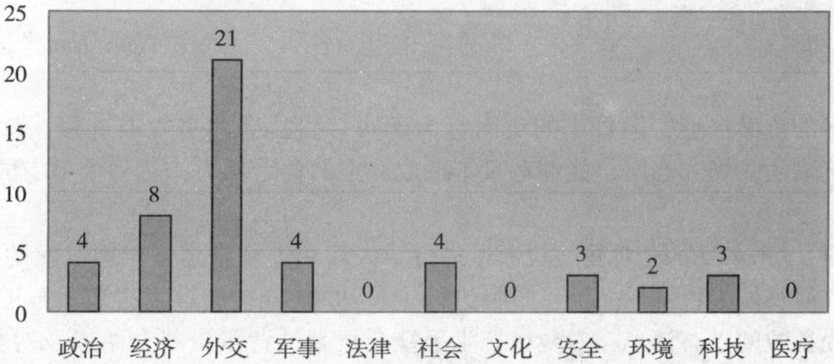

图 9 “*News Hour*”2013 年 12 月新闻中涉及美国的题材分布

三、重点事件分析

连续报道的九大事件，也多次以头条的形式出现。其中某一国家内部的战争或者内乱占据很大的比重。战争与和平是人类永恒的主题，这是符合新闻重要性原则的。伊朗核问题和叙利亚化学武器问题，都是关系世界和平的安全问题，同样具有重要性。中国登月计划的发展是中国科技发展的又一次大的飞跃，作为硬实力的科技进步报道是对我国的一次完美的正面宣传，能够达到对外正面形象的传播目的(见图 10)。

而与中国密切相关的安倍晋三参拜靖国神社引发国际声讨的事件，我国报道均以负面为主，援引多国领导对安倍的声讨，不断报道中国外交部的高姿态，辅以具有倾向性的言

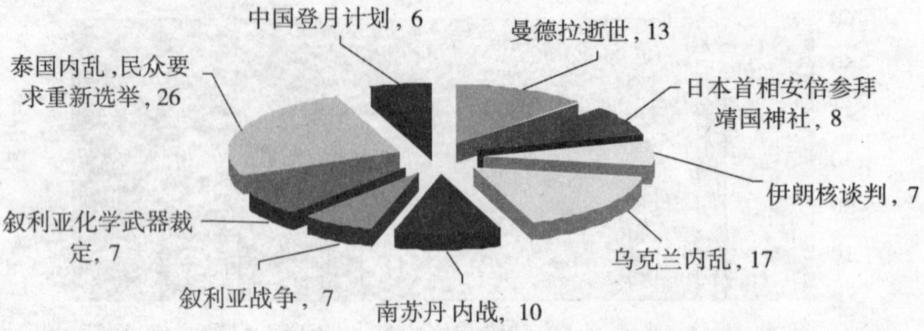

图 10　"*News Hour*" 2013 年 12 月重点新闻事件分布

论。如：

> All social groups and people from all walks of life have expressed their indignation and condemnation at the shrine visit.（所有社会团体和各界人士都表达了他们在参拜靖国神社问题的愤慨和谴责。）
>
> ——"*News Hour*"，2013. 12. 28
>
> It's a grave provocation to the international justice and also ruthless trampling on human conscience.（这严重地挑衅了国际正义，也无情地践踏了人类的良心。）
>
> ——"*News Hour*"，2013. 12. 28
>
> Luo Zhaohui, Director of Asian Affairs at China's Foreign Ministry calls Japan "the biggest troublemaker in the region".（中国外交部亚洲事务主任称日本为"世界上最大的麻烦制造者"。）
>
> ——"*News Hour*"，2013. 12. 26

虽是明显的负面报道，但日本的负面行为确实有碍社会和平发展进程，惹怒了中国人民。中国明确表明立场和态度，能够对日本造成一定的舆论压力，达到维护中国的尊严和和平的目的。

与此同时，"*News Hour*"对曼德拉逝世进行了大篇幅连续报道，半数以上的报道都在 10 分钟以上。在曼德拉去世的后一天，节目进行了长达 40 分钟的深度报道。报道内容主要包括人们纪念曼德拉的动态消息，对曼德拉生平社会贡献的背景资料介绍以及对曼德拉亲友、各国领导人、我国外交专家的采访报道。文稿中给予曼德拉高度的评价，除了 pride（骄傲），heroic（英勇），sacrifice and service to his country（为他的国家服务和牺牲），还将其比喻为希望的灯塔、光明的象征，纪念曼德拉报道在所有样本中正面色彩最浓。

曼德拉的身份比较特殊：曼德拉对于种族隔离制度的终结具有突出贡献，是一位伟大的人物；世界各国，包括亚国、非洲和美洲都在对其进行纪念活动或发表悼文；南非与我国政治形态相似，同时其为非洲强国；我国以和平友好为外交原则，同时与南非一直保持良好的外交关系。因此"*News Hour*"对此新闻的编排策略和文本写作，虽然有失客观甚至是过度赞美，但与我国政治形态和国际形势相符。

总体来看，"*News Hour*"以体育、经济、外交、军事为主，重点围绕中国、日本、美国三个国家进行新闻选择，体现了新闻的重要性和接近性。新闻文本的倾向以客观为主，仅有少量对中国科技的正面报道和对日本参拜靖国神社、苏丹内战、泰国政府丑闻和反政府选举的负面报道。充分贯彻了新闻客观性，因而整体上看"*News Hour*"的内容设置和文本写作基本符合新闻写作原则，符合频道的整体风格。

四、结　　语

综上所述，CCTV-NEWS 在“国际化表达”上进行了一些调整，但对于亚洲地区的关注并没有达到节目口号中“为你链接亚洲”的效果。并且笔者认为，作为英语新闻频道的对外传播不应该将最终落脚点放在亚洲，因而频道口号应该有所调整。在整体节目类型上，对于体育报道、文化类节目和纪录片的重视是频道发展的一大亮点，也符合习近平总书记所提出的“重视文化软实力”提高的要求。

最后笔者就调查数据对频道发展提出几点建议：①改变节目口号定位，立足于国际化发展；②增强受众调查的普遍性和问题的针对性，明确单个节目的受众分层；③挖掘娱乐节目以及电视剧在频道播放的可行路径，寻求针对本频道受众的定制电视剧合作；④加大新闻报道采写量和针对性，避免一条新闻多节目播放的现象；⑤在整体上把握新闻报道的数量和倾向，保证题材选择的客观性。做到负面事件先发声，控制国际舆论；⑥在整体上把握节目对我国形象的构建，加大软实力新闻的报道，而不仅仅局限在文化节目中。

【参考文献】

[1]程曼丽．对外传播及其效果研究[M]．北京：北京大学出版社，2011.
[2]涂园园．CCTV-9 英语新闻的中国新闻文化因素与分析[D]．南昌：南昌大学，2007.
[3]林海哨．《纽约时报》对中国国家形象的塑造——对《纽约时报》2008 年报道的内容分析[D]．厦门：厦门大学，2009.
[4]何晓燕．全球化语境下中国电视剧的跨文化研究[D]．北京：中国艺术研究院，2012.

【作者简介】

刘娜，英国伯明翰大学博士，武汉大学新闻与传播学院副教授。

冯倩，武汉大学新闻与传播学院 2013 级研究生。

国际视野下央视纪录频道的品牌战略浅析①

刘　娜　李思康

经过几年的品牌化进程，当前我国大部分的省级上星卫视频道以及央视各主流频道都基本形成了各自的品牌特色并推出了具有代表性的品牌节目。例如：品牌构建开始较早的主打综艺娱乐的湖南卫视，近年来紧紧围绕“快乐中国”的品牌理念推出了《我是歌手》、《快乐男声》、《爸爸去哪儿》等节目；后来居上的以“中国蓝”为其品牌理念的浙江卫视推出了创造收视奇迹的选秀类节目《中国好声音》等。相较于国内电视频道的品牌化进程，我国电视频道在国际传播中的品牌构建还处在一个起步探索阶段。面对CNN、BBC、美国国家地理频道、美国国家历史频道这样的国际强势媒体，我国承载国际传播任务的电视频道如何在国际大舞台上站稳脚跟进而拥有话语权？着力打造其国际品牌是重中之重。

2011年1月1日，中央电视台纪录频道(以下简称纪录频道)正式开播，这是我国第一个全国性的国家级纪录片频道，也是我国第一个覆盖全球的中英文双语纪录片频道。开播三周年的纪录频道，以其精品优质的节目，一直受到社会各界和广大媒体的高度评价，获得了海内外观众的广泛关注和充分肯定，已经成长为中央电视台极具代表性的国际品牌频道。

一、中央电视台纪录频道的国际品牌战略

1. 品牌理念和品牌包装

纪录频道从开播之时起就将“全球视野、世界眼光、中国价值、国际表达”作为其核心理念，对内承担着“传播中国文化和核心主流价值观，引领产业发展”的任务，对外肩负着“传递中国文化，打造中国名片”的重要使命，力求以国际化的追求建构积极而正面的中国国家形象。为了更好地适应国际受众的收视习惯，提升纪录频道的国际传播能力和水平，纪录频道在开播伊始便紧紧围绕其品牌理念建立起了一个系统化、立体化、国际化的品牌包装体系，主要包括频道的标识体系和频道宣传片两个方面：

第一，频道标识体系。在电视频道的品牌形象包装中，频道的标识体系是主要着力点。设计一个优秀的频道标识并将其融入到整体品牌构建的各个环节中去才能将电视频道的品牌形象有力而明晰地表现出来。“无处不在的立方体”是纪录频道标识带给观众的最直观体验。将立方体抽象变形后构成的多维立方体，寓意“凡事不止一面，视界决定眼界。多维的视角，多义的表达。彼此多看一面，共同接近真实”。

第二，频道宣传片。宣传片属于价值理念的传达体系，其目的就是要跟观众建立纽带，使其对频道产生好感，让观众对频道的价值观产生认同。2012年12月，在新加坡举行的国际电视设计包装大会亚洲大会上，央视纪录频道的《方鱼群》、《方地球》、《立方展柜》、

---

① 本文系国家社科基金一般项目“新语境下中国广播电视对外传播战略与对策研究”(批准号：11BXW016)的阶段性研究成果之一，亦受到教育部重点研究基地武汉大学媒体发展研究中心项目基金资助。

《立方动物》等宣传片获得了"最佳频道品牌"、"最佳标识演绎"等5个金奖，成为获得金奖最多的亚洲电视频道。这标志着纪录频道的品牌形象日趋国际化，在全球电视机构及相关行业的影响力不断加大。

2. 品牌构建

(1)产业化的运营——品牌构建的前提保障

产业化是纪录频道探索国际品牌构建之路的第一步，这是因为运营模式的创新是纪录频道在国际市场打开局面的首要前提。在以前，我国电视台的纪录片播出多是自产自销，纪录频道开播后，需要大量的纪录片片源以满足播出时长，自产自销显然是不现实的，没有数量庞大且品质优秀的纪录片作品，纪录频道的品牌构建从何谈起？因此，纪录频道自开播以来，就积极地培育国内纪录片制作和营销的主体，旨在形成创意策划、生产制作、销售播出为一体的良性产业链。这样一种运营模式的创新，不仅能促使我国的纪录片市场形成统一且有序、合作又竞争的新局面，繁荣和发展中国纪录片产业，更能为纪录频道的国际品牌构建提供一个可靠的体制保障。

纪录频道的产业化运营主要包括了两个层面的内容：一是纪录频道自身的制播分离运作机制；二是繁荣和发展中国纪录片产业。纪录频道通过购买播放权、联合制作和委托制作等多种方式，不断推进制播分离机制的形成。2011年，纪录频道的片源提供方就包括了新影、科影、浙江台、上海文广、深圳越众公司和良友公司等，并且与14家港台制作机构建立了合作关系。2012年，纪录频道进一步扩大以"委托制作"为主的生产模式，与全国32个省区市的300余家社会制作机构建立了合作关系。2013年7月18日，由中央电视台纪录频道发起，全国100多家纪录片制作机构共同参与的中国纪录片制作联盟正式成立。联盟的成立，将有利于优化纪录片资源整合与共享，大力推动中国纪录片产业化发展。

(2)国际化的理念——品牌构建的核心诉求

纪录频道担负着提升我国传媒国际传播力和影响力，并向国际受众传播全面客观的中国国家形象的重任，要完成这一任务，首先就是要获得国际受众和业界的认可。因此，以国际化理念作为指导，建立起一个具备国际视野的电视频道，是纪录频道品牌构建的核心诉求。围绕国际化理念，央视纪录频道主要从以下几个方面来提升其国际品牌形象：

第一，国际引进。纪录频道开播后，迅速与全球20多个国家的电视制作机构建立起纪录片引进合作关系。开播的第一年，从国外引进纪录片共计近600小时，播出总量超1000小时。目前，纪录频道每年首播量超2000小时，其中约30%为国际引进节目。央视纪录频道总监刘文在接受腾讯网采访时曾提到，"纪录频道中文国内版实行的是一个以进带出的策略，利用引进纪录片和这些国际纪录片机构建立联系。目的是通过他们的制作播出渠道能够打出去，并锻炼出懂得国际化表达、国际化制作和运营经验的团队。"①

第二，联合摄制与合作。"以进带出"的"进"依靠国际引进，那么"出"依靠怎样的方式来达成呢？与国际机构进行联合摄制，是主要途径。与国际纪录片机构进行联合摄制，一方面使得纪录频道创作的纪录片能够在国际一流平台播出，另一方面还能促使纪录频道的创作团队在制作纪录片时更多地以一种国际化视角来讲述中国故事，使作品更加适于国际传播。纪录频道与国际机构的联合摄制主要有这样几种模式：共同投资，纪录频道承制；共同投资，国际机构承制；共同投资，共派团队摄制；纪录频道项目，邀请国际团队；中国纪录片作品国际市场再传播。

第三，建立国际顾问团队。开播的第一年，纪录频道便邀请国际纪录片大师史蒂夫·伯

---

① 专访央视纪录频道总监刘文、学者胡智锋[Z/OL].[2012-02-13].http://henan.qq.com/a/20120213/000205.htm.

恩斯、伊夫·让诺等人担任纪录频道的国际顾问。随着纪录频道的不断发展壮大，来自国际纪录片业界的著名专家和制作人不断加入这个团队，纪录频道现已拥有一支由世界顶级纪录片大师、国际著名纪录片制作人和知名电视媒体管理者组成的国际精英顾问团队。该团队的经验和智慧对于提升纪录频道的国际化、专业化水平具有十分积极的意义。①

第四，参与国际电视节。自开播以来，央视纪录频道积极参与各大国际电视节，在国际舞台充分地展现自己、推广自己，吸引了国际著名纪录片机构的眼球，扩大了纪录频道的国际知名度和国际辨识度。2013 年 4 月，在第 50 届法国戛纳春季电视节期间，纪录频道与法国戛纳电视节组委会联合举办了“纪录频道推介会”、“戛纳电视节 50 周年晚宴”等一系列推介主题活动，在这些推介活动中，央视纪录频道不仅推出了多部高质量纪录片，同时也借助参加国际电视节的机会，直接鲜明地表达了纪录频道的品牌理念，推介了纪录频道的品牌形象。参与国际电视节，成为其提高国际知名度、开拓海外市场的重要途径之一。

(3)精品优质节目——品牌构建的基础内涵

对于走国际化道路，树立国际化品牌的纪录频道来说，精品优质的节目是其彰显品牌特色，角力国际知名频道的最具威力的“武器”。纪录频道自开播以来，始终追求精品化的创作，推出了一系列的精品原创纪录片，如：《春晚》、《故宫 100》、《南海一号》、《京剧》、《丝路》、《瓷》等。值得一提的是 2012 年 5 月播出的纪录片《舌尖上的中国》，它是国内首次使用高清设备拍摄的大型美食类纪录片。这部纪录片由纪录频道中、英文双版在海内外播出，通过精致的画面和轻松的节奏将中国博大精深的饮食文化娓娓道来，并将具有东方智慧的中华文化价值观作为一味“佐料”巧妙地撒入到美食中，撒入到感人至深的人生故事之中。短短七集节目不仅创造了国产纪录片收视新高，也将全世界的目光聚集到了纪录频道。2012 年上半年，凭借着这股“舌尖热”，纪录频道的多部原创纪录片与十几个国家和地区签订合同，实现了央视海外销售的历史性突破。其中，《舌尖上的中国》在海外首轮发行额就达到了 30 万美元，创造了中国纪录片海外发行单集最高的好成绩。

(4)精心编排时段——品牌构建的受众意识

对电视频道进行品牌构建，最终是要使受众了解到频道的品牌形象，因此，充分地站在受众角度考虑问题是品牌构建的题中之义。纪录频道的受众意识充分体现在了对节目的精心编排上。在编排策略上，纪录频道中英文双版都采取了“淡化栏目概念，强化时段编排”的国际通行模式，每个时段针对不同兴趣的受众设置节目内容。这样一种编排策略使观众能够感受到一种与频道的“约会”意识，每到自己喜欢的节目时段，观众手中的遥控器便会主动地转到纪录频道(见表 1)。

表 1　　**纪录频道中文版首播时段编排表②**

时段	主题名称	主要内容
17:30 — 18:00	《人文地理》	主要播出全国各省市电视台制作的优秀纪录片，突出浓郁的地域人文特色。
18:00 — 19:00	《自然》	主要播出中外自然类纪录片精品，展示大自然的神奇瑰丽。
19:00 — 20:00	《万象》	主要播出社会类、人文类纪录片，用真实、立体的人文视角，网罗天下万象，探寻世界多元文化与历史的奥秘。

① 周琦．蓝色立方——中央电视台纪录频道两周年记[J]．中国电视，2013(2)．

② 此表根据目前中央电视台纪录频道各时段节目内容整理得出。

续表

时段	主题名称	主要内容
20:00 — 20:30	《时代》	主要播出社会现实类纪录片，以展现时代活力，引起观众共鸣。
20:30 — 21:00	《真相》	主要播出文献档案类和纪实调查类纪录片，层层揭秘，还原事件的真实容颜，找寻隐藏在现象背后的真相。
21:00 — 22:00	《寰宇呈现》	集中播出引进的海外大片，汇聚全球顶尖的纪录片精品，带领观众踏上寰宇之旅。
22:00 — 23:00	《特别呈现》	云集国内原创经典纪录片作品，展现一个立体的中国。
23:00 — 23:30	《发现》	播出以揭秘为特点的考古、探索类纪录片，让观众越过尘封的历史，去感受文化与传统的精髓。

不同于中文版，纪录频道英文国际版针对亚、欧、美三大时区的不同黄金时段和收视习惯进行了有针对性的差异化编排。目前首播时段为19：00 — 23：00，分为六个大的主题：Top Choice、Humanity and Geography、Portrait of Real Current Life、Special Edition、The Road to Discovery、History Legend。针对亚洲的观众，选择了具有文化共性、能形成共鸣，从而引发受众收视兴趣的节目；针对北美的观众，选择了故事性较强、现实感较强，叙事方式和剪辑手法较快的节目；而针对欧洲的观众，选择了具有一定艺术性和文化性，并且叙事方式及剪辑手法相对舒缓的节目。这样的节目编排方式受到了海外受众的一致好评。①

二、纪录频道优秀作品的国际化改编

前文中提到，精品优质节目是电视频道品牌构建的基础内涵，而纪录频道作为我国国际传播的重要窗口，必须要在传播优秀精品节目的同时，将国际化的理念充分融入到优质节目的创作和播出中，只有这样，才能对纪录频道国际品牌的构建起到积极的促进作用。自开播以来，纪录频道不断推出以中国题材为主要内容的优秀作品，但是，并非所有这些作品一经推出就是适合进行国际传播的，对于一些以深刻的中国历史文化、厚重的中华民族价值观和独具特色的风俗民情等为主要内容的纪录片作品，可能就会出现国内红红火火、国外无人问津的局面。

在我国的国际传播中，受众被分为三类：

第一类是汉语言文化圈受众，主要是指海峡两岸民众以及散居世界各地的懂汉语的华裔和华侨。对于这一类受众而言，由于"血浓于水"的亲情和文化渊源使他们对于中国的历史文化、风俗人情和价值理念都具有很高的认同感和很强烈的接触意愿，因此这些类型的纪录片在他们之中的传播可以起到很好的效果。

第二类是中华文化影响圈内的受众，指的是历史上深受中华文化影响的国家，比如东亚的日本、韩国和东南亚的部分国家。这些国家的受众由于历史和地缘的关系，对中华文化有一定的亲近感，接受起来障碍不大。对于这一类受众而言，纪录频道只需要将中国题材的优秀纪录片作品进行精心翻译就能达到较好的传播效果。

第三类是中华文化影响圈之外的受众，主要是指西方发达国家以及非洲、拉美、中东和南亚的一些国家。这一部分是我国国际传播中范围最大的受众群，对于他们的国际传播，不

① 李苒．纪录频道国际版海外传播现状分析[J]．中国广播电视学刊，2013(2)．

仅要跨语言，更要面临跨文化的问题。纪录频道的一些中国题材的作品，如果直接对这一类受众进行传播，不但会因为无法理解而使传播效果大打折扣，甚至还可能会因为意识形态的原因而产生逆反效果。

对于一些题材共通性不强，但在国内甚至第一、第二类国际受众中都能取得较好口碑的纪录片作品，纪录频道是否就不去向第三类国际受众进行传播了呢？如果不去传播，那么西方受众也就更加缺乏了了解中国悠久的历史文化、民族价值观和风俗民情的渠道，如此一来纪录频道构建国际品牌的最终目的也就难以实现，因此显然是不可行的。如果要进行传播，就要与第一、第二类国际受众区别对待，不能是简单地进行解说词的翻译，而是要强化编码策略，进行国际化改编。

纪录频道在2013年春节期间就成功推出了一部由国内优秀作品进行国际化改编后的纪录片——《透视春晚：中国最大的庆典》(以下简称《春晚》国际版)。《春晚》国际版是对2012年农历大年初一在央视纪录频道播出的五集纪录片《春晚》的延续与提升，它从原有的3600分钟的素材中精心选取了最吸引眼球、最打动人心的部分，经过全新剪辑后，使全片呈现出与原五集纪录片截然不同的面貌。

原有五集纪录片的主题分别为《相约三十年》、《回家过大年》、《共同的追求》、《我要上春晚》和《永远的春晚》，描绘了30年"春晚"恢弘大气的图景，该片获得了第26届中国电视金鹰奖的最佳电视纪录片奖和编导奖。这样一部享誉国内的纪录片，如果拿给海外华人观赏，不会存在很大的接受障碍，但是对于不了解中国文化和中国国情的第三类国际受众来说，片中的很多内容，恐怕不易引起他们的共鸣，甚至对于中华文化影响圈内的第二类国际受众，这类介绍中国新民俗的作品也可能不会产生较好的传播效果。为了便于国际传播，《春晚》国际版对原片的诸多方面都做了不同程度的调整、补充和改造，使之更适合国际观众的口味。通过对前后两个版本的《春晚》进行比较分析，本文主要从以下几个方面对《春晚》国际版的改编情况进行一个总结：

第一，叙事主体的改变。比较两个版本的差异，首先最直观的感受就是两部作品在叙事主体上存在着明显的不同。原版将叙事视角放在了"春晚"这一主题上，力求全方位呈现"春晚"幕后故事，给观众带来了一个熟悉而又陌生的"春晚"。而人物的故事在作品中则是陪衬，通过不同人物的故事去呈现"春晚"的方方面面，"通过对每次节目台前幕后的碎片化展示和专家点评让'春晚'这一抽象的主题变得具体而清晰，而单个人的命运则因为碎片化的处理而变得模糊。"①《春晚》国际版则精心选取了四组主要人物，以他们的"春晚"故事作为作品的叙事主体，"春节"和"春晚"则作为一个大的背景与这些人物的故事联系起来。舞蹈家杨丽萍的优美舞姿作为一种艺术形式是没有国界的；反串歌手李玉刚台上台下的巨大反差给他的故事带来极大的戏剧效果；美籍华人胡志启作为片中唯一讲英文的主人公，他的梦想与坚持给西方观众带来一种亲近感；塔沟武校的孩子们在辛苦练习后仍没有登上"春晚"舞台进行表演的失落和伤感，也是无论哪国观众都可以充分感受到的。这样一种叙事主体的选择，使国际观众愿意观看也易于了解这部纪录片。与此同时，《春晚》国际版也没有抛弃向国际受众讲述"春晚"这一文化现象的重要性的使命。通过主人公的"春晚"故事，辅以背景资料和相应的人物采访，国际受众能从另外一个角度了解到"春晚"对于中国人的重要程度。

第二，叙事手法上的国际化策略。《春晚》国际版在创作手法上，完全借鉴了目前国际纪录片流行的叙事手法。由国家地理频道的团队进行再版改编后，全片采用了故事化的叙述策略，这样的叙事策略，在片中体现得最为明显的就是跌宕起伏的故事情节和精心设置的悬念。塔沟武术学校的学生受邀排练"春晚"节目《年夜饭》的故事就充满了跌宕起伏。原版中

① 王庆福．中西纪录片版本差异——央视版纪录片《春晚》与国家地理版《透视春晚》比较分析[J]．中国电视，2013(6)．

对这一节目的难度介绍主要由一些相关人物，如团长、导演等在采访中说出，而《春晚》国际版充分运用孩子们整个排练过程中挥洒汗水、意外受伤的画面来告知观众他们要表演的节目难度很大。最后这一节目的落选，既是整个故事的结束，也掀起全片的一个高潮。设置悬念也是故事化叙事的重要手段，它能够有效吸引观众的注意力。在《春晚》国际版的开篇，就运用解说词设置了悬念："这台综艺晚会，保持着全球收视人口最高以及参演人数最多的纪录，然而其中有着怎样不同的幕后故事，表演者是怎样脱颖而出的，是什么让这台晚会经久不衰，要如何留住日益挑剔的中国观众？对于中央电视台来说这是一项艰巨的任务，但对于表演者来说，这是一次千载难逢的机会。"这里，解说词将对"春晚"的相关背景的介绍融入到作品的叙事技巧中，一连串的问句既设置悬念吸引了观众，也使观众对"春晚"有了一个初步的了解。这样的悬念设置，在每一个故事中也有体现，比如美籍华人胡启志的父母突然出现在排练现场的惊喜，以及对塔沟武术学校的孩子们在长期辛苦和努力之后焦急等待最终结果的描述等等。

第三，素材选择上的跨文化意识。由于文化差异的存在，三十年春晚上的众多的节目素材，也需要进行一些必要筛选，才能使"春晚"这样一种陌生的文化内容被处于另一种文化内的受众所接受。在《春晚》国际版中，没有涉及语言类的节目，创作改编者所选取的，大多是进行舞蹈、戏曲、杂技等肢体表演的人物。舞蹈、戏曲、杂技这一类节目，主要通过演员的肢体语言来呈现，对于国际受众来说，能比较容易地接收到这类节目所要传达的信息，因而可以起到较好的传播效果。而中国特有的相声艺术，以及每年春晚都占据很大篇幅的小品节目，虽然很受国内以及海外华人观众的欢迎，但对于第二和第三类国际受众来说，语言的差异会直接影响到传播的效果，进而增加文化折扣。

纪录频道此次纪录片《春晚》的国际化改编，作为一个成功案例再次体现了其品牌构建中的国际化理念，同时也为之后国内优秀作品的国际化改编提供了一定的借鉴和指导意义。但从长远来看，纪录频道体自身还要学会向西方表达自己的故事，争取话语主动权，在优秀作品的国际化创作中不再是依赖西方媒体的改编，而是真正以一个国际知名媒体的形象，客观全面地以世界眼光来表达中国故事。相信当前的这样一些国际化的合作，都会给未来纪录频道独立地进行更多优秀作品的国际化改编提供有益启示。

三、纪录频道未来国际品牌构建的新媒体战略

不可否认，越来越多的人使用电脑和手机的时间已经超过使用电视的时间，互联网和手机等新媒体平台越来越成为大众接触信息的重要渠道。因此，新媒体技术对于纪录频道的国际品牌构建具有十分重要的作用。从目前的情况来看，纪录频道对于新媒体技术的利用还处在一个浅层阶段，主要是利用互联网进行相关受众调查和依附 CNTV(中国网络电视台)进行节目的网上播放。从当前的新媒体环境出发，笔者提出以下几点拙见，希望能对纪录频道未来的国际品牌构建之路起到一定的积极作用。

1. 与视频网站的合作

网络、手机等新媒体的兴起与普及，已经深刻地影响到了纪录片这种艺术形式的制作和传播。就目前纪录片的新媒体传播平台来看，网络纪录片频道的传播能力最为壮观，它以门户网站或是视频网站的资源为依托，在整合已有视频资源基础上，购买或自制纪录片组建纪录片频道。纪录频道依托 CNTV(中国网络电视台)，有自己的网络播出平台进行同步直播和即时点播。但是，不论从广度还是深度上，纪录频道都没有充分地利用起视频网站这一新媒体平台。

目前，国内的几家知名视频门户网站的纪录片频道都已基本成型。通过浏览和梳理笔者

发现，基本上每家视频网站的纪录片频道都开辟了与传统媒体或纪录片制作机构的合作专区：搜狐视频纪录片频道，其厂牌合作专区包括 BBC、美国国家地理频道、英国独立电视台、央视纪录频道、真实传媒、CNEX 和清影工作室；爱奇艺纪录片频道合作专区包括北京电视台纪实频道、CNEX、BBC 等；新浪视频纪录片频道在搜索选项的按来源分类中，列出了包括 BBC、美国国家地理频道、美国国家历史频道、京视传媒和上海纪实频道在内的几家传统媒体；凤凰视频纪录片频道的品牌栏目专区就包括了 BBC、北京电视台纪实频道和加拿大国家电影局。可以看到，国内知名视频网站的纪录片频道基本上都开辟了 BBC、美国国家地理或美国国家历史等世界知名纪录片频道的专区。国内一些地方电视台，例如北京电视台纪实频道，在各大视频网站上的"出镜率"也较高。这样一些合作，或是视频网站向传统媒体主动寻求，或是传统媒体本身扩展传播渠道的战略，一方面使视频网站获得了大量片源，另一方面也让一些世界知名纪录片频道或者地方媒体的纪录片频道在中国市场上的品牌知名度不断提高。相比较而言，纪录频道在各大视频网站上却出现得很少。在国内，纪录频道不能仅仅依靠 CNTV 这一个网络平台，而是应该寻求与更多视频网站的合作，提升其品牌知名度。这样的合作也是为纪录频道提升其国际品牌的知名度所做的热身，面对诸如 BBC、美国国家地理频道、美国国家历史频道的节目在国内视频网站占据大片江山的现状，纪录频道应该考虑这样一个问题：如何寻求与国际知名视频网站或他国知名视频网站的合作，以提升其国际品牌知名度。

YouTube 是世界上最大的视频分享网站，网站借由 Flash Video 来播放各式各样由上传者制成的影片内容，包括电影剪辑、电视短片、音乐录像带等。YouTube 上大部分影片是由个人自行上传，但也有一些媒体公司如哥伦比亚广播公司、英国广播公司与 YouTube 有合作伙伴计划，上传自家公司录制的影片。从创立至今，YouTube 与传统媒体、其他新媒体之间都在不断地寻求与对方的合作。

2007 年，BBC 与 YouTube 签署合作协议，为后者提供新闻和娱乐短片，而 YouTube 开辟了三个专门的 BBC 频道，包括一个新闻频道和两个娱乐频道。通过此次合作，BBC 增加了在互联网上的知名度，进一步增加了 BBC 官方网站的读者人数，使其国际品牌知名度进一步提升。

2012 年底，YouTube"原创频道"计划进入亚洲地区，日本 13 家合作商开始为 YouTube 提供原创视频内容，用户可以通过网络及各种设备进行观看。日本新增原创频道可以推动 YouTube 成为日本独特视频节目的中心，同时也为日本艺术家向国际观众宣传自己、增强品牌效应提供了途径。YouTube 也表示称日本原创频道将会走向全球。

2012 年 1 月 17 日，酷 6 宣布与 YouTube 达成协议，允许海外用户通过 YouTube 的合作频道浏览国内的原创视频，酷 6 与 YouTube 的合作频道已经正式上线。酷 6 传媒 CEO 施瑜在接受新浪科技专访时说道："之前 YouTube 更加注重从普通用户那里获取内容，而从去年下半年起 YouTube 开始尝试性地与一些大型公司合作。我们合作频道的主题名为'酷 6 带你看中国'，我们想要通过这个合作把中国人的创意和文化带到 YouTube 上，拓展面向国际市场的内容，在全球华人中树立品牌。"①

通过 YouTube 公司的几个合作案例我们不难看出，纪录频道与其开展合作的可行性是很高的。不管是 YouTube 与他国电视频道的合作还是与我国新媒体之间的合作都证明，YouTube 在与他国媒体的合作共赢上具有一定经验并且有很高的积极性，其开展的"原创频道"进入亚洲地区的计划也为纪录频道提供了一个良好的契机。纪录频道应该充分抓住机遇，积极与 YouTube 公司洽谈，争取能使纪录频道制作的节目早日出现在 YouTube 的页面

---

① 酷 6 首谈与 YouTube 合作详情[EB/OL]．[2013-03-09]．http：//tech. sina. com. cn/i/2012-03-09/14346820496. shtml.

上，并最终开辟专门的合作频道。

2. 交互式网站的建设

新媒体之所以发展迅猛，除了符合公众对信息基本的时效性期待外，更为重要的胜出原因在于新媒体用户通过参与式体验能获得从传统媒体中得不到的心理满足。如果将这种参与式体验引入到传统媒体中，将大大增强其品牌竞争力。正是在这种思路下，本文力图以 CNN iReport 的成功经验作为启示，探讨在新媒体环境下，纪录频道建设交互式网站的可行性。

CNN iReport 始于 2005 年卡特里娜飓风肆虐美国多个州的那段时期。在对受灾情况的报道中，CNN 创新性地尝试使用公民新闻，在其网站上开辟了一个叫做“公民记者”的栏目，鼓励民众将自己的飓风故事上传到 CNN 的网站，并且说明公众上传的各种素材将可能用于 CNN 的常规新闻报道中。这一尝试获得了极大好评，公众积极参与其中，CNN 也获取了不少其他媒体难以得到的新闻素材。此后，CNN iReport 的发展势如破竹，CNN 也将该栏目充实成为一个相对独立的网站。CNN iReport 的一大优势就是在国际传播中使用大量的 UCG (User Generated Content，用户提供内容)来与国际受众建立起情感联系，强化用户对于该媒体的归属感。

由此我们再来探讨当前纪录频道建设交互式网站的可行性。交互式新媒体让每一个人都成为社会的观察者和信息的发布者，新技术的发展、播出平台的扩展以及日常记录意识的提升让“草根”拍摄纪录片的规模不断扩大，纪录片不再被官方所垄断，“全民记录”时代已然到来。这也为纪录频道借助 UCG 模式来建设交互式网站提供了最大的可能。通过纪录频道的交互式网站，世界范围内的受众都可以将自己拍摄的纪录片甚至仅仅只是相关记录素材上传分享，并在相关板块中与大家进行讨论。在具体建设过程中，CNN iReport 的一些成功经验是纪录频道需要注意和借鉴的：

第一，精心梳理。对于当日上传的纪录片素材，都需要有专职工作人员按类别或长短进行精心梳理。对于最受关注的视频，应放到网站最显著的地方，并配上相关点评。这一点需要极大的人力支持。

第二，技术指导。从当前“全民记录”的一个整体情况来看，“草根”原创尚处于一个业余、粗糙、原生态的层面，大多数网民上传的纪录片还都是对生活的日记式记录，整体制作水平还需要进一步提升。CNN iReport 为保证其新闻素材的质量，特意为有意愿提供新闻信息的用户提供了一个叫做“iReport Toolkit”的工具包，教授一条新闻所应具备的要素以及拍摄照片、视频以及采集录音时的一些注意事项。鉴于此，纪录频道的交互式网站也应该提供这样的服务，教授一些拍摄纪录片的基础知识，如摄像机和剪辑软件的使用等等，甚至可以用网络课堂的方式进行视频教学。

第三，及时反馈。对于用户上传的纪录片或素材，网站应该对其进行审查和编辑并及时将编辑后的内容发回给上传者，使其得到及时反馈。同时，为了鼓励大家上传作品，应该建立起一套奖励机制。CNN iReport 就有一套测评体系来评价公民新闻的良莠，并将其中表现优秀的作者标上明星头衔作为激励手段。

第四，台网联动。由于有纪录频道这样一个传统电视媒体作为背景，网站的用户当然会希望自己的作品能出现在电视上。纪录频道应借鉴 CNN iReport 的经验，在其频道内开辟一个周播或月播的专门版块，以播放网站中上传的优秀作品。这样一方面更加激励了网站用户上传作品的积极性，另一方面也扩充了频道的片源。

在交互式网站这样一种及时、有效，并且带有很强的激励效应的新媒体平台中，受众对于纪录频道的品牌认同感将会被构筑，这将有力地加强受众对于纪录频道所传播内容的感知能力和价值认同，同时受众也会更积极地参与到纪录频道的生产过程中去。

3. APP 应用的开发

APP 是英文 Application 的简称，是指智能手机和移动终端设备的第三方应用程序，统称“移动应用”。随着智能手机的普及，APP 作为智能手机的第三方应用程序，已经逐渐把我们带入一个习惯使用 APP 客户端上网的时代。APP 应用无疑已经成为了企业的一个很好的营销工具，企业通过开发自己的 APP 应用来“占领”手机桌面或平板电脑桌面这样一些新媒体窗口，它是打造自身品牌和提升网络知名度的一个重要渠道。并且，一个好的 APP 应用能够以最低的成本给企业带来最高的收益。当前 APP 应用的来源中，传媒集团或公司占了很大一部分。其中传统媒体以纸媒为代表，所开发的 APP 应用中有大家所熟知的《南方周末》、《南方都市报》、《人民日报》和《财经》等；新媒体以各大互联网公司为代表，开发的 APP 有搜狐视频、爱奇艺视频、新浪微博、微信等。相比纸媒，电视媒体在 APP 应用的开发上显得没有那么积极，目前苹果应用商店中以电视媒体为母媒所开发的 APP 应用主要是中央电视台的 CNTV（中国网络电视台）、央视新闻、央视体育和 CMTV（中国手机电视台）。

从受众细分方面来看，央视开发的 APP 应用已经有了以 CCTV-1、CCTV-13 为内容支撑的央视新闻和以 CCTV-5 为内容支撑的央视体育。然而，纪录频道目前还没有开发出自己的 APP 应用，反而是视频网站爱奇艺的纪录片频道于 2012 年 11 月率先推出了首个纪录片独立 APP 应用——爱奇艺纪录片。因此，纪录频道应该将推出自己的独立 APP 应用作为提升其国际品牌竞争力的一项重要战略来尽快付诸实践。借鉴当前纸媒开发的众多新闻类 APP 和爱奇艺推出的纪录片 APP 的经验，纪录频道在开发自己的 APP 应用时，应该在以下几个方面有所注意：

第一，坚持以原创作品为主体。纪录频道要将 APP 应用作为提升其国际品牌竞争力的一个重要窗口，就要坚持以原创作品作为 APP 应用中的内容主体，辅以世界优秀纪录片作品。由于传媒业开发的 APP 应用中的内容基本上还是来自于其母媒，因此在原创作品这一方面，纪录频道显然比爱奇艺纪录片更有优势。目前视频网站的纪录片频道的原创作品还比较少，基本上都是靠引进和购买版权，因此能提供给 APP 应用的原创内容也就比较少。

第二，注重个性化和社交内容的整合。目前的 APP 应用在个性化和社交内容上还处于一个探索阶段，若在这一方面有所突破，将会是一个很大的竞争优势。比如在 UGC 模式的运用上，纪录频道的 APP 就可以作为前文提到的交互式网站中上传作品的一个展示窗口，同时还可以作为手机拍摄作品的一个上传平台。在自行设计栏目上，则可以借鉴爱奇艺纪录片等 APP 的经验。还有诸如投票、点赞、转发至微博或 QQ、用户社交板块的设计等都需要加以考量。

第三，注重细节设计，降低使用难度。对于一款 APP 应用来说，能否让用户使用起来感觉方便舒适是其是否成功的重要指标之一。纪录频道在开发 APP 时，应注重诸如自动适应屏幕、栏目导航、纪录片检索、视频收藏、离线下载等细节的设计，力图使用户在使用 APP 时感到快捷便利。

一款好的 APP 应用不论从内容的传播、品牌的推广还是忠实观众的培养上都对纪录频道的国际品牌构建之路具有积极的推动作用。在这个科技日新月异的时代，电视品牌的构建与企业品牌建设一样，永远需要与时俱进。而 APP 应用必然会成为电视媒体在新媒体环境下迎接挑战的必备功课，需要每一个电视人去面对。

四、小　　结

在国家文化“软实力”被不断提起，其重要性不断增强的今天，如何提高我国传媒的国际传播力是一个亟待解决的现实问题。作为我国对外传播先锋队伍的电视媒体，要从电视频道的国际品牌构建着手，不断提高电视台的国际品牌形象，从而担负起提高我国传媒国际传播力的重任。

央视纪录频道开播三年来，其国际品牌战略已初见成效，频道在国际上的品牌形象不断提升，品牌价值得到了国际市场的认可。纪录频道的品牌战略对于我国电视媒体提升国际传播力具有积极的指导意义和借鉴价值。产业化的运营模式，从制度创新层面给其他电视媒体带来一缕清风；国际化的核心诉求，从理念层面对我国电视媒体的国际化操作提供了更多的指导；以精立本和立足受众，更是把频道品牌建设的基本内涵摆到了我国电视媒体的面前。但是我们也应该看到，纪录频道在国际品牌的构建中，仍存在一些问题需要注意和完善，未来还有更多的挑战需要去面对。这些问题和挑战，同样也是我国其他电视媒体应该深入思考的，在当前国际环境下，我国电视媒体的品牌构建之路任重而道远。

【参考文献】

[1] 胡智锋，刘俊．主体、诉求、渠道、类型：四重维度论如何提高中国传媒的国际传播力[J]．新闻与传播研究，2013(4)．
[2] 郭蔓蔓．电视频道品牌包装艺术[M]．北京：中国广播电视出版社，2006．
[3] 刘燕南，史利．国际传播受众研究[M]．北京：中国传媒大学出版社，2011．
[4] 张道同，胡智锋．2012 年中国纪录片发展研究报告[J]．现代传播，2013(4)．
[5] 刘文．中央电视台纪录频道品牌建设的若干思考[J]．电视研究，2012(8)．
[6] 白燕燕．基于 3C 战略的央视纪录频道品牌战略定位分析[J]．渤海大学学报，2012(4)．
[7] 田源．从国际合作看央视纪录频道的品牌构建[J]．现代传播，2012(9)．
[8] 周琦．蓝色立方——中央电视台纪录频道两周年记[J]．中国电视，2013(2)．
[9] 程曼丽．中国电视对外传播的品牌战略[J]．电视研究，2010(3)．
[10] 李宇．“文化中国”视角下的电视对外传播——以中央电视台纪录频道为例[J]．对外传播，2013(4)．
[11] 宋青．优质节目助跑收视狂飙——CCTV 纪录频道传播价值解析[J]．广告人，2013(8)．
[12] 周艳．论央视纪录频道品牌建设与传播的创新[J]．现代传播，2013(6)．
[13] 专访央视纪录频道总监刘文、学者胡智锋[Z/OL]．[2012-02-13]．http://henan.qq.com/a/20120213/000205.htm．
[14] 李苒．纪录频道国际版海外传播现状分析[J]．中国广播电视学刊，2013(2)．
[15] 程曼丽．中国电视对外传播的受众观[J]．新闻与写作，2010(8)．
[16] 王春丽．从《春晚》国际版看中国题材纪录片国际传播策略[J]．中国广播电视学刊，2013(4)．
[17] 张国涛，苟博，李艳．中国故事的跨文化表达与国际传播——解析纪录片《透视春晚：中国最大的庆典》[J]．现代传播，2013(3)．
[18] 王庆福．中西纪录片版本差异——央视版纪录片《春晚》与国家地理版《透视春晚》比较分析[J]．中国电视，2013(6)．
[19] 酷 6 首谈与 YouTube 合作详情[EB/OL]．[2013-03-09]．http：//tech. sina. com. cn/i/2012-03-09/14346820496. shtml．
[20] 高山冰．CNN 新媒体品牌塑造分析[J]．电视研究，2011(9)．
[21] 徐展．当纪录片遇见新媒体——解读纪录片的跨媒体生存[J]．声屏世界，2013(1)．
[22] 何苏六，李智．2012：中国纪录片在新语境中开启新征程[J]．中国广播电视学刊，2013(2)．

【作者简介】

刘娜，英国伯明翰大学博士，武汉大学新闻与传播学院副教授。

李思康，武汉大学新闻与传播学院2013级研究生。

我国国际传播人才教育及其发展态势探析①

张楚楚

随着通信技术的发展以及大数据时代的来临，移动电视、网络电视、手机电视和公共视频载体等新媒体不断涌现，一定程度上冲击着传统的广播电视系统。但是从另一方面来说，新媒体与传统广播电视系统的融合，催生了广播电视传播形态和传播方式的改变，使得整个行业更有活力。而如何在媒体融合的形势下进行有效的国际传播，是我国广播电视系统要面临的重大问题。

打造具有全球影响力的世界级媒体，建立一支强有力的国际传播人才队伍，是我国提升国际传播能力的不二选择。传播的关键是“人”，在国际传播中，要实现一次良好效果的传播，国际传播人才至关重要。人才的多少，属于我国国际传播的“硬实力”，而人才的素质，决定了国际传播“软实力”的高低。传播人才对于国际传播的贡献无法忽视。下面就对我国国际传播人才状况进行一个简单的梳理。

一、我国国际传播人才缺失现状

我国的对外交流互动越来越频繁，理论上从事国际传播的人才也相应需要大幅度上涨，但是现实却往往不尽如人意，在广播电视方面具体表现为：国际传播人才短缺，数量少、质量低。

首先是数量少。随着国内广播电视频道化，许多组织机构合并或撤销，一些专门的外宣机构也被波及；同时，新语境下网络媒体对传统广播电视系统的冲击，一些传统栏目被迫取消。这样的现状使得一些传媒精英选择加入到体制更为灵活的新媒体或者另谋他路。据统计，中国国际广播电台20年流失专业技术干部627人。② 广电海外布局态势扩张，国际传播人才数量却逐渐减少，这是困扰我国国际传播的重要问题之一。

其次是质量低。国际传播人才所要具备的素养主要有新闻传播知识、良好的英语表达能力和对各个国家的历史文化的了解，而目前我国国际传播机构中大多数人才都是“专才”，而非“一精多专”的全才；再者，我们从CCTV-4和CCTV-NEWS等电视频道中都可以看到，大部分的驻外记者都非常年轻，年龄集中在25~40岁之间，缺乏进行国际报道的经验，人生历练也较少，这使得他们在出镜时的无法避免表达的苍白、浅薄，让一些文化类节目缺少涵养，更不用说重大的时事政治类报道。

人才的质量低是制约我国国际传播能力的最为重要的因素。众所周知，我国的国际媒体中，从业者大多数是国内各大院校所培养出的“专业型”人才，这些“专业型”人才在素养和实践方面的缺失与我国的新闻传播教育不无关系。

---

① 本文系国家社科基金一般项目“新语境下中国广播电视对外传播战略与对策研究”（批准号：11BXW016）的阶段性研究成果之一，亦受到教育部重点研究基地武汉大学媒体发展研究中心项目基金资助。

② 李瑞．中国传媒人才短缺浅析[N]．中国新闻出版报，2013-04-09.

二、我国国际传播教育进程

传播学孕育于 20 世纪初，于三四十年代诞生在美国。19 世纪报业的形成，新兴的广播、电视、电影等媒介的出现推动了人们对大众传播的科学认识，也催生了这一学科。1947 年，在威尔伯·施拉姆的主持下，伊利诺伊大学厄巴纳——香槟分校的传播学研究所正式成立，意味着国际上传播学教育正式独立。① 纵观美国的新闻传播教育，至今已经有百余年历史，在漫长的时间中，美国的新闻传播教育培养出了许多杰出的新闻传播人才，积累了众多的国际传播经验。

反观我国的新闻传播教育，起步晚是不争的事实。并且由于历史原因，造成我国在国际上长期“失声”的局面。直到改革开放后，我国与世界接轨，国际传播教育才被提上议程。1982 年，我国正式开始国际新闻专业化教育。2009 年才开始在清华大学、中国传媒大学等高校开展试点，招收国际新闻传播硕士研究生。②

在近 30 年的时间里，我国各大媒介机构与部门也逐渐拥有了一批优秀的国际传播人才，然而传播人才的培养，追根究底是一个长期的、综合的、系统的工程，而各大高校的国际传播人才专业、课程设置以及人才的教育模式，是关系国际传播人才是否合格、是否优秀的关键因素。

三、我国国际传播教育中的问题

根据目前我国各大高校的国际传播人才培养的状况，文章所指的国际传播人才教育主要体现为各大高校的新闻传播学院或者传媒院校所进行的关于国际传播、国际新闻等相关专业的人才培养。

纵观我国的国际传播人才教育现状，国际传播在专业、课程和实践教育上面临着以下问题：

第一，就专业设置而言，国际传播专业设置单一化，与其他专业的交叉融合率低。

由于我国的国际传播学科体系尚不成熟，其在国内各大高校的专业设置主要是作为新闻传播学下属的专业方向开设课程，以北京大学、复旦大学等高校为代表。少部分的学校虽然没有该专业设置，但是在国际关系学院、国际文化与交流学院等有某些相关的课程涉及。这使得国际传播与其他专业如文、史、哲、经济、管理等融合较少。

再者，良好的英语水平和对其他国家历史文化民俗风情的熟悉，是国际传播人才的必然要求，但由于专业设置的不合理，使得有志于从事国际传播的人只能通过双学位或者自身努力来学习这些广袤的知识，最后导致人才质量不高。这种整体上“济济一堂却又单打独斗”的专业设置，呈现出我国多样学科的繁荣发展态势，却在另一方面成为培养综合型人才的羁绊。国际传播专业设置的单一化和难以与其他专业进行方便的交叉融合，是我国在培养综合型的国际传播人才方面的瓶颈。

第二，就课程设置而言，国际传播课程设置整体上数量少，理论型课程居多，精品课程集中在少数名校；

全国高校中，国际传播课程设置较好的主要是中国传媒大学以及一些外国语大学。

中国传媒大学由于建立了单独的国际传播系，所以在课程设置上丰富多样，如研究生课程有：新媒体传播形态研究、世界政治与中国外交、跨文化传播研究、国际热点与国际舆

① 吴信训．世界新闻传播教育百年流变[J]．新闻与传播研究，2009(6)．

② 贺明华，林忠．中美国际传播人才培养课程比较[J]．东南传播，2012(5)．

论、国际新闻采写等。这些课程的设置虽然不能说尽善尽美，但是一定程度上为国际传播人才的培养打下了良好的基础，学生可以加深对全球时事政治的了解，对西方文化的涉猎更为广泛，但是从中我们也能看出，理论型课程居多，实务型课程较少，学生可能对国际传播的相关理论知识总体把握不错，但从另一个方面对如何运用媒体如广播电视、纸媒等进行国际传播的技巧等却不是很熟练。而类似北京外国语大学、上海外国语大学，则是依托于本学校的语言优势，进行语言与国际传播相结合的教学方式，如上海外国语大学新闻传播学院的广播电视新闻学(英语)专业的课程，要求所有的学生对英语的听说读写有良好的掌握，辅之以广播电视技术基础、广播电视编辑与节目制作、广播电视新闻采访与写作、电视专题与电视栏目、外国广播电视事业等课程。

但是从整个国内情况来看，大多数的学校仅仅是把国际传播当成一个分支方向，所以其课程设置主要围绕传播学和新闻学，对学生进行国际传播概况、国际新闻采编技巧的浅显教学，而非类似于以上大学的系统教学。这在一定程度上限制了大多数学生对于国际传播知识的深入掌握，造成我国国际传播人才的良莠不齐。

第三，就教育模式而言，教育与行业脱轨，缺乏长效联动机制。

根据国际传播对人才的要求，主要集中在全球时事政治、各国文化的了解，英语以及传播技巧的掌握这些方面，这在客观上决定了我国的国际传播教育模式依旧是“国情教育+融合新闻业务+外语+媒体实习”的四大块。① 在这个教育模式中，前三部分主要是知识的获取与涵养，而所有的铺垫最终都要归结到实践——媒体实习，但是目前我国关于国际传播教育的发展现状却不容乐观。

由于国际传播的高要求性，一般在校的广播电视专业的大学生在实习时都无法进入国际性媒体观摩和实践，而毕业后倘若进入了新华社等媒体，没有多少实战经验却可能被外派。这样的国际传播队伍与国际传播的强实践性以及当下新媒体语境下受众的需求是相背离的，长此以往必然会削弱我国的国际传播实力。

除了教育与行业脱轨，大部分的高校的新闻传播学院与媒体双方联动的长效机制建立一直处于空白期。如广播电视专业的学生很少有机会进入 CCTV-NEWS、CCTV-4 等国际媒体实习，实习结束后留下任职的机会也十分渺茫。

四、国际传播人才培养的对策

针对我国国际传播教育方面出现的问题，综合对国际知名高校在国际传播的专业、课程设置以及实践教育的具体措施的借鉴，为我国未来的国际传播教育提出一些对策和建议：

第一，在专业设置上：增加融合率。

首先是学校自身专业设置方面的融合率。专业的融合率包括同学科下多种媒体的融合以及不同学科的交叉融合。在第一个方面，多媒体的融合有助于我国高校国际传播人才使用多种媒介的复合能力，这和媒介融合的趋势以及新语境出现的态势密切相关。如密苏里大学在 2005 年开始就有相关的“媒介融合”专业设置，而我国高校的新闻传播学院在本科层次依旧没有把网络传播、大数据传播等纳入到学科学习中，在研究生层面也仍是单一的专业设置，专业呈现出“融而不合”的样貌。

在第二个层面，也就是关于不同学科的交叉融合，我国大部分高校的国际传播专业没有针对性的培养计划。在这方面我们可以借鉴哥伦比亚大学新闻传播学院的双学位设置，针对新闻，共有五个方向的专业合作——新闻与法学、新闻与国际关系、新闻与商业、新闻与环

① 史安斌．论我国对外传播事业的“短板”与国际新闻传播人才培养模式的创新[J]．新闻界，2012(14)．

境科学、新闻与宗教学①，目的是要进一步培养已经具有专业基础的记者，增加其在法律、商业、科学以及文艺等各方面的综合知识。这种交叉型的跨专业融合，能拓宽国际传播方向学生的知识面，培养他们的特定兴趣，为学生以后从事国际传播工作打下坚实的基础。

另一方面，学校可以通过跨国跨校的方式与其他学校进行合作，增加专业的融合率，目前我国个别高校已经有这方面的措施，如 2012 年 3 月 22 日，厦门大学新闻传播学院与美国密苏里大学新闻学院正式签订"新闻传播学科本科双学位联合培养项目"的"2+2"培养模式。② 本科生在厦门大学新闻传播学院学习两年后，经过选拔可以赴美国密苏里大学新闻学院进行学习，结业后获得两个学校的学士学位。这样的尝试让学生在经历国内的国际传播培养的同时，体验国外的传播培养模式，拓宽学生的国际视野。

第二，在课程设置方面，策略是在国际传播方向增开一些关于世界形势通识、语言，以及利用各种形式的媒介来进行国际传播的针对性课程。

纵观我国国际传播在课程设置方面出现的问题，主要原因是课程设置的理念过于保守，针对实践型人才培养的目的不强。所以关于国际传播的课程设置理念，必须随着我国的国际传播能力增强的要求，逐渐转变成为：开拓学生的国际视野，理论结合实践，培养复合型人才。

随着课程设置理念的转变，课程设置方式也必须进行适应性变革。在课程方面对策如下：

首先，增加世情教育。

目前在我国大多数高校中，国际传播方向所开设的课程也都是集中在对我国国情的了解，缺少对世界整体形势状况的分析。而我国要进行有效的国际传播，前提是扭转"主观"的传播思维，站在"客体"的角度进行思考，开拓学生的国际视野。所以，在各大高校的课程设置上，应该增加世界形势的相关课程，培养学生的国际视野和国际传播理念。如悉尼大学的媒体与实务硕士课程中，其中世情、文化类课程占学习课程的大半部分，包括亚洲流行文化、当代美国媒体、美国新闻、政策与公众领域等。③

其次，对必修课选修课设置合理化。

由于我国大部分学校的国际传播课程稀少，而在国际传播方向开设专门课程的程序较为繁琐，短时间无法实施。其中一个对策就是扩大国际传播方向的选修课，使必修课和选修课的设置合理化。

国外的高校在培养国际传播类硕士时，都是在多种核心课程的选择后，辅之以涉及别类学科的选修课。如密苏里大学新闻学院，其建议本科学生学习的新闻学课程有 15 门，如传播实践、全球传播、广播新闻、国际新闻等课程，这些课程的务实性很强。另外，学校提供的选修课涉及政治、经济、文化、社会各个领域，④ 而我国在进行国际传播方向的学生培养时，必修课大多数是以媒介形式为导向的单一课程设置，如广电、报纸、新媒体的国际传播相关课程，并且选修课可供选择的范围小，课程种类少。

所以，以我国高校的国际传播硕士（广电方向）课程为例，我国学生在选择了国际传播方向的课程之后，可借鉴国外课程设置，在本学院选择关于广播电视制作、编导、艺术鉴赏等课程作为必修课，跨学院选择自己感兴趣的方向如文学、艺术、经济、管理等学科作为选

---

① 哥伦比亚大学新闻学院双学位[EB/OL].[2013-07-26]. http://www.journalism.columbia.edu/page/275-dual-degree-programs/278.

② 我校与美国密苏里大学签订"新闻传播学科本科双学位联合培养项目"[EB/OL].[2013-03-26]. http://zsb.xmu.edu.cn/m_news.aspx?id=852&tablename=m_01_08.

③ 吴信训，张咏华，沈荟. 国际新闻传播名校教育镜鉴[M]. 上海三联书店，2010(6)：183.

④ 贺明华，林忠. 中美国际传播人才培养课程比较[J]. 东南传播，2012(5).

修课。必修课和选修课课程设置的合理化，有助于搭建起学生综合的国际传播视域。

最后，增加务实型课程。

从上文可知，国内各大高校对国际传播课程的设置多以理论型课程为主，这与实践衔接不紧密，延长了学生在进行实际国际传播工作的适应期。这方面美国的密苏里新闻学院可以作为范例，其在培养国际传播的硕士时分为两年以及五年(本硕连读模式)，其中五年(本硕连读模式)的课程模式中，包括：事先无广播从业经验，着重于电视报道；事先无广播从业经验，着重于电台报道；事先无广播从业经验，着重制作；着重电视，具备专业广播所需经验；深度报道，事先具备广播所需经验等方向。① 具体的课程根据有无经验，学生可以有数量多少的选择，课程包括国际问题报道、媒介融合下的报道编辑与市场等众多务实型课程，在每门课程中，学生要学会使用各种新闻制作机器和工具。这种课程模式能使得学生在进入实际的国际传播工作后迅速适应，减少环境转换的疏离感和陌生感。

第三，课外实践上，实现学校和传媒行业的无缝接轨。

针对上文提出的课程与实际脱节的问题，主要有两个对策：

首先，学校主动与对外传播机构进行合作，实现快速的人才实习机会提供，这样不仅能使学生在学校学习到的知识迅速转化成生产力，同时也能为传播机构提供对口的专业型人才。学生在校期间，学校应该积极为学生提供实习国际媒体的实习单位，如哥伦比亚大学新闻学院与全美的纸媒、电视台、电台都有合作，哥伦比亚大学新闻学院的学生在学习或者毕业时都能进入到国际媒体进行实习。倘若我国高校的新闻传播学院也能与国际媒体如中央国际广播电视台、CNTV 等合作，建立完善的及时的人才培养以及对口输出机制，这对于我国的国际传播能力提升将大有裨益。

其次，在新语境下，将理论知识迅速转换成实践，也将有助于提升学生对国际传播行业工作的适应力。这方面我们可以借鉴哥伦比亚大学教学方式，哥伦比亚大学拥有自己的阿乐基广播电视实验室，这个实验室包括了一个隔音的电视新闻工作室，其中包括了一个专业采访区，还有一个配备了三个遥控摄像机、台词提示机的控制室。② 完备的专业广电设置，为学生提供了良好的平台进行实践操作。我国各大高校以后在资金充足的情况下，可以借鉴这一教学模式，进行专业知识的“拟真实践”，不仅有利于学生在上岗前对新闻传播规律的熟悉掌握，还能提前选拔培养出一批合格优秀的国际传播人才。

【参考文献】

[1]陈昌凤．中美新闻教育——传承与流变[M]．中国广播电视出版社，2006.

[2]辛欣，等．中外新闻传播教育发展研究[M]．中国传媒学出版社，2009.

[3]吴信训，张咏华，沈荟．国际新闻传播名校教育镜鉴[M]．上海三联书店，2010.

[4]吴信训．世界新闻传播教育百年流变[J]．新闻与传播研究，2009(6).

[5]贺明华，林忠．中美国际传播人才培养课程比较[J]．东南传播．2012(5).

[6]史安斌．论我国对外传播事业的“短板”与国际新闻传播人才培养模式的创新[J]．新闻界，2012(14).

[7]李瑞．中国传媒人才短缺浅析[N]．中国新闻出版报，2013-04-09.

[8]刘建明．实验教学与广播电视新闻学专业课程设置[R]．中国媒体发展研究报告，2012.

【作者简介】

张楚楚，武汉大学新闻与传播学院 2013 级硕士研究生。

① 吴信训，张咏华，沈荟．国际新闻传播名校教育镜鉴[M]．上海三联书店，2010：74.

② 吴信训，张咏华，沈荟．国际新闻传播名校教育镜鉴[M]．上海三联书店，2010(6)：84.

教育部人文社科重点研究基地武汉大学媒体发展研究中心项目“中西部传媒与社会发展研究”系列成果

西北民族地区舆论传播策略研究

刘俭云

一、问题的提出

在展开民族地区舆论传播策略研究的同时，便涉入了精神交往的深层结构之中，并即刻显现了主流立场引导的大众传播媒体与民族文化交互时的边界与关系问题。在人们感知世界之前，世界是混沌的；而文化的传播和精神的交往则降低了世界的混沌性。一个民族或族群在共同的历史背景长期浸润之下，必然创造出共同的文化精神和生活习俗，形成了内部、外部相互交往的物质基础和精神基础。一个民族或族群在向另一个民族或族群学习的时候，目的不是成为另一个民族或族群，而是在与历史文化的对话中，在与其他民族或族群的对话中，解释自己，丰富自己，并由此凝聚成民族或族群进化前行的动力。主流舆论代表的现代性与民族文化代表的历史性，在交互时的碰撞与融合是一个漫长的过程。马克思和恩格斯指出：“各民族之间的相互关系取决于每一个民族的生产力、分工和内部交往的发展程度。这个原理是公认的。然而不仅一个民族与其他民族的关系，而且这个民族本身的整个内部结构也取决于自己的生产以及自己内部和外部的交往的发展程度。”①应该承认，在世界任何一个民族或族群的发展过程中，物质生产的水平都决定着精神生产的水平，进而决定着精神交往的水平。舆论传播的行为过程，不单纯地依据物质生产、物质交往、精神生产、精神交往的一般性规律；还应该注意遵循物质生产、物质交往、精神生产、精神交往的特殊性规律，注意一个民族或族群所处的不同地理地域、不同经济形态、不同文化背景、不同宗教信仰、不同民族心理等诸多现实存在的因素。担当主流舆论传播主体的大众传媒在代表国家利益、政府利益表达主流舆论的时候，应该对存在着什么、发生着什么、有什么意义、产生何种策略等重大问题加以研究和回答，对现代性信息塑造的“拟态环境”进行选择、平衡和表现，对个体意识中固有的“框架”定式给予尊重、协调和沟通，从而建立起主流舆论被逐渐消解的反制策略。

二、舆论与环境的关系

舆论是一种“社会合意”，是“问题出现→社会讨论→合意达成”的理性过程。媒介作为“公众的精神纽带”，代表民意的舆论具有高度的正当性和合理性。通过大众媒体有选择地报道新闻、传递信息，把社会的注意力和社会关心引导到特定方向，是社会主义中国旗帜鲜明的舆论引导任务；与此同时，舆论成为了一种社会控制机制，而合意达成则是舆论引导的终极目的。舆论机制建立在社会制度、传播制度、民众平等权利等基础上；其中，国家和政

① 马克思恩格斯选集，第一卷[M]．北京：人民出版社，1995：68.

府对舆论的控制是首位的。舆论控制从性质上讲属于外在控制系统，主要以社会力量的强制性作为其发挥作用的基础。意识形态的控制是社会控制的关键所在，而意识形态传播主要是通过大众媒体的舆论引导得以实现的。大众媒体通过反复地向公众传播和灌输代表国家和政府利益的意识形态，从而潜移默化地影响人们的认知结构，形成共同的价值观，从而维护和巩固既有的社会秩序。大众媒体本身是一柄双刃剑，它既能引导受众又可能误导受众，既能整合社会也可能引起社会动荡，大众媒体一旦被歪曲地加以利用，不但起不到社会控制的作用，反而有可能威胁并破坏社会秩序。在社会迅速市场化的时代，以城市为中心的消费主义舆论存在适度遏制的必要。因此，研究舆论与环境的关系不可或缺。“大众传播的基本原则之一就是，观念的改变在大多数情况下都发生在相像的、类似的、同质化的信息来源和接收者之间。同质化指的是，两个相互作用的人在诸如信仰、价值观、教育水平、社会地位等属性上表现出来的相似程度。在同质化的情况下，观念的交流很可能会在知识获取、态度构成，变迁及明显的行为变迁方面更有效果。”①这段话深刻地分析了舆论与环境的关系，分析了处在一种环境中的人或人群接受舆论的意识属性。

甘肃自古以来就是少数民族聚居的自然地理区域，共有 44 个少数民族成分。其中裕固、保安为甘肃特有的少数民族。13 世纪成吉思汗西征时，从中亚撒马尔汗等地被迫东迁的色目人和蒙古人驻扎在甘肃临夏河州的东乡地区，以此为主体，融合多种民族成分逐渐形成的东乡族，原来也是甘肃特有的少数民族。近年，东乡族人西迁至新疆伊犁地区和青海省，越出了甘肃辖区。与此相应的是：20 世纪 30 年代间，由新疆阿勒泰、巴里坤等地经马鬃山、安西一线迁入甘肃境内移动游牧并逐渐定居的哈萨克族，则是距离原住地最东端的哈萨克部族。在甘肃狭长的地理环境中，共建有 2 个民族自治州、7 个民族自治县；据 2005 年全国 1%人口抽样调查数据显示：全省常住的各少数民族人口为 239.97 万人，占全省总人口的 9.26%。这显然是一个多元文化的空间构架，主流舆论的现代性与民族文化的历史性交织在一起，舆论与环境之间关系复杂多样。对这个区域边远民族地区媒介生态环境和媒介素养的了解和调查，是廓清主流舆论引导传播时存在的疑虑和误区的重要管道，民族志框架下的田野信息采集可以提供量化的令人信服的统计数据。

必须讨论的一个问题是：主流舆论在代表国家利益向公民传递信息、形成舆论的时候，中间机构在国家与公民之间所能产生的重要作用。这里所说的中间机构指向了与公民生长、生存环境密不可分的那些机构：家庭、宗族、民族、部族、部落、宗教场所、政府基层职能组织、社区、教育机构等等。它们或亘古地存在在那里，成为血亲联盟的标志，或随着国家体制的变迁，代表由上而下的国家意志。例如从新疆东迁至甘肃阿克塞的哈萨克族，自古以来就是移动迁徙的游牧民族，部落聚合民众的力量非常强大，千百年来的共同文化基础牢固地凝聚着民族的同一性。阿克塞的哈萨克族在整体搬迁成为城镇居民之后，民族、部族、部落的概念依然强大地保留着，与国家体制下的政府基层职能组织、民族社区、教育机构等一起，组成了特殊的舆论合意协调、引导的中间机构。那些在政府基层职能组织、民族社区、教育机构服务的部族成员，担当了国家与公民之间双向沟通的角色，他们对主流舆论的接受、理解和传播，在这些地区构成了非常重要的话语意义。

从舆论与环境关系的角度观察，多元化的民族历史文化有力地构筑了一个民族或族群与另一个民族或族群之间交流、交往的差异性空间，合意达成的理性过程显得缓慢悠长。“社会变迁就是从个人到全球性人类生活里各种层次上(个人、互动、组织、制度、社区、社会、文化、文明、全球性)各种社会现象的改变。但是发生在某一层次的变迁并不一定会影响或牵涉其他层次。即使有影响，其变迁程度和方向也不一定就一致。”②《社会变迁》一书

① [美]史蒂文·瓦戈．社会变迁[M]．王晓黎，等，译．北京：北京大学出版社，2007：205.

② [美]史蒂文·瓦戈．社会变迁[M]．王晓黎，等，译．北京：北京大学出版社，2007：359.

的中文译者们，清晰地指出了社会变迁的不同层次、程度和方向。不可否认，伴随着物质生产和物质交往的现代化，精神生产和精神交往的形式、内容发生变迁的趋势无法避免，但变迁的速度、范围未必一致。当主流舆论运动到这样的环境中时，由同质化的信仰、价值观、知识结构、社会态度构成的受众群体在对信息不加修正地接受之后，信息环境引起的舆论效应所能支撑的时间长度和空间维度成为了变量。换句话说，主流舆论构筑的信息环境存在着被消解的可能性，消解的来源与同质化的精神意识紧密相关。

三、“拟态环境”与框架理论的交互制约

在大众媒体的运动过程中，可以清晰地看到媒介信息传播对社会环境产生的塑造。美国著名专栏作家沃尔特·李普曼把这种由媒介塑造的信息环境称为“拟态环境”。“大众传播形成的信息环境(拟态环境)，不仅制约人的认知和行为，而且通过制约人的认识和行为来对客观的现实环境产生影响。这样一种机制，使得现代环境不仅越来越信息化，而且信息环境也越来越环境化。也就是说，大众传播提示的信息环境，越来越有了演化为现实环境的趋势。”①在这种环境下，能够看到两种社会情境：一方面，大众媒体在科技力持续的推动下，媒介的样式、功能和传播的力度、功用发生了深邃的变化；在数字时代，海量信息以前所未有的深度和广度，汹涌渗透并强劲地打碎了不同民族或族群之间长期缓慢交往、缓慢融合的坚冰。现代媒介的传播运动已经完成了信息一体化、政治民主化、经济全球化的现代话语体系构造。另一方面，由不同经济形态和历史沿革决定并形成的各民族或族群的文化传统，仍深厚而有力地传承接续着。在多元文化共生共存的原则之下，独特的民族或族群话语体系折射出了民族或族群内部文化认同的基础。

必须承认，现代文明或社会主流意识，在推进舆论传播运动，希冀塑造“拟态环境”的时候，与民族或族群的历史和传统文化的交锋在所难免。法国社会学者让·波德里亚在《消费社会》一书中说：“新媒介可以被看成是正在创造现代立场所难以遏止的力量。”②正是在这样一种力量的前提下，媒介在传播深度和广度方面的进步，显露出了现代传播立场的误区和缺陷，那就是社会主流舆论的传播运动与富有历史传统的民族文化展开交互时，必定会不可遏止地产生不同话语之间的相互碰撞和隔膜，并由此限定社会主流舆论渗透的区域以及传播的速度。

从问题的另一个角度出发，强调对多元文化整合的必然性和一致性是绝对的。“我们说文化是整合的，指的是构成文化的诸要素或特质不是习俗的随意拼凑，而是在大多数情况下相互适应和和谐一致的。”③整合是选择和融合，是社会进步的一个过程，抽掉这个过程或忽略这个过程都是错误的。因为这个过程代表了整个民族国家的利益。恩格斯认为：当我们考察“我们自己的精神活动的时候，首先呈现在我们眼前的，是一幅由种种联系和相互作用无穷无尽地交织起来的画面”④。恩格斯这段话的用意说明了精神交往活动的不守恒，它们的组成是由于存在种种联系的，它们的变化是相互交织的；绝对遵守经济基础决定上层建筑的事物发展基本规律，并不影响舆论传播与民族话语之间达成合意的转换。在这样的情势之下，“拟态环境”的正当性和合理性呈现出了和谐的意味，也涉及大众媒体“议程设置”的基本方向。

“框架”作为一个理论概念进入社会科学领域的时间约为20世纪70年代中期。“框架”

---

① 郭庆光．传播学教程[M]．北京：中国人民大学出版社，1991：127.
② [法]让·波德里亚．消费社会[M]．南京：南京大学出版社，2004：12.
③ [美]C. 恩伯，M. 恩伯．文化的变异[M]．沈阳：辽宁人民出版社，1998：47.
④ 马克思恩格斯全集，第二十卷[M]．北京：人民出版社，1971：699.

是一个人们用来认识和解释社会生活经验的认知结构，“框架”无意识地贯穿于个人的社会经验和社会文化的意识之中，也与个人经历的过往事件、情景或物体相交流时的体验密切相关。人们在面对生活中多种框架的相互竞争时，最终会从中产生最高级、最合理的解释。“框架”是主观的、富于变化的；“框架”是对存在着什么、发生了什么、有什么意义等问题进行思考的内置系统，是在这些问题进行选择、强调和表现时所使用的行为准则。

本文对框架理论的关注和使用，出自于社会学研究的角度，即认为“框架”是影响人们诠释事件意义的一套概念系统或行为策略。观察一下，现代史学的一些观点也强调了“框架”的作用：只有那些记载传承并存在于人们头脑之中的历史事实，才是过往历史再现的象征和影响人类文化精神的象征。美国历史学家卡尔·贝克尔在一篇论文中说：“只有当人们，你或我，依靠真实事变的描写、印象或概念，使它们生动地再现于我们的头脑中时，它才变成历史事实，才产生影响。正是这样，我才说历史事实存在于人们的头脑中，不然就不存在于任何地方。”①这是一个精彩的论点。

四、交互制约形成的舆论传播策略

在分别叙述、分析了“拟态环境”和社会学视角下的“框架”理论之后，本文的观点逐渐清晰。舆论传播的依据是国家的法律和政策，舆论传播的主要力量是大众媒体。作为社会公器，媒体的话语权和公信力是所有社会成员的知情权和舆论导向的源地和管道。大众媒体具备守望环境、协调社会、传承文化、娱乐大众、推动经济、传播信息等诸多功能。它不但影响社会舆论和公众意见，还会把声音传递到一定范围的地域环境和个体思维定式中去。大众媒体在代表国家和政府利益进行舆论引导的过程中，在信息环境对“拟态环境”的塑造中，必须注意并尊重不同民族或族群在漫长的历史文化中形成的认识和解释社会的既有“框架”。因为这样的“框架”长期植根在一个民族或族群的社会经验和社会文化意识中，也与民族或族群所有成员经历的过往事件、情景或物体交互时的体验密切相关。按照“拟态环境”理论和框架理论的内涵，承认“拟态环境”和思维“框架”存在相对的静止，存在绝对的变化。只有当“拟态环境”与思维“框架”交互在一起，才能创造出一种既反映现代媒介信息一体化、政治民主化、经济全球化的现代话语体系构造，建立起一种在社会制度、传播制度和民众平等权利基础上具有现代性的社会控制机制，也尊重由不同经济形态和历史文化沿革决定并形成的民族或族群思维“框架”长期存在的社会事实。只有在“拟态环境”塑造与“框架”理论交互影响、相互制约的情形下，主流舆论传播的策略才能彰显出一种彻底的历史唯物主义精神：

第一，舆论与环境的关系是相辅相成的，舆论在依托历史文化地域、民族环境传递的时候，所有的编码信息必须与受众的解码意识协调一致或无限接近，否则，对立的解码意识就会出现。这是由同质化的精神意识决定的，这种意识成为了舆论引入变迁消解的渊源。斯图亚特·霍尔曾就编码与解码的关系阐述过精彩的观点。

第二，一个民族或族群与另一个民族或族群的对话和交流是永恒的，对话中的矛盾和隔膜是必然的。然而，对话形成的碰撞、交流、协调、整合、创新以及交互后社会舆论环境的形成，有助于社会的平衡与和谐，这就是对话的精神和本质。“对话是认知发展之源。人类智慧、科学和哲学演进都是对话的历史结果。对话是思想的磨刀石。”②用以上认知建立起的舆论环境，应该充满着理解和尊重的暖意。

第三，主流舆论通过大众媒体传递信息，由于媒介样式、功能、速度、数量的数字化，

① 张文杰. 现代西方历史哲学译文集[M]. 上海：上海译文出版社，1984：230.

② 任平. 广义认识论[M]. 南京：江苏人民出版社，1982：139.

信息环境转化为现实环境的过程明显加快。在研究"虚拟环境"理论时发现："虚拟环境"的塑造，并不能对事物、事件的客观真实，建构出如同物理镜像般的反馈和基因技术般的克隆。媒体的立场，媒体工作人员的社会素养，媒体当下面临的诸多社会因素，都会影响舆论信息无限逼近事物、事件真实面貌时的程度和距离。因此，"过犹不及"的说法描述了"拟态环境"塑造时的一种宏观尺度。

第四，"框架"无所不在。一个人只要生存在世界上，就会受到来自家庭、族群、地域、历史、文化、信仰、社会环境和社会舆论的控制，进而积淀出观察事物、判断事物的意识和经验。正是在承认"框架"定式的基础上，对中间机构的注意才显得格外重要。家庭、民族、部族、部落、宗教场所、政府基层职能组织、社区、教育机构等中间机构，各自有着不同的社会角色并履行着不同的社会义务；国家和公民之间存在的中间机构，对主流舆论起着上承下达、解惑答疑的作用；大众媒体必须倾听他们的声音，反映他们的态度。

第五，主流舆论的现代性在很大程度上代表着市场经济和利益集团的权力，它们对大众媒体的渗透，制造了城市中心主义和消费主义对其他地理区域包括民族地理区域的改造。广袤的、以农耕经济为主的中国乡村和边远的游牧经济地带，在城市中心主义的拖曳下，原有的文化价值和信息结构被摧毁变迁。因此，抑制"拟态环境"城市化的趋势，关注"乡村建设"，关注乡村和民族边远地区的实际信息需求，是大众媒体舆论必须研究的重大问题。

第六，主流舆论的塑造者们应该深入到乡村和边远民族地区去，通过身心一致的田野调查，针对某一特殊文化现象进行详尽的记录和分析，利用文献资料和信息采集实践，梳理、诠释历史的民族特质和文化内涵，民族志的研究场域依旧是主流舆论建立的可靠依据。

五、结　语

归纳一下，舆论与环境的关系非常重要，共同的环境意味着同质化的精神意识。在信息环境构成的"拟态环境"中，"框架"理论从社会学的角度揭示了个体、群体、民族解读信息时的依据与经验，提醒了同质化精神意识的强大性。通过对"拟态环境"与"框架"理论交互效应的研究，发现了构筑主流舆论传播策略的平衡关系。它暖意融融，充满尊重和理解；它遵循"关系"和环境，联系历史和文化。由此，社会舆论传播观的和谐基础夯实了，舆论传播被消解的可能性减少了。由家庭、民族、部族、部落、宗教场所、政府基层职能组织、社区、教育机构等组成的中间机构，在国家与公民之间舆论传通的过程中，扮演了纽带的作用，主流舆论在这些机构中的传递非常重要，因为接受、理解和传播源自这里。

【参考文献】

[1]曹锦清，陈保平．中国七问[M]．上海：上海科教出版社，2005.

[2]庄晓东，等．文化传播：历史、理论与现实[M]．北京：人民出版社，2003.

[3]拉里·萨摩瓦，理查德·伯特．跨文化传播[M]．北京：中国人民大学出版社，2004.

[4]郭庆光．传播学教程[M]．北京：中国人民大学出版社，1999.

[5]陈阳．大众传播学研究方法导论[M]．北京：中国人民大学出版社，2007.

[6]史蒂文·瓦戈．社会变迁[M]．王晓黎，等，译．北京：北京大学出版社，2007.

[7]赖特米·尔斯．社会学的想象力[M]．陈强，等，译．北京：三联书店，2001.

[8]柯克·约翰逊．电视与乡村社会变迁[M]．展江等译．北京：中国人民大学出版社，2005.

【作者简介】

刘俭云，西北民族大学新闻传播学院教授，研究方向为新媒体、跨文化传播。

西北农村地区信息化发展制约因素探讨

——基于甘肃农村田野调查①

王　芳　　李惠民

一、研究背景及方法

随着中国改革的不断深入，加快农村信息化进程，推动农村经济结构调整，对于促进中国农村生产力跨越式发展，促进中国国民经济和社会信息化，缩小城乡之间的“数字鸿沟”，建设城乡协调发展的和谐社会具有非常重要的战略意义。2010年中央一号文件中的第16条提出，“推进农村信息化，积极支持农村电信和互联网基础设施建设，健全农村综合信息服务体系”②，这是对农村信息化建设最直接的表述。在强调农村信息化的重要性的同时，国家也加大了对农村信息化建设的投资，如工业和信息化部、科技部、农业部、商务部、文化部等部门积极实施惠农信息化项目，如“村村通电话工程”、“金农工程”、“科技下乡”、“信息下乡”、“农村综合信息服务工程”、“农村党员远程教育工程”以及农村信息化培训工作等信息化项目。

信息化已经被理解为“一种进步，通过信息化，新的传播技术作为社会经济进一步发展的手段，作为一个国家，则变成越来越信息的社会。”然而，和其他发展中国家一样，我国信息通讯技术政策和信息化发展现状在地区间是不均衡的，这种不均衡的发展与我国社会经济整体发展不均衡紧密相关，这种不均衡的发展导致“数字鸿沟”存在于不同的地理区位、不同阶层、不同年龄、不同性别和不同民族之间。尤其是城乡数字鸿沟阻碍了中国全面信息化和建立和谐社会的目标。

中国互联网络信息中心统计和调查报告显示，无论是在使用人数还是普及率上，我国互联网和移动手机发展都呈现增长的趋势。但同时也显示出农村和城市地区的数字鸿沟不是在减小，而是继续扩大(见图1)。在2011年年底，1.36亿农村人口使用互联网，仅占总网民(5.13亿)的26.5%，农村网民普及率为20.8%，而城市普及率为54.9%。这种农村与城市互联网用户比例和使用率差距的扩大表明了缩小城乡数字鸿沟在中国信息化革命中依然急迫。

这篇文章基于2012年6月在甘肃省的定西、陇西、武山、天水等十多个村庄关于农村信息化项目实施应用的田野调查，主要的资料搜集方法是观察法和访谈法。文章基于使用者的层次，探讨了西北农村村民获取信息的方式有哪些，是什么因素制约了西北农村地区信息化的发展，村民是如何看待这种从上自下政府主导的项目的。

---

① 本文系2011教育部社科研究基金项目“新媒体在西北农村信息传播中的效果研究”成果，项目编号：11YJA860018。

② 2010年中央一号文件[EB/OL].[2013-04-11].http://money.163.com/10/0131/18/5UCK769F00252G50.html.

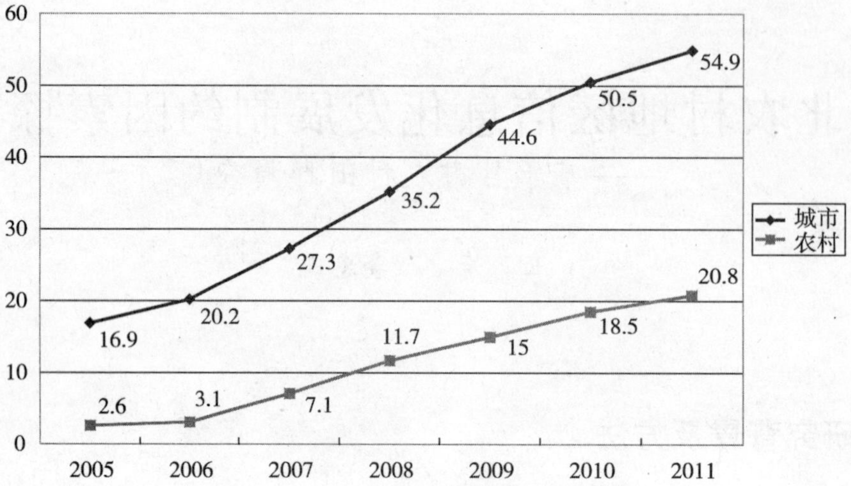

图 1　城市与农村互联网普及率(%)比较

二、农民信息获取模式及其制约因素

自 20 世纪 80 年代开始，我国数字革命和缩小城乡数字鸿沟就作为一个自上而下的方法来提高农村生产与生活。目前全国已大约有 40000 个以农业为主题的网站，因此农村居民可以通过国家农村信息化平台(如“农信通”、“信息田园”、“金农通”等)以及省级和当地特定的信息平台(如农村党员远程教育工程)获取农业方面的信息；还可以通过 12316“三农”服务热线(2006 年开通)、公共服务短信(2009 年开通)、“中国农民手机报”(2011 年)获取农业信息，信息直接发送到这些移动电话服务用户的手上。图 2 是基于笔者研究和实地调查收集的数据，说明了农民可用的信息获取手段。可以看出，农村居民有很多获取信息的渠道，大致可分为三种模式：直接通过互联网获取、通过电话手机海报等间接获取、通过中媒介间接获取。

可直接获取信息的通常是富裕的地区和农民企业家及村委会成员，他们直接通过可以上网的电脑在家里、网吧、社区信息中心或村信息中心访问在线信息。由国家和当地政府共同建立起来的诸多农业信息门户网站提供了社会服务(农村医疗、保险等)、市场信息、天气和农业科技，这些信息在一定程度上满足了农民的需求。但这些门户网站，尤其是地方网站，多半只是信息版，没有互动或反馈机制，信息也经常是过时的；更重要的是，没有对这些农业信息网站效果的评估机制，也没有对村信息中心及其设备进行效果评估，同样没有这些服务在农村经济或农民影响方面的评估。

对于那些未连接互联网的人或不会使用电脑的人，他们可以通过电话服务、手机通信、广播电视等间接访问涉农信息，也可以在通常聚会的场所(如市场和村委会)通过其他传统的印刷媒体(传单、简报、海报等)获取信息。如前文所述，农业热线 12316、公共服务短信、手机报都是为促进农村居民的信息传播新近发展起来的。但我们实地调发现这些方式仍然是对党员、村委会成员和农民企业家这些文化程度较高、掌握通信技术的人有效，这些人接受信息的能力较强，通常信息首先达到这一级(公共服务短信、手机报等首先是给村干部订制)。而普通村民或文化程度较低者，一部分对这些信息抱着排斥的态度，认为与之没有关系；或因为文化程度较低，无法理解接受信息；或信息在村一级被截流，没有到达村民手里，如在调查过程中发现，农村信息导报往往是下发到村干部手中，通常就被搁置在村干部手中了。因此，纵然有诸多信息渠道，其结果是多者更多，少者依然少，信息与信息贫困之

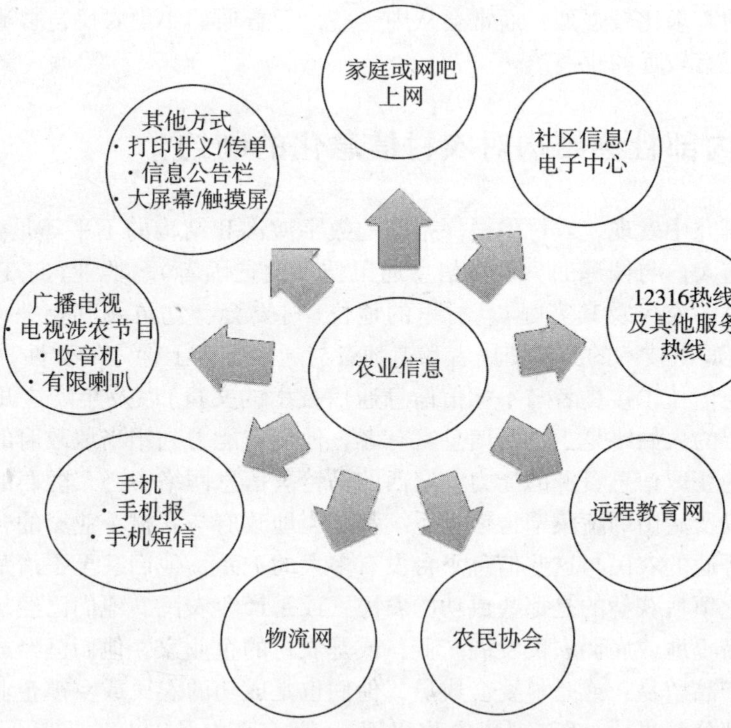

图 2　农村居民的信息接收模式

间仍然有着“最后一公里”的距离。

除了以上两种，还有第三种：通过中介媒介来获取信息。这些媒介包括远程教育网络、物流网络和农民协会。在笔者访问过的每一个村子里，村委会的中心都有一间远程教育室，那里配备了联网的计算机、大屏幕液晶显示器/LED 大屏幕、DVD 播放机和其他配件。远程教育系统与县级、市级和省级等上级行政机关分层链接，教育课程一般针对共产党员的思想和政策教育、传达中央精神与农业政策法规等，同时也包括了种养殖技术等农业培训内容。有些课程是在村委会的要求下由上级行政机关提供，但是大多是以自上而下的传输方式传到本地管理员那里，并规定村委会组织村民进行学习或观看，每周两到三次。调查中发现，远程教育室的座椅上经常有一层灰尘，据管理员解释，在农忙季节，农民是没有时间去观看的，农闲时候人会多一些，但在对村民访谈时了解到，他们鲜有人去看过，即使想去，想到要麻烦管理员开门，他们也不好意思，甚至有些人根本不知道那个地方。

在农村信息化和乡镇工业发展相对较好的地区，建立起来的物联网和农民协会通常是政府和地方私营企业的合资企业。定西马铃薯交易网，陇西惠森药业的中草药贸易网，武山的蔬菜销售信息网是当地企业和政府为了收集和提供产业相关信息给当地居民而共同努力的例子。这些信息的发布既有通过局域网(特定场所或市场的大电子显示屏或触摸屏)的，也有通过互联网(基于订阅式的模式)的。作为一个半政府的工程，在政府系统的每级管理层中，都有一个信息收集队伍，自下而上，从村一级到信息中心，这个信息中心或者是县一级或更高级别，取决于每一个物流网行政级别，信息收集者一般是由销售经纪人或村委会成员自愿担任。跟物联网相比，农民协会是较松散的机构，是占有较多资源和成功农民在他们特有领域采集和交换市场发展信息的组织。它们通常是由村委会发起和促进建立起来的，村里的社员是组织者和促进者。农民协会的成员在村委会或成员家中碰头，那里有网络、电脑、打印设备，用于从农业门户网站上查询、下载、分享打印出的信息。这种中介人获取信息的方式——远程教育、物联网和农民协会——都设想的是能更容易地为村民收集和发布农业信息。调查中发现，这些方式在推进地区特色产业发展方面发挥着重要作用，那些种植大户或经营大户对信息的需求比较强烈，通常会从中受益，但普通的小户农民、普通村民利用这些平台来获取信息还有较远的距离。

三、农村内部社会结构对农村信息化的制约

笔者在调查研究中发现，农村中根深蒂固的数字鸿沟和结构的不平等是建立在收入(大规模的种植或养殖大户与偏远的、不懂信息通讯技术的贫困者)、职业(打工者或建筑行业的工人与留守在家的农民及其家庭)、村里的地位(村委会、党员及其相关人员与普通“群众”)、性别(信息通讯技术的男性使用者和追随者与通信技术上保守的女性)、教育(中学或以上水平的信息通信技术接受者与不相信信息通信技术的文盲)以及年龄这几个方面。那些处于社会结构上层的人始终是少数的信息富有者，他们有能力利用当地政府的信息化项目来进一步提升他们的获取信息资源的能力。定西的马铃薯信息网络中心，陇西的惠森集团药材信息交易中心，以及武山的蔬菜销售信息系统都是当地政府与农村企业家的合资企业，在调查过程中发现，普通的农民与这些信息平台没有多大的关系，他们甚至不清楚这些平台的存在。从农村信息化项目获益的是那些成功的农民，或是产业农民，他们已经从勉强糊口的农民转向了通过租借土地或雇佣农民发展产业；或是农村的企业家，他们已经放弃了农业而从事建筑生意或农产品贸易；或是村委会成员，他们也是成功的农民或乡镇企业家。因此，农村信息拥有者大部分是男性、年轻人(40 岁以下)，拥有高中及以上学历。

农村内部的社会结构所带来的村内部数字鸿沟及村内部的分化的加强和扩大，影响了村民士气，导致村民对基层干部信任感缺失，进一步制约了农村信息化。在调查的过程中，官员与村民对农村信息化的看法是截然不同的。当调研人员与当地市镇和县一级官员访谈时，被告知的是地方农村信息化工程取得的成就，其目的是帮助少数人先富起来，使他们从农村信息化项目得益，并希望在这些人的带动下，使更多的农村居民从农村信息化项目中获益。然而，与官员的观点相反，信息的贫困者，对期望与现实、信息富有者与信息贫困者之间逐渐加大的距离存在不满和抱怨，对村干部和当地官员的不信任与敌意也加强了。在甘肃省天水市叶堡乡的一个新农村示范村，当地的官员和村委会热情地接待了调研人员，他们热心地展示他们的模范项目：农村党员远程教育工程。一位年轻的“大学生村官”热心地向调研人员展示当地由他负责的农村远程教育，并称他每周三次组织村民观看和讨论选定的节目。当被问及如何通知村民视频内容的时候，他回答说：“我们有很多不同的和村民交流的方式，通过手机短信、让学生把传单带回家里、大喇叭(他指着大喇叭)都行。”笔者注意到在村委会和当地小学的墙上有这样一个大喇叭，只是它看起来很脏很旧了。当调研人员要求进农户时，则被带到少数被选择出来的农户那里，他们中间的大多数家里都连接了互联网。

后来在没有村干部陪同的情况下，调研人员踏上了一条不知名的路，在一个开放的场子里遇到了一群老人(有些人和他们的孙子一起)。在向村民保证调研人员不是政府或媒体，不会伤害他们的情况下，与村民的闲聊则变成了对村委会的指控与抱怨：大学生村官很少出现，至少他们没有看到他——实际上只有当上级领导来视察时他才打开远程教育的房间；远程教育完全是浪费钱——没有一个普遍的村民用它；他们没有接到过任何通知，无论是通过手机还是通过传单；只有那些和村委会有关系的人才知道远程教育体系是什么样子的；村委会成员和党员都腐败了；他们和几个世纪以来的祖先一样，照顾自己和种自己的地，他们没有看到农村信息化项目向下渗透的效果。他们对通过数字通信技术而致富的这种观点嗤之以鼻，当调研人员告诉他们已经访问了有电脑和互联网的家庭时，他们取笑说：“别相信那些干部。仅仅有两三户比较富的家庭有电脑，我们现在不妄想那些不切实际的东西，我们需要的是一些别的东西。”当被问及如果可以他们最想从政府那里得到什么，回答的只有沉默。

这个案例说明了许多问题：不仅说明了农村基于收入/阶层、村民身份、职业及教育的村内部的分化，而且说明了这样的分化导致地方道德和对权威态度毁灭性的结果。村民把这些精英工程以及政府发起的其他网络工程(例如远程教育)视为仅仅有利于那些已经富有的人和与政府关系好的人的"面子"工程、浪费钱的工程以及腐败工程。如同城市与农村的数字鸿沟在进一步扩大一样，农村内部的数字鸿沟也在进一步扩大。因此我们在这里所看到的证实了詹姆斯·C. 斯科特在《弱者的武器》一书中所说的：流言、抱怨、不努力工作、不信任权威以及装糊涂。

四、缺乏内容的相关性和基层参与制约农村信息化发展

过分强调基础设施建设而缺乏内容的相关性和基层参与，是制约农村信息化的又一重要因素。地方政府官员的政治议程决定了过度强调进入性或基础设施的建设，而忽略了信息的供给和发布，模范项目或模范农户的建立是以牺牲大多数农民的利益为代价的，这次的田野调查再次验证了这一结论。地方政府提供基础设施——电缆、卫星锅(卫星电视接收器)、社区电子中心、远程教育网络、物流网络和大屏幕——这是他们的工作重点，同样这些硬件也是他们引以为豪的地方，但如上文所述，这些基础设施的使用、维护和评价方面则很少被问到。在甘肃，被当地官员高度推荐的物流网络——定西土豆资讯网、陇西惠森药材交易网、武山的蔬菜销售信息系统——都是政府在努力促进信息收集、交流和贸易方面的案例，但是这些物流网络缺乏一个现实的评估，缺乏对培训、公众获取、维护、当地农民参与渠道的思考，也缺乏自下而上的反馈机制。同样的情况也适用于交易市场的大屏幕液晶显示、村或者社区的电脑室和远程教育网络。

尽管当地官员和村委会成员对他们的信息通信技术举措和目标评价极高，但是，当在没有村委会成员陪伴的时候与村民交流，得到的是与官方完全不同的农村信息化故事。在武山蔬菜交易中心，有一个用来显示不同蔬菜价格的大液晶屏幕，是当地政府和企业共同出资完成的，它的初衷是用来为菜农和零售商收集最新的市场信息，给他们提供参考和借鉴。但是，当调研人员与菜农和零售商们交谈时，被告知这个大液晶屏幕仅是当地另外一个"面子"工程，平时很少被打开。并且当这个液晶大屏幕偶尔打开时，并不能给菜农们任何益处，因为上面的信息是过时的且随意性很大，而且显示屏旁边音响还会带来噪音。不止一位访谈对象讲道："我们早上 4 点到 8 点开始交易，但是他们的办公时间是上午 8 点到 12 点。这显示屏是为谁设立的？为我们？这简直是一个笑话！"人们交换信息不是通过这些由政府提供的互联网或者物流网络，而是通过移动电话和个人网络。

这件事说明了村民自身对农业信息化项目的认知和接受情况，内容的不相关性和村名参与的缺乏严重影响了农村信息化的效果。这种国家设计的向农民主动传播农业知识的农村信息化项目在信息"贫穷者"这里失败了，而这些人正是农村信息化工程预期服务的对象。张瑶和于良芝在中国农民信息需求和获取研究报告中指出，信息关联是农村信息需求的核心；个人在村民或村庄中的经济和社会地位决定他们的通信技术采用和采集的模式和方式；在人们如何安排他们的生活方面，人际关系而不是有组织的信息服务继续发挥关键性的作用。这个发现进一步支持了郭于华和陈鹏关于中国农村分层采用信息和通讯技术的研究。信息通信技术的采用代表了越来越多的基于职业、村民身份和社会地位的农民之间的分化，由于少数人率先采用这种信息通信技术，会进一步增强和扩大这种分化。他们指出，不仅需要关注城市和农村之间的数字鸿沟，也需要关注不同农村地区和农民之间的数字鸿沟。

五、结　语

从我国农村信息化进程可以看出我国政府在缩小城乡数字化鸿沟方面所付出的努力，这些努力在政治、经济、社会各方面都具有深远的意义，无论是为构建和谐社会或新农村建设，农村信息化项目都提供了一种可能。然而，作为创新扩散的农村信息化项目，在政策制定和执行上都存在明显的问题，其效果受到诸多因素的影响，个体、社会结构与制度安排均影响了对信息化工程及信息的接受程度。

从个体层次看，收入和教育这两个变量是阻碍信息通讯技术渗透的主要因素。对于没有财力拥有或使用信息通讯技术的个人，经济差距是主要的障碍；教育影响了对通信产品及信息的使用，广泛意义上的教育——学校教育、信息通讯技术掌握、互联网意识与知识以及个人喜好——决定了互联网的采纳与使用；其他人口的基本社会属性如年龄、性别、职业等则与收入和教育程度高度相关。从社会结构层面来看，农村社区内部结构不平衡，基于收入、村民身份、职业及教育的村内部结构分化严重，那些处于社会结构上层的人始终是少数的信息富有者，他们有能力利用当地政府的信息化项目来进一步提升他们的获取信息资源的能力，而处于结构下层的人信息接受能力弱，与信息化项目之间的距离较大，不仅导致了村民的士气低落，对基层干部信任感的缺失，也导致农村内部的数字鸿沟在进一步扩大。从制度层面来看，政府是农村信息化的关键力量，但在农村信息化发展过程中的家长式做法，缺乏内容相关性与村民参与，进一步影响了对信息化工程及信息的接受程度。

【参考文献】

[1] Rogers, E. M. Informatization, Globalization, and Privatization in the New Millennium[M]. Asian Journal of Communication, 2000.

[2] Liu Chun. The Myth of Informatization in Rural Areas: the Case of China's Sichuan Proxinwvince [J]. Government Information Quarterly, 2012(29).

[3] Zhang Yao, Yu Liangzhi. Information for Social and Economic Participation: a Review of Related Research on the Information Needs and Acquisition of Rural Chinese [J]. The International Information & Library Review, 2009, 41(2).

[4] Guo Yuhua, Chen Peng. Digital Divide and Social Cleavage: Case Studies of ICT Usage among Peasants in Contemporary China [J]. The China Quarterly, 2011(207).

【作者简介】

王芳，兰州大学新闻与传播学院副教授，区域经济学博士，主要从事发展传播学、危机传播学、舆情分析研究。

李惠民，兰州大学新闻与传播学院副教授，主要从事发展传播学、新闻业务、宣传舆论等。

2013年河南省微博舆情监测报告

杨海军　张雯雯

一、监测范围

2013年度河南省范围内新浪微博和腾讯微博舆情信息。

二、监测指标

(一)舆情监测指标

事件名称、舆情类型、首发微博、热度微博、舆情关注点、事件经过、舆情应对。

(二)舆情监测指标解读

事件名称：网民对该事件的普遍命名。

舆情类型：该报告主要涉及事故灾难、自然灾害、公权力形象、公益慈善、司法事件、经济民生以及时事政策等7类。

首发微博：监测对象为与该事件相关的第一条微博。监测内容包括以下几方面：

(1)发布微博的博主是个人微博还是官方微博；

(2)事件是否因微博引起公众关注；

(3)微博的转发次数和评论次数如何；

(4)该博主是否做出后续关注。

热度微博：监测对象为舆情事件始末过程中引起关注度最高的微博。监测内容包括以下几方面：

(1)发布微博的博主是个人微博还是官方微博；

(2)事件的发展是否因热门微博而发生变化；

(3)微博的转发次数和评论次数如何；

(4)该博主是否做出后续关注。

舆情关注点：关于该事件的舆情关注度最高的态度、意见或情绪。

事件经过：事件的发展脉络和最新进展。

舆情应对：政府、媒体、NGO等各方面的态度和行动。

(三)舆情事件类型分析

将2013年河南省微博舆情事件按照舆情类型分别归类后，对每一舆情事件类型进行了宏观和微观的分析和综述(见表1)。

三、2013年河南省典型的舆情事件热度数据

表1 舆情事件热度数据

舆情事件及类型	首发微博	热度		热门微博		热度	
		转发次数/阅读数量	评论次数/转播和评论			转发次数/阅读数量	评论次数/转播和评论
1. 河南兰考火灾事件（事故灾难类）	（新浪）京华时报V 1-4	243	42	（新浪）头条新闻V	1-9	4247	2827
				（腾讯）人民日报V	1-8	2799万	9682
2. 郑州"房妹"有重大进展（公权力形象类）	（腾讯）雾里看花 1-4	151	1	（新浪）王强_99V	1-5	169	27
				（腾讯）张彦斌V	1-14	1.3万	1
3. 河南雾霾（自然灾害类）	（新浪）中国高速网V 1-11	1		（新浪）头条新闻V	12-17	1284	1186
				（腾讯）央视新闻V	12-7	84万	1170
4. "全城吃面"事件（公益慈善类）	（新浪）刘言非语V 1-23	3524	421	（新浪）平安中原V	5-21	3741	393
				（腾讯）精彩洛阳V	6-26	59万	636
5. 河南义昌大桥坍塌事件（事故灾难类）	（新浪）大河报V 2-1	69	25	（新浪）头条新闻V	2-2	2672	1038
				（腾讯）网上这点事V	2-1	12万	1026
6. 郑州市取消元宵焰火晚会（时事政策类）	（新浪）大河报V 2-8	79	57	（新浪）平安中原V	2-12	121	88
				（腾讯）腾讯大豫网V	2-17	7.5万	252
7. 中牟农民被开发商碾死（经济民生类）	（新浪）农民_58370 3-27	442	147	（新浪）徐昕V	3-29	6990	1163
				（腾讯）腾讯新闻V	3-28	142万	3146
8. 河南法官穿尿不湿审案（公权力形象类）	（新浪）一法官 4-10	633	211	（新浪）豫法阳光V	7-11	345	179
				（腾讯）豫法阳光V	7-11	3.3万	263
9. 三门峡市中院副院长"双规"十天死亡事件（司法事件类）	（新浪）朱孝顶律师V 4-23	335	64	（新浪）徐昕V	4-24	4737	1029
				（腾讯）李新月V	4-24	342万	2368
10. 河南死刑保证书案嫌犯无罪释放事件（司法事件类）	（新浪）豫法阳光V 4-25	53	18	（新浪）王永杰律师V	4-27	55	43
				（腾讯）香港成报V	4-26	1.9万	193
11. 郑州酒吧大屏显示"热烈欢迎项城市田局长"（公权力形象类）	（腾讯）语不惊人 5-21	2578	18	（新浪）人民网V	5-28	150	137
				（腾讯）李新月V	6-1	7.4万	667

续表

舆情事件及类型	首发微博	热度		热门微博	热度	
		转发次数/阅读数量	评论次数/转播和评论		转发次数/阅读数量	评论次数/转播和评论
12. 河南“钱多后台硬”撞人事件（公权力形象类）	（腾讯）张娟 5-24	89		（新浪）徐昕 V 5-25	14302	1601
				（腾讯）中国新闻周刊 V 5-26	53 万	3660
13. 叶县 15 岁少年吃空饷 6 年（公权力形象类）	（新浪）东方今报 V 5-28	34	14	（新浪）南方人物周刊 V 5-29	419	200
				（腾讯）人民日报 V 5-29	56 万	2419
14. “饥饿娃娃”事件（公益慈善类）	（新浪）廖谦 V 6-28	86	18	（新浪）央视新闻 V 7-1	622	459
				（腾讯）央视新闻 V 7-5	12 万	296
15. 1.2 亿宋庆龄雕像未完工即拆除（公权力形象类）	（新浪）每日经济新闻 V 7-2	9	11	（新浪）新浪河南 V 7-2	334	120
				（腾讯）新华社发布 V 7-7	18 万	419
16. 南阳省级保护文物被强拆（公权力形象类）	（新浪）大河网躬耕南阳论坛 7-14			（腾讯）腾讯图片 V 7-16	4.7 万	53
17. 新乡“共产主义大桥”坍塌事件（事故灾难类）	（新浪）出门别忘带钥匙 7-21	8		（新浪）狐小记 7-22	30	12
				（腾讯）拉菲哥 7-22	10 万	584
18. 安阳公交劫杀案（经济民生类）	（新浪）新浪河南 V 8-19	134	51	（新浪）中国之声 V 8-20	1514	252
				（腾讯）腾讯新闻 V 8-21	100 万	477
19. 河南警察酒后摔婴案被捂一个月终被曝光（公权力形象类）	（新浪）都市快报 V 8-17	600	255	（新浪）南方都市报 V 8-17	2297	1388
				（腾讯）央视新闻 V 8-26	56 万	973
20. 郑州地铁票价听证（时事政策类）	（新浪）大河报 V 8-18	300	246	（新浪）新浪河南 V 9-6	1287	438
				（腾讯）河南日报 V 9-10	4.6 万	224
21. 郑州向社区摊派精神病指标（时事政策类）	（腾讯）鲁国平 V 10-9	6.4 万	239	（新浪）人民日报 V 10-9	1666	682
				（腾讯）鲁国平 V 10-9	6.4 万	239
22. 河南洛阳大楼因上级领导一句话高盖 20 余米（公权力形象类）	（腾讯）人民网 V 10-16	8 万	194	（新浪）人民网 V 10-16	144	116
				（腾讯）人民网 V 10-16	8 万	194
23. 孕妇跑 20 趟未办下准生证（公权力形象类）	（腾讯）Chopin2011 10-16	391	1	（新浪）人民网 V 10-16	337	272
				（腾讯）香港成报 V 10-16	7 万	302

续表

舆情事件及类型	首发微博	热度		热门微博		热度	
		转发次数/阅读数量	评论次数/转播和评论			转发次数/阅读数量	评论次数/转播和评论
24. 贫困县豪华办公楼扎堆(公权力形象类)	(腾讯)腾讯新闻V 10-21	65万	2284	(新浪)人民网V	10-22	681	327
				(腾讯)腾讯新闻V	10-21	65万	2284
25. "呕吐死"事件新进展(司法事件类)	(新浪)"呕吐死"受害人于钢峰家属 12-13	102	31	(新浪)袁裕来律师V	12-18	6205	1590
				(腾讯)微博新鲜报V	12-18	23万	11146

备注：

(1)表中内容是按照事件发生时间的先后顺序排列的。表中"＊－＊"表示某月某日。

(2)事件类型是以舆情关注点为基础分类的。

(3)"首发微博"从新浪微博、腾讯微博数据中共同筛选。因新浪微博与腾讯微博的数据统计标准不同，本表中"热门微博"分别列出新浪微博、腾讯微博中就单一事件热度最高的微博数据。

(4)数据筛选过程中排除与"每日热点排行"、"每日热点"等相类似的微博，只选取与单一事件相关的微博数据。

四、河南微博舆情事件特点分析

当前，河南省正处于全面实施建设中原经济区、加快中原崛起振兴河南规划的关键时期。在这一过程中，发展不均衡问题日益凸显，社会矛盾不断加剧，各种突发事件时有发生。从2013年河南省微博舆情事件来看，"躺着也中枪"的特征愈加明显。这其实更鲜明地体现出网络监督时代的本质特点。其所触及的往往都是现阶段社会深层次问题，协调和处理好这些问题是公共舆情领域的现实课题和紧迫任务。

与博客、门户网站、论坛等相比，微博以其方便、快捷的特征受到公众的追捧，逐步成为社会舆论集散的主平台。微博的影响力呈几何式倍增的态势，其带来的"围观效应"深刻影响着舆论生态。它重塑现代人的话语模式，改变了旧的舆论格局，推动了公民社会的发展。自从微博热潮掀起之后，主要的舆论热点话题的形成和发展都与微博密切相关。微博舆情监测可以对突发事件及敏感信息进行及时预警，并能随时掌握舆论关注动向及关注趋势强弱变化，这对构建网络公共安全具有举足轻重的作用。依据2013年河南省突发热点事件的监测，可以从以下几个舆情事件类型的特点进行分析。

(一)事故灾难类

2013年河南省属于此类事件的主要有3起，通过微博舆情监测可以分析出以下几个特点：

第一，此类事件属于突发事件，所以第一时间发微博的主体自然无法确定。

第二，事件一旦爆出，转发率较高，迅速达到关注高峰，如义昌大桥坍塌事件，事件发生当天的微博阅读量就达到12万，转发量超过千次。

第三，人们在关注灾难事故本身的同时，越来越关注灾难背后所折射出的社会发展问题。如兰考火灾事件，网民的关注点更多的是从火灾带来的人员财产损失转移到政府救助工作的缺失和流浪儿社会救助体系的不完善问题上。面对公众的拷问，兰考县政府通过召开新闻发布会、官方微博及时地向公众答疑解惑，更重要的是，通过这次舆情事件，能催生我国对儿童福利法规的健全完善。

(二)自然灾害类

2013年河南省此类事件中较为突出的是1月份连续半个多月的雾霾天气，之所以选取这一话题，是因为2013年1月份的雾霾天气成为全国广泛关注的话题，从东北到西北，从华北到中部，都出现了大范围的重度和严重污染。生态环境日益严峻，环境保护问题已经成为公共热点话题，公民环保意识逐步提升。此类话题是永久性话题，并不会因时间的推移而消逝，反倒会因政府、媒体、公众的言行而增加新的讨论热点。就"中原雾霾天"这样一个集中突发性的环保事件而言，在该过程中对于空气污染、空气质量等话题的讨论会尤为激烈。所以，此类事件的网络舆情表现出持续性、碎片化、多高峰的特点。直至12月份又连续出现几天雾霾天气，关于雾霾天气的讨论热度达到了全年最高峰。

普及自保和环保知识是消除百姓恐慌、提升环境质量的有效手段。针对"中原雾霾天"，河南省政府及时发布环保信息，积极组织环保主题活动，制订环保计划，各级政府、相关部门积极配合。

(三)公权力形象类

在越来越强调"官德"重要性的今天，公职人员的言谈举止越来越受到关注。在网络舆情中，公权力形象问题一直位列网民关注度排行榜的前列。尤其是在地方舆情事件中，负面新闻往往成为公众关注的热点。2013年河南省发生的此类事件主要有11起，毫无例外总量排名第一。通过对该类型事件的微博舆情监测可以分析出以下几个特点：

第一，公众对官员的言行极其敏感。当前，我国正处于社会转型期，各种利益间的矛盾频频凸显，加之我国选人用人机制的种种不完善，使得人们对官员的行为特别关注。特别是，当前官员利用职务之便谋取私利、欺压百姓的事件频频发生，催生了老百姓对滥用权力的官员和钱权勾结的富商的深恶痛绝。2013年河南省发生的这几件热点事件无不反映了老百姓的这种心理。事件一经曝光，网民便迅速在网络上人肉搜索事件当事人的家庭出身和社会背景。可以说，积极正面的表态和事实的澄清才是解决此类问题的关键。

第二，关注周期长，从众效应明显。此类事件的关注周期一般伴随事件发展的全过程，关注度也居高不下，直至官方作出正面回应或予以公开处置。舆论也以负面、一边倒的言论居多。公众对此类事件的反应表现出从众心理，这种从众心理易引发群体性冲动与失控，作为个体来讲，也许会因此触犯法律甚至触犯到刑律，需承担自己的冲动和行为失控带来的意想不到的恶果。在"钱多后台硬"事件过程中，参与砸、烧者，警方已对其依法追责。

自媒体时代，促成了传播到互播的转变，全面提高公职人员素质，切实增强网络舆情能力，积极构建新型干群关系，是地方政府应对公众舆情的有效途径。网络时代，提高党的执政能力需要领导干部提升应对网络热点事件的能力，能用、善用网络媒体，实现政务信息透明化，以及官民沟通的良性发展。如河南法官穿尿不湿审案事件，倘若河南高级人民法院院长张立勇及时回应公众质疑，一场干部工作作风教育讨论会就不会搞成领导作秀之风了。

(四)公益慈善类

微博的产生改变了很多人的生活，特别是"微公益"的应运而生，更是实现了公益的平民化、常态化。从河南的几起"微公益"事件我们可以看出：

第一，动员能力强。微博以其"病毒式"、即时性、互动性等传播特点，提高了"微公益"的动员效果。以"全城吃面"为例，博友"刘言飞语"发出首条关于请求吃面的微博后，一时间就收到3524次转发、421条评论，同时在短时间内吸引了众多家传统媒体的关注，后来这场吃面活动就被媒体誉为“全城吃面”。

第二，信息公开透明。“郭美美事件”后，降低了普通公民对公益活动的信心，而“微公益”以其公开、公正、透明的形式，受到了众多网友的推崇，重拾中国公民的公益信心。在微博公益活动中，所有关于爱心救助的环节和受捐赠者的信息都可以通过微博被实时转播。

第三，人人都可以做公益。普通网友“廖谦”在微博上发出寻找“带俩饿娃娃的精神失常女子”，微博一经发出，线上线下迅速开始了找人活动，在全城市民的救助下，“饥饿娃娃”最终脱离了生命危险。

(五)司法事件类

司法类事件在舆情事件中的关注度也较高。2013 年河南省此类事件中突出的是三门峡市中院副院长“双规”十天死亡、河南死刑保证书案嫌犯无罪释放、“呕吐死”事件新进展三起事件。

在我国加强社会主义法治建设，提倡司法公正的今天，像贾九翔案件审理过程中的暴力执法、“呕吐死”事件中执法人员滥用职权、李怀亮案件审理过程中的冤假错案仍不断发生，这是公众对我国司法过程的关注度居高不下的根本原因。在上述三个案件审理的过程中，均出现了司法过程不独立、不公正的现象，这样的事情对受害者是极为不公的，对社会也造成了负面的影响，受到公众的质疑和谴责。在网络环境下，公众面对此事不再力不从心，他们利用网络媒体对司法部门进行监督，为受害者和自己争得应有的权力。

网络媒体对司法监督的作用不容忽视，如李怀亮案件，不仅李怀亮本人得到无罪释放并获得国家赔偿金，而且在司法系统中又掀起了一场司法制度大讨论，河南省高级人民法院院长张立勇发表名为《庭审应去除对被告人“犯罪化标签”》的博文。随着网络媒体的不断壮大，它拓宽了公众民主参与的途径，进一步保障了公众对司法案件的知情和监督。

(六)经济民生类

2013 年河南省中牟县农民被开发商碾死案和安阳公交劫杀案成为河南省乃至全国舆情影响力较高的两起事件。从数据监测中可以分析得出：此类事件关注周期为事件发生始末，后续关注较少。微博关注度在事件发生之后的一两天内会迅速达到高峰。就河南省而言，近年来此类事件仍频频发生。造成这种现象的原因有多种，首先，河南正处于全面实施中原经济区建设规划的关键时期，此时东南沿海地区的外向型企业开始向中部转移，经济的转移加剧人口流动，在某种意义上，人口的流动造成约束人们行为的社会关系解体。其次，作为地处中原的人口大省，发展不均衡现象是长期存在的，加之中原经济快速发展，对于那些急于致富，但收入较低、支配社会资源能力有限的人们来说，就易产生仇视社会的心理，以至于采取道德法律所不容的手段来达到个人目的。再次，腐败现象的滋长蔓延是助长有组织犯罪的原因之一。腐败分子利用职权为犯罪组织或个人提供“保护伞”，使得他们为所欲为、行为猖獗。最后，没有充分受到社会基础教育的一些人们，在面对激烈竞争的社会时，他们不能自食其力，也没有积极进取的精神，便选择了犯罪的道路。

由于此类事件性质极其恶劣，但近年来又频频发生类似令人发指的事件，公众对待这样的事件表现强烈抨击，网民容易发表以偏概全的评论，将其归结为社会大环境的问题。这就需要政府、相关部门以及媒体进行积极的舆论引导，疏通群众强烈不满的情绪，以控制这些敏感舆情继续传播。因此，关注民生诉求，积极采取行动，弘扬正能量，消除事件的负面影响，提高网友对社会法律及法制的信心，成为治理此类舆情事件的有效手段。

(七)时事政策类

这类事件与百姓利益息息相关，一般关注周期较长，从决策规划持续到决策实施、评估阶段。对于此类事件的舆论没有明确的意见指向，网民从个人利益出发各抒己见。河南省在制定此类政策之初积极运用网络媒体，广泛征求群众意见。如：大河报利用其官方微博传达郑州市委市政府关于燃放烟花爆竹和地铁票价议案精神，并通过网络微博在线上征集民众意见。运用网络媒体，可以低成本、大范围的汇集民意，构建政府与民众双方新的沟通平台，提升吸纳民意、凝聚民心的效果。

五、微博舆情展望

当前，互联网已经成为信息传播的重要载体和社会舆论的“加速器和放大镜”。网络舆情从一个侧面反映了一个国家民众对各类社会公共问题和社会管理者行为的认可度和亲和力，它表明一种积极的情感表达和行为意识，以通过言论寻求达到最终的意愿为目的，从而发泄和平息民众内在的思想情愫和矛盾纠葛，为构建和谐社会创造民意舒展的舆论空间。今后网络舆论将更加多元化、碎片化，深入人们生活的方方面面。与此同时，媒体的快速发展、融合也会带来一系列负面影响，诸如网络谣言四起，虚假、低俗、恶俗信息快速扩散等现象。所以，建设好、利用好、管理好网络舆情成为当前社会管理的重要职责。

自媒体时代带来了民意诉求的网络狂欢，政府部门应该积极面对，不能动辄就采取“封、堵、捂、瞒”的方式，而是应该及时准确地收集、应对舆情信息。各级政府和媒体机构应该学会善用、善管微博舆论场，逐步提升舆论引导力。第一，完善舆情预警机制。建立完善的突发事件信息收集、评估、预警、发布机制。第二，政府强化舆情危机应对意识。政府应树立危机舆情意识，积极主动应对危机中的负面舆论。第三，提高微博舆情运营能力。做到能用、善用、巧用微博发布舆情信息，学会用亲民的话语与网民沟通交流，把握好微博舆情的节奏和最佳时机。第四，加强多部门联动舆情应对机制。第五，及时问责、查处责任官员，第一时间向公众通报信息真相，维护政府公信力。

【参考文献】

[1]魏曦英．善用微博提升舆论引导力[J]．传媒，2013(10)．
[2]燕道成．群体性事件中的网络舆情研究[M]．北京：新华出版社，2013．
[3]董立人．如何让政务微博发挥好舆论引导作用[J]．传媒观察，2012(5)．
[4]高红玲．网络舆情与社会稳定[M]．北京：新华出版社，2011．
[5]卢伏龙．网络舆情：民意舆情的“晴雨表”[EB/OL]．[2009-07-07]．http://www.dahe.cn/xwzx/txsy/wyfy/t20090707_1596999.htm.

【作者简介】

杨海军，河南大学新闻传播实验教学示范中心主任，新闻与传播学院教授。
张雯雯，河南大学新闻与传播学院2011级研究生。

教育部人文社科项目“转型社会我国大众媒介对争议性事件的报道与传播研究”中期成果报告

作为新闻的争议性事件：内涵、传播特征与新闻价值观的变迁①

陈　刚　魏文秀

一、引　言

争议（controversy）是共识（consensus）或妥协（compromise）达成之前，持有不同意见的行动者之间经由话语而呈现的竞争或对抗的态势。争议性事件越来越密集地发生，是近年来伴随着我国社会转型、信息公开以及社会化媒体兴起而越来越凸显出的一个社会现象。从1978年改革开放至今，争议性事件一直都是大众媒介聚焦和报道的重要领域。其背后涉及的公共利益、价值观、伦理道德等公共话题所具有的冲击力、冲突性、争议性甚至是故事性等因素，使其能够引起社会的高度聚焦，产生强大的社会动员作用，因而对于当代中国社会的转型具有重要的实际影响和研究价值。西方政治学学者将争议性公共议题体现的民主价值以及公共政策的制定等内容作为关注和研究的重点②；传媒社会学领域的研究则更多地将争议性公共议题置放于社会冲突、大众媒介、社会沟通与民主决策等关系框架中，研究和考察大众媒介与争议性公共议题的关系以及对公共政策制定的影响等主题③。尤其在参与式的现代社会，大众传媒对争议性事件的报道与传播，具有重要的传播价值和显著的社会效果。

本文的研究重点在于：第一，分析哪些因素是导致争议性事件在当代转型中国的兴起的结构性条件；第二，随着改革开放进程的开启和不断深入，中国的争议性事件报道经历怎样的变迁。

二、争议性事件：一个描述性界定

本文的讨论中将把注意力同时放在几个互有交叉但并不完全重合的话题领域：公共争议、争议性事件以及争议性议题。这三个话题领域在具有争议性或者具有公共性的层面上存在重叠，而本文重点关注在“公共的”层面上重叠的争议性事件/议题。在此，本研究将给出“公共争议”的描述性定义：一是指在涉及价值观念、公共利益、社会规则等方面的议题，

---

① 基金项目：教育部人文社科项目“转型社会我国大众媒介对争议性事件的报道与传播研究（1978—2008）”（项目编号：09CJY860022）的研究成果。

② Gaskell George. Science Policy and Society：the British Debate over GM Agriculture[J]. Current Opinion in Biotechnology，2004，15(3).

③ 该领域研究的代表性成果参见：Gamson W.，Modigliani A. Media Discourse and Public Opinion：a Constructionist Approach[J]. American Journal of Sociology，1989(95).

社会成员在进行价值评判、规则制定或决策的过程中，尚未达成一致的意见和主张；二是以至于不同意见的支持者之间为了争夺对议题进行定义和解释的霸权而在公共领域发生的一系列竞争性的、对立甚至对抗的语言行为；三是这些话语对抗借助传播媒介进行互动，形成一个争议场，这个争议场的边界就是争议事件的边界，因此事件的边界是模糊的、开放的，事件的意义通过争议来确定；四是当代所有的公共争议都必然是媒介事件，公共争议以媒介化的方式聚焦社会注意力。换言之，现代大众传播媒介为公开而广泛的讨论提供了一个相对开放的物理空间。由于大众媒介的参与，争议性事件都能够吸引到了一部分社会注意力，但是这并不意味着所有受到社会关注的争议性事件都是公共争议。公共争议中包含争议性议题和争议性事件，如果从议题的视角出发来关注争议，争议是由一系列相关的问题组成的；而从事件的视角出发来关注争议，更接近于新闻的属性，即关注突发的、碎片的社会现实。"争议性事件"和"公共争议"两个概念是一对存在着重要区别但又常常被混用的概念。如果将争议性事件直接等同于公共争议，就会抹杀这两个概念之间由于新闻媒体的介入而造成的对现实观察角度的不同。

在实际的讨论中，是否有关"公共"，更多的是凭借经验知识的判断，"公共"仍然是一个不太明晰的形容词。哈贝马斯(Habermas)曾区分了公共性的两个方面，即当公共性作为一种批判力量和当公共性作为一种展示与操纵力量。当公共性发挥其批判性功能时，就使权力无论是在政治领域还是在社会领域的实施过程中得以公开；而当公共性发挥其展示与操纵的力量时，则"公开了个人与机构，消费品与供货单"。① "公开的"争议与"公共"争议之间存在着这种关于"批判的"和关于"展示和操纵"两个方面之间微妙而危险的关系。为了将两个方面进行区别，有学者将争议性事件分为主观争议和客观争议。主观争议是与个体、法人和组织等相关的争议，争议性事件并不一定必然与公共利益直接相关。客观争议则是涉及"不确定多数"的利益的公共议题的争议，成为媒体及公众关注、聚焦和参与的重点，具有公共新闻的特性。这个分类似乎试图从争议的主体出发来鉴定其中关于"公共"的成分，但是公共争议并不只关乎利益，相当一部分争议与价值和信念等非利益要素有关；其次事件的意义是在不断争议的过程中得到确定的，争议性事件/议题与"不确定多数"相关也许是一个确定的事实，但也有可能是争议不断发展的结果。在现实的情境之中，批判的公共性和关于展示与操纵的公共性是一种同时存在的内容，和两种不同的事后评价。例如发生在2012年的"方韩之争"②，一位青春偶像派作家作品是真是假竟然引得"中国的网民和知识界集体沸腾"，"捧韩"派和"倒韩"派之间的争论持续了一月有余，无论是新闻媒体还是网络社交媒体都投入大量的精力来关注此事。方韩之争非但与公共利益无直接关系，甚至带有明显的娱乐性质，那么如何解释社会对其投入的持续而大量的关注呢？方、韩二人本身"具有巨大号召力"或者"社会注意力天然的非理性"的说法似乎都有些片面和武断。这次争议仅仅是一次对公众注意力的操纵和对个人之间毫无意义的口水仗的展示吗？也许直到现在仍然很难完整而又公正地评价这次争议，因为个人对争议的参与由于其价值框架、知识背景以及趣味的不同而有着极大的丰富性；在社会层面，对于这种公共对话的方式和社会注意力的投向，反思和批判的之声并没有被淹没。

三、多元化：社会转型与争议性事件的兴起

争议性事件的兴起和常态化是伴随着改革开放而出现的，社会转型是理解当代泛争议化

① ［德］哈贝马斯．公共领域的结构转型［M］．曹卫东，等，译．上海：学林出版社，1999：283-284.

② "方韩之争"指2012年，方舟子公开称韩寒作品是由他人代笔的伪作，由此引发了一场包括知识分子、媒体圈和普通网友共同参与的捧韩—倒韩之争。详情参见：方韩之争专题［N/OL］．［2013-03-12］．http：//opinion. hexun. com/2012/fanghan/.

现象最重要的视角。在过去30多年改革开放的过程中，中国的社会结构发生了一系列重要的变化。在改革开放之前，中国国家与社会属于“强国家—弱社会”的总体性社会结构，国家对几乎全部的社会生活实行着严格控制。改革开放的一个最重要特点国家与社会的分化，国家控制范围的缩小和控制力度的减弱，与此同时，相对独立性社会力量形成，社会成为与国家并列的提供资源和机会的源泉。① 国内社会结构所发生的深刻变化更具体地表现为：远远不同与总体性社会，当代的社会关系更加复杂，新的事物和行为方式不断涌现，各种文化观念碰撞，原有的常识和规范不断受到现实利益的挑战。社会生活内容的急剧膨胀意味着整个社会谈论的对象和谈话的范围不断地扩大。这就是争议的时代，当代人生活在争议之中，制造争议、参与争议、围观争议、化解争议、娱乐争议、淡忘争议。

从社会心理层面分析，美国心理学家卡伦·霍妮(Karen Horney)在其著作《我们内心的冲突》一书中对冲突所做的社会心理学分析也许能为我们更好理解争议现象与社会变迁之间的关系提供一些启示。她写道：“冲突的种类、范围、强度主要取决于我们生活其中的文明。如果文明稳定，坚守传统，可能出现的选择种类则是有限的，个体可能发生的冲突也不会太多……如果文明正处于剧烈的变化阶段，这期间相互冲突的价值观念和极为不同的生活方式同时存在，个人必须做出的决定就多种多样而难以决定了。”②原有的价值观念受到质疑或者挑战，人们常常摇摆于两个不同的价值选择之间。20世纪90年代中期的一项社会调查表明，在社会转型过程中，中国人的价值判断呈现多样化趋势，代际差异变得更为明显，隐私权开始受到尊重，对个性自由的追求变得愈加宽容；但在人们旧有的道德观发生裂变的同时，全新而清晰的道德观尚未形成。③ 正因如此，“共识”对于当下社会而言就越加显得紧要。从国家层面提出诸如“八荣八耻”、“科学发展观”、“和谐社会”等宏观政治理论，皆是对确立新的社会价值标尺、凝聚社会共识所做出的努力。在具体的社会生活层面，更广泛的共识来自于社会舆论和个人应对争议的实践。

如果我们尝试罗列中国近三十年的争议性事件，就会看到这同样是一张非常庞大的清单。近三十年争议性事件包括从宏观的经济或政治体制改革(例如2004年国企改革公正与效率之争)到微观的社会习俗变迁(例如1979年电影《水晶鞋与玫瑰花》接吻剧照引起的关于“男女情感是否可以这样暴露在公众面前”的讨论)、从抽象的意识形态争论(例如1978年关于检验真理标准问题的大讨论)到具体的利益冲突(例如2003年关于北大人事制度改革是否合理之争)、从价值评价标准(例如2005年私营业主入选劳模引发的劳模评选标准之争)到政策的决策和执行(例如2007年关于是否取消“黄金周”的争论)等内容，不只是由政府主导的改革议题，争议性事件/议题囊括了社会转型的方方面面。出于便于理解和把握研究对象之目的，根据争议性质的不同和社会参与程度的区别，当代争议性议题大致可以划分为四类：宏观的意识形态争论，这类争论每隔一段时间就会出现在公共争议的议程之上；关于社会道德规范、价值评价标准的争议，在社会转型时期，有大量的争议都是由于整个社会的道德体系与价值体系受到了现实的冲击和挑战，原有的评价体系不再被当做具有自明性的常识；社会的自我反省、对公权力的监督和对社会现实的批判；具体的利益冲突引起的争议，这类争议中往往涉及例如政策决策的问题，有更深入的社会参与。应当注意的是，在现实的片段之中，很多时候一个具体的争议与其说可以被简单归为其中的某一类，不如说这些所谓的分类是被包含在这一争议之中的。

---

① 孙立平．转型与断裂：改革以来中国社会结构的变迁[M]．北京：清华大学出版社，2004：137-145.

② [美]卡伦·霍妮．我们内心的冲突[M]．王作虹，译．贵阳：贵州人民出版社，1990：3.

③ 郑杭生，郭星华．当代中国价值评判体系的转型[J]．社会学研究，1995(5)．

1. 改革：从意识形态争议到规则争议

可以说，中国社会近三十年所遭遇的争议性议题都是转型的问题。改革开放的提出有效地凝聚了社会的共识，但是改什么、怎么改，以及如何看待、评价等问题都没有现成的答案。尽管改革开放的设计者明确提出以加快经济发展作为改革的阶段性目标，在意识形态领域遵照解放思想、“不争论”原则，这种策略在为具体的实践提供了巨大的实验空间，但是却造成了理论上的空缺。以经济体制改革为引导的总体思路在解放社会生产力的同时对旧的价值体系和制度秩序造成了巨大的冲击。这种变化导致在总体性社会中被确立起来的那些受到广泛认同的整体价值序列被打破。在社会变迁的过程中，首先发生变化的是这个社会的价值序列，社会在对一些观念的重要性进行价值评判时会发生180°的转变。① 更深入的变化不仅仅在于价值体系被打破了，而且原有的组成主流价值体系的观念元素也在与外来文化、亚文化的交流碰撞过程中遭遇巨大的挑战，社会发展的客观情况呼唤新的现代社会的理解方式——不仅价值序列需要重组，组成价值序列的观念碎片也需重建。

中国的新闻媒体从一开始就是改革开放的积极参与者和有机组成部分。从《光明日报》开始的“关于真理标准的大讨论”对中国的未来发展产生了深远的影响，《关广梅现象》可以说是这场讨论的延续。邓小平在评价这场著名争论时说道：“真理标准问题讨论，是个思想路线问题，是个政治问题，是个关系到党与国家的前途和命运的问题”。尽管这场讨论试图解开紧绷的意识形态争论对实践的禁锢，正如李普曼（Walter Lippmann）所观察到的那样，多数情况下人们“并不是先理解后定义，而是先定义后理解”②。在改革开始后的很长一段时间内，大众媒介所关注的公共争议都主要围绕着意识形态领域中“是”或“不是”的问题展开。从新闻媒体到整个社会都对“资本主义—社会主义”的意识形态争论保持着高度兴奋和敏感，热衷于将改革之中出现现象、人物放到“资本主义—社会主义”的框架中检验一番。这种对立框架一直是参与争论的各方定义、解释和评价改革开放以来社会变迁的重要理论资源之一。“资本主义—社会主义”的两极思维并没有因为“改革开放”口号的提出而失效，相反，这种思维固执地将经济、文化等领域争议的焦点引向意识形态领域，并为讨论预设下两极对立的框架。尽管“改革”的口号一经呼出便成为时代的主题，但从提出到接受，从宏观认知到微观参与经历了一段较长的过程。从1982年的安徽“傻子瓜子”雇工现象之争，1987年“关广梅现象”租赁企业之争等20世纪80年代早期争议可以看到，“资本主义—社会主义”的意识形态争论是改革开放必须回应的第一个争议。

直到20世纪到90年代中期，大众媒介关注改革的重心逐渐从意识形态领域转向了社会秩序、社会规则以及具体政策领域。之所以出现这样的变化，其一，在于“改革开放”的话语取得了意识形态领域的主导地位，此后的公共争议大多在改革开放的框架之下展开；其二，在于以经济领域为突破点的改革取得的被广泛认可的成就，“改革开放”不仅在意识形态领域，而且在社会领域赢得了广泛认同。1995年发生的“万言书”关于改革开放和公有制之争，各方观点依然尖锐，却未引起大范围公开讨论。这一年，社会的注意力投向了“王海现象”。进入这一阶段，公共争议报道的问题框架从“是不是”转向了“要不要”，“应不应”，“能不能”。王海知假、买假、打假，从“单兵作战”到“公司博弈”模式究竟是正义的化身还是利用规则漏洞投机敲诈？大众媒体和社会舆论的争议问题域落在了法律和社会规则框架内，并试图提出“维护消费者权益，只有制度改善才是根本出路”③的建设性答案。这一阶

① 金观涛，刘青峰．观念史研究——中国现代重要政治术语的形成［M］．北京：法律出版社，2010：1-3.

② ［美］沃尔特·李普曼．公众舆论［M］．阎克文，等，译．上海：上海人民出版社，2006：62.

③ 于荣华，王海．坚持打假十七载［N］．人民日报，2012-09-07.

段另一具有代表性的案例是有关"实名制"的争议。随着社会逐渐从熟人社会转向陌生人社会，社会的复杂程度不断提高，管理难度不断加大，实名制作为一项社会管理手段应用到社会生活的许多方面。但是实名制与个人信息安全和隐私保护之间的矛盾，使得实名制的科学性、安全性等问题成为新闻媒体关注的焦点。实名制争议是社会信用体系建立过程中出现的一系列争议，包括 1998 年储蓄实名制，2002 年网络实名制，2010 年火车票实名制等。大众媒介对社会秩序、社会规则以及具体政策领域争议的关注，强化了媒介在民主参与过程中所发挥作用。在这个过程中，现代社会的公民文化资本也以媒介化的方式日渐积累。

2. 现代性：科学争议与死亡观争议

现代性争议是最能体现当代争议性事件/议题独特性的一类争议。这类争议给一直以来处于相对稳定状态的生活常识造成了巨大冲击，全面挑战社会的知识体系、价值评价体系以及公共管理制度。科学争议、死亡观争议是两个最具代表性的现代性范畴的争议。尽管属于不同的领域的争议，这两个争议的产生有一种内在的相似性，即有关于核心价值观念，却无法用传统社会的价值观念进行衡量和判断。人们被这些超出了自己理解和控制范围的争议所困扰。吉登斯将现代人的迷惘归因于现代社会的断裂事实，现代性表现出迥异于传统的独一无二的特性，在形式上不同于所有类型的传统秩序。以进化论来理解和解释现代的独特秩序一直遮蔽了现代性的断裂特征。① 出于同样的原因，当大众传媒以进化论的宏观框架或者以传统价值观念的框架来解释这些现代性争议，试图消解争议的传播实践难往往以实现预期效果，反而遮蔽了当代社会生活的知识诉求。

从 20 世纪中叶开始，科学技术"恶"的形象不断出现在公众和各种传媒的视野中。尤其当目睹美国向广岛投下的原子弹的一刻，人类惊恐地发现科学技术所蕴含的毁灭人类的恐怖力量已经超出了人类预测和控制的能力范围。对科学技术的警觉和顾虑是对日益加剧的核风险、化学产品风险、基因工程风险、生态灾难风险等全球性"技术公害"问题的现实回应。科学争议主要是由于科学技术在实际应用过程中存在着的未知风险，不仅牵涉技术安全、政策安全，还涉及技术应用所引发的伦理争议。科学技术的扩散包含两个层面，一是技术应用层面的扩散，二是专门知识的普及。有学者认为，转基因技术在中国遭遇的传播障碍有很大一部分来自于文化偏见，即由于中国传统文化之中对天人合一的想象和对传统农耕技术的迷恋而对转基因技术抱有排斥的心理②。这种观点也许尤其合理的一面，但却不能解释技术何以具有自明的正当性，何以让安全性的疑虑消除于"技术引发的问题可以通过开发出新的技术来控制"的假设。与其将一般民众技术的接受过程是一种文化过程，不如将其看做是以垄断知识为基础的技术世俗化、科学技术以意识形态的方式夺取霸权的过程。在同垄断知识对抗的过程中，民众依赖于生活理性和大众媒介(新闻报道、广告)、意见领袖所散播变形的知识做出判断。媒介对议题的报道和建构会影响到风险的界定、走向和结果，作用于公众对转基因的认知及行为，结果可能是减轻或消解不确定性，化解社会风险，也可能是加深不确定性，强化社会风险。如何建立民众参与科学技术应用和扩散的管理和决策权力，揭露技术扩散中所受到的政治、经济势力的宰制是当代科学争议传播题中应有之义。

关于死亡的争议。"死亡是人的本能"，是生命的自然属性。现代医学技术和法律将对生命的控制延伸向日常生活的细节，作为现代性的吊诡后果，现代人对死亡的恐惧超过以往的任何时候。这种矛盾心理集中体现在"安乐死"争议中。安乐死指对无法救治的病人停止治疗或使用药物，让病人无痛苦地死去。"安乐死"有积极和消极之分，所谓积极的安乐死

① [英]安东尼·吉登斯. 现代性的后果[M]. 田禾，译. 南京：译林出版社，2011：3-5.

② 范敬群，贾鹤鹏，彭光芒. 转基因传播障碍中的文化因素辨析[J]. 中国生物工程杂志，2013，33(6).

是指根据病患的要求，主动结束自己的生命；消极的安乐死是指遵照病患的意愿终止治疗，使其自然死亡。“尊严死权利”和“生存权利”的伦理冲突，以及安乐死技术导致故意杀人的潜在可能性，使得安乐死的倡议仅仅作为一项活跃在民间的社会运动，政府对安乐死的合法化依然持保留态度。关于死亡的另一典型争议是有关“废除死刑”的问题。“废除死刑”争议是一个多层次、多侧面，牵涉许多其他议题的复杂议题。是否立法决定死刑的存废与一个社会的集体意识密切相关，公众对“是否废除死刑”有着强烈的主见。由于死刑制度的改革必然要付诸于司法实践，通过具体的案件得以体现，这又在具体的案例中为公众留下了讨论的空间。在中国，废除死刑往往被认为是一种精英主义的主张，于是争议的焦点就从死刑的存废转向了精英与民众的利益冲突。

3. 争议碎片：多元化、细碎化、生活化

发达的媒体网络使得公共争议的范围已经远远超出由传统媒体所主导的争议范围，尤其在电视网、电信网和互联网的普及和大众文化的兴起之后，争议性议题分布呈现出多元化、生活化、细碎化的特征，社会权力进入到具体的细节中带来一个泛争议时代。社会注意力所关注的焦点更加具体、也更加分散。传统媒体很难再引导争议的焦点，控制争议的结果。碎片化的争议报道犹如打碎的镜子，毫无秩序地折射着社会的各个层面的观念和利益冲突。争议在网络空间呈现一种随意发散的状态，随着注意力的转移而自然冷却。

首先，争议话题领域大大拓宽，对争议的感知和关注也更加深入、具体。社会生活中的经济、文化、政治等领域的问题，例如户籍制度、医疗改革、教育改革、个人所得税、房地产市场、廉租房、三峡工程、农民工权益等重要公共议题，都受到了公众及媒体的广泛关注，围绕这些议题展开的争论对整个社会的发展产生了重要的影响。每年对各个领域(如教育领域、经济领域)的争议性话题、新闻或人物进行盘点已经成为各大媒体的保留节目。这一方面是因为随着改革的不断深入与社会的不断发展变迁，群体间和群体内部的摩擦使得生活更加复杂化。已有的行为标准已经垮掉，要形成合适的标准来处理变迁的秩序已经引起人们的注意，非特权的群体试图改善他们的境况，关于相应身份的新概念也产生了，由此，摩擦也随之增加。① 因此当社会变迁越深入，速度越快时，变迁涉及的范围就越广，引起摩擦的可能性也就越大。

与此同时，在主体意识觉醒的背景下，全能主义政府的管理模式，包括意识形态方面的影响力，不再像之前那么奏效。2012 年 1 月出版的《中国伦理道德报告》中明确指出“当今中国社会诸群体伦理关系与伦理态度的总体图像是：对政府官员缺乏道德信任，对治理腐败缺乏信心，并且由此影响到全社会对国家伦理实体的信念；对弱势群体寄予伦理同情，认为弱势群体的造就是由于制度缺失和分配不公；知识精英跃居影响力群体之首，人们不仅期望他们成为思想先锋甚至思想领袖，更希望他们成为社会良知；对青少年群体满怀道德忧虑和伦理期待，但又信心不足并明显缺乏指导能力；对新兴群体怀有伦理好奇和道德宽容；对企业家群体的伦理态度矛盾而复杂。”②整个社会的伦理期待处在一种复杂而敏感的变动之中，积极共识的达成仍需要更坚实的现实基础。

四、媒介化：作为新闻的争议性事件

在媒介化社会的现实与传播语境中，作为新闻的争议性公共事件/议题具备这样几个传播特征：一是有争议的公共新闻议题所产生的社会影响往往高于其所富含的新闻价值，这也

---

① [美]史蒂文·瓦戈. 社会变迁[M]. 王晓黎，等，译. 北京：北京大学出版社，2007：239.

② 樊浩，等. 中国伦理道德报告[M]. 北京：中国社会科学出版社，2012：64.

是争议性公共议题在社会沟通与传播中吸引和动员各方注意力，进而号召起积极参与的内在动力；二是触发争议的事件或社会现象是传播的表征，新闻议题或社会现象背后触及的公共利益、传统道德、文化多元主义(Cultural Pluralism)抑或社会的基本价值和行为准则以及法律、法规等是隐性本质。争议性公共议题的触发以及短时间内高度聚焦的争议化的扩散传播，通常源于这类事件表象背后的深层次的公共利益与秩序、传统道德与伦理等遭遇了挑战，并因此造成了局部的社会公平失衡、社会秩序失范、社会底线失守或者是集体意识的衰落等社会敏感问题；三是新闻媒体及公众对争议性公共议题从表征到隐性本质的解读、认知多元化，存在“争议场”。争议性议题出现后，在一定时间内，没有“标准答案”或者缺乏社会共识，公众对议题的解读由于视角、价值观等的差异，其认知是多元的，形成在新闻媒体这个平台与领域上由各方共同参与的“争议场域”，具有“公共新闻”(Public Journalism)的取向。这也是公共议题伴随着争议与争辩广泛传播的源根；四是存在“黑洞效应”(Black HoleEffect)即争议化传播现象，“愈争议愈传播，愈传播愈争议”。这是争议性公共议题传播的一个特点与规律：议题或事件的争议程度与新闻价值、关注程度、传播速度、范围等成正比。

1. 公共争议的媒介化：争议性事件

争议性公共议题(Controversial public issues)主要有两个架构性的元素：一是公众关注、聚焦的或是与公共利益密切相关的议题；二是社会对该类议题的认知存在多元意见即富有争议与冲突，例如美国的“枪支管制”(Gun Control)、“移民政策”(Immigrantion Policy)等议题，中国的“医疗改革”、“个人所得税”等议题以及“全球变暖”(Global Warming)、“克隆”(Clone)等全球性的、具有争议的公共议题。而“争议性事件”，以媒介化的方式对公共议题进行再现，因而呈现出更碎片化的现实。在对大量的争议进行总结分析之后，学者们归纳出“争议性事件”的概念来解释这种激烈的舆论现象的起因。这类事件最突出的特性是具有新闻性、聚焦性和冲突性，是引燃舆论的火石。大众媒体非常乐于大面积报道和传播这类事件以赚取整个社会的注意力资源。争议性事件以具体的新闻事实或社会现象为表征，舆论对事件的解读超出事件本身，延伸到有关公共利益、共同价值、道德伦理和规则法理等更深层的问题上来。事件传播的过程，也就是媒体和公众“挖掘”事件“本质”的过程。事件引发广泛的质疑或争论，形成“争议场”，从“表征”到“本质”的认知、解读呈现出多元化特点，往往没有“标准答案”或者缺乏社会共识。

“客观存在的，能引起争议的事件和现象是最值得报道的”①，依据新闻价值规律的指导，关注争议性事件、关注新闻之中的争议或冲突性要素，以争议化的方式强调争议性议题和事件。对争议的强调本身就包含在新闻的定义之中，以及对新闻界社会功能的定位之中。公共争议充分满足重要性、冲突性、显著性等诸多新闻价值标准，无疑是一座新闻的富矿，新闻报道不能回避争议，而且，新闻报道必然追逐争议。新闻报道追求对冲突事件和异常情况的关注，因为在新闻专业的范畴内，争议性本身就是一种重要的新闻价值。无论是主动还是被动，大众媒介与社会变迁中出现的富含争议的公共议题都是积极的互动关系。

大众媒介是现代社会沟通的基本路径与方式，在大众媒介与社会的关系的研究中，大众媒介一直被赋予是公众了解、理解与认知社会生活的中介与桥梁这样的角色，尤其是社会面临冲突、争议或焦虑时。20世纪80年代，美国等西方国家的关于麻醉药品的使用，曾产生广泛争议。在麻醉药品的争议过程中，“公众对受诋毁争议的麻醉药品缺乏直接了解，则新

① ［美］塞伦·麦克莱．传媒社会学［M］．曾静平，译．北京：中国传媒大学出版社，2005：27.

闻媒介与政府的说法就具有特别重要的意义，甚至间接影响了之后相关政策的制定”①。一些社会学以及传媒社会学的研究者认为，大众媒介不是简单地选择事件去报道，他们也提供用以理解信息的框架。大众媒介选择性地告诉我们世界的情况，告诉我们一些事情和事件，而不是别的信息，从而潜移默化地形成或限制受众的社会知识，构建他们生活世界的映像。对此，塞伦·麦克莱(Ciaran McCullagh)和塔奇曼(Gaye Tuchman)是一致的，他们认为大众媒介是取景器，是公众了解世界的窗口，而取景器与窗口的大小、方向等则在提供信息的同时也限制了对社会生活的理解与认知。以发生在2008年的“范跑跑”事件是典型性的争议性事件为例，相关研究对事件缘起的再现大致如下：

2008年5月22日，四川都江教师范美忠在天涯论坛发表文章《那一刻，地动山摇——5·12汶川地震亲历记》，细致地描述自己在地震时所做的一切以及过后的心路历程，在网上掀起轩然大波。5月25日，广州《新快报》以《“先跑教师”表白激怒网友》为题报道了这一网络热点事件。

在2007年“华南虎事件”的相关研究中，“争议的故事”是这样展开的：

2007年10月12日，陕西省林业厅召开新闻发布会宣布陕西发现华南虎，并公布据称为陕西安康市农民周正龙拍摄到的华南虎照片。很快有网友在论坛发帖，对照片真实性提出质疑，并吸引得大批网友关注。在此过程中，传统媒体对这一事件保持着持续的关注。

“华南虎事件”和“范跑跑事件”都是当年的网络热点事件，学界以这两个事件为案例进行了多方面的研究，但是对争议的叙述却高度类似。以上摘录的这两段对公共争议事件的记录采取了相同的观察视角，都以媒体注意力的投向为争议表征。“争议的故事”脚本呈现出争议的以下几个特点：第一，争议的参与者包括当事者，网友以及传统媒体，这三方是公共争议过程中三个重要的行动者，是三股相互纠缠的力量，共同推动着争议发展；第二，公共争议缘起于网友的质疑，“质疑”与“被质疑”关系的确立形成争议的核心，如果没有异质的甚至对立之声存在，也就无所谓争议了；第三，“大批网友”的参与推动了争议升级为公共争议，“大批网友”就如同包裹着飓风眼(争议核心)的气流，但是网友是通过怎样的方式特别关注到些事件的，“大批网友”是最初如何参与进来的呢，是什么力量扮演了推动气流的“气压”这一角色呢？这两段文字并未记录这一关键过程。第四，公共争议是在网络上酝酿的，质疑之声在网上经过一段时间的积累和发酵之后传统媒体才有所关注，也就是说，传统媒体是受到了网络舆论的裹挟，对于传统新闻媒体而言，一开始所关注的就已经是争议的状态了。

2. 公共争议的媒介化：传播特征

当公共争议以争议性事件的形式被了解和讨论的时候，也意味着公共争议所涉及的公共性议题的整体性被肢解，因而具有新闻产品的偶然性和碎片化的特征，以及特殊的传播特征和传播规律。

引发争议的新闻事件其社会影响往往高于其所含的新闻价值，是引起“越争议越传播，越传播越争议”的内在动力。争议性事件在争论的过程中，各方参与者会沿着可能的方向不断地拓展讨论的话题范围，讨论的议题有可能会偏离事件本身，而向着事件所触及的公共议题进行下去。例如在“中学校长实名制推荐”事件中，“校长实名推荐”是北京大学在2010年推行的一种自主招生政策。原本只是单独的一所高校在招生制度方面所推行的一项小小的改革，却因在当下高考制度备受批评、全国范围内教育资源分配不公平的现实语境中，成为各方关注的热点话题。当北大宣布实施此政策后，媒体及公众围绕此政策展开了有关教育公

① [美]杰克·D. 道格拉斯，等. 越轨社会学概论[M]. 张宁，译. 石家庄：河北人民出版社，1987：247.

平、人才培养等一系列讨论与争辩，产生的社会影响远远超过这一政策实施的本身。事件所触及的公共利益与秩序、传统道德与伦理，以及事件折射出的当代社会公平失衡、社会秩序失范、社会底线失守或者是集体意识的衰落等正是当代中国社会转型中重要而敏感的公共议题。事件本身争议性事件只是公共争议传播的表征，新闻事件或社会现象背后触及公共问题才是争议的核心之所在。在“中学校长实名推荐制”事件中，北大推行由中学校长实名推荐学生上北大的自主招生新政策是触发争议与争辩的原点，而政策改革背后所涉及的公共利益即教育改革的公开、公平、公正才是争议的关键。

争议事件边界的模糊性和争议焦点的动态变化。争议化传播现象凸显，争议性事件在传播过程中不断地发展和变化。争议性事件新闻属于围绕事件展开的话题式新闻，由于这类富含争议的事件通常都是公众和媒体关注的焦点，于是就会不断有新的“表演者”、“评论者”和“围观者”进入争议传播过程中来。但这些多元力量的介入并没有使问题本身变得更复杂。争议表征之所以显得复杂和无序，是由于多元力量出现在争议场中，这些力量在话语层面和事实层面改变了当时对争议事件做出裁判的权力结构和权力秩序。社会舆论往往乃至必然存在着相互对立或者多元化的意见与观点，围绕争议事件的观点碰撞、思想交锋形成了争议场，具有“公共新闻”的取向。大众媒介传播系统则是再现和参与争议的平台与公共领域。在此过程中，大众媒介秉承何种理念，如何组织各方意见与观点的交流、竞争和协商等，影响着公众的认知以及议题的最终走向。

“愈争议愈传播，愈传播愈争议”的另外一层含义是，这种争议化传播使得争议性事件犹如一个黑洞，其传播过程存在“黑洞效应”。即事件的争议程度与新闻价值、传播速度、范围成正比，事件的争议越大，新闻价值就越高，传播速度和范围就越大，而传播速度和范围越大，则争议就更大。当争议从论坛、博客中以发帖、评论方式传播时，注意力的获得：①依赖于偶然的、随机的话题接触；②依赖于相关内容之间的网络超链接关系；③依赖于注意力积累带来的话题价值的增值过程，这种注意力的马太效应在论坛当中表现得最为突出，当帖子得到更多人的回复时就有更大的机会得到更多的关注。当传统媒体介入，记者将具名知名网友或者一定数量的匿名网友提出的争议呈现在专业化、组织化的新闻媒介（包括传统媒介和新闻门户网站），争议事件与公众之间的关系就转变为由新闻媒介网所控制的、惯例化的接触关系。依赖于媒介内容使用者的媒介接触习惯，新闻媒介网稳定地占有了社会注意力，并且以浏览次数、评论数、投票等统计方式公开地展示了注意力聚集。争议场中，单独坐在家中电脑前或者操弄着移动互联网设备的个人以匿名的、数量巨大的集合方式围观（在场）。这种社会注意力的聚集（即“围观”现象的形成）和展示既具有公共性，同时也具有商业价值。

“围观”现象与公共性之间是模糊的关联着的，显然若将“围观”等同于舆论在实际之中的表现是不合适的。公共性是社会注意力的一种——而不是唯一的一种内在倾向，注意力中依然有非理性、任意性的成分以及猎奇或者娱乐的成分，这些非公共性的成分也是促成围观的动因。而模糊的围观要发挥“改变中国”力量需要更明确的公共性内涵。在整个社会文化环境中，将围观的公共性品质反复言说并且广泛传播使得公共性品质拥有了具体可见的外在形式。以评论文章等大众化传播形式（例如《南方周末》评论《关注就是力量，围观改变中国》①），将民意与互联网世界流行的参与形式——“围观”建立起等价关系，社会注意力的公共性内涵成为全社会的共识，被围观的权力必须做出回应。在公开的、反复的话语实践中，围观的公共性倾向被赋予清晰的轮廓，建构起一种象征着民意对公平正义的期待和要求的权力品质。“围观”因此获得了被报道和传播的价值。

社会注意力聚集的商业价值也促进了争议的传播。互联网时代的争议性事件是开放的，

① 笑蜀．关注就是力量，围观改变中国[N]．南方周末，2010-1-14.

技术上的原因是开放的传播网络提供了参与的机会，技术上提供的机会以很低的门槛分配给各种不同的诉求。争议的开放性和不确定性生产出源源不断的话题资源。当争议在公共论坛建构起复杂的表征，争议过程在更大的范围内公开，更多的注意力资源和话题资源被卷入到这个黑洞之中。娱乐的成分是社会化的传播活动中不可避免的或者说不应当刻意避免的成分，但是炒作和过度娱乐化的是社会化传播活动在对商业价值驱动之下的社会化传播的异化。“华南虎照PS大赛”、“周正龙进军娱乐圈”等外围话题由于和争议事件的粘连性而得以分享注意力资源。① 因此在华南虎事件的报道中，媒体对网友恶搞等外围话题同样津津乐道。对点击率的追逐使公共争议异化成为被娱乐和消费的对象。公共性机制和商业利益驱动共同推动争议的传播，即所谓“越争议越传播”。

五、“争议”与“争议性”：新闻价值观念的变迁

特殊的话语实践和社会结构之间有着一种辩证的关系，社会结构和社会文化的变迁影响和限制着话语的规则。② 如果将“新闻是什么”从教科书静止的、真空的教条之中解放出来，回归到新闻生产的实践中重新寻找概念的内容就会发现，描述新闻的话语是随着社会文化和社会结构的变迁而变化的。实际之中的新闻生产并不是围绕着“新闻是新近发生的事实”来组织的。对于什么是新闻，其操作定义与新闻传播业所处的社会政治、经济、文化和技术环境有着直接关系。一方面媒介改革是中国社会争议性事件凸显的一个重要背景，媒介的变迁加剧了社会的泛争议化；另一方面媒介制度和媒介环境的变迁是决定新闻话语规则和组织惯例的结构要素。新闻关注突发的、异常和冲突的事件，争议本身就是一种新闻价值。尽管如此，争议却并不一定都能够成为新闻，不同的争议也会被归入不同的新闻类型进行处理，社会对争议的表达有着与其时代相符的习俗、边界和底线。我们必须厘清新闻概念中流动的部分，即由社会结构所限制的那一部分，才能理解我们身处的社会是如何定义新闻，进而理解当代转型中国社会的大众传播媒介为以这样或那样的特定话语规则来再现争议。

以经济领域为突破点的中国改革从一开始就是一场全面的改革，如同破壳新生，当改革开放的思想从禁锢与封闭之上敲开一条小小的裂缝，这条裂缝就向着四面八方扩散开来，新闻媒体所处的政策环境和社会环境都发生了巨大的变化。因此，当试图厘清社会变迁与大众媒体之间的关系时，首先应当注意到的是两者之间是整体关联的，中国新闻传播事业的改革与整个社会的改革开放几乎同步发生。媒介政策的变化带来的是新闻媒体在社会系统中的定位的改变。在新闻媒体“事业单位，企业管理”的双重属性理论被提出并得到认可之后，新闻媒体逐步从政治宣传工具回归到社会信息工具，在经营上贴近市场，在内容上贴近生活、贴近社会，在20世纪80年代出现了晚报的勃兴和“飞入寻常百姓家”的办报理想。因此可以看到，公共争议议题的范围以及形成的机制都经历了从由“上”至“下”到由“下”至“上”的变化。

1. 预设结论的争议：宣传本位的争议观

中国大陆新闻传播活动经历了作为党的新闻宣传事业到作为上层建筑属性和下层经济属性的新闻产业的改革。这场媒介产业化改革有两个重要的节点，一个是1978年改革开放，以恢复媒体的广告经营权为标志，市场的力量引入了传媒产业格局划分的过程中；其二是中

① 相关报道参见：人民网专题：华南虎是否真的存在？——真假“照片”始末追踪[N/OL].[2014-05-31]. http://society.people.com.cn/GB/8217/106495/106496/index2.html；新浪网专题：华南虎照片疑云[N/OL].[2013-05-31]. http://news.sina.com.cn/z/hnhzhpyy/.

② [英]纽曼·费尔克拉夫.话语与社会变迁[M].殷晓蓉，译.北京：华夏出版社，2003：59.

国成功加入世界贸易组织，这意味着未来应对外来的各种压力，媒介行业内部必须进行大的调整，最明显的成果就是传媒产业的集团化。行业权力和利益架构的全面改革与新闻观念的解放和创新之间有机地联系在一起，伴随着这场改革，新闻学界发生了三次学术争论①。第一次争论的焦点是关于新闻与宣传的区别。宣传本位时代的新闻观认为新闻活动是从宣传中分离出来并从属与宣传活动的，新闻报道的一般原则是：以宣传导向为纲，主题先行，新闻报道附会与主题，服从于宣传需要。新闻作为一种宣传手段，作用在于通过对被选中的典型人物和事件的报道、评论有组织地引导、影响人们的思想和行为，因此不利于宣传的部分也就是新闻报道的禁区。这样的新闻观念，表现在当时的争议报道之中就是“有限的争议”，在争论开始之前就已经有了一个明确的结论。新闻报道所呈现出的是事先排演的论战，是论点鲜明、导向明确的文章。

“新闻宣传”在新闻传播领域不仅表现为一种宣传本位的新闻观，同时也是一套新闻媒体内部的权力架构模式和相应的宣传管理模式，通过这些结构模式将影响深入到新闻生产的微观实践层面。新闻工作者首先是党的宣传干部，服从于宣传主管部门的行政命令。宣传通知、相关审稿制度、人事制度记忆其他行政管理规则构成了主导中国新闻媒体改革的权力网络，深刻影响着新闻话语的规则。② 这场有关“新闻”与“宣传”区别的争论首先在理论上承认了新闻传播活动是为了满足社会对信息的基本需求，而非服从于政治宣传之目的，新闻传播活动开始了从宣传本位向新闻本位的回归。③ 在实际的新闻生产过程中，真正对新闻宣传管理的微观实践造成冲击的是市场力量的引入。

2. 争议多元化与争议娱乐化危机

第二次学术争论可以看做是前一场争论的延续，此次争论的背景是，在 1993 年发布的《关于加速发展第三产业》的政策文件中，新闻传播行业被明确列入第三产业，这使得如何看待和理解新闻(报刊)走向市场成为横在新闻市场化面前的理论难题。这场争论沿着进一步解放新闻观念的方向，肯定了新闻的商品属性，开启新闻业发展的大众化发展道路。新闻生产关注的重心从政治需求转向了社会需求，从效益导向向利益导向倾斜，催生了晚报热、都市报热，乃至后来的“厚报时代”。

第二轮争论所解放出的能量促使新闻生产观念发生了很大的变化，首先媒体对新闻的需求量大大提高，媒介新闻网必须向新的社会时间和社会空间延伸以满足受众对新闻的需求，以社会生活为中心来挖掘各类都市新闻、社会新闻、民生新闻就成为必然的选择。在改革开放的早期，公共争议大多是由富有政治象征意味的事件引起的意识形态之争，或者是刚刚兴起的大众文化对当时的文化、价值观念造成冲击而引起的争论，例如电视纪录片《河殇》所引起的有关民族传统文化的大讨论。随着市民新闻越来越受到媒体的重视，争议也越来越侧重于社会生活当中个人之间或者个人与组织机构之间的矛盾，争议的焦点指向操作程序和规则。其次，市场利润规律指导下的新闻价值标准被更多地应用于新闻生产实践，新闻报道的娱乐化以及庸俗、低俗、媚俗的“三俗”倾向对新闻公共性的侵蚀和消解引起了学界的警惕④。中国新闻事业改革遭遇了双重“封建化”的困境：诸如人治文化、官本位文化等与政治文明建设相抵触的封建残余文化观念尚未彻底清除，却已经出现了商媒勾结、官商媒共谋

① 李良荣，戴苏苏．新闻改革 30 年：三次学术讨论引发三次思想解放[J]．新闻大学，2008，98(4)．

② 陆晔．权力与新闻生产过程[J]．21 世纪评论，2005，45(12)．

③ 单波．20 世纪中国新闻学与传播学：应用新闻学卷[M]．上海：复旦大学出版社，2001：204-268.

④ 关于此问题参见：李良荣，张春华．诊断中国传媒娱乐化[J]．新闻界，2009(6)．

的再封建化之端倪。① 市场化的新闻业在经济上获得了极大的繁荣和发展，但是在“风险规避”(尤其是对政治风险的规避)的逻辑之下，“重视短期内的问题”和“刚性稳定观”主导着新闻媒介对公共议题的关注。② 面对社会冲突性议题的报道，这种短视的逻辑和对长期稳定性的忽视导致多元利益的表达受到了阻抑。更不容乐观的是，“风险规避”是国内媒体中普遍通行的对于社会冲突性议题报道的新闻报道常规。

3. 反思：职业伦理和专业精神

市场化改革过程中出现的问题引起了学界和业界对新闻职业伦理规范和职业精神的反思。这也就是中国新闻改革进程中第三次学术争论的焦点。西方新闻专业主义理念和传媒的社会责任论为这次讨论提供的重要的理论资源。这些理论的核心在于强调“公共利益至上”是新闻界所享有的一切权利的合法性之源泉，新闻界如果未能履行社会责任，那么它所享有的公共权力也就不具正当性；反之，新闻界享有的独立、自由和权力得到保证是新闻界为民主保驾护航的前提。责任和权力相互依存对于新闻界而言，既是内向的约束力，又是一种外向的保护力。

新闻专业主义理论在中国落地，经历了一个学习过程：吸收、重构，再反馈于社会。一方面，从一些新闻从业者的自我认同可以看到传统文化对专业主义部分文化内核的置换，譬如，在一些“调查记者”身上可以看到一种挥之不去的“英雄情结”。正如芮必峰教授所评：“启蒙”也好“监督”或“揭黑”也罢，根本上还是中国传统“士”文化和“侠”文化在媒体和记者身上的投射。③ 这是新闻工作者作为知识分子的一种文化自觉和文化想象，然而“济世情怀”与“公共利益至上”之间有着根本性的差别，前者抹去了“公域”与“私域”之间的界限，而在“善”与“恶”、“强”与“弱”之间摇摆。制度层面，在传媒改革背景之下引入以美国为代表的新闻专业主义范式更强调其外向的保护作用，即以专业社区控制模式来抵抗来自市场和政治权力的侵蚀。在市场化程度较高的精英媒体可以看到按照新闻专业主义范式建立专业社区的艰难尝试。由胡舒立主持的财新传媒在创建伊始一并建立了“财新传媒公信力委员会”，这是中国首个媒体公信力委员会。④ 这个民间监督机构旨在保护“新闻为公”的原则不受权力与商业利益的侵蚀。事实上，这些精英媒体是凭借着自身长期以来积累的公信力资本和社会资本与严厉而细密的权力控制进行博弈，以拓展新闻传播活动的边界，在一定程度上维护自身的独立。新闻专业主义理论在此作为一种规范性理论为媒体的行为提供正当性辩护。在更广泛的新闻生产领域内，新闻专业主义在中国新闻工作者的观念和实践中被不同程度的碎片化或者“扭曲”，专业主义取向的发展遭遇的最大的限制和阻碍依然来自于制度设置层面。⑤

4. 社会化媒体时代的争议报道

传播技术的升级给整个新闻传播业带来了极大的冲击。互联网的普及和发展，尤其是以

① 展江．警惕传媒的双重封建化[J]．青年记者，2005(3)．

② 夏倩芳，王艳．“风险规避”逻辑下的新闻报道常规——对国内媒体社会冲突性议题采访流程的分析[J]．新闻与传播研究，2012，19(4)．

③ 芮必峰．描述乎？规范乎？新闻专业主义之于我国的新闻传播实践[J]．新闻与传播研究，2010，17(1)．

④ 新浪财经．财新传媒正式成立首推媒体公信力委员会[EB/OL]．[2013-05-11]．http：//finance.sina.com.cn/roll/20100325/16537633174.shtml．

⑤ 潘忠党，陈韬文．中国改革过程中新闻工作者的职业评价和工作满意度——两个城市的新闻从业者问卷调查[A]// 全球信息化时代的华人传播研究：力量汇聚与学术创新——2003 中国传播学论坛暨 CAC/CCA 中华传播学术研讨会论文集(上册)，2004：145-146．

微博为代表的社会化媒体的出现引起了新闻传播学领域的第四次争论：在人人都有麦克风，人人都能发新闻的时代，记者究竟算不算一个职业？有人调侃地回答了这个疑问：既然人人都会做饭，厨子依然是一个专门的职业，那为何到了互联网时代记者就不算"职业"了呢？这个回答不算错，但"厨子"和"记者"的类比却不能充分地解释新闻作为一项专业的必要性。

中国互联网经过近二十年的发展，其内部信息生产和信息流动模式都发生了很大改变。信息格局改变的最主要原因是互联网信息门户的转移，第一次是从门户网站转向搜索引擎，第二次是从搜索引擎转向社会化媒体。经过这两次转移，用户生产内容的门槛越来越低。伴随着互联网的发展，"网众"①诞生了。社会中那些积极的媒介使用者被命名为"网众"，他们以跨越各种媒介形态的信息传播技术(ICT)为中介，与其他媒介使用者相互联结，构成融合信息网络与社会网络的新型网络。在社会化媒体时代，微博是最为典型的社会化媒体代表，集合了即时通信(IM)、电子公告板(BBS)、社交网站(SNS)等典型虚拟社区的特征，简洁、开放、高效、互动的传播特征而使得微博对于用户具有极强的吸引力和黏性。微博信息发布门槛低，随时随地传播信息，"评论"、"回复"、"私信"等功能使的信息交互方便快捷。微博信息以几何级速度呈裂变式的传播(one to N to N)。微博成为新闻爆料的首选媒体和最新信息的集散地，被誉为"突发新闻的出色载体"。

互联网改变了社会传播系统之中社会注意力的聚焦机制，也改变了传统的新闻生产机制。传统新闻媒体已然不是社会注意力的垄断者，也不是垄断的新闻内容(如果以时间的相对性——即"时新性"来定义新闻的话)生产者。传统媒体时代，新闻组织处于信息流的绝对上游，占有发布信息的垄断地位。到了互联网时代，新闻组织在信息流所处的相对位置下移，从垄断的信息生产者和发布者转变为信息的管理者。尤其到社会化媒体时代，这种变化更加明显。从新闻组织内部来看，微博对新闻生产的影响大致表现为以下几个方面：微博改变了记者与消息来源之间的关系，从筛选、疏离、线人报料转向定制、接近、主动求援；新闻的发布从记者主导、单次刊发转向公众参与、循环报道；行业互动的方式也从以往独立调查、业内沟通转向支援协作、公开动员。② 社会化媒体模糊了新闻生产的"前台"和"后台"之间的界限，受众对新闻传播活动的参与从被动接收、反馈前移到新闻生产的进程之中。不过，尽管社会化媒体给新闻生产机制、产品样式，以及行业内部的关系结构都带来了很大的改变，但它并没有改变新闻作为组织化产品这一社会属性。网民发布的信息只是一种私人产品，其准确性和真实性并不享有组织化产品所具有的权威性。

中国新闻改革经历的四次争论包括了从意识形态到制度建设，再到传播技术等各个层面的内容，每一次争论都会引发新闻究竟是什么的疑问。新闻是不是宣传，是不是商品，是不是不仅仅是商品？在信息发布的权力掌控在每个人的手里的时候，新闻又是什么？显然，在不同的历史环境中，对新闻的理解是不同的。当我们把争议事件报道还原到当时的情境，就会看到新闻媒体对争议性议题\事件的报道呈现出不同的历史眼光。在新闻宣传时代，所谓"共识"是通过宣传手段取得统一的认识；而在新闻商品化时代，争议性作为重要的新闻价值突出在新闻产品之中，媒体热衷于挖掘争议、制造争议。在政治文明建设的进程之中，争议报道的重要性在于争议是多元价值和多元利益之间相互竞争的结果，事件背后往往关涉整个社会的公共利益、共同价值、道德伦理、规则法理等重大问题。

---

① 何威. 网众传播：一种关于数字媒体、网络化用户和中国社会的新范式[M]. 北京：清华大学出版社，2011：79.

② 张志安. 新闻生产的变革：从组织化向社会化——以微博如何影响调查性报道为视角的研究[J]. 新闻记者，2011(3).

六、结语：对话协商范式的期待

公共争议是与共同体相关的，涉及价值观念、公共利益、社会规则等方面的议题，社会成员就这些议题尚未达成一致的意见和主张，不同意见的支持者之间为了争夺对相关议题进行定义和解释的霸权而在公共领域发生的一系列竞争性的、对立甚至对抗的语言行为。根据前文的讨论，可以得出以下结论：公共争议性事件\议题如此引人注目有着特定的历史条件。从两个层面来分析：第一，争议报道的增多与社会转型期间：①社会转型时期多变和多元客观上带来了更多容易引发争议的元素——新事物、新现象和新关系的涌现有关；②以往的价值观念体系不足以应对社会变迁，不足以为个人提供评价的依据，新的价值观念尚未在社会上达成共识；③公众参与意识和协商意识的觉醒，社会成员对于与自身利益相关的事务有着更强烈的参与的愿望。这种参与的愿望，在新现象和新价值观念之间存在建立起一种相互影响(延展或者限制)的关系，这种关系是争议产生的原动力，参与的实践则点燃了争议。每一次从“争议”到“共识”的努力都是这个背负着深厚传统的社会向现代社会转型的艰难历程的一部分。第二，争议报道的增多：①与大众传播技术转型有关，传播技术革命使得媒介化社会得到了极大发展，社会化的传播网络全面覆盖；②与新闻传播政策的变迁有关，一方面市场力量被引入新闻传播业，另一方面，国务院颁布的《中华人民共和国政府信息公开条例》给社会对争议性事件进行讨论提供了制度上的便利和保障。这是社会转型和新闻改革背景下，新闻传播系统控制机制发生的变化。

人类社会的发展表明，在文化、道德、价值观、法律等各方面人类自身必须面对多元性的难题。一方面在多元化社会中，不同文化、价值观之间争议与冲突的释放与调试需要尊重、对话与理解。美国哲学家福山在富有争议的有关社会与文化的分裂与重建的讨论中强调：随着人类生存条件的变化，人类在心理和生理上都有一个大的调适过程，只有根据人类物质进步的现实不断进行社会调适，才能建立较为健全的社会秩序①。另一方面，中国改革和转型的过程是人们在实践中博弈的结果②，在社会转型的博弈中，社会权力在以下三个层面的社会关系中体现出来：①能够在争议性决策的场合中占据上风；②有关于决策程序的制定，即在发生有争议性决策时，能通过制定对自己有利的价值、信念、礼仪和决策程序而使自己占上风；③社会中的一方不但能够制定有利于自己的价值、信念和礼仪，并且能够使其他社会行动者相信和服从这些信条和礼仪，从而就避免了争议性决策场合的产生。③ 因此，公共争议的权力过程是能动的参与者运用各种话语资源/策略和传播资源/策略来争夺：①争议性决策场合的实际控制权；②决策程序的制定权和解释的话语霸权；③定义、解释和宣布价值、信念、礼仪和意义的霸权地位。大众媒介是各种不同的，甚至相互冲突的观念进行展示的画廊(gallery)，同时也是这些观念竞争主导地位的竞技场(arena)。④

新闻媒体一方面成为民众参与公共争议决策的重要渠道，也是进行利益抗争和利益表达的重要平台。争议性事件的走向往往受到来自不同方向的参与力量的引导，如果事件划分为酝酿期、发展期、高潮期和衰退期，我们不能指望抽出单独的谋篇酝酿期或者高潮期的报道就可以把握事件，事件是全部相关报道的内容集合，也是报道的结果。以往“新闻”是事件

---

① [美]弗朗西斯·福山．大分裂：人类本性与社会秩序的重建[M]．刘榜离，等，译．北京：中国社会科学出版社，2002：176.

② 孙立平．社会转型：发展社会学的新议题[J]．社会学研究，2005(1).

③ Lucas Steven. Power, a Radical View[M]. Tiptree, Essex: AnchorPress Ltd, 1974. 转引自赵鼎新．社会与政治运动讲义[M]．北京：社会科学文献出版社，2006：238.

④ Gamson W, Stuart D. Media Discourse as a Symbolic Contest: The Bomb in Political Cartoons[J]. Sociological Forum, 1992, 7(1).

在某一时刻某一侧面的静态切片，而在媒介化时代的争议报道中，新闻镶嵌到事件本身的进程当中去，新闻是事件流的一部分，是一个过程而非静态切片。所以用于再现和评价争议性事件的语言等象征符号不只人们理解事件的媒介，同时也是行动和参与的媒介。其次，是新闻媒介对公共议题持续地关注和报道不断拓展着言论的边界。作为新闻的争议性公共议题，由于自身的公开性、冲突性等元素及其对公共利益等的涉及，使其在大众媒介报道后，成为塔奇曼所言的赋予并强化了其“公共性”的特点，成为公众参与讨论的公共事件。而在此过程中“大众媒介的角色就很重要，它必须能传达与争议性议题相关的重要观点与信息给公众，以培养公众对公共议题的审议能力”。在争议性公共议题的传播与社会化过程中，大众媒介作为信息交流、意见竞争和求同存异功能的载体与平台，在强调参与、平等与对话的传播精神和语境中，作为公共事件的争议性公共议题具有公共新闻的取向。潘忠党教授认为大众媒介的公共性为“传媒作为社会公器服务于公共利益的形成与表达的实践逻辑”，“其公共性体现为传媒服务的对象是公众，传媒服务的平台和话语公开，传媒的使用和运作公正”等几个方面①。公共争议传播的对话解释性叙事，需要大众媒介在维护公共利益的基础上，扮演参与者、组织者以及实践者的角色，动员社会资本，强调对话、互动和解释，“观点形成于交流”，形成公共舆论。在一个利益日益分化和利益主体多元化的社会中，协商与妥协应成为化解冲突的常规化形式②。大众媒介对公共争议的传播由冲突对立范式向对话协商范式的转移与期待，强调和彰显的是在公共利益优先框架与原则下，动员社会参与和对话协商以及追求真理的精神与理念。在对话协商范式的主导下，大众媒介对公共争议的传播与再现，需要避免“伪争议”以及市场因素对新闻的入侵，凸显公众的参与意识和民主协商之精神，在竞争与协商中释放争议，平衡矛盾，调试利益冲突，寻求“最广泛的社会合意”，通过社会利益博弈机制增加争议性公共议题，得到调试与解决的可能性，从而守望社会的和谐、理性的发展与社会秩序的重建。

【作者简介】

陈刚，武汉大学新闻与传播学院副教授，博士，主要研究方向为媒介与社会。

魏文秀，武汉大学新闻与传播学院2012级研究生。

---

① 潘忠党．序言：传媒的公共性与中国传媒改革的再起步[J]．传播与社会学刊，2008(6)．

② 孙立平．博弈：断裂社会的利益冲突与和谐[M]．北京：社会文献科学出版社，2006：6．

安徽省传媒产业与文化产业融合发展研究①

黎泽潮　李浩然　王玉洁

一、安徽省文化产业与传媒产业发展现状

2010年“十二五”规划中首次明确提出我国将推动文化产业发展，使文化产业成为国民经济支柱型产业。时隔两年，我国文化产业发展取得一定成就，整体上保持增长态势，文化产业已成为区域经济发展的支柱产业。新兴业态的发展更是为区域文化产业的发展插上了腾飞的翅膀。

但总体来看，我国文化产业发展呈现东快西慢的状况，区域发展不平衡，中西部文化产业发展相对滞后。胡惠林在《中国文化产业发展指数报告(CCIDI)》中，以“十一五”时期我国文化产业发展为对象，通过分别对文化产业发展指数、表征指数和内涵指数进行聚类分析，得出我国文化产业基本形成了三大梯队的发展格局(见表1)。

表1　　我国文化产业发展三大梯队地区②

类　型	省(区、市)	指数值
第一梯队	北京、上海	85~90
第二梯队	广东、山东、江苏、浙江	26~52
第三梯队	辽宁、山西、湖南、福建、湖北和天津	20~26
	安徽、四川、河北、重庆、吉林、云南、江西、陕西、黑龙江、广西、海南和内蒙古	10~26
	宁夏、甘肃、西藏、贵州、新疆和青海	0~10

由表1可以看出我国文化产业发展格局：上海与北京处于我国文化产业发展的第一梯队，且两市间指数值差距较小；广东、山东、江苏和浙江四省处于第二梯队，它们的指数值介于26~52；其他25个指数值较低的省、区、市处于第三梯队，辽宁等6个省市指数值在20~26，安徽等12个省区市指数值在10~20，宁夏等6个省区的指数值仅为个位数。

中部地区虽然文化资源丰富，但是文化产业发展速度与其所拥有的文化资源量呈现较大反差。相较于其他中西部省份，安徽省近年来文化产业发展相对较快。连续5年来，文化产业增加值保持30%以上的增速。2010年全省文化产业增加值突破400亿元大关，2011年文化产业增加值达到498亿元，文化产业增加值占GDP的4%以上，文化产业实现跨越式发展。《中国文化产业发展指数报告(CCIDI)》通过对全国31个省、区、市文化产业发展总体

① 本文是安徽省哲学社会科学规划项目《经济发展方式转变背景下的安徽文化创意产业发展战略研究》课题的阶段性成果，课题编号是AHSKF09—10D50。

② 胡惠林，王婧．中国文化产业发展报告[M]．上海：上海人民出版社，2012：8.

综合分析评估，得出了中国文化发展指数，以及全国 31 个省、市、区文化产业发展指数排名。安徽省发展指数排名第十四位，内涵指数排名第十三位，在中部城市中处于较前位置（见图 1、图 2）。①

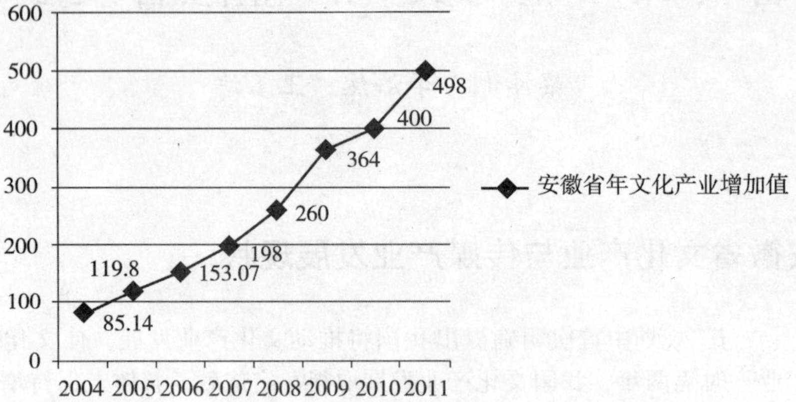

图 1 安徽省 2004—2011 年文化产业增加值

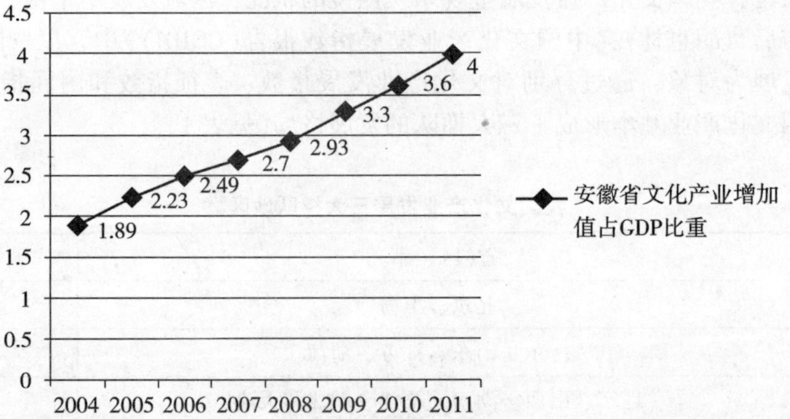

图 2 安徽省 2004—2011 年文化产业增加值占 GDP 比重

安徽省文化产业的大发展得益于安徽省有一支势头强劲的“传媒先锋”。传媒产业是文化产业发展的载体，文化传播渠道的畅通促使我们能更好地将文化资源有效转化成生产力进行再生产。传媒产业自身的特性使其不断融入高科技，添加新内容，催生新媒体出现，完成媒介的整合。而高新技术本身则具有渗透性和倍增性，与传媒产业相融合后产生了乘数效应，集聚倍增。传媒产业自身行业结构与文化产业相容、相交，成为文化产业发展的“先锋”便是顺理成章。

在安徽省，传媒产业的发展成为文化产业发展的增长极。根据产业经济学增长极理论，安徽省将传媒产业发展作为文化产业发展的重要抓手，集中投资，重点建设，将传媒产业培育成增长极，促进了传媒产业“四朵金花”的“井喷式”发展。

安徽日报报业集团于 2003 年 8 月 12 日正式成立，经过几年发展，集团形成了纸质媒体、网络媒体、电子媒体共进的发展格局。安徽日报报业集团与大型跨国传媒集团南非米拉德集团合作，组建新安传媒有限公司，是全国第一个党报集团中外合作项目。目前，集团资

① 胡惠林，王婧．中国文化产业发展报告[M]．上海：上海人民出版社，2012：11.

产总额增加到13亿元，净资产总额达到8亿元，营业收入达到6亿元，其中主业收入达5亿元。①

安徽出版集团成立于2005年11月，是全国第一家集团组建同时完成转企改制的大型文化企业。集团拥有全资和控股子公司11家，其中上市公司1家(时代出版传媒股份有限公司)。2007年，全集团累计完成销售收入32.66亿元，实现利润2.61亿元，现已成为具有较强实力与良好发展前景的大型骨干文化企业。②

安徽新华发行(集团)控股有限公司于2007年11月经安徽省人民政府批准，在原安徽新华发行集团的基础上创立，几年来，集团全面创新管理体制运营机制，强力推进集团化、市场化进程，保持了经营业绩的持续快速增长。2008年，安徽新华发行集团入围“全国文化企业30强”，位居出版发行类第6位。集团连续三年进入中国服务业500强。

安徽广电传媒产业集团成立于2010年2月。集团公司以广播影视内容生产、网络传输、广告经营、电影院线为主业，加大资源整合力度，提升资产运营能力，推动广播影视业规模化、集约化发展。充分运用数字、网络等高新技术，加快培育广播影视新兴业态，积极推进广播电视传播和电影放映数字化进程，努力建设下一代广播电视网。现在，安徽广电传媒产业集团已成为主业突出、特色鲜明、综合实力较强的大型广电传媒产业集团。③

四大传媒集团目前已成为安徽文化产业发展的龙头企业。传媒产业的优化发展形成一定的集群效应，传播渠道的扩大使得文化产业的发展之路更加畅通。“四朵金花”齐放，使得安徽文化产业发展倍添光彩。

二、文化产业与传媒产业融合是社会发展必然要求

在“内容为王”的时代，文化产业只有成为传媒产业的“内容”，才能焕发生机；传媒产业只有成为文化产业的“载体”才能不断发展。④ 安徽文化产业发展的实践经验显示：文化产业的大发展离不开传媒产业与文化产业的融合。

(一)传媒垂直供应链要求传媒与文化融合

传媒产业拥有自己的垂直供应链，通过垂直解构，在联系生产者和受众的垂直供应链中可以清晰地分出许多环节。第一是制作传播内容(如搜集新闻故事、制作电视广播节目)，第二是把传媒内容处理成产品(如报纸或电视服务)，第三是将成品(文化商品)发行或销售到顾客手中。而在这些环节中，传媒产业加工的对象一直是文化知识。“传媒业实质上是向用户提供内容。目的是制造和包装知识产权，并尽可能多次的向尽可能广泛的观众群以尽可能高的价格销售知识产权来实现收入的最大化。”⑤由此我们不难看出传媒产业与文化产业密不可分，媒介不断地与文化进行融合，生产出独特的媒介产品，才能在同质化严重的今天，在传媒领域占领一席高地。安徽传媒集团将特色鲜明的徽州文化融入到产品中，安徽出版集团出版的精品图书：《人文徽州系列丛书》、《全宋书》、《胡适全集》等，备受瞩目；黄梅戏电视剧《墨痕》将徽州文化底蕴、建筑艺术展现得淋漓尽致，徽风醇厚，皖韵悠长。这些成就了具有强大竞争力的、富有徽州特色的“传媒皖军”。

---

① 背景资料：安徽五大文化产业集团[EB/OL].[2013-05-15].http://ah.anhuinews.com/system/2010/01/24/002607918.shtml.

② 范周，齐骥.中国城市文化消费报告[M].北京：社会科学文献出版社，2010：19.

③ 背景资料：安徽五大文化产业集团[EB/OL].[2013-05-15].http://ah.anhuinews.com/system/2010/01/24/002607918_03.shtml.

④ 郭鸿雁.传媒经济运营与文化产业发展[J].经济研究导刊，2008：184.

⑤ 吉莉安·道尔.理解传媒经济学[M].北京：清华大学出版社，2004：13.

（二）媒体的发展推动传媒与文化联姻

“传媒形态是指各种媒体形式的现实状态，包括传媒在提供信息服务时的产品、载体的形式，服务模式的特征及其产品的产业链形态。传媒的形态构成了传媒产业的行业结构。”① 图 3 为 2010 年我国传媒产业各行业市场结构图。

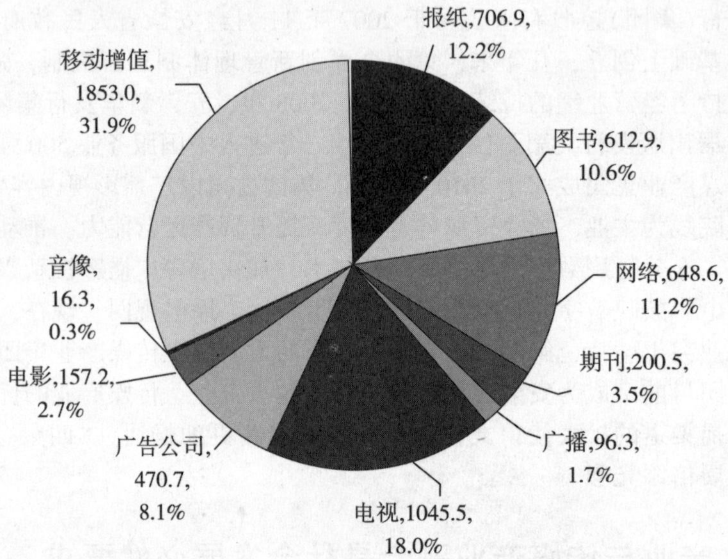

图 3　2010 年我国传媒产业各行业市场结构图

传媒产业各行业间发展互动性较强，移动增值、报纸、图书、电视、网络、广告所占比重较大，各行业间优势互补，联合发展，在空间上的产业集聚是大势所趋。各地都在进行产业园区的建设，以减少传媒资源的浪费，共建公共资源共享平台，完善传媒产业的基础设施建设。传媒产业集聚，不仅仅促进了传媒产业自身的发展，同时还有利于带动文化产业的快速发展。媒介自身的发展需要创意的策划，优质的内容，文化产业与传媒产业在空间上的融组，减少了中间环节，更加直接的将文化融入到传媒产业中，节约了文化产品的生产成本。一旦形成完善的产业链，就可以进行文化产品的规模化生产，使得文化企业做大做强，打造驰名品牌。

另外，科技与传媒的融合催生了新媒体，新媒体的发展不仅仅是一种媒介形态的发展，同时也是媒介文化的发展。新媒体具有解构性，其在将传统精英文化解构的同时，也是在建构新的大众文化。而受众对于大众文化价值的接受程度决定了新媒体未来发展的动向。唯有如此耦合，不断形成新的文化，媒介才能异质发展。

（三）文化产业的特征决定传媒与文化融合

文化产业是一个特殊产业，不仅仅具有商品生产的一般属性，同时还具有文化本身的特殊性。所以，文化产业具有其他产业所没有的特征，即：产品的精神性、消费的娱乐性以及产业的依附性。

文化产品的生产是为了满足人们日益增长的精神需求，人类的精神是文化产品的基本内核。精神内容的生产，始终是文化产业的核心部分和价值所在。为了保证人类文化精神的永恒性，我们通过消费空间来获得文化产品的时间，而时间所代表的就是永恒。新媒体的不断

① 喻国明．拐点中的传媒抉择[M]．北京：经济日报出版社，2007：27.

发展，空间与边界的消解，世界变成地球村，文化却在发展中不断通过媒介传播扩散，文化产品获得了永恒的价值，得以源远流长。传媒与文化水乳交融，在不断发展的过程中，传媒形成自己的文化，成为文化产业的一部分。

从文化产业的依附性来看，传媒产业与文化产业不可分割，无法剥离。相对于其他产业而言，文化产业对于外部环境(生产力水平、政策、制度环境、传播媒介)具有更大的依附性。文化产品的生产需要一定的载体，而传媒则需要别样的文化内容。传媒产业的发展让文化产业焕发生机，成为文化产业发展不可或缺的推动力。

三、安徽文化产业与传媒产业融合发展的SWOT分析

安徽文化产业发展在中部地区具有一定的优势，得益于安徽传媒产业的较快发展，但是我们同时还看到，安徽传媒产业与文化产业间的融合仍存在着“缝隙”，需要进一步加强。下面拟对安徽传媒产业与文化产业融合的现状做SWOT分析，以研究传媒产业与文化产业进一步融合的发展路径。

(一)优势分析(strength)

1.“天然姻亲”

传媒与文化共栖共存，传媒产业与文化产业的性质促使二者成为“天然姻亲”，传媒产业不仅仅是媒介硬件设施的发展，同时还要依靠内容来获取受众。而文化产业则要将无形的精神产品融入到传播媒介中，将其实体化进行销售和传播，二者一拍即合。传媒产业与文化产业具有天然的可融性，这大大增加了传媒产业与文化产业各行业间的可协调性。利益最大化也驱使着他们自主的寻求融合路径。

2. 融合基础

安徽文化产业的发展以传媒产业为先锋，早在2003年，安徽省自主试点进行文化体制改革，把文化发展纳入“四位一体”总体布局与经济发展总体规划当中。目前，安徽16个市、105个县(市、区)已实现文化广电新闻出版“三局合一”；文化市场综合执法机构和新的广播电视台全省推进；15家出版社、84家新华书店、85家电影公司、86家电影院以及62家演艺院团全部转企，奠定了安徽省传媒产业市场竞争发展格局。其后，安徽日报报业集团、安徽出版集团、安徽新华发行集团、安徽广电传媒产业集团分别进行产业内部的集团重组，完善传媒产业机构，打造传媒产业的龙头企业。同时，这些集团作为文化产业的“先锋”也引领着“文化皖军”进一步开拓市场，不断发展。安徽传媒产业与动漫、影视、娱乐、文化教育产业相融合，生产出极富有安徽特色的文化产品，打开了国际市场的大门。如：我国首部3D舞台剧黄梅戏《牛郎织女》诞生在这里，安徽省黄梅戏剧院筹划将《打猪草》、《夫妻观灯》、《六尺巷》等经典小戏制成3D数字产品，计划在智能手机、平板电脑、视频网站等新媒体上播放；原创动画片《黑脸大包公》先后在美国麒麟、日本大富等电视台热播。《蘑菇村的故事》以200万元播放权出口阿联酋。安徽省传媒产业与文化产业间的互动，为二者的进一步融合奠定了基础。

(二)劣势分析(weakness)

虽然安徽省文化产业发展较快，传媒产业与文化产业互动较强，但是产业间仍然存在着行业壁垒、区域壁垒。

产业融合会改变原有产业的运作模式，改变传统文化产业的发展模式，一旦传媒产业与

文化产业达到一定的“融点”，就意味着需要进行文化产业发展模式创新，以适应融合后的发展竞争。传媒产业与文化产业间各个行业需要集体协调、联动，牵一发而动全身，行业间的壁垒及其利益链的协调成为安徽省传媒产业与文化产业融合的绊脚石。另外，安徽省文化产业呈现南北发展不平衡的趋势，北方的文化资源丰富，但传媒产业的发展相对落后，如何协调安徽省内区域文化产业发展，促进安徽省北部传媒产业发挥先锋作用，也是安徽省传媒产业与文化产业进一步融合亟待解决的问题。

(三)机会分析(opportunity)

1.“拐点”机遇

传媒产业与文化产业均面临着发展的“拐点”，发展文化产业是在中国社会发展进入一个全面变革和转型的大变革时期提出来的，是为了克服和解决经济结构的战略性调整和转型过程中遭遇到的结构性矛盾和体制性障碍提出来的，我国国情决定必须重视文化产业的发展。而作为文化产业先锋的传媒产业，更是因为数字技术在传播领域的广泛应用而得到一个黄金发展期。二者应当抓住机遇，进行政策资源整合，文化资源整合、媒介形态整合，从而进一步完成传媒产业与文化产业的融合，形成新产业发展模式以适应改革的浪潮。

2. 安徽省自身发展机遇

安徽省第九次党代会提出了“打造充满活力的文化强省”的奋斗目标，极大地激发了全省人民的文化发展热情。围绕将文化产业打造成为国民经济支柱产业，启动实施“3115”行动计划，力争到“十二五”末，培育30个重点园区、100家骨干企业，助推10家企业上市，文化产业增加值占生产总值比重超过5%。为此，将大力实施龙头带动、产业集聚、创新驱动、市场开发、外向拓展“五大工程”，进一步提升产业整体实力和竞争力。

安徽省将致力于增强活力，开展文化体制改革巩固拓展年活动，创新公共文化服务运行机制，加快构建更具生机和活力的体制机制；不断扩大对外开放，坚持“请进来”与“走出去”并举，大力招商引资、大力发展民营企业，着力构建现代营销体系；致力于做大规模，谋划实施更多的大项目、好项目，规划建设各具特色的产业园区(基地)，推动龙头企业跨地区、跨行业、跨所有制兼并重组和上市融资，做大做强一批“徽”字号文化航母，加快形成一批优势产业集群；重点打造一批文化高新技术企业和文化科技企业，不断增强文化产业的核心竞争力。

安徽省对于文化产业发展的重视，为传媒产业与文化产业进一步融合带来机遇。

(四)风险分析(threat)

文化产业本身是一种高风险产业，一直存在投融资难得问题，安徽省经济发展相对于东部省市相对落后，对于文化产业发展的投资力度相对较小，一旦与传媒产业相融合，可以在一定程度上完善投融资体系，解决部分文化产业投融资难的问题，但同时也将文化产业发展的风险进行分摊。这就需要一个完善的金融风险体制来应对传媒产业与文化产业融合后所面临的风险。

另外，传媒产业经营存在碎片化状况，这种现状导致传媒产业中的中小型企业在高成本、低效率地运作。经过短时间的发展很快会触及发展中的“透明的天花板”，而面临着低水平的“增长极限”，陷入同质化的“泥淖混战”中。建构较长的产业链条，与文化产业相融合，实现产业化、组织化、市场化、国际化。① 这样才能较好地规避安徽省传媒产业所面临

① 喻国明．拐点中的传媒抉择[M]．北京：经济日报出版社，2007：27.

的风险。

四、安徽省传媒产业与文化产业融合发展提升策略

(一)安徽省传媒产业与文化产业融合发展路径

1. 打造文化创意产业城市和产业带，形成传媒产业+文化产业集群发展模式

传媒产业与文化产业发展的共同路径均面临着资源整合，打造文化创意城市和产业带，将文化资源与媒介资源在空间上进行融合，形成传媒产业+文化产业集群发展模式，建成多功能城市区域，结合地方主导产业发展需求，依托高等院校、科研单位和产学研机构等，以高标准建设文化产业园区。在“十二五”期间，安徽拟将合肥建设成以现代传媒业、影视演艺产业、创意动漫产业为主要特色的文化产业城市。紧紧抓住国家批准设立皖江城市带承接产业转移示范区的难得机遇，在皖江示范区培育2~3个文化产业、传媒产业发展核心区域，积极融入“中国长三角文化创意产业带”。利用“合芜蚌自主创新综合配套改革试验区”的政策优势，建立传媒产业、文化产业基地，培育重大项目，重点企业，为传媒产业发展提供独具安徽特色的丰富内容，为文化产业提供发展空间、活动场所和展示舞台(见图4、图5)。

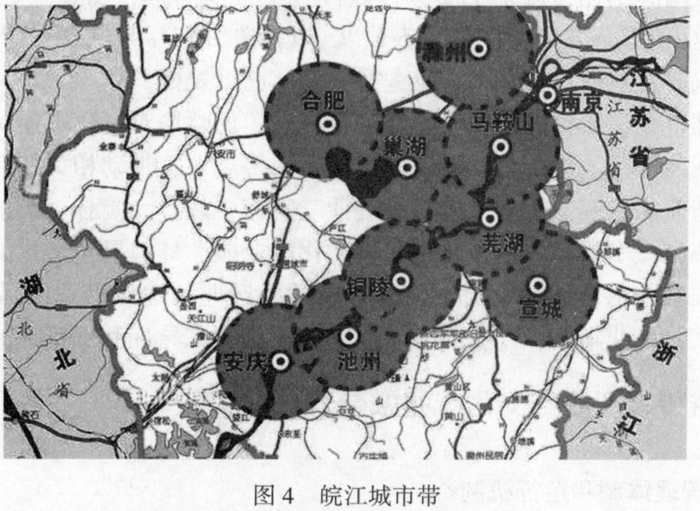

图4 皖江城市带

图5 合芜蚌自主创新综合配套改革试验区

2. 科技+文化+传媒，形成深度融合发展模式

科技是加速文化产业与传媒产业发展的重要因素，传媒产业与文化产业的融合不是简单的相加，而是深度的融合。为传媒产品寻找一个根、寻找一个文化的灵魂；为文化产品找一个寄托的载体，一个精神的归宿。二者相互依托，才能真正完成传媒产业与文化产业的融合。科技作为催化剂使得传媒+文化的效益大于1+1之和，因此必须大力推进文化生产、流通与高新技术的结合，在文化创意产品制作能力、表现能力、创新能力上依托新技术，有意识地加大文化创意产业中的高新技术含量，积极推进文创意化产品的多层次开发和网络化服务，改造传统文化，开发新兴文化创意产业，提升文化创意产业的发展空间和提高竞争力。推动以互联网为媒体的互动文化、以移动通信技术为基础的动漫游戏业、以新传媒为载体的文化服务业、以全球市场为目标的数字内容产业新兴文化产业发展。

3. 形成"整合+联姻"的文化产业延伸发展模式

传媒产业与文化产业要达到水乳交融，都需要进行产业内部的整合，先一步完成各行业文化资源整合、战略资源整合、制度资源整合，合理利用现有优惠政策，紧抓机遇，进行产业升级，这样才能做到传媒产业与文化产业"强强联手"，形成助推、互补的良好机制，实现共栖。安徽省传媒产业通过文化制度改革，已将传媒产业进行资源重组，形成集团化发展模式，传媒四大集团的组建，调整了安徽传媒产业的发展布局，引领安徽传媒产业持续发展。安徽文化产业由"五朵金花"到"百花齐放"，以打造"徽"字号文化航母与"专精特新"中小企业齐头并进双向发展模式对文化企业进行整合，已具规模。

两者经过内部整合，然后进行产业联姻，将金融、保险等对文化产业具有重要影响的行业与文化产业实现跨部门、跨行业、跨区域对接，统筹规划，带动相关产业发展。通过加快传媒产业与文化产业的发展，带动、运输、餐饮、宾馆、教育、园林、社区服务等相关产业发展，以期实现共赢。安徽出版集团数字印刷文化产业园、蚌埠星宇文化创意产业园、合肥国家级文化和科技融合示范基地以及芜湖国家级动漫产业基地等产业园区注重文化科技创新，打造出优势文化企业集聚、产业配套功能完善、具有先导性和示范性的文化产业集群。

(二)安徽省传媒产业与文化产业融合发展的方法

1. 创新文化管理体制和运行机制

理顺文化产业管理体制，坚持分类指导文化事业和文化产业的方针。加快转变政府职能，逐步推进国企改制，充分发挥政府文化主管部门的政策调节、市场监管、社会管理及公共服务等宏观调控职能，逐渐形成以政府为主导，社会支持的跨部门、跨领域、跨行业的领导协调机制，实现安徽省文化产业与传媒产业联动发展。加快行政审批制度改革，深化文化产业机制创新，健全文化市场监督管理体系，建立完善文化市场体系和公平竞争机制，让传媒产业与文化产业有一个良好的互动发展环境。

近年来安徽省出台一系列政策对文化产业发展进行引导，促进了产业间的发展融合，如：《安徽省文化市场管理条例》(2006)、《关于加快建设文化强省的若干意见》(2009)、《中共安徽省委、安徽省人民政府关于加快建设文化强省的若干意见》(2009)、《安徽省"十二五期间动漫产业"发展规划》等，政府的引导对于安徽文化产业的发展，功不可没。下一步是营造市场环境，使文化产业在市场竞争中进一步进行优化资源配置，达到最佳融合状态，以传媒产业领军，推动安徽文化产业的发展，提升传媒产业、文化产业的核心竞争力。

2. 加快传媒文化技术创新

创新是文化产业发展的生命，是文化源远流长的不竭动力，传媒与文化产业的发展需要技术创新，制度创新，管理体制创新。在日益强劲的文化产业竞争体系中，打好基础，抓好重点，建好主导，发展先锋，打造全新的文化产业格局。文化品牌，是一个区域文化创造力、影响力和竞争力的集中体现。安徽历史上名人辈出，文化底蕴深厚，徽文化、黄梅戏、花鼓灯、文房四宝等文化名片享誉海内外。深厚的文化资源经过深度挖掘、创意策划、精心打磨，成为特色鲜明、市场认可、经久不衰的文化产品，文化名片才能称之为文化品牌。安徽省传媒产业集团化发展基础良好，已经成为有较强竞争力的市场主体，但是依然缺乏驰名中外的文化品牌。将文化内涵与安徽传媒产业相融合，是打造文化品牌的必由之路。

安徽省将重点培育十大演艺品牌、十大影视品牌、十大文化园区品牌、十大节庆品牌，同时积极引导文化企业争创中国驰名商标，从而形成"徽"字号文化品牌集群，走出具有安徽特色的文化产业发展道路。

3. 完善投融资渠道

鼓励组建各类文化投资公司和文化产业投资基金等相关投资主体，各级财政可通过文化产业发展专项资金等，对符合条件的文化企业，给予贷款贴息和保费补贴。另外，关注国外和其他省份文化产业布局及其调整转移，提高对外招商引资能力，形成投资主体多元化格局。支持设立文化产业投资基金，由财政注资引导，鼓励金融资本、民间资本和外来基金依法进行股权投资。努力搭建文化产业融资平台，拓展文化产业融资渠道，建立多元化的投融资体系，鼓励证券、保险等金融机构在符合监管要求的前提下投资文化企业债券和股权。从金融维度降低传媒产业与文化产业融合风险，以传媒产业的"吸金效应"帮助文化企业解决发展资金不足的问题，创造安徽省传媒产业与文化产业进一步融合的契机。

4. 培育文化消费市场和要素市场

积极引导和提倡居民的文化消费，通过建立各种文化市场，刺激文化消费，提高城乡居民的文化消费水平。大力发展文化产权市场、文化资金市场、文化中介市场等文化要素市场，使政府逐步成为文化市场的规划者、引导者和监督者。给予文化产业发展以自由、开放的环境，促进文化产品的流通，传媒产业的发展。

五、结　　语

文化软实力与国家竞争力、城市竞争力息息相关，我国在肩负着完成工业化和城市化的历史任务的同时，还面临着信息化发展的要求，我们既要建构完备的以工业文明为基础的现代文化产业体系，又要大力发展以数字技术为核心手段以新媒体为主要载体的新兴文化产业形态。传统与创新融合，文化与科技交汇。安徽省作为一个文化资源大省，必定大力发展文化产业，带动中部文化发展，服务于国家"中部崛起"战略，打造一支优秀的"文化皖军"。

【参考文献】

[1]胡惠林，王婧．中国文化产业发展报告[M]．上海：上海人民出版社，2012.
[2]范周，齐骥．中国城市文化消费报告[M]．北京：社会科学文献出版社，2010.
[3]吉莉安·道尔．理解传媒经济学[M]．北京：清华大学出版社，2004.
[4]喻国明．拐点中的传媒抉择[M]．北京：经济日报出版社，2007.
[5]郭鸿雁．传媒经济运营与文化产业发展[J]．经济研究导刊，2008.

【作者简介】

黎泽潮，安徽师范大学传媒学院副院长、教授，博士。

李浩然，安徽师范大学传媒学院2012级传播学硕士研究生。

王玉洁，安徽师范大学传媒学院讲师，硕士。

湖北广电产业发展及其运营机制研究

马二伟　李　杉

我国广电产业在国民经济的推动和文化产业发展政策的支持下，保持快速增长势头，2012年，我国广电产业保持平稳增长，总产值突破3000亿元大关。近几年来，湖北广电产业顺应我国宏观经济和广电产业发展的形势，也出现了较为稳定的增长。但是，随着文化体制改革的逐步深入和广电产业市场竞争的加剧，湖北广电产业发展也暴露出了一些问题。在国家大力推进文化体制改革和文化产业大发展、大繁荣的背景下，如何加快湖北广电产业发展步伐，提升湖北广电产业对湖北文化产业以及湖北经济的拉动作用，需要我们进一步的思考和研究。

一、湖北广电产业发展现状

1. 湖北广电产业总体发展状况

(1)近年来湖北广电产业资产总额、总收入及其增长情况

“十一五”以来，湖北广电产业稳步发展，总收入从2006年的29.20亿元增加到2011年的65.18亿元，六年间实现翻倍增长。2006年到2011年六年间平均增幅为17.17%，2009年增速最快，达到了22.61%。湖北广电资产总额增长波动比较大，2010年增长最为迅速，资产总额达到171 71亿元，增速达到了23.81%的历史最高点(见表1、图1)。① 然而，2011年却快速回落，出现了0.80%的负增长，这给湖北广电产业发展提出了警示，值得我们重视。

表1　**2006—2011年湖北广电产业资产总额及总收入**

年份	2006	2007	2008	2009	2010	2011
资产总额(亿元)	98.88	106.11	121.09	138.69	171.71	170.33
总收入(亿元)	29.20	33.67	39.18	48.04	55.11	65.18

数据来源：《中国广播电影电视发展报告》。

(2)湖北广电产业在全国广电业地位

湖北广电产业发展与湖北经济发展水平大致相当，在全国居于中等偏上的水平。根据资产总额这一指标排序，从2006年以来一直在10名左右徘徊。但在2011年湖北广电产业资产总额略有下降，在全国广电业的排名也降至第十一位(见表2)。

① 国家广电总局发展研究中心．中国广播电影电视发展报告[M]．北京：社会科学文献出版社，2006—2012.

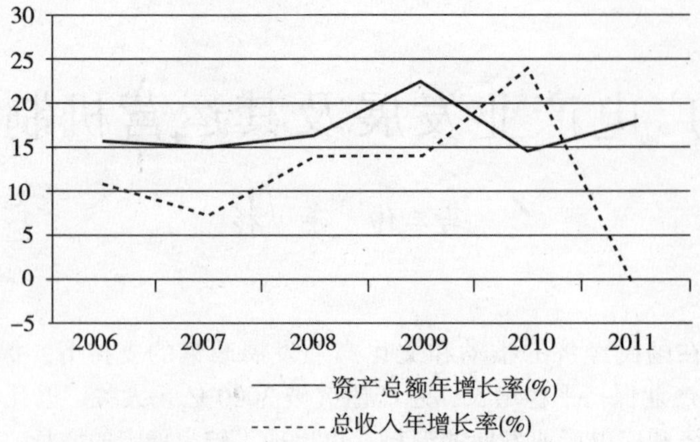

图 1　2006—2011 年湖北广电产业资产总额增长率及总收入增长率曲线图①

数据来源：《中国广播电影电视发展报告》。

表 2　湖北广电产业在全国广电业排序

年份	2006	2007	2008	2009	2010	2011
排序	第九位	第九位	第十位	第九位	第九位	第十一位

数据来源：中国广播电影电视发展报告。

(3) 湖北广电产业对湖北经济发展的贡献

湖北广电产业作为丰富老百姓精神生活，促进精神文明建设的主要渠道，除了对湖北社会文化发展的重要作用以外，其对湖北省经济发展也有巨大的促进作用。这一点从湖北广电产业占湖北省 GDP 的比重可以看出来。如图 2 所示，2008—2011 年，湖北广电产业年产值占湖北省 GDP 比重均在 1%以上，远高于全国广电产业占全国 GDP 比重(0.5%~0.6%)的水平，即使 2011 年湖北广电产业发展速度放缓，年产值有所回落，其占湖北 GDP 的比重仍达到 0.87%，高于全国平均水平。因此，湖北广电产业对湖北经济发展有着非常重要的作用，理应得到湖北省的政策支持与关注。

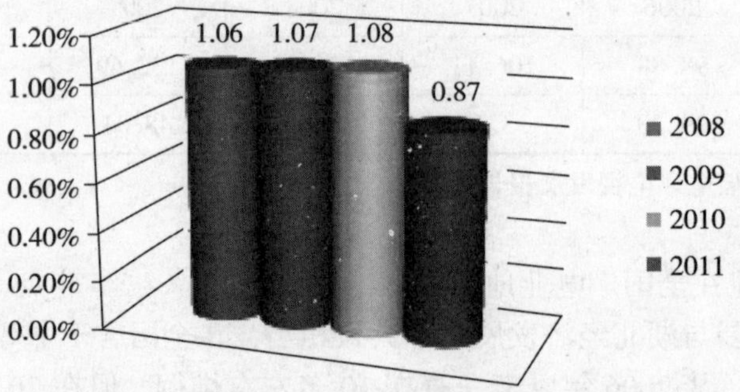

图 2　2008—2011 年湖北广电产业占湖北 GDP 比重

数据来源：中国广播电影电视发展报告。

① 王小红．广电制播分离 10 年改革思考[J]．新闻前哨，2011(9)．

2. 湖北广电产业与中部地区广电产业比较分析

(1)中部六省广电产业资产总额比较

从资产总额来看，中部六省广电产业发展格局较为稳定，湖南省广电产业年产值逐年稳步增长，2006年至2011年一直处于中部老大地位，比排在第二位的湖北广电有着比较明显优势(见表3)。湖北广电处于中部第二的位置，但是其与后面河南等省广电产业差距不是十分明显。如果湖北广电不居安思危，加快发展步伐，面临被超越的危险境地。

表3 **2006—2011年中部六省广电产业资产总额(亿元)**

年份	2006	2007	2008	2009	2010	2011
湖南	162.00	192.89	212.06	228.53	240.89	287.26
湖北	98.88	106.11	121.09	138.69	171.71	170.33
河南	82.82	87.50	96.56	109.2	118.77	127.14
安徽	50.69	62.40	72.13	85.52	98.69	113.25
江西	52.79	59.01	65.23	77.85	69.39	78.38
山西	44.13	46.13	54.26	57.03	62.87	64.9

数据来源：中国广播电影电视发展报告。

(2)中部六省广电产业年总收入比较

从年收入来看中部六省广电产业发展，湖南广电仍然一枝独秀，领跑于中部广电产业发展，并且与其他中部五省差距明显。湖北广电产业总收入稳居第二，但与其他四省差距不是很明显。值得注意的是安徽2009年开始发力，超越河南成为中部第三，2011年总收入达到61.16亿元，与排在第二位的湖北65.18亿元近在咫尺，大有赶超之势(见表4)。

表4 **2006—2011年中部六省广电产业总收入(亿元)**

年份	湖南	湖北	河南	安徽	江西	山西
2006	43.52	29.20	27.06	22.69	16.59	14.38
2007	56.72	33.67	32.74	27.72	19.03	15.95
2008	64.13	39.18	39.18	34.49	22.28	22.65
2009	79.81	48.04	40.02	40.92	23.92	20.69
2010	102.86	55.11	44.02	48.74	29.06	21.87
2011	137.66	65.18	50.45	61.16	34.29	27.10

数据来源：中国广播电影电视发展报告。

(3)中部六省广电产业年总收入增长率比较

从总收入增长速度来看，还是湖南广电产业表现最为抢眼，2006年至2011年湖南广电产业总收入平均增速达到26.57%，位列第一，安徽紧随其后，六年间平均增速为21.96%，其他四省平均增速大致相当。照此增长速度发展下去，不出几年时间，安徽广电产业很快会取代湖北广电产业中部第二的位置(见表5、图3)。

表 5　　2006—2011 年中部六省广电产业总收入增长率(%)

年份	湖南	湖北	安徽	江西	河南	山西
2006	28.87	15.75	21.91	11.43	20.79	11.51
2007	30.31	15.31	22.15	14.72	20.99	10.93
2008	13.07	16.35	24.44	17.09	13.22	41.95
2009	24.45	22.61	18.65	7.35	7.98	-8.66
2010	28.88	14.72	19.11	21.49	10.01	5.73
2011	33.83	18.28	25.47	17.98	14.59	28.89

数据来源：中国广播电影电视发展报告。

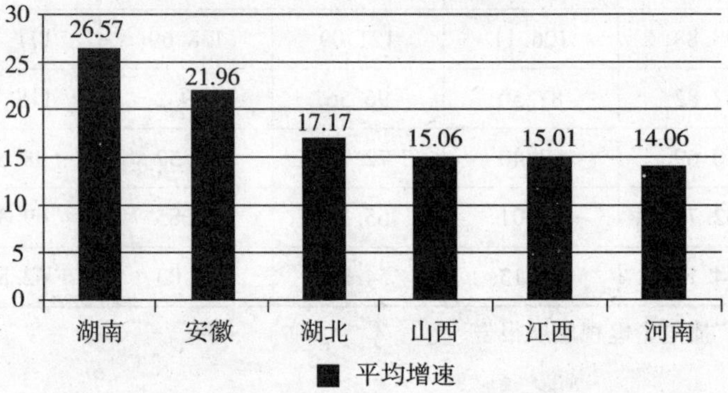

图 3　2006—2011 年中部六省广电产业总收入平均增长速度(%)

数据来源：中国广播电影电视发展报告。

3. 湖北广电产业与发达地区广电产业比较分析

无论是从资产总额还是总收入来看，北京、上海、广东、江苏和浙江都居于全国前五强。虽然每年五个省市的排名有变化，但是从 2006 年到 2011 年前五名的位置却没有变化。因此，我们选择这五个省市作为发达地区的参照，与湖北广电产业进行对比。

(1)湖北广电产业与全国广电产业前五强资产总额及增长率的比较

从资产总额来看，湖北广电产业与全国前五强差距逐年拉大。2011 年湖北广电产业资产总额为 170.33 亿元，与排在第五位的浙江广电产业 411.10 亿元的资产总额相差两倍之多，排在第一位的江苏广电产业资产总额是湖北的 3.5 倍。数据表明，我国广电产业发展呈现明显的马太效应，差距还会进一步扩大(见表 6)。

表 6　　2006—2011 年全国广电产业前五强资产总额(亿元)

年份	2006	2007	2008	2009	2010	2011
北京	200.98	245.34	328.38	347.77	445.27	571.04
上海	197.68	231.86	279.51	326.43	447.09	500.42
广东	237.83	264.58	293.28	328.25	473.22	500.42
江苏	195.94	217.31	310.42	343.2	471.64	604.64
浙江	179.28	204.13	223.5	293.43	360.24	411.10
湖北	98.88	106.11	121.09	138.69	171.71	170.33

数据来源：中国广播电影电视发展报告。

从资产总额的增速来看，全国前五强当中，江苏广电产业发展最为迅速，六年间平均增速达到24.70%，其次是北京，平均增速为21.36%。上海由于2006年出现了-42.19%的增长，导致其平均增速只有10.22%，但是其后几年表现还是相当不错(见表7)。

表7 **2006—2011年湖北与全国广电产业前五强资产总额增长率(%)**

年份	2006	2007	2008	2009	2010	2011
北京	10.06	22.07	33.85	5.91	28.03	28.25
上海	-42.19	17.29	20.55	16.79	36.97	11.93
广东	21.22	11.25	10.85	11.92	44.16	11.83
江苏	17.69	11.48	42.85	10.56	37.42	28.20
浙江	8.08	13.86	9.49	31.29	22.77	14.12
湖北	11.08	7.31	14.12	14.54	23.81	-0.80

数据来源：中国广播电影电视发展报告。

(2)湖北广电产业与全国广电产业前五强总收入及增长率的比较

从总收入来看，湖北广电产业与全国前五强也存在不小的差距。根据2011年的数据，湖北广电产业总收入为65.18亿元，而排在第一位的上海为248.43亿元，两者相差接近4倍，湖北广电产业的发展还有一段较长的路要走(见表8)。

表8 **2006—2011年湖北与全国前五强广电产业总收入(亿元)**

年份	2006	2007	2008	2009	2010	2011
北京	59.41	73.42	112.2	115.42	165.52	210.42
上海	91.88	104.94	120.22	150.6	214.93	248.43
广东	100.08	109.38	125.13	136.84	173.14	198.31
江苏	72.84	89.26	109.52	129.99	174.3	223.43
浙江	79.78	94.2	105.76	127.51	179.71	207.59
湖北	29.20	33.67	39.18	48.04	55.11	65.18

数据来源：中国广播电影电视发展报告。

从总收入增长情况来看，“十一五”以来，北京广电产业增长最快，平均增幅大道29.63%，江苏以24.58%的平均增长率尾随其后，上海与浙江增速比较接近，分列第三和第四位，广东广电产业近几年呈现出疲软的发展态势，以15.13%的平均增幅处于垫底的位置，低于湖北的增长速度(见表9、图4)。

表9 **2006—2011年湖北与全国广电产业前五强总收入增长率(%)**

年份	2006	2007	2008	2009	2010	2011
北京	23.02	23.58	39.75	20.87	43.4	27.13
上海	17.02	14.22	14.56	25.27	42.71	15.59
广东	16.62	9.29	14.4	9.36	26.97	14.14
江苏	21.26	22.55	22.7	18.69	34.09	28.19
浙江	16.23	18.07	12.28	20.57	40.94	15.51
湖北	15.75	15.31	16.35	22.61	14.72	18.28

数据来源：中国广播电影电视发展报告。

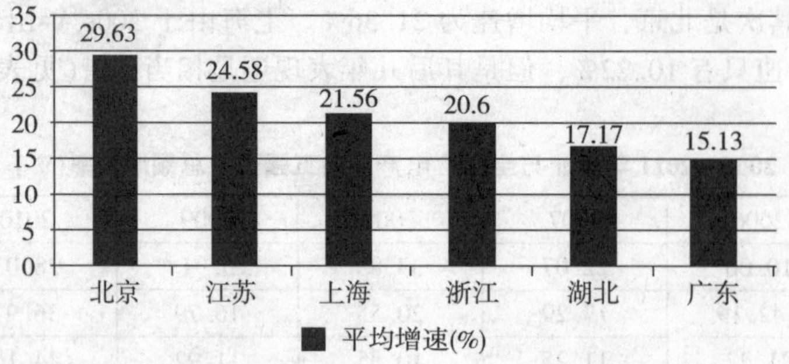

图 4　2006—2011 年湖北与全国广电产业前五强总收入平均增速(%)

数据来源：中国广播电影电视发展报告。

二、湖北广电集团(总台)运营机制改革的尝试

1. 湖北广电(集团)总台成立，经营机制改革起步

2006 年，经国家广电总局和湖北省委、省政府批准，湖北省广播电视总台成立。总台由原来的省电视台、省广播台、楚天电台、湖北电视经济频道、省广播电视信息网络股份有限公司等 20 多家单位组成。广电总台的成立是湖北广电向集团化迈出的第一步，是改革发展到一定阶段的必然选择，它源于对湖北广电传媒整体格局拓展、整体实力、竞争力和影响力的一种自然追求。通过集团化的改革，将有利于实现对媒体资源的整合，把广播、无线、有线电视整合在一起，有利于对广电产业资源进行集中调配，使各种资源能够统一起来，推动湖北广电事业发展迈上新台阶。湖北广电总台成立以来，按照产业化发展的要求，从体制结构、资源整合、机制创新等多方面入手，不断深化集团化改革，积极探索既保证公益文化事业的健康发展，又推动经营性文化产业不断发展壮大的广电运营新模式。

2. 宣传与经营分离，经营机制改革不断深入

宣传与经营的"两分离"改革，是顺应现代传媒发展规律，构建"职责分明，专业分工，适应市场，绩效统一"的广电传媒新机制的重要举措。湖北广电集团对宣传与经营两大体系实行"分类管理，分别运行"。宣传体系实行集团党委领导下的总编辑负责制。总编辑在集团党委领导下，负责宣传工作，落实、执行党委的各项宣传政策。经营体系实行公司董事会领导下的总经理负责制，将剥离出来的经营性资产按照现代企业制度进行市场化运作，建立和完善法人治理结构，公司成立董事会，董事长由集团党委书记兼任，总经理在董事会领导下负责运营工作。

为实现宣传与经营的分离，需要进一步理顺电视内部运行机制，理清资源性质与作用。频道、频率和新闻网站等媒体平台实行事业性质，做好宣传和内容生产；将新闻媒体中剥离出来的经营性资源，组建企业主体，进行市场化运作，加强企业管理。2007 年 11 月，湖北省广电投资有限公司正式成立，并召开首次董事会，投资公司正式启动运作。投资公司成立的目的是把宣传工作和产业经营分设，以不断完善和大力推进广电发展战略布局，进一步转换职能，创新发展思路和发展模式，推动广电事业更好更快发展。

3. "转企改制"推进，经营机制改革全面深化

随着文化体制改革的深入，新一轮分离改革的诉求已转向整合广播电视传媒产业资源，

构建具有竞争力的传媒市场主体，实现广电传媒宣传与经营能力的快速提升。2011 年 10 月，根据中央关于文化体制改革的部署和要求，国家广电总局正式批复同意“湖北省级广播电视体制改革方案”，湖北省广播电视总台更名为湖北广播电视台。同时，湖北广播电视台出资成立台属、台控、台管的集团公司——湖北长江广电传媒集团有限公司。湖北广播电视台，主要肩负广播电视新闻宣传、频道频率管控、技术平台播出运营等职责。湖北长江广电传媒集团有限公司(HMG)是在工商部门登记注册的企业法人，其业务涵盖广告、广电网络、影视剧、新媒体、电视购物、农业信息、科技服务、大型活动等，涉及内容制作、投资运营等多个领域，并积极进行跨媒体、跨地域拓展，构建完整产业链。

湖北广电经营机制改革的重点是进一步明晰宣传与经营分离的管理运行格局，其核心是在牢牢把握舆论导向主导权的同时，塑造市场主体，即“制播分离，转企改制”。主要内容是在确立一个决策管理主题，实行集团党委统一领导的基础上，一方面对广电新闻传媒事业性资源进行统筹调配、统一管理，承担新闻宣传任务；另一方面，进一步整合经营性资源，组建湖北长江广电传媒集团有限公司，将从事业体制中剥离出来的广告、非新闻类节目制作、影视剧制作、新媒体、移动电视、动漫制作服务等所有经营性资源，全部移入湖北长江广电传媒集团有限公司，走市场化的发展道路。

三、湖北广电集团(总台)运营机制改革的未来构想

我国广电产业发展受政策因素的影响非常明显，在广电产业的发展中，国家政策的推进是主导改革的重要力量。国家产业发展政策和文化体制改革是我国广电产业发展的两个最为重要的外在动力，湖北广电集团运营机制的改革也是在这一背景下提出的。目前，出版行业的整体转制已经基本完成，广电产业的转制也正在紧锣密鼓地进行。根据湖北广电产业发展的实际状况，我们提出湖北广电运营机制改革的大致构想。

1. 加快资源重组步伐：规模效应与降低成本

广电传媒是属于高投入的文化产业，其可持续发展的实现必须依赖于资源整合，调整资源配置，以及与资源相对应的职能与业务，实施深层次的资源整合与职能改革，加快推进并实现资源的集约化经营。通过资源的整合重组，重构广电传媒的产业布局，形成规模效应，降低运营成本。传媒资源的重组与整合可以在多个层面进行：一是在业务层面上的资源整合；二是在媒介经营层面上的资源整合；三是在媒介集团化发展层面上的整合。

湖北广电集团运营机制的改革应集中在媒介集团化发展层面上的资源整合，着眼点不仅仅是单一媒介的经营，而是整个广电集团的综合效益的观照。这种整合是通过集团中各个成员所拥有的资源的统一配置与共享，实现成本最低化与效益最大化。这一层面的资源整合可从两条路径分别推进：

一是从集团的层面整合内容生产与传播平台资源。以可持续发展为目标推进广电传媒的资源整合，必须按照资源自身的特点和功能进行细分，根据重点资源进行结构性整合和重组。现有的诸多改革尝试已在内容生产和传播平台的资源整合方面推进，但在资源整合过程中必须要把握好的是资源整合必须在集团层面实施，才能实现集约化经营；资源必须以其自身所具有的特定功效来实施专业化配置，才能提高经营效益；资源必须通过重组达到共享，才能实现效益扩张；资源必须以投入产出规律进行优化调配与考核。落实到实践层面，即对频道资源和广告资源进行重组与整合。

频道资源的结构性整合应强化专业性与特色。应针对受众市场的变化和广电自身产业化发展的特点，对频道进行分类，确立全额拨款的新闻宣传主频道、企业化运作试点的专业频道和经营创收主平台等三个分类。将可经营性的影视制作、专题片生产、大型活动栏目等相

关资源和业务进一步剥离出来，配置到专业的内容生产部门。广告资源的公司化整合，实现广告资源的统一管理与规范经营，打破原来的有线与无线广告的界限，统一整合广告资源和业务部门。广告的传播平台与内容的传播平台形成良好的沟通。电视广告的分布应考虑主副频道间、自办栏目与影视剧间的均衡以及与受众、频道内容的相关性，对外卖广告栏目进行合理控制，避免稀释本地广告价格以及对广告市场的冲击。

二是通过资本运营实现兼并重组与集团化扩张。资本运营是企业实现规模化经营的一条重要途径，纵观世界上诸多大型企业集团，很多都深谙此道，通过资本并购与资产重组实现集团化扩张。通过资本运营快速实现规模扩张是传媒产业发展的不二法门，湖北广电产业要想做大做强，实现对发达地区广电产业的赶超，资本运营是必须要走的道路。

2. 构建多元盈利模式：增大收益与规避风险

随着社会经济、文化和信息传播技术的进步，我国广电产业发展迅速，在提供丰富的视听产品和服务的同时，广电媒体面临愈来愈强的竞争。目前我国广电传媒的盈利模式还较为单一，主要依赖广告收入的状况还没有得到有效解决。“多元化经营与盈利模式的建构是一条分散经营风险、转移经营战略、培养并给予管理人员发展空间、开拓壮大产业的可行路径。”①比如湖南电广先后投资世界之窗、湖南国际影视会展中心、北京鸿坤伟业房地产开发有限公司等项目。

湖北广电集团未来运营机制改革的重点就是多元化盈利模式的建构，多元化发展不仅在于相关多元化经营，还包括非相关多元化经营战略，即与广电产业主营业务无关的产业领域的投资和经营活动，比如旅游、房地产等领域的投资经营活动。建议在有足够资金实力与充足的管理资源情况下，湖北广电集团可向其他领域积极延伸，实现跨行业的发展。

3. 注重数字终端建设：抢占先机与渠道创新

数字传播技术发展日新月异，传统的广电媒体面临新媒体的冲击与挑战，网络视频、手机电视等新兴产业严重影响着受众收看广电节目的传统方式。“广电传媒的产业链由节目制作体系、传输体系、播出体系、运营体系等几大环节构成。其中数字传输网络是广电产业的传输资源，这种可经营性资源具有独特的市场价值。”②国家三网融合的推进步伐逐步加快，广电传输网络资源具有不可多得的核心竞争优势。

随着国家年数字电视整体转换政策的逐步推进，2015 年全面实现数字电视。湖北广电集团应该未雨绸缪，抢占先机，加强数字终端建设。湖北广电集团可以充分利用所拥有传输网络资源实现渠道创新，对数字频道、数字终端的多元化开发和利用。数字播放渠道可实现对受众“按需服务”，从而导向付费消费。数字渠道的内容、服务乃至形成的品牌等无形资产具有高附加值，可进行多次开发利用、多渠道销售，并且能形成内容的衍生品。

【作者简介】

马二伟，武汉大学新闻与传播学院 2012 级博士生，研究方向为广告传播与媒介经营管理。

李杉，武汉大学新闻与传播学院 2012 级博士生，研究方向为媒介发展研究。

① 谢耘耕．媒介多元化投资及其风险[J]．新闻界，2004(3)．

② 周建刚．从“传输”到“传媒”看广电网络战略转型[J]．广播电视信息，2009(1)．

文化产业与旅游业联动链研究
——以大湘西为例

彭祝斌 莫梅锋

如果缺乏文化内涵，旅游将失去灵魂和活力。依托已上升为国家战略的文化产业，加强文化产业与旅游业的联动，以文化产业资源活化旅游业，将有利于打造我国旅游业的新增长点，并促进我国文化产业的大繁荣和大发展。本文以分析文化产业与旅游业联动实践的“大湘西”模式为切入点，提出建构文化产业与旅游业联动链这一创新理念。

一、研究现状与问题

目前关于文化产业与旅游业联动的研究还处于摸索阶段。已有的研究成果主要体现在以下几个方面：①文化产业与旅游业的关联性研究。早在 1947 年，阿多诺就指出文化产业与旅游业存在内在的关联性。②文化产业与旅游业联合发展研究。有学者认为应从与文化产业联合的角度发展旅游业。从产业间存在外在和内在关联的角度，湘西各产业的内在关联在于其浓厚的文化底蕴。刘沛林认为湘西在地域上构成一种相对独立的文化景观群系，有着丰富的历史文化信息。特别是其中的一些古城镇，具有重要的遗产保护价值，可以通过申报世界遗产、各级文保单位和各级历史文化名城（名村）以及文化生态博物馆等途径促进旅游业发展。田祖国从湘西民族传统体育文化产业与旅游产业的发展现状出发，分析其互动发展的必要性和可行性，在此基础上，提出两者互动发展的思路，以培育湘西新的产业门类，保护文化、生态环境，发展旅游经济，带动贫困地区的经济繁荣。民族传统饮食文化也是重要的旅游资源。湘西苗族、土家族、汉族等各族人民，充分利用山区独特的自然环境、气候条件，依靠自己的勤劳智慧以及与其他文化的交流，创造了具有湘西地域特色的饮食文化。饮食文化旅游开发中应深层次地挖掘饮食文化资源，开发特色饮食文化旅游，坚持开发与保护并重，才能更好地弘扬民族饮食文化，促进饮食业和旅游业的可持续发展。王敏认为可以通过与影视业的互动，发展湘西旅游业，影视剧不仅要以湘西为背景的视觉影像，更要是我国民族生存和文化困境折射于当下传媒介质中的文化表征。杨雅琳从工艺品行业对旅游业的促进作用角度出发，认为民族工艺品是湘西旅游业的一块软肋，必须充分认识打造工艺品品牌对发展旅游业的意义。刘廷新则认为通过旅游这一特殊的载体，加强民族民间音乐和表演文化的开发，不但可以使那些濒临失传的民族民间音乐和表演文化得到有效的保护，还能提升旅游品位，丰富了旅游内容，扩展旅游范围，使自然风光与民族文化完美结合，满足了人们的旅游需求，增强观赏性，使旅游更具吸引力和生命力。③文化产业与旅游业的融合发展研究。周小毛则把文化产业与旅游业的关系提升到产业融合的高度，指出通过旅游业与文化产业的有效融合，可望实现大湘西旅游和文化资源优势互补，并转化成产业优势。

这些研究成果不论是广度还是深度都达到一定水平，但也存在不少问题：①研究重心偏重以旅游资源为导向，而不是以游客需求为导向。只有部分研究者分析了旅游开发的市场需求。以文化需求为导向的探索则更少。而文化动机作为一种驱力，是游客从事旅游活动真正的原因，也是旅游业发展的根本动力。②研究视角聚焦于文化产业与旅游业联合或融合，但实践上却受到体制上的制约。旅游属于大文化产业的范畴，在韩国等国家，文化与旅游由同一部门管理。但在我国，主管文化产业与旅游业的机构分立，从体制上难以实现文化产业与旅游业联合或融合。目前可行方案应是文化产业与旅游业的联动发展。

二、大湘西文化产业与旅游业联动的内在动力

旅游是文化的载体，文化是旅游的灵魂。没文化的旅游缺失独特魅力，没有旅游的文化缺乏生机活力。旅游为文化带来市场，文化为旅游丰富内涵。旅游具有明显的文化内涵，文化也具有推动旅游发展的功能。文化是旅游业提质升级的重要元素和内核。旅游则是文化产业走向市场的重要途径和载体。旅游业和文化产业联动，可以获得相互依存、相得益彰、共同繁荣的效果。大湘西文化产业与旅游业各自发展内在的需要构成了大湘西文化产业与旅游业联动的内驱力系统。大湘西文化产业与旅游业联动内驱力系统是联动动机的基本来源，是核心动力，它能自发地组织并驱动相关产业采取产业联动策略，并促成产业联动行为的实现。

以湘西凤凰为例，在沈从文的小说《边城》里，凤凰是一个山清水秀、民风淳朴、宁静安逸的古城，读过这部小说的人都会被它所吸引，在当今日益繁华的都市生活里，这样一个世外桃源是人们放松身心、舒展筋骨的好去处，没去过凤凰的人对其的印象可能就是淳朴、宁静，在这样一种已有的理想生活和现实环境对比下，人们很容易选择走进这座文学作品中的古城，去感受一下小说中的味道，这就是文化产业对旅游业的驱动力。当地旅游业的兴起又带动了当地相关文化产业的发展，民间工艺品就是直接受旅游业的驱动而兴起的一个文化产业门类，而当地的特色人文活动如傩文化、神秘文化、宗教文化又因旅游业的发展由文化资源逐渐转变为能为当地经济做出贡献的文化产业，这就是旅游业对文化产业的内驱力。在这里，正是凤凰文化本身让凤凰旅游业有了核心竞争力，而旅游业又为凤凰文化走向市场提供了机会。

第一，大湘西旅游业的新一轮发展需要不断进行文化创意和创新，需要优势文化内容为其推波助澜。张家界等以自然风光取胜的旅游景区要走出相当一部分旅客“一次游”的怪圈，必须加强文化创意，提高文化底蕴。在“2009 张家界国际乡村音乐周”中，张家界市市长赵小明以卡通形象代言，这是一次成功的营销创新，虽然张家界本身与动漫卡通无关，但是通过音乐周这一时尚活动使张家界一改过去仅以地貌奇观为主打口号的面孔，再加之动漫人物的风趣幽默，使这次音乐周取得了很好的效果，而音乐周也让当地的人文风俗进一步被旅客们所了解；凤凰等景区虽以文化取胜，但要增加对旅客的“黏着力”，必须加强文化创新，提高新鲜度，并维护当地人文风俗的特色。许多去过凤凰的人都说那里已经与《边城》里描写的那座宁静的古城相去甚远，取而代之的是喧嚣、世俗，凤凰当地所卖的手工艺品许多都是从其他地方，如云南、贵州等地运过来的，这些手工艺品与当地的文化格格不入，但却占据了大量的市场，对当地手工艺品是一个很大的冲击，同时也对当地人文文化产生了负面影响。这一方面是当地社会发展的内在因素造成的，另一方面也是由于当地在旅游开发过程中更多的重视了自然环境的保护，而忽视了当地旅游业的核心优势，即人文文化环境的保护。对凤凰来说，要保持旅游业的可持续发展，必须保护好当地文化血统的纯正性。

第二，大湘西独特的文化底蕴为当地旅游业的发展带来了源源不断的创意和创作素材，而当地旅游业的发展又会带动周边地区，甚至整个湖南省的旅游业的发展，旅游业的发展对当地文化资源向文化产业转化提供了丰富的消费者资源。大湘西独具一格的自然旅游资源也是进行文化创意和创作的源泉，是形成湖湘特色文化产业的魅力之源。

三、大湘西文化产业与旅游业联动链的建构

需要指出的是，大湘西文化产业与旅游业联动的内驱力，有自发的一面，但也需要有一种激活、唤醒或放大的机制去激发产业主体的联动行为。也就是说，要形成一个联动链，把各个产业联动的内驱力激发出来、链接起来。这里所谓的大湘西文化产业与旅游业的联动链概念是对产业价值链理论的发展，指的是联动产业的产业价值分布相交叉的节点形成的新价值链。据此可以选择具有高价值、高拉动的多个产业来共同构建产业集群，并确保各产业之间能够形成良好的联动和对接。

通过建构产业联动链，可以清楚地揭示产业联动过程中必须面对的环节，不同项目的不同条件和环境，使各个环节联结的模式出现不同的变化。在制订联运策略时必须考虑如何合理地评价联动双方的资源、结合点、盈利点、联动要点、各自的贡献，如何投资，如何营销，怎样管理，怎样分配利润等问题。

大湘西文化产业与旅游业的联动链研究可以为投资者提供若干可能的综合交叉开发模式。如不同的景点应该与动漫业联动还是与影视业联动，应该单独与影视业联动还是同时与演艺业多元联动等，产业联动链理念将一一为我们提供联动开发可能性的想象空间。

第一，大湘西文化产业与旅游业联动链的构成因子。文化产业与旅游业的联动链由产品链、组织链、技术链、信息链、资金链、价值链和产业链外部约束环境等多个方面的有机联动组成。包括吃、住、行、购等各环节，上、中、下游三种类型企业的联动。所以，联动链的构成因子繁多，既包括与大湘西旅游共生的傩文化、神秘文化、民族民俗文化、宗教文化、建筑文化、抗日文化、剿匪文化等，也包括湖南比较有优势的可以与旅游业结合的影视文化、出版文化、动漫文化、广告文化、体育文化、文学艺术等。这些繁多的构成因子可以通过统计学的因子分析法，找出主因子，作为重点开发的联动链的主要构成因子。

第二，大湘西文化产业与旅游业联动链的生成条件。共赢的理念、相容的体制与共同的利益是大湘西文化产业与旅游业联动的主要生成条件。如果这三个条件不能逐步满足，文化产业与旅游业的联动将困难重重，难有较大的质的突破。

第三，大湘西文化产业与旅游业联动链的作用机制。首先是竞争压力下文化产业与旅游业产生联动共赢的内在需求；其次，共赢动力促进双方在产品链、组织链、技术链、信息链、资金链、价值链和产业链外部约束环境等多个层面产生联动；再次，从单向、单环节联动走向互动、整体联动，最后，促进整个大湘西社会经济的整体提升。

四、大湘西文化产业与旅游业联动链建设的目标指向

大湘西文化产业与旅游业联动的研究不应只限于理论层面，其目标指向是提出若干操作性强、可行性高的文化产业与旅游业的联动项目。将通过大湘西文化产业与旅游业的联动链的建构，未来的目标指出应是策划“大湘西文化旅游动漫形象公共服务系统”、“大湘西文化旅游影视中心”、“大湘西文化旅游3G内容创意创业平台”、“大湘西文化旅游艺术创作扶持计划”等项目，并对项目进行整体包装，包括可行性分析、营销定位、市场细分、媒体创意、广告创意与表现、广告口号等具体方案；对大湘西旅游经济协作区进行统一的形象设计，形成包括VI、MI、BI的CIS执行方案；按基于GIS的文化旅游资源分布图和基于人类学调查的文化旅游需求结构图，对现有旅游路线进行重新设计，提供“旅游路线三维立体效果图”及“虚拟全景动态导游影片”等。

本文认为，如果以游客需求为导向，尤其尊重游客的文化需求，就很容易理解旅游业与文化产业内在的关联性，以及两者联动发展的必要性。未来，旅游业与文化产业的联动发

展，应按联动链理论，评估其优先级，使之更有利于决策者在资金、资源、时间等有限的背景下，有选择、有主次、有步骤地实现文化产业与旅游业联动发展。

【参考文献】

[1]M. 霍克海默，T. W. 阿多诺．启蒙辩证法[M]．重庆：重庆出版社，1990.
[2]陈东，李琳．论湘西以文化为核心的跨越式发展战略[J]．湖南经济管理干部学院学报，2003(4).
[3]刘沛林．湘西古城镇的历史文化信息与遗产保护价值[J]．船山学刊，2003(3).
[4]田祖国，罗婉红．湘西旅游产业与体育文化产业互动发展研究[J]．怀化学院学报，2002(2).
[5]刘艳芳，周忠华．论大湘西民族文化旅游模式的构建[J]．中南林业科技大学学报(社会科学版)，2008(4).
[6]王敏，张旺．想象“湘西”的方式——“湘西”符号的影像建构及其文化意蕴[J]．贵州民族研究，2008(5).
[7]杨雅琳．提高民族文化内涵打造民族旅游工艺品品牌[J]．湖南经济管理干部学院学报，2004(4).
[8]刘廷新，李红兵．民族民间音乐文化在旅游业中的应用与启示[J]．四川戏剧，2006(2).
[9]周小毛，潘小刚．大湘西文化产业与旅游业融合发展对策研究[J]．湖南哲学社会科学基金项目成果要报，2009(5).
[10]Iso-Ahola, S. E. The Social Psychology of Leisure and Recreation[M]. Dubuque, IA: W. C. Brown, 1980.

【作者简介】

彭祝斌，湖南大学新闻传播与影视艺术学院教授。
莫梅锋，湖南大学新闻传播与影视艺术学院副教授。

鄂西土家族非物质文化遗产生产性传承人之生存状况考察①

黄迎新

土家族是我国人口第六多少数民族，880万人口主要分布在鄂湘渝黔交界的武陵山区，属于典型的老少边穷地区。2011年2月“湖北武陵山少数民族经济社会发展试验区”成立，包含鄂西十县(市)，即恩施土家族苗族自治州的2市6县以及宜昌市的长阳土家族自治县、五峰土家族自治县。该地区土家族人口约220万人，文化资源十分丰富，“目前，湖北土家族非物质文化遗产已经形成了比较完善的四级名录体系，其中进入国家级‘非遗’项目14项，省级‘非遗’项目36项，州(市)级‘非遗’项目80项，县级‘非遗’项目196项。国家级14项土家族‘非遗’项目各具特色，代表土家传统文化的精华，例如土家族撒叶儿嗬、薅草锣鼓、土家族打溜子、土家族摆手舞、灯戏、都镇湾故事、江河号子、肉连响、南剧、南曲、恩施扬琴、利川灯歌、三棒鼓、土家族吊脚楼营造技艺等”②。非物质文化遗产是一个民族重要的精神财富，也是支撑该地区经济持续发展的无形资产，加强少数民族非物质文化遗产保护、传承和合理利用，符合国家经济社会协调发展的战略思路。

非物质文化遗产最大特点是依托于人的传承而存在，是民族精神、民族个性、民族审美和民族习俗的“活”的显现，以口传心授、言传身教为方式，决定了非物质文化遗产必须以人为载体通过活态传承而得以延绵不绝。根据《中华人民共和国非物质文化遗产法》规定：“非物质文化遗产代表性传承人应当符合下列条件：①熟练掌握其传承的非物质文化遗产；②在特定领域内具有代表性，并在一定区域内具有较大影响；③积极开展传承活动”③。2007年起文化部三次下发国家级非物质文化遗产传承人名单，截至目前共有1488名国家级“非遗”代表性传承人，与之配合各省(直辖市、自治区)、市(自治州)、县(自治县)也认定了各级“非遗”代表性传承人名单。截至目前，鄂西土家族“非遗”国家级传承人有9人、省级传承人101人、州(市)级传承人174人、县级传承人373人。

生产性保护目前已经成为“非遗”传承的一种基本方式。“生产性保护是指在具有生产性质的实践过程中，以保持非遗的真实性、整体性和传承性为核心，以有效传承非物质文化遗产技艺为前提，借助生产、流通、销售等手段，将非物质文化遗产及其资源转化为文化产品的保护方式”④。本文把从事生产性保护的传承人简称为“生产性传承人”，把没有从事生产性保护的传承人简称为“非生产性传承人”，希望通过比较生产性传承人与非生产性传承人的生存状况，为“非遗”保护与传承提出合理化建议。

---

① 本文系2013年国家民委科研项目“武陵山区少数民族非物质文化遗产生产性保护对策研究”(编号CMSY13010)阶段性成果。

② 黄迎新．湖北土家族非物质文化遗产的传播现状与对策[J]．三峡论坛，2012，248(2)．

③ 信春鹰．中华人民共和国非物质文化遗产法解读[M]．北京：中国法制出版社，2011：78.

④ 文化部关于加强非物质文化遗产生产性保护的指导意见[N]．中国文化报，2012-02-27.

一、对鄂西土家族“非遗”传承人生存状况的实地考察

2011年10月至2013年6月，笔者三次赴湖北武陵山少数民族经济社会发展试验区调查土家族“非遗”传承人生存状况。

(一)调查方法

1. 抽样情况

鄂西土家族共有四级传承人657人，这作为我们调查的样本框。根据国家级、省级、州(市)级、县级传承人在传承中的地位和影响力，按照比例递减原则抽取样本，最终确定调查对象：国家级传承人2人、省级传承人9人、州(市)级传承人2人、县级传承人2人(见表1)。

表1 访谈对象抽样比例

样　本	总样本数	选取数	占总数比例
国家级非遗传承人	9	2	22.22%
湖北省级非遗传承人	101	9	8.99%
恩施州宜昌市级非遗传承人	174	2	1.15%
县级非遗传承人	373	2	0.53%
总数	657	15	2.28%

2. 调查指标

将“生存状况”，分解为四个二级指标：“身体状况”、“经济状况”、“社会声誉状况”和“传承状况”。

每个二级指标之下又分成若干个三级指标。“身体状况”分为五个等级：十分健康(基本不上医院)；比较健康(有感冒等小病，偶尔上医院)；一般健康(有感冒等小病，经常上医院)、不太健康(有比较严重的疾病，但不经常发作)、非常不健康(有严重疾病并经常发作)。“经济状况”分为五个等级：经济富裕者(年收入50万元以上)、经济小康者(年收入10万~50万元)、经济一般者(年收入3万~10万元)、经济困难者(年收入1万~3万元)、经济窘迫者(年收入1万元以下)。“社会声誉”根据政府奖励、媒介报道、社区居民评价、亲戚朋友的评价综合评判，也分成五个等级：声誉超好、声誉好、声誉较好、声誉一般、声誉不太好。“传承状况”通过考察家人传承、师徒传承、校园传承和员工传承等情况，也分为五个等级：传承超好、传承好、传承较好、传承一般、传承不太好。

“生存状况”由二级指标的星星数量来判断。三级指标根据等级差异，给出1~5颗星星。二级指标的星星数量越多，说明其生存状态越好，反之说明其生存状态越差。

(二)调查结果

1. 调查对象基本情况

对15名调查对象进行实地调查，包括走访其所家人、邻居和本人，实地参观所办手工作坊(企业)、办公场所和传承场所，分别对其“身体状况”、“经济状况”、“社会声誉状况”

和“传承状况”给出星星数量。结果见表 2。

表 2　**鄂西土家族传承人生存状况一览表**

序号	姓名	性别	年龄	项目名称	级别	地区	门类	身体状况	经济状况	声誉状况	传承状况	总体
1	张言科	男	60	土家族撒叶儿嗬	国家级	长阳县	民间舞蹈	★★★★	★★★★	★★★★★	★★★★★	18 星
2	孙家香	女	91	都镇湾故事	国家级	长阳县	民间文学	★★★	★★★	★★★★★	★★	13 星
3	王耀志	男	56	来凤漆筷制作技艺	省级	来凤县	传统技艺	★★★★	★★★★★	★★★★★	★★★★★	19 星
4	黄在秀	男	63	土家族撒叶儿嗬	省级	巴东县	民间舞蹈	★★★★	★★★★	★★★★	★★★★★	17 星
5	卢碧川	男	67	傩戏	省级	鹤峰县	民间戏剧	★★★	★★★	★★★	★★★	12 星
6	周银菊	女	48	民间绣活	省级	宣恩县	传统技艺	★★★★	★★★★	★★★★	★★★★	16 星
7	何平	男	54	咸丰何氏根雕	省级	咸丰县	传统技艺	★★★★	★★★★	★★★	★★★★	15 星
8	吴际安	男	61	桃片糕制作技艺	省级	建始县	传统技艺	★★★★	★★★★★	★★★	★★★★	16 星
9	刘家富	男	49	巴东五香豆干制作技艺	省级	巴东县	传统技艺	★★★★★	★★★★★	★★★	★★★★	17 星
10	沈金忠	男	62	利川柏杨豆干制作技艺	省级	利川市	传统技艺	★★★★	★★★★★	★★★	★★★★	16 星
11	严一福	男	55	严氏眼科中医疗法	省级	咸丰县	传统中医工艺	★★★★	★★★★	★★★	★★★	14 星
12	吕啟文	男	70	竹编技艺	州(市)级	巴东县	传统工艺	★	★	★★	★	5 星
13	田玉先	男	73	傩戏	州(市)级	恩施市	民间戏剧	★★	★★	★★	★★	8 星
14	李维炳	男	72	伍家台贡茶制作技艺	县级	宣恩县	传统工艺	★	★★★	★★★	★★★	10 星
15	吕纪明	男	32	藤编技艺	县级	宣恩县	传统工艺	★★★★★	★★★★	★	★★	12 星

2. 调查结果分析

(1)调查对象具有代表性

15 名对象调查中，男性 13 人，女性 2 人，分别占 86.67%、13.33%(见图 1)，这个比例与“非遗”传承人四级名录中的性别比例大体一致。年龄结构中，30~39 岁的有 1 人，40~49 岁的有 2 人，50~59 岁的有 3 人，60~69 岁的有 5 人，70~79 岁的有 3 人，80 以上的有 1

人，分别占 6.67%、13.33%、20.00%、33.33%、20.00%、6.67%(见图 2)，与四级名录中的年龄比例大体一致。传承人来自鄂西土家族地区的 9 个县(市)，覆盖民间文学、民间音乐、民间舞蹈、传统戏剧、传统手工技艺、传统医药等六个类别。可见，本次调查的样本具有代表性，调查结果具有普遍参考价值。

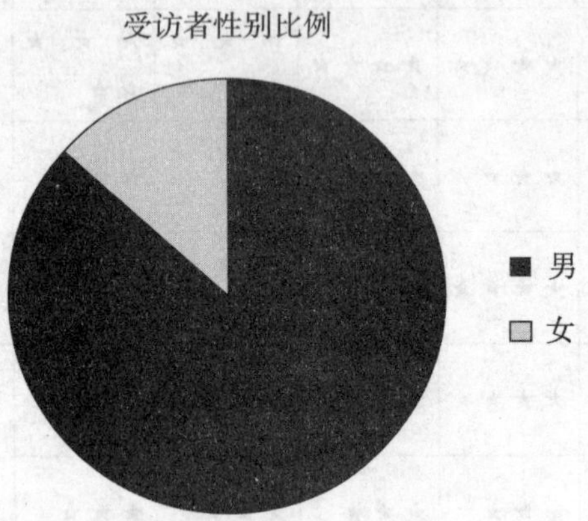

图 1　受访者性别结构图

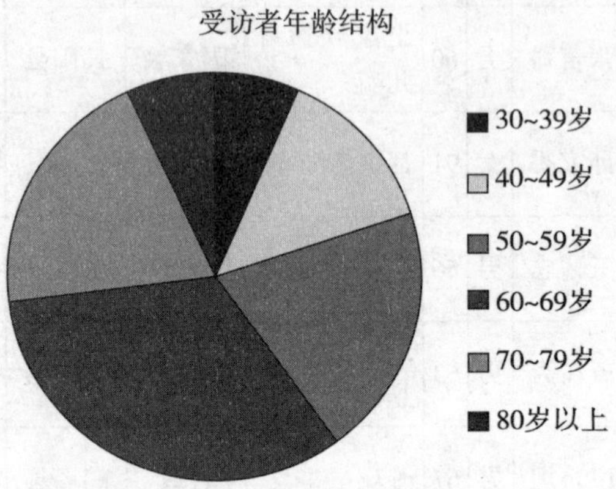

图 2　受访者年龄结构图

(2)传承人生存状况出现参差不齐状态

传承人生存状况发生分化，生存状况大体可分成五个等级：生存状况超好(18 颗星星及以上)、生存状况好(14 至 17 颗星星)、生存状况比较好(10 至 13 颗星星)、生存状况不太好(6 至 9 颗星星)、生存状况很差(5 颗星星及以上)。由表 2 可以看出：生存状况超好 2 人、生存状况好 7 人、生存状况比较好 4 人、生存状况不太好 1 人、生存状况很差 1 人。总的来说，调查对象生存状况比较理想，其根本原因是调查对象普遍实施了生产性经营活动。

二、鄂西土家族“非遗”传承人的三个典型案例

通过以下三个典型案例，可以反映出鄂西土家族传承人的三种价值取向，也能够反映社会大变革时代传承人的机遇与困惑。

(一)张言科：试探经营中的国家级传承人

张言科现年 65 岁，长阳土家族自治县资丘镇资丘村 5 组人，2008 年被认定为“土家族撒叶儿嗬”国家级代表性传承人。

他 13 岁开始学跳撒叶儿嗬，全面掌握了撒叶儿嗬的各种套路和表演技能，尤其精通打鼓和领唱，被当地群众称为“金鼓手”。2005 年，张言科带队参加湖北剧院“梦幻土家”时悟出一个道理：原生态文化要融入现代社会，民间艺术不能自我封闭，要走出去见市面，只有这样，才能引起社会的关注，为原生态文化的传承与保护赢得支持。2008 年，他筹资 3 万元组建了长阳第一个民间文化艺术团——长阳资丘民间文化艺术团，并获得营业演出许可证。如今，这个艺术团已经发展到 50 多人，年龄从三十几岁到七十几岁不等。艺术团制订了商业演出价格表，每年大概进行有偿演出 30 场。每场演出平均每个团员能收到 100 元左右费用，艺术团提取 50 元器材折旧费。建团 2 年，开展的有偿表演 50 场余场，为艺人们获得收入达 10 万元之多，观看表演和接受传承的人数 30 多万。

张言科目前身体状态良好，经常带队外出演出，除了创收外，国家每年发放 8000 元补助，长阳县每年补助 2000 元。他表示，赚钱不是最重要的，重要的是有个队伍，让大家看到跳撒叶儿嗬也可以过上好日子，能将这个东西传承下去。

(二)王耀志：规模经营的省级传承人

现年56岁的王耀志是来凤县人，湖北省非物质文化遗产来凤漆筷制作工艺代表性传承人。

年轻时在国道边开了个小面馆，因买不起玻璃，窗子只能用纸糊。听过路司机说河北沙河玻璃便宜，筹借资金贩卖玻璃赚到第一桶金。1996年因为有商业头脑，被来凤县一家国营漆器工艺厂看中，邀请做副厂长。1998年，厂里改制，王耀志拿出40多万元买下了厂，把厂更名为"宝石花工艺礼品公司"。当年8月，王耀志随全国工商联考察团去了新加坡，发现当地的筷子1盒能卖到1500多元人民币，这启发了他，回国后开始定位生产高端产品。通过不断改进加工技术，利用优质木材或楠竹，配以驰名的当地来凤金丝桐油、利川坝漆以及色彩斑斓的贝壳等材料作为复合盖面物，经镶贝、刷漆、打磨、抛光等200多道工序制作而成，制造出外表光洁晶莹、色泽艳丽，古朴典雅的来凤漆筷。

如今他的宝石花工艺品有限公司总资产9972万元，占地面积63200平方米，员工有380余人，拥有宝石花漆筷生产线2条，年生产漆筷250万双，被国家民委、财政部和中国人民银行确立为"全国民族用品定点生产企业"，并被纳入湖北省"双百"重点扶持企业，被评为"湖北省林业产业化龙头企业"和"恩施州农业产业化重点龙头企业"，2011年公司产值超过3000万元。王耀志目前身体状况良好，公司继续向木制工艺品、菊花石产品、西兰卡普等产品线延伸，他的目标是将企业做大做强。

(三)吕啟文：毫无市场意识的州级传承人

现年70岁的吕啟文是巴东县清太坪镇二里坡村五组人，竹篾编织艺人，恩施州第四批民间艺术大师之一。

9岁开始随父学习竹编技艺，经过3年的刻苦学习，12岁略有小成。四年级文化水平的他，曾经在生产队当了20多年的会计。业余爱好就是琢磨如何将花草虫鸟编进竹筐竹席中。1965年，吕启文在编竹器时偶然发现一件清朝年间工艺品，一件中间编有"福"字的小簸箕，由此受到启发，开始钻研如何在竹器上编字。从艺55年来，摸索出一套用篆书字体将书画编织在竹器上的技法，每幅作品都要经过排版、画走针图、编写篆书、编竹、锁边等五道工序，共创作了1000多件作品。

但老人对作品创作，纯粹是个人爱好，丝毫没有市场意识。他的作品大多数送了人，20世纪90年代初恩施土司城博物馆来人收走他10幅作品，象征性给了他80元。吕啟文目前经济状况不好，与女儿、女婿住在一起，只有一间不算大的土坯房，每年靠着州里补助艺术大师的1200元钱过着清贫的生活。他身体很不好，2011年下半年去恩施住院查出了肩周炎、胆囊炎、囊肿、胆息肉、肝癌，住院11天就花了8000多元，虽然医生建议继续消炎护肝和住院治疗，但因为无钱继续治疗而无奈出院。原来体重140多斤的吕老，现在已经100斤不到。在技艺的传承方面，很多徒弟只会编竹席背篓，而不会编图画和文字，他的女儿掌握了基本的编织技能，能够编一些图画，但也不会编文字。吕啟文自知时日不多，目前的心愿是将毛泽东的39首诗词全都编织在竹席上。

三、研究结论

调查发现，一部分传承人开始利用自己掌握的知识体系和技能，与市场接轨，并在迅速向产业化道路迈进；另一部分传承人为了"非遗"项目的传承，开始向市场靠拢，但又担心产业化的危险，在纠结中试探性经营。还有一部分传承人，完全没有市场意识，纯粹作为个人爱好和责任感，艰难地传承着"非遗"项目。总的来看，生产性传承人的生存状态远远好过非生产性传承人，生产性保护已经成为"非遗"保护的一种基本方式。

调查发现，生产性保护特别适用于食品、药品、茶叶等加工技术以及竹编、木雕、刺绣等传统手工工艺技术等"非遗"类型，但也出现了打着"生产性保护"旗号，以机器大生产排挤手工生产的现象。恩施一家著名茶叶企业，利用省级"非遗"名目，完全使用生产流水线进行茶叶生产，抛弃传统手工生产，破坏了"非遗"整体性、原真性和传承性，必须制订相关法律制约这种打着"生产性保护"旗号破坏"非遗"的做法。

调查发现，并非所有"非遗"项目都适宜实行生产性保护。国家级传承人"都镇湾故事"传承人孙家香，年纪90多岁，身体多病，子女不愿意赡养她，被长阳县政府安排住在长阳县第一福利院，有专门护理员，每周检查身体，每月有给予100元零花钱。这种传承人保护模式被黄永林称为"静态保护模式"①。对于许多无法开展生产性保护的传承人，政府的"静态保护"能够延长其生命，抢救性记录其掌握的知识和技能，也是对传承人保护的一种方式。

非物质文化遗产的保护，"传承"是核心，传承人又是"传承"的灵魂。祁庆富认为："非物资文化遗产的本质不在于'物'与'非物'，而在于文化的'传承'，其核心是传承文化的人。物质文化遗产与非物质文化遗产保护的差异在于，前者传承过程不存在'传承人'，而后者的存在与传承离不开传承人。也就是说，传承人消失，原形态的非物质文化遗产也就不复存在。因而，非物质文化遗产保护的重点是传承人"②。关注非物质文化遗产传承人的生存状况，就是关注非物质文化保护与传承的未来。

【参考文献】

[1]谭志松．土家族非物质文化的教育保护与传承研究[M]．北京：民族出版社，2011.

[2]王文章．非物质文化遗产概论[M]．北京：文化艺术出版社，2006.

[3]康保成．中国非物质文化遗产保护发展报告(2011—2012)[M]．北京：社会科学文献出版社，2013.

[4]彭振坤，黄柏权．土家族文化资源保护与利用[M]．北京：社会科学文献出版社，2007.

[5]联合国教科文组织．保护非物质文化遗产公约基础文件汇编[G]．北京：外文出版社，2012.

【作者简介】

黄迎新，中南民族大学文学与新闻传播学院教授，主要研究广告和民族文化传播。

---

① 黄永林．非物质文化遗产传承人保护模式研究——以宜昌市民间故事讲述家孙家香、刘德培和刘德方为例[J]．中国地质大学学报：社会科学版，2013，13(2)．

② 祁庆富．论非物质文化遗产中的传承与传承人[J]．西北民族研究，2006，50(3)．

文化品牌传播中如何运用媒体构建其文化认同[①]

——基于土家"女儿会"的传播现象研究[②]

张贤平 黄永红 郑 玲

一、前 言

2004年3月20日，由张艺谋、王潮歌和樊跃联合打造的"山水实景演出"《印象·刘三姐》正式公演，在桂林旅游品牌和张艺谋品牌的联合造势下，一炮走红。此后推出的"印象"系列更是成功地将"张艺谋品牌"转换成了"印象品牌"。此次"印象"系列的成功营销，在文化产品品牌化的发展历程中描下了浓墨重彩的一笔，成为品牌引导消费的极佳典型。

随着文化产业的蓬勃发展，品牌的作用日趋凸显，品牌战略已成为文化产业的核心竞争力。但文化产品不同于物质产品，符号化的消费决定了在文化品牌的传播中，不能只着眼于产品的质量和服务，更需要强调消费者在心理上对文化的认同，是对人们之间或个人同群体之间的共同文化的确认，即此文所指的"文化认同"。显然，在大范围的文化品牌传播中，具有大面积实时迅速传播信息的大众传媒必然成为建构文化认同的重要渠道。

二、"女儿会"文化品牌传播中建构文化认同的必要性及意义

正如前言中所提到的，文化品牌的传播与商业品牌的传播之间存在很大差异，最明显的表现即文化产品是一种符号化的消费。文化产品传递给消费者的不仅仅是一件件有形的商品，更注重的是一种表征性和象征性的交流。形象一点说，就好比你去参加了"女儿会"，在"女儿会"现场还以自己满意的价格买到了"女儿会"相关的纪念品，在第一个层面上，你消费了文化产品，并且实实在在地拥有了它。但更深一层的意义却是，你消费的重点并不在于买回家的纪念品，而是基于你对"女儿会"这一文化现象的认同所带来的消费享受。如果你对"女儿会"不认同，那么就算与它有关的纪念品制作得有多精美，你也不会购买它，更谈不上满足感了。所以，传播一个文化品牌，更强调的是建立在共通的文化情感上的认同，一个文化品牌传播的好与坏，在很大程度上取决于消费者对它的文化认同有多强。

在传播中，传播效果是传播者关注的中心，因为人类的传播都是有目的性的。传播效果可以分为不同的层面。比较普遍的看法是，传播效果依其发生的逻辑顺序或表现阶段可以分为三个层面：认知层面上的效果；心理和态度层面上的效果；行动层面上的效果。从认知到

① 本研究为国家级创新训练项目，项目编号：GCX12037。

② 土家女儿会也叫恩施女儿会，被誉为东方情人节或土家情人节，一般每年的农历7月7日至12日这些天，是传统的"女儿会"吉日。女儿会是恩施州土家族具有代表性的区域性民族传统节日之一，是一种独特而新奇的节俗文化。最初流行于恩施石灰窑、大山顶一带，如今已发展成全州性的民族节日。

态度再到行动，是一个效果的积累、深化和扩大的过程。在“女儿会”文化品牌的传播中，传播者根据“女儿会”品牌的定位和个性选择能够传达出该品牌个性和价值的符号，通过符号折射出与品牌内涵相符合的态度，在受众对这种态度持肯定态度时，便形成了文化认同。

而对于文化品牌来说，这种文化认同是与文化产品的传播效果息息相关的。无论是哪一种传播效果，其产生总是建立在接触的基础之上。由于传播对象“选择性接触”的特点，要想取得预期的传播效果，只有将文化品牌所传播的内容置于受众的文化认同之中，才能获取受众的选择性接触，进而促进受众的理解和接受。

如果受众认同“女儿会”这一文化品牌所代表的文化，首先会在心理上形成一种接近感，当“女儿会”有关的信息通过大众传媒传播时，受众便会在纷繁复杂的信息环境中首先选择去接触这类信息，并进一步接“受女儿”会文化品牌所传递的一种认知结构；通过信息的接触，“女儿会”所代表的文化可以进一步作用于人们的观念或价值体系，引起受众态度或情感的变化，巩固受众对“女儿会”的积极认知效果；当然，最理想的传播是受众行动层面上的变化，受众对“女儿会”进行选择性接触和选择性理解之后，基于共同的文化认同，受众对“女儿会”的态度会通过其言行表现出来，他们可能会到恩施来参加“女儿会”，也会在他们的人际圈子里主动传播与“女儿会”相关的信息。

三、“女儿会”文化品牌传播中构建文化认同的可能性

关于文化认同，美国文化人类学家、修辞家、符号人类学和释义人类学倡导者格尔茨对其内容作出了界定，他提出文化认同主要包括血缘、语言、宗教习俗和基本文化观念。我们说要构建“女儿会”文化品牌的文化认同，也即在传播过程中利用血缘和语言的共同性激发当地人们对于“女儿会”这一民族文化的文化自觉，提升“女儿会”文化品牌的内聚力；同时，在共通的宗教习俗和基本文化观念的基础上，加强其他地区和其他民族的受众对“女儿会”文化的认同与接受，从而提升“女儿会”文化品牌的扩散力和影响力。

然而，当前情况下受众对于“女儿会”文化品牌的文化认同情况并不乐观。我们对于“女儿会”传播现状进行了调查，通过对回收的2390份问卷进行分析，显示有55%的受众没有听说过“女儿会”，有53%的人没去过恩施。45%和31%的被调查者分别认为“女儿会”是民族风俗和民族节日，少量的人则认为是旅游景区，可见受众对“女儿会”这一文化品牌真正代表的含义即其所指，并不是十分明确。

在传播中，一个完整的传播过程包括传播者对信息的编码和受众对信息的解码，编码和解码是传播效果实现的保证，而编码和解码有效率的实现的一个条件则是传播者和受众有共通的文化和社会背景。在“女儿会”文化品牌的传播中，其传播效果之所以不乐观，技术上的原因是其传播方式运用的不恰当，但更深层次的原因是在传播过程中没能很好地处理不同文化和生活方式的交流与融合。调查数据显示，在表示“没听说过女儿会”的被调查者中，有73%的籍贯为非湖北地区。

由于文化具有多元性，也就必然反映出一定的差异性，这种差异性在一定程度上对一个文化的传播造成了一定的障碍，但实现文化认同的基础，也正是这种差异性。由于这种差异性，“我们”与“他们”有了区别，但“我”与“我们”之间的关系却更密切了。

学者刘新利指出，差异产生认同，差异的出现是认同的客观条件。也就是说，在认同之前必然存在“自我”和“他人”之间的差异，也存在“自我”和“群体”之间的差异。差异是认同的前提条件，有差异才会有认同。

在“女儿会”在传播过程中，我们可以看出以下几个方面的差异性：

首先是土家族文化与其他民族文化的差异。“女儿会”作为土家族流传下来的民族节日，具有深刻的文化渊源。古老的土家族世代生活在武陵山区，在游耕生产方式之上形成了土家

族特有的女性相对自主的婚姻习俗，“女儿会”中自由恋爱的习俗，是土家人对民间传统婚姻习俗的保护和继承。“女儿会”中所体现的土家儿女的婚姻观，相对于其他民族的民风民俗来说，是一种外来的文化现象。

其次是恩施地区与其他地区的差异。“女儿会”起源于恩施，必然带有恩施地区的人情风俗特点。中国有句古话叫“一方水土养一方人”，在恩施水土滋养下成长起来的“女儿会”对于其他地区的受众来说，必然带有不同于其他地区的地域特点。

最后是“女儿会”实地相亲模式与电视网络等相亲模式的差异。“女儿会”产生之初，是“以赶场的形式相亲”。现今的“女儿会”，虽说没有了起初的“赶场相亲”之景，但仍是在特定的地点举行大型的集体相亲活动。“女儿会”这种世代相传的实地相亲模式，相对于现在大众媒体普遍渲染的“非诚勿扰”、“我们约会吧”等电视相亲模式有很大差异性。

这些差异性，是现在许多人不了解“女儿会”的一个重要原因，但只要采取适当的传播手段，对“女儿会”认同的“我们”则会越来越大，对“女儿会”没有文化认同的“他们”也会随之缩小。而“我们”的扩大，是有很大可能性的。

土家“女儿会”虽然是恩施地区土家族的民族节日，它既有其他民族不具备的独特个性，但在内容与形式上又与其他民族有着不谋而合的共通性，如云南大理的传统盛会“绕山林”，每年农历四月二十三至二十五日，白族男女着盛装在歌舞中互相传情；还有苗族每年的“爬坡节”，男女青年从各地苗寨聚集到山坡上，对歌、跳舞、斗雀、恋爱；还有甘肃莲花山的“女儿会”，壮乡侗族的“赶坡歌会”等，在形式上都与恩施土家“女儿会”有着共通之处。此外，随着民族文化融合的发展，恩施地区的土家族已经与汉族及其他少数民族在习俗上逐渐消除了隔阂，“女儿会”不再仅仅局限于土家族的节日。也就是说，在“女儿会”文化品牌的传播中，“我们”与“他们”之间的界限本来就是不明显的。

四、运用媒体构建“女儿会”文化认同的几点建议

加拿大学者麦克卢汉曾提出了“地球村”的预言，而这个观点在全媒体的今天已然成为了事实。现代社会最显著的特征是信息社会，而大众传播通过信息的大量生产和大面积传播成为了信息环境的主要营造者。活动范围的扩大，使得人们只能通过大众媒介去了解超出自身接触范围的信息，可以说当今社会的人们是生活在媒介所构造的“拟态环境”之中。

大众传媒在人们生活中的重要角色决定了其在构建文化认同中占据着重要的地位，大众传媒通过编码、解码和译码的传播过程，传播意义符号，并通过对符号的解释来创造文化。一个品牌的传播也不再仅仅局限于人际传播的方式，扩大品牌的影响力必须发挥大众传媒的信息传播功能。具体来说，可以通过以下几个方面发挥大众传媒对于“女儿会”文化品牌传播中文化认同的构建作用。

第一，要借助大众媒介的技术优势构建人们对于“女儿会”文化认同的共同背景。文字的产生使得人类由“耳朵的社会”转向了“眼睛的社会”；电子媒介的普及让世界触手可及；随着网络技术的发展，实时传播技术使得信息传播速度越来越快捷化和全球化。我们说文化认同，首先是“认识”，其次才能“认同”，因此要充分发挥大众传媒在信息传播方面的技术优势，改变以往以人际传播为主的传播方式，利用大众媒介实现“女儿会”的跨时空传播，扩大“女儿会”的传播和覆盖范围，让更多的人认识“女儿会”，从而建立受众对“女儿会”文化认同的共同背景。

第二，要运用各种媒介形态来延伸“女儿会”的文化感染力。正如麦克卢汉所提出的“媒介即人的延伸”，他认为，任何媒介都不外乎是人的感觉和感官的扩展或延伸；这些技术创造出的传播媒介都是一种超越自我的载体，在我们缺席的情况下，这些媒介依旧能够存在并发挥它们的作用。在“女儿会”文化品牌的传播中，应充分发挥媒介的延伸功能，运用媒介

形态，延伸受众对“女儿会”文化品牌的视觉、听觉和触觉感受。一方面，要完善微博、门户网站等“女儿会”相关的自媒体建设，使其成为“女儿会”的权威信息发布机构，利用新媒体的互动性让受众更深刻地认识和了解“女儿会”；另一方面，要吸引报纸、电视、网站等媒体报道“女儿会”的相关信息，在受众在生活中可以随时随地地大范围、全方面接触和了解“女儿会”的情况。

第三，要利用大众媒介的传播内容来发挥“女儿会”文化品牌的表象功能。由于“女儿会”所传播的是一种精神文化，受众通过“女儿会”所消费的是一种符号意义。在传播学中，符号是信息的外在表现形式或物质载体，结构主义语言学奠基人索绪尔在他的《普通语言学教程》中将符号的含义界定为能指和所指。对于“女儿会”文化品牌的传播，应通过大众媒介进行议程设置，在满足受众需求的基础上，传播与“女儿会”有关的内容，将人们对于“女儿会”这一抽象概念的联想转化为具体的图像、文字或声音等形式，让受众理解和接受“女儿会”的文化理念和行为规范。

在我们的调查中，有54%的被调查者表示在听说“女儿会”后，对“女儿会”很有兴趣，23%的被调查者表示想去了解“女儿会”。而表示知道“女儿会”的调查样本中，有21%是通过电视了解的，有17%是通过广播了解的，有12%是通过网络了解的。这表明，大众传媒不仅是受众在现有情况下了解“女儿会”的主要渠道，还可以依据受众对“女儿会”的意愿设置相应的传播议程，扩大“女儿会”文化认同的范围。

第四，通过整合媒体传播来树立“女儿会”统一的媒体形象。品牌的传播是建立在统一的视觉和心理形象的基础之上的，但通过查阅传统媒体关于女儿会的报道，可以发现，报道中对“女儿会”的称呼不统一，出现了“女儿会”、“恩施女儿会”、“恩施土家女儿会”以及“湖北恩施土家女儿会”等多种说法。而打着“女儿会”的旗号开通的新浪微博有12个，微博发布的信息少，受众无法辨别哪一个是正式的官方微博。报道的不统一，信息发布的不统一，给受众造成了一种杂乱感和“山寨感”，在这种状况下，即使受众接触了“女儿会”的信息，也难以去理解和接受它。在全媒体时代，“女儿会”在综合利用各种媒介形态进行传播的同时，还应该注意传播的统一性，首先是称呼的统一，其次是权威信息发布的统一，更重要的是对“女儿会”所蕴含的精神阐述的统一。构建统一的媒体形象，减少传播过程中的噪音干扰，才能让受众获得对“女儿会”的正确认识，进而理解和认同“女儿会”。

第五，要通过大众媒介传播“女儿会”象征符号的所指，加深受众对“女儿会”的精神认同。构建强烈的文化认同不能停留于认知层面，需要达到心理上、态度上的认同，进而达到行动层面的效果。而建构对某种文化的精神价值的认同，就是建构对其内心深处、价值观等方面的认同。关于大众传媒在构建共同精神认同方面，《云南印象》是一个很好的例子。由著名舞蹈家杨丽萍编制的大型原生态歌舞《云南印象》将云南当地10多个民族的民族歌舞、服装、乐器、民俗等民族文化形态在现代艺术舞台进行呈现，并充分利用大众媒介，获得广泛传播。使受众对云南少数民族原生态的山歌和舞蹈等有更多的认知，且激起其内心对灵魂回归的渴望。

而我们在构建“女儿会”文化品牌文化认同的过程中，也应该把精神认同作为最终的价值实现。作为恩施地区土家族的传统民族文化，“女儿会”蕴含的是土家族儿女在追求婚恋自由、重视女权的价值取向。而这种抽象的精神象征只有在大众传媒对“女儿会”内容的传播基础上，进一步地升华和提炼，在潜移默化中影响受众，让受众自然地联想起其思想框架中与之相近的其他文化现象，从而拉近“女儿会”与受众的心理距离，让受众在思维模式上认同“女儿会”所代表的文化。

【参考文献】

[1]湖北省恩施市政协文史资料委员会．恩施土家女儿会[M]．北京：中国文史出版

社，2010.
[2]刘绍敏，刘清华．恩施土家女儿会演变揭秘[M]．武汉：湖北人民出版社，2009.
[3]舒咏平，吴希艳．品牌传播策略[M]．北京：北京大学出版社，2010.
[4]郑晓云，郑天一．文化认同论[M]．北京：中国社会科学出版社，1992.
[5][加]马歇尔·麦克卢汉．理解媒介：人的延伸[M]．何道宽，译．北京：商务印书馆，2000.
[6]崔新建．文化认同及其根源[J]．北京：北京师范大学学报(社会科学版)，2004.
[7]邓治文．论文化认同的机制与取向[J]．长沙：长沙理工大学学报(社会科学版)，2005：31.
[8]刘新利．大众传媒与少数民族的传统文化认同[J]．西安：新闻知识，2013.

【作者简介】

张贤平，中南民族大学文学与新闻传播学院教授。

黄永红，中南民族大学文学与新闻传播学院2010级本科生。

郑玲，中南民族大学文学与新闻传播学院2010级本科生。

电视与柳村人的“国家”①

张丕万　代婷婷

传统中国社会的基本特征是“家国同构”，国家观念一直以来是村民的深层次历史文化和心理结构之一。国家权力在村庄里的介入程度，是决定乡村生活变迁的重要因素之一。国家在乡村社会里，既是宏观可体验的感情与观念，又是微观的可感同身受的权力运作实践，从国家这一层次，理解、阐释如今乡村日常生活有着十分重要的意义。在中国乡村社会，电视是人们最主要的娱乐和信息工具，电视传媒对乡村日常生活有着十分重要的影响。客厅里的电视将家庭、村庄与国家连成一片，村民在电视使用中，是否以及如何建立国家的想象以及情感上的认同，村民如何通过电视在村庄公共生活中自我赋权，本文尝试以整体的日常生活情境，从国家的视角探讨电视使用的意义。

一、研究说明

本文主要以江汉平原的一个普通村庄柳村为研究对象，探讨村民在电视使用中如何建构“国家”的想象和情感。柳村是湖北省潜江市张金镇所属的一个行政村，据 2011 年统计，该村辖有 8 个村民小组，320 户人家，1403 口人，其中 18 岁以上 987 人，其中 40% 的人在镇企业上班或在外地打工。柳村是一个比较典型的宗族性村落，每个村民小组基本上以该村主姓氏来命名。以柳村为研究对象是因为它符合农村社会学选样的基本原则。柳村是一个很普通的村庄，它并不特殊，不是一个少数民族的社区，也不在边远地区，它和中国许多村庄一样有着相似的情境，是中国许多乡村的缩影，它基本符合理解中国农村“80% 村庄，80% 现象”的原则②。柳村是作者的家乡，研究者熟悉那里的社会生活，借着自己的家乡可以自然而然地理解乡村，研究者的亲身经历是很好的研究素材，选取自己家乡为研究对象属于“家乡人类学”范畴。除了“家乡人类学”方法之外，本研究主要还辅以参与式观察法及深度访谈法。研究者在 2008 年至 2012 年的寒暑假期间，都会返回家乡度过，作者有选择地到一些家庭中去陪他们看电视，与他们聊电视内容，聊生活故事，聊观看体验，观察他们的言行，有意识地记录他们在平日中的生活经历。

二、柳村中渐行渐远的“国家”

在乡村社会，村庄基层领导的变迁可以代表着国家与农民关系变化③。在村民眼中，中央政府所代表的国家权力离他们太远，他们与中央政府所代表的国家只是一种抽象关系。而

---

① 本文系教育部项目：“广播电视节目品质界定及优质节目保障模式研究”的研究成果。本文还得到西北大学科学研究基金（电视与乡村家庭生活）的赞助。

② 陈柏峰，郭俊霞．农民生活世界及其价值世界皖北李圩村调查［M］．济南：山东人民出版社，2009.

③ 阎云翔．私人生活的变革：一个中国村庄里的爱情、家庭与亲密关系（1949—1999）［M］．上海：上海书店出版社，2006.

基层干部是国家政策的执行者，他们是国家权力的代表者，村民们在基层干部执行国家政策时，能直接感受到国家权力的存在。

新中国成立后，国家政权直接延伸到村庄内部，国家从政治、经济、文化等各方面控制着农村社会，乡村社会出现"强国家弱社会"局面。在集体化时代，柳村生活的各个方面都在国家控制之下，土改运动、镇压反革命、农村合作化运动、人民公社运动、"反右"、"文化大革命"等，都是在国家主导之下进行的。在那时，社会被组织起来，村庄生活全面政治化，国家权力渗透到村庄生活的每个角落，家庭养殖业、手工业也被当做资本主义尾巴给割掉了。

在集体化时代，村里的会议特别多，除了政治运动所带来的大会小会之外，村里还有各种日常生活与生产的各种会议，这些会议基本上都受基层干部代表的国家来组织与安排。在当时，集体劳动、公社食堂、布票粮票都由国家发放，这些都由村干部来组织安排，因此村干部的权力也特别大。柳村群众被组织起来，完成了很多新中国成立前一直瘫痪的农村水利基础建设。

20世纪80年代中国农村开始实行家庭联产承包责任制，农村开始实行以村民自治为基础的乡村政治体制。此时，乡镇一级是国家政权最基本的单位，村和组是农民的自治组织，这样形成了乡镇政权的国家权力运作和乡村基层组织自治的政治结构模式，一方面国家对乡村社会的控制失去了人民公社制时的经济基础，另一方面国家在乡村社会中政治意志的贯彻、乡村文化活动的组织等方面又逐渐放开。从20世纪80年代末开始，国家对社会的控制范围逐渐缩减，控制手段逐渐多元，由以往单纯的计划指令和行政命令转到依靠经济、法律等社会控制手段①。20世纪90年代末，国家权力逐渐从柳村退缩，村里的会议是越来越少，直至没有。村里的公共生活国家不再控制，个人的闲暇时间的娱乐活动也自由了。

2006年我国农业税的全面取消，中国两千年来农业税历史的终结，也是乡村治理结构和制度的一个转折，这意味着国家行政力量逐步撤出农村基层。另外农村计划生育政策开始放开，农民生育观念开始改变，计划生育的工作不再像以往那般难以展开，国家权力也逐步从乡村社会淡化和撤出，村民不再像以往那般能直接感受到国家权力对乡村社会的控制，"国家"在农村社会可谓渐行渐远。

阎云翔认为集体化的结束导致了个人生活转向家庭和私人空间，"国家的突然撤出也留下了巨大的社会和道德空间"②。国家权力从乡村社会的退出，还造成了村干部权威的下降。在柳村，村干部不再像以往那样有权力，以前村干部管得很多，要负责收提留、管理计划生育、安排挖河上堤，现在干部基本没有事管，大家对村干部也不再计较。

"国家"在乡村社会的存在，首先是通过村干部、镇干部等国家权力的代表者，他们通过组织乡村会议，组织群众运动，传达国家政策、文件，以及收税、做农村计划生育等工作，以此来贯彻国家意志。随着国家权力从乡村社会的逐步撤出，如今柳村里的会议开不起来，村干部也很少上传下达国家的文件，镇干部、村干部很少管事，因此村民们从他们那里获得的"国家"权力的感受逐渐淡薄。在农村社会，以往国家意识形态宣传、社会动员最主要的传播渠道是报纸、杂志、广播、收音机等大众媒体，村民们可通过这些渠道感受或想象"国家"。随着这些大众传媒在农村社会里逐渐为电视媒介所代替，当电视成了主要的信息传播工具时，一方面，实体的国家权力逐渐从乡村后退，另一方面，电视中抽象的"国家"则成了村民想象以及赋权的工具。

① 郑欣．乡村政治中的博弈生存[M]．北京：中国社会科学出版社，2005.

② 阎云翔．私人生活的变革：一个中国村庄里的爱情．家庭与亲密关系(1949—1999)[M]．上海：上海书店出版社，2006.

三、电视中的“国家”与男人的权威资本

农村家庭格局一般是“男主外，女主内”，外面的世界由“主外”的男人来负责，男人看新闻，可以了解外面的经济信息，了解国家大事，这种种好处，都使得看新闻的男人在家庭中权威性的合理化。柳村的女人一般爱看生活剧，男人一般则爱看新闻，新闻里有着国家的信息。爱芝谈道：“关心国家大事，那是大爷们的事情，我们女人关心它干嘛，再说关心也是白操心。”(爱芝，女，40多岁。来自访谈资料)村里的张博认为：“看了《新闻联播》，对上面(国家)的政策就会心里有数。”(张博，男，40多岁。来自访谈资料)男人喜欢看新闻节目，因为新闻中有很多跟他们利益相关的经济信息，他们以此可以安排经济活动、农业生产，以此担负起家中男人的担子。男人可以凭借电视来获取信息，掌握经济的决策权。

男人长大成家后，就会感受到看新闻的重要性。“小时候，我不明白大人们为什么每天都要看新闻，那时的我就不喜欢看新闻，后来长大了，就特别爱看新闻，因为看新闻能了解社会，了解国家大事。”(王辉，男，30多岁。来自访谈资料)看新闻，那是男人的正经事，可以帮助一个人融入社会，了解国家大事，了解国家的对农政策。村里退休的张书记，特别爱看新闻法制节目，他谈道：“村里有了纠纷，我每次都去调解，你要讲道理。看了法制节目，你就会懂(国家的)法，就会学会调解的技巧，这样才能服人。”(张书记，男，60多岁。来自访谈资料)可见男人通过看新闻，能将远方的信息、抽象的国家嵌入村庄日常生活中的，并由此获取在村庄里的权力资本。

看新闻，可帮助男人积累一些话题。“看了新闻后，当你和大家一起聊天时，谈起一些国家领导人的情况，谈起别国情况，你都会有话说。”(张昌富，男，50多岁。来自访谈资料)男人们在一起聊天，你也有话可说，能融入这个谈话的圈子，显示你的见识面、说话水平还可以。否则就是很没面子的事情，会被人瞧不起：“看新闻能了解国家大事，大家在一起聊天时，你若什么都不知道，就会显得没文化。”(张小高，男，40多岁。来自访谈资料)

男人们聚在一起就爱闲聊，聊天的内容天南海北无所不有，有关于麻将的、农事生产的、各地轶闻趣闻的，有针对家庭纠纷而表达自己意见的，而聊新闻、论国家，则是男人们的永恒话题。观察村民们平时的聊天，发现他们经常会说上这么一句“电视上是这么说的……”，可见电视信息已经成为他们聊天的信息源和佐证。男人看新闻可获得一种文化资本，以此来建构人际交流的能力，帮助男人在村庄里树立权威。男人看了新闻，懂的知识多，在村里聊起天来，就能经常引导聊天的话题，所以，别人就会认为这个人有知识，不由地尊敬几分。

在收看新闻时，男人自然是主角，女人一般是配角，研究者曾观察柳村一对刚结婚的年轻夫妇观看《新闻联播》的情景，男主人张强1984年出生，初中文化，在潜江一家汽车快修公司工作，曾学过餐饮。妻子李倩，1986年出生，初中文化。观看时间是2011年2月1日19点整至19点半。研究者观察到收看新闻时张强掌控着遥控器，并主导着谈话，妻子基本只是在一旁听着和着。在看电视期间，张强谈到了国家领导人胡锦涛去美国的情形、中美领导人的退休年龄、中国的物价、中国的军事装备、中国的GDP，并指认电视上的领导以及明星，谈国家公务员等。张强对电视新闻的解读，一般是以参照式解读框架为主，运用自己的经验或知识为参照性框架来解读电视节目的意义。如果说大众传媒“铸造了分散在各地的、完全不同的听众与国民生活的象征性中心区域之间的联系”①，张强正是通过电视传媒来想象国家，在家庭收视中获得参与到“国家共同体”当中的感觉，并将国家的政治意念转化为他自己的生活体验和情感。收看新闻能让家庭成员共享国家的体验，为一个国家成员提

① ［英］戴维·莫利．电视、受众与文化研究［M］．史安斌，译．北京：新华出版社，2005：300.

供了一种想象的纽带，它将家庭和远方的国家联系起来。

四、通过电视分享“国家”

在村民眼中，中央电视台是国家的象征。尤其是央视的《新闻联播》节目，每天播出大量有关国家各种事务的新闻，村民们由此建立一种与国家间的想象关系，参与国家进程，分享对国家的共同体验。

在现代社会，国家的一些重大典礼或重要活动都是通过电视来传播，如电视对邓小平去世、香港回归、神舟五号飞天、北京奥运会、新中国成立60周年阅兵仪式等国家重大事情的报道。此时，电视传播作为一种仪式，引导观众获得一种共享的国家想象和情感，帮助公众建立一种共享的价值观，观众在观看中可获得一种国家尊严感。这些媒介仪式化的事件成为人们共享经验的一部分，譬如村民通过看香港回归的新闻，体验到的是一种国家自豪感。在香港回归之前的几年，大家闲谈时，都跟着电视节奏关注着香港回归，讨论撒切尔夫人和邓小平见面的情形。香港回归那一天，村里很多人都围在电视机旁，王辉还记得以前的情形：“1997年香港回归时，我们都看了电视直播，大家都觉得高兴，特别是看到英国旗帜降下，中国旗帜升上来，心里有说不出的痛快，这就像两个人在打架，其中一个将另一个放倒了一般的得意。”（王辉，男，30多岁。来自访谈资料）对于“神五”上天的消息，村民们也是一直在关注，张永桃就谈道：“神五上天时，我一直在关注它，这是我们国家的骄傲。”（张永桃，男，50多岁。来自访谈资料）张永桃还认为，现在电视对科研人员的报道也开始变多了，以前对研究火箭的、导弹的科学家，电视上很少报道，他认为这是国家要保护国家机密，这些人也要保护起来，现在国家强大了，也不怕什么泄密了，自然就可以公开报道。

国家庆典的仪式通过电视直播这种形式，为观众提供了一个特定的框架，在这个特定时空网络中有着众多的富有象征意义或情感的符号系统，此时电视传媒会调动一种神圣的力量，创造一种国家或文化共同体的情感，将观众凝聚在一起，以此来建构国家的想象，这自然也是一种遥远的想象，一种远距离、非交互的亲密感受。

在社会剧烈变迁中，“国家”权力日益抽离乡村。然而通过电视，村民再次获得国家归属感，电视跨越了家庭、村庄和国家的边界，村民们与“国家”重新连接，他们想象“国家”、分享“国家”，“国家”以此途径融入村民们的日常生活。

五、远方的“国家”和身边的村庄

电视是乡村最主要的信息工具，调查研究表明：农民最喜欢收看的电视频道是CCTV-1新闻综合频道，农民最喜欢收看的电视节目类型是新闻节目①。村民通过看电视可以了解中央政府的活动，在日常聊天他们总会提“我们国家如何”，村民通过电视可以建构国家的想象，分享国家的荣耀。

通过电视村民还可以了解国家的政策信息，电视成了村庄政策信息的主要接收器，电视融入到村庄公共生活之中。张昌灯谈道：“现在国家有钱了，总是会给老百姓一些好处，譬如免了乡村提留，种田有了补助，村里的老人一月马上要有几十元钱的补助。现在，我国农村有2000多万名65岁以上的老人，国家想照顾一下老人，国家的心情是好的。”（张昌灯，男，60多岁。来自访谈资料）张昌灯是通过看电视了解到“我国农村有2千多万65岁以上的老人”，以及国家要逐步对这些老人每月放送几十元钱的补助，而他也是属于即将享受这个政策的老人之一，他由此感慨“国家的心情是好的”。

① 夏倩芳，王艳．公众眼中的广播电视公共服务：现状评价及未来期待[J]．现代传播，2012(10)．

村里的老人王志武(男，60多岁，来自访谈资料)跟研究者谈及了我国农村的水利建设，他说，从电视上他知道，现在国家要投资2000多个亿解决农村的水利建设问题，现在很多农村地区水利设施老化了，是该整修了，我们这里的河早该疏通了。现在国家政策出来了，就看哪个地方会向上面要政策，要钱搞地方建设。王志武是村里退休了的水利干部，1976年柳村公路河开挖时，他是其中的负责人之一，他还记得当时他是拉线勘测者，当时公社命令一下，柳河几个月就挖开了，整个村气象一新，后来因为西荆河改道，柳河接不上源头，成了一条死河。王志武一直关注这件事，他很焦虑，河不通，整个村风水也不好，村里得怪病的人也多起来，河水通了，农民农业用水方便，经济利润也可上来，这都是看得见的好处。因此，当王志武从电视上了解这条消息时，又开始关心村公路河的命运了。

看新闻是村民自我赋权的手段之一。以往，国家的政策信息是通过组织传播，即通过行政机构一级一级由大队长到小队长到村民那里，如今，组织传播虽然存在，但村民往往对村干部持怀疑态度，认为他们总会把"自己向国家要好处"的信息捂在自己手里，而不告知群众。如今，村民通过看新闻，获得国家对农政策信息时，村民们往往会以之作为捍卫自己权利的武器，获得与村级组织讨价还价的能力。村民张永桃就特别爱看新闻，永桃60多岁，他的女儿小琴在汉口打工，后来嫁到了汉口，但户口仍在柳村，按照国家有政策，农村晚婚有补助，她应该有补助。永桃爱看电视新闻，有一次，他看到了电视上说，国家给村里的晚婚夫妇给予一定的补助，永桃心里有底了，便到镇里据理力争，"我说国家有政策，电视上都说了"，可镇里偏偏不按政策办事，抵赖不给。后来永桃迁到汉口，还是在那边要到了补贴。永桃说："看了《新闻联播》等新闻节目，你会对上面政策有个底，免得下面干部捣你的鬼，现在不开会，又没广播，你不知道上面政策如何，因此就只能看电视了。"(张永桃，男，50多岁。来自访谈资料)

电视往往塑造正面的国家形象，很多村民看了新闻后，都认为国家对老百姓还是很好的。他们认为"上面政策是好的，只是下面执行却有问题。"他们对处于不同层级的国家政权，其态度是不一样的，越远的似乎越肯定，越近的似乎否定得更多，因为"身边地方上的大小官员，谁负不负责，大家心里基本都有数。现在的地方官哪像以前那么负责？以前的干部经常跑农村，和农民同苦同乐，现在的干部能开车下来转转，那就不错了。"(张家玉，男，60多岁。来自访谈资料)如今，村民很少跟身边的干部打交道，而是直接和电视上的中央打交道，认为上面政策出发点是好的，可下面在执行时，没有一个很好的监督机关，往往使得政策变了形。村民在电视上看新闻，看到很多有利于他们的政策时，极易产生一种认同感，认为国家在为他们说话，国家的观念很容易得到加强，而在实际生活中，村民又是在和地方政府在打交道，当国家政策在地方上执行不得力时，因此又对地方上的国家权力部门产生不满，村民从不同层次来解读"国家"。由于电视的介入，乡村社会信息的输入方式及村庄治理呈现出与以往不一样的局面。村民借助电视，使得中央权威在村庄内部得到部分行使，电视在村庄意味着中央的部分在场，这也使得村民获得了一些权力资源，并部分消解了基层组织的权威性①，这微妙影响着村治格局。

六、结　论

传统中国的特点是"家国同构"，国家就是个大家庭，国家观念是村民深层次心理结构之一。如今，当国家权力逐渐从乡村逐步撤退时，村民们却通过看电视来建立与国家的联系，来分享对于国家的情感，通过看电视来获取与他们有利的政策资源，电视使国家嵌入村民们的日常生活，并将国家引入到村庄政治之中。通过电视，村民将国家与家庭私人生活与

---

① 袁松，张月盈．电视与村庄政治——对豫中付村的传播社会学考察[J]．新闻与传播评论，2010.

村庄公共生活相联结，国家既具有象征资源，还具备可以借用的权力资源。他们经由电视媒体或直接经验来解读不同层次的国家，所获得的中央与地方所代表的“国家”又是矛盾的感受。而这种解读与其他群体，譬如知识分子、工人群体、城市居民等是否形成鲜明对照，这有待进一步研究。

【作者简介】

张丕万，博士，西北大学新闻传播学院讲师。

代婷婷，博士，武汉纺织大学传媒学院副教授。

论西部传媒产业发展的相对滞后

——基于社会发展要素的分析①

肖 迪 姜 伟

我国西部大开发战略的实施已有十余年，国家在资金、人才、资源、政策等方面都逐步向西部倾斜，在此宏观政策背景下，西部传媒产业逐渐实现领域内的改革和结构调整，并获得了一定程度上的发展，但却并未实现跨越式前进，并且与东部发达地区依然存在着相当大的差距。之所以西部传媒产业持续发展缓慢并与东部出现严重失衡的情况，我们可以从媒介与社会关系的角度出发探究其深层次的原因。麦奎尔认为，媒介不是孤立存在的，它是一种社会系统，是社会的有机组成部分，与其他子系统存在着密切的关系。这种关系的总和就是媒介的生态环境。虽然媒介改变着社会，但毋庸置疑它的发展也受到各种社会因素的制约。媒介可以同时被看做既"改变社会"又"反映社会的变迁"。② 从这个角度出发，我们可以发现，西部传媒产业发展的相对滞后，是西部地区的地理环境因素、人口因素、制度因素、经济因素、文化因素等外部因素相互作用的结果，也与西部传媒产业自身在产业结构、人才储备、管理模式和盈利模式上的落后与不足有着密切的关系。

一、贫瘠的地理地貌与媒介覆盖的高成本

地理环境是指一定社会所处的地理位置以及与此相联系的各种自然条件的总和，是人类一切活动的前提和基础，也是决定媒介生态环境的初始条件，它对人口、政治、经济、文化等构成要素产生深刻的影响。媒介的形成、风格、发展在很大程度上体现了自然地理环境的塑造力和影响力。③

西部传媒产业的整体发展水平滞后于东部经济发达地区，这与媒介所处的地理环境相关，西部的地理环境制约着传媒产业的发展。我国西部的总体地貌特征是地形复杂而崎岖，高山峻岭连绵起伏，这制约了西部的交通通讯建设，而过去相当长一段时间里广播电视以无线电波为主要的传输技术手段，而无线电波无法穿越这些天然屏障，导致广播电视节目的覆盖率低，虽然现在卫星通信技术得到广泛应用，广播电视节目传输的瓶颈问题得以解决，但由于这些因素所造成的困扰，广电产业错失发展良机，媒介基础设施落后于东部，极大地制约了广电产业的发展。对传统纸质媒体而言，因为这一地区水陆交通不便，直至今天，要传递报纸、期刊和图书等印刷媒介仍然是十分困难的，这严重影响着其投递速度和覆盖面，也加大了媒介覆盖的成本。所以，无论是在西南还是在西北，除了大城市之外，报刊通过发行获取较高收入的可能性很小。

同时，多山的地形，往往形成浓厚的保守、封闭的心理特征，这种心理，往往表现为易于满足，安于现状，对外界信息渴求度不高，反应不灵敏，从而也极大地影响了建立在这种

① 本文是 2012 年教育部人文社科重点研究基地重大项目(项目编号：12JJD860006)的成果之一。

② [英]麦奎尔：麦奎尔大众传播理论[M]. 北京：清华大学出版社，2010：65.

③ 赵中领，李佩，蔡斐. 西部地理环境对当地媒介政策的影响研究[J]. 生态经济，2006(3).

文化基础上的传媒产业的发展。

二、作为人力资本和消费受众的人口因素

人口因素是经济和社会系统的核心，是发展的原动力和终极受益者，因此，人口问题是人类社会发展的基本问题。在社会、经济、人口、环境和资源诸发展要素中，人口因素处于核心地位。在传媒产业的发展中，人口因素担当了生产者和消费者的双重角色。作为人力资本的人口因素是传媒产品的生产者，是传媒经济增长的动力，而作为受众的人口因素则是消费者，受众的消费水平、受教育水平和媒介素养直接影响了传媒产业的规模和需求。

发展经济学认为，人力资本是现代经济增长的主要动力和决定性因素，不同国家经济水平的差异并不是由资源禀赋、物资资本的差异引起的，而是因为各自所拥有的人力资本积累的不同。传媒产业属于知识密集型的产业，具有知识性和创新性的特点，这决定了它对人力资本有天然的依赖性，特别是随着传媒业从生产型向经营型转变，市场化取向的传媒业对经营者的素质要求也越来越高。再加上如今媒介融合的大趋势，给媒体从业人员提出了更高的要求，传媒业表现出对于复合型高端人才越来越大的需求。媒体从业人员素质的高低直接影响着媒介产品产出的数量和质量，人力资本对于传媒产业发展发挥着越来越重要的作用。与东部传媒产业发达地区相比，西部地区媒体从业人员专业素质普遍较低，学习交流与提高的机会较少。在一项对西部地区媒体从业人员的调查中，认为“所在媒体目前困难”的因素是“缺乏人才”的占50.4%，而在七种制约西部媒体发展因素中，列前两位的分别是“专业人员比例偏少”(占56.3%)和“员工素质普遍偏低”(占24.4%)。① 同时，东部地区较为成熟的市场和优越的发展环境，吸引了西部地区优秀的媒介人力资源向中东部流动，西部人力资源从高层到业务精英人才的严重流失已成为一个普遍现象，这严重制约了西部传媒产业的生产能力和盈利能力，影响了整个西部传媒产业的发展速度。

从受众角度看，西部地区占全国国土面积的一半以上，人口却只相当于全国的1/5。人口稀少和居住分散，造成西部地区受众市场的狭小，必然带来传媒产业规模小和传媒市场容量小。同时西部地区民众的文化素养与媒介素养影响着传媒业的发展。西部地区是我国少数民族的主要聚居地区，由于各方面因素的影响，民众整体教育水平普遍偏低，文化程度普遍低于中东部地区，这严重制约着人们的阅读能力和阅读习惯，影响着对媒介的接触和传播内容的接受。正是由于西部地区民众文化素质不高，加之近代报业起步较晚，现代报业也不发达，导致了西部地区民众的媒介素养普遍偏低。而经济不发达所造成的消费者对传媒产品的消费能力较低，也是西部地区传媒产业不发达的又一重要原因。

三、制度供给与创新的活力

根据经济学的基本规律，人类的一切经济活动都是在某种特定的制度环境中进行的，我们要根据各种具体制度安排对资源配置方式作出的反应。② 传媒制度创新和体制转换浪潮，对整个传媒产业经济运行、经济发展、经济主体的行为方式、市场规则、资源配置方式等都会产生根本性的影响。

改革开放以来，我国对经济体制实行了渐进式的改革模式。在计划经济向市场经济转变的过程中，相对于东中部地区，西部地区经济体制改革的步伐相对较慢，经济发展速度、市场化程度和经济实力较弱。中国各地区经济发展的差异性导致传媒产业的主要经济来源——

① 李克. 西北少数民族地区新闻媒体发展调查分析[J]. 中国报业，2009(1).

② 李志强. 制度配置理论：制度配置方式与制度系统的开放性[J]. 经济问题，2002(4).

广告收入呈现长期的非均衡分布状态，而媒介制度创新出现的概率取决于改革成本与潜在收益的对比，因此，媒介制度创新在全国不同地区之间同样表现为非均衡状态。东部地区尤其是京、沪、粤三地多年来广告营业额一直稳居全国前列，西部地区只能排在最后梯队。所以，受利益最大化的驱动，我国媒介制度创新一般是从市场化程度高的东部地区起步，而这些地区也因为优先的开放政策获得更多投资、技术和先进的管理经验，从而扩大了传媒产业的规模，获得了更好的经济效益。而这一过程要经过相当长的时间才能辐射到西部地区。

近几年来，虽然传媒产业方面的政策在西部地区逐步松动，但制度问题依然是西部传媒产业发展的瓶颈。在西部地区，区域传媒依然被严格限制在行政主导的框架内，只能在行政条块分割和行业条块分割的环境中实现增长。传媒产业的政策性垄断、经济性垄断、资源性垄断和行业垄断依然严重，投融资体制不完善，民间资本的积极性受到阻滞，区域内传媒机构长期处于缺乏竞争压力的环境中，缺乏创新的动力与活力，其行业地位和参与市场竞争能力极度弱化。

四、区域经济的发展直接影响区域传媒市场

区域经济的发展为传媒产业的生存提供了传媒生态环境、发展资源和社会需求等各方面条件，是区域传媒产业形成的基础和动因。① 从宏观层面看，区域经济发展水平、社会消费结构，决定传媒的生存发展实力、受众的经济能力和收视人口的购买能力，直接影响区域传播市场总量做大的发展空间。

在经济学中，常把 GDP 作为衡量经济发展水平和发展状况的最重要指标，而从近年全国各省市自治区 GDP 总量排名来看，西部省份 GDP 排序往往处于比较落后的位置。排名情况显示了西部地区是中国经济的欠发达地区，尤其西北地区是中国经济最落后的地区。这些地区宏观经济发展水平较低，第三产业不发达，造成媒介信息的生产和消费市场不发达；城市化进程慢，农村人口相对较多，造成媒介市场的主要消费者数量不够多；消费水平低、人均 GDP、人均可支配收入低，造成传媒市场的消费者对传媒产品的消费能力低，这些无疑都成为传媒经济做大做强的阻力。并且传媒产业本身具有很强的趋利性，向着人口密集、经济发达的市场投资是必然选择，因为只有这样能获得经济利益的回报，所以这导致了资本向东部发达地区的流动，而西部地区则因为交通不便、人口稀少、经济欠发达、市场规模较小，很难得到投资者的青睐，这也是西部传媒产业发展面临的一大问题。

五、文化：区域传媒市场发展的助推器

传统经济增长理论主要分析传统生产要素和技术对经济增长绩效的影响，而缺少了文化因素的影子，现代经济理论则日益关注传统经济增长因素背后的文化因素。因为从社会历史发展进程来看，文化和经济总是彼此联系、相互促进和共同发展的，经济是文化的基础，为文化提供赖以生存、发展和进步的物质基础和保障；文化则是经济的反映，同时又为经济增长与发展提供精神动力、价值导向和现代人力资源。现代文化日益具有强大的经济功能和经济含量，文化因素在经济发展中的作用日益显著。

不同区域在不同地理条件和人文环境中会产生不同的生产方式、生活方式、民族风俗、宗教信仰、道德观念、价值观念和语言交流方式，因而形成不同的地域文化特点，而这些文化因素又会成为推动区域传媒业发展的重要动力。如具有务实、开放、兼容、创新特征的岭南文化造就了珠江三角洲活跃的传媒发展特色，使广东省一直走在传媒产业化改革的前沿。

① 彭宁. 区域传播资源位的分析及启示[J]. 当代传播，2004(4).

传媒产业也只有植根于本土文化、本地文化之中才会拥有受众，才会拥有成长的空间和强大的生命力。但现在在西部传媒发展中，却出现了严重的媒体文化同质化的现象，对民族民间文化采取漠视态度，跟风外来文化，对本地区的传媒产业发展起到消极的阻碍作用。另外，如新疆、西藏等地区的少数民族，他们大多有自己的语言、文字和习俗，受众少而分散，且不同受众之间的文化差异性较大，这在一定程度上增加了媒介传播的难度，难以形成媒介传播上的规模效应，媒介难以通过资源整合形成强大的传媒组织，传媒业发展后劲不足。

除了上述造成东西部传媒产业发展不均衡的外在原因外，西部传媒机构自身也存在着导致经济效益低下的内部原因：如传媒产业结构不合理，以报纸为例，都市报、晚报等报纸的综合化、同质化倾向严重，缺乏有深度的专业报纸；媒体总体盈利水平较低，自我赢利能力较弱，收入来源单一，基本是依靠发行、广告、印刷甚至财政拨款维持媒体运作，可持续发展资金欠缺；媒体内部管理体制不适应新的传媒市场，管理层的任免有的还沿袭行政人事任免的标准和程序上的条条框框，管理运作中的各尽其责和责权利分明还不是很到位，管理上的行政气息浓厚，经营性的特征没有凸显；人才流失严重，人员超编现象突出，媒体负担大等。

【参考文献】

[1][英]麦奎尔．麦奎尔大众传播理论[M]．北京：清华大学出版社，2010.
[2]张平．2011 国家西部开发报告[M]．杭州：浙江大学出版社，2011.
[3]谭崇台．发展经济学概论[M]．武汉：武汉大学出版社，2008.
[4]胡正荣．中国西部广播电视发展战略[M]．北京：中国传媒大学出版社，2003.
[5]赵中领，李佩，蔡斐．西部地理环境对当地媒介政策的影响研究[J]．生态经济，2006(3).
[6]李克．西北少数民族地区新闻媒体发展调查分析[J]．中国报业，2009(1).
[7]李志强．制度配置理论：制度配置方式与制度系统的开放性[J]．经济问题，2002(4).
[8]彭宁．区域传播资源位的分析及启示[J]．当代传播，2004(4).

【作者简介】

肖迪，武汉大学新闻与传播学院 2011 级本科生。

姜伟，武汉大学新闻与传播学院 2011 级博士生，主要研究方向为媒介发展。

论西部民族地区传媒的社会功能定位①

李　明

我国是一个统一的多民族国家，少数民族大多聚居在包括云南、贵州、青海、宁夏、西藏、新疆、内蒙古、广西等12个省、市、自治区在内的西部地区。我国西部民族地区有着特殊的地貌和自然条件，其受众群体在文化、宗教、风俗习惯上与其他地区有着很大的差异性，作为信息传播的重要载体，西部民族地区肩负着调整民族关系、维护社会稳定这一特殊而重要的职责。正是因为如此，西部民族地区传媒的社会功能必须有一个更为清晰和准确的定位，才能促进西部民族地区政治、经济、文化的全面发展，从而推动社会整体协调发展。

一、平等的信息传播

"隔阂产生偏见，偏见产生冲突"，这是传播学的一个重要观点，该观点提示我们，如果信息的传播与接受之间存在差距就容易产生隔阂和偏见。平等的信息传播体系可以使少数民族地区与其他地区以及其内部不同民族、不同信仰、不同语言的群体之间实现有效沟通，消除冲突与对立，维护社会的稳定。② 可见，进行平等的信息传播是西部民族地区大众传媒的首要职责。笔者认为，西部民族地区的传媒实现平等的信息传播需要具备两个基本条件，即完整的媒介基础设施和民族语言的使用。

信息的平等传播是建立在完善的媒介基础设施之上的，虽然自20世纪80年代末开始，我国投入巨资进行大规模的少数民族地区广播电视基础设施建设，但由于西部民族地区地处偏远，交通不便，大众传媒的基础环境现状仍不容乐观。有数据显示，目前我国西部民族地区的广播与电视的人口覆盖率、有线广播电视入户率两项指标均低于全国平均水平，有线电视网络传输干线建设在西藏、青海等西部民族地区还只是刚刚起步，其总长度甚至不及一个江苏省。而以互联网为代表的新媒体的普及率也是差强人意，根据2010年1月中国互联网络信息中心(CNNIC)发布的《中国互联网络发展状况统计报告》统计：目前，全国互联网普及率为28.9%，东部地区40.0%，东北地区29.1%，西部地区21.5%，西部地区的互联网普及率不仅低于全国平均水平，而且与东部发达地区存在着巨大的差距。

语言是人类社会交际的重要工具，承担着人们信息交流、思想沟通和人际交往的任务。信息传播规律是："只有通过恰当的方式，才能使受众理解并接受所传播的信息。"③大众传媒传播的信息要使广大少数民族受众能够接受并愿意接受，民族语言的使用非常关键。语言对于一个民族来说具有双重价值：一种是实用价值，一种是情感价值，即本民族对语言所倾注的丰富的民族感情。④ 一个民族形成之后便有了自己的语言，人们习惯用祖辈相传的本民

---

① 本文系教育部人文社会科学研究青年基金项目"社会转型视角下的中国传媒体制改革研究"阶段性成果，项目编号：13YJC860018；本文获得2011年江汉大学博士科研启动经费资助，项目编号：100406710001。

② 李世举．少数民族地区大众传媒发展问题论析[J]．新闻界，2010(4)．

③ 苑子熙．应用传播学[M]．北京广播学院出版社，1991：88．

④ 袁国女，李春艳．我国少数民族濒危语言亟须重视[J]．中国社会科学院报，2008(8)．

族独有的语言来进行交流和沟通。在新中国成立后的60多年，原先使用民族语言的地区目前大多仍以本民族语言作为交际工具，民族语言在少数民族的生产劳动和社会活动中仍有其重要作用。且不说人口较多的蒙古、藏、维吾尔、哈萨克、朝鲜、彝、壮、苗等民族，许多人口较少的民族也是如此。以基诺族为例，我国基诺族人口只有20899人(2000年统计数字)，主要分布在云南省西双版纳傣族自治州景洪市基诺山，该乡的基诺族98%都熟练掌握基诺语，在日常生活和交往中，他们都以基诺语为主要交流工具，至今基诺语在各个村寨保存完好。而聚居在云南省陇川县户撒乡的阿昌族也只有11955人，无论是在聚居的村寨，还是阿昌族和其他民族杂居的村寨，他们不分性别、年龄、职业，大多保持使用自己的语言，他们认为使用阿昌语交谈自然、习惯。因此，对于一个民族来说，语言的实用价值在于它是交际的工具，能够使交流顺畅和语意表达清晰。从语言的实用价值来说，少数民族地区的大众传媒在进行信息传播时，如果能使用民族语言，信息传播的准确度、清晰度会更高，其传播内容更能为少数民族受众所理解。语言不仅是思想交流的工具，更是感情沟通的纽带，语言凝聚、因袭了文化、信仰和感情等因素，使其在民族的记忆中沉淀，不易磨灭。从语言的情感价值的角度来说，大众传媒使用民族语言，是对少数民族文化的一种认同，是对少数民族受众民族感情的尊重。人，都愿意被认可、被尊重，何况是一个民族，以尊重为前提的大众传播，其传播效果必定会更好。因此，使用民族语言进行信息传播是大众传媒进行平等的信息传播的一个具体的、重要的体现。

我国少数民族人口为113792211人，占全国总人口的8.49%，受众群体相对庞大。大部分少数民族地区的观众喜爱本民族语言的节目，其原因有两个方面：一是许多民族地区的观众不懂汉语或者汉语懂得很少，看不懂汉语言节目；二是地域、文化、风俗习惯的差异性较大，民族语言和特色的节目更贴近他们的生活，更有亲切感。甘肃省南部的卓尼县，县境辖地5419.68平方公里，是一个以藏族为主，藏、汉、土族等10多个民族聚居的少数民族县。以该地区受众为研究对象的调查研究显示，受村民喜爱的电视频道中，西藏电视台的藏语频道收视率是最高的，但仍有超过2/3的村民认为藏语类节目是“非常少”和“比较少”，不能满足他们的收视需要。辽宁省阜新蒙古族自治县的蒙古族人口有14.5万人，蒙语广播的接触率为65%，超过半数的人喜爱收听蒙语广播，然而被调查者也都认为蒙语节目时间太短，节目太少。藏语和蒙语是我国两大少数民族语系，这两项调查都充分说明了少数民族受众对民族语言节目的钟爱，而目前我国少数民族地区传媒在使用民族语言进行信息传播方面做得远远不够。我国少数民族地区自然条件较差，各民族的心理和行为在很大程度上受到制约。民族构成的复杂性、分布区域的边缘性、政治、经济、文化发展的特殊性决定了大众传媒在少数民族地区社会稳定与和谐发展中具有举足轻重的作用。少数民族地区传媒使用民族语言将有利于民族内部的交流与沟通，更能促进民族间的族际交往，维护社会的稳定发展。因此，少数民族受众对民族语言节目的需求应当引起重视。

二、民族文化的传承与再造

我国有56个民族，各个民族都有着独特而丰富的文化，它们共同缔造了博大精深、源远流长的中华文化。少数民族文化具有鲜明的民族性、多样性和时代性，不仅是中华民族文化版图中重要的一部分，而且是中华文化中的一朵奇葩。民族文化的繁荣与发展是民族繁荣进步的重要内容和条件，它对构筑中华民族共同的精神家园、促进社会和谐发展都有着非凡的现实意义。

文化是一个民族在共同的劳动中所创造出的精神财富，是民族的集体记忆与精神寄托，是一个民族的灵魂和根基。中国社会的全面进步和发展，必定是各个民族的共同进步和发展，少数民族因其特殊的地理位置和自然条件，其生存与发展更应受到关注。推动一个民族的发展，必须先了解这个民族的文化，传承和发展这个民族的文化。因此，从发展的角度来说，传承是少数民族文化发展的内在要求，也是少数民族文化延续的必然途径。通过传承，不仅可以使少数民族优秀的文化遗产得以保留，还能够增强民族自信心和凝聚力，维护少数民族群体的团结与稳定。不过少数民族文化的生存现状不容乐观。在经济全球化的背景之下，以消费文化为代表的现代文化对少数民族文化产生了强烈的冲击，少数民族优秀的传统文化正在被稀释、被替代甚至完全流失。当下很多少数民文化遗产濒临危机：民族歌谣、曲艺和传说失传，民族手工艺和建筑后继无人，民族医药无人问津，而一些传统的礼仪和习俗更是逐渐被遗忘在岁月深处。少数民族文化的生存现状堪忧，如果少数民族文化不能得到很好的保护和传承，我国文化将丧失多样性的优势，假若任其发展下去，少数民族的自尊心和自信心都会受到严重影响，中华民族的凝聚力和向心力也会受挫。因而，保护和传承民族文化是推动中华文化发展和繁荣、加快少数民族地区经济社会发展和维护整个社会稳定与团结的应有之义。

传承文化是大众传媒的三大主要社会功能之一，这是著名的传播学家、传播学的奠基人之一拉斯韦尔在其早期的论著中就提出的。后来传媒的社会功能虽历经多位专家学者的补充和拓展，但文化传承这一功能始终作为其主要功能被保留。大众传媒既是民族文化的载体也是保护民族文化多样性的主体，大众传媒能够通过将文化传递给社会公众，促成社会成员共享同一的价值观、社会规范和社会文化遗产，从而增强社会的凝聚力。① 因此，发挥好文化传承的功能对于少数民族地区传媒尤为重要。然而，就目前来看，西部民族地区的传媒关于民族文化的传播，无论是在节目的传播量上还是传播内容的质量与形式都差强人意。单晓红就《云南日报》和《春城晚报》的相关报道进行过统计分析，结果显示，《云南日报》和《春城晚报》两报共计 218 个版面，而涉及民族地区和民族人物的文章报道为 202 篇，仅占整个版面的 10.11%。② 重庆不是典型的多民族聚居区，但其民族人口总数也高达 175 万人，占全市人口的 5.6%。为了探究重庆市电视媒体中民族文化传播情况，张诗蒂对重庆电视台 10 个频道中的“重庆卫视”、“重庆时尚”、“重庆生活”、“重庆都市”和“重庆公共”等 5 个频道进行过节目取样统计，统计发现，在随机截取的 2011 年 7 月 21～27 日一周节目安排中，没有发现这几个频道中的节目与民族文化的传播有直接关联。③ 从传播的内容和形式上看，西部民族地区传媒现有的文化传播多是对偏远地区少数民族民风民俗或者宗教节日的映像展现与描述，有的甚至形成了一年一度的固定化传播议程，比如藏族地区藏历年期间的晒佛活动、新疆维吾尔族的“古尔邦”节庆典，等等。④ 这种文化传播模式只是一种简单的记录式信息传递，文化尤其是原生态文化原有的深度和厚重感并未得到很好体现。并且，现有的节目编排大多从传者的角度出发，受众的真实需求没有得到重视。传播是文化的内在属性，文化生存和文化创新都离不开传播。作为中华文化重要拼图的民族文化，其生存、发展和传承同样离不开传播。当然，文化传播的形式有很多种，但作为当今社会生活重要内容的大众传媒，其传播范围和影响力是其他传播形式不可比拟的，大众传媒对民族文化的传播与传承既是由其自身的特点和功能所决定的，也是时代所赋予的历史责任。

除了传承民族文化，民族地区的传媒还应当承担再造民族文化的责任。信息技术快速发展，全球一体化浪潮来袭，本土文化的自然屏障被打破，文化传播的单向性和同质化趋向进一步加强，虽然这种文化态势在一定程度上有利于不同民族间的交流和融合，但其传播也呈

① 宫京成．民族地区传媒的文化引领力建构——以宁夏传媒为例[J]．青年记者，2010(10)．

② 单晓红．新闻报道中的云南少数民族形象[EB/OL]．[2013-02-01]．http：//media. people. com. cn/GB/22114/50600.

③ 张诗蒂．重庆市石柱县民族文化传播样态分析[J]．重庆广播电视大学学报，2011(6)．

④ 张燕．大众传媒语境下原生态民族文化传播问题探讨[J]．当代传播，2010(8)．

现出强势文化更强、弱势文化更弱的“马太效应”。很多优秀的少数民族文化因为受到诸多因素的制约，处于弱势地位，在与“强势文化”的碰撞中，要么被替代要么销声匿迹了。一旦世代相袭的文化习俗、思维方式被抛弃，民族的文化优越感就会丧失，从而削弱民族认同感，容易产生民族自卑心理。民族文化是一个民族的根脉，它承载着一个民族的历史与未来，久积的民族自卑感会带来一种民族焦虑情绪，不利于社会的稳定和发展。因此，通过大众传媒适度地再造某些优秀民族文化，既是保护优秀的少数民族文化遗产的一种手段，也是安定人心、和谐族群、涵养社会的有效途径。

三、充当少数民族群体利益诉求的平台

所谓利益诉求就是各个利益群体能够将自己的利益要求通过正当合法的途径向全社会、向公共利益的代表——政府反映出来。利益表达的渠道有两大类，一类是制度化的利益表达渠道，包括民主党派、人大代表、政协委员和群众性社会团体和信访等渠道；另一类是非制度化的表达渠道，包括新闻媒体、智囊机构和专家、个人联系渠道等。从表面上看，我国的利益表达渠道较多，但因为中间层级较多，利益表达往往不畅通。信访制度被认为是相对直接的利益诉求渠道，但因中国人口众多，信访机构工作人员的负荷很重，信件到达信访部门后要经过筛选再转交给有关领导人，群众性信访的命中率并不高，信访的利益表达渠道也丧失了原本该有的直接性和有效性。在制度性利益表达渠道不畅的情况下，媒介技术的发展使得大众传媒在群体利益表达中发挥作用具备了可能性。这种可能性与其自身的信息传播优势是分不开的：大众传媒具有公开性、显著性和直达性的信息传送特点，有大量生产、复制信息的能力，它能使某个或者某类信息在短时间内实现大规模大面积传播，在社会上造成信息声势。一方面，大众传媒减少了利益输入的中间环节，有助于使重要的群众诉求接近决策核心，实现自主利益的有效表达方式。另一方面，传媒为那些无法与决策系统接触的人提供了一个直接表述问题与意见的窗口。因此，大众传媒被视为是现代社会进行利益表达和调解社会关系的重要工具。

我国各少数民族是社会重要的利益群体，他们所处地理环境闭塞、经济发展相对落后、群众普遍受教育程度较低，因此也是我国社会的弱势群体。只有重视少数民族地区群众的利益表达，化解这些地区在经济发展与社会建设中所面临的各种矛盾，才能促进整个社会的健康稳定发展。作为社会弱势群体的少数民族群体的利益表达情况更为复杂，一是他们的遍缺乏参与意识、自主意识和利益表达意识，当群体利益受到侵害时，很难在自愿的基础上建立一个相对独立的利益集团，通过正当的利益表达渠道来表达自己的利益需要，尤其是西部民族地区的农民利益群体，这一问题尤为突出；二是部分有表达意识的利益群体，因为缺乏相应的法律知识，表达能力非常有限；三是西部边界民族地区群体的利益表达容易受到国际反对势力的分裂主义思想宣传的侵袭，严重威胁我国西部民族地区利益表达的正常化、制度化和法治化。① 在前面我们提到，大众传媒是利益表达的一种重要的非制度化渠道，较之其他利益诉求的渠道更为直接和顺畅，面对西部地区少数民族群体复杂的利益表达现状，大众传媒应当主动去关注利益群体，主动为其提供利益表达的平台。但事实并非如此。

笔者曾无意中看过广西某电视台的一档节目，节目当时播放的是广西龙胜各族自治县和平乡平安村龙脊梯田一年一度的开耕节。在浓墨重彩地展现了开耕节仪式的喧哗与热闹后，有记者对龙脊梯田的农户进行了入户采访。跟随记者的镜头我们看到了记者一路欢快地品尝和称赞龙脊山农户自制的当地小吃和特产。就在采访快结束的时候，记者来到一家农户的门口与两名妇女攀谈，刚好一个 60 岁左右的老大妈背着一个大背篓经过，看见记者在交谈，

① 黄映然．试论西部民族地区的利益表达[J]．改革与战略，2007(10)．

轻轻地说了句："我们很辛苦的，我们不容易的"，记者没有接话，镜头随之转向了别处。短短几十秒的镜头，老大妈的声音也不大，但字字清晰。从这档节目中，我们看到了龙脊梯田开耕节的欢快与激情，我们看到了龙脊山的美丽和壮观，也看到了幸福与自豪是节目所宣扬的主旋律。笔者通过查阅相关资料得知，龙脊梯田最大的梯田只有0.62亩，最小的梯田只能插三株禾苗，所以当地有"青蛙一跳三块田"和"一床蓑衣盖过田"之说。因为每块梯田的面积都非常狭小，任何机械化的现代耕种设备都无法进入田内，只能完全依靠原始的耕作工具和人工完成耕作和收获，其劳作的艰辛程度可想而知。每家每户分得的梯田块数不一样，梯田数最多的农户有二十来块地，加起来也就十亩开外，而且，这里一年只收获一季。如果只依靠耕种梯田，农户的温饱问题是否能得到解决？他们有没有副业？老大妈的话里是不是隐含着某种利益表达的欲求？我们看到的是，镜头一晃而过，老大妈的那句话被轻轻带过，没有激起任何涟漪。笔者认为，一档好的文化类节目，绝不仅仅是对大好河山的抒写，还应当是文化内涵的深刻挖掘，更应当是对生存现实和问题的客观观照。其实，这档文化节目并不是个案。很多西部民族地区的媒体在展现本土自然风光和人文景观方面有了长足的进步，近年不断有好的作品涌现，从民族文化传承的角度来说，这是值得庆贺的事情。但通过节目来揭示西部地区群众的生活状态和反映利益需求的媒体却不多。作为西部民族地区的媒体，除了承担传媒的一般功能外，还应当肩负起关注民族特点和本民族现实问题的特殊任务，这既是西部民族地区经济、社会、文化发展的需要，也是西部地区媒体区别于其他媒体、为自身赢得更多的民族受众、谋求生存和发展的需要。

大众传媒的社会功能虽然是一个老生常谈的问题，但西部民族地区传媒所肩负的特殊的社会功能却是一个值得进一步思考和探讨的话题。西部民族地区传媒的正确定位不仅关系到媒体的自身发展，还关系到整个西部地区政治、经济、文化的发展，对中国整个社会的稳定和有序发展起着重要的影响作用。当然，就民族地区目前大众传媒生存环境来说，其特殊功能的实现，还需要各级政府、社会各种力量和传媒自身的合力推进。路还远，道还长，我们要做的是给西部民族地区一个明确的功能定位，朝着这个目标不懈努力。

【参考文献】

[1]徐润南．西部地区电视传播的思考[J]．新闻战线，2011(1)．

[2]李世举．少数民族地区大众传媒发展问题论析[J]．新闻界，2010(4)．

[3]王要飞．失衡的地貌：媒介地理学视野中的西部媒介[J]．海南师范大学学报(社会科学版)，2008(5)．

【作者简介】

李明，女，江汉大学人文学院讲师，博士，主要从事媒介经营管理、文化产业研究。

武汉大学人文社会科学“70后”学者学术发展计划学术团队“发展广告学与中国案例研究”创新团队研究成果

广告学的发展与发展广告学

——广告学研究的一个新视域

程 明

自从人类有了商品生产和商品交换，就有了广告活动。广告从“术”到“学”的蜕变经历了一个漫长的过程，人类的广告活动存在了几千年的历史，而广告学的研究只不过是20世纪以来的事情。

二战以后，世界迎来了久违的和平，随着西方资本主义经济的发展，发达国家的广告产业获得快速增长；二战后出现了大批新兴的民族独立的国家，它们在摆脱殖民统治取得国家主权以后，面临的首要任务是快速实现国家经济发展和提高人民生活水平。发展成为世界性的主题，更是发展中国家面临的最基本的使命，发展中国家的广告产业的发展问题当然也不例外。尤其是20世纪40年代传播学的兴起，一直到20世纪70年代传播学批判学派的出现，广告学开始对传播理论进行了导入，广告学的研究在20世纪的后半期出现了空前的繁荣。广告学的知识生产和学科内涵不断地丰富和拓展。

当“发展”一词进入学者们的视野后，“发展”作为一种理论范式和具体学科结合，先后在不同学科领域内部形成发展经济学、发展社会学、发展传播学等以“发展”为理论视角的独立学科分支，这些学科分支同时也横向构成了发展理论群。

2010年，在北京大学举办的“广告前沿论坛”上，发起人陈刚教授首次提出了“发展广告学”的概念和主张。2011年，“发展广告学”概念始见于期刊，《广告研究》杂志于当年第2期开辟“发展广告学”专栏，刊发了北京大学陈刚、武汉大学姚曦、中国传媒大学初广志三位教授的文章，这是发展广告学研究的开篇和学者们最初的研究成果。

发展理论学科群中，发展经济学最先创立，发展广告学借鉴的是发展经济学中“发展”这一特定的学术术语。而学术术语，必然有其学术范畴和学术内涵的规范，发展广告学作为广告学研究和发展理论学科群中的一个分支学科，必定有自身的学术范畴和学术内涵，这既是学术研究的规范，也是学科建设和发展所必需的。武汉大学张金海教授在2013年第12期的《现代传播》上发表了《发展广告学的分析框架和国家案例研究》一文，对这一学科发展的根本性问题给予了回答，是近三年来关于发展广告学研究的一篇力作。

2012年6月，我带领的以武汉大学广告学专业“70后”老师为主的青年教师团队成功申报武汉大学人文社会科学“70后”学者学术发展计划学术团队，我们团队的名称是“发展广告学与中国案例研究”创新团队，当初得到张金海教授和姚曦教授的大力支持，以与北京大学陈刚教授的研究团队相呼应，共同推动发展广告学的研究。

学术团队的建立是不容易的，团队学术研究的推进也有一个过程，一年多的时间里，我们做了一些相关的研究工作的积累。在研究工作积累和推进的过程中，我们不断地厘清对“发展广告学”这一新兴分支学科的理解和认识，一些学者的研究成果对我们有诸多颇有价值的启发。“发展广告学是因问题而生”，发展广告学这一新兴分支学科首先应该明确自身应该研究的问题。发展广告学不是研究广告学的发展，而应该成为广告学的发展中的一个重要组成部分。

广告学的研究是一个动态的发展过程，广告学的发展是一个包容性极广的概念。可以这么说，几乎所有广告的发展和变化以及广告学研究的所有进展，都可以纳入广告学的发展范畴，包括互联网和新媒体时代广告的传播形态、生存形态和产业形态等，都属于广告学研究的领域。张金海教授有一个追问：广告与广告学的发展问题的研究，本就为广告学研究的题中应有之义，又何以再提出发展广告学这一问题？正是在一些学者研究的基础上，我们逐步明晰了发展广告学这一分支学科研究的重点、研究的内涵和研究的路径。

随着发展成为世界性潮流，有关发展的理论也越来越丰富，这些发展理论在各自学科领域内研究社会发展和现代化的问题，也都涉及了发展中的一些共性问题。例如：发展经济学主要研究发展中国家的经济如何增长、经济结构如何转换等；发展传播学研究发展中国家的大众传播、信息技术在促进政治、经济、文化、社会生活以及思想观念变革中的重要作用和方式。广告作为一种商业信息载体和文化信息载体，推动了市场竞争和技术创新，改变了人们的生活方式和思想观念。它既是一种经济传播活动，同时也是一种社会文化现象，无论是加快经济的发展，还是对社会文化、娱乐、消费观念的引导，广告都发挥着重要的作用。因此，发展问题也是广告学应该重点关注和研究的问题。作为广告学研究的分支领域和研究主题，发展广告学的提出顺应了这种趋势。

发展广告学重点研究广告产业发展的问题和广告对发展中国家的政治、经济、文化发展所带来的一系列影响等，重点解决全球范围内由经济和传播发展不平衡所造成的广告发展不平衡的问题。如：发展中国家广告产业自身的发展问题；广告业发展与整体的社会经济文化发展的关系以及相互影响问题；广告对发展中国家经济发展的影响；广告对发展中国家文化多样性的影响，以及由于发达国家拥有雄厚的经济实力和强势国际话语权地位，其广告在世界经济一体化过程中所带来的经济霸权主义，在跨文化传播过程中所形成的文化殖民主义，在意识形态领域给发展中国家消费者带来的物质至上观念、消费主义，甚至是崇洋媚外的心理状态，等等。因此，发展广告学的特定学术内涵应该是“讨论世界广告发展不平衡的问题”，所力图解决的也是世界广告发展不平衡的问题。

正是因为发展广告学重点研究的是世界广告发展不平衡的问题，世界广告发展中的国家和地区的案例研究，理应成为发展广告学研究的基本方法和路径。而中国问题研究，自然是发展广告学的题中应有之义。中国是世界上最大的发展中国家，是广告产业增长最快的国家。中国广告产业高速的增长，有诸多经验值得我们总结和研究。现在中国广告产业面临转型和产业升级的关键时期，这一阶段也是攻关阶段，问题最多，困难最大，也正因如此，这一阶段广告产业的实践经验和可供研究的资料最丰富，是最需要发展广告学的阶段，中国案例成为发展广告学研究的典型案例。

正是基于以上的理解和认识，我们团队开展研究的首批成果是一组发展广告学的专题文章，共有三篇。

《发展广告学研究述评》一文，就是聚焦2011—2013年三年来所有关于发展广告学的相关研究，梳理了发展广告学研究的几个核心问题，包括发展广告学的基本概念和内涵、发展广告学的研究框架、发展广告学的研究路径等，旨在呈现发展广告学研究的整体现状，并对发展广告学三年来的所有研究进行了一个阶段性的总结。尽管现有关于发展广告学研究的知识产出还不甚丰富，作为一门新兴的分支学科，其知识分类体系尚未完全明朗，但对于发展广告学的研究已经进行了卓有成效的探索。这篇文章为后来跟进发展广告学研究的学者们打下了一定的研究基础，也为我们团队下一步的研究明晰了方向和重心。

缺乏研究方法的探讨，没有形成系统的研究方法是大陆广告学研究的一大问题。发展广告学是发展视域下的广告研究，其现实背景是世界广告发展不平衡，其核心问题是非发达国家的广告产业如何实现对发达国家广告产业的赶超。因此，国家或地区案例研究理应成为发展广告学研究的基本路径和基本方法。本组论文中另外两篇文章就是全球视野下关于中国广告产业发展问题的研究。

非发达国家广告产业发展的时空环境与发达国家广告产业发展的时空环境完全不同：在发达国家，广告产业处在全球实现扩张的先发优势之下；发展中国家的广告产业发展必须另辟蹊径，进行战略思考，实行广告产业创新，才能在全球化博弈中立于不败之地。《全球化博弈中的我国广告产业创新战略研究》一文，以此为出发点，分析全球化竞争背景下我国广告产业面临的现实困境，提出广告产业创新战略的实施路径和对策：构建本土广告公司与媒体、企业集团的战略联盟，组建大型广告集团和营销传播集团；广告企业需要利用政策机遇加速构建全国性服务网络；建立外资广告公司的并购风险评估机制，强化对外资并购与媒介采购活动的规制，维护媒体安全和产业安全等。《我国广告业国际化竞争策略问题研究》一文则是上篇文章的姊妹篇。我国广告产业的国际化属于内向、被动的国际化，国际竞争力有待提高，广告产业可以通过合理利用国际广告业格局演化与转移规律，充分发挥新技术的后发优势，重构广告产业价值链，培育富有活力的本土广告公司等方式提高广告产业的国际竞争力。

发展广告学是广告学研究的一个分支学科，将发展中国家广告发展问题作为独特的研究对象，以解决世界广告产业发展不平衡问题，这种研究是传统广告学科领域的新探索，发展广告学的研究将会促进广告学学科的发展，拓展广告学研究的新领域，开辟一个新的研究空间和研究视域。发展广告学的提出，是对传统广告学研究的超越，发展广告学的研究，于广告学的发展和广告学学科的建设与丰富，有着重要的意义。

20世纪末以来，国际政治、经济和文化形势的急剧变化，诸多新传播技术如卫星广播、互联网、数字技术等的应用，以及有关"全球化"、"文化帝国主义"等问题的热烈讨论等，更是将发展广告学纳入一个更为宏大、复杂的背景，发展广告学本身也因此有了更为丰富的研究内涵。网络与数字技术对传统媒体和传统广告活动的冲击，共同呈现在各国广告业面前，发达国家与非发达国家面临相似的冲击与相同的机遇，非发达国家的广告产业实现对发达国家的追赶与超越成为可能。在整合营销传播的全球背景下，广告日益资讯化，广告开始从简单的传播工具向集多种交流渠道和多类交流方式于一体的沟通平台演化。网络与数字技术的发展，使得信息传播者和接收者的界限日益模糊，在融合化的媒介空间下，广告形态发生了深刻变革，由此带来广告产业形态的重大改变。广告运动和广告形态的变化，会影响广告产业结构，并由此带来广告产业链的调整与优化。发展中国家从技术运用、产业组织和产业政策等层面进行资源配置和制度安排，以谋求对发达国家广告产业的追赶和超越。在这种情况下，发展广告学研究既要立足于发展中国家，将重点和重心放在中国国家案例研究上，研究中国的具体问题，为我国的社会经济发展服务；又要放眼世界，批判性地吸收世界广告产业发展的经验，吸纳广告学研究的最新成果，使得发展广告学的研究日趋成熟，以推动广告学的发展和广告学学科的建设。

在广告学研究的殿堂里，我们一直在努力。希望我们的努力，对于发展广告学的研究和广告学的发展有所裨益。

【作者简介】

程明，武汉大学新闻与传播学院教授，主要研究方向为广告传播、媒介经营与管理。

发展广告学研究述评①

余晓莉

一、引　言

广告学知识生产与其他社会科学一样，都带有鲜明的时代和地域的印记。自中国改革开放，广告市场重开以来，中国广告研究基本上与中国广告产业发展保持同步。但在很长一段时间内，中国广告研究的知识生产主要是对海外广告模式，尤其是对美国广告模式的模仿、学习和导入。随着广告学科建构的逐步完善以及广告研究的进一步深入，中国广告业所面临的一些特殊问题开始成为学者研究的焦点。以美国、日本为代表的发达国家的广告发展模式和标准能否指导中国广告业的发展？中国广告产业的发展模式应该是怎样的？一系列困惑带来了相关研究的蓬勃发展。这种知识生产发展的轨迹并不是广告学科所独有的。从知识生产的层面来看，“许多知识首先在欧美等地产生，然后传播到世界各地，与当地文化传统和原有知识发生作用，形成带有各地特点的新知识”②。广告学在中国的发展路径，也是先从欧美舶来，进而被打上中国的时代与地域的烙印。近年来，新的知识生产和学科体系建构的路径随着“发展广告学”概念的提出逐渐浮出水面。

“发展广告学”是中国学者在广告研究进程中对中国广告发展问题深入思考的全新创获，这体现在两个方面。第一，发展广告学的概念由中国广告学界首先提出。初广志指出：“‘发展广告学’是一个全新的概念。笔者在国内外的权威学术期刊网站及搜索引擎上，找不到这个词语。”③第二，发展广告学作为一种“后洪堡模式”的知识生产模式，其特点是面向社会应用的，是因问题而出现的，正如陈刚所言，发展广告学是“对转型中的社会主义制度下的广告业的发展进行研究，这是一个全新的命题”。④ 自2011年起，“发展广告学”概念始见于期刊，《广告研究》于2011年第2期开辟“发展广告学”专栏，首次刊发了北京大学陈刚、武汉大学姚曦、中国传媒大学初广志三位教授的文章，成为“发展广告学”大规模研究的开篇及学者们最初的研究成果。概念见诸于期刊至今，已有三年时间，那么，“发展广告学”研究的整体状况如何？由于目前尚无发展广告学相关专著问世，而期刊论文则是学者知识生产和呈现的核心，本文基于中国知网CNKI数据库中发展广告学相关论文，对此问题进行了梳理，并试图对发展广告学三年来的研究进行阶段性总结。

二、发展广告学研究三年来的知识产出情况概览

自2010年以来，由北京大学陈刚发起的“广告前沿论坛”上逐渐提出了“发展广告学”的

---

① 本文是武汉大学人文社会科学“70后”发展广告学与中国案例研究创新团队的研究成果。

② 长弓，余人. 知识生产、学科形成与职业群体[J]. 史林，2010(6).

③ 初广志. 关于发展广告学研究的思考[J]. 广告大观·理论版，2011(4).

④ 陈刚. 发展广告学的理论框架与影响因素研究. 广告大观·理论版，2013(1).

概念和主张，而相关研究成果以论文的形式首发于2011年第4期的《广告大观·理论版》①。本文拟对发展广告学研究的相关论文进行文献搜索和分析，选取论文样本主要基于以下考虑：

首先，从时间跨度来看，本文搜索的是从2011年发展广告学概念见诸期刊开始，截至2013年12月31日的近3年时间里所发表的相关论文。其次，从目前研究成果来看，不同学者对发展广告学所涵盖的研究领域的观点并不一致，但总体范围非常广阔。有学者指出发展广告学需要关注的领域包括八个方面，即：①中国独特的广告环境；②广告与经济的关系；③广告与社会的关系；④广告产业；⑤企业；⑥消费者；⑦广告媒体；⑧广告学的核心概念。② 姚曦也指出，发展广告学应该是对现有广告研究视域的扩张，“是研究后发达国家广告业发展中的重大现实和理论问题，从广告与社会的互动关系中研究世界政治、经济、文化发展中的重大相关问题”。③ 具体说来，则包括“广告业自身发展问题研究，广告公司与均衡发展问题研究，广告与可持续发展、人的发展等世界性发展问题的研究”。④ 陈刚则提出，发展广告学主要关注两个问题，“一个是广告产业自身发展的问题，另外一个是广告产业发展与社会发展的问题”。⑤

可以看出，由于几位学者对发展广告学的研究视域观点并不完全一致，且总体涵盖的范围都非常宏阔，因而在这样的范畴下进行期刊论文样本的选取是很难实现的。而且几位学者对于研究视域的分歧，会导致样本选取的各种问题和矛盾。同时，本文的研究主要聚焦于关于发展广告学核心问题的讨论，即学科的基本概念与内涵、发展广告学的研究框架和分析框架、发展广告学的研究路径等焦点问题。因为以上原因，本文并没有将目前学者讨论并且未取得共识的发展广告学领域所涵盖的所有关键词都列入考虑，而只是以“发展广告学”为题名和关键词在中国知网中进行检索，共获得论文12篇⑥。

按照前述筛选标准，本文检索到的12篇论文的具体情况（按照发表时间排序）如表1所示。

表1 **2011年以来发展广告学研究期刊论文一览**

	题　目	作者姓名	作者单位	关键词	发表刊物	发表时间
1	发展广告学——广告学研究视域的扩张	姚曦	武汉大学	发展广告学 发展问题 研究视域	广告大观·理论版	2011.4
2	关于发展广告学研究的思考	初广志	中国传媒大学	发展广告学 学科属性 市场环境	广告大观·理论版	2011.4

① 2011年第4期的《广告大观·理论版》首次开设了“发展广告学”专栏，首次刊发了北京大学陈刚、武汉大学姚曦、中国传媒大学初广志三位教授的文章，这是中国学者关于“发展广告学”问题的最初研究成果。

② 初广志. 关于发展广告学研究的思考[J]. 广告大观·理论版，2011(4).

③ 姚曦. 发展广告学——广告学研究视域的扩张[J]. 广告大观·理论版. 2011(4).

④ 姚曦，秦雪冰. 社会科学的使命与发展广告学[J]. 广告大观·理论版. 2013(1).

⑤ 陈刚. 发展广告学的理论框架与影响因素研究[J]. 广告大观·理论版. 2013(1).

⑥ 以发展广告学为题名和关键词进行搜索，并筛选后，实际获得结果为14篇。但其中有两篇由陈刚撰写的分别题为《发展广告学》，以及《建构中的发展广告学》的文章，是《广告大观·理论版》所开设的“发展广告学”专题的卷首语，故未列入论文数中。

续表

	题　　目	作者姓名	作者单位	关键词	发表刊物	发表时间
3	发展广告学的理论源流及研究维度	姚曦	武汉大学	发展广告学 理论源流 基本思维框架	广告大观·理论版	2012. 4
4	什么是发展广告学	陈刚	北京大学	发展理论 广告产业 广告研究 发展广告学 概念界定	广告大观·理论版	2012. 12
5	社会科学的使命与发展广告学	姚曦 秦雪冰	武汉大学	社会科学 使命 发展广告学 范畴	广告大观·理论版	2013. 1
6	发展广告学的理论框架与影响因素研究	陈刚	北京大学	发展广告学 制度 市场 资本 公众	广告大观·理论版	2013. 1
7	学术建构与创新——“首届中国发展广告学论坛”会议综述	孙美玲	北京大学	无关键词	广告大观·理论版	2013. 01
8	制度因素与中国广告产业发展——“第二届中国发展广告学论坛”会议综述	孙美玲	北京大学	发展广告学 制度 中国广告业	广告大观·理论版	2013. 3
9	发展广告学视域下我国广告产业发展路径选择	王佳	安徽大学	发展广告学 广告产业 发展路径	新闻世界	2013. 4
10	对广播中发展广告学研究的一点认识	马明玉	延边人民广播电台	发展 广告学 研究	科技传播	2013. 5
11	我国发展广告学的研究方向探析	张允 倪莹	新疆大学	发展广告学 研究方向	中国商贸	2013. 6
12	发展广告学的分析框架与国家案例研究	张金海 陈玥	武汉大学	发展广告学 广告产业	现代传播	2013. 12

由论文发表的基本情况可以看出，2011 年以来发表的探讨发展广告学学科建构的论文，绝大部分都是发表在《广告大观·理论版》这一刊物上。另有 3 篇分别是发表在《现代传播》、《新闻世界》以及《中国商贸》杂志上。

我们可以清楚地看到关于发展广告学学科建构问题研究的论文作者所在单位以及论文发表数量。首先，所有论文的作者均是来自高校；同时，相关问题的研究主要集中于来自北京大学和武汉大学两所高校的学者。另外表 1 也显示，在关于发展广告学学科建构问题的研究中，发表 3 篇及 3 篇以上论文的作者有两名，分别是北京大学陈刚(4 篇)、武汉大学姚曦(3 篇)，北京大学孙美玲发表相关论文 2 篇(含合著)，另外几位作者(张金海、陈玥、初广志、秦雪冰、张允、倪莹）发表论文篇数都为1篇（含合著），11篇论文涉及的作者共有10人。

在论文的时间分布方面，关于发展广告学学科构建问题的论文始于2011年。在2011年和2012年两年中，每年发表论文数目为2篇，2013年论文发表数量有大的增长，达到7篇。

在表1所列的12篇论文中，笔者通过对所有关键词和内容的进一步考察，发现其中《对广播中发展广告学研究的一点认识》并不是聚焦于发展广告学研究的核心问题的讨论，故而进一步筛除，最后获得11篇相关论文①。表2则统计了本文所统计的11篇论文中出现的关键词。在所有21个关键词中，“研究视域”、“概念界定”、“范畴”、“研究方向”、“学科属性”等鲜明地表现出学者目前仍在探索发展广告学的基本内涵、概念以及学科范畴等问题。而“理论源流”、“基本思维框架”、“市场”、“市场环境”、“广告产业”、“制度”、“资本”、“公众”这一系列关键词则显现出学者对于发展广告学应当建构起何种研究框架与分析框架的思考开始进一步具体化，试图在相对芜杂的广告研究视域中寻找发展广告学框架中具有关键性意义的要素。从关键词的选取也可以看出，发展广告学目前在大陆仍处在建构之中，“稚嫩和意见纷乱在所难免”②。

表2 **发展广告学学科建构相关研究论文关键词一览表**

关键词	出现频次	关键词	出现频次
发展广告学	10	市场	1
制度	2	理论源流	1
发展问题	1	基本思维框架	1
发展理论	1	广告产业	3
发展路径	1	中国广告业	1
研究视域	1	广告研究	1
概念界定	1	社会科学	1
范畴	1	使命	1
研究方向	1	资本	1
学科属性	1	公众	1
市场环境	1		

综上可以看出，目前发展广告学学科构建的相关探讨和研究的知识产出呈现出增长的趋势，但知识产出数量尚不丰富，知识产出的主体也较为集中和局限。

三、发展广告学研究所探讨的核心问题

发展广告学作为由中国广告研究群体提出的新的研究领域，目前正经历着学科建构的初始阶段。“学科”一词，其重要内涵之一即是“作为知识分类的体系”。学科制度是建立在知识分类基础之上的，知识分类的同时配置各种资源形成学科组织，并以此为依托开展知识生

① 在九篇论文中，有两篇分别是“首届中国发展广告学论坛”和“第二届中国发展广告学论坛”会议综述，其中，《学科构建与创新——“首届中国发展广告学论坛”会议综述》没有摘要和关键词，并不符合一般学术论文的规范，但因为其集中探讨了发展广告学学科构建的问题，故而一并列入讨论。

② 张金海，陈玥. 发展广告学的分析框架与国家案例研究[J]. 现代传播，2013(12).

产、保存、传播活动。学科形成的过程也是知识分类深化、细化和合法化的过程①。而发展广告学的研究首先也要立足于确认以及深化知识分类的体系。在此基础上，发展广告学才能进一步蓬勃开展知识生产活动。而从目前的期刊发表论文的知识生产情况来看，发展广告学学科的基本框架还有待完善，发展广告学学科建构研究亟须厘清知识分类的体系。而针对这样的现状，从目前的时间节点上来看，发展广告学研究所探讨的核心问题就聚焦在学科的基本概念和内涵、发展广告学的研究框架和分析框架、发展广告学的研究路径三个层面上。

(一)发展广告学的基本概念和内涵

发展广告学作为中国广告研究知识共同体近年来提出的一个全新的重要研究领域，对其基本概念、内涵乃至研究目标的界定应当是知识分类深化、细化以及合法化的基础。这也是学术共同体讨论和研究相关问题的平台。那么，对于发展广告学基本概念的理解、学科内涵的界定就成为未来发展广告学学科建构亟须解决的关键问题之一。

从目前以期刊为核心的知识产出来看，“发展广告学”的相关基本概念的界定并未达成统一。姚曦认为，发展广告学作为“发展理论”的一个分支领域，理应在遵守“发展研究”相关规律和特征的基础上，结合当前的社会发展和广告产业现状，以社会需求、广告产业与国家现代化、“人”的发展、未来趋势四个维度为主体，建立自身特有的研究目标和研究内容。② 初广志提出的“发展广告学”研究主题涉及八个方面，同时，他认为“发展广告学”的概念包含两层含义：其一，发展广告学的立足点是广告学；其二，发展广告学不仅研究广告如何促进经济、社会、文化的发展，它本身也是对学科自身的发展。③ 而陈刚则认为，不能因为目前发展理论更多地讨论社会发展问题，就把广告与社会发展作为发展广告学的核心问题。发展广告学所面对的研究领域，首先是广告产业如何发展的问题，这一问题尚未清晰，就谈不上广告与社会发展的问题。所以，发展广告学应该明确自己的研究问题，而不是无批判性地跟随社会发展研究的潮流。④ 张金海、陈玥则认为，就发展广告学而言，所借鉴的应该是发展经济学中的“发展”这一特定学术术语，而“发展广告学的特定学术内涵，就是讨论世界广告发展不平衡的问题，所力图解决的也是世界广告发展不平衡的问题”⑤。

基于这样的讨论，我们亦可发现，目前对于发展广告学的基本概念、学科内涵以及研究领域等基本问题，学者们尚未达成共识。我们仍需思考，对于“发展”的概念究竟应当如何理解？如果对此一概念的理解过于泛化，而将广告学研究中已有的问题和领域尽数囊括其中，那么发展广告学研究是否仍有被提出的必要？尽管对于研究领域的界定并不需要构建一个封闭的界限，但是学科领域的边界以及基本概念的界定对于学科的构建显然是必要的。另外，发展广告学的概念是由中国学者提出的，也是基于中国问题而提出的，那么，发展广告学的理论和创获是否应当着眼于世界，是否具有普适性？“发展广告学就是以中国广告产业面临的现实发展问题为研究对象，核心在于从中国独特的环境出发，总结广告产业发展的经验教训，揭示影响中国广告产业发展的各种要素”，这样的界定是合理的吗？⑥ 在这些层面，发展广告学仍需进行更多深入的探讨和研究。

(二)发展广告学的研究框架和分析框架

发展广告学的研究框架应当如何建立，也是学者们深入讨论的又一核心问题。目前见刊

---

① 钱志刚，崔艳丽．知识生产领域中的学科制度危机与应对策略[J]．中国高教研究，2012(10)．

② 姚曦．发展广告学的理论源流及研究维度[J]．广告大观·理论版，2012(4)．

③ 初广志．关于发展广告学研究的思考[J]．广告大观·理论版，2011(4)．

④ 陈刚．什么是发展广告学[J]．广告大观·理论版，2012(12)．

⑤ 张金海，陈玥．发展广告学的分析框架与国家案例研究[J]．现代传播，2013(12)．

⑥ 陈刚．什么是发展广告学[J]．广告大观·理论版，2012(12)．

的10余篇论文，大多涉及这一问题。有学者认为，发展广告学在相当长一段时间内还难以形成一个完整的框架，但研究要“循序渐进，而不是急于求成”。① 但也有学者就发展广告学的研究框架作出了较为清晰的思路。

陈刚和张金海、陈玥都对发展广告学的研究框架作出了具体而深入的思考，在研究框架搭建的过程中，发展经济学都成为他们借鉴的重要的理论资源。陈刚也指出，因为广告产业的特殊性，发展广告学的研究不能直接搬用产业经济学的理论和模型，也不能套用发展经济学的框架和概念。② 陈刚在发展广告学基本研究框架图中，借鉴了发展经济学关于经济发展制度、结构、要素的分析框架，搭建了由制度、市场、资本、公众四个因素共同构成的发展广告学基本框架。③ 他认为，制度、市场、资本、公众这四个因素是同时存在的，也会随着产业发展的变化而出现各种复杂关系，推动产业发展。

张金海、陈玥所思考的发展广告学的框架也借鉴了发展经济学的研究框架和分析框架。他们在梳理20世纪40年代发展经济学发展历程的基础上，明确了资源与制度是发展经济学研究框架和分析框架的两个核心基点，并以此作为发展广告学研究框架的重要借鉴，提出造成世界各国各地区广告业发展不平衡的重要资源要素占有的差异应当成为发展广告学研究的一个重要维度。而会极大影响到资源创新与资源优势转化效率的制度安排问题，则应当成为发展广告学研究的另一个重要维度。④

由此可见，发展广告学的知识共同体在学科的研究框架和分析框架的搭建过程中都积极地寻求跨学科的理论资源，这与发展广告学本身的学科属性是分不开的。而发展经济学作为发展广告学所依托的重要理论资源，也为发展广告学学科框架的搭建提供了重要的支撑，这也为未来更为清晰的基本学科框架的建立打下了良好的基础。

(三)发展广告学的研究路径

从中国广告学研究的历史发展来看，研究方法和研究路径等相关问题的探讨，事实上是较为不足的。姚曦在对我国广告学研究核心问题的归纳中也指出，缺乏研究方法的探讨，没有形成系统的研究方法是大陆广告学研究的一大问题⑤。那么发展广告学在研究路径与方法的选择上究竟应该何去何从?

就此问题，针对当下广告学研究方法科学性不足的现状，学者们指出发展广告学要注重“研究方法的科学性”⑥，“要有批判意识和实证的精神”⑦。陈刚也提出，“对发展广告学自身理论体系和研究方法的研究，也是发展广告学的重要组成部分”，“研究方法需要逐步递进和完善”。⑧ 而在研究范式的层面，陈刚指出，仅仅实证是不够的，比较分析和历史性分析也很重要。⑨ 从这些论述中我们不难发现，发展广告学研究的学者群体都注意到研究方法和路径选择的重要性。但同时，对研究方法的思考尚不够深入和具体，基本是一些较为抽象的和原则层面的论述，还需要进一步反思和挖掘。

也有学者较为明确地提出发展广告学的研究路径与方法。张金海、陈玥指出，发展经济

① 初广志. 关于发展广告学研究的思考[J]. 广告大观·理论版，2011(4).
② 陈刚. 发展广告学的理论框架与影响因素研究[J]. 广告大观·理论版，2013(1).
③ 陈刚. 发展广告学的理论框架与影响因素研究[J]. 广告大观·理论版，2013(1).
④ 张金海，陈玥. 发展广告学的分析框架与国家案例研究[J]. 现代传播，2013(12).
⑤ 姚曦. 发展广告学——广告学研究视域的扩张[J]. 广告大观·理论版，2011(4).
⑥ 初广志. 关于发展广告学研究的思考[J]. 广告大观·理论版，2011(4).
⑦ 初广志. 关于发展广告学研究的思考[J]. 广告大观·理论版，2011(4).
⑧ 陈刚. 什么是发展广告学[J]. 广告大观·理论版，2012(12).
⑨ 孙美玲. 学术建构与创新——首届中国发展广告学论坛会议综述[J]. 广告大观·理论版，2013(1).

学的研究与分析框架可成为发展广告学建立研究框架的重要借鉴。而发展经济学在研究世界经济发展不平衡问题时所采用的基本研究路径——国家或地区案例研究，也可以成为发展广告学研究的基本方法与研究路径，并以此来规避研究的空疏化，并有效实现宏观问题研究中理论研究与实证研究的互动、理论研究与实证研究的对接、理论研究与实证研究的对话。①张金海、陈玥同时也重点提示了发展广告学中的中国问题研究，并将其视为发展广告学研究中典型的国家案例研究。国家或区域案例研究是发展经济学家根据发展中国家的具体情况，进行分门别类的研究，并为不同的国家或地区寻求不同的发展道路而选取的研究路径。借鉴这样的研究路径，给发展广告学的研究路径的选择提供了明晰的思路，也是解决中国问题，同时使发展广告学的研究更具有普适性的一个重要切入点。这也与2004年以来，中国学者投入了大量精力的中国广告产业研究的研究路径相互印证。

四、结　语

由2011年"发展广告学"概念初见于期刊，到2013年短短的三年时间，关于发展广告学研究的知识产出远称不上丰富，目前发展广告学作为学科的知识分类体系也尚未完全明朗，但在发展广告学基本概念和学科内涵的确定、研究框架和分析框架的建构、研究方法和研究路径的选取这些核心的层面，我们已见到了卓有成效的探索。既然"发展广告学是因问题而生的"②，发展广告学的研究在未来必将为中国广告业乃至世界广告业发展中的种种困惑提供解答。在这个过程中，我们也必将看到发展广告学自身的逐步发展和完善，它必将吸引更多学者及研究力量的进入。

【参考文献】

[1]钱志刚，崔艳丽．知识生产领域中的学科制度危机与应对策略[J]．中国高教研究，2012(10)．

[2]长弓，余人．知识生产、学科形成与职业群体[J]．史林，2010(6)．

[3]张金海，陈玥．未曾超越的超越：中国广告研究的整体回顾——基于期刊论文的实证分析[J]．现代传播，2012(11)．

【作者简介】

余晓莉，博士，武汉大学新闻与传播学院广告系讲师。

① 张金海，陈玥．发展广告学的分析框架与国家案例研究[J]．现代传播，2013(12)．

② 陈刚．什么是发展广告学[J]．广告大观·理论版，2012(12)．

全球化博弈中的我国广告产业创新战略研究①

廖秉宜

中国广告市场自2005年年底完全对外资开放以来，跨国广告集团开始了以资本并购和联合为主要特征的新一轮产业扩张，影响中国广告产业未来发展。党的十七届六中全会明确提出，要加快发展文化产业，推动文化产业成为国民经济支柱性产业。党的十八届三中全会指出，要建设社会主义文化强国，增强国家文化软实力。广告产业是文化产业的重要构成部分，大力发展广告产业，提升广告产业竞争力，可以提升文化产业在国民经济中的贡献率，同时增强中国品牌国际国内市场竞争力，服务国家的自主品牌战略。

一、全球化、国家利益与广告产业创新

(一)经济全球化与国家利益主导原则

“全球化”一词最早出现在1985年。当时，美国学者西奥多·莱维特(Theodore Levitt)在其《市场全球化》一文中用“全球化”来形容此前20年间国际经济发展的巨大变化，即“商品、服务、资本和技术在世界性生产、消费和投资领域中的扩散”。全球化对于发达国家和发展中国家同时产生作用和影响，尤其对发展中国家影响重大。中国经济持续快速增长与中国主动融入世界市场是分不开的，利用西方发达国家的资金、技术和先进的管理经验，中国经济获得高速发展。然而，随着经济全球化向经济一体化迈进，跨国公司开始大举并购中国优势企业，对中国经济未来发展构成极大威胁。

国家利益是国际关系中驱动国家互动的最基本要素。全球化时代，国家间的竞争越来越多地表现为经济竞争、财富分配的竞争，这在宏观上越来越集中于经济战略的竞争、规则的竞争、话语权的竞争，在微观上则越来越集中于企业之间的市场份额竞争、技术和管理竞争、品牌竞争。经济全球化并没有改变以国家利益为主导的原则，各国都出台了保护本国产业发展的规制政策。国家经济的竞争力，其核心体现为产业竞争力和品牌竞争力，因而对于已经成为全球第二大经济体的中国而言，当前尤其需要提升中国产业的国际竞争力和中国企业的品牌竞争力，进而维护产业安全和经济安全。广告业是智力服务型产业，世界经济强国往往也是广告产业强国，它们拥有一批世界顶级的广告集团和营销传播集团，帮助这些国家的跨国企业拓展全球市场。广告产业与国民经济、社会发展具有高度关联性，广告产业外资主导将会抑制中国民族企业国际市场拓展，影响媒体产业发展，甚至消解中国社会主流文化与价值观念，危及文化安全。中国要成为经济强国和文化强国，必须大力发展本国广告产业，培育一批具有国际竞争力的大型广告集团和营销传播集团，避免广告产业被外资主导。

① 本文为武汉大学人文社会科学“70后”学者学术团队建设计划项目“发展广告学与中国案例研究”、湖北省教育厅人文社会科学研究项目“基于产业创新系统视角的中国广告产业发展研究”(项目编号：13g011)、武汉大学“351人才计划”的研究成果之一。

（二）广告产业创新助推国家战略实施

广告产业是一个高关联度产业，广告产业国际竞争力的提升，对于国家经济战略实施具有重大意义和价值，体现在三个方面：一是广告产业与国家文化产业战略。广告产业是国家文化产业的重要构成部分，占文化产业增加值的比重超过1/4，广告产业规模的扩大与国际竞争力的提升，对于推动文化产业成为国民经济支柱性产业具有重要意义。2012年，我国广告经营额达到4698亿元，比上年度增长50.3%，占文化产业增加值的比重为26%，同期文化产业增加值占全国GDP的比重为3.48%。广告产业经营额的快速增长无疑可以提高对文化产业的直接贡献率。二是广告产业与经济发展方式转型战略。当前，中国经济发展方式转型战略的核心，就是要实现由原来的依靠投资、出口拉动经济发展的方式向依靠消费、投资、出口协同拉动经济发展的方式转变。“消费”成为了中国经济战略新的关键词。广告是塑造品牌、刺激消费的强大营销传播工具，在国家经济发展方式转型战略中发挥着重要作用。三是广告产业与企业“走出去”战略。中国产品的出口更多的是依靠低廉的价格，这种国际竞争战略不具有可持续性，造成企业利润微薄与国家资源的过度消耗。企业“走出去”战略的核心就是要让更多的中国企业走向国际市场，提高在国际市场上的竞争力。广告是塑造品牌的重要工具，强大的广告产业将会打造强大的中国企业品牌，提升中国企业的国际国内市场竞争力，进而更好地服务国家的出口战略，提升中国的国家竞争力。

近年来，国家高度重视广告产业。2009年，国务院常务会议审议通过《文化产业振兴规划》，将包括广告业在内的九大行业列为重点文化产业。2011年，《产业结构调整指导目录（2011年本）》明确把“广告创意、广告策划、广告设计、广告制作”列为鼓励类，为广告业的发展提供了强有力的政策支持。2012年，国家工商行政管理总局先后发布《关于推进广告战略实施的意见》和《广告产业发展“十二五”规划》，为“十二五”期间广告产业的发展绘制蓝图。在经济全球化背景下，中国广告产业获得了迅猛发展，但同时也面临着巨大的压力与挑战。

二、全球化背景下中国广告产业的困境

（一）低集中度的广告市场结构与低市场绩效

从广告产业市场结构的角度来看，中国广告产业目前仍处于介于原子型和低集中度寡占型之间的广告市场结构，广告公司的户均营业额和平均利润非常低。这类市场结构的特点是广告公司数目极多，表现为无集中或低集中现象。根据贝恩对产业垄断和竞争类型划分，CR_4在30%以下、CR_8在40%以下为原子型市场结构，CR_4在30%～35%、CR_8在40%～45%为低集中度寡占型市场结构。① 广告产业呈现集中化发展趋势。1994—2011年间，1996年市场集中度最低，CR_4和CR_8值分别为12.67%和20.11%，2008年集中度最高，CR_4和CR_8值分别为25.43%和42.95%，比1994年分别增加11.51个和27.87个百分点，说明少数大型广告企业的市场势力越来越强大。广告产业市场集中度提高，主要是一些外商投资广告企业（包括中外合资广告公司、中外合作广告公司和外商独资广告公司）业务迅速扩张引起的。市场集中度就是大公司营业额与全国广告公司营业额的比例，集中度提高说明大广告公司业务扩张速度高于广告公司业务平均增长速度。数据显示，2011年，中国专业广告公司的数

① 王俊豪．现代产业经济学[M]．杭州：浙江人民出版社，2005：67.

量170215户，广告公司经营额为13576098元，户均广告经营额仅为79.76万元。① 如果按15%的利润来计算，每家公司的平均利润仅为11.96万元。由此可见，中国广告公司仍然处于一种高度分散与较为弱小的状态，中国广告企业的户均经营额和利润率总体上还处于较低水平。

(二)国际广告集团强势并购提升其市场势力

跨国广告集团早在20世纪60年代便开始全球扩张历程。中国改革开放政策施行，促进市场经济发展，使中国广告业开始恢复并进入高速发展时期，世界各国广告巨头纷纷抓住中国广告商机，在华落户。目前，跨国广告集团已经完成对我国北京、上海、广州等一线城市的扩张，将触角逐步深入我国二线、三线城市，并且通过并购建立更加全面的网络服务体系。以WPP集团为例，在公关代理领域，2002年，WPP集团旗下的奥美公关购并中国本土公关公司西岸咨询，组成西岸奥美信息咨询服务公司，使得奥美成为在中国最大的公关公司。2008年，伟达公共关系顾问有限公司收购专业公关公司——纬思企业传讯有限公司的大部分股权。在数字营销代理领域，2006年，WPP收购中国最大网络广告代理公司之一的北京华扬联众广告公司，以此进军增长迅速的中国网络广告市场。2008年，WPP收购游戏内置广告公司上海英格美爱数字互动(InGameAd Interactive)母公司IGA 12.82%的股份，从而使其所持上海英格美爱数字互动的股份增至55%。在管理咨询领域，2006年，WPP实行收购中国咨询公司华通现代(ACSR)95%股份的计划。通过并购本土优秀的营销传播公司，WPP迅速提升了在整合营销传播领域的代理能力，而且很快地进入了一些中国快速成长的市场。2006年，奥美收购国内领先的房地产代理机构黑狐广告公司，并更名为黑狐奥美，得以快速进入蓬勃发展的中国房地产市场。2013年，WPP旗下TNS(北京特恩斯市场研究咨询有限公司)同意收购新华信国际信息咨询(北京)有限公司。新华信是中国汽车研究领域的行业领先者，对新华信的收购将让TNS中国成为绝对的市场领袖，以服务在中国市场寻求发展的国际和本土汽车生产商及经销商。目前，“WPP集团在中国已经拥有150多个公司，分布在企业管理、营销咨询、品牌策划、市场调查、创意制作、媒体购买、促销管理、公共关系、活动赞助、网络营销、互动传播、娱乐营销、公益营销等企业经营和营销传播等价值链条的各个环节上”②。

(三)国际媒介购买集团影响广告产业链结构

1996年成立的实力媒体和1998年成立的传立媒体，是跨国广告集团在中国创立的最早的媒介购买公司。由于媒介购买公司庞大的媒介采买量对中国传媒业和广告业构成极大威胁，国家工商行政管理总局在1998年便下发了《关于停止核准登记媒介购买企业的通知》，要求各地一律不得受理媒介购买企业设立登记申请；已经办理了核准登记手续的，应在进行本年度广告经营资格检查时，重新核定经营范围，将核准的媒介时间、版面批发和零售经营项目予以核销。但是，由于政府没有强有力的监管措施，跨国媒介购买公司以挂靠母集团的方式仍继续开展经营业务，规避了政府规制的限制，发展迅猛，全球十大媒介购买集团目前均已在中国落户。以WPP集团旗下的媒介购买公司群邑为例，根据全球权威媒介代理评估机构RECMA的数据显示，2012年群邑在中国的媒介承揽额达72.8亿美元，约合454亿元人民币，是中央电视台当年广告营业额的两倍，相当于除央视外中国媒介单位广告营业额前十二位的总和，跨国媒介购买公司的实力可见一斑。西方媒介购买公司的发展，对中国的传

① 宋阳.2011年中国广告业统计数据报告：广告业创近十五年来最大增幅[J].现代广告，2012(5).

② 刘国基.广告生态变迁与广告公司进化——关于宋秩铭对奥美中国年终谈话的随想[J].广告大观(综合版)，2009(5).

媒业和广告业产生了重大影响。对于中国传媒业而言，跨国媒介购买公司将客户资源整合起来集中采买媒介，增强与媒体谈判议价的砝码，这种“以量定价”的方式，无疑会大大压缩媒体的利润空间；跨国媒介购买公司庞大的媒介购买量和年媒介购买额，以及对广告公司、广告主媒介选择的决定性影响，对中国中小媒体的发展构成极大威胁；跨国媒介购买公司参与媒介节目内容的制作，影响媒体的未来发展。对于中国广告业而言，跨国媒介购买公司发展挤压本土广告公司的利润空间；跨国媒介购买公司积极开发本土新客户，开源“截”流，对本土广告公司的发展极为不利。跨国媒介购买公司利用自己掌握的媒体资源，吸引本土品牌企业，再将其营销传播和广告代理业务委托给母公司，跨国媒介购买公司的开源“截”流对中国广告产业的发展影响深远。

三、中国广告产业发展的创新战略思考

(一)构建本土广告公司与媒体、企业集团的战略联盟，提升本土广告公司的市场竞争力

中国广告市场中本土广告公司的弱势与媒体和企业的强势形成了鲜明对比。由于缺乏一些大型本土广告公司以及代理能力的专业性不够，本土广告公司在与媒体和企业的博弈中总是处于弱势地位，这样又会进一步影响本土广告公司市场竞争力的提升。构建本土广告公司与媒体、企业集团的战略联盟，不仅是本土广告公司发展的战略选择，也是媒体、企业集团发展的需要。国际媒介购买公司以量定价的方式，极大地压低了媒体的利润空间，影响媒体的长远发展。同时由于欧美广告公司实行“业务不冲突”原则，即一家广告公司不能同时代理同一个行业的多家竞争企业，因此民族企业不可能完全依赖国际广告公司。构建本土广告公司与媒体、企业集团的战略联盟主要有三种途径。一是大力发展媒介广告公司和企业集团广告公司。日韩依托媒体、企业的广告产业发展模式，为中国本土广告产业提升竞争力提供了重要借鉴。当前，国内一些成长迅速的本土广告公司或是隶属于某个媒体、企业集团，或是与媒体、企业集团之间有着深厚的资本渊源。这类公司以央视所属的北京未来广告有限公司，湖南电广传媒所属的北京韵洪广告有限公司、福田汽车所属的行上行品牌整合传播机构等为代表。二是大型媒体集团采用授权代理的模式，选择国内一些具有竞争实力的广告公司开展战略合作。一方面这种形式降低了媒体经营的风险，提高了媒体经营收益，另一方面广告公司通过这些优质的媒体资源吸引优质客户，进而提高了经济效益，为广告公司的规模化发展与专业代理能力提升创造了条件。这类公司以依托央视媒体资源的中视金桥国际传媒有限公司、中航文化股份有限公司、昌荣传媒有限公司等为代表。三是本土广告公司通过发展媒介购买公司，提升与强势媒体博弈的实力。首先以资本优势和专业代理优势构建与强势媒体的战略联盟，继而以优质的媒体资源和优惠的媒体价格吸引广告客户，从而提升市场竞争能力。这类公司以广东省广告股份有限公司与广东广旭广告有限公司、广东省广博报堂广告有限公司于2003年联合组建三赢传播等为代表。

(二)鼓励本土上市广告公司通过资本并购、联合等方式迅速实现规模扩张，组建大型广告集团和营销传播集团

广告公司的成长途径多种多样，概括起来有两种：一是内部成长，即广告公司主要利用内部资源，靠自身积累资源或筹集资金，或在内部增设相关服务部门或成立新公司获得发展；二是外部成长，即广告公司主要通过兼并、收购或联合其他广告公司或营销传播公司而获得成长。内部成长与外部成长都能实现一体化战略目标。相比较而言，外部成长通过并购实行优势互补、联合发展，能以内部自身发展无可比拟的速度迅速壮大广告公司的实力，扩

大广告公司的规模。① 与新设广告公司或营销传播公司，走内部成长的传统道路相比，并购能够促进资本集中，节省培养人才、开拓市场、开发技术等所需要的时间，实现规模经济。单个广告公司和营销传播公司资源相对有限，多家公司通过协议或资本方式联合组建广告集团或战略联盟，能够迅速培育和孵化大型本土广告集团、营销传播集团和战略联盟实体。广告公司和营销传播公司的联合方式呈现如下特征：由弱弱联合走向相关联企业的强强联合；从联合走向并购，实现从经营联合到资产联合、从资产联合到资本联合的跨越；从本地区联合到跨地区乃至跨国联合，从而诞生中国的大型跨国广告集团和营销传播集团。当前，国内一些上市广告企业亟须通过资本并购、联合等方式，迅速拓展全国性服务网络，提升整合营销传播代理能力，尤其是数字营销代理能力，并积极拓展国际国内客户，从而提升本土上市广告企业的市场竞争力。

(三)政府在国家广告产业园区建设上要科学规划、合理布局，广告企业需要利用政策机遇加速构建全国性服务网络

国家级广告产业园区建设为本土广告公司和营销传播公司迅速拓展全国性服务网络、整合营销传播资源，提供了重要的发展机遇。一些有实力的本土广告公司和营销传播公司需要利用国家广告产业园区建设的机遇，迅速发展壮大。同时，地方政府需要积极引导，用心规划，确保国家广告产业园区建设服务于国家广告产业转型升级和产业竞争力提升的战略需要。国家广告产业园区建设必须有利于中国优秀的本土广告企业，构建全国性的服务网络，提升全国市场的服务能力；有利于广告产业价值链各个环节企业的集聚，不仅是广告公司，还包括一些专业的营销传播公司；有利于广告产业与现代科技的融合，发展新型广告业态，重点引导和支持数字广告产业的发展；有利于广告产业规模的扩大和广告企业竞争力的提升，更好地服务区域和全国经济的发展。

国家广告产业园区建设的目标是提升园区内广告公司和营销传播公司的专业代理实力和规模效益。在广告产业园区内，广告公司和营销传播公司之间可以便利地通过并购和联合等方式组建大型营销传播集团，实现规模经济。不同类型的广告公司和营销传播公司也可以很便利地建立一种持久的战略合作伙伴关系，将部分组织机构外部化，实现范围经济。由广告产业集群走向广告产业集中是必然的趋势，也是发展广告产业园区的目的所在。这里的产业集中不仅指广告产业的地理集中，更指广告产业集中度的提高。为了实现这一目标，国家级广告产业园区建设必须积极引导和扶持媒体广告公司和企业广告公司发展，通过政策吸引强势媒体集团和企业集团的广告公司进驻园区；引导和扶持媒介购买公司发展，鼓励广告公司与传媒集团构建战略联盟；引导和扶持数字广告产业发展，提升广告企业的数字营销传播代理能力；构建广告产业公共服务体系，更好地服务广告产业转型升级与创新发展的战略需要。

(四)建立外资广告公司的并购风险评估机制，强化对外资并购与媒介采购活动的规制，维护媒体安全和产业安全

“长期以来，相关行政立法缺失、外资监管力度薄弱、政策执行疏漏、以吸引外资多寡作为政绩考核指标的陈旧观念，都使本土广告公司在面对跨国广告集团大举入侵时显得形单影只。”②我国政府和行业协会要做好以下四方面的工作：一是尽快出台相关法律法规，对外资广告公司在中国市场的并购行为进行有效监管，防止外资并购加剧外资主导倾向；二是建

① 张金海，廖秉宜．中国广告产业发展的危机及产业创新的对策[J]．新闻与传播评论，2008(年卷)．

② 卢德华，林升梁，关岑．中国广告业的并购时代[J]．广告研究，2009(5)．

立外资并购登记审批制度，组建广告业外资并购风险评估委员会，对外资并购活动进行动态评估与监管，防止国际广告公司利用我国法律法规漏洞进行“暗箱操作”；三是政府和行业协会要完善广告产业数据统计指标体系，切实提高统计数据的准确性和权威性，这有利于科学评价和有效规范外资并购活动；四是严格监管，外资并购法律法规出台之后，还需要专门的政府机构进行严格监管，把工作落到实处。此外，政府和行业协会还需要加强对国际媒介购买公司的监管，防止国际媒介购买公司垄断中国媒介广告市场，这就需要政府完善对媒介购买行为的立法，发挥媒介协会的作用，制定针对媒介采购活动的自律规则。①

【参考文献】

[1]陈刚，孙美玲．结构、制度、要素——对中国广告产业的发展的解析[J]．广告研究．2011(4)．

[2]陈永，张金海，等．中国广告产业将走向何方？——中国广告产业现状与发展模式研究报告[J]．现代广告，2006(7)．

[3]程明，姜帆．整合营销传播背景下广告产业形态的重构[J]．武汉大学学报(人文科学版)，2009，62(4)．

[4]丁俊杰，王昕．产业聚集理论视阈下的广告产业园区发展思考[J]．山西大学学报(哲学社会科学版)，2012，35(3)．

[5]黄升民，王昕．大国化进程中广告代理业的纠结与转型[J]．现代传播，2011，174(1)．

[6]金定海．链接、激活、创新——广告产业园区的价值思考[J]．广告大观(综合版)，2013(8)．

[7]廖秉宜，付丹．广告产业经济学理论与实践研究[M]．北京：学习出版社，2012．

[8]许正林，李名亮．以国家的名义：广告产业发展战略的新境界——“实施国家广告战略”的内涵、保障与路径[J]．广告研究，2012(2)．

[9]姚曦，皮理礼．中国广告产业的殖民化倾向与广告公司的自主发展[J]．广告研究，2008(3)．

[10]张金海，黎明．国家经济发展战略与中国广告产业发展[J]．广告研究，2011(3)．

【作者简介】

廖秉宜，武汉大学新闻与传播学院广告学系副教授、硕士生导师，主要从事广告学、媒介产业与媒介经济研究。

① 廖秉宜．中国广告产业制度的回顾、反思与优化路径[J]．国际新闻界，2013，35(7)．

我国广告产业国际化竞争策略问题研究①

王松茂

近年来，中国广告市场的发展已经成为全球广告业关注的热点。作为市场总体额度超过日本、仅次于美国的全球第二大广告市场，中国广告市场已经成为低迷的世界广告市场中最富有活力的市场。随着经济全球化速度加快，我国广告企业都面对着国内竞争国际化、国际竞争国内化的竞争格局。2011 年 10 月，党的十七届六中全会《中共中央关于深化文化体制改革推动社会主义文化大发展大繁荣若干重大问题的决定》中特别强调提高我国文化产业国际竞争力，广告产业作为现代服务业的标杆行业之一和文化产业的重要组成部分，面临着新的发展战略机遇。广告产业的国际竞争力问题，不仅是企业自身的事情，而且直接关系到国家文化软实力的影响力与辐射力。

一、我国广告产业国际化的进程与问题

我国广告产业的高速发展是在中国经济高速增长和经济全球化的背景下实现的。作为广告产业的主力军，我国本土广告公司也逐步登上世界的舞台。自改革开放以来，我国广告业就开始逐步探索国际化。与我国改革开放的总体格局相一致，我国广告业的国际化开拓呈现出渐进、边际推进，由点到面，由易及难的特点，并取得了一定的成效，最直接的表现就是我国广告宣传进出口总额特别是出口总额保持较快增长。自 21 世纪以来，我国已经逐步扭转了广告业的贸易逆差现象，实现广告宣传贸易中的顺差，除此之外，广告业的国际化形式不断创新，离岸外包、提供特许权、经营许可、管理合约等形式纷纷出现，产业的国际竞争力逐步增强(具体见表 1)。

但是，受限于国际化的水平与经验，我国广告产业的国际化存在着以下几个问题：

第一，虽然我国的广告产业遵循改革开放的方针，采取积极主动的开放策略，对外开放的主动性不断增强，但基本上属于被动性的国际化。截至 20 世纪末，由于我国在全球广告业市场中的弱势地位，国际化的主要目标是引进国外先进的广告业态、资源和管理，提高广告产业在国内的竞争力，因此这个时期我国广告业的国际化基本上属于内向、被动的国际化，多数时候我国的广告业只是发达国家广告业国际布局的接受者、廉价资源的供应者、低附加值生产环节转移的承接者以及充当终端市场的角色。自 2005 年 12 月起，中国广告产业完全对外开放后，跨国广告集团在中国的扩张全面提速。外资广告企业各项户均和人均数据指标远超内资广告企业，跨国企业的产业组织方式和行业规则标准占据主导地位，除了在华的外国品牌大多由跨国广告公司代理，中国国内名牌的金字塔顶端也已经被跨国广告公司控制。

在国际广告产业的竞争中，我国处于世界广告产业链的低端，在国际产业分工中的地位不高，徘徊在产业利润分配的边缘地带。其中最直接的表现就是贸易赤字的出现与长期

① 本文为武汉大学人文社会科学“70 后”学者学术团队建设计划项目“发展广告学与中国案例研究”成果，也受到国家社会科学基金项目“我国出版产业海外投资布局研究”(项目编号：12BTQ059)的资助。

存在。

表 1 **1997—2012 年中国广告业国际收支情况**

（1997—2002 年，万美元；2003 年后，亿美元）

年份	差额	贷方	借方
1997	-3230	238200	241430
1998	-54046	210955	265001
1999	1589	220558	218969
2000	21018	223436	202418
2001	19228	277288	258060
2002	-21601	372846	394447
2003	0	5	5
2004	2	8	7
2005	4	11	7
2006	5	14	10
2007	6	19	13
2008	3	22	19
2009	4	23	20
2010	8	29	20
2011	12	40	28
2012	20	48	28

资料来源：根据国家外汇管理局历年中国国际收支平衡表统计汇总。

第二，我国的广告业的培育发展先天带有计划经济的色彩，长期的计划运行体制造成广告业长期在封闭体系内运行，产业结构不尽合理，一方面产业分散度高、集中度低，低水平重复建设普遍。由于本土专业广告公司高度分散，服务内容、服务方式和服务水准低端、趋同，局限于采用关系、手段、权力、回扣等低层次的竞争手段，导致竞争激烈，利润空间局促，缺乏规模经济，各自为政，难以形成支撑国际化所需的规模实力。另一方面，企业发展追求自成体系，企业之间的专业化协作程度低，小企业缺乏低成本和专业化的优势，与大中型企业相互间缺乏密切的互补关系和协作关系，加上广告产业与相关产业的关联度较低，与已经实现全产业链经营的国际领先的广告集团相比，企业规模小，经营特色不明显，国际化运作空间有限，国际化基本上沦落为企业发展战略中附属、非自觉、非主流的分支，所以在拓展国际化的发展空间时，在国际化合作中难以占据主导甚至平等的合作地位。

第三，广告产业国际化的手段单一，业态不完整，效率较低。我国广告产业在国际化的探索中，逐步形成了以服务贸易为主要手段的国际化策略。虽然也有部分企业尝试通过建立战略联盟甚至海外直接投资等形式探索新的模式，但是数量少，成功率也不高。总体而言，我国广告业国际化局限于市场波动大、回报率低的传统贸易形式，从国际化的整体态势分析，我国广告产业国际化的手段比较单一，难以在国际化的进程中发挥广告业态的整体优势，更没有充分利用我国经济发展的综合国力，在规制逐步放松的广告市场中处于被支配的地位，国际化的投入难以与产业竞争力提升匹配，效率较低。

二、我国广告产业国际化竞争策略的设计与完善

在我国广告产业高速发展三十余年的基础上，我国广告产业国际扩张的国际国内环境已经发生了巨大变化，其中出现了诸多有利于我国广告产业国际化扩张的因素，如何结合我国广告产业的产业特征，拓展我国广告产业发展的国际空间，是我国广告产业目前面临的重要问题。但同时，我们也应该注意到，我国广告产业国际竞争力的提升，是一个较长期的任务，需要从宏观上总体布局，从重塑国际化的经营理念入手，将广告公司的战略目标和长期利益作为国际化的核心理念，并进行相应的企业组织变革。在变革理念的基础之上，保持我国广告公司各种国际化经营手段的同步、平衡，培育成熟的国际化主体，完善国际化的区域市场结构、业务结构和产业形态，以适应新形势下广告产业国际化的需要。在国际化模式的探索中，应充分利用国际经济格局与新技术提供的新机遇，利用广告业产品结构、业务形态和商业模式的调整，借助产品形态融合、业务交错中出现的共享趋势，充分利用我国广告产业的优势产业资源，通过与合作伙伴共建利益分配机制，通过产业融合中价值单元的角色、功能分解中出现的有利变化，构建具备自身优势的广告产业链中的核心功能模块，借助各种新的金融工具和市场策略，在国际化的进程中导入完整的广告产业链，改善国际化进程中弱势的利益分配格局，提高广告业国际化的收益水平与能力，改变国际化手段单一、业态不完整、效率较低的局面。

(一)合理利用国际广告产业格局演化与转移规律

作为服务业的重要组成部分，我国的广告产业发展既面临着承接广告业全球布局与转移的发展机遇，也面临着应对激烈的国际广告竞争的现实挑战。在这样的背景下，深入分析全球广告产业国际化转移的新特点，精准把握国际广告发展的新趋势，对于我国积极参与广告业全球化竞争具有重要的现实意义。现阶段，国际广告业的发展中呈现的三个新趋势特别值得关注。

1. 广告产业直接投资成为广告业国际化的主要途径

20世纪70年代的服务业只占世界对外直接投资总额的1/4，20世纪90年代以后，全球外国直接投资的重点已经转向服务业。2005年以来，广告产业FDI的大量流入带动了技术、管理、品牌、销售渠道等国际优势广告要素向我国的集聚。与此同时，跨国公司构造了全球的低价供应平台，美、欧等发达经济体从国际投资中获得了更多的高级生产要素收益和低价商品供应收益，进一步提升了其广告公司的竞争能力。2012年，在全球外国直接投资流出流量较上年下降17%的背景下，中国对外直接投资创下流量878亿美元的历史新高，同比增长17.6%，中国首次成为世界三大对外投资国之一。投资存量突破5000亿美元，达5319.4亿美元，位居全球第13位。我国本土广告公司应充分学习研究国际跨国广告公司在我国广告市场直接投资的经验，利用国际经济弱复苏、人民币升值的国际有利时机以及综合国力提高、外汇储备增加的国内有利因素，遵循文化亲近、地缘接近等原则启动广告业的对外直接投资，在国际广告主流市场的竞争中提升竞争力。

2. 广告产业国际扩张与制造业、货物贸易的增长高度相关

随着市场容量的不断扩大，分工和专业化逐渐深化，全球分工经济基本成形，生产日益呈现出国际化的态势。当前，国际分工已不仅仅是产业、产品之间的分工，已深入到同一产品内部不同工序、区段、环节和流程的分工，构成研发、营销等关键环节的研发设计业、会展业、广告等服务领域，更是起到衔接产业环节、串起产业链条的“磨合剂”作用。在产品

分工深度进行的背景下，商品价值实现和利润增值空间正日益向产业价值链两端的服务环节转移。国际分工中服务环节的权重在日益加大。因此，国际广告市场竞争的主要手段也由传统的价格竞争日益转向以技术、通讯、创意、市场亲缘性等服务要素构成的非价格竞争。由于制造与服务在内涵上日益融合，货物贸易与服务贸易日益融合，广告业已成为产业链竞争的关键环节之一。我国对外直接投资覆盖了国民经济的所有行业类别，其中存量超过100亿美元的行业有：租赁和商务服务业、金融业、采矿业、批发和零售业、制造业、交通运输业/仓储和邮政业、建筑业，上述七个行业累计投资存量4913亿美元，占我国对外直接投资存量总额的92.4%。随着相关产业的扩张，其对海外广告服务的需求也在急剧增加，我国本土广告公司的海外市场正在逐步扩张，市场潜力可观，我国本土广告公司应充分利用这一趋势。

3. 广告业务外包成为新兴国家分享全球产业分工收益的重要途径

21世纪以来，发达国家由于昂贵的人力资源成本等原因，纷纷将一些劳动密集型和小部分技术密集型服务流程以商业形式发包给海外组织，全球广告外包市场发展迅速。外包已成为一种新型的全球产业组织形态。目前外包服务的提供涉及市场调研、顾客护理、销售营销等业务内容。服务的外包是将发达国家的功能参数、隐性参数溢出到发展中国家的一种产业组织形式，服务外包的增值幅度高达100%，而制造业仅为2%~5%。我国本土广告公司应抓住全球服务外包快速发展的新机遇，积极承接国际服务外包。国际服务外包迅速发展是新一轮国际产业转移的重点，日益深刻地改变着国际产业和技术发展的模式，不断调整着各国在国际产业链和价值链中的位置。

(二) 充分发挥新技术的后发优势，重构广告产业价值链

按照价值链理论，根据广告的生产流程，广告产业价值链可以分解为创意设计、广告制作、广告代理和广告发布四个环节，其中创意设计环节包括广告调研、品牌咨询、广告策划等，广告制作环节包括广告搭建、广告印刷、影视片制作、周边产品制作等。在广告产业价值链中，创意设计环节是广告赖以生存和发展的核心。

在传统的广告产业价值链的构造中，由于产业分野的局限，广告公司形成了从创意设计、广告制作、广告代理到广告发布上下游环环相扣的线性生产流程，该流程中的价值链通常注重价值链成员上下游之间的固定联系。由于上下游成员之间不能灵活多向联系，更不能跳环节联系，一旦中间某一环节发生阻断，就会导致链条运转效率下降，甚至整个价值链无法运行。加上信息的不对称，成员之间的协作性比较差，价值链的运作成本高，效率低。而僵化的价值链会使得各成员只注重自身企业的价值与利益，容易忽略整个价值链的价值与利益。此外，传统价值链在满足顾客需求、实现顾客价值方面存在不足。目前广告市场的情况越来越复杂，企业的广告传播需求又千差万别，消费者行为也支离破碎，这种情况下，过去基于抽样的、把握主流的、推及估算的营销系统显然无法满足需要，传统的产业模式难以对消费者特征进行全方位把握，导致广告信息传递困难、失真；由于新的价值链存在交叉现象，加上广告生产的分工精细化以后，广告产业链的增值环节变得越来越多，原有的广告产业链难以兼容新的增值链条，再保持绵长的线性产业链会使广告服务成本高昂，反应迟钝，效率低下。

随着以互联网为代表的数字时代的到来，新的传播手段和传播技术不断涌现，广告服务市场正发生着前所未有的深刻变化：广告传播领域扩大，传播速度加快；在媒介融合不断加深和拓展的形势下，复合型的广告传播模式代替了单一的传播路径和平台，以互动性、开放性为主要特点的开放型传播平台挑战传统的传播路径。广告公司必须加强对现代广告传播形态、传播方法和传播手段的研究、开发和应用，适应由于融合而产生的广告载体和信息类型

增加、不同载体形态和传播状态之间切换速度加快、个性化需求显著增加的要求，广告产业呈现高度开放性和双向互动性，线性的盈利模式难以实现不同载体和不同产业之间内容和渠道的共享，也就无法兼容业态融合中迸发出来的市场需求。

在互联网技术的冲击下，我国广告产业的国际扩张反而可以克服传统广告业业态落后、低效率的缺陷，利用移动互联网的能力在传统产业建立更有竞争力的业务。当前中国互联网已经对传统产业产生冲击，而这些行业现在只是整个中国经济中非常小的部分。中国经济由于后发，各行各业的发展都落后于发达国家，当互联网全面应用于各行各业的时候，中国若有更好的技术、更优秀的人才、更合理的公司治理结构，就可对这个行业产生更大的影响。

构成产业价值链的链环越来越多，即产业价值链越来越长，产业价值链的价值创造、价值转移、价值增值过程由粗糙过渡至精细，由低附加值过渡至高附加值，由混乱过渡至秩序化。在日益激烈的竞争下，专业化分工越来越细，产业价值链当中的企业只承担链环上某一个价值活动，提供链条中某一环节的产品或者服务。如此一来，产业价值链上的企业数量大幅增加，从而使各个企业的专业化程度越来越高，分工越来越细，形成良性循环，进而使产业价值链呈现由多个、多种类型、来自不同国家的企业所构成的多层次的网络结构，促使产业延伸，实现产业升级。从价值链的角度来看，基于应对和利用新技术的后发优势，可以通过其虚拟化、网络化和柔性化来实现其重构，丰富国际化扩张的手段与形式。

1. 价值链的虚拟化

广告公司虚拟价值链是其基本价值链在市场空间中的增值过程的反映，是在广告公司基本价值链的基础上，利用网络和信息技术，对内部各价值活动进行重新组织与安排，其目标是实现广告业务的扩展，实现价值增值。如广告公司虚拟价值链中，信息作为企业的新价值来源，通过加工，可形成新的市场机会和价值增值空间，创造更大的价值。广告公司基本价值链和虚拟价值链的基本活动存在一一对应的关系，基本价值链上的每一项基本活动都包含收集信息、组织信息、选择信息、合成信息、分配信息五项创造价值的活动，进而构成广告公司虚拟价值链上相应的价值增值活动，包括虚拟生产、网络营销、网络广告、在线服务等。虚拟生产是基于信息技术而进行的生产方式的变革，在广告公司中具体表现为：广告公司通过信息管理或精简生产过程来实现生产的低成本、高效率、高质量。未来广告公司可以把价值链中的各个环节分解为诸如广告创意公司、营销推广公司、传播渠道公司、广告代理公司、受众调查服务公司等独立的组织，相互之间以信任和互惠来达成合作关系，这种虚拟化的参与方式可以有效降低参与国际分工的风险与成本，并在国际范围内实现规模经济带来的利益。

2. 价值链的网络化

在数字技术和网络技术的助推之下，广告传播需求呈现出即时、个性、定向、精确和低成本偏向的要求。在技术融合的驱动下，广告传播和形态转换成本降低，因此，广告产业价值链的关联逻辑随之发生变化。一方面，业务融合释放出的信息生产和消费能力对广告传播的规模化程度和效率要求显著提高，广告创意与策划在产业链中的核心功能进一步凸显；另一方面，业务融合的过程中，生产方式交互性和网络化的特征又使得广告产业链增值环节出现新的变化。在交互性和网络化的生产格局中容易形成双向甚至多向、多层次的产业链。业务融合对价值链的影响涉及产业链的各个环节，甚至包括竞争对手，这些利益相关者对广告产业经营产生直接或间接影响的诸多因素，彼此之间相互影响，使价值生成、分配、转移逐渐衍生为跨行业的价值网，即价值链的网络化。价值链的网络化需要各价值附加环节的协同作业，这样不仅增加了管理的复杂性，而且要求价值网络保持着一个可渗透的边界，表现在企业组织上，企业组织也呈现相应的网络化趋势，企业除了通过股权关系控制自已公司系统的企业，扩张传统的资产所有权规模之外，还通过正式合同或者非正式合同控制着巨大的“合同性资产”，成为各种非股权关系的网络中心。企业虽然不拥有这些企业的所有权，但控制着它的行为，使其成为了公司价值链的一部分，形成了一个紧密协调、利益共享、风险共担的利益共同体。企业组织从刚性的科层结构发展到柔性的网络结构。价值链的网络化直接表现在广告公司日益追求建构自身的价值网。广告公司价值网是广告公司为扩展资源、更好地提供广告传播服务而建立的合作联盟系统，将广告公司与受众、代理商、推广商、广告主连接成一个完整的、极具竞争力的网络系统，从而打破传统价值链的线性思维和价值活动的顺序模式，围绕广告价值增值对原有价值链进行重构，使价值链的各增值环节按照整体价值最优的原则相互融合和衔接。

3. 价值链的柔性化

在产业分立的环境中，广告以线性形式串联起来的价值链在很大程度上是以价值传递为逻辑串联关系的。这种串联可以起到联结彼此优势的功效。但由于惯性或惰性，产业价值链总会或多或少地表现出一种刚性，难以根据市场需求的变化随机应变，例如产业链前端的环节因为远离客户终端，容易失去对市场的感知敏锐度，在此情况下，固定的串联关系容易失去应变的快捷性，抗风险能力降低，企业面对的将是通过产业链放大的风险和压力。业务融合中，由于多个产品、多个市场的交叉、重叠、替代，价值链被分割成块，形成一个能够驱动不同业务流程的网络。在价值网络中，繁复冗长的价值链将精简为任意两点的灵活组合和连接。这样的价值链具有很强的适应性，能够根据业务灵活变化，连接越简洁，价值链的效能就越高，组合越灵活，价值链的抗风险强度就越大。这样一来，单一的固定的价值链逐渐柔性化，在不同的业务流程中分解为多条简洁灵活的价值链，价值链的弹性就会与市场结构匹配，甚至同步，其化解市场风险的能力就会逐渐增强。广告公司作为价值链柔性化的载体，在价值链柔性化趋势中，其首要功能应倾向于构建与价值链柔性化相匹配的柔性整合平台，通过整合价值网络中的各个资源要素，使不同的资源实现平衡，通过价值网络中的资源高共享度和柔性高共生度来提高广告公司处理运营中不确定性的能力。

在此基础之上，应通过鼓励本土广告公司的并购重组，实现广告业务的纵向深化整合和横向运营协同，提高广告市场的市场集中度，提高市场竞争能力，并在组织架构、管理方式等方面进行相应调整，以优化管理、提升效率，降低企业运营成本。

除此之外，由于国际广告市场投资风险加大、市场环境不明朗以及我国广告企业国际化运作方式不成熟等原因，我国广告企业的国际化仍需依赖政府与广告业的协作，需要政府营造完善的广告业国际化的支撑体系。加强政府对广告业国际化所需产业管理政策、财政政策以及市场开发政策、技术创新政策的支持、完善。完善广告业的产业管理体制，鼓励广告业与相关产业的并购重组，提升广告业跨业经营的水平，为广告业深度开发资源提供基础性经验。如支持广告企业利用国内资本市场，拓展企业国际化需要的投资、融资渠道，降低企业国际化风险。

【参考文献】

[1]于立新，陈昭，江皎．中国服务外包产业竞争力研究——基于部分试点城市的分析[J]．财贸经济，2010(9)．

[2]郁雷．外商投资广告业的若干法律问题[EB/OL]．[2013-10-20]．http://article.chinalawinfo.com/Article_Detail.asp? ArticleID=67168.

[3]郑吉昌，朱旭光．全球服务产业转移与国际服务贸易发展趋势[J]．财贸经济，2013(9)．

[4]张金海，廖秉宜．中国广告产业发展的危机及产业创新的对策[J]．新闻与传播评论，2008.

[5]沈艳. 技术进步与广告产业升级转型：基于价值链视角[J]. 文化产业研究，2013.

【作者简介】

王松茂，武汉大学新闻与传播学院副教授，主要从事媒介经济学研究。

下篇　2013 年中国媒体发展专题研究报告

大数据时代的传播管理

曾　琼

大数据，一个令人惊讶的概念，引发社会诸多领域的广泛关注与热议。媒介传播领域的相关研究也随即展开，涉及大数据时代媒体的发展、传媒经济、媒介经营管理多层面问题的探讨。有学者甚至将“大数据”列入2012年中国传媒业的关键词①。本文采取传播管理的视角，重点讨论大数据对传统传播管理造成的重大挑战，以及将由此引发的大数据环境下传播管理的革命性变迁。

一、数据、大数据与大数据时代

本文无意于“数据”、“大数据”、“大数据时代”概念的精准定义，但相关概念的厘清，有助问题讨论的明晰与深入。

“数据”是一个被频繁使用的概念，但在互联网时代却有着特定的含义，是指“载荷或记录信息的按一定规则排列组合的物理符号，可以是数字、文字、图像，也可以是计算机代码”②。简单地说，“数据是对信息数字化的记录”③。

那么，何种数据才能被称为大数据？换言之，数据“大”到何种程度才能被称为“大数据”？这是诸多学者讨论的问题。较为一致的看法是：所谓“大数据”，是指那些规模巨大，已经超出传统意义上的尺度，无法在可容忍的时间内，用传统的IT技术和一般软硬件工具，对其进行抓取、存储、管理和分析的数据。所谓“大”，是一个抽象的概念，并无确切的计量。因此我们可以说，所谓“大数据”是对网络海量数据可感知却未可准确计量的数据状况的一种描述。

网络数据由既存数据与即时数据构成，共同促成其海量性。有资料显示，1998年，全球网民平均每月使用的流量是1MB（兆字节），2008年是1GB（1GB=1024MB），到2012年，全球每年产出的数据量已跨越TB级、PB级、EB级而进入ZB级，达2.4ZB（1ZB=1024EB、1EB=1024PB、1PB=1024TB）。伴随互联网特别是移动互联网的发展，网络数据量以10^N的趋势增长。全网流量累计达到1EB（即10亿GB）所用的时间，在2001年是一个年，在2004年是一个月，在2007年是一周，而在2013年仅需一天。到2020年，数据量将增加至40ZB。

互联网中与日俱增的海量数据，以结构化数据、非结构化数据以及半结构化数据的形态，存储于网络之中。而互联网每天产生的信息流量，竟达1EB。每秒钟通过网络传输的数据总量已超过20年之前互联网的总存储量④。Google公司通过大规模集群和Mapreduce软

① 喻国明，宋美杰．微电影、大数据、三网融合：中国传媒业跨入新传播时代的门槛——社会视角下的2012年中国传媒业关键词[J]，编辑之友，2013(2).

② 维基百科对“数据”的定义，转引自黄升民，刘珊．“大数据”背景下营销体系的解构与重构[J]．现代传播，2012(11).

③ 黄升民，刘珊．“大数据”背景下营销体系的解构与重构[J]．现代传播，2012(11).

④ 朱东华，等．大数据环境下技术创新管理方法研究[J]．科学学与科学技术管理，2013(4).

件，每月处理的数据量超过 400PB；百度每天大约要处理几十 PB 的数据；Facebook 注册用户超过 10 亿，每月上传的照片超过 10 亿张，每天生产 300TB 以上的日志数据；淘宝网会员超过 3.7 亿，在线商品超过 8.8 亿，每天交易数千万笔，产生约 20TB 的数据。

"大数据"已是一个既存事实，然而并不能据此断言我们就已进入"大数据时代"。我们认为，进入"大数据时代"还有一个重要标志，那就是数据挖掘、存储、管理、分析能力是否有相应的提升。"大数据时代，国家层面的竞争力部分体现为一国拥有大数据的规模、活性以及对数据的解释、运用的能力。一个国家在网络空间的数据主权将是继海、陆、空、天之后另一个大国博弈的空间。"①西方国家率先发力。2012 年 3 月，美国公布了"大数据研发计划"。整个计算机领域，从追求计算速度转变为关注大数据处理能力，软件开发也从以编程为主转变为以数据为中心。我们看到，目前的数据挖掘、管理、分析技术已有了重大进展，能力已有了极大提升。正是大数据挖掘、存储、管理与分析技术的相应提升，共同促进了"大数据时代"的真正来临。

几乎所有关注大数据问题的研究者都普遍认为，目前的数据抓取、管理与分析处理技术，还远远跟不上大数据的发展。也就是说，在大数据环境下，我们的数据处理能力还非常有限。从这个意义上讲，我们是否可以说，我们刚刚进入"大数据时代"的初始阶段呢？

二、基于数据驱动的数字传播管理

大数据对诸多领域的决策管理造成的严峻挑战普遍发生着。当我们研究大数据可能引发的传播管理方面的革命性变迁时，首先要审视的一个问题就是传统传播管理的重大局限。

根据笔者的相关分析，传统传播管理的决策机制大体有两种类型：一种是基于目标驱动的定性预测决策机制；另一种是基于目标驱动的定量分析与定性预测相结合的决策机制。

基于目标驱动的定性预测决策机制，是指某一特定的传播组织为达成其预先制定的传播目标，依据传播者对传播环境的感知与判断，来制定整体的传播战略与具体的传播策略。此一传播决策机制曾为许多传播组织普遍使用，至今仍不乏使用者。其特征是，无论是目标制定还是目标达成，其战略与策略的确立，都带有强烈的主观色彩，其成败完全依赖决策者个人主观判断的准确与否。其科学性是备受质疑的。

基于目标驱动的定量分析与定性预测相结合的决策机制，显然是一种进步，大大提升了传播决策的可信度。但是，其缺憾同样是显而易见的，这主要是由用于定量分析的数据来源与采集的局限所造成的。无论是既存的文献资讯，还是调查方能获取的第一手资讯，其收集方式主要依赖人工，而调查采取的主要是一种抽样或选样方式，这就决定了资讯样本的有限性、资讯数量的有限性，并存在这种传统资讯收集方式所造成的资金成本和时间成本过高的缺陷，从而影响传播决策的科学性与时效性。时效性对传播决策，尤其是策略层面的决策的重要程度，丝毫不亚于用于定量分析决策的资讯本身。

在大数据面前，传统的数据采集方式与分析手段显得那么的苍白无力。大数据及其数据抓取、存储、管理与分析技术，既对传统的传播管理造成了重大挑战，又给新的传播管理系统的建立带来了重大机遇。

首先，用于传播决策的数据规模足够庞大。所谓"大数据"应是一个全数据的概念，它将取代传统数据采集通常使用的样本的概念。一直以来，因为考虑到资讯采集的资金成本与时间成本问题，社会学建立起科学的抽样方式以取代普查，并力图以此去接近真实。我们并非完全否认抽样或选样的科学性，但"样本"毕竟是"样本"，而非"全部"，它可以反映"样

① 李国杰，程学旗. 大数据研究：未来科技及经济社会发展的重大战略领域——大数据的研究现状与科学思考[J]. 中国科学院院刊，2012(6).

本”的真实，却很难说能完全反映“全部”的真实，它具有一定的代表性，却很难说具备足够的代表性。这正是“样本”的根本局限之所在。

其次，大数据环境下，用于数据处理分析的技术是传统的统计分析方法完全不可以比拟的。传统的统计分析，能发现问题，却不能发现问题产生的原因。基于大数据的数据分析处理，目前正着力于开发关联分析技术，力图从海量数据中隔离关联数据与非关联数据，并强化数据的关联性分析，以期寻找出数据集里隐藏的关系网①。虽然对于大数据的关联分析是不是也存在“知其然而不知其所以然”的问题，目前仍存争议，但基于大数据的数据分析处理技术日益智能化的发展，却是不争的事实。

正是基于上述原因，新的传播管理系统的建立成为可能。第一，它将使传播决策由主观目标驱动向客观数据驱动的转变成为一种必然的选择。以往传播决策的主观目标驱动的弊端，就客观因素而言，往往是由数据人工采集的困难、数据量的有限及其样本的局限，以及数据自身的不确定性所导致的。而大数据及其日趋智能化的分析处理技术，为传播目标的科学建立，提供了强有力的数据及其科学分析的支撑，使传播决策的目标决策起点就建立在充分数据的基础之上。这将是一个最为本质的改变。第二，基于全数据分析的传播战略决策与基于特定数据集(如传播环境数据、受众数据、效果数据等)分析的传播策略决策，将成为大数据环境下的两种基本的传播决策方式。传播战略决策属于传播的宏观决策。上述传播目标决策，实际上也属于传播战略决策的重要组成部分。宏观决策需要更宽阔的视野，需要更为周全的审视，任何问题的疏漏都有可能造成战略决策的偏差甚至是失误。所以传播战略的决策，必须建立在大数据或全数据的基础之上。基于特定数据集的分析，提供的是对具体问题的深入洞见，更适宜于传播策略的科学决策。第三，基于即时海量数据的监测与分析处理，有助于建立传播组织的危机预警机制，促进传播策略的动态调整。如前所述，网络数据由既存数据与即时数据构成。互联网即时生成的数据现已海量增长。互联网即时数据的监测技术、抓取技术、分析处理技术现已有相当的发展，能够为传播组织提供即时的分析处理。传播组织的传播危机时有发生，这是任何传播组织都有可能遇到的问题。一方面，互联网海量信息流，具有将危机放大的负功能；另一方面，其数据处理技术又要求我们对这些海量流动的数据提供实时监测的可能——从危机点的发现到对它的动态追踪，从而有效建立起突发危机事件的预警与响应机制。这是传统传播管理很难实现的。同时，在传统的传播管理中，传播策略一旦制定，一般是很难作出适时调整的，这主要是因为支持和促使传播策略调整的数据依据很难即时获取。然而，互联网的实时数据监测，能捕捉到包括传播效果在内的各种信息的回流与反馈，用以支持传播策略的随时调整。

总而言之，大数据环境下，基于大数据与数据抓取、分析处理技术，将建构起与传统传播管理迥异的以数据为驱动的新的传播管理系统，我们称之为数字传播管理。其中包括数据驱动的传播决策机制(传播战略决策机制与传播策略决策机制)、数据驱动的预警机制与数据驱动的传播策略动态调适机制。

三、数字传播管理的效能逻辑

上文我们讨论了大数据在传播管理中的运用，即运用大数据将建构起基于数据驱动的新的传播管理系统。那么，在新的传播管理系统中，大数据的作用又是如何发生的呢？我们所说的基于数据驱动的数字传播管理，其效能逻辑如何？这是本文要回答的又一个问题。

知识管理学者将人类对客观事物的认知按从数据到智慧分为几个不同层级的类别。笔者

① 刘炜，夏翠娟，张春景．大数据与关联数据：正在到来的数据技术革命[J]．现代图书情报技术，2013(4)．

较为认同的是四类分法，即数据、信息、知识和智慧①。基于这种四类分法，建构起 IT 时代的知识金字塔结构，如图示：

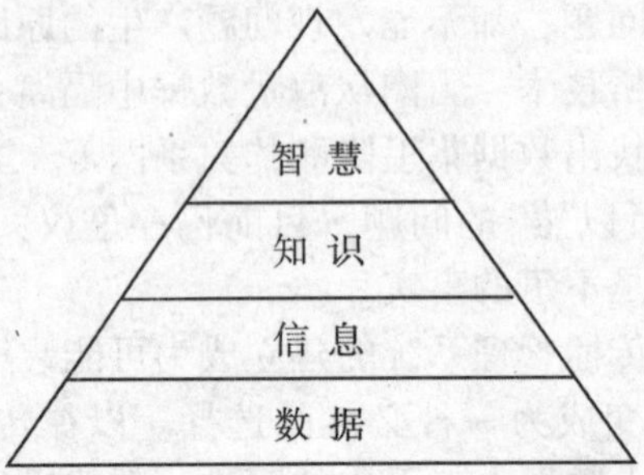

在这里，所谓数据，只是客观事实的原始记录，未被加工解释，并且数据之间彼此分散和孤立，没有建立起任何相互联系，它们只是反映客观事物的某种状态，“除了存在以外没有任何意义”②。数字传播管理效能逻辑的第一步，便是运用数据抓取与挖掘技术，从海量的既存数据和即时数据中，将关联数据与非关联数据隔离，并将海量的以非结构化形式存在的关联数据结构化，建立起关系数据库，为数据的分析处理提供可靠的数据基础与依据。显然，从目前的数据抓取与挖掘技术来看，条件还不成熟。因此，大数据的抓取与挖掘的“去冗降噪”技术的突破便成为关键。

数字传播管理效能逻辑的第二步，是基于数据的分析，促使从数据走向信息。相对数据而言，所谓信息，或认为是“经过解释能够成为一种结构含义丰富的数据”，“有前后文联系、有意义的数据”，“已经排列成有意义的形式的数据”；或认为是“使数据之间建立起联系，形成回答了某个特定问题的文本”，“包含了某种类型可能的因果关系的理解”。③ 简言之，数据只陈述事实“怎样”，而在数据基础上形成的信息，则形成对“怎样”背后某种因果关系的理解。毫无疑问，促使从数据走向信息，关键在于对数据的关联性分析，关联性分析越深入，精确度就越高，信息的有效性就越强。目前，大数据分析技术的开发，正成为数据分析技术突破的关键点，不仅关注关系型数据库的计算模式，也开始寻求非关系型数据库的“大数据”解决方案。“越来越多的大数据应用开始引入语义技术，使数据的描述更为规范且富含机器可理解的语义”，“并使大数据的分析深入到‘知识’层次”，“提供丰富的关联功能和简单的推理能力”。④

如果说数据与信息还停留在人类认识客观事物的感性层面，那么，知识与智慧则进入人类认知的理性层面。对于知识与智慧，诸多学者作过诸多的解读。所谓“知识”，通常认为是“经过加工提炼，将很多信息材料的内容联系进行综合分析，从而得出的系统结论”⑤，通常“提供一种可预测的更高的层次”，“能够积极地指导任务的执行和管理，进行决策和解决问题”⑥。而

---

① 王德禄．知识管理的 IT 实现——朴素的知识管理[M]．北京：电子工业出版社，2003：3.

② [英]斯图尔特·巴恩斯．知识管理系统理论与实务[M]．阎达五，等，译．北京：机械工业出版社，2004：1.

③ 参见荆宁宁，程俊瑜．数据、信息、知识与智慧[J]．情报科学，2005(12).

④ 刘炜，夏翠娟，张春景．大数据与关联数据：正在到来的数据技术革命[J]．现代图书情报技术，2013(4).

⑤ 王德禄．知识管理的 IT 实现——朴素的知识管理[M]．北京：电子工业出版社，2003：3.

⑥ [美]迈克尔·J. 马奎特．创建学习型组织与要素[M]．邱昭良，译．北京：机械工业出版社，2003：17.

所谓智慧，则表现为“一种推测的、非确定的和非随机的过程”①，既表现为“收集、加工应用、传播信息和知识的能力”，又表现为“对事物发展的前瞻性看法”②。从传播管理中的实际运用来看，知识与智慧能同时提供现实问题的解决办法，但智慧则因其具有“对事物发展的前瞻性看法”，而能提供对未来的预测，从而为传播的战略管理提供有效运用。

在人类的认知结构中，从数据、信息到知识、智慧，通常需要发挥人的大脑的作用。但在大数据时代，人脑对大数据的处理能力是颇为有限的。我们无力在有限的时间内推进从数据到信息的跃进，也无力在有限的时间内推进从数据、信息到知识、智慧的跃进。数据环境改变了。我们只能借助人脑所开发的“机器”，人脑所开发的数据分析处理技术，来应对大数据环境。

在大数据环境下，对数据的抓取、储存、管理与分析，似乎越来越依赖技术，甚至可以说，我们患上了技术依赖症。我们并非纯粹的技术论者。所谓技术，归根结底还是生成于人的大脑。我们经常借用麦克卢汉的话，说“媒介是人体的延伸”。计算机是人脑的延伸，计算机技术是人脑功能的延伸。正因为如此，计算机就不是一般纯粹的机器，而是一个充满智慧、能思辨极为复杂的问题的“大脑”。高度智能化发展，是IT技术可预见的未来。这将为我们从数据走向信息，从数据、信息走向知识，从数据、信息、知识走向智慧，提供可能，从而充分实现数字传播管理更高的效能逻辑。

【参考文献】

[1]邬贺铨．大数据时代的机遇与挑战[J]．求是，2013(4)．

[2]钟瑛，张恒山．大数据的缘起、冲击及其应对[J]．现代传播，2013(7)．

[3]李国杰，程学旗．大数据研究：未来科技及经济社会发展的重大战略领域——大数据的研究现状与科学思考[J]．中国科学院院刊，2012(6)．

[4]Gene Bellinger，Durval Castro，Anthony Mills. Data，Information，Knowledge，and Wisdom [EB/OL]．[2004-05-04]．http：//www. systems-thinking. org/dikw/dikw. htm.

【作者简介】

曾琼，武汉大学新闻与传播学院2012级博士生，吉首大学文学与新闻传播学院讲师。

---

① [英]斯图尔特·巴恩斯．知识管理系统理论与实务[M]．阎达五，等，译．北京：机械工业出版社，2004：15.

② 王德禄．知识管理的IT实现——朴素的知识管理[M]．北京：电子工业出版社，2003：15.

机遇与挑战：大数据时代的媒介内容分析

褚金勇

描绘当今世界日新月异的知识信息图景，无法绕开对媒介信息的爆炸性增长的关注。互联网的出现，不但使广大受众参与到媒介信息制造的进程中，而且使传统媒体在数字化转型中加入数据增长的浪潮，进而推动媒介信息数据呈现海量化、非结构化的增长，这已经深刻影响到人类生活与社会发展，并且成为人们普遍关注的热点问题。有学者指出："信息和传播的膨胀是当今世界发展的逻辑现象，其中最核心的构成是媒介。……通过传媒反映出来的信息与人的关系，目前成为个人、集体乃至社会利益的中心。"①大量数据席卷而来，给媒介信息数据获取、分析、处理问题带来了挑战，我们需要寻找认识框架与分析方法来处理媒介数据，来阐释媒介信息与受众媒介感知之间的关系。而此中，媒介内容分析法成为我们挖掘媒介信息资源、认识数字传媒社会的重要路径与方法。本文将就大数据时代中媒介内容的生产变化、媒介内容分析的机遇与挑战展开分析。

一、数字媒体与媒介信息的大数据时代

与"信息化"、"物联网"、"云计算"等概念相比，人们对"大数据"的概念相对陌生一些，但却并不意味着其影响力微弱。早在1980年，著名未来学家阿尔文·托夫勒便在《第三次浪潮》一书中，将大数据热情地赞颂为"第三次浪潮的华彩乐章"。但直到最近几年，"大数据"才得到人们的广泛关注。在此时引起关注是有原因的，环顾当下，论坛、博客、微博、微信等新媒体形式层出不穷，影响力逐渐扩大，传统媒体如报刊、广播、电视等也紧锣密鼓地进行数字化转型。网络媒体本身就是一种数字化的产物，每天都有海量的信息数据在网络上呈现，而传统媒体内容也通过媒介融合在网络上呈现，新旧媒体借助互联网平台呈现出媒介融合的态势，数据生产呈裂变式状态发展，推动了媒介信息大数据时代的到来。当前，关于"大数据"还没有明确一致的概念界定。麦肯锡给出的界定是："大数据是指无法在一定时间内用传统数据库软件工具对其内容进行采集、存储、管理和分析的数据集合。② 而维基百科如此阐释"大数据"概念："大数据指的是所涉及的资料量规模巨大到无法通过目前主流软件工具，在合理时间内达到撷取、管理、处理并整理成为帮助企业经营决策目的的资讯。"③尽管对"大数据"众说纷纭，莫衷一是，但对"大数据"的"四V特征"还是存在共识的：(1)数据规模大(Volume)；(2)数据种类多(Variety)；(3)数据要求处理速度快(Velocity)；(4)数据价值密度低(Value)。"四V特征"使得"大数据"有别于传统的数据概念，同时需要指出的是，"大数据"的概念与"海量数据"有相当大的差异，"海量数据"单纯表示数据的量的大小，而"大数据"不单单用来描述大量的数据，还寓示着数据的复杂的非结构化形态，数据生产、传输在时间上的便捷，甚至包括对数据的挖掘、分析、利用等数据

① 陈卫星．传播的观念[M]．北京：人民出版社，2004：11.

② 计算机行业—大数据(Big Data)专题报告[R]．光大证券股份有限公司研究所，2011.

③ Big Data[EB/OL].[2013-05-16].http://en. wikipedia. org/wiki/Big_data.

处理能力的提升。

谈及"大数据"带来的信息革命，《大数据时代》的作者维克托·迈尔说："在改变人类基本的生活与思考方式的同时，大数据早已在推动人类信息管理准则的重新定位。然而，不同于印刷革命，我们没有几个世纪的时间去适应，我们也许只有几年时间；大数据，决定企业的竞争力。"①此说确乎说出了当下媒体发展转型的严峻形势，在互联网迅猛发展的今天，传统媒体出现严重的衰颓之势，甚至业界、学界有很多人预言"报刊即将死亡"。数字化转型已经成为大势所趋，报刊作为最保守的传统媒体，在"数字化找死，不数字化等死"的两难论调中艰难转型，广播、电视也开始融入数字化生产的潮流之中。正如有的学者所言："技术最新发展表明，媒介融合的技术障碍已经被攻破，不同媒介方式的界限越来越模糊，印刷的、音频的、视频的、互动性数字媒体之间，有线与无线之间，信息采集、生产、传播、存储、显示之间，已经具备联盟的技术基础。应该说，数字技术打破了媒介的介质壁垒，使同一内容多介质实现成为可能。"②我们看到，报刊书籍等印刷媒介，虽然最终形态还是纸质呈现，但生产过程已经不同以往；传统电影也摆脱胶片时代，推出数字电影生产模式；而数字化广播、数字化电视也已经进入人们的日常生活之中。这其中我们尤为注意的应该是传统书籍报刊的数字化转型。如今各大报社接连组建了采编业务网，编辑部和其他部门都已经采用电脑等数字设备，新闻采编、稿件传送、卫星传版、信息处理以及报纸印刷都已经升级换代。数字化转型是一场"全媒体运动"。我们在调研中发现，无论是现代新型媒体还是传统书籍、报刊、广播、电视媒体，每一种媒体形式都加入了数字化转型的潮流。这不但说明，所有媒体都是可以实现数字化转型的，而且未来，没有任何一种媒体形式可以离开数字化转型而生存下来。

媒体的数字化转型意味着媒介信息的数字化，也是信息的集成化、有序化、便利化，包括对文字、图标、图形、图像、音频、视频等所有媒体文献的数字化。数字化，指的是信息领域的数字技术向人类生活各个领域全面推进的过程，这其中包括通信领域、大众传播领域内的传播技术手段以数字制式全面替代传统模拟制式的转变过程。数字(Digital)在英语中具有数值或离散值等含义。数字传输是把信息作为数值处理，进而形成种种的数据信息，并存储于数据库之中。譬如报纸的数字化处理，把纸质报纸与 PDF 报纸的版面信息提取统一起来，把网络出版与数字化光盘制作统一起来，综合运用数据库、文字识别、搜索引擎等各种先进的信息技术，将报纸的发行日期、期号、版号、栏目、文章标题、正文、作者以及 PDF 版面等信息都加以数据呈现，不但能实现对报纸历史文献的保存和保护，还能实现对报纸信息的全文检索，最大限度地开发利用报纸的信息资源。媒体信息数据库是按照数据结构来组织、存储和管理数据的仓库，数据管理不再仅仅是存储和管理数据，而是转变成用户所需要的各种管理方式，便于搜索、查询，为我们的媒介内容分析研究提供了机遇。

二、内容分析与媒介信息资源的数据挖掘

身处媒介信息生产的"大数据"时代，我们想要深入把握"大数据"的现实意义，不但要瞩目于巨大的媒介信息量或数据量，而且要着力提升媒介信息数据的处理、分享、挖掘、分析等能力。易言之，"大数据"的价值并非止步于掌握大量的数据信息，而在于对这些含有意义的数据进行专业化处理。我们知道，无论是报刊、广播、电视等传统媒体，还是门户网站、博客、微博、论坛等新媒体，每天都在生产形形色色的内容，同时新的内容挤压旧的内

① [英]维克托·迈尔-舍恩伯格、肯尼思·库克耶．大数据时代——生活、工作与思维的大变革[M]．盛杨燕，周涛，译．杭州：浙江人民出版社，2013：217.

② 王鸿涛．媒介融合现状与前景[J]．中国记者，2007(6).

容，层层堆叠，形成海量的媒介内容和数据资源。但需要看到，媒介内容数据是一种散落的信息资源，容易被人们所忽视。对媒介信息内容的开发包括信息的生产、搜集、整序、组织、存储、检索、重组、转化、评价、应用等。而媒介信息资源的开发利用，首先面临的是媒介信息资源的开发路径问题，即如何开发这些媒介信息资源，如何利用这些媒介数据，如何在媒介信息之间、媒介信息与人之间、媒介信息与社会之间的关联性中发现价值。首要的方法便是媒介内容分析。

内容分析法是一种社会科学研究方法，也是媒介研究中经常使用的方法，该方法一般通过使用一整套程序，从而在文本中得出有效推论。它始于第二次世界大战期间的军事情报研究。二战之后，新闻传播学、政治学、图书馆学、社会学等学科领域的专家学者和军事情报机构一起，对内容分析方法进行了多学科研究，使其得到了较大范围的推广。当然，内容分析法在发展之中也出现了种种不同的界定，丹尼尔·里夫对诸种定义进行分析比较后如此阐释道："内容分析是对传播符号的系统性且可重复的考察，即根据有效的测量规则进行赋值，并对那些数值涉及的关系运用统计方法进行分析，以便对传播做出描述，对它的意义做出推论，或者从传播推论它在生产和消费两方面的背景。"①由此可见，内容分析是有一个系统的研究程序的。具体而言可以分以下几个步骤：提出问题或假设；确定研究范围；抽样；选择分析单元；建立分析类目；建立量化系统；进行内容编码；分析数据资料；解释结论；信度和效度检验。媒介大数据时代，为我们的内容分析带来了很多便利条件。譬如，以前做报纸的内容分析，我们需要到图书馆资料库，翻阅大量的报纸新闻，寻找具体的信息，但数字化处理之后，数据库系统预先对文本字段建立全文索引，通过报刊数据库，我们可以省去到图书馆奔波、翻阅的辛苦。诸多数据库系统都提供全文检索功能，通过一定的配置，可以对文本字段进行全文检索。现在，我们逐渐习惯在电脑的协助下进行传媒分析研究。源于电脑的帮助，创建媒介内容的数据库变得越来越容易，诸种数据分析挖掘软件在更新换代之中，使用计算机来编码，确定媒介内容，接近媒介内容，分析媒介内容。作为分析处理数字的装置，电脑可以计算所有的统计数据，而且许多人在使用标准的统计程序，例如社会科学统计软件(SPSS)，一旦将数据输入，这些软件程序就可以迅速灵活地做出数据处理、数据分析。

媒介内容分析法的实质是数据挖掘，对各种信息数据所含信息量及其变化进行分析，描述传播内容的倾向和特征。例如媒介报道中是否存在着对艾滋病的偏见以及该偏见达到何种程度；根据数据对内容进行可再现的、有效的推断，例如通过对各种数据的分析探讨经济新闻报道与受众风险感知之间的关系。当然这是概览式的解释，媒介内容分析可以从以下角度对媒介数据进行挖掘分析：(1)趋势推理：分析表现某一特征的信息的数量、重要性、强度等指标在不同时序里的变化和差异。例如，我们可以通过对近些年关于党员与精英形象的报道的分析，推断这一转变的趋势。(2)共变推理：根据表现两个以上事件的信息同时出现的状况进行推断，得出两者之间的相关性结论。如对新闻报道、线上讨论与线下行为之间的关系做出相关性分析。(3)因果推理：从表示特定事件的文字符号(语词)的变化来推断事件的发展变化。如从报纸、网络的政治、经济社论推断当时的政治、经济环境。诸种内容分析的取向，都意在开发挖掘媒介信息资源的潜在价值和显在价值。可以说，媒介信息资源的开发利用在实现媒介信息资源本身的经济价值的同时，也在降低对其他资源的消耗，进而实现整体资源的升值，增加社会总收益。

① [美]丹尼尔·里夫，等. 内容分析法——媒介信息量化研究技巧[M]. 嵇美云，译. 北京：清华大学出版社，2010：25.

三、“大数据”与媒介内容分析的局限性

媒介的大数据时代，各种媒介信息数据呈现非结构性的增长，对传统的社会科学研究方法产生重要影响。一个明显的变化是大数据时代更加重视量化分析与数据挖掘。正如Anderson Chris 所言：“这是一个大数据和应用数学的时代。它们取代了源自所有其他人类行为学科，从语言学到社会学的理论工具。别再提类型学、本体论，或是心理学。谁知道人们为什么做了什么？关键是他们做了，而且有迹可循，能被量化，保真度前所未有。有了足够的数据，数据就可以为自己代言。”①数据裂变式增长使得很多传统的研究方法陷入尴尬境地，无法处理复杂数据，就无法厘清社会运行的脉络，由此更凸显了量化分析与数据挖掘方法的重要性。作为数据挖掘处理的重要方法，媒介内容分析是通过对媒介信息数据的处理，挖掘各种媒介数据之间的关联与意义。当然，“大数据”在带给媒介内容分析新的发展机遇的同时，也带来种种变化。譬如，以前的媒介内容分析大多是对报纸、广播、电视等固定内容、系统数据的分析，而互联网带来的数据是凌乱的，对网络信息资源的处理分析，情况要复杂得多，要依托网络应用技术，将存储在网络媒体中的信息数据从不可得状态变为可得状态，从可得状态转变为可用状态，从低水平的可用状态变为高水平的可用状态。可见大数据给媒介内容分析方法带来了前所未有的挑战。甚至有人说，传统的内容分析方法立基于假设检验。而在大数据面前，一些人声称传统的研究方法，特别是定量方法及其所订立的规范已经失效。② 大数据时代的信息芜杂凌乱、呈非结构性增长，需要寻找更好的研究规范与理论假设，而不能因噎废食。如果因为大数据时代的数据具有非结构性，我们便不再寻找模型，停止演绎，我们做的还算是科学么？

当然，我们也应该看到在大数据时代，媒介内容分析的局限性。如今，我们的工作、学习、生活都被收集数据、处理数据的计算机调控着。大数据时代，数据的非结构性增长，数量巨大，尽管通过媒介内容分析方法，可以对媒介信息效果等问题进行操作测量，能够将数据与数据之间的意义挖掘保留，但需要看到，大数据时代，媒介内容的数据分析并不是全能的，即有很多问题是数据分析做不了的。在《纽约时报》中，有人从以下六个方面探讨数据分析的局限性：(1)数据不懂社交；(2)数据不懂背景；(3)数据会制造出更大的“干草垛”；(4)大数据无法解决大问题；(5)数据偏爱潮流，忽视杰作；(6)数据掩盖了价值观念。③ 鉴于媒介信息数据的海量性和多样性，想要对媒介信息资源进行严密的量化分析和数据挖掘，在现实中很难实现，其广度仅限于那些在我们的研究中使用这些数据的人的想象。同时需要看到，计算机的数据搜索结果可能不一致并且不精确，因为数据搜索有多重形式，不同的搜索者对于相关内容获得的数据清单有时存在相当大的差异。例如报刊数字化之后，印刷内容的数据库版本和印刷版本并非完全一致。我们在报纸上看到的内容和在数据库中看到的内容完全相同的情况几乎没有。倘若想要通过报纸数据库来推断印刷版报纸对受众的影响，需要考量其中的差别，因为结果并不一定与现实一致。

最后需要指出的，数据分析、数据挖掘的技术条件再先进、再完备，毕竟都是人工设计、人工操作的。在媒介内容分析中，无论是概念化阶段、研究设计阶段还是执行阶段，每个阶段中人工参与都是占主导性的，计算机属于辅助手段。正如有学者指出的：“电子计算

---

① Anderson, Chris. The end of theory: the data deluge makes the scientific method obsolete[J]. Wired Magazine, 2008.

② Big Data and the Survival of the Scientific Method[EB/OL].[2012-02-13]. http://badhessian.org/.

③ “大数据”时代，什么是数据分析做不了的？[N/OL]. 陶子，译. 纽约时报，What Data Cannot Do?[2013-02-27]. http://www.guokr.com/article/436729/.

机是驽钝的：它将会严格地执行程序员告诉它要做的工作。如果一个程序员聪明地解决了一个问题，机器将会‘聪明’地予以执行。如果程序员编制的程序不正确，机器将会忠实地并乖乖地按照程序员告诉它的那样产生错误。”①媒介数据资料的获得、处理、挖掘技术的提高是开展媒介内容分析的前提，但也仅仅是前提，而不是媒介内容分析的全部。媒介内容分析中要考虑与其他媒介或数据来源的比较、操作化和测量角色、抽样、信度以及恰当的统计分析，这些都需要通过人工设计来完成。在开展一项媒介内容分析的时候，需要研究者根据自我的研究视野和问题意识，明确对特定内容分析将如何操作，通过研究回应一个具体的研究问题或检验一个特定的研究假设。因此，我们需要深知：“最终，研究事业的成果很少取决于精细的数据分析或者使用令人费解的统计程序，更多地取决于研究问题或假设的清晰度，以及研究设计的有效性。”②有鉴于此，在大数据时代开展媒介内容分析的过程中，既要明确大数据时代数据处理挖掘的意义，又要提高自我的理论高度和研究水平，采用适当的媒介内容分析方法进行数据处理，使大数据时代的数据分析与数据挖掘达到一个新水平。

【参考文献】

[1]邱均平．文献计量与内容分析[M]．长春：吉林科学技术出版社，2005.

[2][美]丹尼尔·里夫，等．内容分析法——媒介信息量化研究技巧[M]．嵇美云，译．北京：清华大学出版社，2010.

[3]张洋，等．网络信息资源开发与利用[M]．北京：科学出版社，2010.

[4]计算机行业—大数据(Big Data)专题报告[R]．光大证券股份有限公司研究所，2011.

[5][英]维克托·迈尔-舍恩伯格，肯尼思·库克耶．大数据时代——生活、工作与思维的大变革[M]．盛杨燕，周涛，译．杭州：浙江人民出版社，2013.

[6]马建光，姜巍．大数据的概念、特征及应用[J]．国防科技，2013(2).

[7]陈昌凤．“大数据”时代如何做新闻？[J]．新闻与写作，2013(1).

[8]俞立平．大数据与大数据经济学[J]．中国软科学，2013(7).

【作者简介】

褚金勇，武汉大学新闻与传播学院2011级博士生，研究方向为媒介文化研究。

① Kerlinger, F. N. Foundations of behavioral research (2nd ed) [M]. New York: Holt, Rinehart & Winston, 1973: 706.

② [美]丹尼尔·里夫，等．内容分析法——媒介信息量化研究技巧[M]．嵇美云，译．北京：清华大学出版社，2010：207.

“网络体”语体特点与传播规律的实证分析

姜 伟

一、引 言

语言自诞生之日起便随着社会的发展而不断变化。胡适有“一个时代有一个时代之文学”的说法，这句话既涵括了“一个时代有一个时代之语言”的意思，也包含了“一个时代有一个时代之文体”的意思。依据此言梳理我们文学语言的变更历史，可以发现在古代有四言、骚体、五言、乐府、律诗、绝句、长短句、散曲、套曲各种文体，现代也有小说、戏剧、诗歌、散文各种体裁。而时至今日，随着网络时代的到来，中国的语言也有了新的变化。传媒的力量是巨大的，早在1901年，《清议报》上就有人撰文发言“自报章兴，吾国文体为之一变”，而今日我们可以说，“自网络兴，吾国文体为之一变”。熟悉网络的读者不难发现，网络语言向来不拘一格，力求创新。从早期的“我顶”，到后来的“你妈喊你回家吃饭”，网络媒体诞生了越来越多的、形形色色的流行语，逐渐渗透到电视、报纸等传统媒体，并且影响了人们在日常生活中的语言表达。而现在，一种新的网络话语方式，正以超乎想象的速度和力度影响亿万网民的说话方式，这就是“网络体”。

“网络体”，是伴随着网络的发展而产生的一种网络特有的流行语体，主要创始人是“80后”、“90后”等年轻的网络用户。同时，网络体也是对所有网络语言文体（比较典型的有“淘宝体”、“知音体”、“蜜糖体”、“凡客体”、“日和体”、“琼瑶体”、“咆哮体”等）的一个总称，它代表了一个时代的特征。网络体一般是由突发奇想的一个帖子，或者一次集体性恶搞，抑或是某一热点事件而诞生并传播开来，网络体一般形式自由、特点鲜明，在一段时间内会引起较高的关注度。它是一种具备共同特定句式结构和标志性词汇的语句集合或者创作手法，但不注重限制，可以无限伸延，胡编乱造的情况极严重，没有界域性。当然，每一种网络体一般都具有一段原初的语言作为语源——即“母本”，当网络用户根据语体“母本”进行一系列模仿创作，引发模仿传播风潮之后，网络体便由此形成。网络体必然伴随着个性鲜明或者具有特殊含义的一个词、一句话或者一种句式，从而引发人们围绕其进行模仿创作。网络体是在网络上流行的各种句式和表达方式，涉及语体、文体与修辞等方面，具有可复制性、娱乐性、时尚性、表意新颖、材料新奇等特点。网络体不只反映出当代中国社会的人们对各种社会事物与社会现象的认识和理解，更体现了人们对整个时代的感知领悟和概括总结。虽然各种网络体的结构和句式不尽相同，但它们的语言特色和发展变化具有共同的特色。这些网络体的广为传播背后，有的是纯属出于游戏的态度，有的则是为了调侃现代社会中人们面临的各种压力，讽刺不正当的市场竞争，抱怨社会各阶层不平等的待遇。尽管网络体尚是一个新兴事物，然因其在社会上已经形成规模和影响，我们有必要对其进行深入的探讨和分析。

二、研究综述与问题假设

研究网络语言，是基于现阶段各种网络流行语体日益广泛地应用于网络和日常生活的现状。可以说，网络语言自出现起，就引起学界的关注，有很多体验感发式的论文出现。2000年，易文安编写了中国第一部网络语言词典——《网络时尚词典》，这部词典摒弃了传统词典的索引式编排，通过分类将网络语言中不同类型的词语进行了重新组合，分为网络时代的暗语、俗语、专业术语、数字语言、机构与公司等几个大类。随后，于根元主编的《中国网络语言词典》在中国经济出版社出版，收录1300多个词条。如果说《网络时尚词典》还是坊间的赶潮之作，那么《中国网络语言词典》则是由语言学界参与编写的中国第一部网络语言词典。这两部词典是对网络语言的综合性的回应，产生了很大影响。但网络语言的变化日新月异，现今的网络语言与词典编撰时的网络语言已不能同日而语。与较死板的词典编撰相比，相对灵活的学术论文研究却是枝繁叶茂、硕果累累，回应了日新月异的语言特别是网络体的发展变化。根据笔者的阅读整理，总结网络体方面的研究成果如下：

有些成果侧重从语言学的角度分析网络流行语，例如有的学者探讨网络流行语的构词特征与语言经济原则（刘秋红，2010），有人对网络"×体"现象展开话语认知分析（申霄，2011），有人从模因论角度解释了网络流行语体的可复制性特点及传播方式（马凌云，2011）。有些成果专注于对网络体个案的研究，例如陈文鹏对"凡客体"的研究，胡望、魏英杰等对"知音体"的研究，孔莉对"梨花体"的研究，钱宏对"蜜糖体"的研究等。还有些成果关注网络流行语的传播原因及其影响，例如，有学者探讨网络流行语体的传播机制与传播动因，指出网络体的发展与传播大致会经历触发与产生、复制与模仿、磨蚀与印记三个阶段，网络流行语体的快速发展与传播与其自身的社会功能、使用主体的社会心理特点及网络媒介的推动有关（黄自然，2011）。有学者运用拉斯韦尔的"5W"模式理论，从传播者、受众、传播内容、传播渠道四个方面分析了网络流行语体广泛传播现象的原因，并认为应对网络时代下"娱乐至死"的现象保持警惕。（李宝珊、成晓丽，2012）

以上研究都对网络体研究的推动和深入作出了贡献，但需要指出的是，这些研究大都是用印象式批评或思辨性研究的方法对网络体现象进行解析，而若要深入探索网络体，需要对网络体的语体特点和传播规律进行实证分析。本文试图从实证的角度探讨网络体的语体特点和传播规律，试图通过对大量网络体的内容分析，找出网络体传播的规律特点。本研究提出以下具体问题：

(1)网络体一般有什么语体特点？

(2)网络体的语源一般是什么？有什么分布特点？

(3)网络体一般从哪一个传播环节开始受到关注，广为传播？

(4)网络体是无意中形成的，还是有人背后策划的？

(5)广为传播的网络体一般寄予了传播者什么样的态度？

三、路径设计与研究发现

(一)资料来源

本文通过网络搜集整理了淘宝体、凡客体、红楼体、琼瑶体、羊羔体、蜜糖体、咆哮体、日和体、知音体、走进科学体、梨花体、德纲体、贾君鹏体、怨妇体、私奔体、生活体、芒果体、熊胆体、脑残体、纺纱体、织毛衣体、撑腰体、忍够体、3Q体、高铁体、蓝精灵体、雷锋体、丹丹体、李刚体、TVB体、秋裤体、五号体、后宫体、杨坤体、菜刀体、眼中体、文艺青年体、王家卫体、元芳体、非诚勿扰体等40种网络体。将这40种网络体按照信源、传播者、接受者、接受程度进行分类编码，分析网络体的文体风格和传播途径，探讨分析网络体产生发展的特点，用实证方法解析网络体的传播规律与社会影响。

(二)内容编码与分析

1. 语体特点

指网络语体流行或说被命名为一种语体的语言表现形式(见表1)。

(1)词语

有鲜明的词汇，却没有明显的标准句式，只有一些词汇或语气词构成的某种文体。如淘宝体以“亲”为特征，咆哮体以“有木有”为特征。

(2)句式

有鲜明的句式，由一个句子或一个句组构成。如德纲体，由一个句组构成：“你编出花来，我也不在你那开微博。你骂出血来，我也不在你那开微博。你喊出人黄来，我也不在你那开微博。你学出龙叫唤来，我也不在你那开微博。随你叫骂，我不生气。把脾气拿出来叫本能，把脾气压回去叫本事。今天是2012年2月2日，在这个2的日子里，我养的狗结婚，要娶企鹅。你说还有王法吗?”

(3)整体风格

没有具体的可供重复模仿的词汇与句式，但却独有一种文体风格。如五号体，官员伍皓经常在微博自我标榜，自表高尚。再如文艺青年体，喜欢表现文艺细胞，将“犯困”说成“在刺眼的光线下我轻撑额头，眼皮沉重，想努力让灵魂保持直立，却唤不醒那个昏昏沉沉的自己”，将“发呆”说成“脑海此时风平浪静，波澜不惊，目光也因而显得迷离失焦，犹如降生时的懵懂单纯”。

表1 **网络体语体特点统计**

语体特点	数量(个)	百分比(%)
词语	5	12.5
句式	28	70
整体风格	7	17.5

网络体一般有什么语体特点？通过分析统计，可以发现本文搜集整理的40种网络体中：以单个词语为语体特点的有5个，占总数的12.5%；以句式为语体特点的有28个，占总数的70%；以整体风格为语体特点的有7个，占总数的17.5%。可见，网络体中的大部分以鲜明的句式为语体特点，可以让网友通过句式模板进行迅速传播，而整体风格有时十分难以拿捏，以词语为语体特点的网络体因为显得细碎，相对较少。

2. 文体语源

指的是这个网络文体最初源自哪里(见表2)。

(1)个人

指的是个人发言、发帖引起注意，广为传播(需要指出的是，企业发言人、政府发言人代表企业、政府发言，暂不将语源归于个人)。如蜜糖体，2009年2月15日，天涯社区出现一个新ID——爱步小蜜糖。她在天涯的第一次发言是回复一个关于LV的帖子：“555，糖糖也好想要一个LV滴包包啊……糖糖滴mammy用滴就素LV……而且有好多……好多个哦……糖糖滴 daddy 说……等糖糖考上大学了，一定会买个 LV 滴包包送给糖糖哦……好期待呀……嘻嘻……O(n_n)o~”。再如芒果体，出自湖南卫视视觉总监彭宥纶的微博：“我以设计师的角度来看，如果我的作品被使用在这样万众瞩目的时刻和这样优秀艺人的身上，只会觉得非常荣幸。千万不要学某些国内设计没有眼界和格局保守，不用像世界末日到了一样@那样多的团体和个人，我对此事全权负责。淡定，小朋友，天，没塌。”

(2)企业

指的是企业官方媒体发言或广告形式。比如淘宝体、凡客体，还有熊胆体。2012 年 2 月 16 日，中国中药协会就“活熊取胆”问题召开媒体沟通会时，会长房书亭称：“取胆汁过程就像开自来水管一样简单、自然、无痛，完了之后，熊就痛痛快快地出去玩了。我感觉没什么异样！甚至还很舒服。”随后这段话，在微博上遭网友疯传，同时被称作“熊胆体”。“熊胆体”以“×××就像×××一样”开头，紧接着“自然、无痛，完了之后，就痛痛快快×××”，最后以“甚至还很舒服”结尾。

(3)官方

指政府或政府发言人。例如雷锋体，来自于四川政府开展的学雷锋活动。

(4)文学影视

例如琼瑶体。“琼瑶体”的典型对白：“男：‘对，你无情你残酷你无理取闹！’女：‘那你就不无情？不残酷？不无理取闹？’男：‘我哪里无情？哪里残酷？哪里无理取闹？’女：‘你哪里不无情？哪里不残酷？哪里不无理取闹？’男：‘我就算再怎么无情再怎么残酷再怎么无理取闹，也不会比你更无情更残酷更无理取闹！’女：‘我会比你无情？比你残酷？比你无理取闹？你才是我见过的最无情最残酷最无理取闹的人！’”

(5)其他

例如脑残体、青年体。很难说出最初的来源。

表 2　　**网络体文体语源统计**

文体语源	数量(个)	百分比(%)
个人	22	55
企业	5	12.5
官方	1	2.5
文学影视	10	25
其他	2	5

网络体的语源一般是什么？呈什么样的分布？通过分析统计，可以发现本文搜集整理的 40 种网络体中：个人的有 22 个，占总数的 55%；企业的有 5 个，占总数的 12.5%；官方的有 1 个，占总数的 2.5%；文学影视的有 10 个，占总数的 25%；其他的有 5 个，占总数的 5%。可见，网络体大部分出自个人的创作，或者对文学影视中经典语句的模仿，而以企业、官方作为语源的网络体相对较少。

3. 流行节点

指的是网络体从哪个传播环节开始流行(见表 3)。

(1)即时性触发即指原创性的语言从一出现起，便引起注意，或制造注意，广为传播成为文体。例如贾君鹏体，2009 年 7 月 16 日，网友在百度贴吧“魔兽世界吧”发表的一个名为“贾君鹏你妈妈喊你回家吃饭”的帖子，在随后短短五六个小时内被 390617 名网友浏览，引来超过 1.7 万条的回复，“贾君鹏你妈妈喊你回家吃饭”也迅速成为网络流行语。

(2)再生性触发

即指最初并没有引起注意，而是经由某一传者重复或改装出现，引起注意，广为传播，成为一种文体。例如红楼体，本来《红楼梦》是清代的文学著作，存在了几百年，但因为北京电视台为重拍《红楼梦》而举办的《红楼梦中人》选秀节目中，选手闵春晓的博文常使用“这会子”、“那些人儿”之类今时今日读来不伦不类的《红楼梦》中语句，在网上迅速兴起一股模仿之风，红楼体自此而来。

表 3 **网络体流行节点统计**

触发节点	数量	百分比
即时性	28	70%
再生性	12	30%

网络体一般从哪个传播环节开始受到关注，广为传播？通过分析统计，可以发现本文搜集整理的 40 种网络体中：即时性触发的有 28 个，占总数的 70%；再生性触发的有 12 个，占总数的 30%。可见，因为网络的互动功能，网络体中的大多数都是即时性触发的，小部分是由网友对过去资源的发现再创造而引发的。

4. 语源态度

指的是网络文体的语源是出自无心还是策划(见表 4)。

(1)无意

例如私奔体。2011 年 5 月 16 日深夜，新浪微博用户、鼎晖创业投资合伙人王功权突然发表了一条微博：“各位亲友，各位同事，我放弃一切，和王琴私奔了。感谢大家多年的关怀和帮助，祝大家幸福！没法面对大家的期盼和信任，也没法和大家解释，也不好意思，故不告而别。叩请宽恕！功权鞠躬。”这条微博被瞬时间传播，一小时内转发近 5000 次，评论近 3000 条，并成就了“私奔体”。

(2)策划

例如凡客体，通过凡客体来为凡客网做广告。再如菜刀体，四川大学蔡尚伟博导，写出诸如“过了宁静的夏天，唯余秋雨绵绵。天下无贼，牛群吃着草，有人给力做着爱情买卖，有人在讲星月神话”，“此酒李宇春，比剑南春如何?”，“真可口可乐也!”，“江山如此阿娇，建国大业不易，中天之日照长虹，不如家有儿女好又多啊!”，“这些娃……哈哈……家乐福呀!”等语句，明确给学生们分摊了任务：每人每天至少负责转发 1 次，并“摊销”10 个粉丝。

表 4 **网络体语源态度统计**

语源态度	数量	百分比
无意	32	80%
策划	8	20%

网络体是无意中形成的，还是有人背后策划的？通过分析统计，可以发现本文搜集整理的 40 种网络体中：无意生成的有 32 个，占总数的 80%；有意策划的有 8 个，占总数的 20%。可见，网络体的创发生成更多是在一种无意促成的过程中实现的，而有意策划却较少有成功的案例，正应了那句“有心栽花花不开，无心插柳柳成荫”的古谚。

5. 传者态度

指传播者在传播该文体时的态度倾向(见表5)。

(1)自娱

纯属出于游戏的态度，并没有明显的反讽对象。例如脑残体，使用很多“残体字”，只是出于娱乐。再如生活体，2012年1月31日，网友“大头ppb”发布一条微博：“看报道说，梁朝伟有时闲着闷了，会临时中午去机场，随便赶上哪班就搭上哪班机，比如飞到伦敦，独自蹲在广场上喂一下午鸽子，不发一语，当晚再飞回香港，当没事发生过，突然觉得这TM才叫生活。”这条微博迅速引起网友围观，有的网友羡慕梁朝伟“懂得生活”，有网友为了好玩干脆发起“生活体”造句。被称为“生活体”的文体爆红于网络。

(2)反讽

有明显的反讽意味。例如3Q体，网民对腾讯的信中的经典语句“一个艰难的决定”加以模仿改造，讽刺了以腾讯公司为代表的垄断行业之间的恶性竞争。

(3)被动转发

例如雷锋体，出自政府为开展学习雷锋活动而下达的传播任务；再如菜刀体，是博导下的任务。

表5 **网络体传者态度统计**

传者态度		数量	百分比
主动	自娱	28	70%
	反讽	10	25%
被动		2	5%

广为传播的网络体一般寄予了传播者什么样的态度？通过分析统计，可以发现本文搜集整理的40种网络体中：主动传播的有38个，占总数的95%，其中表现为自娱态度的有28个，占总数的70%，表现为反讽态度的有10个，占总数的25%；被动转发的有2个，占总数的5%。网络体的流行传播大体反映的是网友自娱自乐的态度，有时也用作对社会的反讽，而被动传播的网络体只占很少一部分。

四、结论与讨论

通过以上统计分析，我们对网络体的语体特点有了基本的把握，对于网络体传播中的语源，创发者、传播者的态度以及触发节点等传播规律也有了基本的了解。网络体大部分有固定的语体特点，或是词语，或是句式，或是整体风格，但无论何种，都有着鲜明的、易于模仿的特点。网络体在创发传播的过程中，大部分是出自个人的创造，但也有企业出于营销的目的而推广网络体，这就牵涉到了无意生成和有意策划的区别。一般来说，无意生成的占多数，传播较为普遍，有意策划的虽然背后用了助动力量，但除了个别成功流行之外，大多影响力较差。本文对网络体的统计取样并没有刻意的选择抽取，而是以一种竭泽而渔的搜集整理方式，包揽了网络体的大部分。需要说明的是，网络体处在不断生成、不断消亡的过程中，有的网络体语言已经深入我们的日常语言，如淘宝体中“亲”的用法，有的则已经消亡。这些消亡的网络体有的未经流行便已经死亡，如“菜刀体”、“雷锋体”；有的流行一时后，逐渐淡出我们的视野，如“撑腰体”、“熊胆体”。当然，本文只是对网络体的传播规律做了初步的统计分析，想要更深入地探索网络体的传播规律，还需要大量的调查问卷对本文的结论进行补充或修正。

【参考文献】

[1]黄自然．网络流行语体的传播机制与传播动因探析[J]．新闻界，2011(6).
[2]常宇丽，孙芳．网络语言的文化渊源及语体特征[J]．山西大学学报，2009(3).
[3]申霄．网络“X体”现象的认知分析[J]．语文学刊，2011(24).
[4]王世凯．网络语体风格的软规范与硬规范[J]．渤海大学学报，2006(6).
[5]朱柳敏．作为网络语言变体的手机短信语言的显性多样表现和隐性本质存在[J]．陇东学院学报，2009(4).
[6]孙鲁痕．网络语言——谈话语体的网上功能变体[J]．贵州社会科学，2007(8).
[7]钱晓玮．流行体何以走红网络[J]．青年记者，2011(17).
[8]胡望年．“知音体”对党报新闻标题制作的启示[J]．军事记者，2008(11).
[9]魏海平．论基于模因论的网络体语篇模机制及其规范[J]．求索，2013(3).
[10]刘秋红．网络流行语的构词特征与语言经济原则[J]．科技信息，2010(11).
[11]李西．从模因论的视角解释网络语言[J]．疯狂英语·教师版，2008(2).
[12]李宝珊，成晓丽．网络流行体的“5W”解析[J]．新闻世界，2012(2).
[13]钟珊．作为变体的网络语言研究[D]．哈尔滨：东北师范大学，2011.
[14]马凌云．网络流行体的研究[D]．天津：天津大学，2011.

【作者简介】

姜伟，武汉大学新闻与传播学院2011级博士生，主要研究方向为媒介发展。

网络舆情传播规律研究①

张厚远

一、研究的背景

随着互联网的迅猛发展和广泛普及，网络开放度高、信息量大、互动性强的特点愈加凸显，公民对国家和社会事务的知情权、参与权、表达权和监督权的诉求更多地通过网络渠道加以表达和实现，互联网自然而然地成了思想文化信息的集散地和社会舆论的放大器。当网络传播成为社会信息的重要传播方式时，公众舆论会迅速积聚在网上，网络舆情事件也就随之增多。

从最近的网络热点事件和网上舆论处置的情况来看，中国的网络舆情工作还面临着一些严重的挑战，这些挑战主要是：政府公信力不够高，社会互信度偏低，信息公开不够及时、充分，官民互动程度低，权力机关对网络舆情处置的方式不科学。网络舆情工作责任重大、环境复杂、时效性强、对知识和能力的要求高。所以，提高对网络舆情传播的规律性认识，增强网络舆情处置工作的科学性，提高网络舆情处置的水平，意义重大。

网络舆情涉及生活的方方面面，尤其是专业性比较强的领域，非一般人能够驾驭。当前的情况是，“在大数据时代的背景下，对于网络民意，可以进行精准的分析，精巧的管理，精确的引导。既要有人文关怀，又要客观理性。而现实的场景往往是：有很多人做舆情分析，但是，多数人陷入了倾向性的分析”，② 既缺乏客观性的向度，又缺乏对网络舆情传播规律的把握。

另外，“舆情信息采集离不开功能强大的计算机系统，但是目前计算机对自然舆情的理解比较幼稚，还只能做到计算机辅助下的舆情监测，大量的分析工作需要专业人员来做。因此，舆情工作成为不少地方和单位工作的难点。目前，全国舆情信息工作队伍大多没有受过网络传播的专业培训，离舆情工作要求还有很大的距离”③。

通过网络表达观点及诉求已经成为公民参与社会公共事务的重要组成部分，当某一社会事件被迅速关注，并成为热点或公共性事件的时候，庞大的网络力量就需要网络舆情工作者进行及时引导或疏导，这是会“说”。但是，它不能仅仅局限于言论范畴内的“说”，在某些特殊条件下，还要转化为社会行动范畴的“做”，即亲临现场指挥处置或给处置主体提供准确的参考意见，“既能当秀才，又能当将军”。

---

① 本文系湖北省社科基金重大课题项目“网络舆情研判体系建设与实践”中期成果，立项号：2012WT007。

② 高雅．人才紧缺已成为网络危机处理的主要瓶颈[N]．《光明日报》，2012-11-24．此段话是记者引自2012年11月22日在北京召开的“2012网络舆情应对与人才培养研讨会”上，武汉大学教授沈阳的发言，笔者注。

③ 赵新乐．网络舆情监控呼唤专业人才[N]．中国新闻出版报，2012-12-04．

二、网络舆情传播规律

网络舆情信息传播的主要规律有八个，它们分别是蝴蝶效应、沉默的螺旋效应、群体极化效应、议程设置效应、群体性隔膜现象、羊群效应、破窗原理和手表定律。

(一)蝴蝶效应

“蝴蝶效应”是指在一个动力系统中，初始条件下微小的变化能带动整个系统长期的巨大的连锁反应。①

这个规律在我国古代文献里也有类似的表述。《易经》说：“君子慎始，差若毫厘，谬以千里。”《魏书 · 乐志》说：“但气有盈虚，黍有巨细，差之毫厘，失之千里。”

“蝴蝶效应”其实是一种形象表达：“一只南美洲亚马孙河流域热带雨林中的蝴蝶，偶尔扇动几下翅膀，可以在两周以后引起美国得克萨斯州的一场龙卷风。”产生这种现象的主要原因是蝴蝶扇动翅膀的运动引起其周边空气系统发生变化，先产生微弱的气流，在一定条件下，微弱的气流可能会引起周围空气或其他系统产生相应的变化，然后产生一个连锁反应，最后致使其他系统发生极大的变化。

当前，网络舆情中所指的“蝴蝶效应”基本遵循以下规律：传统媒体报道或网民爆料(主要是微博、微信)→网民讨论(新闻跟帖、论坛发帖等)→形成网络舆论压力(“意见领袖”作用突出)→媒体跟进呼应、挖掘新的事实(新老媒体互动)→有关部门应对→再掀波澜(假如应对不当)→再次应对→网民注意力转移→网络舆论消解(流行语、视频等娱乐化的尾巴会继续流传一段时间，形成“长尾效应”)。

许多网络舆情事件表面上看来似乎是一种突发与偶然，其实背后往往潜藏着种种蛛丝马迹，一旦这种蛛丝马迹与现实社会中普遍存在的矛盾产生共鸣，就会形成“蝴蝶效应”，酿成重大的舆情事件，形成舆论沸点，给政府工作和社会稳定带来困扰。

“蝴蝶效应”规律的主要形式有：

第一，传统媒体与网络媒体的互动融合。

第二，网上力量与网下力量的相互呼应。

第三，本地力量与异地力量、境内力量与境外力量的相互传导。

第四，专家、网络意见领袖、公民记者与普通网民的意见融合。

(二)沉默的螺旋

沉默的螺旋效应是指“人们如果发现自己的观点与大多数人的优势意见一致，就会积极地将它表达出来；而当他们发现自己的观点属于少数人的劣势意见时，就会保持沉默，以免被孤立甚至受到来自群体的舆论压力。其结果是，劣势意见的沉默使优势意见显得愈加强大，这又迫使更多的少数意见持有者转向沉默，或者采取从众行为。如此循环往复，便形成了一方的意见愈来愈强势，而另一方愈来愈沉默下去的‘螺旋’式舆情传播过程”②。

网络舆情成员由于网络资历、知识层次以及影响力的差异，会出现话语权和意见表达能力的差异。那些拥有话语权、意见表达能力强的网络成员，便成为网络意见领袖。他们常常是优势意见的代表，对普通群体成员有较强的号召力和影响力，在网络舆情的传播中，容易造成意见双方势力的强烈反差，网络舆情传播往往就是通过营造这种不对称的“意见环境”来影响舆情的。在网络环境中，舆论的最终形成，常常不是网民们理性讨论的结果，而是由

---

① 百度百科词条，蝴蝶[EB/OL]. [2013-02-12]. http://baike.baidu.com/view/6792.htm.

② 百度百科词条，沉默的螺旋[EB/OL]. [2013-08-09]. http://baike.baidu.com/view/6792.htm.

于意见环境的压力，少数成员存在着担心被孤立的心理，被迫在非理性的情况下采取趋同行为，屈从优势意见，成为“沉默的大多数”。

当然，在网络舆情传播中，大多数人的优势意见并不一定就是富于理性和建设性的。当网民中少数人的意见处于劣势时，他们会暂时屈从于优势意见的压力，或沉默，或表面上与强势舆论保持一致，但实际上他们可能仍然没有放弃自己原来的观点。网络舆论有时并不能真正代表民意，其原因就在这里。

(三)群体极化

群体极化是指“群体在进行决策时，人们往往会比个人决策时更倾向于冒险或保守，向某一个极端偏斜，从而背离最佳决策。在形成观点时，团体成员往往会在一开始就存在某些偏向，在商议后，会继续朝偏向的方向继续移动，最终形成极端的观点”①。

在网络舆情传播的过程中，群体成员往往缺乏直接面对面的现场讨论和交流，加上网上信息更新和交流的频繁，他们往往没有机会去深入思考，便根据舆论领袖或群体多数人的意见进行决策。“如果此时意见领袖或群体多数人有偏激的意见，群体成员往往出于法不责众的考虑，加上有群体力量的支持，极易受到暗示、感染和同化，使原来的偏激意见进一步得到强化，直至出现极端化倾向。”②

在网络舆情传播中，舆论的群体极化效应常常会产生非理性、过度极端的行为，严重者会演变为网络群体性事件，进而给正常的社会秩序造成干扰和破坏。当然，舆论的群体极化也有其积极的一面，如果观点是正确的，它就能够促进群体取得一致意见，增强群体内聚力，统一行为。如果引导得当，“群体极化”效应可以提高政府等社会管理部门的应急能力，推动舆情事件的顺利解决，提高社会管理效率。

(四)议程设置

议程设置理论认为大众传播往往不能决定人们对某一事件或意见的具体看法，但可以通过提供信息和安排相关的议题来有效地左右人们关注哪些事实和意见，以及他们谈论的先后顺序。大众传播可能无法影响人们怎么想，却可以影响人们去想什么。

网络媒体舆论并未彻底改变传统舆论的形成、发展和引导模式，但却又有别于传统舆论，其形成的路径一般是：问题事件产生→出现议论话题→网民发表意见→引发网络舆论→意见领袖参与→形成公众合意→传统媒体跟进→形成社会舆论。

网络的聚合效应使得网络舆论不再是“乌合之众”，网民在网络平台中进行议程设置，形成“公共问题”与“社会热点”。网络自我议程设置的话题一旦得到社会的认可，便会形成社会议题，传统大众媒体的跟进报道则会引发更大范围的关注与讨论，进而形成社会舆论。掌握了这一规律之后，就可以根据实际情况，主动设置议题，引导舆论，从而避免舆情混乱、“噪音”过多的现象。

(五)群体性隔膜

隔膜原本是个生物学术语，用来指“无脊椎动物体腔内或者贝壳内的较硬分隔”③。后来常被用来指人与人之间、个人与群体之间或者群体与群体之间在感情、认知和道德方面存在着的分隔，缺少牵连，没有亲密感或亲切感。鲁迅先生的作品里就曾经几次使用过这个术语，如“谈了一些天，我对于她终于很隔膜，我疑心她有点罗曼谛克，急于事功”(《为了忘

---

① 百度百科词条，群体极化[EB/OL]. [2013-08-09]. http：//baike. baidu. com/view/6792. htm.

② 汪燕娟. BBS的群体极化效应和“沉默的螺旋”[J]. 青年记者，2010(7).

③ 百度百科词条，隔膜[EB/OL]. [2013-08-11]. http：//baike. baidu. com/view/6792. htm.

却的记念》)，“自然，人类最好是彼此不隔膜，相关心”(《且介亭杂文末编 · 〈呐喊〉捷克译本序言》)。明末清初的文学家周亮工的《书戚三郎事》中也有：“我耄矣，无嗣，诚子我，我不奴视子，不隔膜视子也。”

群体性隔膜是指社会群体之间普遍存在着的情感、认知、价值观的隔阂。由于隔阂，不同的群体之间彼此陌生，难以获得一致的认同感，从而导致协同性很弱，社会分裂。隔膜的形式主要有族群之间的隔膜、阶层之间的隔膜、文化之间的隔膜，以及由此衍生出来的年龄、职业、习俗、社会地位等之间存在着的隔阂。

网络舆情传播过程中的群体性隔膜的主要表现是，当不同群体面对同一网络舆情时，他们对于舆情的解读和认知会出现很大的偏差，有时甚至会截然相反。当一个群体说是的时候，另外一个群体一定会说不，而且，说是的力量与说不的力量成正比例，一方力量增强，另一方力量也一定会据理力争。他们的传播行为也多出现在各自交往的圈层里，外人很难进去，即使进去了，也很难理解，更难以融合进去。当前，网络舆情里的群体性隔膜所涉及的主要群体有：官方群体、商业群体、公共知识分子群体、媒体群体和草根网民群体。其中，对立面情绪最高的群体是官方群体和草根群体。

舆情里群体性隔膜再现的是现实生活中各阶层之间出现的群体隔膜。主要原因有以下几种：第一，多年以来，由于部分地方政府和部分官员诚信的缺失，执政理念出现了偏差，被网络舆论放大之后，导致了政府公信力的整体下降；第二，社会的重大变革，导致人的流动性增强，利益格局出现了多元化趋势，社会整体诚信度降低，人们很难相信他人，也不愿意付出个人的诚信；第三，长期以来，各种群体之间一直陷入自话自说、缺乏交流的境地，导致沟通变得越来越困难。

这样，不同的群体在传递信息、发表言论的时候，往往习惯于基于自己的群体利益说话，按照自己群体的话语模式表达，使用自己群体的价值观理解网络舆情事件，不加辨别地盲从个人所属的集体和不加思考地排斥外来的意见。表现在网络舆情上，就是很难达成共识，这是网络舆情工作者最头疼的事情。

(六)羊群效应

羊群效应是一条常见的社会学原理，通俗地讲，就是头羊往哪里走，后面的羊就跟着往哪里走，也就是传播学上的“从众效应”或“从众心理”。在传播过程中，人们不愿意付出时间和精力去辨别事件的真伪，或者根本就无法辨别真伪，习惯于跟从意见领袖或多数人的意见，接受大众的思想或行为，个体选择沉默，甘做“沉默的羔羊”。

羊群是一种很散乱的组织，平时在一起就很盲目，没有头羊的时候，它们要么左冲右撞，要么安静地卧着或站着，无所适从。但是，一旦有一只头羊行动起来，其他的羊也会不假思索地一哄而上，全然不顾面前的状况。羊群效应的结果是：遇见明智而负责的头羊，羊群就会获得好的回报；而一旦遇到糊涂或不负责的头羊，则会陷入骗局或遭到失败。

鉴于此，在网络舆情传播过程中，意见领袖处于十分重要的核心地位。不同的网民群体会有不同的意见领袖，不同的意见领袖背后会跟随着有相当数量的个体。聚集起来的群体会有各自的个体，当他们的情绪和观念选择了同一个方向时，他们的自觉人格就消失了，个性也会被湮没，群体的思想便会占据绝对的统治地位；而与此同时，群体的行为也会表现出排斥异议的现象，出现极端化、情绪化及低智商化的缺点，进而对社会产生破坏性的影响。

所以，意见领袖必须具有高尚的道德感、强烈的责任心、充足的智慧和善于合作的精神，这样，才不会将群体带入歧途。而作为群体里的个人，必须具有清醒的头脑、准确的判断力、丰富的知识和协商合作的精神，这样，才不会因为盲从而误入歧途。

羊群效应是把双刃剑，既能让真相得以快速传播，也能让谣言迅速地满天飞。所以政府在遇到网络舆情时，一定要善于抢占先机，第一时间进行信息公开、公布真相，并进行合适合理的舆情引导。

当然，政府利用好这条规律的一个必要的先决条件是：政府必须具有公信力。有公信力才能让人信服，否则就会收到相反的效果。

（七）破窗原理

破窗原理是一个哲学性的比喻：一个房子如果有一扇窗户破了却没有人去及时修补，过不了多久，其他的窗户也会莫名其妙地被人打破。一面墙，如果出现了一些涂鸦没有被及时清洗掉，很快地，墙上就会继续被人涂上乱七八糟甚至不堪入目的东西。一个很干净的地方，人们都不好意思乱丢垃圾，所以，能长期保持着干净，而一旦地上有垃圾出现之后没有被及时清理掉，路过的人就会毫不犹豫地继续抛掷垃圾，而且丝毫不会觉得羞愧。

网络舆情会出现的类似情况是，出现正面的网络舆情时，大家都会认为是好的，谁也不会轻易地去污蔑，即使有人污蔑，其影响力也会很小。相反，出现负面网络舆情时，网民会跟着曝出相应的负面信息，或者发表负面的意见，致使情况变得难以收拾。

一旦出现负面舆情，一定要及时修复它所带来的不良形象，扭转在网民中形成的不好印象，免得下次出现舆情时，网民会根据思维定势进行判断。当这种窘境出现的时候，即使被冤枉了，也常常会感到百口莫辩。

所以，保持单位和个人的清洁度非常重要，如果出现了偏差，就要及时修复。

（八）手表定律

当一个人只有一块手表时，他可以准确地知道时间；而当他同时拥有两块时间有偏差的手表时，就无法确定哪块手表显示的时间是对的，继而感到无所适从。两块手表并不能告诉一个人更准确的时间，这种现象在网络舆情的传播过程中会经常出现。

一个网络舆情爆发时，不同的人、不同的利益群体会发出不同的声音，一旦不同的声音旗鼓相当，网民就会感到无所适从，甚至产生严重的焦虑感，难以辨别哪个是对的，比如“矿泉水标准门”事件就是一个典型的例子。这个时候，网民迫切需要一个权威的声音出现来打消他们的疑虑，如果权威的声音缺失了，网民不但会对争论的双方失去信心，而且会对本该发言却没有发言的权威声音失去信心。

所以，不同利益群体的人都会竭力在网络上源源不断地传播有利于自己的话语，希望借此来赢得网民的认同。此时，处于“第三方”地位的权威部门要及时发言，发布权威的、正确的信息，平息舆论，避免谣言、谎言、流言等各种不当言论的产生，还网络舆情一个干净的空间。

三、结　　论

对于网络舆情传播的规律性把握已经刻不容缓，党的十八大报告中指出，要“加强和改进网络内容建设，唱响网上主旋律。加强网络社会管理，推进网络依法规范有序运行”。

尊重客观规律是发挥主观能动性的前提和基础。人们对客观规律认识得愈深刻、全面，愈能充分发挥自身的主观能动性。随着“宽带中国”战略的逐步推进，4G时代的到来，网络舆情工作不可能仅仅停留在“头疼医头，脚疼医脚”式的粗放管理模式，因此，研究并掌握其规律，进行精细化管理很有必要。另外，掌握网络舆情传播规律，也有利于国家智库的建设和发展。

【参考文献】

[1]刘文富. 网络政治[M]. 北京：商务印书馆，2012.

[2]陈家刚．协商民主：民主范式的复兴和超越[M]．上海：上海三联书店，2004.
[3]张静．法团主义[M]．北京：中国社会科学出版社，1998.
[4]成伯清．格奥尔格·齐美尔：现代性的诊断[M]．杭州：杭州大学出版社，1999.
[5]谢岳．当代中国政治沟通[M]．上海：上海人民出版社，2008.
[6]蔡前．以互联网为媒介的集体行动研究[M]．南昌：江西人民出版社，2010.
[7]李永刚．我们时代的防火墙：网络时代的表达和监管[M]．南宁：广西师范大学出版社，2009.
[8][英]维克托·迈尔-舍恩伯格．大数据时代[M]．盛扬燕，周涛，译．杭州：浙江人民出版社，2012.
[9][英]安德鲁·查德威克．互联网政治学：国家、公民与新传播技术[M]．任孟山，译．北京：华夏出版社，2010.
[10][美]曼纽尔·卡斯特．网络社会的崛起[M]．夏铸九，等，译．北京：社会科学文献出版社，2006.
[11][美]马克·斯劳卡．大冲突：赛博空间和高科技对现实的威胁[M]．黄锫坚，译．南昌：江西教育出版社，1999.
[12][美]凯斯·桑斯坦．网络共和国：网络社会中的民主问题[M]．黄维明，译．上海：上海人民出版社，2003.
[13]人民日报评论部．以包容心对待“异质思维”[N]．人民日报，2011-04-28.
[14]人民日报社论．执政者要在众声喧哗中倾听“沉没的声音”[N]．人民日报，2011-05-26.

【作者简介】

张厚远，武汉长江工商学院文法学院副教授，中国网络传播学会理事，湖北网络社会发展研究中心副主任，研究方向为新媒体实务与理论。

从“张艺谋超生门”看网络对媒介公共领域的构建

周茂君　刘冰芬

根据中国互联网络信息中心(CNNIC)发布的《第33次中国互联网络发展状况统计报告》数据显示，截至2013年12月31日，中国网民规模达6.18亿，互联网普及率为45.8%。其中，手机网民规模达5亿，继续保持稳定增长。信息获取类网络应用使用率上升，通过网络参与社会活动的网民数量不断提升，互联网已成为一个不可忽视的公共领域。刚刚过去的2013年，“李××轮奸案”、“延迟退休事件”、“单独二胎事件”、“张艺谋超生门事件”等在网上引发的争论，有利于澄清真相，推动相关公共政策的出台。无疑，网络已成为构建媒介公共领域的希望与契机。

一、“张艺谋超生门事件”始末与媒介公共领域的构成条件

“张艺谋超生门事件”之所以有一个较为完满的结局，关键在于女演员何珺的微博爆料、知名博主“长春国贸”的举证和“天涯论坛”有图有证据的“神帖”。该事件再次验证了网络能够构建媒介公共领域。

(一)“张艺谋超生门事件”始末

“张艺谋超生门事件”从2012年1月开始到2014年1月结束，前后经过2年多时间，几起几落，其间出现过一些闹剧，最后在微博、博主、论坛、网络等的“步步紧逼”下，以张艺谋确认超生属实、致歉和被罚款告终。

2012年1月：一条神秘的爆料短信发到了全国很多记者的手机上：“我国著名导演张艺谋已于2011年12月在江苏无锡与当地一女子陈婷正式注册结婚。他们育有两男一女。”同时公布的还有张艺谋岳母的住址。

2012年3月：女演员何珺再发微博爆料张艺谋超生，媒体大规模求证，当时张艺谋的发言人张伟平态度暧昧。

2012年5月：知名博主“长春国贸”贴出陈婷和三个子女的合照，进一步举证张艺谋超生。

2012年9月：“天涯论坛”出现一张有图有证据的神帖，贴出了张艺谋、陈婷以及三名子女的户口复印件。

2013年5月：网络开始流传张艺谋和另两名女子也有染，超生子女人数越传越多。无锡滨湖区派出所证实陈婷和三名子女于2012年1月落户当地。

2013年11月：无锡计生部门表示，过去的半年里千方百计联系张艺谋和陈婷，但没找到。引发广泛关注。

2013年12月：张艺谋发表公开信承认超生，夫妇二人接受新华社记者专访，确认

超生属实，向社会公开致歉。

2013年1月：无锡滨湖区计生局向张艺谋夫妇寄发“超生罚单”，金额748万余元。

(二)媒介公共领域的构成条件

严格说来，公共领域理论并非由尤尔根·哈贝马斯(Juergen Habermas)最早提出，但却因这位德国著名的社会学家、哲学家和思想家在《公共领域的结构转型》一书中的详细阐述而著称于世。他指出：

> 所谓公共领域，我们首先意指我们的社会生活中的一个领域，在这个领域中，像公共意见这样的事物能够形成。公共领域原则上向所有公民开放。公共领域的一部分由各种对话构成，在这些对话中，作为私人的人们来到一起，形成了公众。那时他们既不像商人和专业人士那样处理私人行为，也不是作为合法团体接受国家官僚机构的法律规章的规约。当他们在非强制的情况下处理普遍利益问题时，公民们作为一个群体来行动。因此，这种行动具有这样的保障，即他们可以自由地集合和组合，可以自由地表达和公开他们的意见。当这个公众达到较大规模时，这种交往需要一定的传播和影响的手段，今天，报纸和期刊、广播和电视就是公共领域的媒介。当公共讨论涉及与国家活动有关的问题时，我们称之为政治的公共领域(以区别于例如文学的公共领域)。①

这种公共领域发端于古希腊城邦广场，历经文艺沙龙、咖啡屋和书友会等近代公共领域，发展到资产阶级代表型公共领域的兴盛时期，最后在现代商业运作下日趋衰落。何增科就此总结道：“公共领域就是指我们社会生活的一个领域。在这个领域里，像公共意见这样的事物能够形成，市民可以自由表达与沟通意见，以形成民意与共识。它是介于私人领域和个体权威之间的一个领域，是一种非官方公共领域，是各种公众聚会场所的总称，公众在这一领域对公共权威及其政策和其他共同关心的问题作出评判。”②按照哈贝马斯的说法，理想的公共领域要能够“提供开放平等的公共论坛，尊重和保护弱势群体的发言空间，展现多元化的报道内容，从而彰显公共领域的精义及多元社会的理念”③。由此他勾画出构成公共领域的三个必备条件：其一，由私人组成的公众。他们具有独立人格，能够在理性的基础上就普遍利益问题展开辩论；其二，拥有自由交流、充分沟通的媒介。因为媒介是信息的载体，决定着信息的流量。单向的非沟通媒体将导致信息的匮乏和意义的缺失，在此基础上私人的“独立”与“理性”也就失去了意义；其三，能够就普遍利益问题自由辩论、充分交流，进行理性批判而达成共识，形成公共舆论。这便是形成公共领域的三个支点。

二、传统媒体对媒介公共领域的侵蚀

传统媒体的兴起，曾在很大程度上促进了媒介公共领域的发展，成为其自身构建的主要平台。但是，随着传统媒体影响力的展现和商业化浪潮的影响，政治、权力、商业、金钱开始将触角伸向传统媒体，媒介公共领域并没有如哈贝马斯所期待的那样建立起来，相反却在上述因素的蚕食下遭逢重重阻碍，并走向衰落。

---

① [德]尤尔根·哈贝马斯．公共领域[M]//汪晖，等．文化与公共性．北京：生活·读书·新知三联书店，1998：125.

② 何增科．公民社会与第三部门研究引论[J]．马克思主义与现实，2000(1).

③ [德]尤尔根·哈贝马斯．公共领域的结构转型[M]．上海：学林出版社，1999：170.

(一)国家与社会重新融合

公共领域产生的一个重要前提是国家和社会，也即政治权力和社会再生产的彻底分离。然而19世纪末，垄断资本主义带来财富的不均衡，国家开始觊觎市民社会的财富，利益冲突日渐加剧，私人领域内部已经不能解决。在这种情况下，政治力量开始介入，国家干预政策出台，公共权力渗透进社会领域，公共权力向私人组织转移，国家与社会逐渐融合，公共领域存在的基础逐渐被破坏，公共领域与私人领域又逐渐融合。①

国家参与到经济利益的分配中，渐渐控制了原本服务公共领域的媒介，媒介的民主功能逐渐减弱，原来免费的公共服务机构转为私有开始收费。国家权力操纵着具有政治功能的媒介集团，最终导致了公共领域的式微和结构转型。

(二)商业性取代公共性

20世纪初，工业技术飞速发展，大众社会、大众文化的时代到来，报刊、广播、电视等公共传媒逐渐被商业化和产业化，世俗化、娱乐化、大众化的倾向越来越明显，传统媒体的“公共性”逐渐被消费性、商业性所取代。

随着商业化和交往网络的不断密集，宣传机构的专业化程度不断增强，交往方式日益增多，进入公共交往的机会出现了选择压力，并在不断加强。这就是传媒力量，一种操纵力量，传媒不再中立。传媒的商业化，带来了媒介公共领域的日渐衰弱，公众从文化批判的公众变成了文化消费的公众，媒介通过公关、广告“帮助”公众达成公共意见，这不是理性讨论的结果，是一种虚假的公意。

政治经济力量的干预，使得公共舆论在权力与金钱的侵蚀下失去了独立性，变成了权力与金钱的“喉舌”，社会公众对政治和民主社会的参与热情越来越低②。以现代传媒为核心机制的公共领域成了钱权的代表，变成了另一种形式的“代表型公共领域”。

(三)传统媒体的技术限制

进入传统媒体时代，尽管受众的能动性已经为人们所认识到，但传者和受众仍是处于一种不平等的地位。由于传统媒体的技术限制，传者与受众相分离，受众仍处于被动的接受地位，话语权始终掌握在媒介精英手中。

首先，由传播者的职业化带来高准入门槛。在以报刊、广播、电视为代表的传统媒体时代，虽然受众范围很广，但传播者却只占全国人口中的很少一部分。传统媒体的传播者都要求具备一定的文化素养和专业技能，且大多在职业上是编辑、记者或主播，占据着使用和控制媒体的优势地位。

其次，“把关”带来信息传播者与接受者的地位差异。大众媒介担任着“把关人”的角色，他们根据自身原有的经验、看法以及当下的政策、环境等，对传播信息进行筛选、疏导或抑制，只有他们“把关”通过的信息才能最终流向大众。我们生活在大众媒介所创造的“拟态环境”之中。在这个环境里，媒介精英的声音要远远多于普通大众的声音，事实上大众的声音只有在符合这些媒介精英的价值选择时才能进入。这种“把关”过程，直接对不同的思想、观点、价值赋予了不同的地位，一部分通过现代传媒的技术得以强化和传播，形成所谓的“主流”；另一部分却被边缘化，影响力甚微。

再次，精英引导议程设置。大众媒介的重要功能之一是引导“议程设置”。媒介可以影响受众对事物重要性的判断，引导受众对媒介认为重要的事物优先采取行动。受众对事物的

---

① ［德］尤尔根·哈贝马斯．公共领域的结构转型［M］．上海：学林出版社，1999：170.

② 杨仁忠．公共领域论［M］．北京：人民出版社，2009：270.

重视程度很大程度上取决于媒介对其的强调程度。可以说，传媒议程决定公众议程，进而影响政策议程。也就是说，大众是被夹在了传媒精英与政治精英之间，从根本上说，议程设置是由一个社会的精英阶层引导的。

可见，在传统媒体时代，精英阶层处于中心地位，普通大众处于边缘地位，二者的界限十分清晰，而正是传统媒体这种"精英—大众"的界限，无法满足以平等为前提的媒介公共领域构建的要求，进而严重阻碍了它在传统的报刊、广播和电视中的实现。在这种情况下，以平等、包容、无边界为特征的媒介公共领域也就无法在传统媒体占主导的氛围下构建成功了。

三、网络构建媒介公共领域的途径

理想公共领域的核心是公共性原则的实现，这需要依赖一个良好的对话平台和讨论机制，简而言之，就是需要一个社会公众可以就公共话题展开自由、民主、平等、理性商谈的公共空间。随着大众媒介公共领域的衰弱，拥有覆盖面广、信息海量、互动性强、传播迅速等特点的互联网，为网民提供了相对隐匿、平等、开放的自由空间；而互联网全球交互的技术特点，又在最大程度上增加了人们表达意见的机会和空间；衰弱的传媒公共领域出现了新的转机。似乎连哈贝马斯也已嗅出了某些征兆。正如他特别引用 J. Meyrowitz 的论著《地域感的失落》(*No Sense of Place*)里的这段话，来试探电子媒体的影响力：

> 我们"信息时代"的许多特征使我们与大多原始的社会和政治形态，诸如狩猎与采集社会，十分相似。作为游牧人民、狩猎者、采集者与土地之间没有忠实关系。他们也绝少"地域感"。具体行动与具体场所之间没有紧密的纽带。狩猎与采集社会和电子社会都缺乏疆界，这就导致两者之间许多惊人的平行现象……要维系众多不同的地域或者不同的社会场所是非常困难的，这就使个人介入其他个人的事务之中。①

公共领域是借助大众传媒才得以实现的，那么传媒因为其各自属性不同，对公共领域必然产生着不同的影响。正如哈贝马斯一再强调的那样：要重视传媒研究对分析公共领域结构转型的重要性，把传媒力量看做一种新的影响范畴，因为"它既影响了公共领域的结构，又统领了公共领域"。如同 18 世纪的传统媒体让公共领域经历了一次转型一样，当今的新兴媒体——网络，也同样为这种转型提供了契机。

(一)搭建自由参与、表达的平台

互联网是人类发展历史上第一个真正的全球性媒体，伴随着互联网信息存储、传输、获取技术的发展，以及电子邮件、电子商务、网络视频等网络应用的进步，以网络论坛(电子公告板，BBS)、网络聊天、博客(Blog)和微博为代表的虚拟交往模式也迅速发展起来。互联网为社会公众的公共讨论创造了广阔的天地，为公众的自由参与创造了一个虚拟的公共领域。正如网络思想家 Howard Rheingold 所说："任何一台电脑和移动设备，一旦联入互联网，就可以变成一个全球性的印刷、发行和组织的机器。在网络上，你可以接触到成千上万的潜在读者而无需花费多大成本；并且，你不需要说服编辑、出版商或制片人，你的思想值得暴露在光天化日之下。"②由此可见，网络为社会公众提供了一个自由参与、表达的平台。

与传统媒体相比，网络作为信息时代公众交流信息、沟通意见的公共空间，具有了表达

---

① [德]尤尔根·哈贝马斯．公共领域的结构转型[M]．上海：学林出版社，1999：31-32.

② 转引自方兴东，王俊秀．博客——e 时代的盗火者[M]．北京：中国方正出版社，2003：98.

公共性的更多优势，包括公共空间的公共性、独立性、开放性，公众参与的平等性、自由性、公平性，信息收集、传播的完整性、客观性、时效性，以及讨论问题的论辩性、批判性等方面。所有这些都开辟了公共领域的新机制，大大扩展了人际交往的公共空间。

(二)重新实现国家与社会的分离

公共领域实现的一个重要前提是国家与社会的分离。理想状态下的公共领域，是一个介于国家与社会之间的，由私人构成的公众的公共生活领域。现代公共领域是以市民社会为基础，作为国家政治权力的对立面而存在的。

由于国家政治权力介入大众媒介，国家与社会的分离消失了，公共领域与私人领域趋向融合。但互联网的传播革命有可能会带来国家与社会的再次分离。上一次"分离"发生在近代资产阶级国家，指的是在地理上重合的国家与社会，在功能上形成区别、相互分离。而网络时代的分离，与此有所不同，国家与社会在管辖地域和承担功能上都会有所不同。现代计算机技术已经完全消融了三维空间的概念，互联网创造了一个由网络、海量信息、网络用户所组成的虚拟空间。与传统的地理国家、地区这样的实体空间相比，互联网时代的人们面临的社会将日渐"国际化"，而国家、地区则日渐"地理化"。

(三)改善公共领域参与主体的结构

首先，互联网提升了参与者的私人特征。信息技术带来的匿名性有利于公众独立人格的建立，同时也赋予了每个网民根据自己的喜好自由参与讨论并自由发表观点的权利，这种自由度要远远高于以往任何一个时代。正如《数字化生存》的作者尼葛洛庞帝(Negroponte)曾说的那样："从前所说的'大众'媒介正演变为个人化的双向交流，信息不再被'推给'(push)消费者，相反，人们(或他们的电脑)将所需要的信息'拉出来'(pull)，并参与到创造信息的活动中。"网络，比以往的任何一种形式都更鼓励这种公众性的表现。无论你是什么人，都可以建立自己的天地，发表自己的言论。

其次，互联网将参与者扩展至全球公民。在信息时代，网络公共领域的参与者基本等同于互联网的用户结构，即网民结构。而网民结构又将"越来越接近世界本身的人口结构"①。任何人不论年龄、性别、地位、财产、教育程度，只要能接触电脑，就可以成为网民，成为网络公共领域的参与者，这就真正实现了全民公共领域。

(四)形成理想的沟通环境

互联网在信息传输中采用的是一种相互屏蔽的分层协议，它在实现各类信息平等自由流动的基础上，确保了用户间及时、充分的交流信息和反馈。网络实现了全球范围内的互联互通，人们可以随时随地在各类公共数据库、论坛中获取所需信息，也可以向对方提供资料和信息。同时，网络使用的低廉费用能够满足更多人、更多的沟通需求。互联网可以说是融合并超越了报刊、广播、电视等传统媒体，是一种能够保障公共领域参与者充分沟通的理想媒介。

(五)创造理性的论辩、批判场所

在网络社会中，虚拟交往的匿名身份和非功利立场，可以在一定程度上构建指向公共利益的公共空间，创造理性的论辩、批判场所，帮助达成"辩论共识"。

首先，网络技术保证了参与者的匿名权。散落于全球的网民可以自主地决定以哪种方

① [美]尼古拉斯·尼葛洛庞帝. 数字化生存[M]. 胡泳，范海燕，译. 海口：海南出版社，1997：213.

式、身份、面貌加入或退出哪些论坛。故而在网络中，现实社会中的各种个人信息被完全隐藏，现实社会中的既有偏见被消解。互联网为参与者创造了一个较为平等的论辩、批判场所。

其次，随着互联网的普及和发展，信息时代公共领域参与者之间的论辩，更多地表现为一种思想的交锋。网络公共领域的参与者，是具有独立人格的，当他们就共同关心的问题产生共识时，这些共识就不再是单纯的个人意愿，而多少反映出民众的“公意”。① 网络传媒公共领域达成的共识，是真正理性的共识②。比如“5·12”汶川地震后，一张日本救援队员向地震死难者遗体鞠躬的照片感动了中国，很多网民纷纷摒弃反日主义情绪，理性地发出了“感谢日本”的声音。在“躲猫猫”事件中，网民的理性的推理判断，将矛头直指监狱恶霸现象和监狱腐败。可见，网民越来越具有独立人格和理性判断能力。

再次，网络管理员会自觉地为网民的讨论提供优质的平台服务和技术支持。由于网络管理员都致力于提高网站的点击率，所以他们只有在获得本网站用户同意，或在其要求之下才会对网络论坛进行管理。这种免于打扰的言论环境将有利于论辩、批判的进行。

当然，网络在构建媒介公共领域的过程中，还存在一些不可忽视的问题。比如网络的娱乐化倾向对私人领域的侵占、网络的虚拟性使公众话语权的平等难以完全实现、不良情绪宣泄攫取网络话语权等。所以，加强网络的制度建设，培养和提升网民的素质，净化和营造良好的网络环境，是网络媒体公共领域健康成长不可或缺的保障。

【参考文献】

[1][德]尤尔根·哈贝马斯. 公共领域的结构转型[M]. 曹卫东，等，译. 上海：学林出版社，1999.

[2]陈弱水. 公共意识与中国文化[M]. 北京：新兴出版社，2006.

[3]胡泳. 众声喧哗[M]. 南宁：广西师范大学出版社，2008.

[4]蔡英文. 政治实践与公共空间[M]. 北京：新星出版社，2006.

[5]彭立群. 公共领域与宽容[M]. 北京：社会科学文献出版社，2008.

[6]石义彬. 单向度、超真实、内爆：批判视野中的当代西方传播思想研究[M]. 武汉：武汉大学出版社，2003.

[7][德]尤尔根·哈贝马斯. 公共领域[A]. 汪晖，等. 文化与公共性[C]. 北京：生活·读书·新知三联书店，1998.

[8]刘建成. 第三种模式——哈贝马斯的话语政治理论研究[M]. 北京：中国社会科学出版社，2007.

【作者简介】

周茂君，博士，武汉大学新闻与传播学院教授，主要从事广告传播、媒介经营管理研究。

刘冰芬，武汉大学新闻与传播学院广告传播方向2010级研究生。

① 许英，马广海. 关于公共领域与信息时代的若干思考[J]. 青岛海洋大学学报，2002(1).

② 杨仁忠. 公共领域论[M]. 北京：人民出版社，2009：284.

信息可视化在网络舆情信息服务中的作用①

王朝阳

一、引　言

舆情一直以来都是研究的热点。对舆情的认识，虽然存在差异，但主要集中地认为它是一种社会政治态度②，社情民意③，情绪、意愿、态度和意见的总和④，是公众群体在特定时间点的一种社会政治态度，它以信念、态度、意见和情绪等交错混合的主观形态表现。而这种主观性，使得它不能被直接测度，但通过对舆情信息的收集和分析，可以挖掘和推论其中所含舆情的内容、指向和强度，达到服务决策活动的目的。

互联网的快速发展，使网络舆情走入研究者的视野。网络舆情的特点主要表现为互联网的运用和舆情形态的多样性。网络舆情是通过互联网表达和传播的各种不同情绪、态度和意见交错的总和，⑤ 是公众对现实生活中某些热点、焦点问题所持的有较强影响力、倾向性的言论和观点。⑥ 其通过 BBS 论坛、博客、新闻跟帖、转帖、电子邮件、新闻组、即时通讯、电子公告板、维客、播客等实现并加以强化。

舆情信息具有海量、非结构性和无序性等特点，利用率低，对舆情信息进行合理而有效的处理，对于认识和把握这种社会政治态度极具价值。舆情信息工作主要是指相关工作部门和人员对舆情信息进行汇集、分析和报送，为决策者提供决策依据的一系列工作。决策者可以通过舆情信息来体察民情、了解民生、倾听民意，及时、全面地了解社会舆情的总体态势和动向，指导全局工作。⑦ 网络舆情信息处理的过程包括汇集、分析、报送决策等。网络舆情信息汇集是整个网络舆情信息工作的基础。汇集过程是对通常繁杂无序且真假混合的原始舆情信息进行整理和评价，形成结构化的、有序的信息内容保存在数据库中。信息分析是最为关键的环节之一，其主要任务就在于运用科学的理论、方法和手段，对数据库中结构化的舆情信息进行分析，发现舆情的内容本质，获取舆情的运动规律，从而达到辅助决策的目的。信息分析的结果以分析报告的形式存在。决策者针对分析报告一边提出修改意见反馈给舆情分析人员，以便形成更有针对性的监测，一边根据分析结论做出及时的决策。可见，舆情信息工作事实上就是网络舆情监测，是对网络舆情进行及时有效的信息搜集、信息处理、

---

① 本文是教育部人文社科基金青年项目“网络舆情监测信息可视化研究”（项目编号：09YJC860023）成果之一。同时受武汉大学人文社会科学“70后”学者学术团队“社会性媒体创新研究团队”、“香港城市大学中国大陆青年传播学者到访项目”资助。

② 王来华．舆情研究概论[M]．天津：天津社会科学院出版社，2003：32.

③ 张克生．国家决策：机制与舆情[M]．天津：天津社会科学院出版社，2004：17.

④ 刘毅．网络舆情研究概论[M]．天津：天津人民出版社，2007：51-52.

⑤ 刘毅．网络舆情研究概论[M]．天津：天津人民出版社，2007：53.

⑥ 陶建杰．网络舆情联动应急机制初探[J]．青年记者，2007(8)上.

⑦ 刘毅．网络舆情研究概论[M]．天津：天津人民出版社，2007：411.

信息研判、信息反馈、信息决策的过程，也形成了一整套网络舆情联动应急机制①。

网络舆情信息汇集后存储于数据库中的结构化信息，虽然和舆情信息存在着巨大差异，但也具有海量、抽象、不易理解等特征，需要利用数据挖掘发现其中的相互关系和规律。数据挖掘是一种融合了数据库、人工智能、机器学习、统计学、可视化技术、并行计算机等不同学科和领域的知识的数据库技术。它对数据进行前端处理，应用机器学习方法从处理后的数据中提取有用的知识，并对数据背后隐藏的特征和趋势进行分析，最终给出关于数据的总体特征和发展趋势。

其中，可视化技术将人的观察力和智能融入系统，用直观图形将信息模式、数据的关联或趋势呈现给决策者，使用户能交互式地分析数据，对于最终决策具有很大帮助。

可视化(Visualization)是一种计算和处理的过程，它将抽象的符号信息表示成具体的几何关系，使研究者能够以图形的方式亲眼看见他们所模拟和计算的结果，使用户看见原本不能看见的东西②。可视化可以使一些在其他情况下不那么容易的推论变得容易③。利用现有的可视化技术，可以更好地分析数据模式、理解复杂的系统进而获得新的洞察并进行有效的决策。

而信息可视化综合地使用计算机图形学、视觉设计、人机交互、心理学等学科中的技术和理论，研究人、计算机表示的信息以及他们的相互影响，是人和信息之间的一种可视化界面，是人机交互技术的重要组成部分，是"利用计算机支撑的、交互的、对抽象数据的可视表示，来增强人们对这些抽象信息的认知"④的方法与技术。信息可视化的视觉呈现方法将数据映射为视觉符号⑤，利用人类视觉系统的高带宽，帮助人们快速地获取信息。信息可视化是用"给信息以形象"的方式来表示⑥。在这个信息数量呈几何级数增长的信息时代里，信息可视化对于信息资源的开发利用具有重要的意义。

二、信息可视化在用户认知视角的作用

作为一种信息交互产品，网络舆情监测系统是直接面向用户的计算机数据挖掘系统。可视化技术的引入将更容易地将舆情信息数据库中抽象、海量的数据信息转换为用户可以直观、形象理解的图形、图像、虚拟现实等表现形式，从而抓住网络舆情的走向，做出正确的信息研判、信息反馈和信息决策。Tufle 强调，没有信息可视化的帮助，用户将无法识别这些信息的模式和结构。⑦ 可视化的表达形式与交互技术则是利用人类眼睛通往心灵深处的广阔带宽优势，使得用户能够目睹、探索以至立即理解大量的信息。⑧ 信息可视化最为典型的呈现机制及交互形态是可视界面。可视界面使用户能够更有效地观察、操纵、研究、浏览、探索、过滤与理解大规模信息，并与之方便交互，从而可极其有效地发现隐藏在信息内部的

---

① 陶建杰．网络舆情联动应急机制初探[J]．青年记者，2007(8上)．

② B. H. McCormick，T. A. DeFanti. M. D. Brown. Visualization in Scientific Computing [J]. Computer Graphics，ACM SIGGRAPH，Vol 21，No. 6，1987.

③ Card Stuart K，Mackinlay Jock D，Shneiderman Ben. Readings in Information Visualization—Using Vision to Think[M]. San Francisco，Morgan Kaufmann Publishers，Inc，1999：16.

④ 周宁，张玉峰，张李义．信息可视化与知识检索[M]．北京：科学出版社，2005：1.

⑤ Caroline Ziemkiewicz，Robert Kosara. The Shaping of Information by Visual Metaphors [J]. IEEE Transactions on Visualization and Computer Graphics，2008，Vol. 14，No. 6.

⑥ 周宁，刘玮，赵丹．信息提供的可视化研究[J]．情报科学，2004(3)．

⑦ Tufle，E. R. . Envisioning Information[M]. Cheshire，Conn. : Graphics Press，1990.

⑧ James J，Thomas，Kristin A. Cook (Ed.). Illuminating the Path：The R&D Agenda for Visual Analytics [M]. National Visualization and Analytics Center，2005：30.

特征和规律。用户在使用网络舆情监测工具进行舆情监测时，正是希望通过计算机对大量非结构化的数据的处理，借助符合人类认知习惯的可视化信息组织，发现舆情发展规律，预判舆情发展动向，从而做出正确决策。

虽然信息可视化的研究对象主要集中于大型数据库、网络资源以及各种类型的信息集合，但信息可视化形成和借以发展的基础却是计算机图形学和认知心理学。认知心理学揭示了人类感知和认识世界的方式，为可视化提供了理论指导；而计算机图形学则提供了用于更加艺术地表现可视化的方法，作为可视化的实现工具。

目前，信息可视化本身已经成为用户与计算机之间的直接界面的组成部分。通过如下六种方式，信息可视化放大了人类的认知能力①：

(1)增加认知资源：如利用某种可视资源来提高人类的工作记忆能力；

(2)减少搜索：如利用较少的空间表达大量的数据；

(3)加强对于各种模式的识别：比如，当按照信息自身的时间关系，在空间当中对信息加以组织的时候；

(4)易化对于各种关系的知觉推理：否则，归纳起来会更加困难；

(5)对大量的潜在事件加以知觉监控；

(6)提倡一种便于操作的、不同于静态图的媒介，从而成就对于参数取值空间的探索。

信息可视化的这些能力，在与计算型数据分析相结合的情况下，可以应用于分析推理过程，从而为意会过程提供支持。②

网络舆情监测信息的主要用户是监测系统的管理人员和相关决策者，信息可视化方法对于这样一些用户认知结构的认识和理解，对于信息可视化具体方法的选择至关重要。一些信息可视化方法在未对管理者用户进行分析研究的前提下被肆意开发和使用，被证明是不适用的。周宁等指出："在过去的20年里，各种各样的信息可视化方法被开发。但是这些信息可视化方法很少和管理者的背景和知识管理的生命周期联系起来，从而导致管理者很难适应这些新的可视化方法。"③为了解决信息可视化方法"水土不服"的问题，他们同时指出，"这些信息可视化方法必须针对接受者的认知背景和信息需求来实现个性化，帮助管理者在解决不同的任务时找到最合适的可视化方法"④。

周宁等指出，"目前信息可视化研究重点在于，设计和选择什么样的显示方式，才能便于用户了解庞大的多维数据和它们之间的相互关系，其中更多地涉及心理学、人机交互技术等问题"⑤。但恰恰问题就在于用户类型和可视化显示方法之间的匹配关系还未建立。虽然信息可视化显示方法有很多，如树、网络、空间信息探索(spatial information exploration)、地图(maps)、表格(tables)及图表(graphs)等，但哪种信息类型用哪种可视化显示方法加以呈现，并被特殊的使用者很好地认知，依然是研究中的难点。

三、信息可视化在舆情信息分析过程中的作用

Richard Saul Wurman 认为，由信息爆炸增长而引起的信息焦虑(information anxiety)是用

① James J, Thomas, Kristin A. Cook (Ed.). Illuminating the Path: The R&D Agenda for Visual Analytics [M]. National Visualization and Analytics Center, 2005: 3-33.

② Card Stuart K, Mackinlay Jock D, Shneiderman Ben. Readings in Information Visualization—Using Vision to Think. San Francisco, Morgan Kaufmann Publishers, Inc, 1999: 16-17.

③ 周宁，陈勇跃，金大卫，张会平．知识可视化框架研究[J]．情报科学，2007(4).

④ 周宁，陈勇跃，金大卫，张会平．知识可视化框架研究[J]．情报科学，2007(4).

⑤ 周宁，陈勇跃，金大卫，张会平．知识可视化与信息可视化比较研究[J]．情报理论与实践，2007(2).

户利用信息的主要障碍。① 而消除信息焦虑、满足用户信息需求的重要手段，就是为用户提供信息访问路径，以用户容易理解的方式展现和传达信息，即使信息可以被认知和理解。

在网络舆情监测系统中获取的数据是海量的。这些数据是原材料，它只是描述了客观世界所发生的事情，并不能构成决策或行动的可靠基础。虽然这些数据还不能称为信息，但这样大量的数据已经使用户产生了信息焦虑。只有通过对数据进行分析并找出其中的关系，赋予数据以某种意义和关联，才形成所谓信息；信息虽然给出了数据中一些有一定意义的东西，但它往往和需要完成的任务没有直接的联系，也还不能作为判断、决策和行动的依据；对信息进行再加工，即进行更深入的归纳分析，方能获得更有用的信息，即知识②。可见，知识和用户任务是直接相关的，它发现了用户任务和信息直接的关系，这种关系可以辅助用户执行特定任务，而此间对数据、信息的深入分析是关键。

数据挖掘(data mining)在信息分析中扮演着重要角色。数据挖掘是利用各种分析工具在海量数据中发现模型和数据之间关系的过程，并通过仔细分析大量数据来揭示有意义的联系、模式和趋势；它也是使用模式认知、统计和数学等技术从大型数据库中提取未知的、可操作性信息的知识挖掘过程。

可视化和数据挖掘是两个互为补充的相关研究领域。当可视化作为数据挖掘的技术之一时，同其他技术相比，它有一个独特之处：能极大地发挥用户的主动参与性。当可视化融入数据挖掘时，便形成了数据挖掘可视化。数据挖掘可视化是指使用可视化技术在大量的数据中发现潜在有用的知识的过程。数据挖掘可视化技术即寻找和分析数据库，找到数据库中潜在的、有用的信息的过程，并以直观的图形方式将信息模式、数据的关联或趋势呈现给客户。可视化技术可帮助决策者直观、方便地分析数据间的关系，提供给客户相关的决策信息③。

Otto Neurath 发明了 ISOTYPE，他希望以人为本的信息可视化能被所有人接受，这需要构成一种基本素养，对于“读”、“写”能力更是如此。他对信息可视化用户的信息素养提出了要求，也对信息设计的标准化问题提出了猜想。在可视化数据挖掘中，“标准化”概念的介入将使信息可视化的应用更为“平民化”。如果将信息规则或者分类预测进行可视化，就可以形成非常友好的界面，从而数据挖掘将不再局限在某些专家中了。利用可视化理念开发的系统能够适用于更多的人群，而不是只为专家所使用。这一点对于网络舆情信息服务的使用者而言更具有意义。

传统的数据挖掘过程是以机器为中心的，而新的吸纳了可视化技术的数据挖掘过程是以人为中心的。以人为中心的数据挖掘过程，将数据挖掘与可视化技术完美结合，体现了整个数据挖掘过程的灵活性、有效性、与用户的交互性。

在数据挖掘中使用可视化技术可以起到以下作用：通过提供数据和知识的可视化，可以利用人类的模式识别能力评估和提供挖掘出的结果模式的有效性；利用可视化技术建立用户与数据挖掘系统交互的良好沟通通道，使用户能够使用自己丰富的行业知识来规整、约束挖掘过程，改善挖掘结果；提供对挖掘结果的可视化显示，使用户对结果模式能够有深刻直观的理解。从而打破传统挖掘算法的黑盒子模式，使用户对挖掘系统的信赖程度大大提高。

四、信息可视化在信息决策过程中的作用

决策离不开信息。关于信息的决策，称为信息决策；用于决策的信息，称为决策信息。

① Wurman R. S.. Information Anxiety[M]. New York: Doubleday, 1989.

② 谷宏群. 数据挖掘中可视化方法研究[D]. 武汉：武汉大学，2005：17.

③ 谷宏群. 数据挖掘中可视化方法研究[D]. 武汉：武汉大学，2005：35-36.

在信息决策活动中，二者是共存的。信息决策是一个过程，信息贯穿于这个过程的始终，决策的每个阶段都是"对信息的期望偏好正确"这一判断下的决定。也就是说，决策是在相关信息的收集、整理、加工、分析的基础上进行信息利用的结果，并且决策者总是希望决策提供的方向正确、实施的效应有益。由于决策者对决策结果的期望偏好，所以如果决策重要，且决策有效，那么，信息必须搜集完整、整理有序、加工合意、分析合理、利用正确。①

信息可视化为信息决策提供了一种可视化的信息服务。信息可视化被理解为一种计算、一种转换，但是从信息服务的角度来看，它更应该是一个界面。② 用户关注的、可直接利用的不是信息系统内部的结构，而是该系统提供的简洁易懂、省时高效的信息内容。有学者认为，可视化揭示了数据集的整体图像(Big Picture)和数据之间的相互关系。它们可以辅助用户用他们的视觉、感知和认知能力取代他们的数学能力进行自然的思考，从而提高他们的问题解决技巧。③

舆情信息工作最终是为决策者提供决策依据，可视化不仅可以洞悉舆情信息内部的关系、趋势，还以高速、准确、直观等辅助决策者做出舆情预判和决策。其在信息决策中的作用主要表现为以下几个方面④：

(一)提高决策速度

在决策过程中，对收集的信息消化理解和吸收到什么程度，会影响决策的结果和速度。信息可视化技术可以促进人们对事物的理解和吸收。信息可视化将抽象的信息用直观形象的图形、动画或视频等形式展现给用户，促使用户理解吸收和掌握隐藏在信息背后的关联信息，从而快速准确地做出决策。网络舆情本身就具有快速、不易预判等特点，信息可视化的利用，可有效提高决策的速度和准确性。

(二)帮助决策者进行科学的决策

信息决策偏好理论认为，信息的数量、质量、来源的可信度等决定了信息决策主要是不确定性决策，即使是在完全信息的基础上，信息决策行动方案出现问题的概率是无法估计的，信息决策者的主观态度对于决策策略的选择有很大影响，这些都给决策行为的实施带来一定的风险。⑤ 决策者对信息的个人偏好、对决策策略的个人偏好对决策效应的影响是巨大的。偏好是一种个体行为，受个体知识、精力、经历、背景、习惯等的影响，不论决策者是个体还是群体，其偏好总是决定其行为。信息与决策是一种共生关系：信息贯穿于决策的整个过程，决策的每个阶段都是"对信息的期望偏好正确"这一判断下的决定⑥。

信息可视化是决策者与信息资源之间的对话，同时是决策者与系统共同完成决策的过程。决策者不断调整信息决策系统的各种参数，得到不同的可视化结构和视图，正确、科学地预测趋势，并最终选择最佳的解决方案。网络舆情的监测除了快速外，最重要的就是科学、有效，当决策者理解信息和任务之间的关系后，就为科学决策提供了前提。

---

① 曹丽娟．利用高效决策信息提高信息决策的效应[J]．科技情报开发与经济，2005(10)．

② 周宁，刘玮，赵丹．信息提供的可视化研究[J]．情报科学，2004(3)．

③ Card S K, Mackinlay J. The structure of the information visualization design space[M]. J. Dill & N. Gershon (Eds.). Proceedings of the Symposium on Information Visualization '97, Phoenix, AZ (92-99). Washington DC: IEEE Computer Society.

④ 吴春玉．政府决策信息可视化及信息增值[J]．情报杂志，2005(11)．

⑤ 朱红．决策信息与信息决策的数学公式理论[J]．情报杂志，2003(6)．

⑥ 朱红，沈固朝．论决策信息及信息决策的生物原理[J]．情报科学，2003(10)．

（三）为群体决策提供可能

正是由于个人决策存在信息决策偏好的问题，虽然信息可视化可有效解决科学决策的问题，但对于重大网络舆情事件，个人决策往往会让位于群体决策。信息可视化技术为他们提供了一种功能强大的共享可视化方案，使得群体可视化决策成为现实。在群体可视化系统中，协同可视化技术可使许多决策者同处于高沉浸感的可视化环境中，共同面向可视化决策对象并与之交互，各自从不同的角度出发对需要解决的问题提出各自的方案，并通过可视化系统实时地进行修正和整合，直至最大限度地满足所有决策者要求的结果，即达到最佳方案。

然而，必须谨记的是信息可视化仅仅是一种工具，如果使用得当将对群体和群体决策带来有利影响，反之则会产生不利影响。数据可视化专家 Friendly Michael 认为，好的数据可视化就像好的写作，需要清晰、精确和有效的传播，同样地，不好的数据可视化就像不好的写作，将曲解、掩盖数据或使数据的信息变得混乱①。

此外，信息可视化还具有检验决策结果、使信息增值等作用。网络舆情有个发展过程，利用网络舆情监测系统对网络舆情发展做出预判，不但有利于引导舆情的发展，也可以对舆情进行有效的控制。利用信息可视化系统，把决策结果通过互动方式输入系统，进行检验，可及时发现舆情预判的偏差所在，调整参数并及时回馈，从而做出更准确的决策。信息可视化还可以帮助决策者实现信息在量、质和价值方面的增值。信息表现形式不同，提供给决策者的信息也不同，从这一点上看，可视化增加了信息的量，并增强了其效用。

六、小　　结

网络舆情联动应急机制中的舆情信息服务可以帮助人们进行舆情预警和分析，快速识别和定向跟踪，从而及时掌握舆情动向，快速做出决策。信息可视化在舆情信息服务中的作用不仅仅表现于本文所提的三个方面，对信息可视化作用的认识伴随着网络舆情监测、信息可视化、数据挖掘、人类认知等各方面研究的深入，将逐渐明晰。在不断强调信息可视化作用的同时，还应该认识到有效利用信息可视化是个多维过程。可视化必须做到精确，易于理解，有效及具有适应性。可视化还必须在特定领域知识(domain-specific knowledge)、团体动力学(group dynamics)以及好的决策原则下实施。信息可视化除了在网络舆情信息服务中提供帮助外，正如科学可视化在科学研究中的作用一样，信息可视化将在网络、商务、金融、通信等领域发挥越来越重要的作用。

【作者简介】

王朝阳，新闻学博士，武汉大学新闻与传播学院网络传播系副教授，主要从事新媒体技术、数字内容传播等研究。

① Friendly, M (2000b). Gallery of data visualization [M/OL]. [2004-10-10]. http://www.math.yorku.ca/SCS/Gallery.

我国青少年网络接触状况调查分析①

钟 瑛 李青青

随着我国网民规模的持续扩大与网络覆盖率的不断增长，网络对中国社会的影响日渐深远。作为中国网民的主体力量，青少年群体的网络行为对互联网的发展、网络文化的走向意义重大，研究青少年的网络生活状况具有重要的理论价值与实践意义。

2013年2月至3月，课题组对全国12个城市3005名青少年进行了问卷调查，调查涉及东部、中部、西部6大区域、12个城市。此次调查通过科学的数据采集与分析，呈现了我国青少年网络生活的基本状况，力图为社会各界提供有价值的参考。

一、基本概念及调研方法

（一）基本概念

1. 青少年网民

青少年网民的概念参照CNNIC的定义，即"过去半年使用过互联网的6周岁以上的、25周岁以下的中国公民"。另据CNNIC发布的《中国青少年上网行为调查报告》，在年龄分布上，92.2%的青少年网民年龄分布在12~24周岁之间。显然，12~24周岁是中国青少年网民最集中的年龄段，而考察这个年龄段的青少年网民，对于从整体上把握中国青少年网民的整体状况与突出问题，具有代表性与典型性。

2. 网络接触

网络接触，是将网络作为一种媒介，考察青少年对网络媒介的接触状况。在青少年的网络生活中，网络接触具有层次性，不同层次会产生不同的连锁反应及效果，进而影响青少年的网络使用行为，产生不同的网络影响。从一定意义上说，网络接触的强度与深度直接影响着网络使用行为、网络影响的强度与深度。

（二）调研方法

1. 调查范围与设计

本次调查范围涉及东部、中部、西部地区，涵盖华北、东北、华东、中南、西南、西北6大区域，最终选定全国12个城市（含直辖市、省会城市、地级城市）为调查地点；调查内容包括网龄分布、上网地点与设备、上网时长与时段、上网目的与行为、网站使用情况、网络使用障碍及求助方式、网络规范了解情况7个方面。

---

① 本文系中国科协2012年调研类课题"城市青少年网络生活状况调查"（2012DCYJ11）成果。

2. 问卷发放与回收

2013 年 2 月至 3 月，问卷调查在全国范围内展开。问卷的调查实施，由华中科技大学新闻与信息传播学院教师、博士生、硕士生分别负责，累计发放问卷 3300 份，回收问卷 3169 份，其中有效问卷 3005 份，有效问卷率为 91%。下文的结论均以此次问卷调查为依据。

3. 数据处理与分析

调查数据采用 SPSS17.0 进行处理。数据处理中，对定类变量和定序变量的错误或缺失数据，采用众数来替换；对定距和定比变量的错误或缺失数据，采用平均值来代替。

二、我国青少年网络接触的基本状况

(一)网龄分布状况

1. 青少年平均网龄为 6.57 年

根据青少年的触网时间统计与分析，青少年的平均网龄为 6.57 年(18 周岁以上为 7.19 年，18 周岁以下为 5.95 年)，其中最大网龄为 18 年，最小网龄为 1 年。调研结果显示(图 1)：49.8%的受访者网龄为“6~10 年”，“5 年及以下”、“11~15 年”网龄的青少年所占比例分别为 39.2%、10.4%，0.6%的青少年网龄在“16 年及以上”。

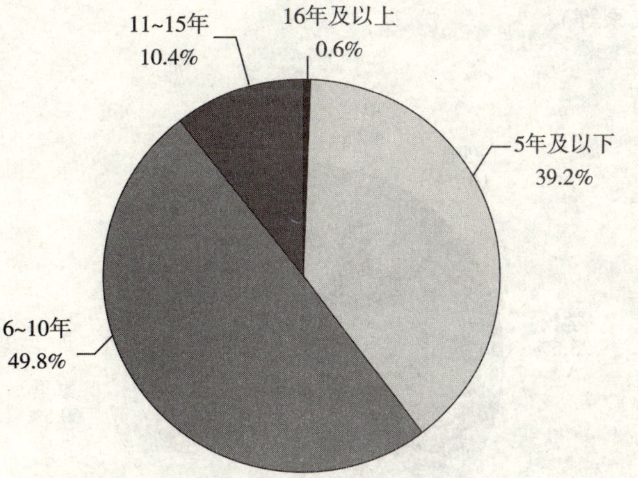

图 1　青少年网龄分布(单位:%)(n=3005)

2. 青少年平均手机网龄为 4.12 年

研究发现，96.7%的青少年使用手机上网，青少年的平均手机网龄为 4.12 年(18 周岁以上为 4.62 年，18 周岁以下为 3.62 年)，其中最大手机网龄为 12 年。调研结果显示(图 2)：按所占比例从大到小的顺序，38.1%的受访者手机网龄为“3~4 年”，其次为“5~6 年”(28.9%)，再次为“1~2 年”(20.2%)，“7~8 年”、“9~10 年”、“11 年以上”手机网龄所占比例分别为 9.7%、2.8%、0.3%。

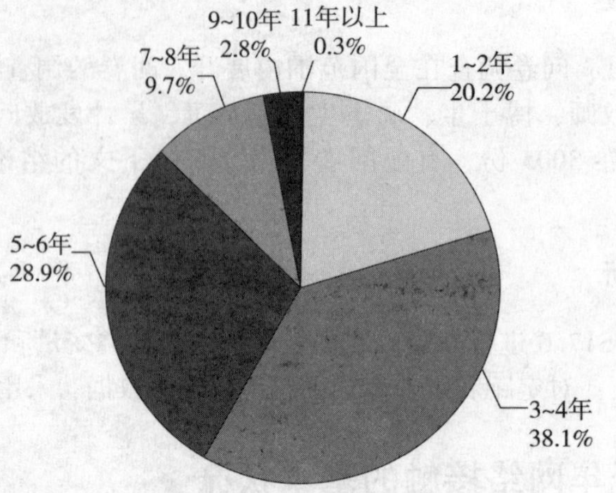

图 2　青少年手机网龄分布(单位:%)(n=3005)

(二)青少年上网地点与设备

1.“家里”是青少年最主要的上网地点

调研结果显示(图 3):青少年上网地点呈多元化,“家里”是青少年最主要的上网地点,这与国内当前经济水平、物质水平提高,城市家庭电脑配备、网络接入的日益普及密切相关。受访者中,60.5%的人选择“家里”作为最主要的上网地点,23.6%的人选择“学校”,10.2%的人选择“网吧”,4.2%的人选择“单位”,1.5%的受访者的主要上网地点为“其他”(如公共场所、亲戚家等)。

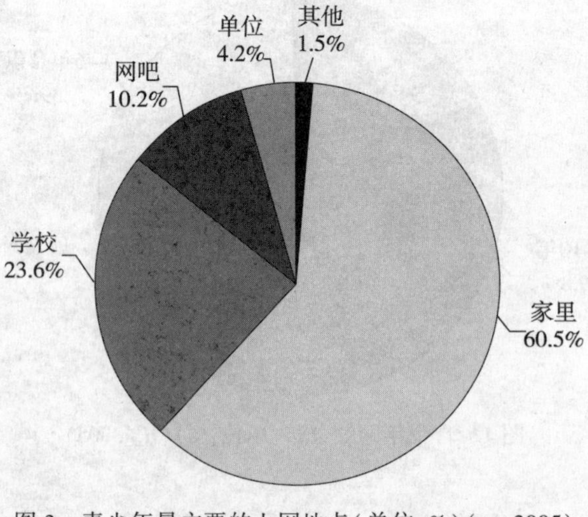

图 3　青少年最主要的上网地点(单位:%)(n=3005)

2. 手机是青少年最主要的上网设备

随着数字技术和通信技术的不断发展,各种上网设备不断被推出推广,青少年上网设备的选择也日益多元化,调研结果显示(图 4):移动上网终端已经超越传统终端成为最主要的上网工具,手机是青少年最主要的上网设备。其次为“笔记本电脑”(n=733),24.4%的青少年日常上网使用“笔记本电脑”;再次为“台式电脑”(n=695),23.1%的青少年使用“台式电脑"上网；3.1%的青少年选择"平板电脑"（n＝92）为主要上网设备。

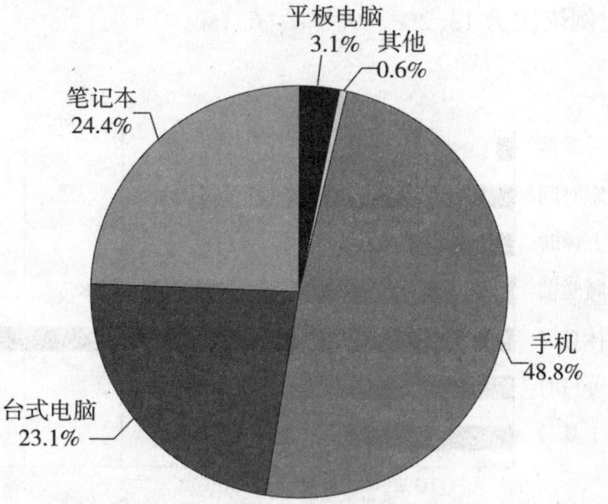

图4 青少年最主要的上网设备（单位：%）（n＝3005）

（三）青少年上网时长与时段

1. 青少年平均每天上网时长为3.38小时

调研结果显示（图5）：我国青少年平均每天上网时长为3.38小时，77.9%的青少年每天上网时长为"5小时及以下"，17.1%的青少年每天上网时长为"6～10小时"，4.4%的青少年每天上网时长为"11～15小时"，0.6%的青少年每天上网时长为"16小时以上"。

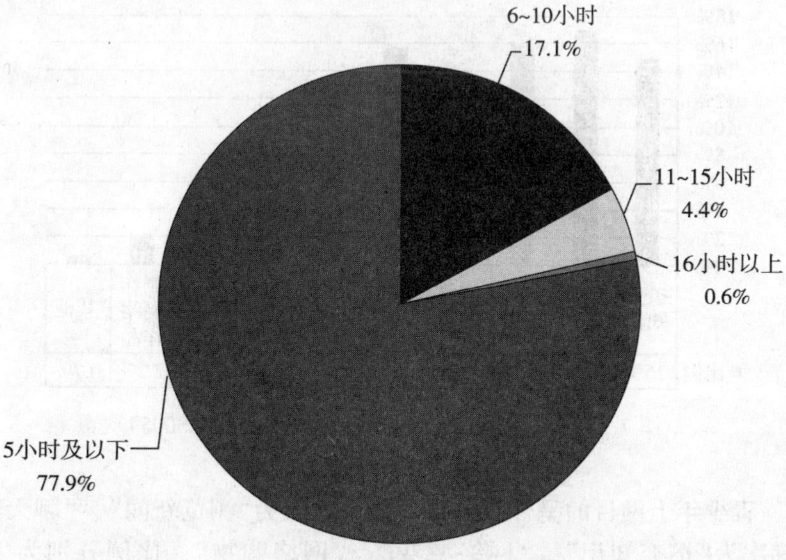

图5 青少年平均每天上网时长（单位：%）（n＝3005）

2. "休息时"是青少年最主要的上网时段

调研结果显示（图6）：青少年上网时段的选择具有规律性，集中为"休息时"、"晚上睡觉前"、"无固定时间"三个层次。其中，"休息时"（主要为连续工作、学习的间隙时间）是青少年集中上网的时段，30.5%的青少年会在“休息时”上网，21.1%的青少年会在“晚上睡觉前”上网，18.6%的青少年“无固定时间”上网。选择在“等待时”、“乘交通工具时”、“工作或上课时”上网的比例依次为13.2%、9.5%、6.1%。

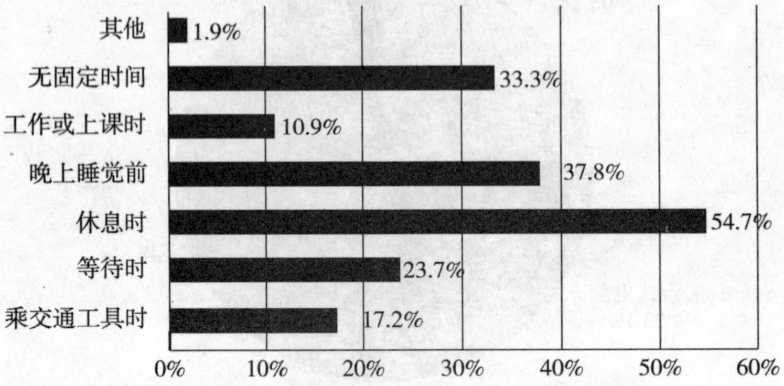

图6　青少年上网时段分布（单位：%）（n=3005）

(四) 青少年上网目的与行为

1. 浏览新闻、聊天交友、观看视频是青少年上网的三大主要目的

上网目的是指青少年根据自身的需要而预先设想的上网行为的目标和结果，我国青少年的上网目的日益多元化，涵盖互联网的诸多应用形式。调研结果显示(图7)：浏览新闻(17%)、聊天交友(16.1%)、观看视频(15.7%)是青少年上网的三大主要目的。

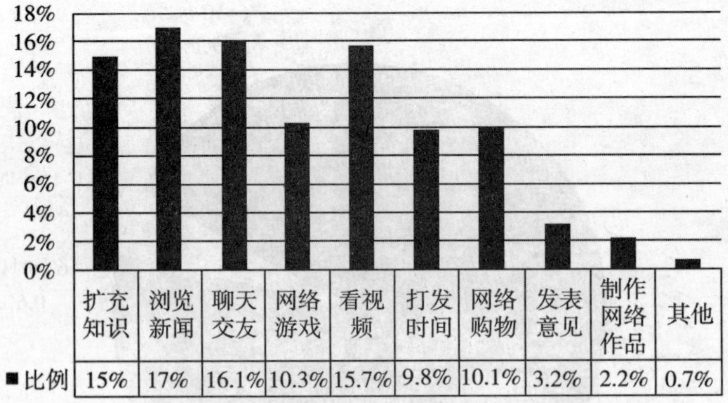

图7　青少年上网的主要目的（单位：%）（n=3005）

总体来看，青少年上网目的呈梯状分布。第一梯次为“浏览新闻”、“聊天交友”、“观看视频”；第二梯次为“扩充知识”、“网络游戏”、“网络购物”，比例分别为15%、10.3%、10.1%；第三梯次为“打发时间”、“发表意见”、“制作网络作品”，比例为9.8%、3.2%、2.2%。

2. 青少年可以完成的上网行为呈梯次分布

研究发现(图8)：青少年可以完成的上网行为呈梯次分布，可以完成的上网行为对应着青少年上网目的的活跃性，即上网目的活跃性愈强的网络行为，其完成的可能性就愈高。

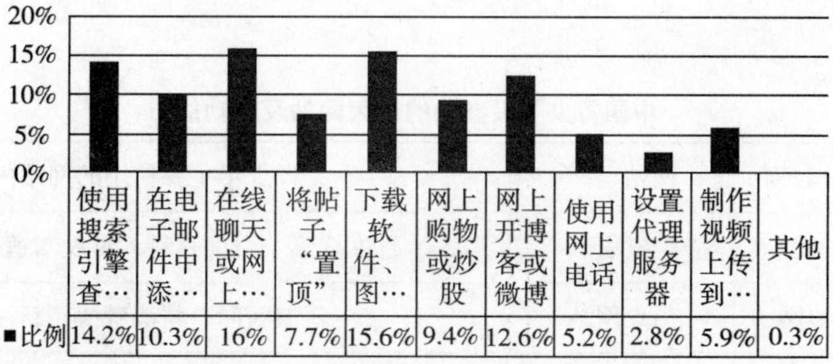

图 8　青少年可以完成的网络行为（单位：%）（n = 3005）

青少年可以完成的上网行为分为三个梯次。第一梯次为“在线聊天或参加网上讨论”（16%）、“下载软件、图片、影音文件”（15.6%）、“使用搜索引擎查询信息”（14.2%）；第二梯次为“网上开博客或微博”（12.6%）、“网上购物或炒股”（9.4%）、“将帖子‘置顶’”（7.7%）；第三梯次为“制作视频并上传到网上”（5.9%）、“使用网上电话”（5.2%）、“设置代理服务器”（2.8%）。

（五）青少年网站使用情况

1.“自己搜索”是青少年获知网站的最主要渠道

获知网站的渠道直接影响着网站的推广与营销。研究发现（图 9）：“自己搜索”是青少年获知网站的最主要渠道，青少年在获知网站信息、浏览网站上更多依靠自身的网络操作技能，多数青少年能够主动搜索、浏览网站。

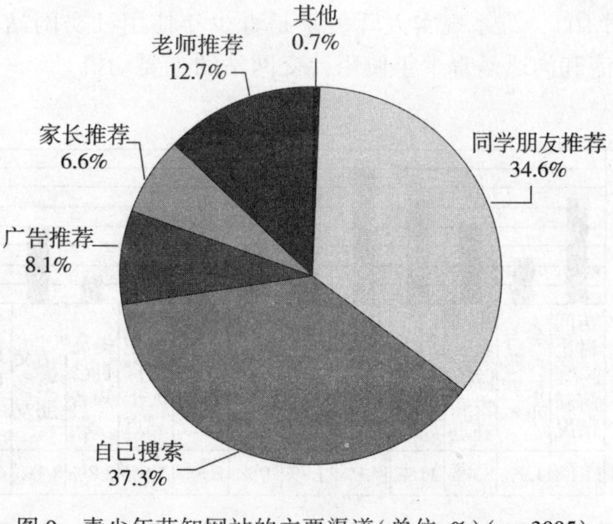

图 9　青少年获知网站的主要渠道（单位：%）（n = 3005）

受访者中，37.3%的青少年通过“自己搜索”获知、浏览网站，34.6%的青少年通过“同学朋友推荐”来获知网站，通过“老师推荐”、“广告推荐”、“家长推荐”的方式浏览网站的青少年所占比例分别为 12.7%、8.1%、6.6%。

2. 青少年最喜爱的十大网站

研究发现，我国青少年最喜爱的十大网站依次为：百度、新浪、腾讯、淘宝、优酷、人人、谷歌、搜狐、土豆、网易。根据调研数据，中国青少年最喜爱的十大网站的内容如表 1 所示。

表 1　　　　**中国青少年最喜爱的十大网站及其功能**

网站排名	网站名称	网站类型	青少年主要使用的网站内容
1	百度	搜索引擎	百度搜索、百度百科、百度知道、百度地图
2	新浪网	门户网站	新浪新闻、新浪微博、新浪邮箱
3	腾讯网	门户网站	腾讯 QQ、腾讯微博、QQ 空间
4	淘宝网	电子商务网站	淘宝网、天猫、支付宝
5	优酷网	视频网站	视频片段、电影电视剧
6	人人网	社交网站	人人网
7	谷歌	搜索引擎	谷歌搜索、谷歌地图、谷歌学术
8	搜狐网	门户网站	搜狐新闻、搜狐视频
9	土豆网	视频网站	视频片段、电影电视剧
10	网易	门户网站	网易邮箱(126. com、163. com)

3. 维系现实人际关系是青少年使用社交网站的最主要目的

社交网站已经成为青少年网络交往的主要平台，研究发现青少年的社交网站使用率为 51. 3%。研究发现(图 10)，维系现实人际关系是青少年使用社交网站的最主要目的，维系现实交际圈的即时交流和沟通是青少年使用社交网站的主要动机。

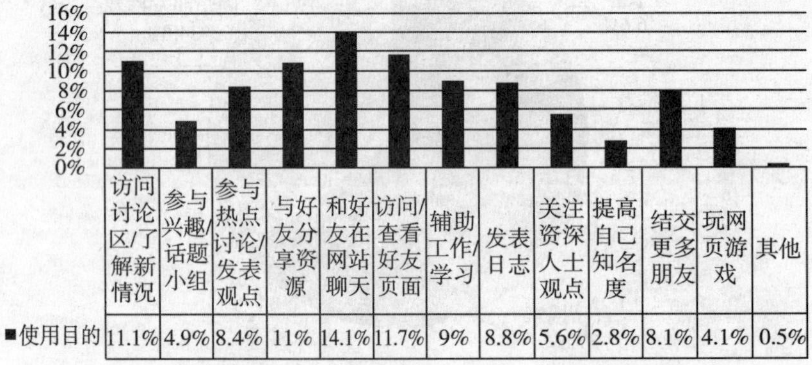

图 10　青少年使用社交网站的主要目的(单位:%)(n=3005)

关于使用社交网站的主要目的，“和好友在网站聊天”(14. 1%)所占比例最高，其次为“访问/查看好友页面”(11. 7%)，再次为“访问讨论区/了解新情况”(11. 1%)，“与好友分享资源”、“辅助工作/学习”、“发表日志”、“参与热点讨论/发表观点”、“结交更多朋友”、“关注行业资深人士观点”、“参与兴趣/话题小组”、“玩网络游戏”、“提高自己知名度”、“其他”所占比例分别为 11%、9%、8.8%、8.4%、8.1%、5.6%、4.9%、4.1%、2.8%、0.5%。

（六）青少年网络使用障碍与求助方式

1.“找不到自己需要的资源或解决答案”是青少年网络使用的最大障碍

研究发现（图 11），“找不到自己需要的资源或解决答案”是青少年在网络使用中遇到的最大障碍，而网络信息庞杂、网络搜索水平不一是青少年找不到所需资源或答案的主要原因。

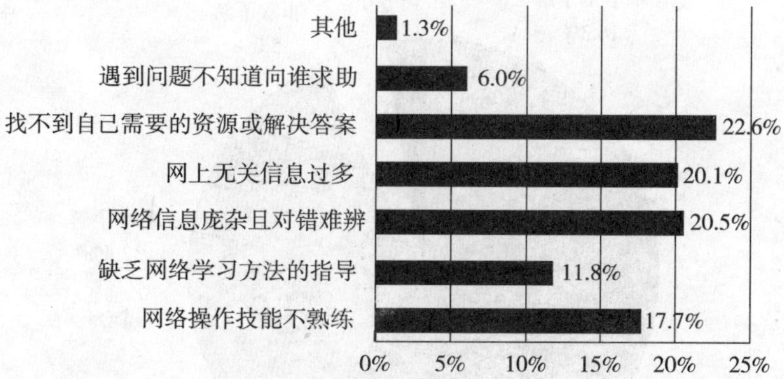

图 11　青少年网络使用障碍基本情况（单位：%）（n = 3005）

受访者中（n = 3005），按所占比例从大到小排列，22.6%的青少年的网络使用障碍为“找不到自己需要的资源或解决答案”，其次为“网络信息庞杂且对错难辨”（20.5%），再次为“网上无关信息过多”（20.1%），“网络操作技能不熟练”、“缺乏网络学习方法的指导”、“遇到问题不知道向谁求助”所占比例分别为 17.7%、11.8%、6%，“其他”（1.3%）选项包括“从未遇到过困难”、“网络欺诈”等。

2. 青少年遭遇网络障碍时更倾向于现实求助

研究发现（图 12），遭遇网络使用障碍时，青少年优先采取的求助方式为“询问周围同学与朋友”，36.5%的青少年在遭遇网络障碍时，在同学与朋友的帮助下克服障碍。其次为“求助在线好友/论坛发帖求助”（22.7%），再次为“去专业维修站/通讯商咨询”（21%），“求助家长/老师”、“不求助”的青少年所占比例为 10.9%、6.1%。

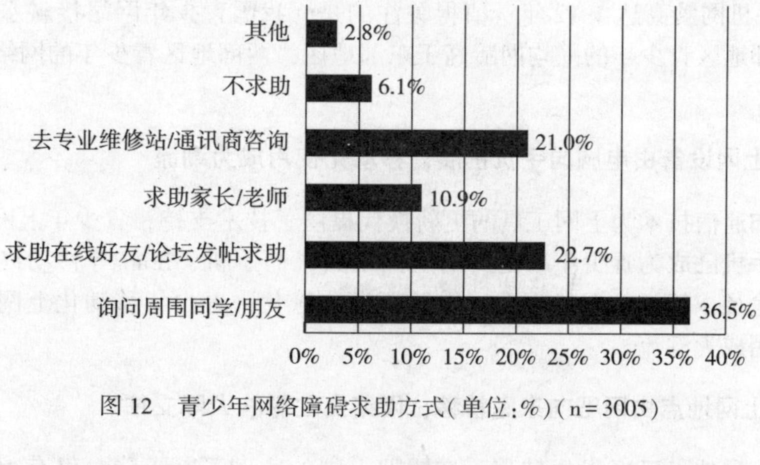

图 12　青少年网络障碍求助方式（单位：%）（n = 3005）

(七)青少年网络规范了解情况

网络规范是指约束、规制、管理网络使用行为的政策、法规、法律，主要包含网络道德规范、网络法律规范。研究发现(如图13所示)，青少年网民对网络规范的了解率偏低，仅有37.5%(18周岁以下所占比例为40.1%)的青少年"了解"(含非常了解、基本了解的比例)网络规范。

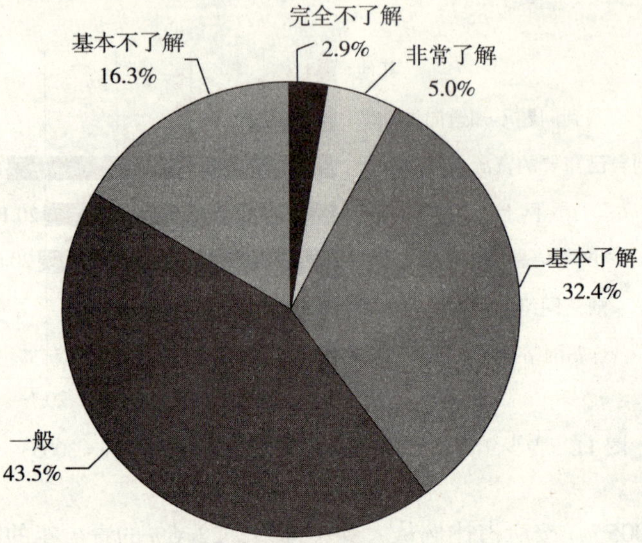

图13　青少年网络规范了解情况(单位:%)(n=3005)

三、基本结论与对策建议

(一)基本结论

1. 青少年网络接触水平整体较高，但西部地区明显较弱

网络已经内化成为青少年生活的重要内容，青少年的网络化生存日益普遍。调研结果显示：我国青少年网络接触水平整体较高，青少年的平均网龄为6.57年，手机上网率为96.7%，平均手机网龄高达4.12年。值得关注的是，我国青少年网络接触水平存在明显的区域差异，中部地区青少年的平均网龄高于东部地区，西部地区青少年的网络接触水平依然处于弱势。

2. 青少年上网设备由电脑向手机扩展，移动化使用成为潮流

数字技术和通信技术为上网工具的更新换代提供了技术支持，青少年上网设备的选择也日益多元化。手机已成为青少年最主要的上网工具，而手机、iPad等移动终端成为青少年最喜欢的上网途径，笔记本电脑、台式电脑逐渐边缘化，青少年移动化上网的趋势日益明显，移动化使用成为潮流。

3. 青少年上网地点由网吧向家庭转移，网络交往影响人际交往

青少年的上网地点已经发生转移，在网吧上网的比例不断下降，仅有10.2%的青少年选择在网吧上网，而随着城市家庭的电脑配备和网络接入的日益普遍，家庭成为青少年最主

要的上网地点，60.5%的青少年选择在家里上网。值得关注的是，青少年的网络交往也对现实交往产生了深刻影响，上网地点转移对于现实家庭成员之间的沟通与交流产生了负面影响，甚至有青少年表示在家上网导致自己逐渐疏远了家人。

4. 青少年上网目的由娱乐向信息获取、社交转移，网络化生存日益深化

青少年上网的主要动机被归为娱乐应用，但是研究发现，青少年上网的主要目的已经发生了转移，调研结果显示：浏览新闻(17%)、聊天交友(16.1%)、观看视频(15.7%)是我国青少年上网的三大主要目的。可见青少年上网更加偏重于信息获取、网络交往，青少年上网目的已经由以娱乐为主逐渐向信息获取、社交转移，青少年的网络化生存日益深化。

5. 青少年网络使用障碍多元化，信息搜索能力较低为主要障碍

青少年的网络使用存在诸多障碍，集中体现为网络信息辨别能力弱、网络技术不熟练两个层面，目前青少年网络使用的能力和水平有待提升。调研结果显示：找不到自己需要的资源或解决答案(22.6%)是我国青少年网络使用的最大障碍，青少年在网络信息的搜索及处理能力上存在缺陷。

6. 青少年对网络规范认知度较低，网络素养有待提升

青少年对网络规范的认知度较低，仅有37.5%的青少年表示了解网络规范，而表示“非常了解”的仅占5%，这说明当前我国青少年的整体网络素养有待提升，也反映了对青少年进行网络普法的必要性。值得注意的是，随着年龄的不断增长，青少年对网络规范的了解程度不断降低，其中低龄青少年对网络规范的了解率高于成年青少年，这与当前中小学纷纷开设网络应用课程及网络素养课程密切相关。

(二)对策建议

1. 注重区域协调与平衡，加强西部地区网络教育与推广

青少年网络接触的区域差异，最主要原因是网络教育的区域不平衡，在提高网络接触水平、提升网络媒介素养上，必须要强化西部地区青少年的网络教育与推广工作，主要包括加强西部地区青少年的网络资源建设、加大西部地区网络基础设施的建设力度、强化西部地区网络技术与学习方法的学校教育推广。

2. 顺应网络新生代的生活方式，丰富青少年的线上线下生活

网络新生代与新技术具有先天性的亲密关系，而顺应网络新生代的生活方式，不断强化网络功能与网络内容的开发，使青少年在网络使用中获取有益的知识，是网络发展的重点。深化网络功能方面，在网络使用工具多元化的前提下，强调网络功能的丰富性、新颖性，同时依托网络技术设计，开发出参与性和互动性更强的交流互动平台、APP客户端，不断满足青少年移动化上网的需求。而青少年也应不断丰富自己的业余生活，在网络生活中不断培养自己的文化自觉，做到不盲从、不造谣、不传谣，恪守网络诚信、网络道德的底线，借助网络发展提升自身社会生活的能力与素质。

3. 科学引导青少年上网，提升网络内容品质

上网目的与动机影响着青少年具体的网络使用行为，所以对青少年的上网动机与目的进行科学有效的引导显得尤为重要，同时要强化青少年的网络学习和使用网络技术的能力，尽量减少网络使用中的障碍因素，确保青少年网络接触的积极性与便捷性。网络内容的品质直接影响着青少年网络接触的程度及效果，在科学性的基础上注重原创性的内容、打造精品网站是促进青少年良性网络接触的基础，而凭借精良的制作、多样化的表现形式创作更多特色内容，是提升网络内容品质的重要途径。

4. 加快青少年网络法律法规建设，加强手机内容管理

青少年对网络规范的了解率偏低折射出我国普法工作的缺失，也从侧面反映出加快制定网络法律法规的重要性和紧迫性。此外，学校、社会应采取多种形式，倡导青少年群体健康有序的网络行为，增强青少年的网络责任感，坚守网络行为的法律底线与道德底线。对手机内容进行规范与治理，是规避青少年移动化上网风险的主要途径。手机内容的规范与治理主要从加强手机媒体的法律法规建设、强化伦理道德规范（伦理道德约束）、加强技术管理三个方面进行，在倡导为青少年提供更加个性化的内容的基础上，强调手机内容的积极健康，通过以技术管理为核心的后台管理模式，及时规避、处理手机不良信息，打造理性健康的移动化上网环境。

【参考文献】

[1] 中国互联网络信息中心. 2012 年中国青少年上网行为调查报告[R/OL]. [2013-06-01]. 北京：中国互联网络信息中心，http://www.cnnic.cn/hlwfzyj/hlwxzbg/qsnbg/201312/t20131225_43524.htm.

【作者简介】

钟瑛，华中科技大学新闻与信息传播学院教授、博士生导师、副院长，研究方向为网络传播、新媒体研究、媒体政策、传播史。

李青青，华中科技大学新闻与信息传播学院 2011 级博士研究生，武汉纺织大学传媒学院教师，研究方向为网络传播、新媒体研究。

信息型关系对政务微博政治信任的培育
——以葛剑雄微博为借鉴①

陶文静

从结构上看，微博空间是以众多意见领袖为核心构筑而成的关系网络。按照经典传播学理论对“意见领袖”的定义，葛剑雄微博并非典型的“信息中介”——只设一个关注(复旦大学图书馆官方微博)，既不大量转发信息，也极少营造话题——却拥有近百万的粉丝数，发帖近5000条，远高于意见领袖粉丝数和活跃度②的平均水平。在微博中，葛剑雄履行政协委员职责，回答历史专业问题，还开启了复旦大学图书馆“微博治馆”的先河。博文内容以提供信息为主，话题因网友提问而衍变，依托理性的“话语交往”联结成稳定而开放的“信息型关系”网络，在提升政治交往有效性、培育微博政治信任等方面为当下中国的政务微博的高效运作提供了借鉴。

一、“公共物品”理念下的信息型关系

所谓信息型关系，首先是以信息为主要的连接桥梁。与人人网、开心网等等SNS应用不同，微博更多的是在陌生人之间，基于对信息的关注而建立起来的新的信息获取模式③。虽然以微信为代表的竞争型应用分流了部分社交功能，微博的信息传播功能却愈发明晰，更符合政务体系吸纳和引导舆情、联结更广大网民的功能要求。如何建立信息型关系？怎样的信息型关系更有利于政务微博的有效运行？这些问题成为当下众多政务微博亟须回答的问题。

本文选取的案例——葛剑雄新浪微博注册于2010年两会前夕，与同时期开设的其他“代表微博”一样，其主要目的是为了履行“全国政协委员的职责”，播报提案内容、参会的日程以及会场内外的情况，以“方便大家监督”。但与许多“问计于民”的代表微博(如柏万青微博)不同的是，葛剑雄微博并不主动建构议题，而是将自己定位为“公共物品”的服务角色——与两会有关的话题，“只要有时间，对采访、提问来者不拒”。这种以提供信息和回答问题为基础的运作方式成就了其微博“信息型关系”的结构特征。

(一)提问+回应——葛剑雄微博信息型关系的主要特征

从播报个人参会行程开始，以提供两会信息为主要内容，政协委员葛剑雄微博两会期间的日发主帖量在1~3条之间，只有涉及公共议题的发布内容才会收到超过10条的回复，形

① 本文系教育部人文社科青年基金项目《中国城市遗产保护领域公共商议的媒介化特征与影响》项目(编号：12YJC860035)；以及上海市哲学社会科学青年课题《地方媒体对上海城市遗产保护的价值构建与政策商议研究》资助(项目编号：2012EXW002)课题成果。

② 沈阳. 2011年2季度网络舆情和微博问政报告[R]. 武汉大学ROST虚拟学习团队，2011.

③ 朱爱菊. 从对人的关注和浏览中获取信息——新浪微博中的信息组织与信息获取机制分析[J]. 情报杂志，2011(5).

成部分讨论；也只有对发布信息提出疑问或产生误读的跟帖才会被博主回复，信息内容成为葛剑雄微博话语交往得以持续的前提和纽带。

2011 年两会尾声，葛剑雄发布了一条关于复旦图书馆公开预算的博文，用以澄清媒体报道的不实①。这条与博主直接相关，并具有较高公众关注度的博文使其微博上的跟帖迅速从两会话题转向对复旦大学图书馆管理的评论和质疑。此后，网友跟帖从预算外溢到图书馆的日常管理与使用等一系列议题。身为复旦大学图书馆馆长的葛剑雄也延续了之前的"公共物品"作风，将回答网友问题视为自己的"本职工作"之一，对校外人员进馆手续、学生及工作人员违规行为(学生占座、吃东西；情侣亲昵；工作人员态度不好、失职等)、网络数据资源使用、公共设施维护(包括空调、厕所、饮水等配备)等问题一一回答。虽然不再直播两会后，葛剑雄微博的主帖减少至每周 1~3 条，面对网友的大量提问，"本想会后就不上微博"的葛剑雄还是"忍不住看了，又忍不住写了"，其回帖收到的评论量较两会期间呈现逐渐上涨的趋势。

(二)传播信息、累积关系——信息型关系的主要功能

信息型关系的首要功能在于传播信息，这也是众多两会代表开通微博的初衷。作为信息发布手段，微博既有优势，也有不足。"被动关注"和"转发"功能使微博具有超越以往任何社交平台的公开性，任何博文从技术角度都可以同时被所有用户看到并加以评论。这种公开性可以帮助传播者将所要传播的信息内容送至尽可能大的范围，但也同时带来了"脱域"后的信息被断章取义的危险。在回答网友有关两会和图书馆的提问时，葛剑雄在每条博文中都尽量提供问题的归属部门、决策程序、决策理由等相关信息。虽然有网友提醒葛剑雄"不用每条都回复"，但他仍旧维持与网友的互动，保持面向"沉默的大多数"的意识，直到澄清所有来自受众的误解和疑问，以保证信息的有效传递。

信息型关系的本质是一种基于话语交往的社会关系。随着信息的传递，交往的链条也同时在陌生人之间得以形成，并通过关注、转发等方式积累成稳定的关系网络。面对微博空间中大量的碎片信息，用户一旦产生"某一类人在某个具体领域里的知识具有可信性"这一印象，特定信息就与特定的人联系在了一起。在需要关键信息的时候，人们会去寻找合适的人来获取帮助②，而在新一轮的信息寻求与回复的过程中，既有的信息型关系继而得到维持和扩展。由于葛剑雄微博对两会教育问题和复旦图书馆管理信息的持续提供，许多用户将其作为获取相关信息的"储备"和提供相关建议的"预知途径"而关注，形成相对稳定的关系链条。

(三)设定前提、理性对话——信息型关系的保障机制

保持话语交往延续的另一个基础在于双方对同一组信息有大致相同的理解和价值前提，尽量降低信息在转发或评论中被误读的可能。在每一条博文中尽量提供详细的信息、在提出自身意见的同时给出相关的理由、甚至反复多次就同类问题给予完整详细的回复，是葛剑雄微博减少信息误读的有益举措。

在缺少有效的讨论仲裁机制的微博空间，参与讨论的各方保持相对一致的前提则更为困难。当信息无法完整展现或得到验证，培育相应的话语伦理则成为微博互动得以延续的保

① 微博内容为："我们图书馆的开支是去年公布在网上的，不是有些报道说的在两会前才公布。在公布时，的确有人担心公开招待费会引起别人议论(对我们及对其他单位)，但绝大多数人是支持的。一年来我并没有受到什么压力，其他单位也已开始这样做，有些朋友不要过虑，也不要想象得太丰富。"

② Catherine A. Johnson. Choosing People: the Role of Social Capital in Information Seeking Behavior [J]. Information Research, 2004, 10(1).

障。按照信息内容，微博评论主要可以分为参与型评论和情绪型评论两大类。① 参与型评论是对主贴的信息补给(包括补充、分析、质疑等)，而情绪型评论则是评论者个人的情感态度的直接表达。对于图书馆使用和管理等方面的建议，葛剑雄大都会给予正面的评价。对于网友举报的图书馆出现的问题，则会请求对方给出具体的时间、地点和相应的证据。而对于因信息误读而来提问的网友，葛馆长则会指出对方没有理解其“意思”或者发言的“前提”，并给予重新解释。这些做法有助于引导网友在互动中更有效地提供和关注信息本身，构成讨论得以继续的基础。

对信息型关系的一个极端的违背是对信息的有意误用，包括完全脱离原有信息任意阐发或者无理由谩骂。一旦出现此种情况，葛剑雄微博并没有如许多名人微博或者官方微博一样对其删除、无视或者一味容忍，而是进行直面回应，指出“批评与骂娘是两回事，有时恰恰掩盖了残酷的事实”，要“给出证据”、“希望听到你具体的批评或建议”，这些回应既是对信息型关系的延续，也是对微博公开性的充分认识，“让大家听了后分清是非”②，避免围观网友产生博主“默认”或者“冷漠”的误解，引导对话机制的良性运转。

二、培育政治信任——信息型关系对政务微博的有益启发

2011 年是中国政务微博元年③。新加坡学者郑永年指出，当代中国，微博能否真正带来一场变革，改变着领导方式和管理方式的关键，还在于能否打破一道道由高强度的“不信任”砌成的“社会墙”。这些墙的存在必然会对执政党的长治久安、政治秩序和社会和谐产生负面的影响。④ 相关调查结果显示，中国社会的信任危机从宏观的政府信任、制度信任，到对专家、证书、货币等系统的信任，再到微观的消费信任与人际信任，几乎涵括了社会生活的所有方面。⑤ 其中对社会稳定和信任重建至关重要的政治信任近年来日益成为学界关注的重点。

政治信任是公众对于政治权威当局及政治机构是否依据民众的规范性期待的一种评估，是对政府活动的理性预期或心理期待，⑥ 它反映了一个国家的政府及其行为的合法性，同时也是政府政策有效性的基础⑦。由于微博空间陌生人网络的匿名性和长期以来部分人群对主流话语的长期质疑，建立和提高用户的政治信任对于政务微博的有效运转更具有重要意义。

作为社会态度的信任产生于两个维度，一是感知能力，二是感知善意。虽然从 2010 年开始，政府部门及公务人员微博参与数量日益增多，但平均的活跃程度却不高，影响力也有待提升，截至 2011 年 3 月，政务机构微博、官员微博中，微博发布数在 100 条以下的分别占 60%与 87%，发布数在 500 条以上的只占 8%与 1%，部分微博甚至开通后长期处于弃用状态。这些形同虚设的“问政渠道”降低的是网民对政务微博能力与诚意的双重感知。在政务微博普遍提出“问什么”、“如何问”的困惑时，葛剑雄微博体现的信息型关系则不失为价

---

① 杨晓茹．传播学视域中的微博研究[J]．当代传播，2010(2)．

② 博文内容为：“回复@殺瑪睨三世：还是不骂为好。即使他们不说人话，你也得用人话批评驳斥他们。要知道，你的话主要不是说给他们听的，而是让大家听了后分清是非。你一骂，别人就不看你的话了，不等于白写？对他们也不会有什么伤害。要真是像你所说是被雇佣的，还怕你骂吗？”

③ 张志安，贾佳．中国政务微博研究报告[J]．新闻记者，2011(6)．

④ 郑永年．微博能否拆掉“中国墙”[M]//高明勇．微博问政的 30 堂课．杭州：浙江人民出版社，2012：2.

⑤ 朱虹．必须重塑社会信任[J]．社会科学报，2012(7)．

⑥ 梅祖蓉．中国政治信任水平测度指标及现状[R]．2010.

⑦ 马得勇．政治信任及其起源——对亚洲 8 个国家和地区的比较研究[J]．经济社会体制比较，2007(5)．

值多元化、社会信任普遍缺失的微博空间中一种务实的政务探索。

(一)突出"个性"——增强善意感知

在等级文化盛行的社会中，不同阶层的人们不可能拥有相同的价值观念，社会信任以及政治信任也就不可能萌发。① 以信息积累起来的关系中，双方必须合作才能完成话语交往，这就有助于形成相对平等的互动关系，在一定程度上消除网络空间中个体与组织之间的地位差距。同时，由于信息与人的"捆绑关系"以及微博的扁平结构，个人比机构更有利于营造信息型关系。中国社会中的信任模式是"亲而信"，关系的亲疏远近成为信任的准星。参与度较强的受众更重视信息而不是信源②。平等的人际关系有助于建立官方与网友之间的"亲近"关系，以加强网民对政务微博"诚意"的感知，从而实现提高信源可信度的目的。

信息与人的"捆绑关系"在另一方面也为官员微博增加了发言的难度。虽然葛剑雄一再强调政协委员只是他在两会期间的"兼职身份"，但还是有很多网友无法分清其与葛剑雄的个人身份及专职工作的职能区别，要求其持续承担政策建议的职能。相当于只有"一半公职"的葛剑雄教授也表示："微博中的官员往往要面临职务角色与个人身份转换的纠结，以及官员与普通民众话语表达空间、自由度的差异，时常更难收放自如。"③原云南省委宣传部副部长伍皓开通的个人微博"云南伍皓"曾以"个性"著称，伍皓除了发布公务信息，也发表个人观点，随着身份的变化，他很难把握好个人同公职之间的尴尬尺度，现在"改为只发宣传信息，回避谈个人的任何事情和个人观点"。④ 面对此种情况，一方面，葛剑雄表示回答网友提问也是图书馆馆长"本职工作的一部分"，另一方面，在回复有关图书馆的问题处理结果时，他都会简要介绍问题处理的相应程序和同时涉及的环节部门⑤，将自己的职权范围介绍清楚，将履职人员与其所在的机构区分开来，一定程度上避免了对"青天效应"的过度依赖和对官员微博的结构制约。

(二)征询理由——提高交往效度

学者赵鼎新认为微博政治是一种"非程序的民主"，一旦和容忍性很差的文化结合，就会产生"多数暴政"。⑥ 胡泳也认为，意见领袖在很大程度上决定着中国互联网上的论辩伦理和交往伦理，尤其是在网上可否推行有效的对话。⑦ 信息型关系对"理由"的征询、对证据和程序的强调，是葛剑雄微博对网络交往伦理的独特贡献。

话语交往的核心机制在于提供理由(reason giving)⑧。理性的论辩机制尊重意见的多元发表，能否提出充分的理由成为博主和围观网民辨别多元意见与谣言或情绪发泄的有效途径。葛剑雄微博对信息型关系的培育恰恰满足了话语交往对"更好的理由"的规范要求。信息型关系需要对话者尽可能提供可以消除对方不确定性的信息。面对网友提出的公共议题、对图书馆管理方面的建议和批评甚至是对其个人品格的攻击，葛剑雄都会以征询、反问等方

---

① Seligman A B. The Problem of Trust[M]. New Jersey, Princeton University Press, 1997: 36-37.

② Johnson, T. J. & Kaye, B. K. We believability: A path model examining how convenience and reliance predict online credibility[J]. Journalism & Mass Communication Quarterly, 2002(79): 619-642.

③ 张红璐．官员开微博说什么？怎么说？"角色定位"是关键[EB/OL]．[2011-03-27]．人民网.

④ 曹劲松．政府机构微博与官民交流创新[M]//高明勇．微博问政的30堂课．杭州：浙江人民出版社，2012：70.

⑤ 例如，有同学建议图书馆安装走廊的防雨棚，葛剑雄的回应为："今天我与办公室的同仁看了四楼平台的情况，要搭遮风雨的棚可能比较困难。但还是请办公室与学校修缮科商量，尽可能想办法。"

⑥ 赵鼎新．公共事件与公众参与[N]．东方早报，2011-02-24.

⑦ 胡泳．我们需要什么样的网络意见领袖？[J]．新闻记者，2012(9).

⑧ [德]哈贝马斯．现实与对话伦理学——J. 哈贝马斯答郭关义问[J]．哲学译丛，1994(2).

式要求对方提供相应的证据。每次回答网友问题，如果涉及意见或处理决定的发布，也会提供得出意见和决定的依据与程序①。对于超出葛剑雄个人职责范围或者暂时解决不了的问题，葛剑雄会指出此类议题的归属部门并对网民的反映方式给出建议。当“2012 年考研英语泄题”已经在两会期间交由教育部、公安部联合调查处理之后，葛剑雄并没有使用微博向教育部“喊话”，而是尽力开导、安慰向其询问的考生，建议他们耐心等待调查结果。在此，作为政协委员的葛剑雄的微博起到了很好的沟通作用，在既有治理框架下向网民建议解决问题的途径和方式，务实地推动网络意见的现实转化。

(三)务实推进——推进转化效能

哈贝马斯认为，解决政治信任危机的关键是要实现“有效的政治交往”，“只有当意愿形成过程(此过程最终导向决策，并以团体组织形式出现)对围绕它的政治交往的自由的价值、观点、贡献和辩论是开放的，它才能实现共同寻求真理的目标”②。这要求政治交往具有开放性，与议题相关的所有人都有意识、有意愿、有可能参与讨论，必须有来自社会的议题能够生成并最终被纳入政务议程。

对于电子政务的民主价值，部分美国学者持保留态度，理由是网络社会的等级化，议程大都为官员自上而下的制定③。这种质疑的核心实际上是对美国电子政务与社会民意话语交往有效性的质疑。葛剑雄微博中议题提出的模式恰恰与之相反，不在于“发布”，而更多集中于回应，以吸纳网络建议为主要职能。只有当其转化为交往权力，纳入现实政务议程后，政治交往的有效性才能真正实现。④ 对网友举报和建议的回应，不仅是态度上的认同，还包括行动上的及时转化。对网友提出的工作人员管理不当、图书馆设施使用等批评建议，葛剑雄一般会在一至两天内反映现场调查的结果或者事件解决的进度，快速的现实转化提升了网民对其“微博治馆”的信任程度⑤。同偏重信息发布的“复旦图书馆官方微博”相比，网友更愿意将问题反映到更有“效果”的葛剑雄个人微博上，许多工作人员没有注意到的问题因网友的反映而得到解决，积累出一条“微博治馆”的有效途径。

三、结语：建设常态信息合作、培育高效政务微博

信息型关系的建立和维护是一个双向累积的过程。相比首次公布复旦图书馆经费预算引起的轩然大波，葛剑雄微博第二年公布的图书馆经费预算收到的更多是“有您在，我们放心”之类的跟帖。从初期不愿花费更多时间，到利用全天零碎时间上线回复、收到的建议越来越多；从认为问政微博“形式大于内容”，到认为这种“透明式管理——自己的感觉是越来

---

① 博文举例：“有读者提出，在教师阅览室恢复每个座位的台灯。经了解，台灯很容易损坏，原来的台灯已不能用了。由于现在的线路还要保证个人电脑的接线，如恢复台灯要重排线路。现有的阅览桌已陈旧，且系一长条，动辄晃动，一有台灯损坏，维修时会影响全桌。因此暂时无法恢复台灯，待更新阅览桌时一并解决。请谅解。”

② [德]哈贝马斯. 公共领域的结构转型[M]. 曹卫东，等，译. 北京：学林出版社，1999：27.

③ Seija Ridell. Mediating the Web as a Public Space：A Local Experiment in the Creation of Online Civic Genres[M]. Nordicom Review，2005.

④ [德]哈贝马斯. 在事实与规范之间[M]. 童世骏，译. 北京：生活·读书·新知三联书店，2004：473.

⑤ 博文举例：“回复@fishlala：今天我与办公室的同仁看了四楼平台的情况，要搭遮风雨的棚可能比较困难。但还是请办公室与学校修缮科商量，尽可能想办法。//@fishlala：回复@葛剑雄：谢谢！尤其这两天上海又下雨又冷的！~每次打水心里压力很大呀！！您辛苦了~总是这么晚上网回答我们问题！谢谢！晚安！”

越顺了，员工对我们‘服务无疆，读者至上’的标准也越来越认同了”①。葛剑雄微博所涉用户间的政治信任明显提升，从而带来管理效能和制度认同的提升，“微博治馆”的一些举措也被国内其他图书馆关注和借鉴②。推之到更广的政务领域，虽然目前学界对政务微博的研究更多关注其应对突发事件的导向潜能，但由于微博的开放与碎片化，政务微博往往只能“舆情应对”，难以“舆情控制”③。作为网络意见的可能“归宿”，铺设常态有效的信息合作网络，提高其在网民心目中的可信度，占据舆情传播的习惯“渠道”，同样可以起到在关键时刻应对和化解公共危机的作用，维护政务体系的高效运转。

【参考文献】

[1]高明勇．微博问政的30堂课[M]．杭州：浙江人民出版社：2012.

[2]梅祖蓉．中国政治信任水平测度指标及现状[R]．2010-03-29.

[3]马得勇．政治信任及其起源——对亚洲8个国家和地区的比较研究[J]．经济社会体制比较，2007(5).

[4]朱爱菊．从对人的关注和浏览中获取信息——新浪微博中的信息组织与信息获取机制分析[J]．情报杂志，2011(5).

[5]朱虹．必须重塑社会信任[N]．社会科学报，2012-07-26.

[6]张志安，贾佳．中国政务微博研究报告[J]．新闻记者．2011(6).

[7]胡泳．我们需要什么样的网络意见领袖？[J]．新闻记者．2012(9).

[8][德]哈贝马斯．现实与对话伦理学——J·哈贝马斯答郭关义问[J]．哲学译丛，1994(2).

[9][德]哈贝马斯．公共领域的结构转型[M]．曹卫东，等，译．北京：学林出版社，1999.

[10][德]哈贝马斯．在事实与规范之间[M]．童世骏，译．北京：生活·读书·新知三联书店，2004.

[11]Catherine A. Johnson. Choosing People: the Role of Social Capital in Information Seeking Behavior [J]. Information Research, 2004, 10 (1).

[12]Easton, David. A Systems Analysis of Political Life [M]. Chicago, University of Chicago Press, 1965.

[13]Norris, Pippa (ed.). Critical Citizens: Global Support for Democratic Governance [M]. Oxford, Oxford University Press, 1999.

[14]Seija Ridell. Mediating the Web as a Public Space: A Local Experiment in the Creation of Online Civic Genres[J]. Nordicom Review, 2005.

【作者简介】

陶文静，博士，上海政法学院文学与传媒学院副教授。

① 葛剑雄．“两会”日记：3月8日[EB/OL]．搜狐新闻，2012-03-09.

② 注：学生手机被偷，复旦图书馆认错赔偿，再三提醒读者们提高防范意识。针对外借校园卡给陌生人通行一事，中华女子学院图书馆转发了葛剑雄的微博并强调：“希望各位同学以此为鉴，进出刷卡，忘记带卡凭有效证件登记入馆，不外借本人校园卡，本馆也适用。”

③ 张涛甫．微博时代只能舆情应对、难以舆情控制[M]//高明勇．微博问政的30堂课．杭州：浙江人民出版社，2012：74.

传统媒体的数字化转型：CNN的网络平台化

肖 迪 李 杉

传统媒体的数字化，是数字技术背景下媒介生存的必然逻辑，已被媒介发展的现实情境有力证实。但实现数字化的路径，却是无数传统媒体不断尝试、不断失败又不断寻找重建的反反复复的过程。本文即以CNN的网络平台化运作为例，探讨传统媒体在数字技术发展的浪潮中如何寻求自身生存与发展的最佳立足点。

一、传统媒体数字化转型遭遇的困境

在数字技术迅猛发展、移动终端日益便捷的背景下，传统媒体的受众资源、内容资源和广告资源所受的挑战日益增多，发展颓势日趋明显。为应对冲击，传统媒体进行了诸多的数字化实践，为自身争取了一定的生存空间，但并未从根本上阻挡新媒体对其受众市场与广告市场的蚕食。传统媒体的数字化转型仍旧面临困境：

（一）生产技术的数字化未能挽救受众的流失

传统媒体最早的数字化实践是生产技术的数字化。如报业的计算机编辑、激光照排系统与综合新闻业务网络系统，大大提升了报纸制作的时效性和版面的多元性；广播电视节目的制作、传输与接收的数字化也丰富了频道资源及内容资源。然而，技术的数字化并不能改善传统媒体信息传播的时序限制，受众转向信息传播更为迅捷的互联网，传统媒体的接触时间被大大压缩，传媒产品过剩。

（二）内容向网络的复制未能带来渠道的扩张

针对受众市场的流失，传统媒体尝试网络版的构建：网站是传统媒体的延伸与翻版，成为传统媒体进入数字领域的一种话语表达。但这一尝试只不过是将媒体内容复制于网络，再加上传统媒体自身激烈的竞争，传媒产品大量同质化，网站传输的即时性不仅未能弥补传统媒体的劣势，反而放大了同质化的缺陷，显示出优质传媒产品的缺失，因而这一数字实践未能真正实现传播渠道的有效扩张，不仅受众继续流失，广告也开始下滑。

（三）与网络的互动亦无法挽救生存的颓势

传统媒体的数字化转型并未止步于内容的复制与移植，又进入一个新的阶段：与网络互动，进行平台化的搭建。无论是报业还是广电业，纷纷尝试与网络媒体的价值有机结合，“借用网络媒体拥有的庞大受众群体、即时与受众互动的特点，深度开掘自身信息产品的丰富性与多样性”①。报网互动、台网互动、手机报、网络电视台等成为传统媒体尝试数字化媒体平台搭建的主要手段，并一度促进了传统媒体与受众的互动以及传统媒体的数据库生

① 冉华．报业数字化生存与转型研究——基于产业发展的视角[M]．武汉：武汉大学出版社，2010：110.

存，在相当长的时间里为传统媒体的发展迎来生机。如南方报业的报网互动领国内传统媒体数字化转型风气之先，代表了报业集团转型的典型思路，也是国内众多地方报业集团纷纷效仿的模板①。然而随着新媒体开辟内容生产，对传统媒体的依附减弱，并逐渐与传统媒体形成竞争之势，这一平台搭建带来的优势也被不断稀释。

(四)本质困境是盈利模式的缺失

上述种种数字化尝试，只能称为对传统媒体的修补与延伸，战略构架相对单一，未能实现价值重构，依然是传统的“卖内容、卖广告”的单一盈利模式。从传统媒体数字化转型的种种尝试历程可以明显看到，数字技术发展必然不断触动媒介传统的产业形态。数字技术不仅仅改变了媒介传统的信息生产、储存与传输的过程，最终必然改变媒体的经营模式、盈利模式并引发媒介产业形态的重构②。

反观以上传统媒体数字化转型路径，虽然已有明确的战略目标、充分的数字化经验和已具雏形的产业延伸模式，但不得不承认，营销能力的开掘与利润点的支撑仍旧依赖传统媒体的主业，数字产品的营销未见盈利优势。没有清晰的盈利模式和有效的产业链，数字化实践充其量只能是传统媒体的一种点缀；不解决商业化运作与利润再造的问题，数字化转型也只能是无源之水，难以为继。

二、CNN 的网络平台化运作

在传统媒体数字化转型的实践过程中，美国有线电视网(Cable News Network)一直走在前面，其经验也常被效仿。

(一)内容生产的平台化运作

提供优质高效的新闻素来是 CNN 的制胜法宝。但是传统广电媒体对新闻信息的生产成本高、时效低。长期以来，CNN 的报道模式也极为刻板：一般只报道事件的中心内容，很少有背景报道和分析评论③。CNN. com 充分发挥互联网海量信息存储与交互的特性，从传统的单一依赖媒介组织生产内容的方式转化为内容生产的平台化运作。

1. iReport：内容来源渠道的开放与扩展

2006 年 8 月 1 日上线的 CNN iReport 采用 UGC 的方式，即用户生成内容(User-generated Content)，这是 web2. 0 概念的组成部分之一，指网站或其他开放性媒介的内容由用户贡献生成。大约在 2005 年左右，互联网上的许多站点开始广泛使用用户生成内容的方式提供服务。

iReport 鼓励网民自制和报道新闻。用户注册即可上传自己拍摄的相关新闻事件的照片以及自制的录音和视频文件，系统会提示用户在地图上将事件的地点标注出来，方便其他用户迅速获知事发地点。编辑还会对当日重大新闻进行推送，并配上简短评论。

CNN 还以一种开放协作的态度推进新闻生产：通过设置主题，鼓励用户就某一主题进行“Open Story”的开放创作。来自不同地区、不同背景的众多用户就某一主题进行创作，促

---

① 余晓阳，张金海. 传统媒体的数字化转型与新媒体的平台化发展——基于双边市场理论的经济学分析[J]. 新闻界，2012(5).

② 冉华. 报业数字化生存与转型研究——基于产业发展的视角[M]. 武汉：武汉大学出版社，2010：85.

③ 殷俊，代静. CNN 与 Fox News 竞争分析[J]. 国际新闻界，2006(1).

进该主题新闻以更为丰富多元的形式呈现于受众面前，同时也弥补之前CNN为人们所诟病的报道模式单一的缺陷。

为确保用户对信息资源贡献的积极性，CNN既有即时的反馈机制，又有延时的激励机制。每隔两个小时，CNN便会将用户自制的新闻报道放在CNN的See your iReport或Gallery中，用户既能看到自己发送的新闻报道，也可以看到编辑整理后的关于新闻图片的介绍，及时而迅速的反馈满足了参与者的成就感。CNN还举办"iReport Awards"的颁奖活动，对前一年的iReport新闻精心检阅，按照"突发新闻"、"首发报道"、"图片报道"、"评论解说"、"个人故事"、"采访"六大类进行评奖。每类设5位提名者，最终由广大用户投票决定年度"公民新闻"奖。在满足用户参与感的基础上，实现用户的价值报偿。

2. 专业与非专业的平台化互动

在iReport大受网民追捧之时，有学者指出"即使iReport掌握了实时性和第一人目击这样的新闻特性，但也同样出现了缺少可信度以及完整性等一般网络新闻必然存在的问题"①。用户自制新闻可能会因用户的知识背景、行业背景的不同带来报道视角和呈现方式的非专业化和非标准化。

CNN充分利用平台化的互动推进非专业的内容生产不断专业化。

首先是针对性的技术指导。iReport的Assignments板块中为用户提供了一些制作与上传新闻报道的技巧，包括一条新闻的基本要素以及拍摄照片、视频和采用信息时需要注意的事项。例如在"如何讲好一个故事"中，编辑向用户提出了六条建议，其中包括"5W+How"、"讲述必须是真实的"、"语言必须简洁易懂"等一些新闻必须达到的要求。值得注意的是，这些要求并不是对大众传媒制作新闻的要求的简单复制，在新闻的"5W"中，CNN仅对"谁"、"什么"、"何时"、"何地"四个要素提出了具体要求，对"为什么"则并不做要求，"表明CNN并不希望个人对新闻事实进行主观性的个人阐释，这表现了CNN在新闻客观性原则下新闻专业主义对公民新闻的审慎态度"②。CNN还要求上传者提供尽量详细的背景文字材料和信息明确的标题，以便编辑能尽快发现有用的信息并投入对该新闻事件的采访与报道。对于重大新闻事件，公民新闻实现的是即时传播，而更为详尽的后续报道和分析报道则由CNN的专业团队完成，这也是由CNN开创的让观众看到公众和记者的混合报道。

其次是与受众平等的内容审核理念。CNN的内容审核并不是传统意义上的新闻审查。正如CNN网站中对iReport的介绍，用户自制新闻在最终公布之前的内容是没有任何改动、审核和筛选的，只有那些被标记CNN iReport的内容最终完成了CNN的审核。对于没有经过CNN核实的公民新闻，CNN特别加注："这是未经过滤，也未经编辑制作的新闻！"充分尊重公民的表达权。经过CNN核实确有发生的新闻，则标记上"CNN iReport"，也即意味着以CNN的品牌信誉对该公民提供的新闻的真实性做出保证和支撑。虽然也有美国评论家建议："不要让任何一个苹果坏了整个市民报道的实验，对匿名报道应该建立更好的查验信息真伪的机制，譬如制定投稿人荣誉办法，这有助于鼓励人们使用真名投稿，或应该用更有力更严正的声明，取代目前CNN网站上'看与不看、信与不信，风险自负'这样消极的宣示。"③但我们不得不承认，CNN的这种审查理念更尊重受众的表达权、理解权，将大众放在与新闻媒体平等的位置，并没有因为媒体自身的新闻专业主义而居高临下地将大众视为"乌合之众"。这一理念充分契合了数字传播时代的去中心、去权威的草根精神。

---

① 胡毋意．从美国CNN iReport看市民报道之利弊[J]．新闻传播，2010(5)．

② 常江，解立群．国际主流电视新闻节目新媒体推广手段探析——以BBC和CNN为例[J]．中国记者，2013(1)．

③ 胡毋意．从美国CNN iReport看市民报道之利弊[J]．新闻传播，2010(5)．

3. 平台化运作对 CNN 内容生产的促进

CNN 对公众参与进行了周密的设计与鼓励，并对非专业的公民新闻提供专业性支持。当发生新闻事件时，有新闻意识与素养的公民能为 CNN 提供高质量的新闻素材，使 CNN 在突发事件中拥有较大的主动权与自主空间。例如 2011 年 3 月日本福冈发生大地震，CNN 迅速向用户弹出消息提示，鼓励用户通过 CNN 提供新闻线索和新闻内容。震后 3 小时内，便有用户上传了用手机拍摄的地震视频。虽然自 CNN 开发 iReport 技术之后，世界范围内的诸多新闻媒介机构都采用了用户自制新闻这种市民报道的模式，但 CNN 原本就拥有庞大的新闻制作团队和全球合作资源，再充分顺应媒介进步的社会要求，利用 iReport 的数字技术，其网站在美国新闻类网站中始终处于领先发展的地位。

(二)跨媒体平台运营的最大效益化

美国传媒市场有四个领域：受众市场、股票市场、广告市场和资源市场①。这四个领域环环相扣，形成美国传媒的产业链。CNN 的新媒体推广手段与网络平台化的积极探索在于通过跨媒体平台运营以实现效益最大化。

在利用新的数字传播技术接近受众、传播新闻方面，CNN 始终走在美国有线电视台的前列。CNN 不仅最早创办网站，也最早在新闻收集和节目中利用社会化媒体，如推特。在最近的几年中，CNN. com 已成为 CNN 的一个重要的收入来源。将媒体的内容资源进行再包装和营销，通过不同的媒体形式进行销售、推送等，已成为传统媒体数字化转型时的普遍选择。

除此之外，CNN 的跨媒体平台营销还包括广告的跨平台打包销售。CNN 广告和市场服务副总裁戴尔巴称：“CNN 在同 80%的广告客户协议中都有这样一条说明，那就是 CNN 为他们做的广告将通过 CNN 现有的多个平台播出，传递给不同形式的观众和用户。”②这种打包销售就是将广告同时放在下属的不同平台，包括不同的电视频道、网站以及移动服务平台上播放，通过增加广告传播渠道来提高广告费用。自 2004 年开始，CNN 大约 80%的广告销售收入都来自这种广告打包销售的模式。

针对不同媒体平台，CNN 实现广告“细分化”。2009 年以后，CNN 更加注重网站视频节目的效果和广告设计，不再是将传统的电视广告简单复制到网络中，而是根据网络环境调整长度并增加互动性。针对不同的网络终端，CNN 也采取不同的广告形式，如用户使用 IPAD 进入 CNN 网站时会收到特别为 IPAD 定制的广告。2010 年上半年，CNN. com 取得了在线广告两位数的增长和移动广告三位数的增长，就是由于采用了主打视频广告和富媒体广告的策略③。

媒介发展的历史证明，媒介技术的革命必然催生媒介形态的变迁。媒介形态的变迁并不意味着新的媒介消灭或完全替代旧的媒介，“他们只是将旧媒介推到它们具有相对优势的领域”。④ 从这一角度出发，传统媒体的数字化转型并非只是传播形态的变化，而应是在保留传统媒体的优势的基础上剥离其传播劣势，并与新的传播媒介的优势相融合，从而实现媒介的生存与进一步的业务价值增值。CNN 的网络平台化就是在保留自身传统核心竞争力的基础上充分把握新媒体的传播特性，实现两种媒介的优势互补，从而让媒体本身的价值得到最大程度的激发。其传统的核心竞争力就是其通过精良的新闻制作团队和全球合作资源在国际

---

① 沈荟，宋浩然 . CNN 经营之道探析[J]. 中国广播电视学刊，2003(2).
② 孙卓 . CNN 吸金术：九成收入来自非黄金时段[N]. 第一财经日报，2010-8-30.
③ 孙卓 . CNN 吸金术：九成收入来自非黄金时段[N]. 第一财经日报，2010-8-30.
④ [美] 杰克 · 富勒 . 信息时代的新闻价值观[M]. 陈莉萍，译 . 北京：新华出版社，1999：244.

新闻传播中奠定的新闻采访与传播的优势地位。新的竞争优势则在于利用新媒体技术的即时性、交互性、海量传输等特征，充分拓展新闻信息生产渠道，实现公民新闻与专业新闻的共同报道，弥补专业电视新闻制作的滞后性与高成本的缺陷；针对不同媒体的特性，对同一资源(包括新闻资源与广告资源)进行多平台制作与传播，推进广告受众的精准定位，实现广告的复兴。

三、从网络平台化到网络媒体化

新媒体的产生虽然并不意味着旧媒体的消亡，但基于生存的需要和资本增值的追求，传统媒体在网络时代寻求数字化转型是世界范围内传媒业发展的共同选择。

我们要反思的是，以 CNN 为代表的这种转型模式仍然是传统媒体的盈利模式和盈利思维在数字媒体中的延伸，从本质上来说仍是将"发行量(收视率)+广告+品牌运作"的传统盈利模式和思维方式延伸到新媒体中，其平台化运作的核心意义是通过受众数量的增加来实现广告的复兴和品牌的巩固。虽然表面上 CNN 的收视率并不高，但收入高，给人们造成的错觉是不必再以收视率来拯救广告市场。但实际上，CNN 只是改变了传统意义上的"大众泛播"，通过凝聚那些集信息消费与信息生产于一身的受众，开发了内容的潜在收入，这种长尾现象本质上仍然是通过收视率或点击率的增加来带动广告市场的振兴。这种模式如同报业的"付费墙"，能在一定时间内保证传统媒体不受新的网络媒体的冲击，实现一定程度上的"数字化生存"，但它显然不能满足长期的资本渴求增值的需求，以及抵御新的竞争者的冲击。一些主流报纸网站宣告"付费墙"的失败也证明了这一点。

CNN 的网络平台化的运营思维仍然是传统媒体的运营思维，只是用新媒体的部分优势来弥补传统媒体的某些劣势，虽然是两种媒体的优势互补，但本质上是以传统媒体的优势为核心、数字媒体的优势为外围。因此其盈利模式也仍然遵循传统媒体的思路——广告是媒体主要的补给资源。但是，随着数字技术的不断深入与普及，广告对大众媒介的依赖关系不断松弛。广告不再通过传统大众媒介购买受众的注意力，而是直接通过数字平台整合产品信息传播与营销活动。"当我们面对一个新的媒体形态发展时，依然沿用传统媒体的商业模式，一定不是其合理化的生存方式。"①

就世界范围内的传统媒体数字化转型的经验来看，传统的盈利模式与思维仍在继续，新的盈利模式仍未诞生。因此，我们认为传统媒体的数字化转型不仅仅要实现传统技术与数字技术的对接，更应随着技术发展的步伐实现转移，即从平台化的运营走向媒体化的经营，建构数字化媒体的盈利模式。

虽然我们目前还难以预测传统媒体数字化转型后的具体形态，但我们可以肯定的是，转型后的数字媒体必然是以数字技术作为核心优势，围绕数字技术的核心优势建构新的盈利模式。从已有的 Web1.0 到 Web2.0 时代的网络媒体发展的现实情境来看，成功的网络媒体必然建立在适应并利用网络经济与双边平台经济的规律的基础之上。② 未来网络媒体的可持续发展不仅仅依靠信息流，而是只有在交互式平台的基础上不断整合信息流、资金流与物流，才能获得持续发展的动力③。

实现数字化转型的传统媒体，必将是一种新的媒体载体，拥有自身独特的传播特性与受众群体，因而它必定要从传统的运营方式与盈利模式中剥离出来。在这一基础上，我们认为

① 张金海，林翔．网络媒体商业模式的构建[J]．现代传播，2012(8)．

② 余晓阳，张金海．传统媒体的数字化转型与新媒体的平台化发展——基于双边市场理论的经济学分析[J]．新闻界，2012(5)．

③ 张金海，林翔．网络媒体商业模式的构建[J]．现代传播，2012(8)．

传统媒体数字化转型应有两大趋势：

一是“内容生产者”向“信息服务者”转型。传统媒体的产业链主要由内容生产带动。网络媒体则利用其平台的特性与强大的搜索功能，整合来自各方面的信息(既包括媒介生产，也包括大众生产)，向接收用户提供内容信息，也向广告主提供受众信息。

二是“注意力经济”向“数据经济”转型。传统媒体通过内容吸引受众，再将受众注意力出售给广告商，从而获得资本补给。网络媒体则通过海量的数据交互与高效的后台分析，为受众提供个性化、定制化内容；通过聚合对用户使用内容、行为的数据分析，为广告提供更为精准的受众。

未来传统媒体实现数字化转型与生存，其考虑的范畴将从“内容供给引发的注意力经济”转向围绕“信息服务”而诞生的新的“数据经济”产业链的建设。

【作者简介】

肖迪，武汉大学新闻与传播学院 2011 级本科生。

李杉，武汉大学新闻与传播学院 2012 级博士生，湖北科技学院人文与传媒学院讲师。

纯粹意识形态广告："双重言说"、"非双重言说"与符号消费

张　徽

作为西方马克思主义重要代表人物之一的安东尼·葛兰西曾经指出："一个社会集团的霸权地位表现在以下两个方面，即'统治'和'智识与道德的领导权'。……一个社会集团能够也必须在赢得政权之前开始行使'领导权'(这就是赢得政权的首要条件之一)。"①在他看来，一个社会集团对社会的统治主要是通过政权统治和文化霸权即意识形态领导权来实现的。而意识形态又并非全由统治者的意识所构成，而是与被统治者进行协商并获得认可才能最后确立，从而表明主导性社会意识形态正是各阶层意识形态有机融合的产物。葛兰西所界定的这种意识形态，在消费社会中被一部分广告人当做某一广告的全部或主要内容——完全摒弃产品功能诉求，而给产品附加一种与其没有内在联系的社会思想观念即意识形态，使人们的消费侧重于符号价值而非使用价值，其独树一帜的巨大创新所引发的良好促销效果，令世人为之惊叹。

一、意识形态与意识形态广告

意识形态是当代世界各国学者争论不休的一个重要问题，其中西方学者的讨论尤具启示性意义，应当引起我们的高度重视。

作为西方马克思主义重要代表人物之一的路易·阿尔都塞曾经指出，意识形态是"个人与其现实处境的一种想象性关系"，并且是国家机器的重要组成部分，即意识形态国家机器(另一种则被他称为暴力性国家机器，如军队、法庭、监狱、警察等)。

与路易·阿尔都塞不同的是，西方马克思主义的另一代表人物安东尼·葛兰西却认为意识形态并非虚假观念，而是一种文化霸权。这种文化霸权并非是统治者对被统治者实行的强制，而是由二者经过协商而产生认同的结果。

英国伯明翰文化学派的重要成员理查德·奥曼对意识形态的见解与葛兰西存在着某种关联性。他指出"意识形态是一群拥有共同利益的人的观点，如一个国家，一个政党，一个政府，一个社会或者经济阶层，一个职业群体，一个产业等等"②。

对意识形态本质的界定还有很多，这里就不一一列举了。本文认为意识形态是在各群体意识内部所含共性的基础上产生的，是表现社会各群体共同利益、共同文化、共同意志并处于社会主导地位的思想观念体系，其中统治者群体的思想较其他群体的思想更为重要，它们之间并非处于完全平等的地位。

意识形态会影响到作为营销工具和手段的广告业，从而催生出一种新的广告形态，即意识形态广告。它存在着两种不同的表现形式：纯粹意识形态广告与非纯粹意识形态广告。前

① [意]安东尼·葛兰西．狱中杂记[M]．曹雷雨，等，译．北京：中国社会科学出版社，2000：38.

② [美]理查德·奥曼．广告的双重言说和意识形态：教师手记[M]．王广州，译．//罗钢，等．文化研究读本．北京：中国社会科学出版社，2000：399.

者是指广告人为广告附加了一种与产品没有内在联系的社会观念——社会各群体拥有的共同利益、共同认识、共同文化、共同意志及处于社会支配地位的观念体系，并且消费者侧重于消费其符号价值而非使用价值；而后者则是以传播意识形态为主，但又杂糅了一点点产品诉求，其纯粹性显然不及前者。由于篇幅所限，本文仅对前者进行探讨而对后者则暂不论及。

根据以上论述，我们不难看出意识形态广告的根本特性：

(1)广告中为产品所附加的意义(主题)有着明显的意识形态性。如意大利贝纳通公司就发布了多种广告，有的反对种族歧视、倡导种族平等，有的反对民族侵略、倡导世界和平。

(2)意识形态广告中所附加的意义与广告产品功能没有内在关联性。如法国珂凯依服装公司在广告中表达的主题是“虐待男性”，其所倡导的女权主义思想与广告产品可以说是风马牛不相及。

(3)意识形态广告的诉求是社会思想而非产品功能，因此其消费者消费的重点是广告所传播的符号意义或符号价值，而不是广告产品的使用价值。因此，意识形态广告本质上是在引导一种符号消费，虽然它最终以促进销售为己任，并且也不排斥产品的使用价值即实用功能。

二、“双重言说”与“非双重言说”

从当前广告实践的情况来看，意识形态广告不仅在数量上与日俱增，而且其表现形式也呈现出日渐纷繁的样态，这就决定了对它进行类型分析的多样化视角，由于篇幅所限，本文仅从“双重言说”和“非双重言说”的视角来对意识形态广告进行类型分析。

我们先看“双重言说”型。英国伯明翰文化学派的重要成员理查德·奥曼指出：“最常见的意识形态策略，就是说明这个群体的利益怎样‘真的’大体上等同于整个社会的利益，或者整个人类的利益。数年前，查尔斯·威尔逊的那句名言‘对通用公司有益的，对这个国家是有益的’，凝缩了意识形态的根本原则。”在他看来，所谓“双重言说”型意识形态广告，实质上是一种宣称对某一群体(广告主)有益就是对整个民族、国家乃至全人类(或消费者)都有益的新型广告形式。它只是整个意识形态广告中的一个重要组成部分而非全部。其基本特性在于：

利益的双重性。“双重言说”型意识形态广告总是强调利益绝不是单方面的，而永远是双方同时获利。即是说，在广告主获利之时，其所属的国家、民族乃至全人类(或消费者)都将同时获得较大的利益。

形象的高大性。“双重言说”型意识形态广告，从来都是极力突出、强调广告主胸怀国家、胸怀全人类，总是突出、强调他们要为民族和人类作出较大贡献的决心，虽然也不忘自己的利益，但和那些仅仅强调企业单方面利益的广告主相比，无疑显得高尚无私、光彩照人，令消费者对该企业生出敬仰之心。

精神境界的提高性。“双重言说”型意识形态广告从来没有忘记国家、民族的利益，这就使得此类广告所传播的爱国主义精神给消费者留下了深刻印象，并在长期的潜移默化中培养起消费者的爱国主义情操，使其精神境界得到较大的净化和升华。

我们再看“非双重言说”型广告。这种类型的意识形态广告的本质在于，它只是在传播一种与产品没有内在关系的社会思想，而将产品的功能诉求予以摒弃。虽然它也不排除对爱国主义精神的表现，但却不强调广告主与民族、国家同时获得利益，由此体现出与“双重言说”型意识形态广告迥异的特征：

利益的单方面性。“非双重言说”型意识形态广告并不关注广告产品的功能效果，而是致力于传播某种社会思想，其中的大多数皆去倡导一种正面的、积极的、肯定的社会观念，着力强调一种社会责任和社会公众利益，但并不强调民族、人类与广告主双方同时获利，这正是“非双重言说”型广告与“双重言说”型广告最显著的差别。

思想的复杂性。“双重言说”型意识形态广告所传播的思想较为单纯，总是离不开对国家、民族、全人类利益的关心和倡导，这是由它特殊的双重诉求所决定的，而“非双重言说”型广告则十分自由，它既可以诉诸爱国主义，也可以倡导人道主义、世界和平思想、宗教自由和人性论观念等。

精神效应的丰富性。“双重言说”型广告对受众和消费者精神境界的提升作用主要限于爱国主义方面，这是由其本质所决定的，而“非双重言说”型广告则广泛地涉及政治、伦理、法律、道德、宗教、审美等各个方面，故其精神效应具有多样性和丰富性，而不像“双重言说”型广告那样仅限于爱国主义和人类情怀方面。

然而，“双重言说”型广告与“非双重言说”型广告既然同属于意识形态广告，那么除了特征上的相异之外，必然也存在着相同之处，如二者都摒弃了广告产品的功能诉求，而去竭力给产品附加一种与它没有内在关联的意义，即社会意识形态，还创造出一种新型的广告策略——以思想的新锐为创意特征，努力消解消费者对广告的排斥，而取得较好的销售效果，尤其是以一种前所未有的符号消费提升人们的精神境界，更是给广告界带来一种划时代的巨大变革。

三、正面功能与负面功能

从上面的论述不难看出，意识形态广告，无论是“双重言说”型还是“非双重言说”型，其性质和特征均迥异于非意识形态广告(如 USP 广告)。这就决定了意识形态广告必然具有传统广告所没有的特殊功能，因为事物的功能与其性质总是密切相关的，并且其功能还有正面与负面之分。

对意识形态广告正面功能的探讨，可以从下列三个不同的角度进行：

整合视角，即把“双重言说”型和“非双重言说”型广告作为一个整体来观察其正面功能。其下列几点十分突出：

第一，意识形态广告创造出一种崭新的广告策略，从而将广告推进到一个新的发展阶段。它颠覆了之前以产品功能为中心的诉求策略，而着力去表现一种与产品功能没有内在关联的意识形态，不仅观念新异，而且不谈广告产品，从而瓦解了消费者对广告的排斥，转而由消费符号价值(某种社会观念即意义)推进到购买该广告产品，而且销售效果良好。这种意识形态广告策略前所未有，因此我们说它将广告推进到一个新的发展阶段，不是没有道理的。

第二，意识形态广告为品牌形象的塑造创造出新的表现方法，同时也为品牌形象增添了新的品类。在此之前广告仅有功能性品牌与经验性品牌，而意识形态广告诞生以后，就创造出一种新的品牌类型即象征性品牌。它不去诉求产品功能及主体经验，而是通过创造感性形象去给产品附加一种与其没有内在关联的某种社会思想，以引起消费者的注意和对广告形象的好感，而且促销效果相当显著。

“双重言说”型广告视角。此类广告表现的对象有两种，一是广告主(企业)，二是广告主隶属的某一国家、民族，甚至是全人类(或消费者)。它着力强调的是两种对象利益的一致性，其思维逻辑所形成的基本模式是，“对某一公司有益的，对这个国家也是有益的”。由于它总是极力凸显国家利益、民族利益，易于造成累积效应，从而在消费者心里培养起一种关心民族利益、国家发展的爱国主义情操，使其灵魂不断得到净化和升华。

“非双重言说”型广告视角。与“双重言说”型广告相比较，此类广告并不局限于民族、国家、全人类诸种观念，而是广泛地涉及意识形态的各种社会意识形式，包括政治、法律、伦理、道德、宗教、民俗、艺术、审美等，其社会观念较之于“双重言说”型要广泛得多；

“非双重言说”型广告的诉求是单方面利益(广告主利益)，而“双重言说”型广告强调的则是“双重性”，即强调广告主与国家、民族等利益的共同性和一致性，它们是缺一不可的。这就决定了“非双重言说”型广告的正面功能之一，就在于它所提供的社会意识广泛地涉及人文社会的各个领域，可在促进销售的同时，给消费者提供各方面的启示，包括真善美的深刻教育与陶冶。

然而，意识形态广告也存在着某些突出的负面影响，这主要表现在下列几个方面：从“双重言说”型广告的视角看，此类广告确有一部分具有欺骗性，其基本表现模式可以抽象为：口头上的双重性，实际上的单一性。有些广告主在发布“双重言说”型广告时，信誓旦旦地强调他们自己的利益与国家、民族乃至全人类的利益一致性，但在生产和销售实践中，只是拼命地追求本企业的利润，而置消费者利益、国家利益于不顾，甚至予以损害。

再从“非双重言说”型广告的视角看，这类广告也存在着较大的负面影响。主要表现在它以传播的消费认同观念严重掩盖了社会上阶层的不平等现象。

有些意识形态广告为了迎合某些人想把自己归属于社会上等阶层的心理欲望，就在广告中声称如果你购买了某名牌产品(如爱马仕皮包之类)，你就会获得社会的认同——将自己归属于社会高等阶层。这种身份认同与西方学者所说的“你是你吃的东西”如出一辙——如果两人吃同样的一只鱼翅，其中一个人花了他半年的积蓄且是偶尔为之，而另一个人则只是花了他月收入的万分之一，且是经常享用，难道我们能够同样将其认同为社会上等阶层吗?这显然是不行的。正如马尔库塞所说：“决定性的差别在于把已有的和可能的，已满足和未满足的需要之间的对立(或冲突)消去。在这里，所谓阶级差别的平等化显示出它的意识形态功能。如果工人和他的老板享受同样的电视节目并漫游同样的游乐圣地，如果打字员打扮得同她雇主的女儿一样漂亮，如果黑人也拥有凯迪拉克牌高级轿车，如果他们阅读同样的报纸，这种相似并不代表阶层的消失，而是表明现存制度下各种人在多大程度上分享着用以维持这种制度的需要和满足。”①在他看来，两个总收入、总资产相差很大的人，即使消费同一高档产品，也不能被归入同一阶层。

可以看出，某些意识形态广告将消费某一高档产品的人一概归入高等阶层，而不去具体指明其总资产或总收入是否真正达到富裕阶层的水平，这是与客观实际不符的，其实质是掩盖了社会中阶层的差异和不平等，使贫穷阶层沉醉于平等的幻象之中而不去进行抗争，从而使资本主义不平等的社会永世长存。

四、产品消费与符号消费

作为广告大系统中一种重要子系统的意识形态广告，也可称为符号消费式广告，因为二者的内涵基本上是一致的，即都是摒弃了产品的功能诉求，而给产品附加一种与其功能没有内在联系的意义(社会思想观念即意识形态，符号意义即所指)，并且这种符号意义成了消费的主导方面。与此前的产品推销式广告或产品消费式广告相比较，上述广告无疑是一种具有划时代意义的创新型广告，那么其形成机制又是怎样的呢?

20世纪50年代前，在广告界居于支配地位的是产品推销式广告或产品消费式广告。这种广告以产品为中心，竭力诉说产品质量的优异和功能的独特，以此满足消费者的使用需要。然而20世纪50年代后，整个社会的经济发生了根本的转折，那就是随着二战后西方国家生产力的迅猛发展，不仅供过于求的市场格局已基本形成，而且同类产品种类虽多但却呈现出同质化的态势，此时如继续沿用以前的产品推销式广告来实现销售目标，显然是十分困难的。因为在产品同质化的情况下很难找出同类产品的独特功能，即使有点差别，也是微不

---

① ［德］马尔库塞. 单向度的人［M］. 刘继，译. 上海：上海译文出版社，2006：9.

足道的，远远达不到宣传的要求。实现营销的根本是差异化，但现在的同类产品偏偏没有差异，怎么办呢？只有谋求另外的方法。广告人经过艰苦探索，终于寻找到了一种行之有效的方法，那就是摒弃产品的功能诉求，而给产品附加一种与其没有内在联系的意义——一种社会意识形态。由于它给予其他同类产品没有差异的某一产品附加了一种独特的意义，故使这一产品形成了特点，并最终导向销售目标的实现，而这就意味着一种新型广告——意识形态广告或符号消费式广告的诞生。

上面所论，只是意识形态广告产生的外部条件之一，另一外部条件则是消费社会里的广告受众和消费者兴趣的划时代转折。马克·波斯特认为："产品本身并非首要的兴趣所在，必须在该产品上嫁接一套与该产品没有内在联系的意义才能把它再卖掉。这套经常受到符号学分析的意义变成了消费的主导方面。"①在他看来，消费社会形成之后，消费者在消费兴趣方面出现了一种革命性的变化，那就是以产品为首要兴趣转变成以意义为首要兴趣——前者指的是对产品实用价值的重视，后者则是对产品符号价值的追求。法兰克福学派后期的主要代表人物哈贝马斯认为，在发达资本主义社会(即消费社会)里意义变得很稀有，故消费者十分渴求在广告中获得一种对自我生存和发展有益的意义或意识形态。这种意识形态被消费者接受之后，使其内心升起一种启迪、一种愉悦、一种净化和升华，也就是精神的一种充分满足。

正是由于消费者有着对意义、符号即精神满足的强烈需求，广告人才会为了实现其愿望而去创造意义，以尽力满足这种需求，并使消费者在这一满足之中对广告和广告产品产生注意和好感，从而产生购买产品的行为。

上面所论意识形态广告产生的两种原因，从具体层面来看是各不相同的，但从更高的抽象层面来看，则又具有某种一致性，即二者都是意识形态广告产品的外部条件。然而任何一种新生事物的出现，必定是既有外部条件，又有内部条件。那么，其内部条件究竟是什么呢？

我们认为，意识形态广告产生的内部条件，从根本上说就是广告自身或者内部的矛盾运动，即自我否定。在意识形态广告产生之前，广告界居于支配地位的广告形式是产品推销式广告，它们在一段时间内是比较适合社会经济运行实际的，但在后期就不大适应日益严重的产品同质化状况，于是在广告界内部就有某些新的因素开始萌芽，比如说开始寻求一种社会思想的传播，并逐渐摆脱了对于广告产品的功能诉求。这些新的广告要素在逐步成长、壮大，最后就否定了产品推销式广告，发展为典型而成熟的意识形态广告。

五、结　　语

安东尼·葛兰西、理查德·奥曼关于意识形态的学说为我们探讨意识形态广告提供了理论基础。随着消费社会的形成，出现了一种摒弃产品功能诉求，给产品附加上与其功能没有内在联系的社会观念即意识形态，并为消费者提供符号消费的创新型广告形式，此即意识形态广告。这种广告一般可分为两种类型，即"双重言说"型和"非双重言说"型。它既存在着较大的正面价值，又存在着一定的负面影响。其形成机制不仅取决于产品同质化背景下进行营销所必然要求的(人为)差异化，而且与消费社会中人们对符号消费的强烈需要相关，并与广告内部存在着的永恒的自我否定的矛盾运动有着密切联系。

① ［美］马克·波斯特. 第二媒介时代. 范静哗，译. 南京：南京大学出版社，2001：146.

【参考文献】

[1][意]安东尼·葛兰西．狱中杂记[M]．曹雷雨，等，译．北京：中国社会科学出版社，2000.
[2][美]理查德·奥曼．广告的双重言说和意识形态：教师手记[M]．王广州，译//罗钢，等．文化研究读本．北京：中国社会科学出版社，2000.
[3][美]乔治·里茨尔．虚无的全球化．上海：上海译文出版社，2006.
[4][德]马尔库塞．单向度的人．刘继，译．上海：上海译文出版社，2006.
[5][美]罗瑟·瑞夫斯．实效的广告[M]．张冰梅，译．呼和浩特：内蒙古人民出版社，1999.
[6][美]马克·波斯特．第二媒介时代[M]．范静哗，译．南京：南京大学出版社，2001.

【作者简介】

张微，武汉大学新闻与传播学院副教授，主要从事广告社会学、欧洲批判学派的广告理论等方面的研究。

高等广告教育价值取向的偏差与调适 ①

陈新平

高等广告教育经过三十多年的发展，曾屡受抱怨的师资力量薄弱、教材落后、设备不足、基础课不扎实等显性问题近年正逐步改观，而理论与实践、素质与技能、院校教育与职业教育失衡，教育相关方急功近利等隐性问题仍存在。笔者认为，高等广告教育相关主体价值取向的偏差是导致这些深层次问题的重要原因之一，在高等广告教育由扩量向增质转型的时期，须正视教育利益相关方的价值取向问题，构建合理的价值取向维度，以建立科学的教育理念，引领高等广告教育持续、健康发展。

一、不同主体价值取向的偏差

纵观我国高等广告教育的历程，我们发现与高等广告教育直接相关的三个主体——学生、学校和业界，由于彼此立足点、利益点和需要不同，其价值取向明显有别，非但没有整合成基本一致的倾向性观念，而且各自的价值取向存在偏差，并且不同的偏差相互影响，以致高等广告教育的现实走向出现偏差。

(一)业界：偏重技能，苛求实践

高等广告教育的兴办动因和发展目的，一定程度上是为了适应和满足广告产业发展的需要。业界是使用人才的终端，其价值取向直接制约和影响学校和学生，尤其对相对滞后于广告业发展的国内高等广告教育而言，其作用力是很大的。

国内广告产业处于起步和发展期，急需大量的技能型人才，而广告公司财力和培训能力有限，希望高校为其培养上手快、操作技能强、有实践经验的专才，而对通才并不看好，对实践经验不足、专业技能不强的毕业生评价更低。一项调查显示，广告公司对广告专业毕业生“很不满意”、“不太满意”和“感觉一般”的比例加在一起达57.1%②。来自江西92家广告用人单位满意度调查结果表明，“实践能力训练不够”以44.2%的高比例成为最不满意的因素③。同样，广告主也侧重实践环节，北京工商大学“企业广告人才研究”课题组的调查反馈中，“强调‘重视实践教学’的最多，占开放答案的17.13%，其次强调的是‘实践与现实需求结合’(16.2%)，再次是强调‘理论与实践结合’(15.74%)，这3项加在一起，比例达49.07%”④。

以广告公司、广告主及媒体为代表的业界出于自身的利益和需要，重专才，偏技能，偏实践，图实用。这种价值取向所表现出的功利性是可以理解的，但其无视高等教育特点，急

---

① 本文系作者主持的安徽省高等学校省级教研重点项目“广告学专业本科立体互动实践教学模式研究”(20100222)课题成果。

② 张树庭．广告教育定位与品牌塑造[M]．北京：中国传媒大学出版社，2005：90.

③ 殷娟娟，万燕．经济欠发达地区高校广告教育办学现状、困境及对策研究——来自江西广告专业高等教育的报告(现状篇)[J]．中国广告，2009(2).

④ 高丽华．企业的广告人才素质及对广告教育的启示[J]．新闻爱好者，2009(9·下半月).

功近利地将高等广告教育混同于职业教育，这显然有失偏颇。

(二)学生：偏重实务，轻视理论

学生是教学的主体，学校确定专业定位、教学目标、教学模式、教学内容等都是以学生的需要和满足为着眼点和归宿的，他们的价值取向及其实现程度，直接关系到高等广告教育的效果。

学生最普遍与迫切的需要是成人、成才、自强、自立，全面充实自己的品德修养、理论知识和专业技能应是其基本的价值取向，但这一取向目前受到多种因素的影响。第一，就业压力大，业界重技能、偏专才的价值取向左右着学生的价值判断与选择。第二，有的学生对广告专业认识片面，把广告专业培养应用型人才等同于训练掌握某种技能的操作手。第三，操作技能类课程能速学速用，容易形成固化成果，不仅能让学生有成就感，还对其求职有直接的帮助。第四，理论课相对枯燥，教材和教师传授的理论本身缺少新意与指导性。这些主客观因素，导致目前不少学生重实务、轻理论。这种偏向在他们对以理论传授为主的课堂教学的评价中有明显的反映。调查显示，对于提升专业能力最有作用的因素，学生认可的是“见习与实习”(66%)，而对课堂教学的认可程度只有36.52%①；“对在校生和广告毕业生的问卷调查中……部分学生甚至态度稍显偏激地提出‘删除大部分与工作无关的理论课程’的要求”②。

作为教学的主体，学生如此片面、短视的价值取向，不仅不利于个体的全面发展，而且不利于提高高等广告教育的质量、培养广告产业升级所需的复合型人才。

(三)高校：偏重知识，轻视专攻

高等教育重视知识传授本是理所当然的，问题是广告这类应用型专业的教学，偏重传统知识灌输、缺少专业知识创新、轻视专业素养和专业能力的养成，则对引导学生成才和指导产业发展都不利。

高校知识传授和创新存在的问题表现在教学的诸多环节。打开不同类型学校的人才培养方案，知识结构要求中突出的是广告史、广告理论和实务等方面的知识；设置的课程，多是以“基础”、“概论”、“学”冠名，重在传授基础知识和基本理论；专业课教材，各自为了体系的完整，互相重复地介绍广告的史、论和学方面的常识，而对业界的新现象、新经验缺少观照与提炼，对学术界的新知识、新理论吸收不多，对新科技特别是数字化时代新媒体的知识涉及更少。课堂教学中，大批缺少从业经验的教师，因对广告运作中感悟性的思维方式、技能性的“诀窍”等隐性知识缺少体验与研究而难以将其导入课堂，广告业鲜活案例的引用与分析、业界问题的研讨与探究也不足。教学评价环节，很多实务类课程考核仍沿用书面闭卷的考核方式，考核的重点是知识点强记程度。专业实习和毕业论文或设计，是学生接受新知、应用知识和创新的重要过程，可大四“找工作年”的“放羊式”实习和匆匆急就的论文或设计，与培养方案的预期相距甚远。整个教学规划和其具体实施过程中，以传统知识传授为重的取向十分明显，以致有人说这种教育是“用昨天的知识教今天的学生去做明天的事情”。

“术业有专攻”当是应用型专业的重要取向，可不少学校设立广告专业之初，专业定位不清，教学内容多在所依托的新闻、美术、经贸、中文等学科的基础上作些拓展。早期的“不专业”情有可原，但历经三十多年的发展，至今除少数高校专业定位与目标逐渐明确并升级外，相当多的院校尚无建立专业品牌形象和专业核心概念的意识，有的甚至连专业方向

---

① 殷娟娟，万燕. 经济欠发达地区高校广告教育办学现状、困境及对策研究——来自江西广告专业高等教育的报告(现状篇)[J]. 中国广告，2009(2).

② 张树庭. 广告教育定位与品牌塑造[M]. 北京：中国传媒大学出版社，2005：142.

都模糊不清。

“专攻”方向不明确，导致教学“不专业”。首先，课程设置泛专业化。大多高校基本按照教育部专业课程设置指导方案和广告运作环节来开设课程，这不仅使各类院校课程体系趋同，而且课程设置越来越庞杂，却总赶不上产业发展的需要，专门之学、专攻之术的专业课终究还是不足。其次，教师“专攻”力不从心。广告学专业教师中，“广告学专业有16.85%……本科知识背景与所从事的专业大多数是不同源的”，“从事广告专业教学工作6年或6年以下的教师占64.85%”①，且一般要承担两门以上专业课程的教学工作。这种状况下，不少教师无力构建专业的核心知识结构，少有精力开展专业研究、知识创新。课程、教师等专业性不强，学生“不专业”也就难免了。

高校偏重知识、轻视专攻，一定程度上导致广告教育的低效，以致业界认可度低，学生满意度也低，江西的一项调查表明，广告专业“毕业生的不满意率达46%”②。

二、价值取向的维度

学生、学校和业界价值取向上畸轻畸重、各有偏差，且彼此的价值取向存在矛盾、冲突，这不仅造成高等广告教育受业界非议、学生抱怨，而且受相关主体的制约和影响，自身处境尴尬、行为不定、走向摇摆。鉴于此，在教育政策和制度还不完善的情况下，有必要兼顾高校、学生、产业及社会的需要，从学术、职业和社会三个方面来确立价值取向的维度，以平衡各方利益，化解相互矛盾，增进彼此共识，构建起高等广告教育利益相关方共同的价值取向。

（一）学术维度

学术是大学安身立命之本。高等广告教育确立以学术为价值取向的维度，不仅是学校和学生的应然选择，也是业界及社会所理解和需要的。

现代高校研究和传播的学术，不只是对存在物及其规律学理化论证后所建立的系统的、专门的纯学问，还包括从事某项工作的策略、方法和技艺。蔡元培先生早就说过：“学与术可分为两个名词，学为学理，术为应用。……学必借术以应用，术必以学为基本，两者并进始可。”③高等广告教育要把握好学术取向，关键是在教学过程中合理地处理好学与术的关系。具体而言，就是要在博学与专术、闻知与践行间做好选择与平衡，从而实现“两者并进”。

首先，在目标层面，要明确学与术兼修、博与专兼顾，以博学和通才为重。广告学是一门综合性、交叉性学科，不仅直接吸收了传播学、营销学、心理学等学科理论，同时还与文史经哲及艺术等人文学科和社会科学密切相关。从中学应试教育中走进高校的不少学生，其本身的学业基础和文化修养较薄弱，本科广告教育只有以通识教育为重心，注重引导学生广泛涉猎多学科理论，使其于博学中领会学理、积淀学养、打牢基础，才能满足媒介融合和整合营销传播时代对复合型通才的需要。与此同时，要学以致用，专业教育不可忽视。广告专业包含传播、营销、艺术、技术等多个方向，广告运作有调查、策划、创意、设计、制作、

① 黄合水，杨道俊，许蕾，陈捷，林幽兰，孟英，郑曾艳，赵洁．中国广告教育状况研究报告[J]．广告大观·理论版，2008(5)．

② 殷娟娟，万燕．经济欠发达地区高校广告教育办学现状、困境及对策研究——来自江西广告专业高等教育的报告(现状篇)[J]．中国广告，2009(2)．

③ 蔡元培．在爱丁堡中国学生会及学术研究会欢迎会演说词[R]//马燕．蔡元培讲演集．石家庄：河北人民出版社，2004：179．

媒介运用等多个环节。广告产业发展的趋势是：一方面外延不断拓展、融合，形成跨越传统广告产业边界的“大广告产业”；另一方面产业内部分工越来越细化。广告专业教学应在加固学理基础的前提下，把“术有专攻”作为人才培养目标之一。不同层次、不同类型的学校可各有所专，打造办学特色；不同的学生可结合自己的兴趣与志向，在艺术、技术等方面有所侧重，养成特长，教与学合力造就拥有一技之长的专才。学与术、博与专孰轻孰重，中外一直有争论，但随着社会和产业发展对人才需求的变化，国内外都逐渐偏向前者。“从20世纪后半期开始，美国众多的新闻传播学院就开始对广告课程从名称到内容进行不断的变革，目的在于把‘广告’这个学科由‘术’上升到‘学’”，“广告课程的重点已经基本完成了从‘技巧’(HOW)为主向‘理论’(WHY)为主的转变”①。“在美国最好的广告专业院校如……伊利诺伊斯大学规定，在124个学位学分中，传播学院的学分不超过44个，学院外学分不少于80个，其中，65个学分必须是传统人文科学课程。”②国内高校中，北大新闻与传播学院实行通才教育与专业教育相结合③，华中科技大学实施的“TRC模式”也是以培养“通才式的专才”为目标④。面向学生的调查显示，“大家也比较接受‘广告教育重在培养通才而非专才’、‘加强基础素质培养而非专业技能传授’的论点”⑤。国内外高校不同主体以学理与广博为主导的共同取向反映了高等广告教育的趋势。

其次，在执行层面，要做到知与行统一、理论与实践结合，以能力为重。知与行、理论与实践作为教学的一体两翼，不可简单割裂和随便贬抑，否则只会出现“单面人”而无法造就复合型人才。广告专业教学要知中行、行中知，以理论指导实践、用实践丰富理论，在知行相生、理论与实践互动的过程中着重增强学生的能力。为此，我们一方面优化课堂教学，转变传统的知识灌输和理论宣讲方式，采用启发式、研讨式、案例式、项目式等教学形式，调动学生求知的兴趣和主动性，使课堂学习成为亲知、闻知和说知统一的过程，从而有效掌握必备的人文和自然科学常识，广告、传播、营销等专业知识；另一方面，加强校内实训和社会实践，以课堂实验、广告赛事、模拟公司、专业实习、毕业论文、仿真毕业设计、与业界互动等形式，引导学生在实践中感悟书本上难学到的隐性知识、巩固理论基础。两方面统筹兼顾，使学生在知行合一中由知识型变为能力型，不仅具备业界期望的专门技能和动手能力，而且逐渐养成良好的思维、应变、人际沟通、终身学习和事业开拓创新能力，成为具有发展潜质、后劲十足的广告人才。

(二)职业维度

当下就业市场竞争激烈，学生、家长和社会已将就业谋职等作为衡量办学水平的重要指标之一。这虽不乏功利性，但学业毕竟是职业和事业发展的基石，受教育者、业界及社会重视高等教育对职业的作用有一定的合理性，他们的需要和期待应当受到尊重，高等广告教育的价值取向中有必要确立职业维度。

价值取向的职业维度，要旨是使学生修好学业，为顺利就业、拥有适宜的职业和理想的事业打好基础，其前提是学业的全面进步和学生的全面发展，切不可简单地将其理解为职业化。近年高等广告教育中一个突出的问题正是职业化倾向严重，“这一倾向目前已十分明显，从各高校最想开设的前15门课程中，相当多的院校选择了美术设计类和制作类的技能

① 刘悦坦.“广告学”专业在高等教育体系中的定位——美国高校广告学教育的启示[J].新闻记者，2007(2).

② 陈先红.论中国广告教育的TRC模式[J].广告大观·理论版，2006(3).

③ 陈刚.提升广告教育效果的两个关键环节[J].声屏世界·广告人，2005(9).

④ 陈先红.论中国广告教育的TRC模式[J].广告大观·理论版，2006(3).

⑤ 张树庭.广告教育定位与品牌塑造[M].北京：中国传媒大学出版社，2005：72.

操作课；对在校生和广告毕业生的问卷调查中，这种希望课程职业化的态度倾向更加明显"①。如此将高等广告教育与职业教育混淆，过于功利性地以就业为导向，将影响学生综合能力和整体素质的提高，从长远看，不利于学生的职业成就和事业发展，还影响高等教育的水平。

把握好职业维度，关键要处理好专业与职业的关系。首先，正视专业与职业的不同关联度，力求两者多元化、宽口径对接。根据专业与职业的关联程度，就业可分为所用即所专的对口型、所用近所专的相关型和所用非所专的无关型。目前广告专业就业率及对口就业率相对较高，但随着办学规模的扩大，不可能长期如此。高等广告教育不能把就业目标完全锁定为对口型就业，还要兼顾相关型和无关型的就业。即使是对口型就业，学生的去向也不只是广告公司，浙江大学"10 多年来培养出来的学生只有 1/3 的学生进入广告公司这个系列里面，大量的 2/3 的学生到了甲方去了"②，另一项覆盖全国多所高校毕业生的调查也表明到企业营销部门工作的以 13.4%的比例居第二位③。进入新媒体时代，企业越来越重视自主开展品牌整合营销传播，需要大量的懂得企业和市场运行、能提出主导性营销策划思路和策略的人才。此外，媒体、公关公司、咨询公司等相关机构人才缺口较大，管理机关和事业单位也有一定的需求。基于这些职场因素，学校要重视素质教育和通才培养，突破原有的专业框框，学生力求一专多能，以便广泛地与业界有效对接。

其次，正确地评判专业与职业的匹配性，立足当前、着眼长远，力求顺利上岗、富有后劲。评价专业与职业的契合度，不能只重视最初就业点的投合，还要关注整个职业发展过程的相投。高等广告教育一方面着力提高学生的专业理论水平和专业能力，提升其初次就业率和就业层次，力求使其不输在职业起点；另一方面要注重学生职业素养、职业理想、职业责任、职业自豪感、事业心和开拓能力的养成，力求使其在未来职业发展中拥有广阔的空间。两者兼顾，使广告教育能像美国第一届"广告教育峰会"上专家们所期望的那样，"为学生的最后一份工作做准备而不只是他们的第一份工作"④。用人单位也不能只顾眼前应急而偏重能承担某项技术性工作的人，应当放眼长远，重用富有职业发展潜质的人才，为企业和产业发展积蓄后劲。

(三)社会维度

教育作为一种社会行为，不仅要满足人的个性发展和社会化需要，还应满足社会的需要。《国家中长期教育改革和发展规划纲要(2010—2020 年)》明确提出"把促进人的全面发展、适应社会需要作为衡量教育质量的根本标准"⑤，高等广告教育价值取向中，社会维度是不可或缺的。

高等广告教育以社会为价值取向，基本目标是培养社会需要的德智体美全面发展，具有过硬的思想政治品质、优良的职业道德、丰富的人文科学素养、良好的专业能力的高素质广告人才，以更好地为社会服务。实现这一目标、发挥高等广告教育的社会价值，就专业教学和研究而言，最直接的切入点是服务产业发展、加强社会合作与服务，在与社会的双向互动中强化社会性。

服务产业、引领行业，这是业界及社会对高等广告教育的期望，也是广告专业立足社会

① 张树庭．广告教育定位与品牌塑造[M]．北京：中国传媒大学出版社，2005：14.

② 胡晓云．话题：中国广告教育和从业人员的发展[J]．广告大观，2004(12).

③ 张树庭．广告教育定位与品牌塑造[M]．北京：中国传媒大学出版社，2005：59.

④ 查灿长．国外高校广告教育研究[M]．上海：上海三联书店，2010：180.

⑤ 中共中央国务院．国家中长期教育改革和发展规划纲要(2010—2020 年)[R]．中发〔2010〕12 号，2010-07-08.

生存、发展的前提。广告专业自开办以来，以智力优势积极服务于广告业，但服务与引领功能至今发挥得仍不够充分，社会取向实现的路径仍不够宽广。高等广告教育还应当在创新型人才培养、超前思想成果、广告批评及社会责任引导等方面有所突破，同时拓展服务领域和范围，在信息资源服务、行业文化建设、广告社会监督等方面有所作为，以提高服务广告产业及社会的能力和水平。

扩大社会合作、加强社会服务，这是高等广告教育自身发展和经济建设、社会发展的共同需要，也是广告专业提升社会功能的必由之路。广告作为应用型学科，要主动强化社会合作和服务，与广告行业和各类企业共建育人联盟，构建大广告教育圈。办学形式上，让普通高等教育与成人教育、学历教育与非学历教育、学校教育与社会教育、专业教育与职工培训等结合起来，以更好地为业界和社会服务；教学形式上，将课堂向业界和社会延伸，建立业界精英和行业智慧常进课堂、教师和学生融入行业的互动机制，以便充分利用业界丰富的经验和各具特色的作业平台，缓解高等广告教育长期存在的应用教育和技能训练薄弱的问题；教学管理上，吸收业界资深人士参与人才培养方案制定、教学质量评估、教材教师选用等重大事项的决策，使教学更贴近产业和社会实际；学科研究上，学界与业界共同确立科研方向，合作申报课题、承担项目、建设重点实验室，使研究成果更好地转化为生产力。业界在深度参与的过程中不仅能促进广告教育发展，同时还有利于培养和发现更多、更好的高素质人才，为产业发展获得智力支撑，于合作互动中实现广告专业与广告行业共同成长。

三、结　语

针对高等广告教育三个主体价值取向的偏差，我们提出从学术、职业和社会三个维度来确立价值取向。这三个维度是实现高等广告教育价值过程中不可偏废的，因为离开学术维度，有失高等广告教育对个人和行业的引导功能；离开职业维度，会挫伤受教育方和业界参与教育的积极性；离开社会维度，会失去业界和社会的支持，不利于高等广告教育持续发展。三个维度兼顾了不同主体的个性和需要，顾及到不同主体价值活动的联系和影响，凝聚了不同主体的价值追求，它们有望得到不同主体的认同而成为共同的价值取向。目前，高等广告教育要努力谋求三者的融合、平衡，并以最佳比重和实现方式将其落实到教育教学中，使广告专业学生走出校门时能持有世界经济合作和发展组织专家柯林·博尔所提出的学术性的通行证、职业性的通行证、事业心和开拓能力的通行证。

【参考文献】

[1]国家中长期教育改革和发展规划纲要(2010—2020年)[R]. 中发〔2010〕12号，2010-07-08.

[2]张金海. 20世纪广告传播理论研究[M]. 武汉：武汉大学出版社，2002.

[3]张金海，程明. 新编广告学概论[M]. 武汉：武汉大学出版社，2009.

[4]张树庭. 广告教育定位与品牌塑造[M]. 北京：中国传媒大学出版社，2005.

[5]查灿长. 国外高校广告教育研究[M]. 上海：上海三联书店，2010.

[6]黄合水，杨道俊，许蕾，陈捷，林幽兰，孟英，郑曾艳，赵洁. 中国广告教育状况研究报告[J]. 广告大观·理论版，2008(5).

[7]陈先红. 论中国广告教育的TRC模式[J]. 广告大观·理论版，2006(3).

[8]殷娟娟，万燕. 经济欠发达地区高校广告教育办学现状、困境及对策研究——来自江西广告专业高等教育的报告(现状篇)[J]. 中国广告，2009(2).

[9]高丽华. 企业的广告人才素质及对广告教育的启示[J]. 新闻爱好者，2009(9).

[10]刘悦坦."广告学"专业在高等教育体系中的定位——美国高校广告学教育的启示[J].新闻记者，2007(2).

【作者简介】

陈新平，安徽师范大学传媒学院教授，硕士生导师。

中国广告产业区域非均衡性研究
——基于空间经济学的计量分析

柳庆勇　李亚圆

一、引　　言

广告传播的本质是一种信息传播，广告产业属于第三产业类别中的信息服务业。不过，与其他服务业不同的是，广告产业已经发展成为“知识密集、人才密集、技术密集”型产业。“广告伴随着产品交换而发生”，广告在发展中，不仅形成了自己相对独立的产业，而且广泛渗透到其他几乎所有行业，甚至成为国民经济的重要组成部分，在社会经济发展中占据举足轻重的地位。美国第30任总统约翰·卡尔文·柯立芝曾说：“广告是商业界的牧师，它既是一种鼓舞和推崇商业世界的强大动力，更是有助于拯救人类及其更新换代的一大要素。”

1979年中国广告市场重开。在改革开放政策、市场经济快速发展的推动下，中国广告产业得到了超速发展，其环比增速曾远超GDP，甚至，在1993年环比增速达到近98%的历史最高点。并且，中国广告产业产值已经在GDP中占据不可忽略的份额：0.9%左右(2012年为4698亿元)。改革开放后，中国东部沿海区域依靠种种优越条件率先发展。为了实现社会经济的区域均衡发展、建构和谐社会，20世纪末，中国政府提出了“西部大开发”战略。作为中国社会经济重要组成部分的广告产业，在实现“西部大开发”战略中，理应有所作为。因此，深入分析中国广告产业区域的非均衡性，对于为中国广告产业发展的空间战略提供科学依据，进而推动中国广告产业甚至社会经济走向区域均衡发展，都具有积极意义。

虽然，国内曾有学者在相关研究中注意到了中国广告产业区域非均衡性的问题，但是，不仅缺少空间经济学理论指导，而且没有使用空间计量经济学方法进行实证分析。空间经济学，是当代经济学对人类最伟大的贡献之一，美国普林斯顿大学保罗·克鲁格曼教授因其对空间经济学研究的突出贡献而获得2008年诺贝尔经济学奖。空间经济学理论正逐渐在经济研究中得到广泛发展与应用，本文在国内首次从空间经济学理论视角，使用空间计量经济学方法，解析中国广告产业区域的非均衡状况。

二、计量方法

本文在综合研读空间经济学、空间计量经济学文献的基础上，确定了广告产业区域非均衡性的“两步”计量法，即：第一步，计量区域基尼系数；第二步，计量区域集中度。前者是后者的基础，后者是前者的深化。

(一)区域基尼系数

基尼系数(Gini Coefficient)，最早在1922年由意大利经济学家基尼(Corrado Gini)提出，是经济学研究的一个概念、方法，是用于测定居民收入分配公平程度的统计指标。其值在0

至1之间：越接近于0，说明居民收入分配越均衡，越能体现公平；反之越接近于1，说明居民收入分配差距越大、越不均衡，会产生不公平。

1986年，Keeble等人开始把基尼系数用于计量行业在区域间分配的非均衡程度，即区域基尼系数(Spatial Gini Coeffient)。1991年，保罗·克鲁格曼教授运用区域基尼系数计量了美国制造业的区域非均衡状况，此后，区域基尼系数逐渐成为衡量产业区域非均衡状况的通行方法。国内亦有学者展开相关研究，2003年梁琦计量了中国工业的区域基尼系数①，2011年刘长生等计量了中国旅游产业的区域基尼系数。② 区域基尼系数的计算公式为：

$$G = \sum_{i} (S_i - X_i)^2$$

式中：G表示区域基尼系数；i表示某个区域，如北京、上海、湖北等；S_i表示i区域广告产业产值占全国广告产业产值的比例；X_i表示i区域GDP占全国GDP的比例。显然，若全国各区域广告产业产值与GDP分别同全国广告产业产值与GDP保持同比，则G为0，即全国各区域广告产业完全均衡发展，否则，G不为0，即会显示出全国各区域广告产业的非均衡发展。G值在0至1之间：越接近于0，表示全国各区域广告产业越均衡，0只是理想目标，不可能达到；越接近于1，表示广告产业的区域非均衡状况越严重。

所以，通过计量区域基尼系数G，最后可以得到一种判断，即中国广告产业是否出现区域非均衡问题。进而还可依据G的大小，判断其非均衡程度。

(二)区域集中度

市场集中度，是产业经济研究中的一个重要概念与方法。其计量结果是某一特定市场中少数几个最大企业(通常是前1位、前4位或前8位企业)所占的市场份额，即CR_1、CR_4、CR_8。通常，用市场集中度来衡量某一市场或产业竞争的程度，这决定着该市场或产业的整体绩效。目前在国内，已经对较多行业进行了市场集中度的计量与研究，张金海教授、刘芳博士等已经就中国广告产业展开过市场集中度的研究。③

区域集中度，则从空间视角审视某一市场或产业，计量其在空间上的分布与集中状况。计算公式为：

$$CR_n = \sum_{i=1}^{n} S_i$$

在此，n为各区域广告产业产值中最高的前n位，在产业分析中一般取值为1、4、8，即计量CR_1、CR_4、CR_8；S_i表示i区域广告产业产值占全国广告产业产值的比例；区域集中度CR_n，则表示产值最高的前n位区域的广告产业产值之和占全国广告产业产值的比例。显然，CR_n值在0至1之间，越接近于1，则表示中国广告产业在空间分布上出现区域集中的状况越严重，并且，这会明确显示出中国广告产业具体向哪n个区域集中，即揭示广告在哪些区域“富”存在，在哪些区域“贫”存在。

因此，区域集中度是区域基尼系数的深化，区域基尼系数只是显示出中国广告产业是否出现区域非均衡状况。这只是一种整体的评判，而其内部的非均衡状况并不清楚。在出现区域非均衡问题的前提下，区域集中度则显示中国广告产业向哪n个区域集中，即可揭示中国广告产业区域非均衡的内部结构。这样，便可对中国广告产业的区域非均衡性有一个比较全面的科学认识。

---

① 梁琦．中国工业的区位基尼系数[J]．统计研究，2003(9)．

② 刘长生，简玉峰．中国旅游产业发展的不均衡性及其影响因素分解[J]．商业经济与管理，2011(2)．

③ 张金海，刘芳．中国广告产业“低集中度”与“泛专业化”两大核心问题的检视——兼论中国广告产业的改造与升级[J]．现代广告·学刊，2009(B4)．

三、数据收集与整理

本研究数据来源区域，仅限中国大陆，台湾、香港、澳门不在本研究范围内。

本研究收集到了 1983—2011 年全国各地区广告经营的全部统计数据，其中，1983—1998 年数据通过《中国广告业二十年统计资料汇编》收集、整理①，1999—2011 年数据通过《中国广告年鉴》收集、整理。由于数据量近千个，计算量过万个，过于繁杂，因此，在不影响计量结果与分析结论的前提下，本研究只选择了部分年份的数据，选择的基本原则为：其一，立足于现状分析，所以选择了可获取的最新年度 2010 年、2011 年的数据；其二，兼顾广告产业区域分布演变，整体把握其历史变化趋势，所以选择了 1985 年、1990 年、1995 年、2000 年、2005 年等年度的数据。这些数据见表 1。

表 1　**中国广告产业产值的各区域统计数据**　单位：万元

区域	1985 年	1990 年	1995 年	2000 年	2005 年	2010 年	2011 年
北京	10749.1	49184.5	383626	978825	2515576	4940612	8096238
天津	1756.7	10532.9	54877	183824	527801	1041410	1224000
河北	1270.3	5144.1	44364	76995	87393	111999	117406
山西	775.6	2772.5	16173	45256	141259	258859	308566
内蒙古	264.5	1309.8	8287	15950	38193	111829	134311
辽宁	3455.1	10079	83244	199024	455363	510257	516301
吉林	8545.4	2744.9	18753	50299	131380	256011	284600
黑龙江	1078.5	3867.7	30742	108336	171865	300475	347454
上海	6547.7	22788.7	440004	1118324	2664690	3780770	4376913
江苏	3191	15005.6	163379	539788	906323	1532984	2498939
浙江	2506.4	12325.3	196090	468991	956970	1922537	2205542
安徽	1396.6	3981.1	42753	144125	226023	584573	695946
福建	1537.4	6878	72726	193285	360925	953866	1101842
江西	755.6	3013	20297	79875	163354	287216	323216
山东	1970.8	11337	133411	427010	611084	867693	1180083
河南	478.6	4391.5	42211	118497	229651	331570	355623
湖北	2880.9	6076.9	72148	89839	263469	253245	554167
湖南	1185.6	5106.9	59642	98995	208724	658912	1043066
广东	7275.2	3894.4	372353	1017768	2346230	2525674	3736551
广西	724.1	3380.4	37708	59096	115448	55364	56074
海南	/	1443.1	13350	13965	32606	54905	100941
重庆	/	/	/	123412	271022	267376	339572
四川	7051.4	17401.8	104435	178561	295371	657248	751177
贵州	431.1	1846.1	7523	32818	76419	81629	96450

① 现代广告杂志社．中国广告业二十年统计资料汇编[M]．北京：中国统计出版社，2000：482.

续表

区域	1985 年	1990 年	1995 年	2000 年	2005 年	2010 年	2011 年
云南	447.3	2322.3	26336	73606	136536	212087	294777
西藏	/	16.7	158	1247	18456	13717	22574
陕西	927.6	3860.9	34633	106469	38883	178182	204714
甘肃	377.5	1351.1	9768	25262	30359	65664	87904
青海	103.4	908.1	2060	6050	11000	28012	38019
宁夏	117.3	603	2699	11273	23922	27899	31612
新疆	374.7	1557.3	16184	43029	107192	103436	130929
全国	60522.4	250172.6	2732690	7126632	14163487	23405076	31255529

1985 年、1990 年、1995 年、2000 年、2005 年、2010 年、2011 年等年份对应的各区域 GDP 以及全国 GDP 数据见表 2，来源于国家统计局发布的相关数据。重庆区域在 1997 年以前的数据合并到四川区域。

表 2　　**中国 GDP 的各区域统计数据**　　单位：亿元

区域	1985 年	1990 年	1995 年	2000 年	2005 年	2010 年	2011 年
北京	257.12	500.8	1507.69	3161.66	6969.52	14113.58	16251.93
天津	175.71	311	931.97	1701.88	3905.64	9224.46	11307.28
河北	396.75	896.33	2849.52	5043.96	10012.11	20394.26	24515.76
山西	218.99	429.27	1076.03	1845.72	4230.53	9200.86	11237.55
内蒙古	163.83	319.31	857.06	1539.12	3905.03	11672.00	14359.88
辽宁	518.59	1061.91	2793.37	4669.06	8047.26	18457.27	22226.70
吉林	200.44	425.28	1137.23	1951.51	3620.27	8667.58	10568.83
黑龙江	355.04	715.23	1991.40	3151.40	5513.70	10368.60	12582.00
上海	466.75	782	2499.43	4771.17	9247.66	17165.98	19195.69
江苏	651.82	1416.5	5155.25	8553.69	18598.69	41425.48	49110.27
浙江	472.5	897.99	3557.55	6141.03	13417.68	27722.31	32318.85
安徽	331.24	658.02	1810.66	2902.09	5350.17	12359.33	15300.65
福建	200.48	523.3	2094.90	3764.54	6554.69	14737.12	17560.18
江西	207.89	428.62	1169.73	2003.07	4056.76	9451.26	11702.82
山东	680.46	1511.19	4953.35	8337.47	18366.87	39169.92	45361.85
河南	451.74	934.65	2988.37	5052.99	10587.42	23092.36	26931.03
湖北	396.26	824.38	2109.38	3545.39	6590.19	15967.61	19632.26
湖南	349.95	744.44	2132.13	3551.49	6596.10	16037.96	19669.56
广东	553.05	1471.84	5933.05	10741.25	22557.37	46013.06	53210.28
广西	180.97	449.06	1497.56	2080.04	3984.10	9569.85	11720.87
海南	42.26	102.49	363.25	526.82	918.75	2064.50	2522.66

续表

区域	1985 年	1990 年	1995 年	2000 年	2005 年	2010 年	2011 年
重庆	/	/	/	1791. 00	3467. 72	7925. 58	10011. 37
四川	585. 37	1514. 22	3566. 27	3928. 20	7385. 10	17185. 48	21026. 68
贵州	123. 92	260. 14	636. 21	1029. 92	2005. 42	4602. 16	5701. 84
云南	164. 96	451. 67	1222. 15	2011. 19	3462. 73	7224. 18	8893. 12
西藏	17. 76	27. 7	56. 11	117. 8	248. 8	507. 46	605. 83
陕西	180. 87	374. 05	1036. 85	1804. 00	3933. 72	10123. 48	12512. 30
甘肃	123. 39	242. 8	557. 76	1052. 88	1933. 98	4120. 75	5020. 37
青海	33. 01	69. 94	167. 8	263. 68	543. 32	1350. 43	1670. 44
宁夏	30. 27	64. 84	175. 19	295. 02	612. 61	1689. 65	2102. 21
新疆	112. 24	274. 01	814. 85	1363. 56	2604. 19	5437. 47	6610. 05
全国	8964. 4	18667. 8	57642. 07	98692. 60	199228. 10	437041. 99	521441. 11

四、计量结果

(一)中国广告产业区域基尼系数 G 的计量结果

中国广告产业区域基尼系数 G 的计量结果见表 3，为便于研究，将此表数据转换为可视化的折线图，见图 1。可以看到，中国广告产业区域基尼系数 G 明显大于 0，并且整体呈现“先抑后扬”的发展趋势，从 20 世纪 80 年代初到 20 世纪末，不断下降，但 2000 年以来，又快速上升，尤其是从 2010 年到 2011 年，增幅很大。

表 3　　中国广告产业区域基尼系数 G 的计量结果

年度	1985 年	1990 年	1995 年	2000 年	2005 年	2010 年	2011 年
中国广告产业区域基尼系数 G	0. 05223	0. 04238	0. 03603	0. 03079	0. 05253	0. 05779	0. 07297

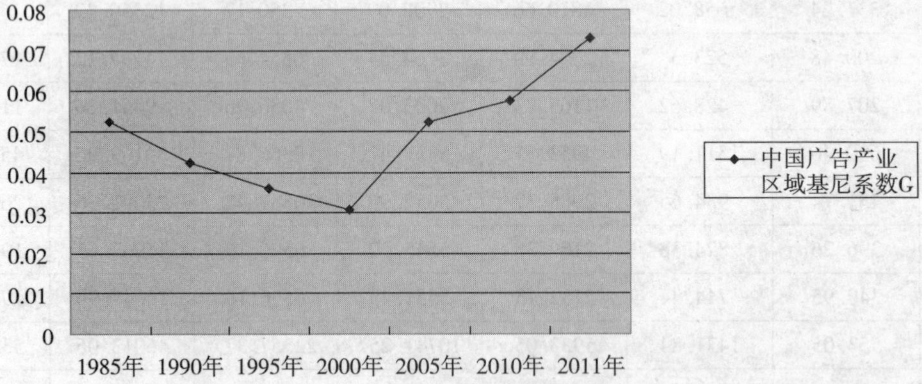

图 1　中国广告产业区域基尼系数 G 计量结果的可视化

（二）中国广告产业区域集中度的计量结果

中国广告产业区域集中度的计量结果见表4，为便于研究，亦将此表数据转换为可视化的折线图，见图2。可以看到，中国广告产业区域集中度，无论是从 CR_1、CR_4，还是从 CR_8 来衡量，数值都偏高，并且整体亦呈现"先抑后扬"的发展趋势，20世纪80年代到90年代，不断下降，从20世纪90年代至今，则呈明显上升趋势，尤其是从2010年到2011年，上升幅度较大。

表4　　中国广告产业区域集中度的计量结果　　单位：%

年度		1985年	1990年	1995年	2000年	2005年	2010年	2011年
中国广告产业区域集中度	CR_1	17.76	19.66	16.1	15.69	18.81	21.11	25.9
	CR_4	55.55	41.72	50.94	51.28	59.9	56.27	59.86
	CR_8	82.11	59.42	68.67	69.36	77.55	75.05	78.13

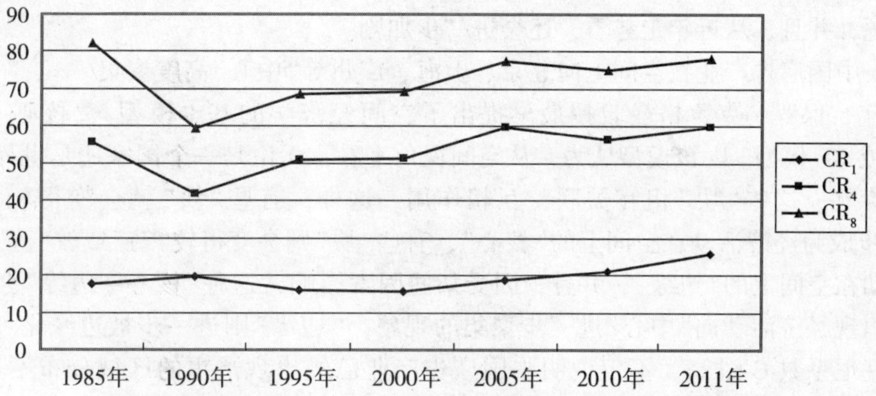

图2　中国广告产业区域集中度计量结果的可视化（单位：%）

另外，为了从空间视角，整体把握中国广告产业区域集中的变化趋势，本研究还统计了 CR_1、CR_4、CR_8 对应区域，见表5。

表5　　中国广告产业集中的区域

年度		1985年	1990年	1995年	2000年	2005年	2010年	2011年
中国广告产业集中的区域	CR_1	北京	北京	上海	上海	上海	北京	北京
	CR_4	北京 吉林 广东 四川	北京 上海 四川 江苏	上海 北京 广东 浙江	上海 广东 北京 江苏	上海 北京 广东 浙江	北京 上海 广东 浙江	北京 上海 广东 江苏
	CR_8	北京 吉林 广东 四川 上海 辽宁 江苏 湖北	北京 上海 四川 江苏 浙江 山东 天津 辽宁	上海 北京 广东 浙江 江苏 山东 四川 辽宁	上海 广东 北京 江苏 浙江 山东 辽宁 福建	上海 北京 广东 浙江 江苏 山东 天津 辽宁	北京 上海 广东 浙江 江苏 天津 福建 山东	北京 上海 广东 江苏 浙江 天津 山东 福建

五、主要研究结论

从以上计量结果分析，可以得出以下主要结论：

其一，中国广告产业存在区域分布不均衡问题，并且非常严重。

保罗·克鲁格曼教授与其合作者在《空间经济学》一书中说："人口和经济活动在地理上的分布是极不平衡的。"①"人口、财富、经济活动在空间的非均匀分布是现实中一个非常普遍的现象。"②因受自然环境、自然资源、人口、社会经济活动本身的空间分布以及国家政策等多种因素的影响，中国广告产业的空间分布同样出现不均衡现象，前述区域基尼系数 G 大于 0 便是有力证据。在空间经济研究中，区域基尼系数 G，是衡量产业区域分布状况的重要指标，G 越接近于 1，产业区域分布不均衡问题越严重。有资料显示③，美国把 G 高于 0.014 的 22 个行业认定为区域分布不均衡状况很严重的行业，国内有学者研究了中国 24 个大类行业的区域基尼系数 G，平均值约在 0.0117 左右，然而，中国广告产业区域基尼系数 G，却远高于这些参考值，最低值 0.03079（2000 年），目前已经达到 0.07297（2011 年）。因此可以说，伴随着中国经济发展出现的区域失衡问题，中国广告产业区域分布也出现了严重的失衡问题，并且，从近年走势看，还会进一步加剧。

其二，中国广告产业在空间上向北京、上海、广州等"中心"高度聚集。

1991 年，保罗·克鲁格曼教授最早提出了空间经济学的基本模型："核心—边缘（外围）"模型或 CP 模型。④ 该模型认为，从空间视角来看，无论是一个国家还是世界经济，都是"块状"存在，这些"块"相互关联、互相作用，这样，有些"块"就会变得较"密"或较"厚"，逐步成为经济活动在空间上的"核心"，有些"块"则会变得较"疏"或较"薄"，逐步成为经济活动在空间上的"边缘"，并且，因受某些因素影响，这种"核心—边缘"会得到不断强化，即出现经济活动向"中心"进一步聚集的现象，"边缘"则进一步被边缘化。中国广告产业区域基尼系数 G 过高，不仅说明中国广告产业已经出现严重的区域分布不均衡问题，同时意味着"密度"过高的区域的存在。中国广告产业区域集中度及其对应区域的统计显示，从 20 世纪 80 年代开始，随着中国市场经济体制的逐步建立，广告产业发展的空间分布状况，亦开始受"核心—边缘"规律的支配，并且，从 20 世纪 90 年代至今，中国广告产业的"核心—边缘"分布状况越来越明显，不断得到强化，即中国广告产业向北京、上海、广州等东部沿海"中心"高度聚集，2011 年 CR_1、CR_4、CR_8 已经分别达到 25.9%、59.86%、78.13%。可以说，对中国广告产业区域分布不均衡状况的准确表述是，其东西部发展的严重不均衡。

近年来，中国广告产业发展出现了诸多问题，环比增速低，社会各界也在积极分析原因、探讨对策。从本研究来看，区域分布严重失衡，是影响中国广告产业发展的重要原因之一。因此，我们应该提出中国广告产业发展的空间战略，即实现中国广告产业的东西部区域均衡发展。在此，可初步展望空间战略下，中国广告产业发展的巨大空间。2011 年，CR_1（北京）广告产业产值占其 GDP 高达近 5%，CR_4（北京、上海、广东、江苏）广告产业产值占其 GDP 的平均比率也近达 1.4%，若按此比例计算，2011 年中国广告产业产值可近达 7000

---

① ［日］藤田昌久，［美］保罗·克鲁格曼，［英］维纳布尔斯．空间经济学［M］．北京：中国人民大学出版社，2011：1.

② 安虎森．空间经济学教程［M］．北京：经济科学出版社，2006：14.

③ 梁琦．中国工业的区位基尼系数［J］．统计研究，2003(9).

④ ［日］藤田昌久，［美］保罗·克鲁格曼，［英］维纳布尔斯．空间经济学［M］．北京：中国人民大学出版社，2011：6.

亿元，着实令人欢欣鼓舞！中国已经吹响了“西部大开发”的集结号，所以，中国广告产业发展的空间战略应该成为其重要组成部分，这将不仅可以实现中国广告产业的快速发展，而且可以推动“西部大开发”。

本研究在国内首次使用空间计量经济学的方法，分析了中国广告产业的区域非均衡问题，至少有研究视角、理论范式的创新，希望能够起到“抛砖引玉”的作用，并有更多学者从空间视角深入系统地研究中国广告产业，探讨中国广告产业发展的空间战略。当然，这将是任重而道远的，“由于空间经济学本身的某些特征，使得它从本质上就成为主流经济学家掌握的那种建模技术无法处理的领域……经济学家也因为知道无法把空间因素模型化，而不去研究经济的空间方面的问题”①。

【作者简介】

柳庆勇，博士，三峡大学文学与传媒学院教授，硕士生导师，研究方向为广告传播。

李亚圆，三峡大学文学与传媒学院2013级硕士研究生。

① [日]藤田昌久，[美]保罗·克鲁格曼，[英]维纳布尔斯．空间经济学[M]．北京：中国人民大学出版社，2011：3.

媒体经营中的品牌传播服务空间

舒咏平　戴世富

长期以来，由于市场作用没有得到充分发挥，传统媒体的经营基本上是以一种非常粗放的方式在进行，大多数媒体停留在卖广告版面或卖广告时段上，而且基本上是站在卖方市场的角度，等待广告客户上门。广告收入成为了传统媒体的主要收入来源，甚至是唯一的收入来源，谈不上真正的专业化媒介经营。据清华大学文化产业研究中心发布的《中国电视传媒产业结构分析》显示，国内绝大多数电视台的广告收入占总收入的90%左右。而清华大学媒介经营与管理中心根据国家统计局的数据分析后发现，绝大多数报纸的主营收入是广告收入加上发行收入，广告收入占主营收入的比重超过70%。①

随着以互联网为代表的新媒体的崛起，传统媒体在销量、广告等方面都受到了前所未有的冲击。据权威研究机构CTR最新发布的中国广告花费数据显示，2012年中国市场传统媒体刊例广告同比增长仅为4.5%，创近五年来的新低。而2012年中国网络广告同比增长46.8%，市场规模达到753.1亿元，增幅是传统媒体的10倍多。② 面对传媒产业这样的一个发展趋势，笔者以为媒体经营的转型升级已是迫在眉睫的任务。而当务之急是转变媒体经营理念，拓展媒体品牌传播的服务空间。

一、经营理念的转变：由“广告”到“品牌传播”

《中国广告》杂志社社长张惠辛指出：“品牌的营销传播开始挣脱广告的狭隘的空间，我们以前总是认为做品牌、做传播就一定是在做广告，就是广告的事情，现在看来，品牌传播的概念开始全面突破广告的制约。”由此，他告诫道：“广告公司与媒体的观念及运作都必须突破广告的范畴。”而“突破广告的范畴”，是对“广告”概念的突破还是对“广告”内涵的突破呢？对此，我们认为应该从广告赖以存在的媒体环境去展开研究。

面对新媒体的发展，黄升民教授指出：“占据主导地位的大众消费正分崩离析、逐步瓦解，取而代之的是小众化、碎片化消费。”而消费的变革，则必然“推动着数字新媒体营销的不断成熟与发展，威胁到广告业对于媒介和受众的控制力”③。正如李奥贝纳广告公司的斯皮特勒所说：“以前我们认为自己无所不能。我们可以使用大众媒介……对于所有人我们意味着一切。但新的媒介稀释了那样的努力。”④美国传播学家沃纳·赛佛林等人也认为：“目前，广告业正处于一个变化阶段，其主要原因是媒介环境发生了巨大变化。传统上针对广大

---

① 陈明，周欣燕．基于整合营销传播的广告经营商业模式创新[C]．2011年商业经营国际会议论文．

② 数据来自：2012年中国传统媒体广告市场增长跌破“5”[EB/OL]．[2013-06-11]．中华广告网，http：//www.a.com.cn/info/domestic/2013/0221/188165.html．

③ 黄升民．新媒体激变．广告2.0时代新媒体真相[M]．北京：中信出版社，2008．

④ [美]约瑟夫·塔洛．分割美国：广告与新媒介世界[M]．洪兵，译．北京：华夏出版社，2003：14、17．

不知姓名观众的大众媒介广告是一种行将消亡的传播形式。"①无疑，传统的大众媒介广告在新媒体的步步进逼中逐渐让出自身的领地，是个必然的趋势。其主要表现如下：(1)传统的纸质媒体与新媒体融合，变身为新的媒体形式；(2)数字电视，电视收看由广告支持改变为交费选择，使得传统的电视广告变身为专门化的电视购物频道；(3)网络广告自身也蜕变为品牌信息、产品展示体验、电子商务的一体化；(4)信息与智能手机界面的融合，催生出受者个性化的信息定制与智能选择。由于如上四点的推动，传统意义上的广告存在方式及其所支撑的广告概念及内涵，促使我们对其进行深思。美国得克萨斯大学广告学系早在 1995 年就提出了"新广告"概念，认为："从商业的角度来讲，广告是买卖双方的信息交流，卖者通过大众媒体、个性化媒体或互动媒体与买者进行的信息交流。"因新媒体冲击而引发的对于"广告"本身的新思考，均指向了既有广告的内涵。

《中华人民共和国广告法》第二条规定："本法所称广告，是指商品经营者或者服务提供者承担费用，通过一定媒介和形式直接或者间接地介绍自己所推销的商品或者所提供的服务的商业广告。"而在一些代表性的广告论著中，"广告"的内涵也大体相同，如美国学者阿伦斯认为："广告是由可识别的出资人通过各种媒介进行的有关产品(商品、服务和观点)的、有偿的、有组织的、综合的、劝服的、非人员的信息传播活动。"②丁俊杰教授认为："广告是付费的信息传播形式，其目的在于推广商品和服务，影响消费者的态度和行为，博得广告主预期的效果。"③倪宁教授认为："广告是广告主为了推销其商品、劳务或观念，在付费的基础上，通过传播媒体向特定对象进行的信息传播活动。"④陈培爱教授认为："现代广告是指一种广告主付出某种代价的，通过传播媒介将经过科学提炼和艺术加工的特定信息传达给目标受众，以达到改变或强化人们观念和行为的目的的、公开的、非面对面的信息传播活动。"⑤将具有如上内涵的广告置身于大众媒体环境，紧紧对应以广告公司、媒体广告经营为主构成的"广告行业"，自然没有不妥。可以说，既有的广告概念与内涵，是特定时代的产物，且依然具有其合理性、生命力。

但是，在新媒体环境下，我们将全新的广告形态及其一些主要特点如"互动性"、"消费者主导"、"广告主自主传播"等引入"广告"内涵中进行审视，无疑可以发现：作为广告主的企业已经不单纯地将商业信息的发布寄托于如上界定的纯广告，却越来越多地付诸于可自我掌控的、付费支出方式多元化的会展、活动、终端、新媒体、关系管理。资深广告人、北京大学的客座教授刘国基说道，他给国家工商总局广告监督管理司有关《新广告法》的征询意见中，曾经十分"激进地主张在修改中国广告法规的时候，最好连'广告'的概念也革命掉，直接以'营销传播'的概念来替代。因为'广告'的定义直接与大众传播媒体挂钩，今天，已进化为'双向的、互动的、参与式的、数据库驱动'的沟通行为，甚至消费者已经成为'需求广告'的发布者……对各种品牌体验自动出击表态，形成舆论社群，全面摆脱企业主，通过广告发布控制话语权"⑥。显然，受传统"广告"内涵之约束，"广告"的生命力受到了极大制约，其核心的"广告策划"几乎丧失了空间。这不由得令全体广告人深思：是坚守内涵已存在欠缺的"广告"概念，而坐视运作与研究空间的萎缩？还是与时俱进地进行"广告"内涵的更新与充实性的演进，甚至进行概念的革命与创新，让其焕发生命力？答案只能是后者。

那么，广告的新内涵将如何演进呢？我们主张，广告内涵演进的新取向应为——"品牌

---

① [美]沃纳·赛佛林，等. 传播理论：起源、方法与应用[M]. 孟颖，等，译. 北京：华夏出版社，2000：11.

② [美]威廉·阿伦斯. 当代广告学[M]. 丁俊杰，译. 北京：华夏出版社，2000：7.

③ 丁俊杰. 现代广告通论[M]. 北京：中国物价出版社，1997：6.

④ 倪宁. 广告学教程[M]. 北京：中国人民大学出版社，2004：4.

⑤ 陈培爱. 广告学概论[M]. 北京：高等教育出版社，2005：6.

⑥ 刘国基. 新媒体广告产业政策的应对[J]. 广告大观(综合版)，2008(6).

传播”。在19世纪末诞生的现代“广告”，比诞生于20世纪上半叶的“传播”学更早，这就构成了我们讨论的一个基本前提：广告从本质上虽然属于传播，但由于其独立得更早，也就形成了自身的生命力。但其研究与运用中，“传播”的性质与规律却不能不考虑。由于信息社会传播的重要，营销已发展为整合营销传播，但独立性的营销学已有专门化、独立性的研究，而实际已经独立的广告业务与理论向传播提升显然是需要格外重视的。那么，避开围绕营销对象——包含实体性与虚体性劳务在内的商品购销——展开研究的营销学，广告传播更多的是对商品符号的传播，从而引导广告受众依循商品符号来进行消费，而商品符号的高度抽象即“品牌”。对于失去品牌符号指代的广告——产品广告，消费者的接受其实是没有识别的接受、无所适从的接受，因此这种广告或可称无效广告，其传播也必然是没有意义与价值的。如此，基于品牌符号由表及里的传播，学理上就使得广告的内涵向“品牌传播”演进(见表1)。“品牌传播”的概念于2001年由本人首次提出，其本质要点有两个：(1)“品牌”，即以企业为主的、各类主体(个人、组织等)信誉的符号化构成；(2)“传播”，即包含广告、公关、新闻、人际交流、新媒体互动在内的沟通与扩散。总之，品牌传播强调的是以客户为中心，要求媒体经营措施要能够满足品牌和消费者的双向沟通，最终达到提高消费者价值、实现公司利润最大化的企业经营目标。品牌传播符合当今竞争激烈的市场要求，媒体的广告经营要想获得切实的效果，需要从依赖广告传播转向依赖品牌传播。

表1 **两种经营理念的比较**

经营理念	广告经营理念	品牌传播经营理念
内涵	以媒体的硬广告刊播及软性服务构成经营方式	从品牌主与消费者沟通传播的需求出发的双向、全方位传播服务性经营
经营方式	羞答答的软性服务 依赖性的广告刊播	品牌传播(调查、策划、事件、营销沟通、广义广告等)

二、经营空间的拓展：从“单一硬广告发布”到“客户关系管理性的品牌传播服务”

以品牌传播的理念来审视媒体经营，我们可以发现中国媒体的经营可以分为五个阶段：(1)单一媒体硬广告发布的品牌传播服务阶段；(2)多媒体组合性广告发布的品牌传播服务阶段；(3)硬广告与软文组合的品牌传播服务阶段；(4)事件参与性及品牌整合传播服务阶段；(5)客户关系管理性的品牌传播服务阶段。客户关系管理性的品牌传播服务是现阶段中国媒体经营空间拓展的方向，也是品牌传播经营理念在实际应用中的根本要求。所谓“客户关系管理”(Customer Relationship Management，CRM)，指的是一个不断加强与顾客的交流，不断了解顾客需求，并不断对产品及服务进行改进和提高以满足顾客的需求的连续的过程。其内涵是企业利用信息技术(IT)和互联网技术实现对客户的整合营销，是以客户为核心的企业营销的技术实现和管理实现。客户关系管理注重的是与客户的交流，企业的经营是以客户为中心，而不是传统的以产品或以市场为中心。

一般说来，“单一媒体硬广发布”主要是通过单向信息传播，参与到企业单一销售环节，同设计、研发、决策管理以及售后服务、用户沟通等没有必然联系。而“客户关系管理性的品牌传播服务”是以顾客需求为中心，坚持双向互动原则，为企业提供全方位市场信息服务、关系沟通服务和品牌传播服务。其本质是以客户关系为导向的媒体企业价值创造。这是中国媒体经营现代转型升级过程中产业自立的基本依据，并将进一步拓展媒体经营的空间，引导中国广告业和媒体经营走向新一轮发展与繁荣。

客户关系导向的品牌传播服务空间主要有如下五种：

(一)量化调查

随着大数据时代的来临，人们的思维变得越来越理性，量化的数据成为了人们决策的最重要依据。然而数据的客观性与真假成为了各类量化调查的关键因素，直接决定着数据的公信力和效力。各类媒体，特别是传统媒体在权威性和公信力方面有着天然的优势，为此，既进行注重公信力的自身选题调查，又开展品牌主需要的评价调查，是媒体新的生存方式，也是服务经营方式。如《深圳特区报》时尚消费版的"购物习惯与商场评价大调查"，就是利用了《深圳特区报》这一在当地具有权威性和公信力的媒体，联合深圳新闻网与第三方调查机构——搜智市场研究机构共同在深圳开展了量化调研活动。这一活动旨在全面了解深圳市民的购物习惯，通过民意测验监督和促进各商家的经营运作，为消费者与商家架起沟通的桥梁。此次活动，凭着"科学调查、服务社会"的宗旨，以及媒体本身的影响力和号召力，得到了深圳欧宝丽珠宝、兆亮珠宝、深圳市泰乐仕科技、海岸城、鱼美人减肥研究院等品牌企业的深度参与，实现了媒体、社会、品牌企业的三方共赢。

除主题量化调研之外，数据库也是未来极具竞争力的新媒体元素，它能提供新的信息产品，左右人们的信息方式。比如《日本经济新闻》设有庞大的日本经济研究中心，全面监控分析日本经济运行数据，发布日经指数。英国路透社约有40多万个终端和5万多个客户，在中国就提供财经资讯系统、交易平台、外汇交易管理系统、市场数据库、自动交易系统5类产品。数据库已成为路透集团最主要的盈利模式。

(二)创意策划

具有最新、最全面的信息的媒体，自然也最清楚政府、品牌、行业、社会的最新需求；同时，任何创意与策划又是在有效信息的基础上组合产生的。为此，根据品牌主的需求，为其进行传播创意设计与策划，就成为媒体的核心竞争力之一；而创意与策划的智力成果是拥有知识产权的，是可以经营的。

以《长沙晚报》"名师大讲堂"为例。该报每年策划组织"湖南高考名师大讲堂"大型活动，聘请湖南省"七大名校"中的现任高三教师，开展语、数、外等十科的专题讲座。这一活动不但在长沙学生、家长中引起巨大反响，还吸引了全省各地的学生参加。每次讲座时，可容纳数百人的会议厅总是座无虚席。活动通过《长沙晚报》"高考名师大讲堂"专栏专版、星辰在线(www.changsha.cn)高考频道、《学生·家长·社会》杂志、湘江手机报等传播途径，向全省200万名高考考生提供最权威、最及时的高考复习指导，获得广泛好评。这一活动，不仅获得了可观的门票收入，而且搭建了一个开发教育培训机构广告市场的平台，爱尔眼科以及一些留学机构、民办补习学校等业外相关资源被充分挖掘出来。此外，该报还在讲座结束后将名师讲稿解析汇编成《高考名师大讲堂总复习指导》增刊，因便于学生复习迎考而颇受青睐。

(三)媒介事件

美国学者丹尼尔·戴杨在其著作《媒介事件》中指出，竞赛、征服、加冕、无脚本事件等媒介事件，具有"非常规性、垄断性、不可预见性"等特点；具有某种超凡的凝聚力和影响力①。媒介事件的影响力在事件本身的重要性和各种媒体强势报道的双重作用下达到空前的程度。在媒介事件笼罩下的人群，由于对媒体所报道的事件高度关注，处于一种激昂的兴

① [美]丹尼尔·戴杨. 媒介事件[M]. 麻争旗，译. 北京：北京广播学院出版社，2000.

奋状态，表现为容易激动、神经敏感、情绪容易受到周围人和事的感染。媒介事件在某种意义上来说，激发起了人们内心潜在的共性价值，相比较而言，人的个性在媒介事件的影响下则趋于弱化。由于媒介事件本身放大了传播价值，能吸引社会注意力，因此往往成为经营服务的载体。近年来最成功的一次媒介事件就是轰动全球的“大堡礁招聘”。

2009 年初，澳大利亚昆士兰旅游局发布大堡礁护岛员招聘信息，凭借其“世界最好工作”的卖点，不仅吸引了世界各地人士的广泛参与，而且引起世界媒体的高度关注，成为一个轰动全球的“媒介事件”。经过数月海选，34 岁的英国义工本 · 绍索尔(Ben Southal)最终从全球 3.4 万求职者中脱颖而出，在 2009 年 5 月 6 日赢得“世界最好工作”。同年 7 月 1 日，绍索尔正式上岗，工作时间为 6 个月。其日常工作是巡视珊瑚礁、喂海龟、观鲸鱼，然后拍照、写博客，向世界宣传这个旅游胜地。无疑，绍索尔成了大堡礁招聘的大赢家。然而，真正的大赢家却是澳大利亚昆士兰旅游局。他们以 170 万美元的低成本，却收获了价值 1.1 亿美元的全球宣传效应，成功进行了一次超值的旅游营销。①

其实从一开始，“大堡礁招聘”就不是一个简单的招聘，而是一个经过精心策划和组织的公关活动。昆士兰州旅游局公关项目经理妮可(Nicole)女士说：“这是一项旅游营销活动，我们筹划了 3 年，经费预算总价 170 万澳元，其中包括了护岛人 15 万澳元的薪水。”正是凭借精心策划与组织安排，“大堡礁招聘”才一举成为吸引世界各国媒体进行海量报道的媒介事件。

(四)营销沟通

各个品牌主体，自身也具有媒体使用权，其中相当一部分已具有了各自品牌的官网，其重大品牌营销沟通信息已经多在官网上发布；但这种沟通信息扩散面非常有限，如果能够在公信力强的媒体上发布，则效果会更佳。与此同时，消费者也越来越成熟，其对品牌作出评价、对品牌产品进行购买也非常需要媒体使用权(如团购、拍卖等)。如此，媒体服务的机会就必然产生。媒体的角色也就很自然地实现由供应商向服务商的转型。以报纸为例，传统报业生存和发展的必备条件就是拥有广泛的读者基础，但随着新媒体的飞速发展，读者对报纸的阅读兴趣降低，接触时间大为减少，相反，对互联网的日平均接触时间则大大增加。我国三网融合后，报纸的内容产品在数量和时效上更将处于劣势。显然，传统报业未来不能仍然将自己定位为内容供应商，靠“卖内容”谋求生存和发展，而应转换思维，树立客户理念，关注客户体验，让受众参与媒体的生产流程，以最便捷、大众最喜欢的方式传播内容，通过策划线下活动，邀请客户参与体验，实现由供应商向服务商的转型。如《南方都市报》，打出“南都 V 团购”、“明明白白团房，将优惠进行到底”的口号，以团购的方式，向开发商争取更大优惠折扣，给购房者更大实惠。这样做，真正实现了针对品牌企业和团友的双重服务，同时媒体自身也获得了可观的收入。

(五)打造品牌传播“专属空间”

随着媒体环境的变化、经营理念的变更，对将品牌传播综合性服务作为定位与理念的专门化媒体——“专属空间”进行品牌化经营，将是媒体经营的重要走向。

近年来，德州电视台的发展就是得益于品牌传播“专属空间”的打造与经营，由此形成了德州电视台的盈利创新模式，使其获得了 2012 年度国家广告经营艾菲奖。德州电视台的新盈利模式就是针对目标人群，利用线上线下两个平台，推行“广告栏目化、栏目活动化、活动规模化”。广告栏目化方面，打造第一房产、车界广场、财经在线、金色乡村等 20 多

① 数据来自：刘琨瑛. 投入 170 万美元收获 1.1 亿美元[EB/OL]. [2013-02-12]. 深圳新闻网，http://www.sznews.com/finance/content/2009-05/07/content_3748325_3.htm.

个咨询类栏目，占据黄金时段，增加播出频次；协助企业办营销活动，收入同比增长300%；全台全员策划组织活动，做到“运作有团队，管理有机制，年度有规划，月月有计划”；广告收入由4400万元增加到7000万元，增长率为59%，市场份额增加到40%。

随着传媒业的不断成熟、信息技术的不断应用以及市场的逐渐细化，报业的客户服务意识不断增强，已经逐步实现了由“坐商”到“行商”的转变，现在需要强调的是由“行商”到“全面服务提供商”的升级。已有不少报业集团将原有的读者热线扩展为呼叫中心，甚至进行公司化运作。例如，《长沙晚报》利用新的热线电话96333成立问讯公司，承接原热线电话的所有功能并全面升级，不仅可接受读者的新闻报料、发行投诉、广告咨询、评报订报、建议求助等，还可以面向社会开展票务销售、家政服务、企业咨询、商品销售等便民服务。同时，充分利用现代通信与计算机技术，为集团系列媒体实现专业的客户服务与支持，将服务种类扩展为配送、中介、导医以及导购等增值性的服务，全面覆盖《长沙晚报》及其集团系列媒体《知识博览报》、《品周报》、《娱乐快报》、《学生 · 家长 · 社会》杂志、星辰在线网站、湘江手机报等。此外，《长沙晚报》将基于网站的新闻服务拓展为电子商务、游戏娱乐以及信息技术等增值性服务，如星辰在线网站的影像中国、星辰电影等，形成了一个综合性的服务平台。

三、结　语

新媒体的高速发展大大挤压了传统媒体的生存空间，这已是一个不争的事实。媒体的经营在新的媒体环境下必须对原来单一的广告经营模式进行反思、创新和转型。“广告”的概念已不适应现代媒体竞争的语境，内涵比“广告”更为丰富合理的“品牌传播”已被学界和业界广为接受并应用。对于新时期的媒体经营来说，最重要的转型，就是由单一广告经营走向全面品牌传播服务。

【参考文献】

[1]丹尼尔 · 戴杨．媒介事件[M]．麻争旗，译．北京：北京广播学院出版社，2000.
[2]李豹．论电视媒体经营思路的几个转变[J]．广告导报，2005(5).
[3]何龙．以客户为导向的媒体企业价值创造[J]．中国传媒科技，2013(6).
[4]舒咏平．品牌传播：新媒体环境下广告内涵演进的取向[J]．中国广告，2009(10).
[5]张敏．从销售代言到整合营销传播[J]．新闻界，2006(5).

【作者简介】

舒咏平，华中科技大学新闻与传播学院教授，博导。

戴世富，华中科技大学广告与媒体经济2013级博士研究生，华南理工大学新闻与传播学院副教授。

基于罗默模型的新媒体与文化创意产业发展研究

魏正聪

一、罗默模型与新经济增长理论

(一) 罗默模型的提出

经济增长是世界各国永恒的主题。在经济学诞生之时，经济学家即对经济增长的原因开始了研究。20 世纪中期，英国经济学家哈罗德、美国经济学家多马提出了“哈罗德-多马模型”，成为现代主流经济学中的第一个经济增长模型。索洛 1956 年发表《关于经济增长理论的一篇论文》，提出了经济增长的新古典主义增长模型。半个多世纪以来，现代经济增长理论研究开始走上从外生经济增长到内生经济增长的演进道路。

在内生经济增长为主导研究范式的新经济理论时代，最具代表性的是罗默在 20 世纪 80 年代建立的“知识技术内生化模型”。罗默将经济增长过程中的投入概括为四种：资本、劳动、人力和技术。参与经济增长的部门有三种类型：研发部门、中间产品部门和最终产品部门。研究部门投入人力资本 H 和知识，产出新技术；中间产品的生产指对资本品的生产；最终产品 Y 是劳动力 X、物资资本 L 以及人力资本 H 的函数。

(二)“罗默模型”与新经济增长

罗默模型的主要论点是：第一，强化技术在知识经济增长中的重要地位，将技术进步视为经济增长模型的内生变量；第二，指出经济发展需要持续的知识和技术投资，而不是将其视为偶然的、无成本的外生资源；其三，认为经济的持续增长有赖于对知识的持续投资。要想实现经济增长，政府需要向知识生产提供持续投资。总体来看，该模式始终强调以创意或知识为基础，建立一种能够使新设计或创意产生价值的经济增长和发展的机制。

20 世纪 80 年代以后，罗默模型在西方新经济增长过程中得到了充分印证。按照美国《商业周刊》主编谢波德的观点，“新经济”同传统经济的主要区别在于：产业结构进一步高级化，经济增长的主要动力是高技术产业，它导致经济增长理论发生了较大的变化，并随之引发城镇密集区出现了一系列新的空间现象。① 文化创意产业是新经济的典型代表。

二、以“罗默模型”视角审视中部地区文化创意产业发展

文化创意产业或称创意产业、创意经济，最早出现在英国文化媒体体育部 1998 年出台的《英国创意产业路径文件》(Creative Industries Mapping Documents，CIMD)。以罗默模型去

---

① 刘荣增．试析新经济增长对城市与区域发展的影响[J]．经济经纬．2002(3)：32-34.

审视中部地区的文化创意产业，我们看到：一方面，新媒体技术成为中部地区文化创意产业发展的重要推动力；另一方面，文化创意产业的经济增长存在较大的外部依赖性，新媒体技术的"溢出效应"未能得到充分显现。

(一)新媒体成为中部地区文化创意产业发展的重要推动力

1. 新媒体成为文化创意产业营销推广的重要传播平台

在新媒体传播方面，科技工业企业如武汉德骼拜尔外科植入物有限公司、长江三峡能事达电气股份有限公司、武汉利德测控技术股份有限公司等，多倾向于打造自己的官方网站，以此作为对外沟通的重要窗口。长江三峡能事达电气股份有限公司开通了中英文双语官网，并尝试在网页上设置淘宝链接和 QQ 客服端口。武汉利德测控技术股份有限公司也在官网主页开通了在线留言板块，以搜集用户意见，更好地改进服务。

相比较而言，文化、教育、传媒等方面的企业以及网络科技公司在新媒体应用方面显得更为灵活，官网、官方微博和微信形成了整合传播优势。例如 2012 年纳税 2709 万元的武汉亿童文教股份有限公司，不仅建立了企业官网、官方微博，还在官网上开辟消费者订购端口和亿童经销伙伴在线订单系统。其新浪官方微博可直接链接至"亿童官网"、"亿童蓓乐活动区"、"亿童蓓乐运动包"、"亿童优质学习材料"。该微博重视与用户的互动，首页设置"留言"、"咨询"、"投诉"、"表扬"四种反馈机制，以提升服务。截至 2013 年 9 月 20 日，亿童文教官方微博共发表博文 5938 篇，粉丝数达到 502265 人。新媒体已经成为文化创意企业进行营销传播的重要平台。

2. 新媒体丰富了文化创意产业的产业形态

2012 年，仅在武汉市洪山区活跃经营的创意企业就有 1368 家，涵盖：计算机网络、软件、信息集成及信息技术服务；建筑、勘察、装饰、规划、环境、模型设计及咨询服务；科学研究、工业工程设计、专项技术服务；出版、文化、艺术、特色教育服务；广告、传媒、会展、策划咨询、平面设计以及其他创意服务类等。(具体分布见表 1)在文化体制改革的推动下，湖北省文化创意产业的形态趋于多元；总体结构发生着良性变化。

表 1 **2012 年武汉市洪山区创意企业统计**

类　别	数量	合　计
计算机网络、软件、信息集成及信息技术服务	383 家	1368 家
建筑、勘察、装饰、规划、环境、模型设计及咨询服务	326 家	
出版、文化、艺术、特色教育服务	174 家	
广告、传媒、会展、策划咨询、平面设计	148 家	
科学研究、工业工程设计、专项技术服务	99 家	
影视、动漫、游戏、体育、演义	65 家	
其他创意服务类	173 家	

数据来源：洪山区创意产业发展报告。

3. 新媒体经济本身成为文化创意产业的重要组成部分

新媒体具有强大的整合能力，可以将文字、图像、音乐、视频等多种功能融合在一起，实现价值增值。基于新媒体技术的文化出版传媒、影视动漫游戏、云端教育等新媒体产业已经成为文化创意产业的重要组成部分。

数字出版业方面，仅湖北日报传媒集团旗下荆楚网“楚天无线”新媒体，就设置有《湖北手机报》、《楚天都市手机报》、《湖北早晚报》、《惠农手机报》等多种彩信手机媒体。2013年8月15日，《湖北手机报》新闻版在汉上线。借助“全省一报”的政策优势，湖北日报传媒集团的内容优势，以及移动、电信、联通三大运营商的平台优势，《湖北手机报》将采取递进发展模式，计划打造湖北省首个订户千万级的手机媒体。①

影视游戏动漫产业后发优势明显。2008年，江通动画股份有限公司已具备年产国际标准动画片5000分钟的能力。2011年，武汉动漫公司打造的动漫电影“闯堂兔”登上江城大银幕，轻松越过300万元票房。2012年，海豚传媒股份有限公司打造的《小鼠乒乓》系列被文化部认定为重点动漫产品。据统计，目前我省共有动漫关联企业70余家，产业链从业人员上万人，动画片年生产能力可达10000分钟，年出版发行动漫书报刊1000余种、500万册。②

以亿童股份、湖北少儿出版社、海豚传媒为龙头的企业，在云教育领域发展势头迅猛。特别是亿童股份幼教解决方案，已占据国内市场60%以上的份额，成为国内民营幼教行业的领军企业。2012年，武汉亿童文教股份有限公司实现纳税2709万元。

(二)文化创意产业的技术内生增长模式尚未形成

1. 目前中部地区文化创意产业的经济增长存在较大的外部依赖性

2012年，武汉市政府先后出台《武汉市文化产业振兴计划(2012—2016年)》、《武汉市关于加快文化产业发展的若干政策》以及《武汉国家级文化与科技融合示范基地建设实施方案(2012—2015年)》。仿佛一夜之间，文化创意产业园遍地开花。据统计，目前武汉市建成、在建以及规划中的产业园已达几十个。仅以武昌区为例，文化创意产业园重点项目就达8个之多，载体规模合计达594亩，建筑体量75.8万平方米。

文化创意产业园区建设如火如荼，却难以掩盖创意匮乏的现状。对比武汉各区的创意产业园，许多园区定位重复，缺乏明确的规划。湖北省宣传部改革办副主任吴庆华一针见血地指出：“真正的文化创意产业是什么，国家该如何扶植，相关政府部门扶植思路并不清晰”；“许多地方的文化创意产业园都是一阵风重复建设，造成大量财力、人力浪费”。③ 其结果是：借助政策的利好，不乏有些企业打着文化的旗号，套资金，套补贴，四处打游击；而真正有创意的文化企业积极性受挫。创意匮乏成为制约文化创意产业发展壮大的瓶颈。

2. 新媒体技术的“溢出效应”未能在文化创意产业领域得到充分显现

目前，湖北中部地区的文化创意产业主要还是借助传统方式来进行，以产业园为载体，形成一个集贸市场，买家和卖家在市场内自行讨价还价，完成交易。虽然有些企业已经开始尝试借助淘宝网等综合性电子商务平台进行产品销售，或者与嘉德在线、雅昌这样的专业性平台进行合作，但是，总体来看，目前的电子商务平台多种多样，参差不齐。面向整个文化创意产业的、大型的电子商务交易平台尚未形成。

另外面，新媒体技术迅猛发展而导致文化创意产业转型压力巨大，在新媒体融合方面，不少产业还存在诸多问题。以数字出版为例。传统的传媒出版业是奠定湖北“文化大省”称

---

① 方田，陈宇昕.《湖北手机报》在汉上线，计划打造千万级移动新媒体[EB/OL].[2013-08-15].人民网，http://hb.people.com.cn/n/2013/0815/c192237-19320859.html.

② 范宁.湖北文化举起产业创新大旗 传统出版业新装启航[N].楚天都市报，2012-01-04.

③ 廖君.警惕文化产业园区同质化房地产化[J].半月谈内部版，2011(5).

号的重要基座。日发行报纸过百万份的都市类媒体——楚天都市报，位居世界综合性期刊发行量第5位、月发行量为600多万份的期刊《知音》，以及发行量超过300万份的期刊《特别关注》，都是湖北引以为傲的文化名片。在新媒体环境下，湖北出版业的江湖地位面临着巨大冲击。各媒体和出版社纷纷开始探索数字化转型，与各大通信商、移动终端产品寻求合作。但是，由于缺乏技术优势，导致版权问题突出："一方面，数字版权与资源共享的界限并不明晰，数字图书盗版现象十分严重；另一方面，民营书企自身的出版权不明朗更增加了争夺的复杂性。"①这些都构成了文化创意产业的发展瓶颈。

三、基于罗默模型的新媒体与文化创意产业的价值链重构

(一)"创意"培育：文化创意产业持续增长的基础和源泉

1. 创意源于文化的传承与创新

罗默模型强调知识在经济发展中的作用，将知识积累看作经济增长的重要因素，认为"特殊的知识和专业化的人力资本是经济增长的重要源泉"②。文化创意产业的发展更需要重视知识累计和人才培养，为"创意"的产出提供良好的环境。而这绝不是通过打造一些象征性的创意产业园，将地产与文化进行简单叠加就能实现的。

创意源于文化的传承和创新，要整理、深挖区域文化资源，并通过新媒体技术予以改造和推广。2004年，武汉江通动画投拍的动漫《小子贱三》亮相戛纳电视节。少年贱三嘴衔树枝、手持竹笛的民族风造型引起多家境外影视公司的关注。其故事原型就是民间传说中扶贫济弱、挑战恶势力的汉阳籍秀才贱三爷，深得草根文化精髓。再如，"伶界大王"、"一代宗师"谭鑫培，祖籍为原武昌县(现江夏区)流芳镇。江夏区借助谭鑫培的文化名人效应，打造谭鑫培文化园。2013年新春，何祚欢、朱世慧等楚天名角齐聚该园，使之成为全城闻名的文化品牌之一。这些都是立足本地文化资源进行创意产出的案例。

2. 创意有赖于强有力的知识产权保护

文化创意产业的发展有赖于强有力的知识产权保护，政府在这方面要加大与企业的互动。

完善知识产权法律制度。目前我国在知识产权保护方面，有专利法、著作权法、商标法三部法律可依；但是，鉴于文化创意产业属于新兴产业，很多产业还在探索发展中，由此产生的新问题，已经超出了现有法律条文的规定。这就要求我们的立法建设要与时俱进，关注文化创意产业的新发展，及时修改和完善现有的法律法规，为文化创意产业的健康发展提供制度保障。

大力扶持创意产品，加强对假冒侵权行为的监督。政府要完善对文化创意产业的服务体系，采取企业为主体、政府扶植为辅助的方式，积极推动创意向产品、向现实生产力的转化；完善创意企业的登记注册和备案，使企业的知识产权得到法律保护；助推创意品牌的做大做强，孵化知名品牌，扩大经济效应。同时，加大对盗版侵权行为的打击力度，对于侵犯创意产品知识产权的行为从严处罚，情节严重者可移送公安部门处理。企业同时也要提高知识产权保护意识，提高自身的"反侵权"能力，开发防伪技术，在创意产品上设置防伪标志，增加侵权难度。

---

① 及烁．民营书企欲"结盟"追数字出版新机？[N]．中国图书商报，2011-04-27.

② 宋晓舒．技术进步对经济增长作用的比较研究[J]．生产力研究，2010(8).

(二)新媒体平台的完善：文化创意产业价值增值的重要路径

1. 打造文化创意产业的数字内容产业链

目前数字内容产业已具备了相当大的市场规模。数据显示，全球数字娱乐产业已经成为全球经济的新增长点，以每年28%的幅度快速增长。但是，目前我国文化创意产业的数字内容产业链还未完全形成，创意内容的价值尚未完全发挥出来。比如动画产业，美国动画电影是按照好莱坞的经营模式，它的票房收入只占总收入的25%”。反观国内，我们基本上就是单一地靠播出回收成本，这样即使我们“把全国的所有电视台全部卖完……也只能收到三分之一的成本”①。正如文化部市场司副司长庹祖海所言，“目前的政策环境是有利于数字内容产业发展的，但也凸显出产业发展不够成熟的问题”②。要解决这些问题，一个非常重要的手段是形成以资本为纽带、以技术为支撑、以内容为核心的数字内容产业链，实现产业纵横一体化发展。纵向要着眼于文化创意产业从技术到衍生产品的开发和授权，横向要实现内容生产与终端产品制造的整合。依托互联网信息技术的移动、互联趋势，打造数字内容产业链，是文化创意产业发展的必然趋势。

2. 完善文化创意产业的虚拟交易平台

文化创意产业虚拟交易平台可以突破创意产业实体园区的地域限制，促成不同行业的跨界重组和整合，实现人力、物力和财力的最佳配置，构建全新的文化创意产业生态环境。目前，中国文化创意产业交易平台、北京市文化创意产业投融资服务平台等，已经开始为文化创意企业提供股权确权、评估、融资等系列服务。2013年9月，苏州科技城也宣告启动“创意云”平台。该平台集需求发布、在线创作、成果展示、创意交流、在线交易、信誉评估等功能于一身，将大大提高产品开发设计的效率，降低制作成本。

未来文化创意产业的平台建设将需要更加重视用户，强化用户体验，满足用户需求。2013年5月，第二届中国(北京)国际服务贸易交易会(简称“京交会”)上，就有企业展示了“产品供应企业—电子商务企业—消费者”的“B2B2C”模式。该模式包含充值服务受理平台、电子账单缴费服务平台、网点营销平台和支付受理服务平台四大平台，能有效地解决面向线下服务遇到的各种业务难题，开创线上线下相结合的便民服务业务，使线下大量的用户通过易淘客终端服务网点服务通路享受到线上电子商务带来的高效服务体验。③ 这种虚拟交易平台可以同传统的博览会、交易会一起，为我国文化创意产品的交易提供多元化渠道，推动产业的发展和壮大。

【参考文献】

[1]厉无畏．创意产业：经济寒冬里的一股暖流[J]．中国流通经济，2009(2)
[2]李世忠．创意产业概念析[J]．生产力研究，2009(9)．
[3]曹新卓．全球文化创意产业巡览[J]．中国商界，2009(1)．
[4]魏爱杭．创意产业文献综述[J]．经济论坛，2009(1)．
[5]刘荣增．试析新经济增长对城市与区域发展的影响[J]．经济经纬．2002(3)．

---

① 陈少锋．数字内容的产业链经营[EB/OL]．[2013-02-27]．搜狐财经，http：//business. sohu. com/20060227/n242036501. shtml.

② 周婷．数字产业链尚未成形　产业融合趋势明显[N]．中国证券报，2006-09-25.

③ 张驰．数字内容产业全产业链亮相京交会？[EB/OL]．[2013-05-06]．千龙网，http：//www. qianlong. com/.

[6]喻翠玲．英美创意产业发展对中国的启示[J]．重庆工商大学学报，2009(2)．
[7]埃德蒙·菲尔普斯．世界金融危机对中国的挑战——文化创意产业：经济增长新动力[J]．中国流通经济，2009(3)．
[8]宋晓舒．技术进步对经济增长作用的比较研究[J]．生产力研究，2010(8)．
[9]金元浦．产业园区和孵化器：创意产业发展新模式．中国文化报，2013-11-01．
[10]李光斗．创意经济迎战萧条[J]．现代企业文化，2009(5)．

【作者简介】

魏正聪，湖北工业大学艺术设计学院讲师，主要研究方向为传媒与文化产业。

舆情产业初探
——基于新型信息服务产业的业态发展分析①

梅文慧

2013 年，中国紧随世界脚步开启“大数据元年”，数据量与信息量在海量的基础上继续呈几何倍数增长。人们对某一事物的分析已逐渐扬弃了传统的社会调查、访问、追踪等方式，开始强调通过技术手段对数据进行自动抓取、深度挖掘、智能分析，并对数据进行鉴别、萃取、分析和解读，通过“加工”实现数据“增值”，提供舆情管理服务。在此机遇下，信息产业迎来了新一轮的产业升级。舆情产业随着信息服务产业的演进正成为一种备受关注的新型业态。

信息服务通过研究用户及其相关舆情，将有价值的信息传递给用户，最终帮助用户解决实际问题。信息产业是与信息的生产、搜集、存储、加工、传播和服务相关的多种行业的总称。北美产业分类体系(NAICS)将信息产业划分为：出版业、电影与音像业、广播电视与电信业、信息和数据处理服务业。该体系突出了信息的生产、处理和发布全过程与信息的可传播性、服务性。舆情管理是对信息进行监测、收集、分析和处理的过程。在大数据背景下，新闻、出版、电视等传统信息产业部门逐步实现数字化转型，协同探索舆情产业这一新兴信息服务产业领域。本文集中分析舆情产业的几个主要方面，以揭示舆情产业形成、演进和发展的一些基质与特点。

一、舆情产业形态雏形初具

产业形态是产业存在发展的外部形式，包括产业结构状态、产业链生态、产业活动质态以及产业发展业态等。② 经过十余年的发展，以政府部门为主导的舆情管理市场进入了高速成长期，年均增幅 50%以上，达到了超过百亿元的规模。舆情产业已成为一个多门类、复合型的知识密集产业，形成了以“官商媒教”为背景的产业格局，具备了“政用产学研”的产业链生态，其产品及服务涵盖了软件支持、知智体系、风险管理、危机应对等一系列内容，产业形态已初步形成。

(一)多元支撑的产业格局

政府在舆情产业的推动过程中起着主导作用。政府通过制定积极政策对舆情加以引导，同时以自身需要，作为大客户推动舆情领域发展，媒体尤其官媒、新媒体，在舆情产业的发展中起着某种先锋作用。舆情商业实体、教育科研机构同时在技术应用与理论支撑方面直接起着重要的推动作用。舆情管理在政策和市场双重因素的刺激下，基本形成了“官商媒教”

---

① 本文系国家自然科学基金项目“消费者参与品牌共创的作用机理及品牌共创平台的构建”(项目号：71372182)、广东高校优秀青年创新人才培育项目“广告传播理论的本土化创新研究”(项目号：396-GK100010)的阶段性研究成果。

② 王国平．产业形态特征、演变与产业升级[J]．中共浙江省委党校学报，2009(6)．

的多元化产业格局，形成了政府、媒体、教育科研、商业软件四大背景的行业格局。其中，政府作为官方机构，或增设职能部门，开展舆情管理；或联合专业舆情服务机构，为决策提供参考。从事舆情管理的经济实体则组成舆情服务业重要的技术型方阵，从事信息监测、舆情态势分析、舆论环境研究、网络危机处置及其相关环节的信息服务的产品生产，直接服务于重要的党政机关及大型企业。针对多元化的市场需求，这些专业商业机构的舆情系统各有侧重，如方正集团专注于词库型分词领域，乐思公司精于前期采集，拓尔思善于大数据挖掘……这些技术运用都能让舆情分类和分析模块精准生效。媒体则依托业界自身优势，建立舆情监控平台，针对政务舆情及社会需求，发布大量研究成果，为党政部门、企业和社会团体组建舆情监测队伍提供舆情报告及相关信息指南。人民网通过舆情服务业务获得年收入上亿元，人民网舆情监测室成为舆情发布的权威中心，人民网旗下的舆情杂志《帮领导看网》实用性强，在领导干部中具有广泛市场。还有新华网的“舆情在线”栏目等。媒体专业性的舆情咨讯都成为领导干部和企业主的信息秘书与舆情顾问。与此同时，高校教育和科研院所也各展所长，中国人民大学、复旦大学、暨南大学等高校均设有舆情研究机构，并纷纷申请专项课题经费，受理舆情管理项目。中国传媒大学、上海交通大学、武汉大学、湖南大学的舆情分析成果在业界影响较大。

（二）亟待健全的产业生态

在中国诸多新兴产业处于起步发展阶段时，国家的宏观调控起主导作用，这同样适用于舆情产业。在政府的推进下，针对社会热点和市场需求，舆情产业生态整体发展态势较为强劲，已初步形成“教研—开发—商用”的产品发展模式。截至2014年1月，各省市政府部门采购舆情管理有关的软件、设备、平台的招标公告已达600余条，单项所涉及的金额从数万元到数百万元不等。但目前舆情产业生态的系统性与规范性还不够完善，多年来，大量商业网站、广告、营销与公关公司等纷纷涉足舆情业务，一度泛滥的“网络水军”、“网络打手”、“大谣”、“大V”，一定程度上搅浑了舆情管理的主要功能与行业声誉，破坏了早期舆情产业生态。政府作为舆情管理的主要目标客户与体验大户，其显性要求及隐性需求，在推动舆情产业兴起的同时，也让“删帖”、“消负”、屏蔽等惯性操作成为网络危机公关的主要手段，从而滋生舆情产业的不良交易与单项暴利。“草根”问责力、软件技术创新力、政府危机应对力与政策监管力等多方交互提升，早期相对自由的发展环境，使舆情产业发展呈现独特的产业生态，纷繁芜杂中亟待系统规范与逐步健全。

（三）舆情分析师成为新兴职业

中国舆情分析自2004年萌芽，舆情监测和危机管理的专业人士由传统的新闻工作者转型而来。随着整个行业的发展，舆情分析师的规范化、科学化程度越来越高。2012年6月，工信部成立全国舆情技能水平考试管理中心，通过全国网络舆情技能水平考试，对网络舆情分析师和网络舆情管理师进行认证。中国舆情管理培训逐渐升温，舆情分析师作为朝阳职业，开始走进公众视野。据媒体报道，截至2013年，全国大约已有200多万人从事“网络舆情分析师”工作。舆情业务领域人才稀缺，一些高校也正在开办“舆情分析师”专业和方向。舆情分析师本身具有的广阔成长性和附加值，成为大学生就业亮点。

二、舆情产业发展的动力分析

中国信息产业等七大新兴产业的战略框架已定，标志着中国新兴产业进入了飞速发展时期。舆情产业的勃兴与发展动力非常强劲。社会需求、技术拉动、政策促进、资本推动等动力因素，构成了巨大的产业动力系统。

(一)社会需求的强力拉动

在社会转型期与改革攻坚期的双重压迫之下，中国社会的结构性矛盾愈发尖锐，公众的情绪化行为更加激烈，舆情管理是社会公共管理创新的急要课题。近年来，中国危机事件频发，大型恶性爆炸恐怖事件逐年增加。如何进行针对恐怖事件的安全风险管理，已经成为国家维护稳定的重要课题。特别是随着城市恐怖事件升级，在现代城市应急管理中，应该更加注重预警，这就需要采取传统与科技手段相结合的办法进行精准预测，将突发事件消除在萌芽状态。基于大数据开展舆情分析、社情研判，以建设公共危机早期风险评估系统与风险管理系统，完善公共危机信息处理程序等，已经成为政府公共管理的核心任务之一。伴随着社会民主化进程的推进，公民社会参与意识和利益表达意识日益增强，“民意”与“官意”(包括官方新闻发布)的信息博弈及由此产生的信任危机，成为舆情管理的关注热点。面对复杂的舆情，单一个体已不能够准确研判舆情的发展及其走势，无法独立制定应急方案和解决办法；社会急需相关载体联动及产业链，以一个相对独立的行业体系汇集舆情数据，动态监管舆情发展，以稳定社会情绪，提升社会环境的安全性及有序性。与此同时，公共形象管理、个人声誉管理以及危机公关方兴未艾，拓展了舆情产业的业务范围及市场空间。

(二)舆情管理的政策促进

政府全程参与了舆情产业的从无到有、从小到大的发展过程。中央前所未有地重视网络舆情，习总书记将网络舆情视为舆论斗争的主战场。国家《2013—2017 年全国干部教育培训规划》中提出：加强网络宣传、舆情引导等方面的培训，提高干部善待、善用、善管媒体的能力。很多地方将舆情管理作为干部培训的必修课。在政府治理层面，舆情引导成为应急管理的重要环节，为应对层出不穷的社会公共危机事件，政府正在不断出台相应政策，有关舆情产业的政策法规越来越健全，地方政府关于网络舆情管理与处置的办法也逐渐具体化、规范化。党的十八届三中全会文件《中共中央关于全面深化改革若干重大问题的决定》指出：健全网络突发事件处置机制，形成正面引导和依法管理相结合的网络舆论工作格局。系列相关政策形成舆情产业的政策资源，也体现政府政策对于舆情产业的促进与引导。建立健全舆情监测机制和舆情应对体系已成为现代政府公共管理的标准配置，成为各级政府的“地方标配”；促进、引导这一“地方标配”的构建与完善，已经成为中宣部、新闻出版与广播电影电视总局、国家外宣办、国家网管办、国家工信部等机构的政策资源供给重点。政策鼓励之下，地方政府采购所激活的市场规模已有数十亿元，伴随着“地方标配”体系的逐步成型，产业规模将日益倍增。

(三)网络新技术的持续推动

网络新技术的不断创新与逐步扩散，尤其是基于固网和移动网平台的博客、微博、微信、视频等新媒体形态的不断涌现，为社会舆情的形成、整合与扩散提供了多元通道，大数据的应用与发展直接提升了舆情管理的产业效能与市场潜力。利用 SEO、云计算等舆情软件技术手段，快捷达到危机预警和“消负”目的。几年前，舆情分析技术仅仅依靠“爬虫技术”对网络资源进行抓取，无法实现对社会舆情演进的跨载体、跨区域的实时追踪，这使得当时的舆情分析与监测产品相对单一。随着数据挖掘、数据分析技术的不断发展，舆情产品已经开始多样化、速成化。例如，拓尔思、方正、邦富、军犬等市场主体的产品，善于深度抓取网络舆情动态数据，可以进行全数据、巨量数据的分析与监测。这些公司能够进行全网络、长时段监控，能够将微博、微信、论坛、博客、聚合新闻(RSS)、新闻跟帖及转帖等媒介形态均纳入监测范围，并且对自然语言描述文本形式进行深入挖掘，迅捷自动分词，自动摘要，生成舆情报告，并辅助判断社会舆情的正负面性质，大体上能够满足客户舆情管理的基本需要。

(四)资本市场的大量注入

资本的拉动及其规模追求已经成为舆情产业发展的重要推动力。舆情产业往往投资较大，技术更新频率及成本较高，具有较高的社会价值及投资回报，资本市场非常青睐舆情产业的发展。发端于舆论引导和舆情监测的一些上市公司，已经将舆情产业纳入其主营业务的核心板块，并投入巨量资本推动这类业务板块的运作和增值。例如，人民网等上市公司非常看好舆情产业，并将其纳入未来最具增长潜力的投资板块。据初步预测，由舆情监测产业链条延伸而形成的舆情产业规模，最近几年将达到数百亿元，舆论产业将成为市场前景极为广阔的产业领域。

三、舆情产业面临的主要问题

舆情产业正处于市场培育期，技术、产品、设备和服务亟待成熟，参照体系及评价机制亟须健全，知识产权的保护与结算的保障性不强。早期产业运作的某些不良口碑，造成外界对舆情行业的误解与信任危机。有些舆情监测机构机械地将网络观点整理后报送给客户，难免对决策产生误导；有机构打着尊重民意的旗号，而最后的结果却与民众真实意见相左，有损舆情服务的公信力。固定成本与转移成本成为信息产业的“两高”问题，舆情软件的最低配置往往需要上万元成本，专业舆情软件及其基本服务器的价位通常在数十万元到数百万元之间。专业技术人才紧缺成为舆情产业的发展瓶颈。除此之外，中国舆情产业目前面临的问题主要有：

(一)舆情产业链构建不成熟

美国、日本等发达国家舆情产业发展相对成熟，已经形成了比较完备的产业链条，从数据形成、数据处理到数据价值实现等产业链的各个环节，都已经形成规范的运行机制、市场主体和数量众多的产品，可以为各类客户提供多样化信息服务。而中国舆情产业链的构建还不够完善，即使是最早涉足舆情产业领域的人民网，截至目前也仅仅形成了初步的舆情监测平台及其报告、咨询、建议等初级产品。另外，部分公司也还只是定位于针对政府机构、大型企业的舆情危机的整体对策提供商，其业务一般集中于初级的网络舆情管理、广告营销、电商在线分析，产业链条显得简单而又粗疏。同时，这些市场主体还没有形成属于自身优势的作业程式，缺少不可替代、不可模仿的核心技术，缺少及时有力解决舆情危机的后续措施。因此，舆情产业链条及其服务领域，需要拓展、整合与升级。

(二)舆情产业区域发展不均衡

受制于地方政治、经济、文化、教育等条件，信息技术、传媒发展水平不一，信息公开具有地方差异性，其实施情况、规范化程度也有所不同。比较而言，东中部和个别发展态势较好的西部省域比较重视舆情管理及其产业。例如，北京、上海、重庆、天津等直辖市和山东、浙江、广东、福建、四川、辽宁等省域构建了省市级及其下属地市的舆情管理平台，相继开通政务微博等参与、引导舆情的新媒体平台。大多数县级政府缺少常态的信息发布机制和舆情监测平台。而专门从事舆情管理的市场主体，更多地集中在北京、上海、重庆、武汉、成都、南京、长沙、广州、深圳、厦门等城市。舆情产业实体拓尔思等机构的绩效也只是在北京、上海、广州等地较好，而在湖南业绩平平。

(三)舆情分析师培养体系不完备

舆情分析师培养需要技术支撑、数据分析与信息传播的结合，对硬件与软实力的要求较高。目前，相关培训的物质投入及师资队伍都不尽如人意。突出表现在以下几个方面：其一，全社会对舆情分析师的认识尚需提高。舆情分析师这一职业尚未为大众熟知，其重要性也还未被充分认识，有人认为舆情分析师就是“替领导干部看网”。其二，舆情管理机构专业人员缺乏。一些舆情管理机构甚至没有专门的人事编制，更缺乏接受专业培训的数据管理及分析团队。其三，舆情分析师培训规模较小。目前国内具有舆情分析师培训资格和能力的机构，主要是人民网舆情监测室和中国人民大学、复旦大学、武汉大学、北京大学、清华大学等高校的新闻学院，但规模有限的培训跟不上旺盛的社会需求。其四，舆情分析师培养尚未形成全国统一的培养大纲和能力标准，职业素质与能力结构标准尚需精细化，课程的开设跟不上实际职业要求。

四、促进舆情产业发展的建议

舆情产业作为一种粗具规模的新型信息服务产业，本身具备了强大的生命力和巨大的发展潜力，进入了良性发展的窗口期。整合舆情产业发展初级阶段的诸多问题，主要采取以下对策：

(一)完善舆情服务体系

舆情产业链构建的不完整与脱节现象，舆情服务中“官商媒教”的各自为政，舆情滞后的理论与复杂的实际问题的长期脱节，导致了舆情产业服务体系的不够完善。在从事舆情管理的市场主体中：一部分公司以技术服务为主，主要依靠销售相关监测软件或搭建监测系统获得收入；一部分公司则以分析、研究和提供应对策略为主要特色，不善技术操作；还有一类公司为公关机构，主要应对已经出现的负面舆情，化解舆情危机，而预警与监测缺失。这就造成了舆情监测技术与分析应对的脱节，舆情产业链环节之间的脱节。加之，舆情监测与研究机构普遍存在技术创新力度不够、人才良莠不齐等现象，导致舆情服务机构提供的一些产品往往难以满足用户需求。从完善的舆情服务体系来看，舆情和数据服务不应局限于个案分析和危机解决，同时需要跟踪关联舆情，并辅之以决策参考。舆情不只是负面的，不能只重视监测不利的信息，而忽略了正面信息的传播。

(二)升级舆情监控产品线

舆情产业作为新兴信息产业技术优势明显，基于信息技术产业的软件产业和基于信息商品化产业的数据库产业、咨询产业，需要拓展、升级技术空间。第一，组建类似于微信、谷歌、Facebook 等的强势新媒体。成为大数据时代数字生活产品的提供者，同时能够为舆情产业的市场主体提供海量基础服务数据。第二，加强舆情监控产品的新一代开发。着力于产品的自动化功能，准确去噪，相似消重，精确文本分类，加速文本聚合，智能分析文本情感倾向，突破复合载体，跨越技术环境，实现“定位—分析—预警—处理”的自动化流程，准确分析研判舆情发生、发酵和消解的拐点。第三，深度挖掘客户数据，运用舆情管理实现“精准营销”。需要导入全数据分析技术，通过可量化的精确的市场定位技术、数据库技术、网络通信技术及现代高度分散物流等手段，根据用户留下的消费“痕迹”，对用户的消费行为及习惯进行数据分析，开展个性化跟踪服务。突破传统营销局限，使营销达到可度量、可调控等精准要求，提供私人定制产品服务。第四，利用信息产业所具有的网络效应和目前互联网络几乎实现全社会覆盖的特点，深度开发多级市场，为包括政府机构、企业、社会中介组织等在内的各种社会主体提供任何时间、任何事件、满足其任何需要的舆情分析全形态产品服务。利用大数据提高技术攻坚能力，提升专业服务水平，以增加有效供给，不断拓展市场空间和应用范围，激活隐性功能。

(三)促进产业的协调、有序发展

"大舆情"观念之下，中小舆情研究机构的单刀独行很难对整个舆情管理行业产生真正影响，产业是个整体，政府要制定和出台相关法律法规和奖励性机制，通过政企合作等形式，共同开发产业端有特色的舆情产品，其主要措施有：(1)制定全国的舆情产业规划，分片指导，全面推进产业的均衡布局与发展。尤其是对那些尚未开展舆情管理的省域，要根据产业规划，力争在五年之内完成布局和初步的发展。(2)构建安全的舆情管理系统。中国在舆情管理上仍存在高危漏洞。相关舆情管理机构应建立相对应的"信息管理系统"，将隐性的信息显性化，将显性的信息层次化，同时在舆情危机的预防和控制中进行动态管理。这一管理系统，需要实现舆情管理过程前期、中期和后期的三级防范，从而构建安全可靠的舆情监测系统，保证信息搜集的全面性、准确性和判断的准确度。(3)成立舆情行业协会，促进产业同仁之间的交流与合作。尤其是通过行业协会这一产业自律系统的规范与指导，既可以推动整个舆情行业的互信合作，又可以进一步提升市场主体的市场道德水准，形成行业的自我约束机制。(4)构建舆情产业的法律法规体系。这包括两个方面的内涵：一是既有的与信息产业运行密切相关的法律、法规适用于舆情产业的部分，需要适时"启动"与"刷新"；二是还需要立法部门协同相关机构制定舆情产业法规，以明确参与舆情产业的市场主体、社会组织客户和个人、市场监管机构的权利与义务，规范、协调产业的健康运行。

(四)完善培训体系，大规模培养舆情分析师

舆情产业的发展需要交叉应用多学科成果，信息服务人员应该具备先进的网络技术、深厚的文化底蕴及专业的媒介素养。舆情分析师要精通数字媒介，进行数据挖掘、处理和评估，提供从"静态收集"到"动态跟踪"、从"反映问题"到"解决问题"的信息分析和服务。同时熟谙传播与舆情管理的法律、法规和行业规则，擅长舆论引导与危机公关。培养这样的"数据科学家"，需要从培养理念、培养途径和培养方法上，全面拓展、完善培养体系：第一，构建全国统一的舆情分析师规格与标准。基于此，组织专家团队，形成培养方案，编写课程大纲及教材。第二，建议组建"中国舆情学院"与舆情教研联盟。依托人民网、腾讯网等机构，将该学院建设成为培养舆情分析产业高端人才的最高学府，引领中国舆情分析师教育。第三，鼓励一批师资力量较强的高校招收舆情专业的本科生、研究生，在升级"新闻与传播学"学科的同时，在该学科下设立"舆情管理"、"舆情分析师"专业或方向。同时，开展舆情管理专题讲座、模拟培训、学术交流等多种形式，帮助现有从事舆情管理的人员的职业化、专业化转型。使舆情产业更规范、更专业、更科学。

舆情产业作为具有中国特色的新型业态，初期呈现原生态功能特征，如同"湿地"这一宝贵的自然生态，具备"自我净化与生长"的调适功能，辅以人工修剪与整体规划，就能呈现独特的良好生态。对待舆情产业，依靠其自身产业优势，给予充足的生存空间与良性引导，就能创造更大的市场机遇与产业规模，使其在规范与扶持中健康发展。

【参考文献】

[1]马兵. 大数据时代舆情服务的机遇与挑战[J]. 中国记者，2013(6).
[2]丁柏铨. 新媒体语境中重大公共危机事件舆论触发研究[J]. 新闻大学，2012(2).
[3]熊志斌，王冬，尹成国. 舆情监测技术及应用综述[J]. 软件，2012(12).
[4]王国平. 产业形态特征、演变与产业升级[J]. 中共浙江省委党校学报，2009(6).
[5]梅文慧. 信息发布与危机公关[M]. 北京：清华大学出版社，2013.
[6]柯惠新，刘绩宏. 重大事件舆情监测指标体系与预警分析模型的再探讨[J]. 中国传媒大学学报：现代传播，2011(12).

[7]人民网舆情办公室．如何应对网络舆情——网络舆情分析师手册[M]．北京：新华出版社，2011.

[8]沃尔特·李普曼．公共舆论[M]．阎克文，江红，译．上海：上海人民出版社，2006.

[9] Yoko Yamaguchi，Takio Shimosakon，Fumio Akagi. Igital Divide and Cluster Strategy of Information service Industry[J]．Production Management，2007.

[10] J Bollen，H Mao. Twitter mood as a stock market predictor[J]．Computer，2011.

[11] Johan Bollen，Alberto Pepe，Huina Maoh Mao. Modeling public mood and emotion：Twitter sentiment and socio-economic phenomena[J]．Computing Research Repository，2009(11).

[12] Susan Herbst. Public Opinion Infrastructures：Meanings，Measures，Media [J]．Political Communication，2001.

[13] Slavko Splichal. Public Opinion：Developments and Controversies in the Twentieth Century [J]．Rowman and Littlefield，2009.

【作者简介】

梅文慧，武汉大学新闻与传播学院2012级博士研究生，湖南大学新闻传播与影视艺术学院副院长、副教授、硕士生导师。

基于受众心智的媒体品牌资产测评模型：一项探索性研究①

刘 超 洪翠柳

一、引 言

随着时代的进步，互联网普及，新媒体崛起，传媒市场也在发生着急剧变化，行业竞争加剧、信息海量化、媒体同质化现象越来越严重，目标市场也呈现碎片化特征。传媒营销、媒体品牌已经成为媒体在激烈的市场竞争中获胜的重要武器，品牌资产在媒体总资产中的地位日益升高，逐渐从附属地位转为主导地位。但目前国内外对媒体品牌资产维度测量的研究较为匮乏，媒介、受众、广告主都需要一种权威的媒体资产维度测量模型。

知识经济时代，社会生产的竞争力主要体现在知识、信息、技术、品牌、设计等的竞争。在这样的时代背景下，传媒机构的经营管理也从有形资产经营发展为无形资产经营。媒体的无形资产经营主要包括媒体品牌、媒体形象、传播设计等知识产权的经营。进入21世纪，传媒机构间的竞争和发展进入了高水平的品牌竞争时代，传媒业出现了日益增多的品牌购并、品牌通吃现象，媒介经营管理者只有制定良好的品牌管理策略才能维持受众的核心价值地位，提高和扩大媒介传播效能，提高媒体品牌的市场竞争力，并且更好地进行品牌延伸，从而为传媒集团带来更好的经济效益，同时能够正确引导社会舆论及价值取向，为社会大众创造更多高品质的文化精神产品(范媛媛，2010)。

基于受众的媒体品牌资产维度测评模型着眼于媒介竞争日趋激烈、同质化趋势日益明显的背景下，为媒体本身提供有价值的资产评估工具，让传媒集团可以通过直观的评测数据找准自身的市场定位，检测媒体传播力在传播对象、传播渠道、传播方式及传播管理方面的优劣势，从而最大效度地创造满足受众需求的媒介产品，最终服务于媒体品牌资产的提升。对于受众来说，评估模型能够为消费者在林林总总、知识碎片化的媒介环境中更快捷地选择符合自身形象及品味的媒体品牌，从而减少选择的时间成本与精力成本，获得愉悦的媒体消费体验。对于广告主来说，评测模型能够为其广告媒介选择提供更新、更准确的衡量指标，从而选择最佳媒介载体，精准的媒介投放策略将为企业未来的发展带来巨大的价值。

本文采用深度访谈方法获取第一手的受众资料，通过研究得出受众对优质媒体品牌的衡量指标，进而得出初步的媒体品牌资产维度评测模型，希望为这一领域未来的研究提供有价值的参考与借鉴。

二、文献综述

目前国内对于媒体品牌资产的研究尚较缺乏，更多的是从媒体影响力及媒体价值角度来

---

① 本文系国家自然科学基金项目“消费者参与品牌共创的作用机理及品牌共创平台的构建”(项目号：71372182)、广东高校优秀青年创新人才培育项目“广告传播理论的本土化创新研究”(项目号：396-GK100010)的阶段性研究成果。

研究。

媒体影响力，就是媒体以大众喜爱的传播内容和传播方式吸引眼球、影响判断、推动行动的能力。媒体影响力由三个部分构成：由内容和排版形成的核心影响力，由组织策划活动形成的延伸影响力，以及由品牌认知、联想、忠诚形成的品牌影响力。品牌影响力也是核心影响力及延伸影响力的集中表现(傅绍万，2011)。媒体提供给受众的价值越大、受众获取内容的消耗越小，则媒体能获取的注意力就越多，从而使媒体的广告价值更高(王菲，2011)。

媒体品牌区别于一般的商业品牌，它更多的是一种传受双方在人文精神、价值感知方面的双向沟通，媒体是社会的风向标，是社会舆论的引导者，反映了一定时期内国家及社会大众的生活状况及精神面貌。区别于一般的商业品牌消费，受众更多地趋向于获得更多的人文知识及精神享受而非纯粹的商业利益。媒体品牌资产是传媒机构的有形资产与无形资产的总和，是媒体品牌人文效益与经济效益相结合的资产价值体现。媒体品牌资产基于受众对媒体产品与服务的感知价值，集中体现在媒体形象、媒体价值及影响力三个方面。

国内学者在国外品牌资产研究的基础上也开展了媒体品牌资产的初步研究，如台湾公视基金会于2006年成立公共价值评量体系研究小组，通过参考各国做法及国内专家学者的意见，共归纳出符合台湾情境脉络的媒体公共价值评量体系的五个构面：触达、品质、影响力、公共服务，以及财务与事业运营效率。五个构面分别由不同的指标构成：触达包括收视率、触达率、收看时数、新平台触达率，品质包括节目品质、节目喜爱程度、节目多元化程度、节目创新性、节目的深度或意义、节目的公正性，影响力包括型塑公民社会、发挥社会影响力、信任度、需要度、国际亮相频率，公共服务包括资源分享/服务公民、提升产业环境、收视普及、数位发展、提升多元族群传播权、发扬民族语言与文化，财务与事业运营效率包括运作透明化、有效运用并开发资源、人力资源活化与专业技能提升、提升公平合理的劳动条件(李政忠，2008)。该研究是基于台湾本土媒体的研究，着重于媒体对政府及公民的公共服务能力，具有一定的地域及政治局限性。

黄合水和蓝燕玲(2010)从受众对媒体的选择、受众的媒体接触习惯出发，阐述媒体品牌资产对受众忠诚度保持的重要性，总结出媒体品牌资产的两种特殊作用：一是产生媒体影响力，二是影响广告主的媒体购买。该研究为传媒机构建立一套兼顾受众与广告主这两重重心的整合媒体策略提供了有益的参考。但该研究缺乏具体的媒体品牌资产评测维度的分析，特别是缺少对受众的媒体消费指标的探究。

国际著名市场研究集团益普索(Ipsos)将其开发的品牌资产评估模型 Equity * Builder Model 也应用于传媒业，通过模型测评及合成后的品牌资产指数(Brand Equity Index)，为企业提供广告投放的媒介指标参数与解决方案。Equity * Builder 主要由六个维度构成：熟悉度(familiarity)、普及性(popularity)、相关性(relevance)、独特性(uniqueness)、不可替代性(less substitutable)和品质(quality)。该模型建立的时间较早，着眼点在于为企业提供广告投放的媒介指标参考，同时更多的是对传统媒体的测评，缺少对新媒体的结合研究(刘荣，2009)。

三、研究方法

(一)访谈提纲设计

本研究采用基于阶梯技术的深度访谈法开展数据收集，并事先遵循 Keller(2003)“基于顾客的品牌资产”(Customer-Based Brand Equity，CBBE)的理论思想设计访谈提纲。

认知心理学的“关联网络记忆模型”是 CBBE 模型的理论基础。该理论认为，记忆由节点网络和链环组成，节点代表储存的信息和概念，链环则代表了信息或概念之间的关联强度。信息在节点之间通过扩散性激活进行传递，即信息激活其中一个节点，并通过链环传递至其他节点。在Keller的品牌知识概念中，品牌链环指的是品牌认知，它与记忆中品牌节点的强度有关，反映了顾客在不同情境下确认品牌的能力，即品牌回忆与品牌确认。品牌节点是品牌形象，它是顾客对品牌的感觉，反映为顾客记忆中关于该品牌的所有联想，代表顾客心目中的品牌含义(王海忠，2006)，具体包括品牌表现、品牌形象、顾客判断、感觉与共鸣(Keller，2003)。以上述理论思想为依据，本研究首先从了解受访者的媒体接触类型偏好着手，继而经过品牌回忆激活其某一个具体的品牌节点，以开放式问题循序追问，层层揭示受众心智中的媒体品牌知识结构。设计的具体问题如下：

(1)您最常接触的媒体类型都有哪些？能按您的偏好程度由高到低对它们进行排序吗？(指网络、电视、广播、报纸、杂志、期刊、手机等)

(2)请您想一想有没有哪家电视台或频道/门户网站/报纸/期刊/广播电台是您最喜欢收看或收听的？(如果有，请具体阐述您喜欢的原因是什么。)

早期的品牌知识研究重点关注品牌的有形信息，而后期的研究者们则将重点转向理解品牌知识中抽象的、无形的维度，如品牌个性，这些维度与实际的产品实体或服务规范不相关，但可以增进品牌知识的内涵(王海忠，2006)。因此，本研究也设计了专门问题用于探析受众媒体品牌知识结构中的这些抽象与无形的特性。

(3)请您选择一个您非常熟悉的媒体(如CCTV、湖南卫视、MTV、凤凰卫视等)，用您能够联想到的表现性格特征的词汇(如年轻的、活泼的、时尚的、个性的、正直的、创新的、可信赖的、有领导力的等)对这一媒体的个性进行描绘。请您表达自己对这家媒体的态度(从以下五个等级中进行选择：非常喜欢、比较喜欢、说不清、比较不喜欢、非常不喜欢)，并说明原因。

CBBE假定品牌力存在于顾客对于品牌的知识、感觉和体验中，即品牌力是一个品牌随着时间的推移存在于顾客心目中的所有体验的总和，其主要解决两个问题：构成强势品牌的要素以及如何构建一个强势品牌(Keller，2003)。因此，本研究有兴趣了解受众心智中强势的媒体品牌具有何种特征，具体问题如下：

(4)关于您心目中综合实力比较强的媒体，您第一时间想到的是哪家？您是如何评价它的？其最突出的竞争优势、最大的特色是什么？

(二)抽样方法与样本构成

本研究采用便利抽样与滚雪球抽样相结合的方法进行样本采集，实际的深度访谈则主要采用面对面访谈、电话访谈及QQ访谈的方式。与每名受访者的访谈时间约30分钟，并全程记录。按照信息饱和原则，在访谈25个样本无新的有效信息出现时终止调查。

从样本构成看，本研究的受访者主要为19~40岁的城市消费群体，学历基本上在本科以上，其中男性占56%。该群体是传统媒体与新媒体的核心传播受众及主要消费群体，有敏锐的媒体触觉、嗅觉及丰富的媒体消费体验。样本的职业分布较广泛，包括政府公务员，事业单位(包括行业协会和媒体单位)、外企、合资企业或民营企业职员及在校大学生。个人月收入方面，1000元以下、1000~3500元、3500~5500元、5500元以上者各占8%、20%、36%和36%。

四、发现与分析

研究发现，媒体熟知度、生活融合度、媒体感知品质、媒体公信力、媒体资源力是影响受众在消费媒体产品时产生品牌态度差异及偏好的主要原因。它们共同揭示了媒体品牌在受众心目中的形象及地位，即该媒体是否是一个高质的、不可替代的媒体品牌及媒体资产价值所在，从而可以构建出基于受众的媒体品牌资产测评模型(见图1)。

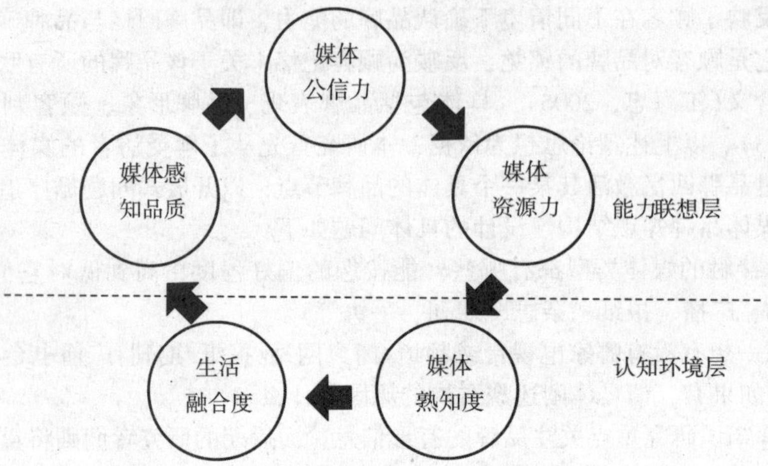

图1 基于受众的媒体品牌资产测评模型

CBBE 模型认为，要建立品牌资产，高知名度和强有力的、积极的、独特的品牌联想二者缺一不可(王海忠，2006)。据此，图 1 模型的五个维度又可分为两个层次：第一层次为媒体熟知度、生活融合度，两者反映了媒体品牌所具有的受众认知水平、地域空间特征及消费时间特性，属于媒体品牌消费与传播的认知环境因素；第二层次为媒体感知品质、媒体公信力、媒体资源力，三者共同反映了媒体品牌的形象及市场价值，属于媒体品牌消费与传播的能力联想因素。五个维度相互联系、相互影响，共同构成媒体品牌资产价值。

对比发现，本研究所揭示的五个媒体品牌资产维度既与 CBBE 模型具有内在的思想延续性，也体现出受众心智中鲜明而独特的媒体品牌知识来源与维度结构特征。

(一)维度一：媒体熟知度

根据 Keller(2003)的 CBBE 模型，品牌认知的建立关键在于增加品牌在市场上的能见度。衡量品牌能见度应包括深度和广度两个部分，深度是指顾客是否很容易想到某品牌，广度是指在多少可能使用的场合会想到该品牌。可见，媒体熟知度无疑是媒体品牌的能见度在深度上的重要表征，在益普索的 Equity * Builder 模型中也得到了体现与印证。

媒体熟知度，是指该媒体为受众所知道，并且感到熟悉、亲切、有共鸣的程度。媒体熟知度体现了受众对媒体品牌知识的掌握，包括品牌识别、联系及情感共鸣。

(二)维度二：生活融合度

能见度高的品牌，应该兼顾深度和广度，也就是在不同情境下，总是会想到该品牌并经常购买。Keller(2003)指出，许多品牌经营者都忽略了在许多情境中都可能使用该品牌，如果能加强在这些情境中的品牌能见度，就可以增加消费和收入。生活融合度正是在深度和广度两个方向上都能够对媒体品牌能见度产生显著影响的重要因素。

媒体品牌消费是受众生活方式的重要内容，其归根结底是对受众时间资源的独占。生活融合度，是媒体品牌在受众生活圈中的融合程度，包括媒体品牌与受众生活方式的相关性、便利性、获取成本等。受众的媒体圈与生活圈融合得越好，媒体品牌在受众心智阶梯中的位置越有利于其品牌资产的生成。

(三)维度三：媒体感知品质

感知品质是目前品牌资产维度研究中最一致和最稳健的因子。不同的是，对提供实体产品的品牌而言，顾客的品质感知更多地体现在产品功能的品牌表现评价上，而受众对于媒体品牌的品质感知则具有更显著的抽象性与无形性特征。

媒体感知品质，是基于受众感观的媒体综合品质，区别于竞争媒体的优势体现。即受众对媒体的形象风格定位、媒体的内容及产品或者服务等各方面的感知，受众认为其是否是独特的、专业的，其是否能满足或持续满足受众的心理需求。

(四)维度四：媒体公信力

可信度是顾客判断品牌品质的重要指标与引导其产生品牌反应的关键因素(Keller，2003)。某些实证研究也证实，信赖感是品牌资产的维度之一。媒体品牌的特殊性使其公信力表现成为受众心智中重要的品牌能力联想指标之一。

媒体公信力是指新闻媒体所具有的一种被社会公众所信赖的内在力量，包括媒体权威性、信誉度等，它是媒体能够赢得受众、占领市场，实现最佳社会效益和经济效益的根本所在。媒体是社会的一面镜子及风向标，只有成为舆论引领者的媒体才有可能成为受众的信息库甚至是思想库，才会有持续的竞争力及生命力。

(五)维度五：媒体资源力

公司能力联想是奠定强势品牌的基石，它有助于建立起品牌能见度。唯有顾客高度认同公司的能力、实力、规模等，其所属产品品牌的营销活动才能起到事半功倍的效果。公司能力联想的影响力大于社会责任联想(王海忠，2006)。媒体资源力正是受众心智中又一重要的媒体品牌能力联想指标。

媒体资源力，指媒体品牌及其所在集团所拥有的软件及硬件资源，是其在传播内容、渠道、网络、受众、区域等各方面所拥有的综合实力。媒体资源力是媒体品牌吸引和保留受众，塑造专业、时效性强媒体的基础，是提升媒体品牌影响力的重要因素。

五、结论与建议

基于受众的媒体品牌资产维度测量模型反映了受众偏好的媒体品牌特征，为媒体品牌提供了构建品牌资产的有益启示：

(1)强化媒体定位，塑造符合受众品位的媒介形象，增强品牌经营意识。媒体品牌可以利用CIS战略，制定品牌个性发展策略，从媒介标识、设计、风格、版面、内容、人员素质等各个方面进行包装，打造个性鲜明、有特色、符合大众潮流喜好的媒体品牌。

(2)树立社会责任感及道德标准，真实全面报道，提高媒体公信力。打造专业频道，发布权威新闻及信息，能够立足于事实，又能透过现象看本质，挖掘事件背后的深层次原因，通过多种渠道，传播有深度、有分析、有角度、有思想的资讯。

(3)内容为王，创新制胜，利用蓝海战略赢得受众，提升媒体影响力。具有创造性的媒体品牌才能够留住已有受众，打动潜在受众。湖南卫视节目类型、栏目风格、内容不断更新，因为创新，其品牌节目《快乐大本营》才能够历久弥新。

(4)以情动人，通过活动策划等二次传播增强受众对媒体的熟知度。媒体可以通过一些公益活动，专题策划等活动建立或强化受众对媒体的认知，通过零距离的互动沟通赢得客户的信赖及支持。

(5)利用新技术提高媒介产品的便捷性及应用功能。开发网络版、手机版媒介产品应用功能，增加受众对媒体品牌的接触及消费频次。

【参考文献】

[1]范媛媛. 关于我国媒介经营管理的品牌战略研究[J]. 财经界，2010(8).
[2]傅绍万. 媒体影响力营造和营销[J]. 青年记者，2011(16).
[3]黄合水，蓝燕玲. 媒体品牌资产的作用机制[J]. 厦门大学学报，2010(2).
[4]李政忠. 从巨观层次剖析"公共价值体系"的品牌行销意涵[J]. 广播与电视，2008(12).
[5]刘荣. 媒体品牌资产影响广告效果传播[J]. 市场研究，2009(9).
[6]王菲. 从"注意力"角度衡量电视媒介品牌价值[J]. 广告人，2011(9).
[7]王海忠. 品牌测量与提升：从模型到执行[M]. 北京：清华大学出版社，2006.
[8] Keller, K. L. Strategic Brand Management: Building, Measuring, and Managing Brand Equity, 2nd ed. [M]. Upper Saddle River, N. J.: Prentice-Hall, 2003.
[9] Lasser W. Mittal B, SHARMA A. Measuring Customer-Based Brand Equity [J]. Journal of Consumer Marketing, 1995, 12(4).

【作者简介】

刘超，广东外语外贸大学新闻与传播学院副院长，副教授，管理学博士，硕士生导师。
洪翠柳，箭牌糖果(中国)有限公司员工。

论国有传媒企业的产权制度改革①

钱广贵

20世纪70年代末改革开放以来的中国传媒改革，市场化是其基本取向。从最初的“事业单位、企业化运营”的混合体制到“采编与经营相剥离”，到2006年确立的“经营型与公益型两分开”的发展战略，传媒市场化是一个基本的走向和选择之一。随着出版发行类传媒的转企改制的实施，传媒市场上事实上出现了大量的国有传媒企业，与其他性质的传媒企业形成了多元的传媒市场主体。

显然，与国民经济领域其他的国有企业一样，国有传媒企业的改革远未完成。本篇论文分析的核心在于国有传媒的产权改革。国有传媒企业的法律术语应该是国家出资传媒企业。国家出资传媒的术语是根据最新的2008年出台的企业国有资产法而提出的。该资产法已将原来的国营企业、国有企业改称为国家出资企业。同样，在传媒产业领域就应该称国家出资传媒企业，但为遵从习惯用法，下面还是全部用“国有传媒”代替，其本质内涵是“国家出资传媒”，体现了国家与企业实体之间的正常法律关系。

一、产权的经济学意义与传统国有企业的产权制度性弊端

产权是新制度经济学的核心术语，产权改革是传统国有企业改革的核心和关键所在。同其他的任何一个社会科学的概念一样，产权的内涵和外延的界定是不统一的，笔者取一般的普遍认识。关于产权的定义，比较有代表性的是德姆塞茨在《关于产权的理论》中所阐述的：“所谓产权，意指使自己或他人受益或受损的权利。”②德姆塞茨的定义，一是强调产权的行为性，即强调产权是被允许通过采取某种行为来获得利益的权力；二是强调产权的社会关系性质。诺思认为“产权本质上是一种排他性权利”③，既强调了产权的行为性——排他性行为，又强调了产权是人与人之间的关系。阿尔钦在其论文《产权：一个经典的注释》中给产权下的定义为：“产权是一个社会所强制实施的选择一种经济品的使用的权利。”④E. 富禄普顿和S. 佩杰威齐在《产权与经济理论：近期文献概览》中，将产权经济学的各种各样的产权定义归纳为：“产权是人与物之间的关系，而是指由于物的存在和使用而引起的人们之间一些被认可的行为性关系……社会中盛行的产权制度便可以描述为界定每个在稀缺资源利用方面的地位的一组经济和社会关系。”⑤综合而言，一个被罗马法、普通法、马克思和恩格斯以

---

① 本研究是教育部人文社科研究新闻学与传播学青年基金项目“基于利益博弈的弱势群体诉求表达的传媒功能调适与系统改革研究”(项目号：11YJC860036)资助成果。

② [美]R. 科斯，A. 阿尔钦，等. 财产权利与制度变迁——产权学派与新制度学派译文集[M]. 上海：上海三联书店，1991：97.

③ [美]诺思. 经济史中的结构与变迁[M]. 上海：上海三联书店，1991：21.

④ [美]R. 科斯，A. 阿尔钦，等. 财产权利与制度变迁——产权学派与新制度学派译文集[C]. 上海：上海三联书店，1991：166.

⑤ [美]R. 科斯，A. 阿尔钦，等. 财产权利与制度变迁——产权学派与新制度学派译文集[C]. 上海：上海三联书店，1991：204.

及现行的法律和经济研究基本上同意的定义为：产权不是人与物之间的关系，而是指由于物的存在及关于它们的使用所引起的人们之间相互认可的行为关系。① 产权安排确定了每个人相应于物时的行为规范，每个人都必须遵守自己与他人之间的关系，或承担不遵守这种关系的成本。对于共同体中通行的产权制度，可以描述为，它是一系列用来确定每个人相对于稀缺资源使用时的地位的经济和社会关系。② 产权一般是一个"权利束"，基本上包括四项内容：狭义所有权或归属权、支配权、占有权和使用权。③ 张维迎认为，产权的内涵是指对给定财产的占有权、使用权、收益权和转让权。产权具有排他性、有限性、可交易性、可分解性、行为性等特征。产权的基本功能包括：减少不确定性、外部性内部化、激励功能与约束功能、资源配置功能和收入分配功能等。④

企业是一种法人形态的组织。法人是指法律认可的参加民事活动的组织结构，如公司、社团等。法人的外延非常广泛，几乎所有的企业、社会团体、机构，包括国家，都可以成为法人。法人产权是相对于自然人产权而言的，自然人可以或可能拥有的产权，法人都可以或可能拥有。区别在于产权主体不同，法人产权的主体不是自然人，而是组织结构。企业产权也就是企业作为法人所拥有的产权。企业拥有资产的一组产权中的任何一项或者几项的组合，都可以说是拥有独立的产权。比如：独资的企业，拥有资产的全部产权；股份公司拥有全部经营权，但无任何所有权；承包制的公司拥有的只是经营权，而且不一定是全部经营权。

传统的国有企业包括全民所有制企业和集体所有制企业，严格意义上讲只包括全民所有制企业，这是我们传统的社会主义公有制理论中社会主义区别于资本主义的本质根基所在。全民所有制是一种生产资料归属于全体劳动者的公共产权制度，全体劳动者才是生产资料的真正所有者，但全体劳动者只能作为一个共同体行使产权，它要经过从全体人民到国家权力中心，再由国家权力中心到最终委托人的双重授权体系。由全体人民所有到国家集中所有，是通过颁布法律的形式完成委托代理过程的，也就是说，国家无需获得每个初始委托人的授权，仅以颁布法令的形式即可获得代理权。由于国家主权只是一个抽象的概念，必然由作为国家权力执行机构的政府来代表国家行使全民财产或国家财产的代表权。政府又是由各个政府职能部门和各级地方政府组成的，它们实际上在行使着国有资产所有者的职责，但它们本身不具有剩余索取权，它们的控制权由其所在的行政职位决定，与其承担风险的能力及受控资产的运营效率并不直接相关。⑤

我们可以看到，公共产权的所有权层次有三个主体：一是作为共同体的全体人民，二是作为全民财产代表的政府，三是作为国有产权具体行使人的政府官员。这三种主体虽然都是在国有资产所有权层次，但其行为目标和运作机制却有极大的差别。作为国有资产真正所有者的全体劳动者追求的目标是个人福利最大化，但作为初始委托人，他们并不拥有对公共财产的控制权，也不直接拥有剩余索取权，而是通过国家控制的初次分配渠道取得劳动报酬，或通过再分配渠道获得剩余。政府对公共财产不仅拥有控制权，而且拥有剩余索取权。但政府行使公共产权的目标函数是多元的，政府作为履行国家管理职能的行政机构，其追求的目标不仅仅是国有资产的保值增值，而是综合的政治、经济、军事目标，首先是实现社会总产出最大化和垄断租金最大化。具体行使国有产权的人不拥有剩余索取权，他们的目标是薪

① 卢现祥. 西方新制度经济学[M]. 北京：中国发展出版社，1997：174.

② [美]R. 科斯，A. 阿尔钦，等. 财产权利与制度变迁——产权学派与新制度学派译文集[C]. 上海：上海三联书店，1991：204.

③ 黄少安. 产权经济学[M]. 北京：经济科学出版社，2004：66.

④ 王金柱. 双产权制度[M]. 北京：商务印书馆，2005：8-9.

⑤ 魏杰. 中国企业大趋势[M]. 北京：中国经济出版社，1998：135-137.

水、公务津贴、声望、权势等。这些目标的实现并非由受控的国有资产的运营效率直接决定，而是由上级主管部门直接决定，使得他们为了达到其追求的目标，必然要力求使其行为有利于上级部门的目标，以求得上级的赏识。这种行为目标的行为机制必然使国有资产具体行使人偏离利润最大化目标，并可能为了自身利益或上级主管部门的利益而损害初始委托人的利益。这种情况的发生实际上是所有者缺位造成的最大弊端。①

这种传统的公有制模式最大的弊病，从产权制度的角度来分析，就是多重委托层次导致实际所有者缺位。企业所有者不明，产权界定不清。企业内部机制不能正常发挥作用，外部不能正常参与市场交易与公平竞争。国家既是全民所有制企业的所有者，又直接参与企业经营。一方面表现为企业的所有者是抽象的国家，造成所有者缺位；另一方面，国家各行政结构又都成了企业的当然控制者。这就导致企业成了政府的附属物，政企不分。企业不是一个独立的法人经济实体和竞争主体。在传统的公有制模式中，产权主体在实际意义上的缺失，导致巨大的国有资产实际上"有人收益，无人负责；人人有份，人人不负责"，实际上成了一种"公有地的悲哀"。

总体而言，传统的国有产权制度，存在几个重大弊端：第一，从人民到国家形成多层次的委托代理关系，导致实际上的所有者缺位，形成内部人控制的机制；第二，政府作为法定的代理者，既是所有权的代表，又是经营权的代表，必然导致政资不分、政企不分；第三，国有产权代理的多元化、多层次特性，必然使代理成本高而代理效率低；第四，企业法人财产权不落实和"内部人控制"的情况同时存在。②

二、传统国有企业的改革路径和产权改革核心

中国的国有企业改革，经历了一个漫长的政策和制度探索过程，这个过程既是我们对企业的根本属性认识越来越符合现代经济学的基本要求和经济发展的客观规律的过程，也是一个不断地解放思想、突破传统意识形态束缚的过程。在经历了放权让利—承包制—租赁制这样一个漫长的改革过程后，中共十四届三中全会首次正式提出并阐释了国有企业改革的方向是建立现代企业制度。现代企业制度概括起来就是"适应市场经济和社会化大生产的要求的产权清晰、责权明确、政企分开、管理科学"的企业制度，国有企业建立现代企业制度的目的是使企业成为自主经营、自负盈亏、自我发展、自我约束的法人实体和市场竞争主体。产权改革成为国有企业改革的核心。

市场经济是一种交换经济，交换的基本前提是社会分工和产权主体多元化。以国有经济为基础的传统体制中，在宏观层面，国有和"准国有"的集体经济占据统治地位，形成单一的所有制(公有制)基础；在微观层面，国企内部产权主体单一。这种宏观上单一的所有制结构和微观上单一的投资主体，构成国有经济、国有企业不能适应市场化发展的"总症结"，因此必须进行产权改革。宏观上，必须发展多种所有制经济，打破单一所有制结构，走向多元结构和混合结构；微观上，可以通过股份制和投资主体多元化走向混合所有制的企业形式。③

三、国有传媒企业的产权制度改革

就传媒领域而言，中国传媒企业的产权结构存在的问题包括：传媒集团产权模糊，产权

① 魏杰. 中国企业大趋势[M]. 北京：中国经济出版社，1999：135-137.

② 李子英. 国有产权委托代理制度的缺陷与重塑[J]. 财经科学，1999(1).

③ 王珏.《双产权制度》代序[M]. 北京：商务印书馆，2005：3-4.

主体缺位；传媒集团委托人残缺；单一的产权导致传媒集团行政干预严重，政府直接干预传媒的微观经营活动。① 因此，国有传媒企业的产权改革和现代产权制度建立应该包括四个层次。②

(一)产权清晰

从国际惯例上讲，产权清晰实际上是指产权在两个方面的清晰：第一，法律上的清晰；第二，经济上的清晰。法律上的清晰包含两种含义：一种含义是产权有比较完善的法律地位，另一种含义是产权得到真正的法律保护。从产权清晰的法律标准来看，我国的国有传媒企业的产权是清晰的，它无疑是属于国家所有的。但从经济上看，我国国有传媒企业的产权是不清晰的，即在现实的经济运作中是不清晰的。产权清晰必须是法律上和经济上的清晰的内在统一。

一般来讲，产权要在经济上实现清晰，就必须充分满足产权清晰所需要的两个内在要求：一个是产权的最终所有者对产权具有极强的约束力，另一个是企业在经营过程中实现了责权利的内在统一。在我国传统的国有产权体制中，所有者是不可能对产权具有极强的约束力的。从传媒业自身来看，很多国有传媒企业现在巨大的资产中只有很小一部分是通过国家拨款的，很大一部分是企业自身经营管理而取得的，并且传媒业是高智力、高知识的行业，传媒精英和企业家在其中发挥的人力资本的作用不可估量，但现在的国有传媒企业依旧是“事业单位，企业化管理”。不能有自身的收益，其中的个人不能有人力资本的回报。从长远来看，是不利于国有传媒企业的发展的，它的责权利是不清晰的。

(二)产权多元化

国际上现在把产权结构分为两大类：一类叫一元化结构，另一类叫多元化结构。所谓一元化产权结构，就是指这个企业的出资者只有一个；而多元化产权结构，就是指这个企业的出资者有好多个。国际上现在的共识是，一元化产权结构已经不适应现代经济的发展，只有多元化产权结构才能适应现代经济的发展。实际上不管是什么性质的企业，只要其产权结构一元化，最终都要出问题。国有企业产权结构一元化，最后导致行政干预很厉害；私营企业产权结构一元化，即产权都是某个人的，结果导致家族血缘干预的问题。

传统一元结构的产权结构走向多元化，一般而言有三种办法。第一种是引进新的战略投资者，实际上我国许多传统的大型国有企业都从国际上引进了战略投资者，如中国银行、中国移动等；第二种是建立独立董事制度；第三种涉及私营企业，就是把家族财产明确归到自然人。

实行产权多元化，对于国有传媒企业的一个重要功能是可以促进其资金来源的多样化。与国际传媒集团相比，中国的传媒集团过于弱小。但在国家不可能对传媒集团有大的投资的情况下，依靠传媒自身的积累发展无疑是一条最慢的路。引进战略投资者和业外投资者，是迅速壮大国有传媒企业实力的一个可行的办法。

(三)产权流动

所谓产权的流动性，就是指产权具有可交易性，这是现代产权制度的重要内容之一。传媒产权的流动性，对于迅速壮大我国的国有传媒企业，对于国有传媒企业之间的兼并、重组和吞并，对于建立符合市场竞争要求的合理的退出机制(而不总是通过国家主管部门的行政性指令来进行传媒市场的清退出场)，对于提高我国传媒集团的技术能力，都具有非常重大

① 党永新. 传媒集团产权制度改革的路径选择[J]. 新闻传播，2007(8).
② 魏杰. 企业制度安排[M]. 北京：中国发展出版社，2002：84-145.

的意义。从整体上来说，这样也可以调整我国传媒产业的结构，提高我国传媒集团的运营效率。实现产权的可交易性，需要完善产权的交易市场，完善产权的定价机制，提高产权的交易效率和完善产权交易的法律界定，这其实不仅仅是国有传媒企业面临的问题，也是中国其他经济领域的企业所面临和需要解决的问题。

(四)产权组织体系合理化

所谓产权组织体系，就是指在产权结构多元化的条件下，任何一个企业的产权都是由各种不同类的产权构成的，这种不同类的产权的组合，就叫作产权的组织体系。因此，产权组织体系合理化，实际上就是指不同类的产权的组合形式要合理化。这种组合形式的合理化实际涉及三个问题。第一个问题是产权组织体系的构成部分。在现实中，产权大致有六种：自然人产权、法人产权(公司法人产权)、社区产权、公共产权、国有产权。对于国有传媒企业而言，一方面存在激烈的竞争(无论是国内还是国外)；另一方面，由于国家政策的限制，这其实是一个垄断性质的产业，而且传媒产业的发展与地方经济的发展存在很大的关系、东西部不同地域的传媒企业的发展水平非常不一样，因此选择传媒产权组织体系中的构成部分时不可一刀切，必须根据具体情况来决定。第二个问题是产权组织体系中的主导产权。确定产权组织体系中的主导产权的依据，具体来说是产权组织体系中哪一种产权占主导地位更能适应企业生产力的发展。这也取决于企业的生产力水平和企业所从事的产业的背景。在产权组织体系中哪一种产权占主导地位，绝对不能仅根据意识形态倾向来考虑，不能认为国有产权、公有产权占主导地位就比较好。对传媒产业而言，关系到舆论引导和意识形态构建的传媒，如党报等政治类新闻传媒，可以在一定时期内由国有和公有产权占主导地位，而对于期刊、网络等远时政类新闻传媒则现在就可让非公有产权占主导地位。第三个问题是产权组织体系的组合方式。在全世界，产权的组合方式主要有两种：一种是有限责任公司的方式，另一种就是股份公司的方式。综观世界其他国家的传媒企业，以股份制方式存在的应该占了绝大部分，应该说在现有的传媒生产力发展状态和经营状态下，股份制的方式更能促进传媒生产力的发展。

市场经营性的国有传媒企业的产权改革，必须进行产权清晰、产权多元、产权流动和产权体系合理化四个层次的改革，建立现代产权制度，为国有传媒企业参与市场竞争打下良好的企业制度基础。

【作者简介】

钱广贵，华中科技大学新闻与信息传播学院2012级博士后，华中农业大学文法学院广告与传播学系副教授，硕士研究生导师，主要从事广告与品牌传播、传媒经济研究。

基于产业关联的我国文化企业多层次直接投资模式研究①

——以影视文化企业为例

刘友芝　王　蕾

一、前　言

产业关联理论是产业经济学的重要组成部分，又称产业联系理论或投入产出理论，强调不同产业部门之间在生产投入中的互相依存关系，经济学家 A. O. 赫希曼 1958 年在《经济发展战略》②一书中，将"产业关联"划分为"前向关联"和"后向关联"。"前向关联"是指某一产业部门对另一产业部门形成"中间需求"关系；"后向关联"是指某一产业部门成为另一产业部门的"中间投入"部门，根据"前向关联"和"后向关联"关系拓展产业的发展方向，可以形成上下游完整的产业链。产业联系理论侧重于研究产业的中间投入和中间产出之间的关系，这些主要由里昂惕夫的投入产出法来解决。罗斯托和赫希曼都将产业关联作为主导产业选择的基准之一。产业关联的理论思想在长期的产业发展实践过程中得到逐步扩展。广义的产业关联理论建立在市场供求关系与产业的社会分工协作的基础之上，以产品劳务、生产技术、价格、劳动就业为产业间或产业内部的联系纽带，通过各种众多的联系方式(单向与多向联系、顺向与逆向联系、直接与间接联系)③，形成产业供应链、产业空间布局链、产业企业链、产业价值增值链、产业人才链等多个维度的产业链。

文化产业的发展也具有广泛的关联性，存在较高的关联程度和较强的关联效应。一方面，文化产业与国民经济其他产业的外部关联程度较高、关联效应较强，产业关联系数高于第三产业，接近第二产业，影响力与感应度系数都高于国民经济各个产业的平均水平，对中国经济发展具有强大的拉动作用④，是文化产业上升为国家战略性产业甚至国家支柱性产业的重要依据。2009 年以来，在国家文化产业振兴规划及其一系列配套政策的支持下，我国文化产业已显示出发力的迹象。2012 年，在全国宏观经济增速有所放缓的情况下，文化创意产业依然高歌猛进，保持了大约 20%的增速，增加值达到 1.6 万亿元左右，这个在 13 年前还未取得"合法身份"的产业，今天却以占据 GDP3.14%的全新姿态示人，成为国民经济发展中最耀眼的一颗明珠⑤。另一方面，文化产业及其各个细分文化产业的内部关联程度也较高、关联效应也较强，以文化市场的有效规模需求为基础，通过合理有效的社会分工与协

---

① 本文为 2010 年教育部人文社会科学研究规划基金项目"新时期我国文化企业的多层次直接融资模式和体系"(项目编号：10YJA860015)的研究成果之一。

② [美]赫希曼. 经济发展战略[M]. 曹征海，潘照东，译. 北京：经济科学出版社，1991：115-127.

③ 苏东水. 产业经济学[M]. 北京：高等教育出版社，2000：246-248.

④ 蔡旺春. 中国文化产业关联程度与波及效应分析[J]. 统计与决策，2010(19).

⑤ 张少伟. 2012 年中国文化创意产业回顾与展望[EB/OL]. [2013-02-17]. http://finance.eastmoney.com/news/1355，20130206272488793.html.

作，形成文化产业内部的各种文化产品与文化服务的产业供应链、产业空间布局链、产业价值增值链、产业企业链、产业人才链等多个维度的文化产业链，其完善程度反映了文化产业整体、细分文化产业或区域文化产业的规模化与强势化程度。

然而，当前我国文化产业总体上还处于初兴阶段，相对于物质产品的必需品消费需求而言，文化消费主要具有精神产品或服务的非必需品消费需求，其总体上的有效规模需求具有不确定性，制约着文化产业的整体勃兴。同时，文化产业整体的市场化发育程度不高，造成文化产业内部的关联度低，影响了整体文化产业链的建立与完善。建立与完善文化产业链，成为引领我国文化产业当前和未来可持续科学发展方向的战略关键。

基于产业关联(产业链)的可持续发展战略思想，不同生命周期发展阶段的文化企业可探寻适宜有效的可持续发展战略思路，并通过相关的多层次直接投资模式得到落实。

二、不同生命周期发展阶段的文化企业可持续发展战略：基于产业关联(产业链)

美国著名管理学家伊查克·爱迪思在《企业生命周期》一书中提出了企业生命周期理论，将企业生命周期划分为三个阶段。成长阶段、盛年期、老化阶段。随后他又在这三个阶段的基础上将企业生命周期细分为：孕育期—婴儿期—学步期—青春期—盛年期—稳定期—贵族期—官僚期—死亡期。根据我国文化企业的具体情况以其与传统企业的不同，可以将我国文化企业的生命周期划分为四个阶段，即：从无到有的初创期、从小到大的成长期、从弱到强并达到顶峰的成熟期、逐渐走下坡路的衰退期。

文化产业的可持续发展离不开文化企业的可持续发展，它需要我国文化企业从一诞生起，就树立可持续的战略发展思想，即树立文化产业“链”式观念，将自己的价值取向融入文化产业链的坐标体系中，要么自成某类文化产业链，要么充当市场优质文化产业链的要素环节。在某类文化产业价值链中确立文化经济项目的位置与价值，是文化产品(服务)、文化企业的市场生存法则①，也是不同生命周期发展阶段的文化企业培育和加强文化企业核心竞争力的可持续发展战略路径。

目前，我国影视产业链中的各个产业价值节点(艺人经纪—影视制作—影视发行—影院—影视基地)的市场发育通道基本打开，产业关联度逐步增强，影视产业链雏形初见端倪。下面以我国影视产业链中发育相对充分、较为典型的民营影视企业如华谊兄弟、星美传媒、万达院线、博纳影业、光线影业、天娱传媒等为例，依据这些企业官网所显示的资料，揭示不同生命周期发展阶段的文化企业基于产业关联(产业链)的战略发展思想，确立以培育和提升其核心竞争力为目标的不同可持续发展战略的主要路径(见表1)。

表1　**不同生命周期阶段文化企业的可持续发展战略**

文化企业的不同生命周期阶段	初创期	成长期	成熟期	衰退期
不同生命周期阶段的文化企业可持续发展战略	在某一类文化产业价值链中选取具有相对竞争优势的业务节点，实施集中化发展战略	以已形成的核心业务为基础，实施基于文化产业价值链的初步一体化的延伸发展战略	以强大的核心业务为基石，实施基于文化产业价值链的全面一体化发展战略	在某一类文化产业价值链全面一体化基础上，选取具有相对核心竞争优势的业务节点，重点实施收缩型战略

① 沈望舒．完善产业链——决定中国文化产业未来的战略关键词[J]．文化产业导刊，2010(3)．

续表

文化企业的不同生命周期阶段	初创期	成长期	成熟期	衰退期
不同生命周期阶段实施可持续发展战略的主要目标	重点培育在某一类文化产业价值链的核心竞争力	巩固和提升其在某一类文化产业价值链的核心竞争力	进一步强化其在某一类文化产业价值链的核心竞争力	重塑在某一类文化产业价值链的核心战略竞争力

(一)处于初创期的文化企业可持续发展战略

主要实施集中化发展战略，重点在某一类文化产业价值链业务节点上培育核心竞争力。即在文化市场中选取有一定的市场需求，并且自身在某一类文化产业价值链节点上具有一定优势的文化产业要素环节，确立介入某一类文化产业的初始战略发展方向，作为这一时期的核心业务，集中内部和外部优势资源进行战略开发与发展。例如，华谊兄弟早期以广告公司为起点，1998 年起以电影制作步入电影产业领域，并将上游的影视制作作为其立足电影产业的重点战略开发与发展领域；而博纳影业和光线影业则从中游的电影发行业起步，天娱传媒则以上游的艺人经纪为起点和基础。

(二)处于扩张成长期的文化企业可持续发展战略

以已形成的核心优势业务为基础，实施文化产业价值链的初步一体化发展战略，进一步巩固和提升其在某一类文化产业价值链的核心竞争力。依托在某一类文化产业价值链节点上业已形成的竞争优势甚至品牌影响力，向上游或下游的某一个或数个产业价值链节点方向拓展，如：光线影业从电影产业链的中游电影发行优势业务向上游的影视制作方向拓展；天娱传媒则从电影产业链上游的优势艺人经纪业务向其下游的影视制作方向延展；博纳影业在电影发行的核心业务基础上向其下游的院线及影院和上游的影视制作方向延伸；华谊兄弟则依托其电影制作较强的品牌影响力和经济实力分别向上游的艺人经纪、中游的电影发行和下游的影院等电影产业链的多个产业价值链节点布局，并在电影制作、演艺经纪、发行等领域占据了一定的市场并获得了一定的地位，构建了基本完整的电影产业链。

(三)处于扩张成熟期的文化企业可持续发展战略

在文化产业价值链初步一体化战略的基础上，以强大的核心业务为基石，实施文化产业价值链的全面一体化发展战略，进一步强化其在某一类文化产业价值链的核心竞争力。如华谊兄弟 2009 年上市至今，正逐步迈向成熟发展时期，其电影产业链得到进一步的延伸。首先，实现电影内容的横向领域延伸。2010 年至今，分别进军游戏、时尚、微电影内容领域。其次，实现影视传播营销渠道的多渠道延伸，从影院放映、电视频道等传统渠道到固定互联网、移动互联网渠道等新媒体渠道，从国内渠道到海外发行渠道，实现了内容传播营销渠道的全覆盖。再次，着手电影衍生产品的延伸，如品牌授权服务和文化影视城开发等，将华谊兄弟传统的、狭义的电影产业链发展战略架构进一步延展到现代的、广义的电影产业链发展战略。目前，在国内拥有制作、发行、影院、艺人经纪、影视基地等相对完整的电影产业链的企业，主要是华谊兄弟和星美传媒。众所周知的是，华谊兄弟走上了可持续发展之路，而星美传媒则由盛转衰，其主要区别在于初创期是否建立起具有核心竞争优势的电影战略业务。

(四)处于衰退期的文化企业可持续发展战略

这一时期，主要在某一类文化产业价值链全面一体化的基础上，选取相对具有核心竞争优势的业务节点，重点实施收缩型战略，以重新确立在某一类文化产业价值链的某一业务节点上的核心竞争力。在认真分析文化企业内部和外部环境的基础上，减少在某一类文化产业价值链上的非核心业务，集中一切资源发展有前途的核心业务。如星美传媒，早期扩张速度过快，虽然在短期内快速形成了较为完整的影视产业价值链，但在我国影视产业价值链中既没有培育出具有核心其竞争力的战略核心业务，也没有形成各业务间的协同效应，造成大而不强的局面，甚至一度因资金链断裂而濒临破产，通过战略业务的收缩和战略业务的转型——曾中止广告制作、电视剧制作、主题餐厅(曾经的第一大主营业务)、影院后产品开发等业务，星美传媒现将主营业务收缩集中于影院经营和影视投资两大业务。

三、不同生命周期发展阶段文化企业多层次直接投资模式：基于可持续发展战略

基于产业关联(产业链)的战略发展思想，不同生命周期发展阶段的文化企业的各种可持续发展战略思路，往往是通过自身内部的相关多层次直接投资模式得以落实的。

文化企业从事直接投资活动，主要目的是增强自身生产经营环节的实力和核心竞争力。由于文化企业的直接投资活动具有长期性(投资回收期最短也在1年以上，一般在3—5年，长期为8年以上)、战略性(以培育与提升核心竞争力为战略目标)、风险性(投资结果的不确定性较大)等特征，因此，文化企业的直接投资活动本质上属于长期战略性投资活动。其中，投资战略是决定文化企业直接投资活动成败的关键因素，而基于产业关联培育核心竞争力的可持续发展战略，则是确立文化企业投资战略的主要决定因素。总体上，文化企业的直接投资模式是由可持续发展战略决定的投资战略、投资业务的战略布局方向、投资的具体方式(投资对象及其运作方式)等投资要素所组成的集合体。

以影视产业价值链发育相对充分、较为典型的我国民营文化企业，如华谊兄弟、星美传媒、万达院线、博纳影业、光线影业、天娱传媒为例，依据这些企业官网所显示的资料，探析我国处于不同生命周期发展阶段的各类文化企业，基于相应可持续发展战略，确立多层次直接投资模式的主要构建路径(见表2)。

表2 不同生命周期阶段的文化企业多层次直接投资模式

生命周期阶段 / 多层次直接投资模式		初创期	成长期	成熟期	衰退期
直接投资战略		核心战略业务的集中化投资战略	初步纵向(或横向)的一体化投资战略	全面纵横一体化基础上的相关多元化投资战略	产业价值链的收缩型投资战略或投资战略转型
直接投资业务的战略布局方向		集中投资布局于具有相对优势的核心战略业务	初步的纵向(或横向)业务一体化的投资拓展	纵向与横向一体化的投资业务全面延伸	在有发展前途的产业链核心业务上集中投资布局
直接投资的具体方式	投资对象	文化项目投资为起点，文化机构投资为方向	文化机构投资为主，文化项目投资为基础	文化机构投资为核心，文化项目投资为日常业务	文化项目成为投资重点，文化机构投资为次
	投资运作过程与方式	文化项目非版权参股、参股直接创办文化机构	主控创办或收购文化机构与项目主控(或参股)	主控收购文化机构与文化项目主控(或独资)	文化项目参股(或主控)、文化机构主控并购

与各生命周期发展阶段相适宜的投资战略分别为初创期的核心战略业务的集中化投资战略、成长期的初步纵向(或横向)一体化投资战略、成熟期的全面纵横一体化基础上的相关多元化投资战略、衰退期的产业价值链的收缩型投资战略或投资战略转型。在我国文化企业直接投资的实践中，与上述初创期、成长期、成熟期文化企业的相应投资战略相吻合的典型案例可列举出两个。如华谊兄弟初创期的影视投资制作集中化投资战略，成长期逐步向上游产业演艺经纪、中游产业电影发行以及影院投资的初步纵向一体化投资战略；成熟期在全面的内容产业、影视渠道以及衍生的影视基地的纵横一体化基础上的相关多元化投资战略。衰退期的产业价值链的收缩型投资战略，如星美传媒在全面纵横一体化基础上的快速多元化投资战略遭遇滑铁卢之后，实施影视产业价值链的收缩型投资战略，将影视战略投资目标重新定位于其相对具有竞争优势的主题公园、影视投资制作等影视产业细分领域。

与各生命周期发展阶段相适宜的投资业务的战略布局方向分别为：初创期对在某一类文化产业价值链节点上具有相对优势的核心业务进行集中战略投资布局；成长期在业已建立的某一产业链节点的核心战略业务的基础上，沿着纵向(或横向)一体化(产业链节点的上、下游领域或区域性的梯级分布领域)方向，实施初步纵向(或横向)业务的投资战略布局；成熟期实施基于全面的纵向(或横向)一体化的相关多元化的产业或区域业务的投资战略布局；衰退期收缩没有竞争力的非核心业务，从衰退行业中尽可能多地收回投资，在有发展前途的核心业务上集中投资布局或寻求新的战略业务转型。在我国文化企业直接投资实践中，与上述初创期、成长期、成熟期文化企业的投资战略和投资业务的战略布局策略相吻合的典型案例，如纵向一体化布局的华谊兄弟和横向一体化布局的万达院线；而星美传媒则是衰退期文化企业的典型案例之一。

企业的直接投资模式最终要落实于具体的直接投资方式。由于企业直接投资是为了拥有全部或一定数量的企业资产及经营所有权，直接进行或参与投资项目(企业有形资产或无形资产项目)的经营管理，因此，企业的直接投资方式包括对有形资产的投资和对无形资产的投资两种。我国文化企业的直接投资方式主要包括两种性质的目标资产投资方式：以获取有形资产为目标的实体机构投资(如电影制作、发行、影院、艺人经纪、影视基地等文化实体机构投资)和以获取无形资产为目标的项目投资(如电影单片项目投资)。其中以有形的实体机构投资为主；两种投资方式按照文化企业是否控股的运作形式，进一步分为非产权(或版权)控股的参股投资方式和产权(或版权)控股的主控或独资投资方式。初创期一般为非产权(或版权)控股的参股投资方式(只投入资本而不参与经营的形式)，积累经验后，在成长期、成熟期逐步上升为主控甚至是独资的投资方式(获取所投资的文化机构或版权的直接经营管理权利)。以影视机构企业为例，华谊兄弟和星美传媒主控投资了全电影产业链各节点(制作、发行、影院、艺人经纪和影视基地)的实体机构企业；博纳影业、光线影业主控投资了电影发行公司；天娱传媒主控投资了艺人经纪等实体文化机构。这些影视机构都参与过电影单片的项目投资(版权投资)，从参股到主控电影单片项目的生命周期，博纳影业历时6年，光线影业历时4年，天娱传媒历时2年。从投资的运行过程来看，文化企业的直接投资方式，可分为从无到有的直接创办(或合办)形式和通过资本股权收购或并购的形式，前者需经历较长的实体经营周期，一般适用于处于初创期、成长期的文化企业，而后者主要通过资本市场直接运作，一般不涉及实体经营过程，主要适用于成熟期的文化企业。

【作者简介】

刘友芝，武汉大学新闻与传播学院、武汉大学媒体发展研究中心教授，博士，研究方向为文化传媒产业与媒介经营管理(文化传媒资本运营、新媒体数字化运营)。

王蕾，武汉大学新闻与传播学院2012级硕士研究生。

1998—2012：我国城市形象研究的现状、进路与前瞻[①]

——以 CSSCI 所收论文为例

谭辉煌

改革开放以来，伴随着经济的快速发展和城市化进程的加快，城市形象成为城市现代化进程必须思考的重要问题。在这一背景下，学界产出的研究成果如何？学者们就城市形象这一主题做了怎样的思考和探索？反映出怎样的研究思路和规律？又有什么问题值得反思？进一步的研究方向应在哪里？为回答以上问题，本文以中国社会科学引文索引(CSSCI)为例，在数据库中以篇名为检索项，以"城市"和"形象"为关键词进行组合搜索，时间上限为1998年(CSSCI以此年为始收录文献)，时间下限为2012年，得出研究文献共为197篇，下面试做具体分析。

一、研究概况

(一)论文年度分布

15年来，我国城市形象研究的论文数量分布如图1。

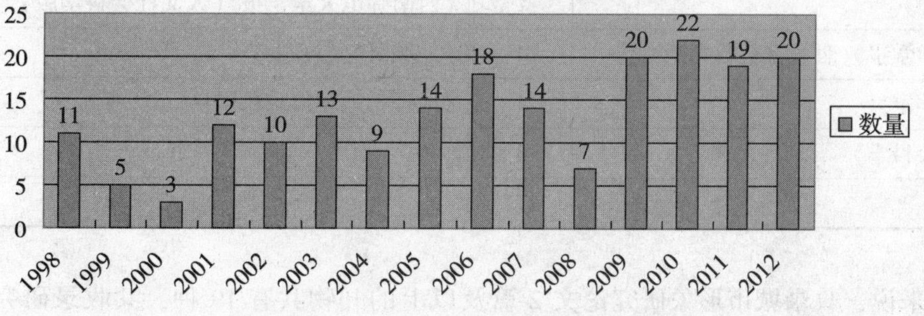

图1 1998—2012年论文年度数量分布图

从图1可知，从整体上看，我国城市形象研究有上升的态势。20世纪末21世纪初是城市形象研究的低谷期，共计只有8篇，之后的8年没有太大的波动，近4年是城市形象研究的高峰期，每年相关论文的数量都在20篇左右。如果将15年以5年为一个阶段，平均分成三个阶段，其论文数量分布如图2。

从图2可知：第一阶段(1998—2002年)有41篇，占总数的21%；第二阶段(2003—2007年)有68篇，占总数的34%；第三阶段(2008—2012年)有88篇，占总数的45%。三

① 本文系2013年度湖北省教育厅人文社会科学研究青年项目"鄂南文化与咸宁城市形象的传播研究"(项目编号：13q136)成果之一。

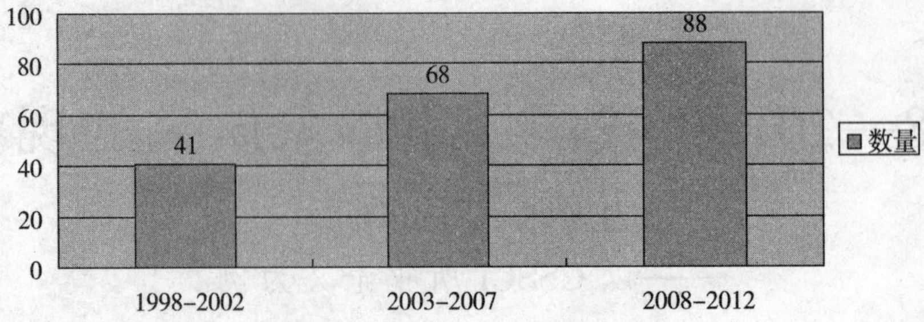

图 2　1998—2012 年三阶段论文数量图

个阶段的论文数量呈明显的上升趋势，这表示城市形象研究是当下研究的热点。

(二)论文期刊分布

197 篇研究文献中，对同种刊物收录文章超过 2 篇(含 2 篇)的情况进行统计，具体分布如表 1。

表 1　**1998—2012 年论文期刊分布表**

期　　刊	数量	期　　刊	数量
《城市规划》	16	《经济问题探索》	3
《现代传播》	13	《城市规划汇刊》	3
《城市发展研究》	13	《干旱区资源与环境》	3
《人文地理》	11	《中国软科学》	3
《城市问题》	9	《当代传播》	3
《旅游学刊》	8	《当代电影》	2
《经济地理》	7	《西南师范大学学报》(人文社会科学版)	2
《西北大学学报》(哲学社会科学版)	4	《地域研究与开发》	2
《社会科学家》	4	《地理与地理信息科学》	2
《南京社会科学》	3		
合计	111		

总的来说，收录城市形象研究论文 2 篇及以上的刊物共有 19 种，共收录研究文献 111 篇，占总数的 57%。进一步将以上刊物进行归类，分为城市类(《城市规划》、《城市发展研究》、《城市问题》、《城市规划汇刊》、《地域研究与开发》)、地理旅游类(《人文地理》、《经济地理》、《干旱区资源与环境》、《地理与地理信息科学》、《旅游学刊》)、经济类(《经济问题探索》)、传播类(包括《现代传播》、《当代传播》、《当代电影》)、社科类(《西北大学学报》、《西南师范大学学报》、《社会科学家》、《南京社会科学》、《中国软科学》)。每一类的研究文献数量分别为 43 篇、31 篇、3 篇、18 篇、16 篇，可见在城市类刊物上发表的相关论文最多，地理旅游类其次，经济类最少。

(三)论文所属学科分布

对研究文献所属的学科进行归类，具体分布见表 2。

表2 论文所属学科分布表

学　　科	数量	学　　科	数量
经济学	87	人文、经济地理	5
图书馆、情报与文献学	29	体育学	5
社会学	16	管理学	3
新闻与传播学	12	哲学	1
艺术学	11	历史学	1
文化学	8	心理学	1
中国文学	7		

从表2可知，从数量上看：研究文献中属于经济学的最多，共87篇，占总数的44%；属于图书馆、情报与文献学的在其次，为29篇，占比15%；属于社会学的排第三，为16篇，占比8%；属于新闻与传播学的排第四，为12篇，占比6%。整体上看，多种学科介入城市形象研究当中，涵盖人文、社科、艺术等多种学科门类，但研究成果在不同学科之间的分布却表现出明显的不均衡，以社会科学居多，而人文科学偏少。

二、研究进路与逻辑

(一)研究主题

根据论文标题和论文摘要进行主题归类，分为城市形象传播研究(A)、城市形象定位研究(B)、城市形象感知与影响研究(C)、城市形象管理研究(D)、城市形象广告研究(E)、城市形象基础研究(F)、城市形象设计与规划研究(G)、国外城市形象研究(H)、主题事件与城市形象研究(I)、文化与城市形象研究(J)、文艺与城市形象研究(K)和其他(L)共12个①。这里需要说明的是："城市形象基础研究"指的城市形象的基础理论研究，如城市形象的内涵、构成、特征和内在机理等，城市形象与旅游业之间的关系也纳入其中；"城市形象设计与规划研究"包含城市形象的塑造、CI设计、景观设计和景观规划等；"主题事件与城市形象研究"，主要是指重大展览会、节庆、博览会等文化性和体育性的事件与城市形象之间的关系研究；"文艺与城市形象研究"指的是文学和艺术作品中呈现的城市形象研究；"其他"即是以上研究主题之外的内容。以上主题数量具体分布如图3。

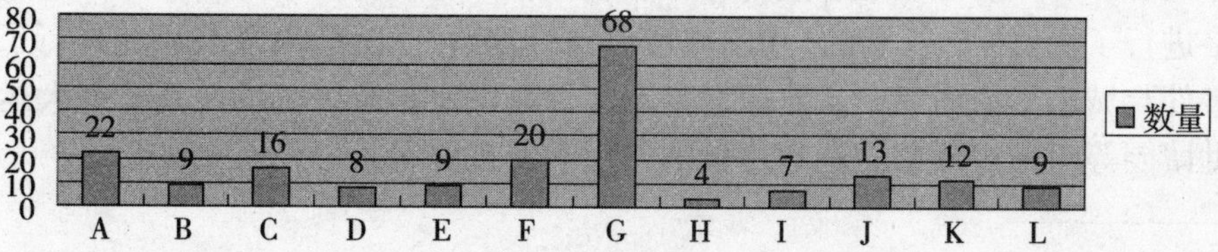

图3 论文主题数量分布图

从图3可知：城市形象设计与规划研究这一主题的论文数量是最多的，共68篇，占总数的36%；城市形象传播研究和城市形象基础研究分别有22篇和20篇，各占总数的11%和

① 图3中用字母指代研究类型。

10%；国外城市形象研究成果最少，共4篇，只占总数的2%。下面按数量由多到少的顺序就各个主题的研究情况作一简要介绍：

城市形象设计与规划研究。这一主题的研究论文偏重实践应用，以导入CI理论进行城市形象的设计与塑造居多，只是针对不同城市进行了具体分析，理论工具的运用非常单一。有少量论文另辟蹊径，对城市形象塑造提出了独到的观点，如张燚等人的《基于扎根理论的城市形象定位与塑造研究：以重庆市为例》就是运用扎根理论研究方法，提出了重庆城市形象塑造的故事线、基本思路、整体形象塑造策略、次级形象塑造策略、保健因素整治策略以及城市形象塑造的组织与管理①。

城市形象传播研究。这一主题主要是结合传播学的相关理论与方法，对城市形象传播的实践与理论问题进行分析和总结，实践方面如媒体事件与城市形象传播、城市形象与危机传播、城市形象的影像传播等，理论方面如城市形象传播的主体、框架、原则、路径、价值等②。

城市形象基础研究，即城市形象的基础理论研究。如城市形象的内涵、构成、特征、内在机理，以及城市形象的发展规律和城市形象的研究框架等。

城市形象感知与影响研究，主要是指旅游者对旅游城市形象的感知的研究。如程金龙的《城市旅游形象感知的机理研究》。

城市形象影响研究，主要是指影响城市形象传播的因素的研究，如陶玉国等人的《基于结构方程模型的城市旅游形象影响因素测评》一文通过研究指出影响城市满意度的因素有旅游服务认知、旅游资源认知、城市特征和城市居民素质，而城市忠诚度除了受满意度的影响外，还与城市特征和城市居民素质有关联③。

文化与城市形象研究，探究的是文化与城市形象之间的关系。如电视方言节目、音乐文化等如何作用和服务于城市形象的建设。

文艺与城市形象研究，其研究对象包括小说、影视、书刊、游记等文学和艺术形式中所呈现的城市形象。

城市形象广告研究，包括城市形象片、城市形象广告投放与营销等。如叶巍岭和周南希从广告效果空间论角度，对上海现有的四部城市形象广告进行了受众认知和态度效果的比较，并引入中外受众所代表的不同涉入度作为调节变量，在研究发现的基础上提出了如何创作有效的国际金融中心城市形象广告的建议④。

城市形象定位研究，现有研究从多种视角提出了如何进行城市形象的定位。如覃成林的产业和文化资源优势视角，郑国的地方文脉视角，张忠国的四面体模型，杨妮的扎根理论视角，等等。

城市形象管理研究，含城市形象的管理和监测研究。如程金龙明确了城市旅游形象管理部门的工作内容，并从常态管理、战略管理、危机管理和优化管理四个层面对城市旅游形象的管理策略进行了探讨⑤。王莉的《我国城市形象管理研究述评》对现有研究进行了梳理。

主题事件与城市形象研究，主要探讨主题事件与城市形象之间的关系。如大运会、世博会、昆明世博园等对城市形象塑造和建设的作用和实现路径。

---

① 张燚，刘进平，张锐．基于扎根理论的城市形象定位与塑造研究：以重庆市为例[J]．旅游学刊，2009(9)．

② 何国平．城市形象传播：框架与策略[J]．现代传播，2010(8)．

③ 陶玉国，赵会勇，李永乐．基于结构方程模型的城市旅游形象影响因素测评．人文地理[J]，2010(6)．

④ 叶巍岭，周南希．"国际金融中心"需要怎样的城市形象广告片？——上海城市形象广告片的受众认知和态度比较研究[J]．上海经济研究，2011(9)．

⑤ 程金龙．城市旅游形象的监控与管理研究[J]．旅游科学，2006(5)．

国外城市形象研究，如日本、汉城、谢菲尔德等城市形象的建设经验。

(二)研究进路与研究方法

根据作者的研究方向和其论文的内容，将论文的研究进路细分为传播学、地理学、管理学、经济学、旅游学等12种，无法划分的纳入“其他”，具体分布情况如图4。

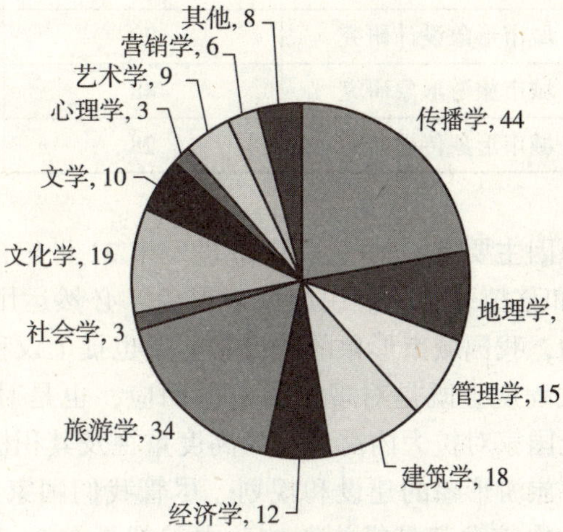

图4 城市形象方面论文研究进路分布图

注：数字指相关论文数量

总体上看，多种研究进路的介入推动着城市形象的研究。具体而言，传播学研究进路的论文数量最多，共44篇，占总数的22%；旅游学研究进路的在其次，共34篇，占比17%；文化学研究进路和建筑学研究进路的分别有19篇、18篇，各占10%和9%；地理学、管理学和经济学研究进路的论文分布较为均衡，均在14篇左右；心理学研究进路的论文最少，只有3篇，占比2%。

按照定量和定性两种研究方法划分，论文所使用的研究方法情况如图5。

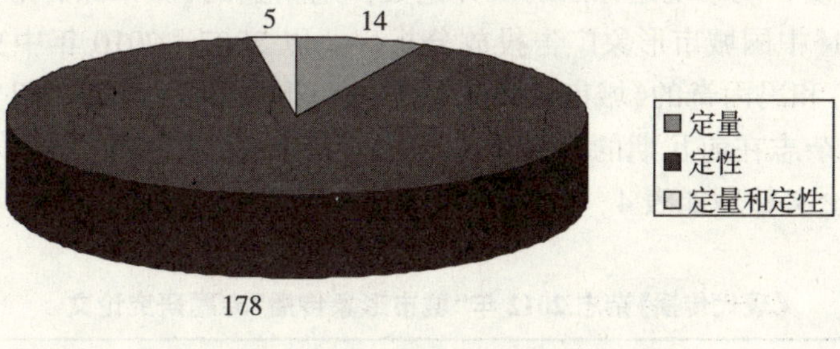

图5 城市形象方面论文研究方法数量图

从上图可知，定性研究方法占了主导，共178篇论文使用的是这种方法，占总数的90%。使用定量研究方法的论文有14篇，同时使用两种研究方法的论文共5篇，两者合计19篇，占总数的10%。

(三)研究逻辑

通过统计分析发现，我国城市形象研究存在三个较为明显的阶段性变化，具体而言就是：第一阶段(1998—2001年)，以城市形象设计研究为主，此期间共产出论文31篇，其中属于城市形象设计的共有20篇，占比65%；第二阶段(2002—2009年)，以城市旅游形象研究为主，此期间共产出论文107篇，其中属于城市旅游形象研究的共有48篇，占比45%；第三阶段(2010—2012年)，以城市形象传播研究为主，此期间共产出论文61篇，其中属于城市形象传播研究的共有28篇，占比46%。具体情况如表3。

表3 城市形象研究三阶段变化表

阶 段	研 究	论文数量	占比
第一阶段：1998—2001年	城市形象设计研究	20	65%
第二阶段：2002—2009年	城市旅游形象研究	48	45%
第三阶段：2010—2012年	城市形象传播研究	28	46%

出现以上研究变化的原因主要有：其一，在20世纪末21世纪初，我国城市形象研究是伴随着西方CI理论的导入和移植开始的。说起城市形象，必然运用CI理论进行一番设计。另外，受到改革开放的影响，我国城市形象的建设和塑造也提上议程。因此，此时期的城市形象研究偏重设计，在很大程度上既是对现实需求的回应，也是对企业形象理论的自觉改造。其二，在第二阶段，受国家对扩大内需政策的高度重视及其积极影响，旅游作为扩大内需的重要方式势必推进城市旅游形象的建设和规划。尽管我们国家从1998年就开始提出扩大内需的政策，但真正拉动内需尤其是靠旅游拉动内需却是在21世纪初。旅游业的兴起，反映在城市形象研究上的当然就是城市旅游形象的研究，因此，此时期研究国内大中小型旅游城市形象的论文纷纷出台，如关于杭州、成都、乌鲁木齐、南京、昆明、大连、长沙、芜湖、兰州、武汉等旅游城市形象的论文不一而足。其三，在第三阶段，城市形象研究真正地从CI理论的阴影中走出来，与传播学密切结合，从而有了更为广阔的研究天地。长期以来，城市形象研究受到CI理论的强大影响，几乎在每一个研究阶段都有城市形象设计研究的论文出现，而在第三阶段这种情况发生了很大变化，这既是研究者对重复研究的规避意识的体现，也是对传播在城市形象研究中的重要性的正确认识，“一个城市的良好形象，被认知的范围越大、时间越久，其价值就越高。而要达到此目的，一个重要而有效的方式就是广泛传播城市形象”①。从2010年以来，城市形象传播研究的成果越来越多，仅在《现代传播》杂志上就于2012年连续3期出现这方面的研究论文：刘新鑫的《城市品牌形象的想象力》(第5期)，文春英等人的《中国城市形象广告投放分析——以2007—2010年中央电视台城市广告投放为例》(第6期)和冯丙奇的《城市媒体事件与城市形象传播》(第7期)。值得注意的是，2012年《现代传播》杂志在前几期的基础上，于第12期专门开辟了一个“城市形象传播”的专题研究，现将其论文整理如表4。

表4 《现代传播》杂志2012年“城市形象传播”专题研究论文

论文题名	作 者
城市形象传播的主体自觉	徐宁
城市形象传播的基本原则	曹劲松
“大事件”策略的城市形象传播机制	费爱华
公共外交视野中的国家与城市形象传播——第六届政府新闻学研讨会综述	邱奕明

① 刘路．论城市形象传播理念创新的路径与策略[J]．城市发展研究，2009(11)．

仅一个刊物在一年当中就对城市形象传播的主体、原则、机制、品牌和广告等理论与实践问题进行了深入探讨和阐释，这些研究在学理层面远远超出了设计研究的深度和广度，不得不引起重视和关注。

三、反思与前瞻

总的来说，15 年来，经过多种学科背景的学者的介入和努力，我国城市形象研究取得了不菲的成果，而且从发展趋势上来说，未来的研究将会呈现更为喜人的局面。然而，不可否认的是，问题仍然存在，笔者认为主要有以下几点：

首先，在研究主题上仍然存在趋同的倾向。具体而言，就是在城市形象设计与塑造这一问题上的研究投入过多。表面上看，不同城市之间因为各种情况的差异必然存在形象设计和塑造的不同，因此研究的必要性也就存在。其实，主张对重复研究的规避并非否定研究的必要性，而是提倡在研究角度、理论工具和方法上进行创新，千篇一律地使用 CI 理论进行问题的处理，是很难在研究上走向深入的。举一个值得学习的例子，如杨妮等人的《基于扎根理论的城市形象定位研究——以潼关为例》就是运用扎根理论，收集第一手资料和设计问卷调查，然后通过对数据的实证分析，归纳出潼关的城市形象概念①。这种研究是值得提倡的，比那种躲在书斋里的自说自话更有意义。

其次，在研究方法上，目前在城市形象研究这一主题上体现出过于单一的局面。正如上文分析所指出的，定性研究方法占据了绝对主导的地位，“主要采用历史分析法解读城市形象的历史特点，而且一般运用比较分析法探讨城市资源的比较优势，然后提出基于资源的城市形象地位。其局限在于它使用传统的思辨方法，缺乏科学性”②。而且就定性研究方法本身而言，诸如访谈、观察、实物收集等研究手段的运用也颇为欠缺。至于定量研究方法，也多集中于内容分析法，调查法、相关法和实验法则使用偏少。

最后，城市形象的基础理论研究还显薄弱。虽然数据上显示的研究成果并不算少，但整体上理论水平还很不足。从 20 世纪八九十年代营销学理论的导入起，先后不断有城市规划、城市经济、艺术学、文化学、传播学等学科的加入，城市形象理论的建构主体遂走向多元化，这本应有利于城市形象新的理论体系的建立；然而，由于“城市旅游形象研究一般都和实际操作结合在一起，因此其基础理论并未得到全面、系统的研究和发展，相对进展缓慢，更谈不上独立性”③。

正是基于以上不足之处，相应地提出以下研究展望：第一，在研究主题上，一方面尽量规避重复，努力实现创新；另一方面，可以结合当前营销与传播环境的重大改变，思考整合营销环境下和数字传播背景下的城市形象问题，尤其是后者。截至 2012 年 8 月，在 CSSCI 上尚未出现相关研究论文，即便是在知网上进行相关搜索，也只有 13 篇研究文献，因此，有必要加强这方面的研究，尤其是社会化媒体与城市形象之间的关系研究，这应该是要运用新方法解决的新问题，因此也是最为前沿的问题。第二，在研究方法上，鼓励尝试运用不同的研究方法和同一研究方法中的不同研究手段，提倡定量研究方法和定性研究方法的结合，从而建立起规范的研究范式。传统的思辨研究方法一统天下的局面是不合理的研究现象，要靠研究者共同努力来改变这种状态。第三，加强城市形象基础理论的研究，为城市形象的相关实践问题提供指导。

---

① 杨妮，马耀峰，白凯．基于扎根理论的城市形象定位研究——以潼关为例[J]．城市发展研究，2010(11)．

② 王东强，田书芹．城市形象理论研究述评[J]．资源开发与市场，2008(12)．

③ 汪克会．国内城市旅游形象研究综述[J]．宁夏大学学报(人文社会科学版)，2004(5)．

【作者简介】

谭辉煌，湖北科技学院人文与传媒学院讲师，武汉大学新闻与传播学院 2011 级博士，研究方向为广告学。

2012—2013年我国电视节目市场的发展及其思考

冉　华　白嗣新

2012—2013年的中国电视市场，经历了自20世纪90年代末起省级上星频道组建逐步完成后最商业化的市场竞争，自2012年暑期档歌唱选秀节目《中国好声音》的电视版权模式带来高收益之后，从2013年年初开始，开始进入"模式井喷"时代，相似形态的节目模式层出不穷，强势争夺收视市场。节目形态的雷同，高价版权的引进，娱乐节目的低俗化倾向，都给中国电视市场的发展带来了考验。

一、电视节目形态的多样化探索

2012年中国电视节目市场，《中国好声音》突出重围，以成熟的电视版权模式和专业的制播分工成为大赢家。2013年，中国电视市场迎来最惨烈的电视节目争战，从年初的《我是歌手》，年中的《中国梦之声》、《快乐男声》、《中国好声音》的选秀大战，直到年末的《爸爸去哪儿》亲子类户外真人秀，中国的电视市场在2013年经历了电视节目市场化的强烈冲击和洗礼，而节目形态同质化、节目制作铺张等问题随之而出。

(一)三次政策性调整——促进电视节目形态的创新

据国家广电总局收听收看中心的统计分析，2011年全国34个电视上星综合频道在晚上黄金时段(19:30—22:00)内播出的娱乐性较强的节目每周总计有126档，主要包括婚恋交友类、才艺竞秀类、情感故事类、游戏竞技类、综艺娱乐类、访谈脱口秀等。平均每个电视上星综合频道每周播出这些类型的节目3.7档，平均每天晚上黄金时段全国电视上星综合频道共有18档这类节目同时播出。①

为了改变电视节目市场的同质化和低俗化，自2011年年末到2013年，国家广电总局共下发了三次具有强制性的政策调控意见，主要针对娱乐节目类型集中和歌唱选秀类节目扎堆的市场现状，这三次调整也分别被称为：限娱令、加强版限娱令及限歌令(见表1)。

表1　**2011—2013年国家新闻出版广电总局针对电视节目市场的政策调整②**

名称	文件名称	编号	发布时间	针对问题	限制措施	调整措施
限娱令	《关于进一步加强电视上星综合频道节目管理的意见》	广发〔2011〕83号	2011年10月24日	1. 防止过度娱乐化和低俗倾向；2. 满足多样化多层次收视需求	严格控制特定类型节目的播出时段和播出总量	1. 增加自办类新闻节目；2. 开办思想道德建设类节目

① 杨明品．电视节目发展转型期的政策引导[J]．电视研究，2012(5)．

② 国家新闻出版广电总局官网[EB/OL]．[2013-11-15]．http：//www.sarft.gov.cn/．

续表

名称	文件名称	编号	发布时间	针对问题	限制措施	调整措施
限歌令	《关于进一步规范歌唱类选拔节目的通知》	广发〔2013〕52号	2013年7月25日（特急）	1. 节目总量过多，形态雷同；2. 制作铺张奢华、夸张作秀	1. 2013年各台一律不再投入制作新的歌唱类选拔节目；2. 尚未开播节目推迟至第四季度	1. 歌曲选择要兼顾美声、民族、通俗等多种唱法 2. 扶持节目研发创新，原创节目优先备案
加强版限娱令	《关于做好2014年电视上星综合频道节目编排和备案工作的通知》	广发〔2013〕68号	2013年10月12日	1. 优化节目结构，丰富节目类型；2. 坚持自主创新，加强引进管理	1. 控制各频道新引进境外版权模式节目；2. 控制歌唱类选拔节目时段与总量；3. 对电视晚会的播出进行调控；4. 对特定类型节目进行申报备案	1. 要求每天必须播出国产纪录片节目；2. 要求每天必须播出国产动画片或儿童节目

政策的限制对电视节目市场的创新起到了积极作用。2012年晚间收视时段18:00—24:00，在31个城市的电视市场中，日常播出的常态新节目有1353档，占新节目总量的24.6%，占比较2011年提高了10个百分点。① 常态节目的创新是电视节目形态多元化调整的基础，一方面由于其相对固定的收视模式，容易培养受众的收视黏度和收视习惯；另一方面，常态节目本身占据电视媒体自制栏目的较大比例，从人力上来说也调动了较多的基础资源。只有从整个频道的常态节目形态创新和人才培养的角度入手，才能形成整个电视媒介平台的创新和改革意识。但从表2可以看出，四级电视媒体对于创新节目的主要注意力依然集中在综艺类节目，在相关政策的压力下，新闻类节目的创新比例依然只有10%；而在节目形态多样化发展中最为均衡的是省级地面频道，他们以本土性和民生性定位为创新基础，为涵盖全省的收视群体提供与上星平台有差异性的地区服务。省级地面频道对新闻类电视节目形态的创新最为突出，这也是中国电视民生新闻经历了十年的经验积累后，对受众市场的准确把握。

表2　**2012年各频道常态新节目类型分布②**

节目类型	城市地面频道	省级地面频道	省级上星频道	中央级频道
综艺	27.7%	28.2%	40.4%	36.4%
专题	27.4%	22.2%	31.3%	18.2%
生活服务	23.7%	26.5%	12.5%	4.5%
新闻	9.6%	14.1%	10.0%	0.0%
财经	4.9%	3.5%	2.9%	22.7%
法制	4.9%	1.7%	0.8%	9.1%

① 张天莉，郑玉，周欣欣.2012年晚间新节目观察[J].收视中国，2013(3).

② 数据来源：CSM媒介研究。

续表

节目类型	城市地面频道	省级地面频道	省级上星频道	中央级频道
青少	1.6%	2.9%	0.4%	9.1%
外语	0.3%	0.0%	0.0%	0.0%
体育	0.0%	0.8%	0.4%	0.0%
其他	0.0%	0.0%	1.7%	0.0%

2012年上星频道新闻类节目的播出量大幅增加，日播总量已达到193档89小时，较2011年底《关于进一步加强电视上星综合频道节目管理的意见》下发前的67个小时增加了33%；新创办栏目达50多个。① 如湖南卫视在2012年新年伊始，火速推出《新闻公开课》、《新闻当事人》、《新闻大求真》、《7点播报》等新闻类节目，分别以对阵辩论、访谈、参与式体验、资讯等多样的节目形态进行创新。

(二)电视节目市场格局的渐进性调整

面对2011年年底高调出台的83号"限娱令"，为了保住品牌节目的收视率和市场份额，电视频道开始全面调整节目整体格局。首先是重新编排原有节目的播出时间，部分综艺类节目退出黄金时段。如娱乐节目占较大份额的湖南卫视，立即停播《给力星期天》、《百科全说》，将《我们约会吧》、《背后的故事》、《非常靠谱》调出黄金档；江苏卫视则在2011年12月23日后停播《老公看你的》，为确保王牌节目《非诚勿扰》留出了空间。从1997年7月11日，湖南卫视在省级上星频道中首次推出大型综艺娱乐节目《快乐大本营》，中国电视的商业化尝试便悄然开始，而随着社会经济的发展和娱乐收视习惯的养成，省级上星频道成为娱乐节目的主战场。2010年后，省级卫视纷纷向湖南卫视的综艺娱乐方向进行努力，逐渐形成了以湖南卫视、江苏卫视、浙江卫视为一线，排名第四到第十的卫视为二线，第十名以后竞争力和影响力较弱的卫视为三线的三级梯队形式。《关于进一步加强电视上星综合频道节目管理的意见》的出台，也旨在逐步调整省级卫视平台的整体结构，尤其是娱乐综艺类节目的偏向性，通过一定的限制为卫视梯队提供全面发展的机会，避免超级电视台的出现。2012年第一季度，《关于进一步加强电视上星综合频道节目管理的意见》下发后对节目进行较大调整的湖南卫视面临自2003年以来的最大危机，收视率急转直下，几次跌出前10，最低一次排在第18位，到5月中旬，湖南卫视的平均收视率已经跌至最低点，排在江苏卫视、浙江卫视、安徽卫视、东方卫视的后面。② 这为省级卫视的梯队战提供了一次难得的机遇，于是，2012年7月13日，浙江卫视的《中国好声音》横空出世，成为了2012年最大的电视节目黑马，也对一直占据霸主地位的电视湘军产生了强烈的冲击。

为了应对2011年和2013年两次"限娱令"中对黄金时段的限制，全国各上星卫视开始全面试水22:00档节目，形成新的节目播出带，培养观众在非黄金时间的收看习惯。电视媒体的黄金时间一般为19:30—22:00，这既是顺应人们日常生活的作息习惯，也是中国电视整体格局所形成的收视模式。在这个时间段中，电视剧和娱乐综艺类的相关节目一直是电视播出平台的重头戏，在2012年之前，多数电视媒体会在22:00之前，形成各自频道的节目播出带；而随着黄金时段限制令的出台，各电视媒体的总编室不仅要重新编排原有的节目时间，还要依照新时段打造新的播出时间带，改变目前黄金时间的基础格局。省级上星频道对于22:00—23:00的节目形态调整力度尤为突出，常态新节目的播出占到播出时段的31.5%，

① 杨明品．电视节目发展转型期的政策引导[J]．电视研究，2012(5)．

② 王小峰．卫视的战争——三台演义[J]．三联生活周刊，2013(13)．

同其他三大平台都不足 20%的创新节目比相较而言，省级卫视在着力打造新的黄金节目时间。①

从表 2 可以发现，2012 年是央视对综艺类节目进行大力改革的一年，试图在“限娱令”的协助下完成从可靠的新闻媒体到受欢迎的媒介平台的转身。相继推出《CCTV 直通春晚 2012》、《谢天谢地你来啦》、《见证奇迹》、《我爱满堂彩》、《歌声嘹亮》等不同形态的电视节目，将草根选秀、戏剧演出、行业比拼、歌曲串烧等形式进行模式的再创新。从收视份额上来说，央视在 2012 年上星频道常态新节目收视份额综艺类别前 13 位中，有 3 个节目上榜，收视效果显著。②

二、文化事业与文化产业双重功能的凸显

从 2002 年党的十六大第一次明确文化事业和文化产业，将文化单位进行公益性和经营性的双重功能划分开始，中国的文化体制改革已经经历了十个年头。2012—2013 年的中国电视节目市场，社会公益性电视节目与市场运作性电视节目都在进一步的尝试和创新中凸显出文化事业与文化产业的双重功能。

(一) 文化、公益、道德——电视节目文化事业功能的创新视角

文化事业，是属于我国政治体系下的特有范畴，其主要是由我国文化事业单位的特殊性质所决定的，而广播电视媒体属于我国传统的文化事业单位，文化事业的本质在于非营利性，这与文化产业的市场导向是相对立的，以扩大社会效益为目标的公益性先进文化是文化事业的发展目标。作为主要文化事业单位的电视媒体，由其本身属性所决定，就肩负着传播先进文化、进行公益性文化服务活动、引导社会公众形成正确道德价值观念的责任。在节目形态的创新上，应当充分考虑到民族特色、文化传统、地区差异等，不以营利性价值为目的地进行先进文化的推广。

从文化产业推动先进文化的目的出发，2012—2013 年中国电视节目市场中，以“文化、公益、道德”为节目形态核心的电视节目获得了巨大的发展空间。由央视纪录频道制作的 7 集高清纪录片《舌尖上的中国》自 2012 年 5 月在央视平台播出后，引起社会的广泛关注，作为一部纪录片其收视率甚至超过了同时段的电视剧。该片将中华美食文化以电视节目的方式进行有效推广，于 2012 年 7 月在台湾公视播出，2012 年 9 月在新加坡星和都会台播出，2012 年 10 月在香港 TVB 翡翠台播出。③《舌尖上的中国》以多个人物故事的叙事模式、多种文化内涵的相互叠加，产生出一个复合型的丰富立体的“知识/文化/情感/观点”的价值体系。④ 同样是以文化为核心的原创电视节目，2013 年暑期河南卫视与爱奇艺网台互动节目《汉字英雄》以及央视科教频道(后调整至央视综合频道播出)的《汉字听写大会》，都以中国传统文化为节目基础，以年轻一代为主要受众对象，不仅获得了较好的收视份额，成为暑期档电视节目市场的收视黑马，更对先进文化的传播起到了推进作用。

公益类电视节目中，央视频道推出的《为你而战》、《梦想合唱团》、《舞出我人生》，省级卫视频道推出的《中国梦想秀》、《变形计》、《益呼百应》等，成为 2012—2013 年电视节目市场的新生力量。其中 2012 年 8 月 27 日央视综合频道开播的国内首档青年电视公开课《开

① 张天莉，郑玉，周欣欣 . 2012 年晚间新节目观察[J]. 收视中国，2013(3).

② 数据来源：CSM 媒介研究。

③ 导演解密《舌尖上的中国》[EB/OL]. [2013-05-09]. http://news. xkb. com. cn/guangzhou/2012/1206/239549. html.

④ 冯欣，张同道 . 从《舌尖上的中国》看中国纪录片的品牌构建[J]. 艺术评论，2012(7).

讲啦》在晚间23:32播出，却取得了较好的收视效果，这档由央视与唯众传媒合作的电视节目创新之作，是央视综合频道第一个完全实现了社会化合作的节目，在实现了传播公益性文化事业的电视节目形态创新的同时，促进了电视收视市场的均衡发展。

道德建设类节目中，既有吉林卫视以2分钟的纪实短片为形式的《身边发现》，也有东方卫视《大爱东方》、深圳卫视《温暖在身边》等以道德模范为主题的专题类节目，还有湖北卫视推出的综合微电影、访谈、辩论等节目形态的法制道德类节目《包公来了》。多元化的形态探索对还没有形成受众市场的道德类节目具有积极的意义。

（二）节目版权模式引进——电视节目文化产业功能的实践推进

文化产业，最初出现在霍克海默和阿多诺的《启蒙辩证法》之中，也被译为文化工业（Culture Industry）。文化产业作为一种文化与经济相融合的特殊形态，在中国的发展起步较晚。1991年，国务院批转文化部《关于文化事业若干经济政策意见的报告》，正式提出了“文化经济”的概念。1992年，国务院办公厅综合司编著的《重大战略决策加快发展第三产业》一书，明确了“文化产业”的地位，这是我国政府主管部门第一次使用“文化产业”概念。中国的电视媒介在1992年前，能够面向全国市场的只有中央级的4个频道，受众对电视节目的需求无法得到满足，随着20世纪90年代中期省级卫视的逐步上星，截至2005年深圳卫视进入上星平台，中国电视开始了产业化进程的逐步尝试。

2012年的上半年，受83号“限娱令”对综艺娱乐节目的限制，省级卫视平台综艺节目大批停播，保留的节目也全面调整了播出时间，收视普遍出现了低迷。暑期刚至，浙江卫视在没有经过强势传播的基础上低调地推出了大型歌唱类选秀节目《中国好声音》，首期节目收视率为1.55%，而随着各类公众意见领袖和网络媒体的介入，变成了公众话题，引起社会广泛的讨论，进而引发收视狂潮，到第11期时节目收视率已经达到5.37%，总决赛更创下6.49%的高收视，成为了2012年中国电视的收视神话。① 收视高峰必然会带来相应的营利性价值，作为一档全新形态的电视节目，《中国好声音》的广告收入是2012年新形态电视节目中的大赢家，15秒广告从最初的15万元，20天就涨到了36万元，一期节目的广告收入超过3000万元，而加多宝凉茶的整体冠名费更是达到了6000万元。②《中国好声音》的成功不只在于节目形态的创新，更重要的在于以文化产业的经济效益为前提进行的产业化营销。在节目播出初期，利用正在飞速发展的微博平台和其他网络媒体，进行口碑营销（Word of Mouth Marketing），使一档电视节目在短期内成为公众热烈讨论的媒介事件（Media Events）。美国营销学专家伊曼纽尔·罗森认为口碑是关于某品牌的所有评述，是任何给定时间里关于某个特定产品、服务或公司的人与人之间所有交流的总和。③ 之后，在节目播出过程中通过衍生节目《酷我真声音》完成节目形态本身的完整链条，形成母节目与子节目播出时的连贯性；通过售卖节目视频的网络版权，形成新形态节目首播期内的广泛效应，《中国好声音》第一季没有出售独家视频网络版权，而是用较低的价格将节目内容销售给多家网络视频运营商，一定程度上扩大了节目的影响范围和效果，并对之后的台网互动模式提供了经验；与中国移动“无线音乐俱乐部”展开合作，提供学员彩铃下载业务；在节目季播结束后，“好声音”在全国范围进行了16场巡回演唱会，以产业链的运作模式对节目进行线下的持续推广。这种产业化的运营模式不仅凸显了文化中的经济属性，而且一定对节目形态本身的创新与改革也提出了新的要求。

---

① 王小峰．卫视的战争——三台演义［J］．三联生活周刊，2013(13)．

② 中国好声音广告费价格狂飙　每15秒达到36万元［EB/OL］．［2013-01-03］．http：//finance.ifeng.com/money/wealth/consume/20120809/6892540.shtml.

③ ［美］伊曼纽尔·罗森．营销全凭一张嘴［M］．北京：中信出版社，2002：25.

2013 年的电视市场，借鉴《中国好声音》国外电视节目版权模式引进的市场实践，各大电视平台纷纷开始进行电视模式引进的尝试，全年在上星电视平台播出的歌唱类选拔节目超过 15 个，其中大多数来自于引进境外的电视节目版权模式，而省级地面频道和城市频道所制作的类似节目更是层出不穷，一时间对于国外优秀电视节目版权的争夺成为电视频道的重要工作，而对于节目模式的本土改造和市场化运作的尝试，也成为 2013 年电视市场运作的重头戏。

表 3　**2013 年上星频道歌唱类选拔节目统计**

播出频道	节目名称	原版节目	开播时间	播出时间	节目模式
湖南卫视	《我是歌手》	《我是歌手》韩国	2013 年 1 月 18 日	周五 22:00	明星对决
湖南卫视	《中国最强音》	《X Factor》美国	2013 年 4 月 19 日	周五、六 22:00	导师选队
安徽卫视	《我为歌狂》	《Mad for Music》荷兰	2013 年 5 月 2 日	周四 21:10	明星代际对决
东方卫视	《中国梦之声》	《American Idol》美国	2013 年 5 月 19 日	周日 21:15	导师选队
天津卫视	《天下无双》	《Copycat Singers》英国	2013 年 5 月 31 日	周五 21:10	明星互动模仿
广西卫视	《一声所爱·大地飞歌》	《True Talent》瑞典	2013 年 6 月 5 日	周三 22:00	新民歌选秀
山东卫视	《中国星力量》	《Kpop Star》韩国	2013 年 7 月 4 日	周四 22:00	导师团队培养
湖北卫视	《我的中国星》	《Super Star K》韩国	2013 年 7 月 7 日	周日 22:00	平民选秀、培养
江西卫视	《中国红歌会》	原创	2013 年 7 月 10 日	周日 19:30	革命歌曲选秀
湖南卫视	《快乐男声》	原创	2013 年 7 月 11 日	周五 22:00	平民歌曲选秀
浙江卫视	《中国好声音》	《The Voice of Holland》荷兰	2013 年 7 月 12 日	周五 21:30	导师选队
北京卫视	《最美和声》	《Duets》美国	2013 年 7 月 20 日	周六 22:00	导师对唱歌手
江苏卫视	《全能星战》	《The Ultimate Entertainer》挪威	2013 年 10 月 11 日	周五 22:00	全能明星对决
央视综艺	《梦想星搭档》	原创	2013 年 10 月 25 日	周五 20:05	公益音乐节目
深圳卫视	《中国音超》	原创	2013 年 12 月 15 日	周日 22:00	联队音乐竞唱

数据来源：2013 年度《中国广播电视报》统计结果。

三、影响电视节目市场发展的几点思考

（一）制播分离——电视节目的产业化运营

1999 年，国家广电总局在上海召开全国广播影视系统内容部惯例改革座谈会，明确提出“推进除新闻类节目外的其他广播电视节目播出与制作的分离”，这是我国广播电视业第一次正式提出制播分离。2009 年，国家广电总局下发了《关于认真做好广播电视制播分离改革的意见》，要求以中央电视台、中央人民广播电台和部分省级、副省级电台、电视台为重

点，着力在影视剧、影视动画、体育、科技、娱乐类节目领域，积极稳妥地推进制播分离改革。① 制播分离是电视节目产业化进程中的重要一步，英国 1990 年颁布的《广播电视法案》中规定，英国传统的广播电视节目中必须有 25%的节目播出独立制片人的作品，这一政策打破了广播电视节目市场的垄断现象；美国也有“黄金法案”对电视台外包、外购节目的比例做出规定。② 从目前国内外实践经验来看，社会独立制作公司的发展对于完善电视产业链，打破现有的垄断传播和同质化节目形态有着积极的作用。英国是电视节目产品出口国中的第一大国，其节目形态的创新主要来源于独立制作人公司(Indie)，这是自 1982 年英国第四频道(Channel 4)进行全面商业化改革后形成的新的制播分离的合作模式。

由浙江卫视与联合星空传媒旗下灿星制作共同打造的《中国好声音》也是我国第一次真正意义上完全的制播分离。目前，中国电视节目的“制播分离”通常所采用的三种模式为：(1)电视台外包模式。即电视台把一部分工作交给电视台以外的制作公司来做，这种模式把一定的劳务工作进行外包，比如演播室提供、摄像、宣传推广等，但是核心技术和节目内容都由电视台掌控，节目的控制权基本在电视平台手里。(2)电视台付费购买模式。即电视台负责审查、付费和播出，制作公司负责节目的制作生产，这是目前的主流模式。制作公司负责创意、理念、制作，独立完成一档节目。(3)《中国好声音》创新出来的真正意义上的制播分离模式。由制作公司和电视台共同投入，共担风险，共享利润。灿星制作承担了前期包括版权费在内的所有投入，如果节目达不到规定的收视标准，他们还将单方面担负广告商的损失；如果节目收视率在一定的标准以上，将由双方共同参与广告的分成。而一直在电视节目制播分离的改革中较为滞后的央视，在 2012 年下半年也相继推出《小崔说　立波秀》、中国首档青年电视公开课《开讲啦》等，对制播分离进行全新的尝试。

制播分离带来的节目制作模式、节目制作责任划分、节目商业化运作等多样化的改变，以搭建产业链条和寻求多重盈利为核心的新模式，都将在一定程度上影响中国电视节目市场整体发展的方向。

(二)超级节目——电视节目模式引进与创新

电视节目模式(Television Program Format)是指“可以遵循和复制的电视生产模式，并有一整套运作程序和规范”。③ 中国的电视节目模式在 20 世纪 90 年代以前，基本上由新闻、专题、晚会构成，在观摩了大量西方尤其是美国的新闻类电视节目后，1995 年由电视新闻杂志《东方时空》开启的新形态的电视模式开始出现。而这也带动了许多电视媒体通过模仿、复制、克隆或是组合等方式开始大量地进行电视节目模式的借鉴，形成新型的电视节目形态。1998 年出现在央视二套的《幸运 52》是国内最早通过购买节目模式版权而出现在电视平台上的节目，这个节目的原型为英国大型娱乐博彩节目《GO BINGO》，它在英国播出超过 30 年，中央电视台以 40 万英镑的价格将其购进并将其中的博彩性质剥离，从而打造出一个适合中国观众和央视语境的参与性娱乐节目。2010 年 7 月开始首季播出的《中国达人秀》，购买的是曾举办《英国达人秀》、《美国达人秀》的 Fremantle Media 公司的版权，较好的收视效果也为中国电视媒体电视节目模式的引进提供了最直观的借鉴。

国内电视台开始通过购买国外电视节目模式的版权(TV Format Bible，又称为节目圣经或节目宝典)，然后对其进行本土化改造的方式来实现节目形态创新。这一基本模式的形成，使得越来越多的省级上星频道开始通过这样的方式对综艺娱乐型节目进行调整。由于版

---

① 广电总局新闻发言人朱虹：十大举措推进广播电视影视产业发展[EB/OL].[2012-06-28].http://news.xinhuanet.com/politics/2009-10/20/content_12280852.htm.

② 曾祥敏，何琴．中国电视事业制播分离改革发展思路研究[J]．现代传播，2009(6).

③ 雷蔚真．电视策划学[M]．北京：中国人民大学出版社，2008：153.

权购买费用较高，还要投入大量的制作经费、优秀的节目团队，大力度的宣传和推广，这种一时间占据电视频道大量资源的电视节目开始逐渐成为高投入、强影响的“超级节目”，成为电视频道重点打造的强势栏目。为了保证黄金时间节目的多样化，欧美电视的季播模式逐步运用在超级节目的运作模式之中，通过不同季度主打节目的交替来完成一整年的播出带，形成新的收视习惯。

由购买版权所引进的电视节目模式，其节目的结构框架、叙事模式、素材元素已经基本形成，节目的基本形态受本身版权的保护，但为了适应国内收视市场，电视媒体一般会进行一些具体形态上的改造。这些具体节目形态的再创作，一定程度上既要保留原有节目模式的收视亮点，又要与本土的实际受众之间搭建新的沟通和认知的桥梁，尤其是投入较高的超级节目，在主体形态上的变化会对收视产生较大的影响。

(三)网屏互动——融合媒介下的电视生态圈

随着数字媒体的发展和网络数字平台搭建的逐步完善，媒体的生态圈显得日益复杂，网络媒介相较于传统媒介在事件扩大性上的作用步步攀升。电视媒介所播出的节目由于其瞬时性的特点，和网络平台形成了生物系统中的“共生”(symbiosis)关系：彼此创造有利的生存条件，较之单独生存时更为有利，更有生命力。电视媒介作为目前中国常态视频节目主要的制作方，为网络媒介尤其是网络视频媒体提供了主要的播放内容，同时互联网为电视节目的相关话题和事件提供了社会公众讨论的平台，有利于电视节目社会效应的扩大和发酵，形成社会关注的热点或现象，从而提升电视平台的收视率与影响力。

电视节目受电视生态圈的影响，将在互动模式上产生较大的变化，并将结合电视与数字媒介的特性产生全新的节目形态。首先，节目形态中更多地利用网络社交媒体进行节目用户的维护，以弥补电视节目在播出过程中相对单向的传播模式，如节目板块中设计微信、微博的互动平台，在节目播出过程中进行有效沟通与反馈。其次，制作台网互动类电视节目，创新台网互动的电视节目形态。目前国内多数电视媒体都建立了自己的官网，通过节目视频、新闻信息、互动社区等方式与受众进行沟通，但这种台网互动的方式依然是以电视节目本身为基础进行的一种数字化传播。新形态的台网互动类电视节目，将在节目形态设计中直接植入数字媒体，尤其是移动互联媒体，让观众通过APP下载参与节目整体进程，实时体验节目并与节目形成强互动关联，扩大节目在受众中的影响深度和收视黏度。如江苏卫视《一站到底》在2012年12月20日推出“一站到底”官方游戏APP，通过手机上的益智擂台与电视节目的互通，完成节目由单一的电视平台向多屏化方向发展的形态转换。

【作者简介】

冉华，武汉大学媒体发展研究中心媒介理论研究室主任，武汉大学新闻与传播学院教授，博士生导师，主要从事传播理论与媒介发展研究。

白嗣新，武汉大学新闻与传播学院2011级博士研究生。

国际品质 市场路径

——2012—2013 年中国纪录片的生产与传播

张 卓 陈 思

自2010年10月国家广播电影电视总局出台专项文化政策《关于加快纪录片产业发展的若干意见》以来，中国纪录片的国际化和市场化进程不断加快。该意见明确指出要“加大对国产纪录片出口的支持力度，重点扶持优秀国产纪录片打入国际市场，创建中国纪录片品牌形象”。2011年1月1日，CCTV-9纪录频道正式开播，成为我国第一个面向全球卫星覆盖的专业纪录片频道。“纪录频道收视份额持续以每年55%的速度增长，今年中央电视台海外纪录片发行递增了248%，纪录频道的广告额有望突破5个亿。”①截至2012年，央视纪录频道已在全球60多个国家和地区落地，拥有近4000万国际用户。2013年7月，在央视纪录频道的倡议下，中国纪录片制作联盟和播出联盟在郑州成立。其中制作联盟吸纳了国内100多家纪录片制作机构，希望通过多种模式的合作推动建立中国纪录片行业标准；播出联盟则将全国32家省级电视台和60多家市级电视台联合起来，成立“中国纪录片联播网”，并在这些电视台的地面频道开办每天30分钟的《纪录中国》栏目。“两个联盟的成立，将使全国的纪录片制作和播出队伍紧密合作，实现全国行业资源的有效整合”，“为国际纪录片市场贡献‘中国视角’和‘中国力量’”②。在政策推动和播出平台扩张的多重合力下，2012—2013年中国纪录片呈现出前所未有的跨越式发展，“国际品质、市场路径”成为中国纪录片生产与传播的新策略和新趋势。

一、播出平台扩张促动制播模式变革

据CSM统计，2011年全国范围内开路平台上的专业和准专业纪实类频道包括央视纪录频道、央视科教频道、上海纪实频道、湖南金鹰纪实频道、中国教育台三套、重庆科教频道、天津科教频道和辽宁北方频道8个。其中实现全国范围覆盖的是央视纪录频道和央视科教频道，其余6个均为省级覆盖。2012年中国各类纪录片播出平台迅速扩张。一方面，央视纪录频道保持良好上升态势，截至2012年年底观众规模超过6.6亿人，收视份额比开播时提高2倍；另一方面，央视综合频道开辟黄金时段播出纪录片，不少省市级电视台也开始恢复纪录片制作与播出。40%的电视台开始积极在纪录片领域寻求突破。以中央台、各省级频道、城市电视台为主体的三级电视机构纪录片主流传播格局正在逐步恢复，各级电视机构加大了对纪录片资源的分配比重。同时，纪录片在新媒体播出平台也呈现出迅猛发展之势，其中最具代表性的包括：(1)搜狐视频纪录片频道，共有近5万部纪录片，其自制栏目《大视野》单集投资甚至超过一些电视纪录片，截至2012年年底，《大视野》累计点击量已经接近7亿；(2)爱奇艺，致力于打造正版高清纪录片播放平台，播出总时长超过6000小时，首家正版网络播出《舌尖上的中国》，至2012年年底，该片累计点击量超过6000万；(3)中

① 牛梦笛. 中国纪录片挺进“联盟时代”[N]. 光明日报，2013-08-12.

② 牛梦笛. 中国纪录片挺进“联盟时代”[N]. 光明日报，2013-08-12.

国网络电视台(CNTV)纪实台，依托中央电视台的节目资源库，集纳地方电视台及各媒体机构的纪录片资源，其创建的第一个国家级纪录片新媒体产业运营平台“中国纪录片网”于2013年1月22日正式上线；(4)凤凰视频纪录片频道，2012年年初改版上线，重点突出独家内容和独立纪录片。此外，新浪视频、网易视频、腾讯视频、乐视网、风行网等也设有纪录片频道或专区。

播出平台的急剧扩张暴露出中国纪录片生产能力的相对匮乏。央视纪录频道每天有6小时的首播时间，一年约有2100小时，其中真正第一次播出的片子占到1400小时。在这些节目中，央视自制60~80小时，委托制作300小时，购买播映权400小时，还有700小时的缺口。央视纪录频道总监刘文说：“现在是我们有钱投不出去。片子是多，但质量低。纪录片播出的缺口很大，有预算也买不到节目。”①面对此困境，2012年央视纪录频道全力打造《活力中国》和《传奇中国》两个栏目，积极推动并扩大以“委托制作”为主的节目生产模式。2012年12月，央视纪录频道在面向社会制作机构的“中国纪录片制作行业年会”上倡导成立“中国纪录片制作联盟”，获得了与会全国省市电视台和社会制作机构的强烈回应。这可以视为2013年7月中国纪录片制作联盟和播出联盟成立的前奏。由此，中国纪录片的制播模式发生重大变革。委托制作的目的是要凝聚力量、汇集智慧、共商合作、共谋发展，它让纪录片告别了“一不赚钱、二无收视、三没有核心竞争力”的时代。2012年委托制作最典型的代表就是《舌尖上的中国》，其总导演为陈晓卿，执行总导演为任长箴，由任长箴组建摄制组。《舌尖上的中国》的主创人员有13个，其中4个为自由职业者，1个为自由摄影师，其他纷纷来自不同栏目组甚至不同电视台。《舌尖上的中国》依托央视大平台，聘用体制外的团队制作，既保证了制作经费和播出平台，又突破传统的创作思维，集中纪录片优秀力量，完成了一场舌尖上的视听盛宴，引发了电视和网络的收视狂潮。

二、政策保障改变纪录片国际传播格局

《中国纪录片发展报告(2011)》中认为中国纪录片进入“政治化的产业时期”：“一方面在国家政策层面纪录片国际传播功能和战略走向已具有充分而明确的导向性，另一方面在操作层面纪录片生产初步具备了运用国际话语传递中国形象的意识与能力，行政力量和国家资本推动中国纪录片国际化已取得瞩目成果。”2012年成为了中国纪录片的转折点。在传播层面，纪录片在逐步迈上产业化道路的同时，增强了与国际主流纪录片机构的合作，开始在国际市场上发挥影响力；在生产层面，中国纪录片的选题和表达方式也更具国际品质。

中国纪录片的国际化传播始于20世纪70年代末。1979年8月开始，中央电视台和日本放送协会(NHK)合作拍摄《丝绸之路》，迈开了中国纪录片走向国际的步伐。此后，中央电视台又相继与日本媒体合作拍摄了《话说长江》(1983年)、《黄河》(1985年)、《望长城》(1991年)等系列纪录片。这一时期纪录片生产的主要方式是国际合作拍摄。20世纪90年代之后，中国纪录片频频亮相各类国际电影电视节，并屡获大奖。20世纪80年代末至90年代初，中国纪录片的国际合作拍摄“主要是在创作理念方面要学习国际上的纪录片观念、语言、手法和风格等等，使缺少生气的中国纪录片在观念和形态上有一个改变，同时便于拿出去与国际同行进行交流”②。但这种欣喜在2000年之后逐渐减弱，虽有零星的国际奖项斩获，但“我们的纪录片不仅在国际舞台上始终缺乏整体的竞争力，而且在国内也没有真正形成像电视台其他类型节目的那种气候”③。在相当长的一段时间里，中国纪录片的引进与输

---

① 刘玮. 纪录片人才缺乏，制作方有钱投不出去[N]. 新京报，2013-08-09.

② 何苏六. 纪录片市场化：中国问题与外国方法[J]. 现代传播，2005(3).

③ 何苏六. 纪录片市场化：中国问题与外国方法[J]. 现代传播，2005(3).

出比例严重失衡。据国家有关部门统计，每年中国各级电视台播出的纪录片中，来自境外的纪录片总长达到了1.5万~2万小时，而国产纪录片总量只有区区1000小时。2010年，中国国际总公司海外纪录片销售金额在国际节目销售金额中占比6%左右，比2009年的23%下滑了17%，对外传播的中国题材纪录片仅有155部。

2012年5月，《舌尖上的中国》横空出世，不但让纪录片从小众化的专业性议题瞬间成为大众化的通俗性话题，更改变了中国纪录片的国际传播格局。《中国纪录片发展研究报告(2013)》显示，2012年中国纪录片海外出口2200万元，占影视文化产品的14%，增长幅度达到180%，总金额突破200万美元，其中《舌尖上的中国》在海外首轮发行额达到35万美元，创造了中国纪录片海外发行单片最好的成绩。2013年戛纳电视节，央视纪录频道乘胜追击，携9部纪录片参展，包括《京剧》、《舌尖上的中国2》、《茶——一片改变世界的叶子》、《瓷路》等，受到了参会机构和国际买家的高度关注和青睐，片花点击率在亚洲纪录片中名列前茅。仅参会期间纪录片交易量就达41万美元，比2012年增长70%以上。

2012年，央视投资制作的纪录片在选题上延续并强调了对中华文明的宣扬，通过纪录重大社会事件，传播中国民族文化与传统，表现时代的进步与发展。《舌尖上的中国》、《春晚》、《超级工程》、《故宫100》、《货币》、《China·瓷》等从不同侧面展现了中华文明的传承与发展。但在具体的表达方式上，努力解决“思想性强、故事性弱”等问题，不再过度强调中国历史与文化，而是使其与自然、艺术等现实表现相关联，大大增强了中国纪录片的跨文化传播效力。以《舌尖上的中国》为例，该片通过挖掘美食背后人的故事，生动地描绘出中国劳动人民勤劳淳朴的特质，将中国美丽的自然风光以及沉淀于自然里的民族文化委婉道来。影片第一集《自然的馈赠》就告诉观众“中国拥有世界上最丰富多元的自然景观”，“任何一个国家都没有这样多潜在的食物原材料”，解说词传达了无可比拟的民族自豪感。不管是晨曦而出采集松茸的卓玛、经验丰富挖掘冬笋的老包，还是利用天然盐井制作火腿的老黄、背井离乡的职业挖藕人圣武和茂荣，都以其辛勤的劳动和淳朴的特质表现出了一个个鲜活的中国人民形象，大自然的馈赠令我们骄傲，劳动人民的智慧更令观众感动。2013年9月2日登陆央视综合频道《魅力纪录》栏目的《丝路·重新开始的旅程》也一改1980年中日合拍《丝绸之路》的风格和叙述模式，将关注点转向“为美好生活而努力的人们”，讲述了拍摄丝绸之路沿线7个国家的人民的奋斗，宝贵的遗产、多样的文明，以及他们之间如何互相适应、和平相处，共同缔造新丝绸之路的故事。

同时，随着纪录片创作主体的多元化，纪录片主题也随之多元化。“真正关注社会热点话题、关注中国当前问题、思考国家未来发展等指向现实题材的纪录片，以及蕴含着作者的社会责任感和人文关怀的作品，将取代对于弱势群体猎奇式关注的纪录片，成为未来多元化纪录片作品序列中重要的组成部分。”①例如，讲述环保问题的《造云的山》(朱宇导演)，聚焦农村留守儿童及其教育问题的《三姊妹》(王兵导演)，揭露黑熊养殖产业内幕的《月亮熊》(熊君慧、涂俏、陈远中导演)，表现黄土文化和陕北人真实、原始生活状态的《走马水》(田波导演)，追索三峡水利工程计划推动的历史过程、探究三峡工程的决策背景、探访三峡移民当前生计困境的《三峡啊》(王利波导演)，等等。这些独立纪录片导演根据个人经历和人生体验深入社会各个细胞，将中国的各个角落展现出来。

总体而言，2012年以后中国纪录片在生产和传播两个层面都对“国际品质”有了更全面而完善的诠释与实践。“中国故事，国际表达”将是未来中国纪录片国际化的基本原则与方向。

① 何苏六. 2012年中国纪录片：一个新增长极的形成[J]. 当代电影，2013(6).

三、文化产业大背景推进市场路径多元化

产业经济学家考林·霍斯金斯(Colin Hoskins)等人认为，好莱坞的主要电影公司采取了两个主要的策略来确保他们长期的生存，一个策略是大规模运作，另一个策略是发行体系的建立。因此，中国纪录片迈向国际化的重要一步是寻求与国际接轨的市场路径。

传统上中国纪录片国际传播的主要路径，“一是行政管理机构通过中国驻外使领馆等部门进行传播；二是通过联合制作的方式，借助境外协作媒体进行传播；三是借助自有媒体平台，如长城平台进行传播；四是以音像制品的方式进行传播；五是通过新媒体平台进行传播。而在海外的院线、当地主流媒体、国际知名电影电视节、外国高等院校等有较大影响力的平台上播放则相对缺失”①。2012 年以来，中国纪录片的生产与传播改变了对单一机构行政手段的过度依赖和小规模的“单打独斗”，以更为规模化、市场化的态势全面出击。

首先，以中央电视台为代表的国家级媒体广泛开展全球合作，初步形成品牌效益。央视纪录频道开播近三年来，已与英国广播公司、美国国家地理频道、法国国家电视集团、英国独立电视台等签署了纪录片领域的“战略合作伙伴”协议。2012 年 4 月 1 日戛纳电视节开幕，央视纪录频道首次参展，同英国广播公司达成了《改变地球的一代人》和《生命的奇迹》纪录片联合摄制的合作意向。同年其他合作项目还有“共同投资、共派团队”的《汉江奇迹》和《生命的力量Ⅱ》，邀请国际团队参与的《金砖之国》、《外滩》等。2013 年戛纳电视节上，央视纪录频道与奥地利国家广播公司共同签署了合作备忘录，双方第一个联合摄制项目《番茄的胜利》达成初步合作意向。2013 年下半年，纪录频道还将与英国广播公司联合摄制纪录片《隐秘王国》，与美国国家地理频道启动联合摄制纪录片《熊猫》。

其次，随着制播联盟的成立，民营传媒公司逐渐成为中国第二大纪录片制作主体，这既是我国纪录片发展市场化、产业化的结果，也是纪录片生产细分化、专业化的结果。制播联盟在一定程度上既解决了纪录片生产人才紧缺的问题，又为民营纪录片公司提供了发展空间，整合资源、实现共赢。民营纪录片公司借着央视纪录频道、北京纪实高清频道和一系列网络播出平台的建立而迅速发展，其投资规模和增长幅度在近两年平稳提升。其中最具代表性的包括：以品牌纪录片栏目《传奇》闻名的大陆桥传媒、因《公司的力量》而迅速引起关注的三多堂传媒、中央新闻纪录电影制片厂(集团)独资成立的影视公司新影世纪和目前国内最大的民营纪实类节目制作运营公司北京元纯传媒有限公司等。

再次，独立纪录片导演和民间纪录片团体则努力通过各大纪录片影展寻求国际纪录片基金的支持，追求国际化的“联合制片”，这也是体制外纪录片走向国际的主要途径之一。例如，探讨中美两国现代舞交流的纪录片《身体的滋味》(王凡导演)由中美联合制作，是 2012 年北京国际电影节“北京放映”单元的唯一一部纪录片；《千锤百炼》(张侨勇导演)采用加拿大和中国合作融资与制作的方式，打造了国际动作大片的视觉感受，获得第 49 届台湾电影金马奖最佳纪录片奖；聚焦汶川震后遗留问题的中美合拍纪录片《殇城》(赵琦导演)获得圣丹斯电影节和 ITVS 基金提供的 40 多万美元的资金支持，入围 2013 年圣丹斯电影节“全球电影纪录片竞赛”单元；纪录片制片人梁为超创立的武汉星宇影视文化发展有限公司通过国际融资制作了纪录片《活着》，该片于 2011 年年底作为唯一一部来自中国的主竞赛单元参赛片入围阿姆斯特丹国际纪录片节，并在随后的中国(广州)国际纪录片节上荣膺评委会特别奖。有学者认为，近年来国际联合制作之风给中国独立纪录片的市场运作提供了重要的经验参考，与以往非常不同的是，中国独立纪录片的第三个活跃时期即将在国际联合制作领域发

① 何苏六，李智，毕苏羽. 中国题材纪录片的国际化传播现状及发展策略[J]. 中国广播电视学刊，2011(5).

酵，并将有可能对中国纪录片产生意义深远的结构性改变。

最后，“用商业思维来运行公益事业”的纪录片运营平台CNEX(Chinese Next，华人新世代)也进入平稳发展期，探寻出一种独特的运营模式。其运营资金一半来自中国内地、香港、台湾地区的个人捐赠，另外一半来自市场发行。2007年到2010年间其发行收入从零迅速上升到总收入的50%，其中院线收入第一，电视收入第二，国际发行收入第三，DVD收入第四。2013年是CNEX主题征集的第八年，第一届到第五届，CNEX对每一部入围作品投资额为8万元，从第六届开始调整，每一部长片约投资10万元，第八届每部资助金额最高可达20万元，单部纪录片的投资金额逐年提升。CNEX的成功说明，纪录片只有在市场运营上周转起来，形成良性的上下游链条，才会真正地存活下来，成为具有自主造血功能的机体。

在某种意义上，在全球文化产业大发展的背景下，纪录片是保留国家独特价值观、维护民族认同的关键因素。中国纪录片在经历了20世纪50年代的宣传教化、20世纪80年代的民族表征和20世90年代的百姓讲述之后，亟待重新思考纪录片在国家和民族层面的功能与意义。2012—2013年中国纪录片在国际化和市场化方面展现出的变革性转折是文化强国战略的现实写照。

【作者简介】

张卓，武汉大学新闻与传播学院教授，博士，主要从事广播电视研究。

陈思，武汉大学新闻与传播学院传播学(广播电视方向)2012级硕士研究生。

中国电视业制播分离研究的基本现状及其思考

陈　铭　刘吉桦

制播分离(commission)源于英国，原意是指电视台将节目制作业务委托给外部机构或独立制片人完成，是广播电视传媒行业发展到一定历史时期，技能逐步熟练、分工逐步细化、市场逐步开拓、竞争逐步激烈后的必然产物。制播分离通过市场竞争机制的引入，使得节目的制作方和播出方都要受到自由市场的双向挑选，迫使节目价格趋向便宜、种类趋向多元、质量趋向优异，最终使得传媒市场百花齐放、更加繁荣，符合经济学和传播学的基本原理，是传媒文化产业发展的大势所趋。自制播分离面世以来，专家学者就极其关注这一新兴文化产业现象并予以广泛探讨和深入研究。

笔者于2013年4月在中国学术文献网络出版总库以“制播分离”为关键词，查询到的文献总数为1639篇，以“广播电视体制改革”为主题，查询到的文献总数为107篇，可见在一线诸多实践的同时，国内学界也开始对制播分离进行了系统而全面的研究和解读。其研究主要集中在以下几个方面：

一、关于制播分离概念的界定

从概念导入，是人们研究一切问题的出发点。制播分离是一种新现象，因此在我国学术界几乎所有研究制播分离的文献，都对其概念进行了界定。关于制播分离的概念，有多种阐述。主流观点认为，“制播分离”最早起源于英国的“commission”，主要是指在电视台策划、投资并拥有版权的前提下，将节目制作业务委托给外部机构或独立制片人完成。① 上海文广新闻传媒集团发展研究部在《传媒主张》上发表的《为何“制播分离”在中国电视业成了一个迷思?》一文指出，“commission”的原意并不是国内早期理解的“将制作权与播出权相分离”的所谓“制播分离”，也不是非要将电视节目的生产制作与播出分别交由不同的单位负责，它强调的是吸纳社会力量参与电视节目的生产制作，强调的是在电视台占主导的情况下，将节目制作委托给一些社会化的节目制作机构。② 学者肖珺认为：“制播分离”，从广义上说，是指电视节目由社会上独立的节目制作公司自主制作，然后将节目推向市场销售，电视台则根据自己的需要，到节目市场上自由选购节目，供播出用；从狭义上说，是指电视台内部将节目制作部门独立或相对独立地分离出来，实行企业化管理，自负盈亏、自主运作，完成电视台指定节目的生产任务。③ 这一定义以节目为对象，强调的是制作与播出的主体变化，而广义与狭义的区别主要在于制作主体的独立程度的区别。中国传媒大学邢建毅教授认为，制播

① 唐世鼎，等．制播体制改革与电视业发展问题研究[M]．北京：中国传媒大学出版社，2005：76-77.

② 上海文广新闻传媒集团发展研究部．07—08传媒主张[M]．上海：学林出版社，2008：31.

③ 肖珺．中国电视产业经营研究[J/OL]．[2012-02-13]．中华传播学会2001年年会论文，http://ccs.nccu.edu.tw/history_paper_content.php? P_ID=457&P_YEAR=2001.

分离制是指在电视节目的生产、流通与播出的过程中，节目的生产制作与节目的播出分别由不同的单位负责的管理制度，各级电视台既是节目的生产者，又是节目的播出者。① 邢教授的定义强调电视台依然是生产和播出的双重主体。北京大学新闻与传播学院陆地教授认为，制播分离是指电视节目的策划、投(筹)资、制作、审查、购买和播出等各个环节由两个或两个以上没有任何市场交易以外关系的法人主体分别完成的运作体制。陆教授的定义主要站在媒介经济学的角度，开辟了从电视节目播出这一市场行为的全流程过程切入的全新角度。学者顾宜凡则认为，制播分离制是将广播电视节目制作从广播电视播出机构中以某种形式分离出来的一种市场化导向的节目交易机制。这一定义更多着眼于宏观视角的体制机制建设。笔者综合各位学者专家的概念划定，总结出了制播分离概念研究中两种最基本的范式：

(1)微观技术层面：通过直播改录播和录播与直播相结合的混播形式，实现了电视节目制作过程与播出过程的分离；

(2)宏观机制层面：从结构体系和经济机制上把制作节目和节目播出的运作环节区分开来，实现基础设施播控、节目编排经营、影视产品生产流程的各自独立。

二、关于制播分离改革不同模式和具体措施的思考

许多文献认为，我国制播分离实践的尝试首先体现在电视剧的制作上。由于全国有几百家电视台，共有数千个电视频道，对电视剧的需求量极大，然而，大多数电视台并不具备自己制作电视剧的能力。电视台将电视剧的制作交由专业的制作单位去完成，已经逐渐形成了一个新的行业。如今，全国已出现了上千家电视剧制作机构。它的正式提出是在 1999 年的国办发 82 号文件，其核心内容是：其一，网台分营；其二，电视与广播、有线与无线合并；其三，停止四级办台。其中网台分营指的是电视台和电视网(节目供应商)分开经营，也就是制播分离。有关文件规定，除新闻之外的生活、娱乐、体育等节目或栏目，均可实施。在总结早期制播分离模式时，文献普遍认为我国早期存在三种模式，其各自特点参见表 1。

表 1 **早期国内三种制播分离模式**

早期国内三种模式	封钢模式	先确定选题再寻找投资者，然后调查经营空间，最后制作节目
	王长田模式	先调查受众需求和买方市场，然后再制作和销售节目。在节目播出之际，吸引和寻找广告，收回投资，并赢得利润
	夏骏模式	承包电视台的某一专业频道，并对它进行全新改造和包装，在此基础上吸引资金和广告的介入，使整个频道有稳定的资金保障

有的文章，如周宁的《电视节目制播分离刍议》还把栏目承包制，即通过公开招标制片人，承包电视台所需节目(主要是栏目)的制作的制度，看做是制播分离的另一种模式。②

随着制播分离市场的逐步建立和完善，各类型的制播分离模式纷纷涌现。笔者以电视节目为主体，依据电视节目在电视台运作体系中的制作管理方式的不同，归纳出表 2 中所涵盖的四种制播分离类型。

① 邢建毅．制播分离体制的确立对电视业的影响[J]．南方电视学刊，2000(6).

② 周宁．电视节目制播分离刍议[J]．西南民族学院学报，2002(4).

表2 四种制播分离类型

类　型	含　　义	案　例
"制片人制"型	电视台提供时段，以栏目制片人为核心的内容团队自主招聘，组合栏目制作相关的业务甚至广告经营，为栏目的运营创造人力、物力和制度等多方面条件，自负盈亏	中央电视台《赢在中国》
版权购买型	由节目制作机构投资进行前期的市场调研和策划，确定节目的内容和风格，制作节目并拥有节目版权。电视台通过购买获得节目的播出权，支付方式可以是现金购买或以贴片广告补偿	光线传媒
联合制作型	由电视台和社会制作机构共同策划、投资、联合制作节目并分享节目版权的操作模式。电视台可以投入部分节目制作经费，也可以提供一定的广告时段由制作公司经营，双方共同对节目进行审核后播出	北京电视台生活频道
转企改制型	将频道频率管理、宣传内容编辑、播出管控、新闻节目制作等部分业务保留事业体制。将政策允许制播分离的节目制作和广告经营业务从事业体制中剥离转企，从而实现核心资产内容制作的真正市场化、产业化	上海文广集团

制播分离在市场上出现的种类之多不胜枚举，仅仅以电视节目为主体进行类型划分显然不够全面，还可以从更宏观的视角——即电视产业和节目市场流通的关系来进行划分。以电视产业链模式的不同来划分，可得表3。

表3 三种制播分离产业链模式

类　型	含　　义
全产业链模式	相当于企业整体制播分离、转企改制，从体制上将事业产业彻底分开，打造产业链全业务市场主体，开展多元化产业经营。被剥离出的产业公司在业务上紧密配合事业平台，两者之间的关系是全方位的合作关系
半产业链模式	未完全从事业体制中剥离可经营性业务，或是目前公司未与其母体及其他剥离出的控股公司在业务上发生完整的关联
外包产业链模式	保持播出平台的竞争优势，对产业价值链上不具有核心竞争力的环节进行对外合作，从而保证自身的竞争优势

面对这些不同历史时期的复杂多样的制播分离实践模式，专家学者们对中国广播电视行业制播分离改革过程中的具体措施有着自己的解读。中国传媒大学邢建毅教授认为，建立科学的节目评估机制、实行成本核算、实施企业管理是推行制播分离的前提条件。湖北省广播电视总台陶涛在《推进制播分离改革，打造广电媒体竞争力》一文谈到制播分离改革的具体措施：一是实行剧目股份制，运作项目；二是依托品牌栏目，组建公司；三是委托制作节目，按收视率论价；四是大胆探索全频道制播分离。新导向文化传播机构刊载的《中国电视业的"产业化"在前行中面临的问题与对策》一文认为，深化制播分离体制的具体办法是：固有国有资产和人员、品牌等资源相分离；改变"制"方的性质，改变"播"方的管理职权；完善相关政策；制定向民间节目制作公司倾斜的扶持政策。

三、关于制播分离制约因素的研究

虽然很多学者和相关从业者对制播分离持肯定态度，但目前制播分离改革在我国电视系统全面推进，仍然面临着许多困难。王洪、李蔚在《我国制播分离研究文献的综述》中认为：第一，如果没有健全的法规作保障，那么节目交易就难以做到公平、公正；第二，如果没有建立规范的电视节目市场，那么就容易滋生腐败现象；第三，如果没有建立完善的节目评估体系，那么制作公司所生产的节目定价就难以稳定；第四，如果不确定社会制片公司、独立制片人的资质水平，那么节目的质量就难以得到保证。新导向文化传播机构刊载的《中国电视业的"产业化"在前行中面临的问题与对策》一文指出，制播分离中出现的瓶颈有三个：一是缺乏稳定明晰的政策支持；二是"条块结合"的管理体制；三是电视台处于垄断地位。学者刘江华《节目播出至少要过十关　猴年马月谈制播分离》一文谈道："一家知名电视公司总经理分析说，现在80%至90%制作公司的节目想在电视台播出至少要过十关：人情关；进台关，如果电视台里有同类节目或者台领导看不惯，则进不了；价格关，即使是广告收入几个亿的电视台，也只愿意以每分钟几十元的价格买片；广告关，只要本台播放的广告，禁止外来节目的贴片广告出现；品牌关，以影响本台形象为由不允许出现制作公司的台标；收视关，外来节目安排在较差的时段播放却要参与全台节目排序，然后以排名靠后为由禁止播出；合同关，不经通知就调整播出时间；版权关，只要节目在本台播出，版权就属于本台，要参与分成；三费关，磁带费、卫星传输费、复制费等，电视台以压缩成本为由拒不支付；审查关，各地审查标准严重不同。"①央视副总编辑孙玉胜认为："制播分离之所以难以广泛推行的原因，主要在于现在电视台赢利模式单一，电视台和制片公司都主要依靠广告来维持生存与赢利。"②王洪、李蔚认为，要真正推行制播分离改革，除了有法规保障、建立节目市场、完善节目评估标准外，还要实行电视收费制。这点出了制播分离"落地难"在经济学层面的主要制约因素——盈利模式单一，却忽视了其背后政策出台的滞后和电视台体制改革的掣肘，未免有避重就轻之嫌。

四、关于制播分离效果的评价

制播分离在国内也已走过了二十多年的历程，效果究竟如何呢？王洪、李蔚在《我国制播分离研究文献的综述》一文中认为，制播分离后有以下长处：一是可以降低成本，杜绝浪费；二是可以丰富节目，多出精品；三是可以激活市场，促进融资；四是可以调整机制，提高活力；五是可以精简机构，缩减人员。苗棣、邢建毅、蒋淑媛、贾玉祥、张帆等人认为，"制播分离"和"频道专业化"对于电视的产业化同样有着至关重要的意义③。肖珺认为，"电视节目制播分离必然会在传统的中国电视产业界引起强烈反响，但只有实行了制播分离的改革，我国电视节目制作才会迈上一个新台阶"④。新导向文化传播机构刊载的《中国电视业的"产业化"在前行中面临的问题与对策》一文指出："中国电视制作市场将迎来一个发展的大好时机，观众可望看到更高制作水平、更高艺术水准的电视节目。"刘江华认为制播分离能够为观众提供更多好节目，他说："对于观众来说，由于社会制片公司和市场紧密挂钩，要生存必须准确把握观众的需求，因此制播分离在满足观众需求多样化的同时还能让观众看到更多好节目。"⑤虽然为制播分离"鼓与呼"的声音不绝于耳，但是也有一些学者在文章中认为制播分离并非是治愈电视台顽疾的灵丹妙药，对制播分离改革持谨慎的态度和观点。如

① 李建凯．浅谈制播分离下新型电视节目评估体系的建构[J]．南方电视学刊，2004(4)．

② 刘江华．节目播出至少要过十关　猴年马月谈制播分离[N]．北京青年报，2004-02-08．

③ 苗棣．网台分离[J]．现代传媒，2000(5)．

④ 肖珺．中国电视产业经营研究[J/OL]．[2012-02-13]．中华传播学会2001年年会论文，http://ccs.nccu.edu.tw/history_paper_content.php?P_ID=457&P_YEAR=2001.

⑤ 刘江华．节目播出至少要过十关　猴年马月谈制播分离[N]．北京青年报，2004-02-08．

徐舫州认为，在整个大环境没有根本改变的情况下，如果不做好充分预测及对策措施，其改革结果必然是事倍功半且劳民伤财。又如北京大学教授陆地所指出的，如果有人认为制播分离后可以减轻电视台的负担，那么这只是一厢情愿的看法。而且他强调，制作人员分离后，节目制作力量肯定会下降，电视台节目质量怎么反而就能上去呢？他同时强调，不要把制播分离过于简单化甚至神化。

笔者通过对国内研究现状的全景式梳理，并将其与国外研究和一线具体实践需求作比较，试图找到国内制播分离研究现状中的一些不足与盲区，探寻接下来可供继续深化的研究方向：

(1)从研究视野上来看，重单一学科研究而轻跨学科研究。国内研究较偏向于传播学领域广播电视专业角度，较缺乏跨学科多角度的交叉研究。“制播分离”这一概念并不是独立的。在概念解析、现行模式和制约因素的剖析中，大多数学者习惯性地从传播学广播电视专业的视角出发，以电视台和节目制作方(如节目制作公司等)为主体入手进行研究。而反观国外学者，在研究中更多地从行政管理学、产业经济学、文化生态学、社会学、法学甚至哲学等跨学科视角切入，对国家、政府、市场、资本、受众、文化等多样化主体进行深入研究。如美国格里芬教授结合市场经济产业经济学，研究跨国传媒巨头们的全球性的信息生产中心和市场销售网络①；再如学者阿兰·G. 格鲁奇从社会学和政治学角度切入，探究广播电视体制建构中传媒与政府的双效互动②；以及美国纳波里教授结合法学，总结出指导西方广播电视体制制播工作模式的传媒政策基础原则③，等等。我们会发现，国外学者多在跨学科交叉领域探索，这样更容易找到研究的创新点，更容易从体制机制直至更广的层面对“制播分离”这一概念进行外延的横向拓展和内涵的纵向深入。

(2)从研究场域上来看，重宏观研究而轻微观研究。国内研究较偏重于对宏观整体的大改革、大政策的研究，较缺乏微观层面对具体节目的细节化研究。国内大多数学者在对政策研究当中习惯立足于宏观视角，对全国电视台、频道、节目进行鸟瞰式研究，容易忽视政策亦是从实践中来、到实践中去的，针对某些在制播分离政策实践中有开创性尝试的具体节目的研究较少。比如湖南卫视最先尝试的制片团队制，诞生了《快乐大本营》、《天天向上》等一大批享誉全国的优秀的综艺节目；再如浙江卫视和灿星制作合作的红遍大江南北的《中国好声音》，以及2014年中央电视台与灿星制作合作的《中国好歌曲》、《中国好男儿》等“中国”系列节目，都是在不同的平台、不同的合作框架和不同的制播分离思维下的极有益的尝试。因此，针对具体节目“制”、“播”双方的合作细节——包括具体合同的条款、广告盈利的分成模式、对制作权下放或外包的程度等——的考察，以及与电视台领导、宣传部门行政主管领导、制片人与执行制片人、节目制作公司管理层等制播分离核心参与者们的深度访谈，都是由小见大、以点带面的新时期政策研究的活素材，而这些在前人的研究中，难觅踪迹。

(3)从研究方法上看，重定性研究而轻定量研究。国内研究较偏向于质化研究，而在制播分离的制约因素、效果评价等方面量化研究较为缺乏。前人学者最常运用历史回顾、文献分析、观察、参与经验的总结和归纳等方法获得资料和观点，而量化这一重要研究方法的缺失自然使得国内研究普遍感性颇重而理性不足，经验颇重而严谨不足。例如在对制播分离效果评价的方面，同一个电视台制播分离前后节目质量的比较，不同的电视台采取不同的制播

---

① Michael Griffin. From Cultural Imperialism to Transnational Commercialization: Shifting Paradigms in International Media Studies[J]. Global Media Journal, Volume. 1, Issue 1, Fall 2002, Article No. 6.

② 阿兰·G. 格鲁奇. 比较经济制度[M]. 北京：中国社会科学出版社，1983.

③ Philip M. Napoli. Foundations of Communications Policy[M]. New Jersey: Hampton Press, Inc. 2001: 22-28.

分离策略的结果比较，这些都可以用数据说话——节目的收视率的变化、影响力的变化、网络关注度与热词搜索量的变化等，都可以通过量化的设计与研究清晰、直观、严谨、准确地展现出来，这样所支撑起的观点自然会更加有理有据，使人信服。

(4)从研究客体上来看，重广播电视研究而轻新媒体研究。国内的研究更偏向于对广播与电视的制播分离政策的研究，而对互联网时代新媒体环境对政策变革提出的全新要求少有涉及。近几年的时间里，电视开机率大幅下滑，而与之同步的互联网视频点击率飞速提升，带来了媒体经济的全新增长点，成为了广告商客户的全新宠儿。尤其是在 2014 年 1 月，中国移动率先带领 4G 手机网络步入商业运营阶段，大屏高清智能手机用户直接越过节目市场的最后一道壁垒——节目播放流畅度和节目画面质量，因为手机网速慢而使视频播放受到巨大影响的难关也已被突破，节目播出平台在电视、电脑、手机三块屏幕激烈竞争的格局正在隐约形成。各大电视台，优酷、爱奇艺等网络视频运营商，电信、移动、联通手机服务提供商，甚至腾讯、搜狐、百度等互联网大鳄，都在虎视眈眈，节目市场客户多元化趋势愈演愈烈。随着物质条件的不断改善和科技瓶颈的不断突破，网络时代公众对信息和娱乐的要求也呈现井喷式增长，这也会使中国的节目市场步入一个黄金发展期和剧烈变动期。在这一节目市场的"战国"时代，制播分离的政策要想紧紧跟上瞬息万变的时代步伐，则要求我们以互联网的思维来思考和研究问题，"观众"变成了"用户"，"内容为王"变成了"用户体验至上"，这些固有观念的转变则更是脚踏实地的研究的前提。从新媒体、全媒体的角度来思维，也许能帮助我们与时俱进，找到最合适的制播分离变革方向。

任何研究都不能脱离具体实际和现实国情。事实上，制播分离也并不一定是唯一应行、可行之路。在美国，制播分离后，节目制作市场带来了资金自由高速的流动，几个垄断型的传媒巨头在不断的兼并重组中逐渐成形，制播分离重新逐步走向更高效的制播整合；在中国台湾地区，大量节目制作公司所制作的节目内容偏向低级趣味而逐步丧失市场，大量优秀的节目制作人重新回流至中天等老牌电视台，电视台所制作的节目反而越来越受到观众、广告商和节目市场的青睐。美国和中国台湾地区的历程告诉我们，世界范围内制播分离并没有普遍之律和一定之规，唯有以我国的政治背景、经济发展阶段、文化传统等具体国情为基础，以制播分离政策现状为出发点，以跨学科、多角度、立体化、融会贯通的知识体系为平台，以微观与宏观兼顾、量化与质化结合的研究方法为手段，以受众的诉求为根本，以发展的、全媒体的眼光看向未来，才能顺利地找到中国电视业制播分离研究的应行之路。

【参考文献】

[1]赵化勇．制播分离体制改革与电视业发展问题研究[M]．北京：中国传媒大学出版社，2005.

[2]李蔚．制播分离：电视业改革的必然选择[J]．南京政治学院学报，2004(4).

[3]陆地．跨媒体时代的到来与电视产业的发展[J]．电视研究，2008(10).

[4]陶涛．推进制播分离改革，打造广电媒体竞争力[J]．政策，2008(9).

[5]曾庆香，李蔚．论我国制播分离的必然性[J]．辽东学院学报，2005(6).

[6]夏冠英，郭万盛．我国"制播分离"面临的瓶颈[J]．广告大观(媒介版)，2006(4)

[7]钟志平，王炎炯．制播分离——电视业改革的必然选择[J]．电视研究，1999(9).

[8]王长田．我看制播分离[N]．中华工商时报，2000-04-19.

[9]刑建毅，蒋淑媛．制播分离体制的确立对电视业的影响[J]．现代传播，2000(4).

[10]陈一珠．电视制播分离改革的研究[D]．广州：华南理工大学，2010.

[11]国家广播电影电视总局办公厅．广播影视工作重要文件汇编(1991—2008 年)[M/OL]．[2013-02-16]．中国互联网信息中心(CNNIC)，http：//www. cnnic. net. cn.

【作者简介】

陈铭，武汉大学新闻与传播学院2011级博士研究生。

刘吉桦，武汉大学新闻与传播学院讲师，博士。

对电视媒体过度娱乐化的思考

宋若涛

电视发展到今天，在技术上比平面媒体和广播走得更快更远，影响力上也是更大更广，电视媒体所需承担的社会责任也更加显著和重大。然而，目前我国电视媒体的过度娱乐化倾向已经是一个定论。因而，解决电视媒体的过度娱乐化问题，均衡电视内容上的结构份额，是中国电视界亟待解决的要务。

一、我国电视媒体娱乐化大潮的兴起

电视媒体的娱乐化发展并没有错，但是，随着真人秀节目的恶俗化、娱乐性节目的粗俗化、电视剧节目的戏说风、明星类节目的窥视化等现象的出现，其过度娱乐化的问题已经迅速凸显出来，并成为一个严重的社会问题。①

事实上，我们应当辩证地来看待电视娱乐化的问题。电视娱乐化虽具有愉悦身心、舒缓心情的正效应，但同时也有麻醉精神、降低审美鉴赏力和文化水平的负效应。中央电视台最早开播的综艺节目《春节联欢晚会》、《综艺大观》、《正大综艺》等曾伴随一代人的成长，给他们带来了许许多多的欢乐；湖南卫视分别于1997年和1999年创办的大众性综艺节目《快乐大本营》和《欢乐总动员》，集游戏、表演、竞技和搞笑于一体，令无数青年男女为之疯狂；之后，2005年湖南卫视推出的选秀类节目《超级女声》，更是在全国掀起了平民造星的浪潮，创下超高收视率的同时，也催生出许多问题，引发了人们对电视节目形态的深入思考。综观各大电视媒体，似乎不难看出，现在的电视节目越来越贴近民众，生动性、娱乐性不断加强。不仅如此，现在许多非娱乐类的电视节目也都已经走上了娱乐化道路，例如在我们心目中一直较为严肃的电视新闻类节目、科教类节目、谈话类节目等，都已经打上了娱乐的标记，如湖南卫视的《晚间新闻》和《背后的故事》。

二、电视媒体过度娱乐化的内涵

(一)电视媒体过度娱乐化的界定

到目前为止，学术界对“过度娱乐化”下过诸多定义，但是总体来看，国家广电总局下发的《关于进一步加强电视上星综合频道节目管理的意见》中对电视媒体过度娱乐化的界定，还是最为中肯的。该意见指出，看电视节目是否存在过度娱乐化倾向，可以从以下四个方面衡量：

一是功能原则。中国电视频道应将宣传教育作为主功能放在首位，凡是追求娱乐至上，忽视思想内涵，排斥审美追求，拒绝承载社会责任、主流价值的，应属过度娱乐化。

二是元素原则。有些电视节目虽不是娱乐节目，但在创作过程中，过多添加了娱乐元

① 参考[美]尼尔·波兹曼.娱乐至死[M].章艳，译.桂林：广西师范大学出版社，2004.

素，结果喧宾夺主、娱乐泛滥，冲淡了原有主题，淹没了节目的理性精神和人文情怀。比如，有的节目中求职人员的才艺比拼、主持人嘉宾的插科打诨占据大量节目时间，使其认知功能、服务功能退居其次。这应属过度娱乐化。

三是效果原则。看一个节目是不是过度娱乐化，要看其最终的传播效果，是主题积极、格调健康，能够振奋精神、愉悦身心，还是以吸引眼球和提高收视率为主要目的，追求浅层次情感宣泄和快感满足。比如矛盾调解类节目的出现，本意是为了解决矛盾，但有的节目却热衷披露隐私绯闻，展示阴暗心理，甚至为了制造看点，故意挑起、激化矛盾冲突，最终效果不是化解矛盾、引人向善，而是满足一些人窥私围观、幸灾乐祸的心理，误导人们的价值观。这样的节目应属"过度娱乐化"。

四是总量原则。如果在每晚黄金时间，有一半频道都在播出PK选秀、游戏狂欢、家庭冲突等娱乐性较强的节目，必然让观众感到满眼都是娱乐。娱乐性较强的节目过于集中时，总量上就会呈现过度娱乐化倾向，需要调控。①

(二)电视媒体过度娱乐化的表现

笔者认为电视媒体过度娱乐化的表现可以分为以下几个方面：

第一，电视娱乐节目大量增加。随着电视娱乐产业的不断发展壮大，各电视媒体相继推出专门的娱乐频道。而许多频道还大量增加娱乐性节目，甚至其黄金时间也被娱乐节目占据，观众别无选择，人们收看其他节目的时间大大缩短，收看娱乐节目的时间则在增加。

第二，电视节目内容上的娱乐化及娱乐形式的多样化。比如湖南卫视的《快乐大本营》，从早期的单一娱乐模式逐渐演变成多核心一体化的模式：节目一开始采用全民娱乐的类型，经常邀请一些有特殊才能的人物、一些可爱的孩子来表演；后又转变为选秀节目，来选举其主持人；现在则变成了嘉宾访谈、游戏型的综艺节目，经常邀请一些中国内地或港台地区的知名艺人来访谈、做游戏等。

第三，电视节目形式上的娱乐化。主要表现是戏说、评说类栏目增多，许多此类节目大多采取戏说、评说的形式，如主持人手拿折扇，将演播室布置成说书的场景，在节目中融入说书的感觉，减少了节目的庄重感和严肃性。如吉林卫视的《牛群》，河南电视台都市频道的《村长开"汇"》等皆是如此。

第四，电视新闻的娱乐化。在新闻资讯类节目中，娱乐新闻板块所占的比例越来越大，民生新闻栏目中的娱乐新闻比重也不断增加。更有甚者，一些新闻资讯类节目为了提高收视率而去迎合某些低级趣味。在用语上，一些新闻节目为了拉近与观众的距离，常常用聊天式的语言，充满主观性和感情色彩，降低了新闻语言的规范性和新闻本身的可信性。如河南电视台都市频道的《都市报道》、《打渔晒网》等。

三、电视媒体过度娱乐化的原因

电视媒体过多娱乐化的原因是纷繁复杂的，经过仔细的思考和梳理，我认为主要有以下几点：

(一)生产力水平的提高和经济体制的转变

改革开放以后，我国由计划经济转变为市场经济，这同时也深刻地影响着我国的传媒体制。广播电视经历了结构性调整，频率和频道的专业化转变，形成了广电集团化趋势，扩大了广播电视业的自主权，市场化竞争更加激烈。而在这种情况下，它们要想发展壮大，就势

① 参见国家广电总局《关于进一步加强电视上星综合频道节目管理的意见》(2011年)。

必要在残酷的市场竞争中扩大娱乐节目的数量，增加其他节目的娱乐性成分，追求媒体节目的娱乐化，从而提高收视率，增加利润。

（二）我国媒体市场化竞争导致媒体过分追求收视率

在市场化大潮席卷世界每个角落的今天，经济的变革必然影响甚至决定媒介的发展。自20世纪80年代开始，我国电视媒体业逐渐实现了市场化，独立核算、自负盈亏的媒体运作方式已经成为主流，广告收入成为了媒体主要的经济来源。而电视节目商业价值的一个重要衡量指标就是收视率，因此，"收视率至上"成为了电视媒体最重要的经营理念。为了达到提高收视率的目的，不少媒体不惜在节目中增加低俗化、庸俗化的内容来吸引观众，这就促成了电视媒体的过度娱乐化。

（三）信息传播的需要

无论是从传播者、传播信息，还是从媒介、受众等方面来看，电视媒体的娱乐化趋势都可以说是信息传播大众化的需要。对信息时代的受众来说，轻松诙谐的传播方式比严肃生硬的传播方式在传播效果上更好些，娱乐化手段更有助于信息的主动传播。比如颇受观众欢迎的民生新闻类节目《南京零距离》中，主持人休闲有趣的造型，严肃又不失幽默，以口语方式陈述贴近生活的新闻事例，成功地展现了电视媒介的感人魅力，得到了良好的收视效果。可见电视节目的娱乐化，在一定程度上来说能够帮助信息的传播，但是，大量地、不加限制地运用娱乐化手段来传播信息，就造成了媒体信息传播的过度娱乐化问题。

（四）受众的需要

随着现代社会竞争的日益加剧，人们生存及生活的压力越来越大，所以需要娱乐节目缓解压力。而搞笑、煽情的电视娱乐节目无疑能给人们带去一份轻松的心情，这为电视娱乐节目的发展提供了广阔的空间。电视媒体向来是传播的主动者，决定着公众选择新闻的范围，但受众并不是消极地接收信息，而是积极地寻求自己需要的信息，毫不犹豫地抛弃自己不需要的信息。在受众的约束下，媒体在传播信息的同时，不得不以信息的质量使受众满意为前提，而信息传播的大众化的具体表现，就是电视节目的"过度娱乐化"。当今世界处于信息大爆炸的时代，我们每一天都会接收各式各样的新鲜信息，可以说，受众对信息的取舍直接影响了电视节目的娱乐化。在纷繁的电视节目中，受众更多地会去选择一些有助于轻松接收信息的电视节目，在轻松、诙谐的氛围中接收新鲜的信息。所以，电视媒体娱乐化便随之产生了，并且其程度也越来越深，即过度的娱乐化。

（五）国外尤其是欧美媒体娱乐化倾向的深刻影响

这是一个外部的影响因素。全球经济的迅速发展带来了消费主义浪潮，电视媒体以其巨大的信息传播优势加入了娱乐主义的行列。在我国媒体的成长和发展过程中，国外尤其是欧美媒体的娱乐化倾向深刻影响了我国电视媒体的栏目策划，这是使得我国电视媒体出现娱乐化倾向的一个重要原因。例如，迪士尼公司ESPN国际频道两年内在全球开设了18个MTV音乐电视频道；福克斯公司的FOX5频道，以充满娱乐气氛的搞笑谈话、游戏竞技、情景喜剧节目为落脚点，以"娱乐立台"为方针，很快崛起为美国第四电视网。受此影响，我国电视传媒业中呈现出的过度娱乐化的精神也在日益扩散：《超级女声》全盘拷贝《美国偶像》，《开心辞典》是不折不扣的《谁想成为百万富翁》的翻版。为了达到这种娱乐效果，我国媒体在效仿时，不但将外国娱乐节目中低俗的部分照抄照搬过来，而且变本加厉地将大量低俗的娱乐内容加进自制的节目，造成电视娱乐节目的过度娱乐化。

四、电视媒体过度娱乐化的影响

(一)对电视媒体自身的影响

电视媒体具有宣传功能、新闻传播功能、舆论监督功能、实用功能和文化积累功能等，作为传播新闻和社会教育的平台，是大众获取信息、增加知识、传承文化的重要途径，其文化传承的功能应该被放在提供娱乐的功能之前；但是过度娱乐化使得电视媒体本末倒置，降低了电视节目的文化品位，减少了其文化内涵，使其空洞化、浅薄化，弱化了电视媒体文化传承的功能。

同时，过度的娱乐化必将导致原有节目大纲产生巨大的变动，电视娱乐性节目数量增加，其他电视节目的娱乐性成分增加，从而造成电视节目整体的比例失调、质量下降，继而不利于电视媒体的长远发展。

(二)对受众的影响

受众的审美趣味是多样的，娱乐性只是其中之一，但是过度娱乐化的电视传播在内容和形式上大量添加娱乐性因素，牢牢地吸引受众，在占据大量传播时间的情况下使受众的审美趣味朝娱乐化方向发展，令受众多样的审美趣味同一化，减弱了受众的审美能力。

另外，大众的审美认知能力是需要培养的，而过度娱乐化的电视传媒无视自身的社会责任，一味地迎合受众的最低审美需求，使他们轻松获得快感；对于受众面较广、娱乐化程度较高的电视媒体而言，其降低的不仅仅是受众的文化品位和审美能力，就连受众的基本判断能力都将受到损害。受众不断地受到泛娱乐化传媒产品潜移默化的影响，在浓厚的娱乐氛围下，久而久之，其对善恶美丑的认识都会变得模糊不清，对高雅与低俗的区分能力都将丧失。① 而大众传媒又将用更加低俗的产品占领市场，取悦受众，这样就形成了一个极其可怕的恶性循环。长此以往，不但不利于大众审美能力的培养，甚至会造成其审美能力的丧失，从而阻碍人类的发展和进步。

(三)对传播信息的影响

电视媒体对娱乐化的过度追求，必然会导致电视媒体所传播信息的“三俗”和虚假化倾向。娱乐的目的是迎合受众，在激烈的市场竞争环境下，电视媒体过度地迎合受众的欣赏品位和信息需求，充斥着“三俗”内容的娱乐信息开始大量涌现，对社会风气产生了不良影响。更严重的是，媒体的公信力在受众心中逐渐下降，不但使单一媒体遭受重大损失，甚至整个传媒领域都将被压上人民大众质问的公堂。

比如2007年8月15日，重庆卫视的选秀类节目《第一次心动》被国家广电总局叫停，并予以全国通报批评。国家广电总局做出此决定的原因是：该节目严重偏离比赛宗旨，热衷于制造噱头的炒作活动，在评委选择、比赛环节、评委表现、歌曲内容、策划管理和播出监管等方面都出现了重大失误，损害了电视媒体形象，产生了不良社会影响，致使广大观众反应强烈。此外，该节目还存在着比赛环节设计粗糙、评委言行举止失态、节目设计缺乏艺术水准、内容格调低下、演唱曲目庸俗媚俗的问题。

(四)对大众文化的影响

电视媒体过度娱乐化的表现之一是：新闻的娱乐化现象。新闻娱乐化使色情新闻和暴力

① 杨东营. 对媒体娱乐化趋势的思考[J]. 新闻传播，2008(9).

新闻不断增加，尤其是软新闻所报道的新闻事件大部分都含有暴力、犯罪以及黄色信息，会对社会造成不良影响，尤其是对于没有判断能力的青少年，更是会在思想上造成误导。①

电视媒体的过度娱乐化将本身极其严肃的东西用娱乐的方法加以加工再向外传播，这种惯用做法会使整个社会缺乏必要的责任感。赵雅文在其《大众传媒媚俗化的成因及其遏制》一文中认为，“如果受众长时间陷入刺激、猎奇之中而不能自拔，就会减弱人们对社会的关心和热情，使受众丧失‘天下兴亡，匹夫有责’的社会责任感和使命感”②。虽然笔者并不认为整个社会和广大受众会丧失社会责任感和使命感，却很担心过度娱乐化的电视节目对诸多问题是非曲直的混淆和重新定义，很可能使人们自认为所拥有的责任感、使命感乃至背后的价值观，异化为一种非传统意义上的、带有娱乐性质的错误观点。如果连责任都变成了一种娱乐，将是整个人类社会的悲哀。

五、我国电视媒体过度娱乐化的应对措施

经过以上的分析，我们可以看出电视媒体的过度娱乐化问题已经成为一个亟待解决的社会热点问题。在笔者看来，采取以下几种措施是会比较有效的：

(一)树立正确的舆论导向

榜样的力量是无穷的。要想有效抵制电视媒体的娱乐化问题，首先就必须想方设法地形成健康向上的社会风气，树立正确的舆论导向。目前社会上存在着“金钱至上”的不良思想，表现在电视媒体方面就是过度的娱乐化倾向，也就是电视媒体娱乐化所追求的收视率第一和利润至上的思想。因此，我们必须要形成健康向上的社会风气，树立正确的舆论导向，对电视媒体产生正确的指导作用，使其做到经济效益和社会效益的统一。

(二)电视媒体应努力提高自身素质，严格自律，勇于承担责任

电视媒体的从业者应该努力提升自身的文化素养和专业素养，深入社会，准确看待和把握事件的本质真实，具备较高的专业学识、强烈的敬业精神和出色的业务水平。此外，电视媒体的从业者还应该大力加强道德自律，无论在何种情况下，都必须牢记自己所肩负的社会责任，始终把社会效益放在第一位，杜绝以俗为雅、以洋为荣、以色为美、以无知为个性等错误思想的产生。特别是处在当今整体浮躁的时代背景下，媒体从业人员更应该具备较高的道德素质，担负起应有的道德责任，正确把握观众的欣赏需求，对观众庸俗化的欣赏需求加以正确的引导，制作出集健康和娱乐于一体的电视节目奉献给观众。只有这样才能真正防范电视媒体过度娱乐化现象的出现。

(三)有关政府部门应加大对电视媒体的监管力度

有关部门要严格执行监管职责，严把节目内容关，运用政策法规规范电视媒体的节目内容，杜绝过度娱乐化的问题。例如，针对这些问题，国家广电总局切实履行行业监管的职责，出台了一系列严格的行业规章，不断加强行政管理和处罚的力度。先后对电视方言类节目、电话和手机短信参与节目以及涉性类节目等提出了明确的规范要求。对一些电视媒体出现的过度娱乐化的问题进行了通报批评、停播整改等行政处罚措施，通过政府的严格把关确保我国电视媒体娱乐文化的良性健康发展。

---

① 冯菊香. 电视媒体的娱乐化问题[J]. 传媒观察，2010(8).

② 赵雅文. 大众传媒媚俗化的成因及其遏制[J]. 新闻知识，2005(4).

(四)支持、鼓励和保护节目创新创优

防范电视媒体过度娱乐化现象的出现，还必须从电视节目本身入手。即要深入推进节目创新，切实增强节目的针对性、时效性、吸引力和感染力，真正使广播影视节目入耳、入目、入心；同时也需要虚心学习借鉴境外优秀的节目形态，这对我国电视媒体开阔眼界、更新观念、培养队伍、拓宽市场，具有一定的积极意义。但是，在引进境外电视节目时，要严格遵守有关法律法规，使之适合中国国情，杜绝格调低下和内容庸俗，防止跟风、抄袭、模仿境外或他台的节目类型。

(五)倡导正确的电视娱乐观，提升受众审美品位

众所周知，电视媒体是当今受众接收信息的主要平台，它所传播的内容对受众产生着重要的影响。因此，在我国构建和谐社会的大环境下，电视媒体应积极投身其中，剔除庸俗、低俗、媚俗的内容，丰富节目的内涵，制作有深度的电视节目，引导受众接受积极健康的文化教育，使受众树立正确的价值观，建立良好的社会风气来感染受众，提升受众审美品位。

六、结　　语

总体来说，现代文明是一种以娱乐为中心的文明，人类已经进入娱乐社会并且正在深入其中。娱乐是人类一种正常的精神生活，未来的社会也将会是“娱乐的社会”，它强调的是未来社会娱乐价值的提升和娱乐日益成为人们的生活方式，自然地，电视媒体的娱乐化倾向也是必然趋势。重视电视媒体的娱乐性并没有错，但娱乐应当有度。所谓娱乐有度，就是要处理好娱乐的思想内容和艺术表达之间的关系，即先贤所说的“乐而不淫，哀而不伤”，而不是渲染、玩味庸俗的低级趣味，也不是拿正常的、健康的东西进行“恶搞”。唯有如此，才能真正有效地抵制电视媒体的过度娱乐化，达到我国社会经济、电视媒体和受众的“共赢”局面。

【参考文献】

[1]邵培仁. 传播学[M]. 北京：高等教育出版社，2007.
[2]李良荣. 新闻学导论[M]. 北京：高等教育出版社，2006.
[3]杨东营. 对媒体娱乐化趋势的思考[J]. 新闻传播，2008(9).
[4]冯菊香. 电视媒体的娱乐化问题[J]. 传媒观察，2010(8).
[5]呼格吉. 新闻娱乐化浅析[EB/OL]. [2013-04-13]. 新闻论坛，http://xwlt.northnews.cn.
[6]黄艳丽. 中国电视节目泛娱乐化之批判[J]. 新闻传播，2012(7).
[7]郝璇. 消费文化时代的“真人秀”节目[J]. 电影评介，2011(4).
[8][美]尼尔·波兹曼. 娱乐至死[M]. 章艳，译. 桂林：广西师范大学出版社，2004.
[9]赵雅文. 大众传媒媚俗化的成因及其遏制[J]. 新闻知识，2005(4).
[10]丛建安. 狂欢背后的焦虑：媒介娱乐化研究综述[J]. 东南传播，2007(6).

【作者简介】

宋若涛，武汉大学新闻与传播学院2011级博士研究生。

近代新闻传播关键词研究综述①

周光明　朱　臻　丁　倩

任何一门现代学科都有一套特有的言说方式，词汇或术语就是其中的重要组成部分。“某一中心词汇在不断地扩延、迁徙、旅行和回返中，与不同的文化层面的使用产生交互作用，形成新的概念范围和解说系统。”②因此，对关键词的研究不仅日益成为学界的热点，也可以说是当代学界很重要的一项基础性研究。

20世纪后期，西方学界就开始了对人文社会科学不同领域的关键词的研究。最具筚路蓝缕之功的要数英国文化研究学者雷蒙·威廉斯(Raymond Williams)1976年出版的《关键词：文化与社会词汇》(Keywords：A Vocabulary of Culture and Society)。该书对“文化”、“社会”等130多个基本词汇进行了“一种词汇质疑探寻的记录”，探讨了词汇所折射的社会、文化、历史等深层含义，为关键词研究提供了一种初步构想。1991年，此书被引介到我国，引起了学界的高度重视；2005年，三联书店出版了中译本，关键词研究一度空前活跃，似乎无远弗届，陈平原甚至形容其为“幽灵一般的‘关键词’”③。

雷蒙·威廉斯是这样理解“关键词”的：“有两种相关的意涵：一方面，在某些情境及诠释里，它们是重要且相关的词。另一方面，在某些思想领域，它们是意味深长且具指示性的词。它们的某些用法与了解‘文化’、‘社会’(两个最普遍的词汇)的方法息息相关。”④本文所选取的关键词还取决于它们“在今天被谈论的频率”和“在今天的文化理论领域中的重要性”⑤，兼有术语、核心概念、学科新词等含义。

新闻传播学是一门社会科学，与一般人文学科不同，它是由一个特定行业来支撑的。其术语体系形成的基本态势是：行业术语先行，学科术语跟进。在初期相当长的时间里，业界对自己的“社会方言”的使用自觉性并不高，直到近代新闻学的诞生。

最早关注此项工作的应属第一代著名新闻学者戈公振。在他编译的《新闻学撮要》⑥中，在第四十一章“Technical or Newspaper Terms”中共收录了17个词条，如下：

广告(ad. or adv)　标题(caption)　销数(circulation)
稿子(copy)　日报(daily)　脚注(footnote)　月报(monthly)
模型(matrix)　排字(composition or composing)
半周刊(semiweekly)　恶写稿(bad copy)　二月刊(bimonthly)
二周刊(biweekly)　大写字(capital letters)　活字箱 (case)
手写的稿子(manucript)　广告经理人(advertising agent)

---

① 本文系教育部人文社科基金项目(项目号：10YJA860030)的阶段性成果。

② 王晓路等. 文化批评关键词研究[M]. 北京：北京大学出版社，2007：6.

③ 陈平原. 学术视野中的“关键词”(上)[J]. 读书，2008(4).

④ 雷蒙·威廉斯. 关键词：文化与社会词汇[M]. 上海：三联书店，2005：7.

⑤ 汪民安. 文化研究关键词[M]. 南京：江苏人民出版社，2007：3.

⑥ [美]开乐凯(Fower Nathaniel Clark, Jr.). 新闻学撮要[M]. 戈公振，编译. 北京：商务印书馆，1929.

在译文之后，又附注了他当时收集的27个词条，如下：

周刊　增刊　号外　访事　代派　掮客　样子　毛坯　小样
大样　清样　初校　二校　三校　空铅　刻坯　对开　三开
脱班　更正　小报　第一张　第二张　第三张　第一张主笔
第二张主笔　第三张主笔

1933年，《申报月刊》第1卷第6期起，在“新辞源”栏目下对“电视”下了明确的定义，此后又刊登了“传播论”、“第四阶级”、“黄色新闻”、“集纳主义”①等词汇。1934年，申时电讯社出版的《报学季刊》第1卷第2期辟有“新闻术语”栏目，共收录“访事员、常务访事、特务访事、特派通信员、特约通信员、自由通信员、独占的新闻”等7个词语。1930年代初中期，以袁殊为代表的一批文艺青年发起研究新闻的集纳运动，对“新闻用语与新闻用字”②有一些专门的讨论。其中，袁殊的成绩比较突出，他在《“集纳”题解》、《“新闻(News)”语源考》、《报人非“自然人”辩》、《Jazz主义的流俗报道》、《关于壁新闻》等多篇论文中，涉及一二十个新闻术语的界定与辨析。

1949年之后，中国大陆新闻传播方面的术语建设工作几乎停滞下来了，仅有少量的学习资料出版，如1976年广州铁路工人报社编写的《通讯员学习资料(新闻学小辞典)》。③改革开放后，术语建设工作才又重新启动，陆续有一些学科工具书问世，如余家宏、宁树藩、徐培汀、谭启泰编写的《新闻学简明辞典》，陈力丹编写的《新闻学小辞典》等。到了21世纪，陈力丹、易正林编著的《传播学关键词》，由英国鲍勃·富兰克林等著，诸葛蔚东等译的《新闻学关键概念》收录了新闻传播领域若干词汇，虽然在每个词语后都附列了相关阅读文献，但两本书更像是名词解释，而缺乏深入的分析。单篇论文方面，马光仁的《〈申报〉与新闻学研究》倒是对“报律”、“言论自由”、“舆论自由”等关键词的用例提供了宝贵史料。此外，海外学界也有一些研究文献，如朱传誉对“宣传”、“传播”、“杂志”、“校对”等词语的研究，④彭家发对“新闻”、“新闻学”、“第四等级”等词语的探讨，⑤日本学者斋藤毅对“新闻”、“新闻纸”等词语的研究，⑥以及近年来陈国明对“跨文化传播”系列术语的研究等。⑦

---

① “传播论”见1933年第2卷第2期；“第四阶级”见1933年第2卷第10期；“黄色新闻”见1933年第2卷第11期；“集纳主义”见1935年第4卷第11期。

② 袁殊. 集纳学术研究的发端[A]//袁殊. 记者道. 上海：上海群力书店，1936：5.

③ 我们搜集了近十种此类小型工具书，如：《新闻学小辞典》，大同报编辑部编，大同报编辑部出版，1975年；《新闻学小辞典》，复旦大学新闻系编，衡阳日报社翻印，1975年；《新闻学小辞典》，作者不详，襄阳报社出版社，1976年；《新闻学小辞典》，新闻学小辞典小组编，人民出版社，1976年；《新闻学小辞典》，复旦大学新闻系编，出版社不详，1976年；《新闻学小辞典(初稿)》，新闻系编，内蒙古日报出版，1976年；《新闻学小辞典》，作者不详，湖北日报社出版，1983年；《新闻学小辞典》，湖北青年杂志社编，湖北青年杂志社出版，出版时间不详；《新闻学小辞典》，辽宁青年杂志社编，辽宁青年杂志社出版，出版时间不详。以上各种无一不是带有浓烈文革风格的培训手册。

④ 朱传誉. 报人、报史、报学[M]. 台北：台湾“商务印书馆”，1980.

⑤ 彭家发. 基础新闻学[M]. 台北：台湾三民书局，1992；彭家发. 新闻学勾沉[M]. 台北：亚太出版社，2000.

⑥ [日]斋藤毅. 新闻名辞考[J].《参考书志研究》(6)，1972.

⑦ 陈国明. “跨文化传播”术语和学科的生成发展[J]. 学术研究，2010(11)；陈国明. 跨文化传播学关键术语解读[M]. 北京：中国社会科学出版社，2010.

通过检查期刊网论文，我们发现研究成果比较多地集中在 1998 年以后，特别是近 5 年以来(如图 1)。

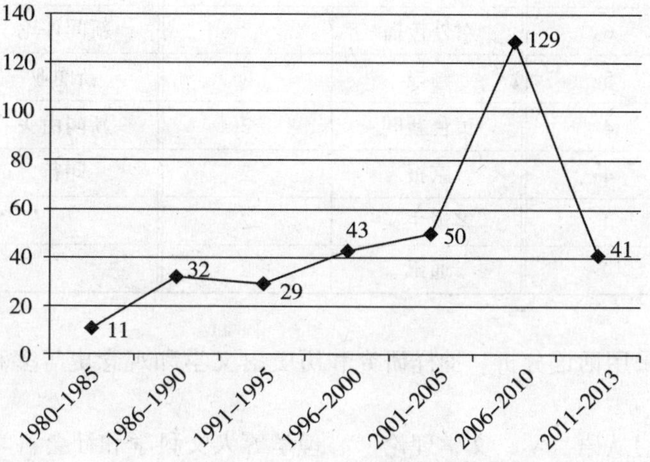

图 1 1980—2013 年近代新闻传播关键词研究成果数量

21 世纪以来，对传播学、媒介生态、媒介素养、自媒体、全媒体、公民新闻、公共新闻、新闻策划等当代关键词也有不少研究，但本文是以近代(1815—1949 年)新闻传播关键词为对象的，到目前为止，相关文献大概有 370 篇左右(见表 1)。

表 1 **21 世纪以来近代新闻传播关键词研究成果数量**

关键词	篇数	关键词	篇数	关键词	篇数
新闻	40	清议	4	消息	2
信息	19	事实	4	新闻传播	2
宣传	17	文人论政	4	新闻漫画	2
新闻真实	16	言论自由	4	新闻文学	2
新闻价值	14	有闻必录	4	官报	2
耳目喉舌	13	舆情	4	报学	1
舆论	13	版本	3	出版学	1
新闻学	12	报纸	3	电报	1
舆论监督	12	采访	3	公报	1
出版	12	出版自由	3	报道	1
编辑	11	副刊	3	刊章	1
杂志	11	号外	3	连续出版物	1
新闻自由	11	全党办报	3	特约评论员	1
传播	9	印刷	3	通信	1
媒介	9	版权	2	晚报	1
政治家办报	8	报	2	无冕之王	1
记者	7	朝报	2	新报	1
第四等级	7	传媒	2	新闻根据	1

续表

关键词	篇数	关键词	篇数	关键词	篇数
期刊	6	第四权力	2	新闻检察官	1
客观性	6	对外传播	2	新闻评论	1
媒体	5	画报	2	新闻业	1
发行	4	黄色新闻	2	新闻由头	1
邸报	4	京报	2	印行	1
访员	4	客观主义	2		
广告	4	通讯	2		

目前，学术界采用话语分析、抽样研究和历史语义学和观念史等多种方法来研究“关键词”。

话语分析是一门从语言学、文学理论、心理学等人文科学和社会科学中发展起来的新的交叉学科。话语分析一般划分为文本分析和语境分析两个层次，多用于跨文化传播中的中外新闻报道比较研究。但事实证明，这也不失为研究关键词的一种好方法。如郭镇之以六十年《人民日报》(1948—2008)为样本，统计了“人民”、“阶级”、“公众”、“工人”、“农民”等相关词汇的使用频率，发现了可以反映社会变迁轨迹的一些话语走势。邓绍根采用定性和定量方法，考证了《人民日报》60多年以来“报纸批评”、“舆论监督”和“新闻媒体监督”三个词语的起承转合，并在此基础上剖析了中国舆论监督实践活动和理论建树的发展。

孙旭培和殷莉等学者以清末民初《大公报》为样本的研究，揭示了当时的新闻自由观念的表现形式及其实际水平；文春英和李世琳的《“广告”一词在近代中国的流变》主要以六十年《申报》(1861—1920年)为样本，反映“广告”概念的变迁曲线，研究发现，1862—1864年，为“告白”、“启”、“声明”等多词混用期；1865—1900年，为“告白”主导期；1901—1905年，为“广告”、“告白”并用时期；1906之后为“广告”主导期。① 张忠民、阳欣哲和张国良等学者以文献计量法考究了“媒介”、“媒体”和“传媒”三个关键词2008年度在四种核心期刊上的使用情况。

历史语义学旨在考察术语或概念在古今对接、中外转换中所产生的各种纷繁复杂的现象及其所包含的历史文化内涵。通过追溯汉语新名词的源流，寻找其生成机制，揭示其不同时期的历史文化特征。② 而观念史方法则往往通过关键词意义增减、形态变化和使用频率的盛衰来研究诸种观念的出现及其意义演变过程，金观涛、刘青峰合著的《观念史研究——中国现代重要政治术语的形成》即是观念史研究的代表性成果。

从研究路径来看，已有研究虽然有交叉之处，但仍有不同的侧重点，大致可以分为以下几种：

一、学科术语规范化的路径

1998年，中国人民大学新闻学院童兵教授在回应“新闻无学论”时，也呼吁要重视新闻学词语的正名③。这种“正名”既包括对“新闻”、“舆论”、“舆论监督”等旧有词语定义的辨析，如陈力丹对“新闻”、“喉舌”、“新闻业”、“舆论监督”、“第四权力”的考察，张允若在

① 文春英，李世琳.“广告”一词在近代中国的流变[J]. 当代传播，2011(3).

② 冯天瑜，余来明. 历史文化语义学的现状和未来[J]. 社会科学报，2007(8).

③ 童兵. 从界定每一个新闻学术语做起——兼论改造新闻学研究的学风[J]. 新闻界，1998(3).

外国新闻史的研究中对“新闻”、“新闻自由”等新的理解；也包括对译名正确的探讨，如宋昭勋的《传播学理论译介中 Communication 一词的误译、误解及误用》，郜书锴的《新闻自由还是出版自由，这是个问题——兼论 Freedom of the Press 的翻译问题》。

此外，学者们还热衷于通过词语比较的方法来规范学术用语，已有研究多集中于以下几组词汇中。

(1)媒体、媒介、传媒。杨鹏的《厘清“媒介”概念 规范学术用语——兼及“媒体”“新闻媒介”等概念的辨析》从词源角度理解了“媒介”，从信息传播角度定义了“传播媒介”，再介绍了狭义的“大众传播媒介”，然后从“媒介”转到“媒体”——对“媒体”、“新闻媒介”、“传媒”、“大众传媒”等相关概念进行了区分。李玮、谢娟的《“媒介”、“媒体”及其延伸概念的辨析与规范》从词源学、大众传播学和英汉互译三个视角区分了“媒介”和“媒体”，然后又辨析了“多媒体”、“全媒体”、“跨媒体/媒介”等新兴词语。张忠民、阳欣哲和张国良采用文献计量法，以 2008 年《新闻记者》、《新闻大学》、《现代传播》和《新闻与传播研究》涉及“媒介”、“媒体”、“传媒”三词的文章为样本，从出现频次、作者情况和期刊性质等角度探究使用情况，通过“限定词在前”、“限定词在后”和“三词混用”三方面分析其延伸意义，最终得出“媒介<媒体<传媒”的结论①。

(2)传播、传媒。郭潇雅的《传媒与传播之辨》指出了目前对“Communication”和“Media”翻译的混乱，并从语言和理论两个层面区分了“传媒”和“传播”，得出了“传播是基础，传播包含了媒介，而媒介又对传播造成反作用”的结论。

(3)宣传、传播、新闻。赵心树和林之达都对“宣传”、“传播”和“新闻”三个词概念进行了辨析，但方法不同。赵心树从语源、语义的角度，先厘清了“宣”、“传”、“新”、“闻”、“传”、“播”六字字义及它们的规律，再考辨了“宣传”、“传播”和“新闻”三词②。而林之达先从传播的基元出发解释“传播”，再把“宣传”、“新闻”作为“传播”属概念中两个相互交叉的种概念进行考察，最后揭示出三者的异同③。段京肃的《“宣传”不等于“传播”》从“宣传”的西方词源入手探讨了“宣传”的特性，与一般意义的“传播”相区别。

(4)报纸、杂志、期刊。陈江的《“报”与“刊”的分离及杂志的定义——中国近现代期刊史札记之一》梳理了“报纸”与“杂志”两词从混用到独立使用的情况，并着重于对“杂志”定义演变的考证。林穗芳的《“杂志”和“期刊”的词源和概念》详细地介绍了两词的概念在古今中外的演变，而二者的区别在大量的史实中不言自明。龚维忠在考证了“杂志”和“期刊”的由来后，偏重于从现代期刊的定义及规范名称的意义的角度去考察“杂志”和“期刊”的区别④。

(5)新闻自由、言论自由、出版自由。董丹从历史渊源、主体和涵义三方面辨析了“新闻自由”和“言论自由”⑤，而郜书锴从“Freedom of the Press”的翻译问题区分了“新闻自由”和“出版自由”⑥。

(6)新闻根据、新闻由头。尹德刚的《“新闻根据”与“新闻由头”辨析》先从词源角度考察了“根据”和“由头”，然后从新闻采访和写作的角度分别理解二词的含义。

此外，版权与著作权、舆论与舆情、舆论监督与媒体监督等词语的辨析也是学界研究的

---

① 张忠民，阳欣哲，张国良. 新闻传播学领域对“媒介”、“媒体”、“传媒”三词使用现状分析——以文献计量方法对四种专业核心期刊的研究[J]. 新闻记者，2010(12).

② 赵心树. 从语源、语义论“宣传”、“传播”和“新闻”的异同[J]. 新闻与传播研究，1995(1).

③ 林之达. 宣传、新闻、传播三概念辨析[J]. 当代传播，2007(5).

④ 龚维忠. 杂志与期刊概念辨析[J]. 湘潭大学学报(哲学社会科学版)，2004(6).

⑤ 董丹. 言论自由和新闻自由概念辨析[J]. 青年记者，2010(12).

⑥ 郜书锴. 新闻自由还是出版自由，这是个问题——兼论 Freedom of the Press 的翻译问题[J]. 大理学院学报，2007(1).

热点。

二、文化语义学的路径

早在20世纪80年代，就已有学者用历史文化语义学的方法考察“出版”、“发行”、“喉舌”、“新闻漫画”等词语。其中宁树藩和姚福申的研究成果较为显著。宁树藩的《“有闻必录”考》在确定了“有闻必录”观念(同时也是一种新闻写作体例)出现的最早时间后，厘清了此用语的古今转换和中外对接，分析了其包含的三层含义，实现了对概念的名实考证。姚福申的《中国古代官报名实考》和《中国古代官报名实考(续)》详细地考证了“朝报”、“进奏院状”、“邸报”、“京报”这四种封建官报的名称的最早时间、用法及涵义的演变。

近几年，采用这一研究路径的学者人数大概有十多位，主要学者及其研究成果有：邓绍根关于“记者”、“采访”、“新闻”、“新闻学”、“舆论监督”、“特约评论员”的关键词研究；周光明关于“新闻”、“杂志”、“采访”、“报学”、“新闻学”、“黄色新闻”的关键词研究；焦中栋关于“采访”、“朝报”、“编辑”、“出版”、“新闻”、“邸报”的关键词研究；孔正毅关于“京报”、“邸报”、“新闻”、“消息”的关键词研究；李开军关于“记者”、“无冕之王”的关键词研究。

就实际成果而言，学界似乎较偏好使用历史文化语义学这一路径来研究关键词。以“新闻”一词的研究为例，在40篇文献中采用该方法的就将近一半。在20世纪末，学者们着重考察“新闻”的词源及最早用例，如赵心树、笪开源、史文贵等人①；对“新闻”在文献中的使用也很重视，如姚福申对唐代孙处玄使用“新闻”进行了考辨②，陈力丹考察了“新闻”在马克思、恩格斯著作中的使用及含义③，余琦则偏重于考证“新闻”在军事传播中的使用④。到了21世纪，除了厘清“新闻”一词含义的嬗变，对它折射的文化观念和社会意义等也成了研究重点。如孔正毅认为“新闻”一词涵义的流变与古代新闻观念的嬗变和新闻意识的觉醒密切相关⑤；王樊逸在“新闻”观念的史前史再考察基础上，指出中国传统社会的“新闻”尚未承载传播的观念和功能⑥。

三、新闻思想史研究的路径

新闻思想史研究是很传统的一种路径，因为中国大陆既有的新闻理论体系可以说就等于马克思主义新闻思想史。著名学者童兵、郑保卫、陈力丹等人都谈到过当年他们学习新闻理论时是如何翻阅马恩全集做卡片的经历。20世纪90年代以后，新闻思想史的研究开始从西方传播思潮与本土文化传统中寻找灵感，出现了一批很有影响力的学术成果，主要集中在以下几方面：

(1)媒介理念：以“政治家办报”、“文人论政”、“全党办报”为关键词。对“政治家办报”研究的较多，芮必峰特定的“历史”语境中分析了毛泽东的“政治家办报”的核心内容，并

① 赵心树. 从语源、语义论“宣传”、“传播”和“新闻”的异同[J]. 新闻与传播研究，1995(1)；笪开源.“新闻”词源重考[J]. 新闻知识，1998(5)；史文贵.“新闻”一词始于何时？[J]. 新闻爱好者，1999(9).

② 姚福申. 唐代孙处玄使用“新闻”一语的考辨[J]. 新闻大学，1989(1).

③ 陈力丹. 马克思、恩格斯著作中的新闻概念[J]. 现代传播，1991(2).

④ 余琦.“新闻”词源及军事新闻传播始用“新闻”考[J]. 南京政治学院学报，1999(2).

⑤ 孔正毅.“新闻”一词的出现及内涵的演变[J]. 国际新闻界，2009(9).

⑥ 王樊逸.“新”旧之分 耳学之“闻”——中国古代“新闻”观的语义学再考[J]. 国际新闻界，2010(2).

叙述了该观念不断被赋予的新意①；吴廷俊更强调“政治家办报”在新闻实践中的内涵——“为(替)政治家办报”的故意省略②。李新颖叙述了“文人论政”的萌芽、发展、衰退和复兴过程，并指出了局限性③；朱至刚的《试论“文人论政”的流变——以报人的自我期许为中心》梳理了“以‘完整良好’自命”、“以‘纯粹公民’为理由”、“是且仅是‘我们的态度’”等三代“文人论政”的嬗变，以此考察了近代报刊理念的流变及成因。黄旦从手工作坊的简陋形式中看到了组织传播的力量，对“全党办报”有较为新颖的理解④。

(2)媒介角色：以“耳目喉舌”、“第四权力”、“第四种族(等级)”为关键词。吴廷俊的《对“耳目喉舌”论历史的回顾与反思》分析了“耳目喉舌”的提出及其社会背景，并从理论上对该观念进行了三重反思；黄旦以“耳目”(以新闻为本位)“喉舌”(以宣传)为切入点，探究了戊戌变法、辛亥革命、五四运动、四十年代前后、1956年前后等不同阶段我国新闻思想的主要倾向及成因，他还特别考察了戊戌前后以“耳目喉舌”观念主导的办报实践对政治格局的影响⑤。张妤玟对“第四等级”的研究共有四篇文献，考察了该观念的出现及在英国的新闻实践特点⑥。

(3)新闻采写：以“客观性”、“客观主义”、“事实”、“新闻价值”、“新闻真实”、“有闻必录”为关键词。王宗华、肖芳和赵步云分别探析了“新闻客观性”在美国和中国的发展脉络⑦，而董天策和陈映的《新闻客观性：语境、进路与未来》则将“新闻客观性”放置于特定的“社会史”中进行全景式的回顾和梳理。李秀云在《客观主义报道思想在中国的兴衰》中按照时间顺序，剖析了客观主义报道思想在中国的传入、流行及淡出过程；而在《事实与意见：新闻报道思想历史演进的内在逻辑》中又在“事实”与“意见”相分离和用“事实”表达“意见”等关系的演进中管窥我国新闻报道思想的内在逻辑。钱婕的全面地总结了“新闻价值”的“素质说”、“标准说”、“效果说”、“关系说”、“系统说”等各种定义，在此基础上考察了我国新闻价值观念的流变⑧。阳海洪考察了“新闻真实观”在我国经历了“有闻必录”、“客观主义”、“存大信、失小信”、“本质真实”的演变⑨，而姚福申的《解读古代新闻的真实性观念——兼论新闻真实性观念的演进》则更重视评价古代新闻真实观念演进背后的意义。

(4)新闻自由：以“新闻自由”、“出版自由”、“言论自由”为关键词。孙旭培认为“新闻自由”的演变主要遵循着民主主义和精英主义两种路径，他重点考察了精英主义新闻观念的演变，并考辨了与“新闻自由”相关的三对范畴⑩。路鹏程的《晚清言论自由思想的肇始与演变(1833—1911)》按照时间顺序梳理了“言论自由”在中国各个时期的主要特征及内涵、代表

① 芮必峰.“政治家办报”的历史解读[J].新闻与写作，2009(2).

② 吴廷俊.“政治家办报”——研究二十世纪五六十年代中国新闻史的一个关键词[J].国际新闻界，2010(3).

③ 李新颖.解读中国近代报刊的“文人论政”[D].哈尔滨：黑龙江大学，2008；李新颖.中国近代报刊“文人论政”的嬗变过程[J].学术交流，2008(5).

④ 黄旦.组织办报与“手工业”工作方式——“全党办报”的历史学诠释[J].新闻大学，2004(3).

⑤ 黄旦.“耳目”与“喉舌”的历史性变化：中国百年新闻思想主潮论[J].新闻记者，1998(10)；黄旦.耳目喉舌：旧知识与新交往——基于戊戌变法前后报刊的考察[J].学术月刊，2012(11).

⑥ 张妤玟.“第四等级”报刊观念的政治学说基础以洛克、边沁与詹姆斯·密尔为例[J].新闻大学，2009(3)；张妤玟.第四等级：一个关于英国报刊观念的历史[D].上海：复旦大学，2010；张妤玟.谁提出第四等级的报刊观念？——从埃德蒙·伯克到托马斯·卡莱尔[J].国际新闻界，2010(5)；张妤玟.第四等级报刊观念：基于历史文本的解读[J].国际新闻界，2012(2).

⑦ 王宗华，肖芳.美国“新闻客观性”概念内涵的历史性解读[J].编辑之友，2011(3)；赵步云.新闻客观性在中国的历史发展脉络探析[D].甘肃：兰州大学，2008.

⑧ 钱婕.从新闻价值定义的发展看新闻价值观的演变[J].新闻传播，2003(7).

⑨ 阳海洪.新闻真实观的演变脉络探微[J].当代传播，2009(5).

⑩ 孙旭培.从精英主义新闻观念到无产阶级新闻自由[J].新闻与传播评论，2008(12).

人物，并对晚清八十年言论自由思想进行了反思。

(5)报刊舆论：以“舆论”、“舆论监督”为关键词。黄旦从“报纸批评”和“舆论监督”，孙江波、纪殿禄从“舆论监督”和“媒体监督”，邓绍根从“报纸批评”、“舆论监督”和“新闻舆论监督”的变迁中管窥我国新闻舆论监督种种面相。①

(6)新闻编辑：以“编辑”为关键词。李秀云的《中国报纸编辑理念的历史变迁》按照时间顺序，梳理了我国报纸编辑理念从“综合编辑”到“精益编辑”再到“大众化编辑”的演变。

四、新闻学术史研究的路径

近年来，学者们开始关注我国近代新闻学的建立和发展，如李秀云的《中国新闻学术史(1834—1949)》一书，而以关键词为切入点的单篇论文也有不少显著成果。

李秀云叙述了早期国人通过翻译新闻学著作和著书立说两种形式将日本“实益主义”新闻观引介到中国，成为了中国新闻学的重要理论来源，也推动了中国新闻和言论的分离及新闻事业的职业化进程。②

邓绍根和周光明都在考证“新闻学”一词源流的基础之上探究了我国新闻学科的引入和发展③；而芮必峰和赵心树则详细地剖析了“新闻学”、“传播学”、“新闻传播学”的含义，试图为该学科及子学科的正名、使命和构成迈出建设性的一步④。

五、新闻文化研究的路径

20世纪80年代中后期，在西方“媒介文化”研究的基础上，中国学者提出了“新闻文化”的概念，强调新闻活动是一种文化现象，新闻研究是一种文化研究。⑤ 实际上，此项研究可以追溯至20世纪30年代初，第一代著名学者黄天鹏提出了“新闻文学”的概念。⑥ 最近20年来，刘智与方延明这两位学者多有建树。刘智的《新闻文化论》(云南人民出版社，1989年)是中国大陆最早系统论述新闻文化的专著；方延明则著有《新闻文化导论》和《新闻文化外延论》。

最近10年来，一些相关研究更加深入。秦志希认为，新闻传播学关键词是学科理论体系建设中的“筋骨”、“脉络”，应将新闻传播学放入社会转型过程中进行考察，他发现大陆一元化的新闻话语体系开始瓦解，进而转变为一种二元对应关系，比如由“党性”转变为“党性—人民性”。稍晚以后，他又对“大众”、“产业化”、“公共性”等概念作了一番阐释，在

---

① 黄旦. 身份与角色的两难：中国的“报刊批评”和“舆论监督”[A]. 见：郑保卫. 新闻学论集(第20辑)[M]. 北京：经济日报出版社，2008；孙江波，纪殿禄. 从“舆论监督”到“媒体监督”[J]. 青年记者，2008(25)；孙江波，纪殿禄. 用“媒体监督”代替“舆论监督”——基于四种语境下的舆论监督分析[J]. 中国浦东干部学院学报，2009(1)；邓绍根，温旭红. “舆论监督”小史[N]. 中华新闻报，2004-10-08.

② 李秀云. 日本实益主义新闻观的引介及其历史贡献[J]. 齐齐哈尔大学学报(哲学社会科学版)，2008(6).

③ 邓绍根. 从“新闻学”一词的源流演变看中国新闻学学科的兴起和发展[A]. 见：郑保卫. 新时期中国新闻学学科建设30年[M]. 北京：经济日报出版社，2008；周光明. “新闻学”的引入与新闻学的创立[J]. 湖北大学学报(哲学社会科学版)，2009(5).

④ 芮必峰. 新闻学 · 传播学 · 新闻传播学[J]. 安徽大学学报，1988(1)；赵心树. 新闻学与传播学的命名、使命及构成——与李希光、潘忠党商榷[J]. 清华大学学报(哲学社会科学版)，2007(5).

⑤ 郑自军. 近15年来新闻文化研究回顾[J]. 新闻界，2004(3).

⑥ 黄天鹏. 新闻文学概论[M]. 上海：光华书局，1930.

一般新闻文化研究之上，增添了一些传播政治经济学的批判成分①。

在众多关键词中，对"新闻真实"研究大多都采用了新闻文化研究路径。学者们以"新闻真实"的"元概念"为基础，对"新闻真实"的相关衍生概念进行了再界定和辨析，如郑保卫的《对新闻真实理论中两组概念的解读》、杨保军的《试论具体真实与整体真实的含义》、秦志希和涂艳的《对新闻真实及"宏观真实论"思维的反思》、何光的《新闻真实论——新闻"本质真实论"再质疑》、赵太常的《新闻的"基本真实"与"法律真实"》等。

应该说，以上的研究工作取得了不小的成绩，但其中水平却参差不齐，良莠并存。虽然一些学者具有较高的研究兴趣，也不乏学科术语研究的自觉，但缺乏必要的学术分工。相比较人文学科的文史哲和法学、政治学、社会学等社会科学，新闻传播学在这方面的研究还相对滞后。

新闻传播关键词研究总体而言尚在起步阶段，若仅就新闻传播学科术语建设而言，可从近代做起。随着最早一批近代传播媒介的登陆，一些术语或准术语就诞生了。值得说明的是，这些所谓的"行话"并非全为崭新的舶来品，如"新闻"、"有闻必录"等，它们无不携带着传统文化的丰富意味。在未来搜集术语标本的工作中，我们当然没有通过语言学来解决思想史问题的企图，但经过努力初步建立起一个行业或学科术语谱系的目标，则是可以期待的。

【参考文献】

[1]徐培汀，裘正义. 中国新闻传播学说史[M]. 重庆：重庆出版社，1994.

[2]童兵，林涵. 20世纪中国新闻学与传播学·理论新闻学卷[M]. 上海：复旦大学出版社，2001.

[3]单波. 20世纪中国新闻学与传播学·应用新闻学卷[M]. 上海：复旦大学出版社，2001.

[4]冯天瑜. 新语探源——中西文化互动与近代汉字术语生成[M]. 北京：中华书局，2004.

[5]黄旦. 传者图像：新闻专业主义的建构与消解[M]. 上海：复旦大学出版社，2005.

[6]李秀云. 中国现代新闻思想史[M]. 北京：中国社会科学出版社，2007.

[7] 金观涛，刘青峰. 观念史研究——中国现代重要政治术语的形成[M]. 北京：法律出版社，2011.

[8][德]郎宓榭，阿梅龙，顾有信编，赵兴胜译. 新词语新概念：西学译介与晚清汉语词汇之变迁[M]. 济南：山东画报出版社，2012.

【作者简介】

周光明，武汉大学新闻与传播学院教师，博士。

朱臻，武汉大学新闻与传播学院教师。

丁倩，武汉大学新闻与传播学院2011级研究生。

① 秦志希. 文化视野中的媒介演变[J]. 浙江大学学报(人文社会科学版)，2002(2)；秦志希. 由新闻学关键词看新时期新闻理论的变迁[J]. 新闻与传播研究，2001(3)；秦志希. 新闻学关键词的兑演及文化内含[J]. 武汉大学学报(人文科学版)，2001(3).

《读者》现象及《读者》办刊理念解析

杨　魁　王　超

一、《读者》现象及问题的提出

《读者》于1981年4月由甘肃人民出版社创办，是一份社办综合类文摘期刊，至今已经有30余年的历史。《读者》初创期只有主刊《读者》月刊，发展至今已有《读者》半月刊、《读者欣赏》、《读者》盲文版、《读者》维文版和《读者》乡土人文版等，另外《读者》品牌下还有《读者合订版》。中国期刊协会所做的大发行量期刊发行统计表明，《读者》曾连续18年跃居中国大发行量杂志前十名之列，更在1994年、1995年、2000年分别以347万册、406万册、605万册的发行量位居中国杂志发行量之首，2002年10月突破600万册，2003年10月突破800万册，2005年4月突破900万册，2006年发行量突破1000万册大关，居中国期刊第一位，亚洲期刊第一位，世界综合性期刊第三位，传阅率达到10人左右，成为中国同类杂志里传阅率最高的一本，被国人誉为"中国人的心灵读本"。自2004年至2011年，《读者》品牌连续8年被世界品牌实验室评为"中国500最具价值品牌"之一，2011年其品牌价值达到76.45亿元，名列"中国500最具价值品牌"总排行榜第175位。地处西部欠发达地区的《读者》却创造了中国杂志的奇迹，也创造了中国期刊业的神话。其不同凡响的业绩成长和卓越表现，在国内外引起了极大的关注，于是业界、学界和传媒就称之为"《读者》现象"。那么，这一现象的背后到底隐藏着哪些秘诀呢？

对此，《读者》的创办者之一、现任总编辑和总经理彭长城在接受媒体采访时曾认为："秘诀就是《读者》形成了一个《读者》现象。为什么在众多的期刊里面它能够脱颖而出，有那么大的发行量，而且20年长盛不衰，我个人感觉有几个原因：一个就是刚才谈到最主要的就是它的定位，定位定到人文关怀，特别关注人生、人性、人的情感等等；第二个成功的原因，它属于报刊文摘类，实际上它的很多文章并不是原创的，而是把中外优秀的文章汇聚到一块儿，这一点我觉得非常重要，尤其在信息时代，信息时代缺乏的不是信息，而是缺乏对信息的整理，所以我们看了《读者》就等于看到了从上万份杂志里面精选出来的文章，当然就很有兴趣了。第三点和它已经形成了一个品牌效应有关系。这三个原因的综合形成了长盛不衰的秘诀。"①不可否认，清晰而准确的办刊理念和定位，是《读者》取得成功和长盛不衰并形成"《读者》现象"的首要原因。

与此同时，在国内也掀起了一股研究"《读者》现象"的热潮，但这些文献资料的研究领域和角度大都集中、单一，主要指向《读者》的广告经营、品牌经营、营销策略、产业化改革等领域。其中，对《读者》的办刊理念进行单独梳理和总结的文章少之又少，即便涉及这方面的研究，也缺乏必要的理论和实证研究与探讨，这就难免显得浅显和片面。

跨入21世纪，我国期刊发展开始面临新的市场竞争环境，网络化势头迅猛，分众化趋

---

① 解读《读者》现象[EB/OL].[2012-01-21].http://www.cctv.com/west/westweek/gansu/jinrikandian/1041.shtml.

势显著，发行手段的多元化、专业化，经营的集团化、跨区域化趋势明显，同质化竞争现象愈加严重，办刊成本增加、读者流失等问题日益凸显。这就给包括《读者》在内的我国期刊业的可持续发展带来了更加严峻的挑战。不过，《读者》却经受住了这场严峻的考验，并在这一时期创造并保持了自己最辉煌的业绩。应当说，这就是"《读者》现象"的真正魅力所在。

其实，地处西北的《读者》就其资本实力、品牌运作及经营策略来看，很难说有什么过人之处与秘诀，在我们看来，其成功的核心要素是清晰而独特的办刊理念与内容定位。实质上，办刊理念是期刊的灵魂，不仅为期刊的发展确定方向、明确功能，为编辑组稿、编稿提供依据，而且也是期刊保有相对固定读者群的基础。期刊的属性不同、读者对象不同，其办刊理念也会不同。《读者》是如何审视周围的社会文化环境，准确地对杂志进行定位，确立科学的办刊理念，其间有什么成功经验可以总结，市场的挑战又需要它在哪些方面进行改进，是研究《读者》绕不开的重要论题。媒介产业实际上是一个内容产业，其核心产品是内容，《读者》的内容生产过程正是对其办刊理念的直观体现。本文即在内容生产的视角下，以内容分析为基础，对《读者》的办刊理念做出解读。研究发现，《读者》的内容生产并没有成为大众文化自身变迁的附庸，对已经确定的办刊理念的坚持使其在吸收大众文化积极元素的同时，也能对其中的消极元素保持难能可贵的警醒和判断；同时，对办刊理念适时地调整和完善也使《读者》具有与时俱进的鲜明特色。这应是《读者》成功的根本原因。

二、《读者》栏目设置及其办刊理念的呈现

期刊栏目设置及文本选择是期刊办刊理念和栏目策划意图的具体展现，我们试图通过对《读者》创刊以来所有栏目及抽样文本的内容分析，揭示《读者》内容生产的关键表征是如何体现杂志办刊理念的。

对《读者》创刊至今所有期刊栏目进行统计后发现，杂志先后共设置了883个栏目。具体来看，历年新设栏目总量为173个，平均每年新设栏目为6.18个。由统计发现，新栏目设置较为集中的时段在1981年至1988年《读者》的发展前期，这一时段内《读者》平均每年设置新栏目13.34个，比其创刊至今每年新设栏目平均值多出1倍；从1989年至1995年，平均每年设置新栏目5.86个，略低于平均值；从1996年至今，平均每年设置新栏目1.92个，仅为平均值的31.1%。如果以《读者》新设栏目及栏目变化为划分标准，可以将其办刊理念放在以下三个阶段内进行细致观照。

(一)《读者》办刊理念的初创期：1981—1988年

1978年，中国共产党十一届三中全会召开，正式提出"改革开放"的基本国策，从而为我国期刊事业的蓬勃发展奠定了坚实的政治基础。国门敞开虽然不会对经济的复苏起到立竿见影的作用，但文化和思想却可以在"开放"的推动下先行一步。《读者》创办者胡亚权和郑元绪就认为，由于当时介绍海外文化的杂志非常少，即便已经面市的一两本杂志也是以文化参考的名义出版，所以他们确定了《读者》最初的走向，即传播海外优秀文化和思想，介绍新知识、新生活，为国人打开一扇了解外部世界的窗口。《读者》的办刊理念也就概括为"博采中外，荟萃精英，启迪思想，开阔眼界"的十六字方针。

在表1显示的《读者》1981年创刊时设置的栏目中，可以看出，栏目形式包罗广泛，涵盖自然科学、社会科学、文学艺术、生活科学等众多方面，对杂志的办刊理念作了比较直观而全面的体现；但结合表2、表3中的栏目，与杂志创刊时栏目的初始设置相比较，从中也可以很明显地看到栏目设置的不稳定性，很多栏目虽然在名称上有所不同，但在实质上并没有多少出入，甚至仅仅是对语词位置的调整。这种情况直到第三个阶段才有明显改观。

表 1 **1981—1988 年《读者》新设栏目统计**

年份	新设栏目
1981	文苑、社会之窗、人物、青年一代、秘闻轶事、未知世界、科海揽胜、父母必读、生活之友、健美与长寿、风情录、漫画之页、点滴、劝学篇、在国外、夜读拾零、书与作家、书摘、读者信箱、纵横谈
1982	古今谈、人世间、趣闻轶事、体育世界、科学史话、知识窗
1983	编读往来、艺术欣赏、人间传奇、动物世界、体坛上下、音乐爱好者、真实故事、由来已久、考考你、卷首语
1984	真实的故事、漫画与幽默、常识百科、数字与事实、心理人生、历史一页、致读者、漫画幽默、上下古今、阅读奖、祖国和我、历史之谜
1985	幽默、中华之光、现代科技、经营之道、每月一测、健与美、台港之页、拼搏、未知与探索、文史园地、两代之间、小品、资料、爱的神箭、童稚、跋涉、意林、古代奇案、语丝、报告文学、艺术天地
1986	测测你、名作欣赏、人生之旅、天南地北、法律知识、警探史话、趣闻与传说、婚姻家庭、各行各业、专稿、杂谈、婚姻与事业、文史知识、女子世界、爱之路、风情、科技史话、艺术世界、测一测
1987	经营管理、其他、风俗画、言录、海外风情、幽默漫画、艺术之窗
1988	小资料、婚恋艺术、随感、世界之窗、幽默小品、杂谈杂感、杂感、小知识、成功之道、成功之路、知识与探索、体坛纵横

表 2 **1989—1995 年《读者》新设栏目统计**

年份	新设栏目
1989	随感杂谈、杂谈与随想、爱的艺术
1990	体育之窗、奇闻趣事、人与动物
1991	古今中外、漫画、杂谈随感、名人轶事、历史沉思、科海探秘、十年征文
1992	科技之窗、心理世界、人生一瞬、艺术浏览、历史故事、古今纵横、科技世界
1993	体育天地、杂谈随想、随想与杂谈、传奇故事、哲理小品、社会经纬、格言撷粹、用人之道、哲人故事
1994	警世钟、爱的故事、社会广角、两性之间、随想杂谈、趣味世界
1995	神秘世界、科幻世界、杂谈随想、传奇世界、幽默文选、哲理故事

表 3 **1996—2008 年《读者》新设栏目统计**

年份	新设栏目
1996	人间之谜
1997	话与画
1998	资料与信息
1999	读者园地、军事天地、本刊信息、他山石、言论、趣味科学、生物世界、世纪回眸、今日话题、理财、资料卡、天南地北、报刊拾零、科学新知、补白
2000	人类 1000 年
2001	名家名篇

续表

年份	新设栏目
2002	无
2003	无
2004	原创精品
2005	无
2006	无
2007	无
2008	生活、天下、文明、家园

表4显示，在所抽取的《读者》样本期刊中，对与自然科学相关的内容的选择很少，仅为6篇，介绍得最多的为社会科学方面的内容，共127篇，占这一时段样本总量的38%，其次为生活科学和文学艺术方面的内容。此外，从每期样本文章总体数据来看，1981年第1期、1982年第2期分别为32篇、31篇，随后所登文章的总量开始增多，1983年第3期达53篇，而《读者》创刊后在很长时间内都保持在48页，这说明每篇文章的平均长度有所减少，这一点在《读者》发展中期表现得更为明显。信息量大、内容新鲜、贴近生活、通俗易懂、短小精悍成为《读者》选摘文章的主要标准。表5显示，同期样本内容的地域分布呈现“外高内低”的局面，编译或介绍国外信息的文章有207篇，占这一时段样本总量的61.8%，而与我国信息相关的文章为128篇，仅占这一时段样本总量的38.2%，远低于国外文章的数量，这与《读者》“博采中外，开阔眼界”的办刊理念十分吻合。

表4　**1981—1988年《读者》样本内容类型分布**

样本期刊	自然科学	社会科学	文学艺术	生活科学	总计
1981年第1期	2	9	6	15	32
1982年第2期	0	8	6	17	31
1983年第3期	0	26	9	18	53
1984年第4期	4	15	10	18	47
1985年第5期	0	16	16	12	44
1986年第6期	0	21	9	10	40
1987年第7期	0	16	14	11	41
1988年第8期	0	16	19	12	47
总　计	6	127	89	113	335

表5　**1981—1988年《读者》样本内容地域分布**

样本期刊	国外	国内	总计
1981年第1期	19	18	37
1982年第2期	18	10	28
1983年第3期	28	19	47
1984年第4期	29	16	45

续表

样本期刊	国外	国内	总计
1985 年第 5 期	26	18	44
1986 年第 6 期	26	15	41
1987 年第 7 期	26	11	37
1988 年第 8 期	35	21	56
总　计	207	128	335

总体来看，栏目形式和内容的变动不定，从两个层面反映了《读者》成长初期对办刊理念的探索和调整。

(二)《读者》办刊理念的成熟期：1989—1995 年

表 6 显示，样本内容类型为文学艺术类的文章有 178 篇，占本阶段样本总量的 56%，其次为社会科学类和生活科学类，分别为 77 篇和 45 篇。与初创期相比，《读者》成熟期在文本分布上出现较大的变动，由此可以看出，《读者》在这一时期对内容的策划倾向于文学艺术和社会科学，同时对自然科学知识的介绍也比前一阶段有明显增加，对生活科学知识的介绍则明显减少。表 7 显示，本阶段在样本内容地域分布上仍然呈现出“外高内地”的局面，编译或介绍国外信息的文章有 173 篇，占本阶段样本总量的 51. 6%，与我国信息相关的文章有 162 篇，占比 48. 4%，但与前一阶段相比，两者之间已经没有显著的差距，这意味着杂志在对中外内容的介绍方面作了一定程度的平衡。同时，《读者》逐渐摒弃了篇幅过长的文章，转而将主要方向放在了对符合受众阅读口味和习惯、短小精悍、内容丰富的文章的选摘上，使信息量明显加大，初创期的选择趋势此时已经逐渐成熟。

表 6　**1989—1995 年《读者》样本内容类型分布**

样本期刊	自然科学	社会科学	文学艺术	生活科学	总计
1989 年第 9 期	3	13	22	12	50
1990 年第 10 期	2	14	21	13	50
1991 年第 11 期	1	14	19	5	39
1992 年第 12 期	3	5	32	5	45
1993 年第 1 期	1	5	37	6	49
1994 年第 2 期	5	8	24	2	39
1995 年第 3 期	3	18	23	2	46
总　计	18	77	178	45	318

表 7　**1989—1995 年《读者》样本内容地域分布**

样本期刊	国外	国内	总计
1989 年第 9 期	37	23	60
1990 年第 10 期	35	22	57
1991 年第 11 期	21	24	45
1992 年第 12 期	22	25	47

续表

样本期刊	国外	国内	总计
1993 年第 1 期	20	30	50
1994 年第 2 期	15	20	35
1995 年第 3 期	23	18	41
总　计	173	162	335

(三)《读者》办刊理念的稳定期：1996—2008 年

表 8 显示，从总量来看，样本内容类型为文学艺术类的文章共有 431 篇，占本阶段样本总量的 71.2%，其次为社会科学类 133 篇，生活科学类 30 篇，最少的仍为自然科学类文章，有 11 篇，仅占 1.8%。而在这一时期，《读者》由原来的 48 页扩展到 64 页，总量的增加并没有带来个别栏目内容的增加，可见此时杂志在内容选择上的文学艺术倾向性更加明显。

从表 9 中可以看到，这一阶段，编译或介绍国外信息的文章有 266 篇，占本阶段样本总量的 47.2%，与我国信息相关的文章为 297 篇，占比 52.8%，样本内容的地域分布已经由过去的“外高内低”逐渐转变为“内高外低”，但差距不是非常明显，说明《读者》发展后期在内容的选择上开始倾向于对国内相关知识和信息的介绍。

表 8　　1996—2008 年《读者》样本内容类型分布

样本期刊	自然科学	社会科学	文学艺术	生活科学	总计
1996 年第 4 期	2	15	16	4	37
1997 年第 5 期	4	15	16	2	37
1998 年第 6 期	0	5	26	3	34
1999 年第 7 期	0	18	24	5	47
2000 年第 8 期	1	9	25	1	36
2001 年第 9 期	1	14	33	2	50
2002 年第 10 期	2	10	32	1	45
2003 年第 11 期	0	16	35	2	53
2004 年第 12 期	0	10	38	3	51
2005 年第 1 期	1	4	40	2	47
2006 年第 2 期	0	8	43	2	53
2007 年第 3 期	0	4	53	0	57
2008 年第 4 期	0	5	50	3	58
总　计	11	133	431	30	605

表 9　　1996—2008 年《读者》样本内容地域分布

样本期刊	国外	国内	总计
1996 年第 4 期	19	10	29
1997 年第 5 期	12	26	38

续表

样本期刊	国外	国内	总计
1998 年第 6 期	18	18	36
1999 年第 7 期	16	24	40
2000 年第 8 期	18	15	33
2001 年第 9 期	31	13	44
2002 年第 10 期	20	28	48
2003 年第 11 期	19	29	48
2004 年第 12 期	31	26	57
2005 年第 1 期	20	23	43
2006 年第 2 期	22	24	46
2007 年第 3 期	20	27	47
2008 年第 4 期	20	34	54
总　计	266	297	563

总之，在这一时期，无论是在形式还是在内容的策划上，《读者》办刊理念变得更加成熟和稳健，这对于杂志在新时期的发展具有重要意义。

纵观上述三个阶段，《读者》杂志先后策划了 173 个栏目，其中有 28 个成为核心栏目（如表 10 所示）。产生于不同时代背景下的栏目，或因时代的变迁，或因对栏目统一性的要求，日后并没有延续下来，但这些栏目的策划却很好地体现了办刊理念在当时背景下的要求。同时，杂志的二级栏目也能从更微观的角度反映杂志办刊理念的与时俱进，例如 2008 年新设的栏目“博客”等。栏目是杂志办刊理念的具体体现，《读者》栏目的变迁，包括其内容类型、内容地域分布、篇幅等的变化，无不具体反映了杂志办刊理念走过的是一个“初创—探索—成熟—稳定”的历程。

表 10　**《读者》历年核心栏目统计**

年份	新设栏目
1981	文苑、人物、生活之友、在国外、青年一代、点滴、书摘、社会之窗、风情录
1982	知识窗、人世间、趣闻轶事
1983	卷首语、编读往来
1984	心理人生、历史一页、漫画与幽默
1985	两代之间、经营之道
1986	人生之旅、婚姻家庭
1991	杂谈随感
1999	言论、今日话题
2000	补白
2008	生活、天下、文明、家园

三、《读者》的文本主题选择及其办刊理念的呈现

"内容为王"，西方称之为"Content is king"，认为媒体在生存和竞争中主要是依靠传播内容而非传播媒介，其整个经营战略的成功来自于内容建设上的成功。在此，我们试图通过对《读者》样本期刊内容所选主题的分析，从另一个重要侧面呈现其独特的办刊理念。

图1显示，关于"寻求人与自然共处关系"的主题，在28个样本中，共有36篇文章涉及这一主题，占文本总量的比例非常小。其中，涉及人与生物的文章最多，有27篇，占这一主题文章总数的75%；其次为与环境相关的主题，共有7篇。以人与资源关系为探讨视角的文章最少，仅有2篇。总体来看，《读者》对这一大主题的涉及有限，生态文明并不作为杂志的主要办刊方向进行展现。

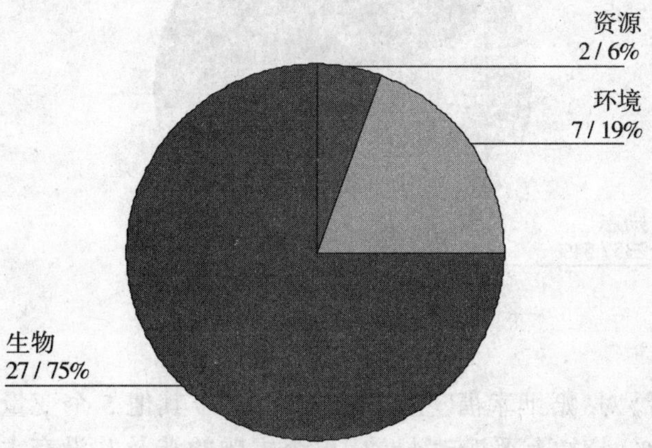

图1 寻求人与自然共处关系的主题

如图2显示，关于"探讨社会转型与进程"的主题《读者》对"思维变革"、"生活方式"、"文化冲突与选择"这三项的探讨居多，其相关文章占该主题样本文章总量的53%，其次是对"道德重建"、"信仰重塑"、"市民社会"的探讨。但却较少涉及"社会秩序"、"阶级与阶层"、"政治体制"、"经济体制"等主题，其相关文章共计只占该主题样本文章总量的19%。总体来看，《读者》创刊初期确定的"博采中外，荟萃精华，启迪思想，开阔眼界"的办刊理念得到了准确而富有成效的实施。

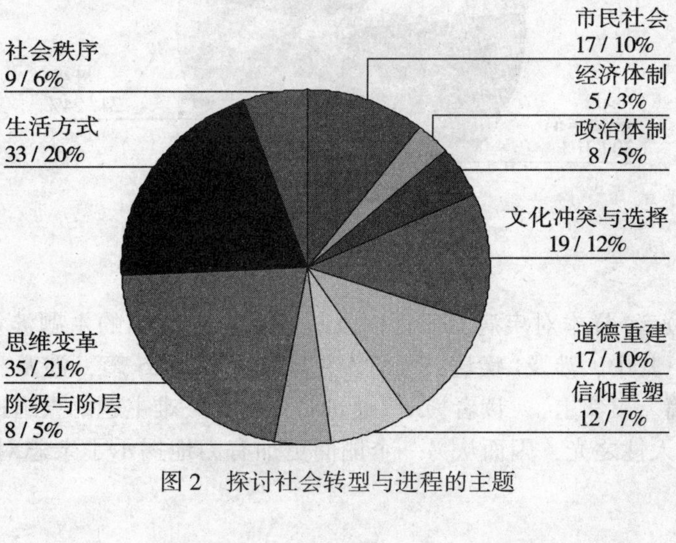

图2 探讨社会转型与进程的主题

图 3 显示，《读者》对“感恩、励志、爱情”主题的呈现以“励志”方向居多，在样本期刊中共有 235 篇文章，占该主题样本文章总量的 54%；其次是“感恩”方向，占比 28%；涉及爱情主题的文章共 80 篇，占比 18%。而这一主题的文章主要采用散文这个体裁，其次是杂文。正如《读者》办刊理念所一贯强调的，它倾向于一种健康、积极、向上的办刊思路，通过对各个行业、各个层次成功人士不同经历的介绍，坚持为人们思考、建构积极的生活态度和生活方式提供尽可能多的支撑，鼓励人们对美好未来和理想的追求，坚决反对对人生抱持一种怀疑态度。“感恩、励志、爱情”主题的选择集中体现了《读者》办刊理念对“人性至上”的定位，人的尊严和人格的温暖在这里得到了很大的重视。

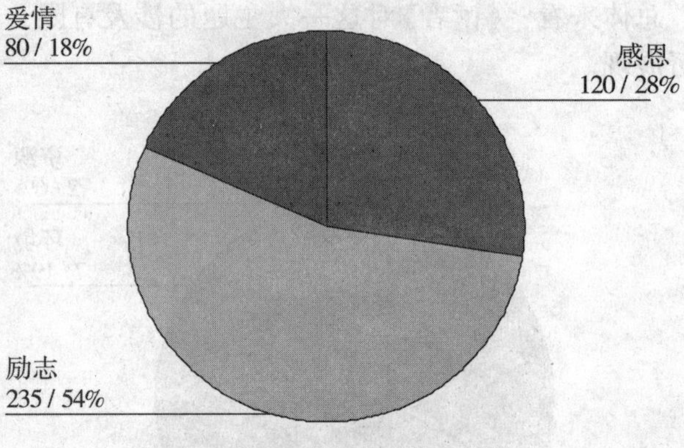

图 3　感恩、励志、爱情主题统计

图 4 显示，《读者》对“婚姻幸福”主题的涉及要多于其他 5 个变量，占家庭伦理这一主题样本文章总量的 31%，对“父爱”与“母爱”单个主题的涉及并没有占据多数。然而，涉及亲子之爱的主题在数量上仍具有明显的优势，占样本文章总量的 45%。《读者》对亲子之爱议题的诉求方向较多的是晚辈对长辈的感恩，以此为平台，《读者》积极向人们宣传人性的天然之美，营造了一种温暖而富有力量的氛围。

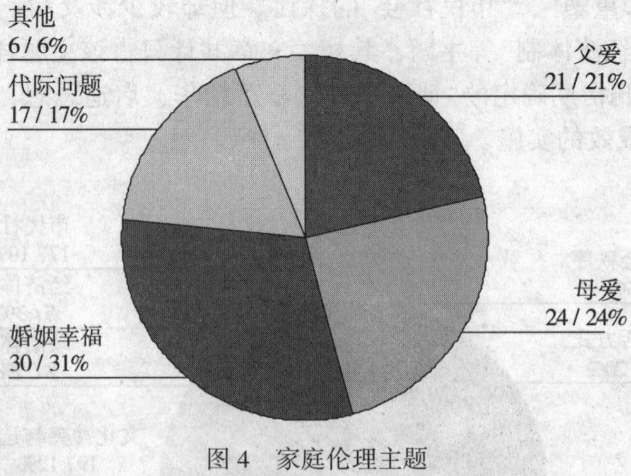

图 4　家庭伦理主题

图 5 显示，《读者》样本对疾病、死亡以及战争和意外灾难的主题涉及得非常少，总共也不过 42 篇文章。其中，涉及“疾病或死亡”主题的文章有 25 篇，涉及“战争或意外灾难”主题的文章有 17 篇。事实上，《读者》试图通过对死亡或灾难主题的报道进一步揭示“生”的意义，进一步发掘人性之光，因而从另一个侧面更加有力地揭示了杂志对“至真、至善、至美”的追求。

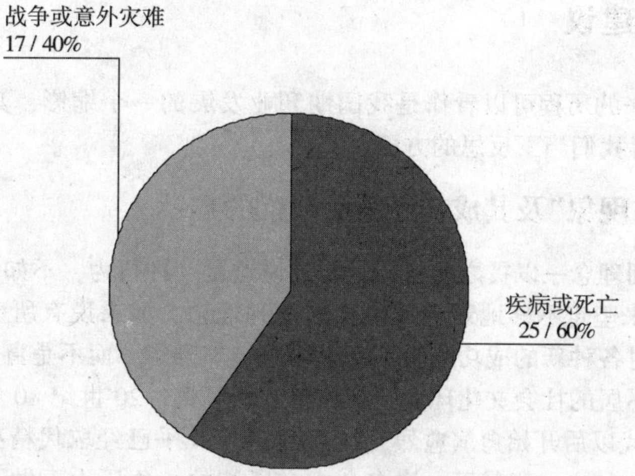

图 5　疾病、死亡以及战争和意外灾难的主题

图 6 显示，在《读者》样本文章中：有 185 篇涉及专业技术人员，占样本文章总量的 60%；其次为国家和社会管理者，占比 19%；其他各项分布比较平均，差别不大，对农民或农民工、工业或商业服务人员涉及得最少，仅占 1%。这说明《读者》更倾向于关注“普通人”，而这种人又具有一定的典型性，他们与大众的接触更为广泛，他们是知识的代言人、技术的富有者，更能获得杂志核心读者群的理解和认同。

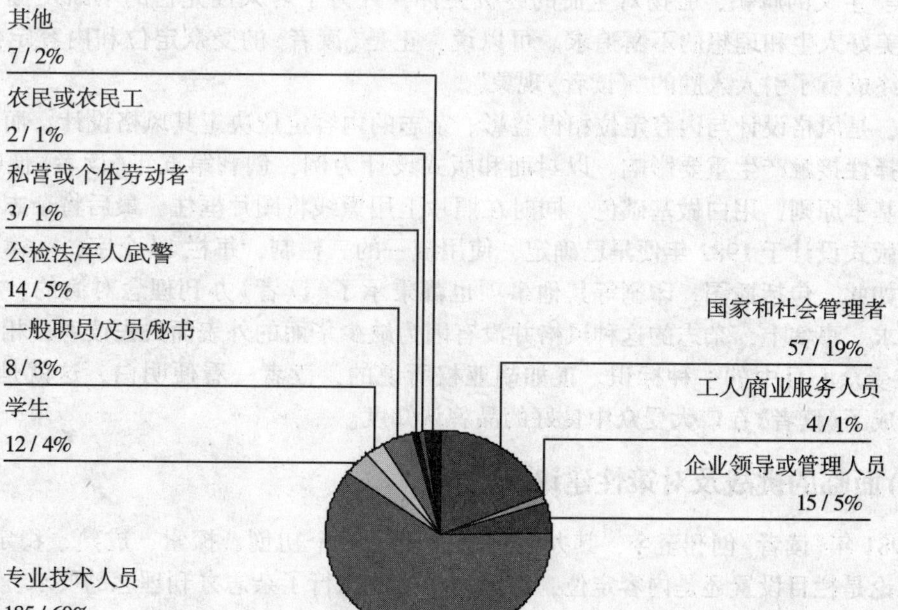

图 6　与《读者》文本相关的人和团体

总之，通过对《读者》栏目设置和文本主题的内容分析，可以发现，《读者》办刊理念的确定经过了一个初创、探索、成熟、稳定的长期过程。在这一过程中，杂志的办刊理念都能基于时代背景的变化与时俱进，过度平稳缓和，并没有出现大起大落的现象。总体来看，无论是栏目设置还是内容的主题选择，都较好地呈现了杂志办刊理念的要求，正是这种科学且富有成效的工作，使《读者》创刊至今始终向读者展示着同一副面孔，以“真善美”作为自己的旗帜，弘扬对生命的终极关怀，向人们展示着对美好人生和理想的不懈追求。

四、启示与建议

《读者》创刊以来的历程可以看作是我国期刊业发展的一个缩影，其中既有可供借鉴的成功经验，也有值得我们当下反思的方面。

(一)“《读者》现象”及其成功经验给我们的启示

首先，是对办刊理念一以贯之的坚持。与其说这是一种行为，不如说是一种态度乃至精神。《读者》创刊以来坚定不移地奉行其确立的办刊理念，如果说有所变化，那也是在日后的办刊实践过程中对各种新的成功经验不断进行总结与升华，而不是盲目地改变，更不是颠覆。这一点在变动不居的社会文化环境下，显得难能可贵。20 世纪 80 年代是我国大众文化的萌芽时期，90 年代以后开始愈演愈烈，21 世纪以来几乎已经取代精英文化的地位而成为一种主流文化形态。在这一背景下，许多杂志在所谓的竞争压力下做了市场的投机者。而《读者》始终恪守自己的办刊理念，坚持“真善美”主义，致力于人性挖掘和人文关怀，对大众文化环境的浮躁和急功近利保持清醒的判断。《读者》的办刊理念与这种独立而不随波逐流的精神一脉相承。

其次，是受众定位与内容定位的紧密契合。受众定位决定了一本杂志内容选择的方向。《读者》将受众定位在具有高中以上文化程度的青年人群，同时将大学生作为其核心读者群。调查数据显示，在《读者》受众中，42.9%的人具有大学本科学历。《读者》的内容定位便取决于此，从而“高品位、高格调、高质量”就成为杂志努力的方向。《读者》创刊至今始终高举“真善美”主义的旗帜，弘扬对生命的终极关怀，致力于对人性光芒的不断发掘，向人们展示着对美好人生和理想的不懈追求。可以说，正是《读者》的受众定位和内容定位高度契合，才最终成就了引人入胜的“《读者》现象”。

最后，是风格设计与内容定位相得益彰。杂志的内容定位决定其风格设计，而后者又对受众的选择性接触产生重要影响。以封面和版式设计为例，创刊第五年《读者》便确定了封面设计的基本原则，用白做基础色，同时在照片上用黑线将图片框住，最后将杂志名称压在上面；而版式设计于 1982 年便早已确定，使用统一的三栏制，每栏 14 个字，一律用新五号字。不仅如此，包括插图、印刷等其他事项也都秉承了《读者》办刊理念对简约、朴实风格的一贯追求。事实上，杂志的这种风格并没有因为缺少华丽的外表而失去读者，相反却成为《读者》在受众心目中的一种标识。正如胡亚权所说的，读者一看便明白，这就是《读者》。这也就形成了《读者》在广大受众中良好的品牌认知度。

(二)面临的挑战及对策性建议

自 1981 年《读者》创刊至今，其办刊理念经历了一个初创、探索、成熟、稳定的过程，期间，无论是栏目设置还是内容定位，都较为严格地执行了杂志办刊理念的要求。政治体制改革、经济与社会转型、文化交流空间拓展、技术创新、全球一体化等众多因素促使《读者》的办刊理念不断丰富和完善，而无论时代背景如何变换，《读者》的成功是对“内容为王”信条的有力佐证。而数字技术的成熟与普及意味着，作为内容产业关键环节的内容生产必须与新媒介技术有效结合才能焕发新的生命与活力，这无疑将是《读者》面临的新的挑战和机遇。并且，杂志平均订阅量和购买量下降所造成的个人/家庭订阅市场快速萎缩的现实，不仅为我国期刊界提出了警示，而且同样也是《读者》面临的严峻挑战。那么，面对这些挑战，《读者》究竟怎么做才能够保持自己原有的活力而续写自己的传奇呢？从内容生产的角度出发，我们提出如下几个方面的对策和建议：

第一，要努力做到内容与受众定位的与时俱进。研究表明，《读者》现有的内容、风格定位在整体获得了受众的很大认可。在《读者》的成长历程中，其内容生产并没有成为大众文化自身变迁的附庸，对办刊理念的坚守使其在吸收大众文化积极元素的同时，也能对其中的消极方面保持难能可贵的警醒和判断；同时，对办刊理念不断做出适时的调整和完善，也使《读者》具有与时俱进的鲜明特色。这应是《读者》成功的根本原因所在。

然而，在当下激烈的市场竞争中，替代性杂志繁多，且同质化现象严重，已经给《读者》的发展带来巨大的挑战。在对《读者》的受众调查中发现，有高达 37.4%的人“过去看现在不看”，而原因主要在于“类似的期刊大同小异，看哪个都行”。因此，就应当进一步细分市场，明确目标受众，分类打造内容产品，真正做到人无我有、人有我优；同时，还应当重视与受众的互动，及时了解他们的现实需求，不断做到内容创新。例如，在本次调查中就发现，有 38.9%的读者认为应增加一些关于“热点人物或事件”的内容，有 28.3%的读者认为应该增加“社会现象分析”方面的内容。

第二，要突破单一思维模式，审视和把握网络新媒体技术给内容生产方式创新带来的重大机遇。网络已经成为人们日常生活、工作中的重要组成部分，数字化生存已经几乎成为常态。此次调查发现，已经有 43.7%的人把电脑上网作为优先选择的媒介休闲方式；而从对《读者》的接触来看，通过网络知道《读者》杂志的仅占 2.5%。这无疑将会成为《读者》未来发展中的巨大威胁。尽管《读者》杂志在这方面也做出了积极的尝试，但从此次调查结果来看，实际效果还是差强人意。从成功“触网”的传统媒体经验来看(如网络杂志平台 POCO)，杂志的网络化不应该仅仅满足于对印刷文本的翻录，而是要积极探索网络技术之于杂志内容生存流程和机制的创新，也就是要做一本真正的电子杂志。

第三，要重视版权管理，整合内容资源。多数传统期刊之所以满足于纸质版本的网上翻录，其中一个重要原因便是出于对版权侵害的担忧，而版权是出版产业最为宝贵的经济资源，整个内容产业也是围绕着版权的购买、使用、销售、保护所展开的。因此，期刊社必须获得著作的数字出版版权。同时，基于数字技术的现代传媒业迫切要求产业发展模式由分立式向统筹式转变，而高效的整合将有利于网络受众获得信息。因此，在内容生产过程中对各种内容资源进行整合，建立统一的内容集成平台，应是网络杂志内容利用过程中不可缺少的一种重要方法与手段。

第四，要培育受众健全的“内容”消费意识，形成内容生产者与受众的良性互动。受诸多因素影响，受众在“内容”消费和“形式”(媒介)消费的认知上存在一定误区，往往会将二者混同，因此在信息时代，更加需要培养受众的内容消费意识。要想让受众选择多种渠道来消费媒介内容，就得设法让消费者知道有哪些渠道可以选择。目前，国外流行的一种方式是通过电影和电游互相宣传来介绍对方，也可以在片头制作广告来介绍与此相关的产品、玩具，或通过网站来进行相关产品的链接等。这些宣传方式值得我国内容产业界借鉴。

【参考文献】

[1]梅红．读者的品牌及审美分析[D]．成都：四川大学，2006.

[2]师永刚．读者时代——一本杂志和她所影响的生活[M]．上海：上海人民出版社，2001.

[3]崔保国．2007 年中国传媒产业报告[R]．北京：社会科学文献出版社，2007.

[4]彭伟．网上电子期刊研究[J]．情报科学，2000(4).

[5]龚维忠，方提．期刊栏目策划与设置方式[J]．湘潭大学学报(哲学社会科学版)，2006(6).

[6]许丹丹．“内容为王”的传播学解读[J]．新闻战线，2005(11).

[7]丁韧．我国内容产业资源整合及发展趋势[J]．情报理论与实践，2005(4).

[8]曾凡斌．多媒体互动电子杂志发展的“瓶颈”及其出路[J]．中国出版，2007(4).

[9]陈丹，张志林．整合与细分：我国网络杂志内容利用模式初探[J]．出版发行研究，2006(8).

[10]杜大力．中国与世界主要国家期刊出版情况对比[J]．北京大学学报(哲学社会科学版)，2001(6)．
[11]张守荣．国外期刊运作的主要模式及发展趋势[J]．上海：出版与印刷，2007(1)．
[12][英]戴维·冈特利特．网络研究——数字化时代媒介研究的重新定向[M]．彭兰，等，译．北京：新华出版社，2004.

【作者简介】

杨魁，广东外语外贸大学新闻与传播学院教授，中国西部传媒与社会发展研究院兼职研究员，博士生导师，主要研究方向为文化传播与应用传播。

王超，就职于南京航空航天大学党委宣传部。

媒介人员科学素质对风险报道的影响①

胡登全　殷　俊

风险报道作为信息生产线上的产品，从素材的选择、加工到产品的问世，要经历重重把关。其中，媒介人员的把关尽管要受媒介常规、政治、经济等因素的制约，但仍有实施自己决定的空间。Flegel 和 Chaffee 分别挑选了美国自由党和保守党的一份报纸进行研究，两类报纸的记者都在访谈中指出，自己的价值和观点对他们的影响最大，然后是编辑、读者和广告商的意见。②

鉴于媒介人员的个体特征对信息生产的重要把关作用，本研究从中国媒介人员的科学素质调查入手，剖析风险报道的生产特点，并提出参考性建议。

一、被试选择与研究方法

调查采用分层随机抽样法，对中国媒介人员进行调查。调查时将媒介人员定义为：以大众媒介为稳定职业的、具有中国国籍的人。调查时间为 2013 年。共收回有效问卷 924 份，男性填写人 526 名(56.9%)，女性填写人 398 名(43.1%)；大城市填写人 515 名(55.7%)，中小城市填写人 409 名(44.8%)。从抽样数据可以看出，被调查对象分布范围合理，这在较大程度上保证了研究取样的代表性和调查结果的科学性。每份问卷都统一编号，并按照统一标准对资料进行审核、编码，结果用 SPSS12.0 进行统计。

二、媒介人员科学素质调查

(一)媒介人员的科学知识不够丰富

科学知识是人们对客观规律的认识及总结，是人类改造世界、发现客观真理的记录。本调查从生活常识、自然科学常识和最新科技动态三方面进行考察。调查结果显示(见表 1)，媒介人员除了对基本的生活常识有较全面的认识外，对当前自然科学常识和最新科技动态的了解不够，仅有 50%左右的被试者能正确掌握这两项常识。对新发现、新技术、新思想不熟悉，对科技方面的一些新名词、新信息，比如“空间技术”、“光纤技术”等的了解程度不够高，由此造成了他们科学知识中的一些盲点，尤其是在面对一些经过包装的“生命之谜”、“自然之谜”时，这些盲点就会暴露出来。

现代风险很多来自科技领域，“转基因食品”、“毒大米”等都是科技话题的风险报道。部分媒介人员，由于欠缺基本的科学知识，很大程度上丧失了主观判断，导致了报道的人云亦云，甚至捕风捉影。Fleming 通过实证研究指出，公众对食物安全的认知依赖于媒体的报

① 本文系重庆市社会科学规划一般项目“风险治理中的舆论引导效果评估及对策研究”(项目号：2013YBCB056)成果。

② Shoemaker，Pamela J. Gatekeeping[M]. 张咏华，注释. 上海：上海交通大学出版社，2007：39.

道，但是在记者报道食品安全的新闻时，经常出现的问题是缺乏针对食品安全报道的专业训练，不能对科学数据作出正确的解释，报道模式肤浅。作者进而呼吁提高记者的科学素质①。国外的健康教育专家也往往对媒体存有疑虑，不愿意和新闻记者交往。他们认为媒体"不值得信赖"，而且是"分歧和错误消息的根源"，甚至认为"新闻记者对他们来说是最低级的雇佣文人"。② 这种情况在国内也存在，清华大学媒介实验室调查表明，受众认为汶川地震报道中，"报道的科学度需要加强，记者/主持人缺乏灾难报道专业知识"③。

表 1 媒介人员对科学知识的了解状况

项目	问题	选　项
生活常识	选三项健康的生活习惯	①长时间看电视 2.7%　②多吃盐 4.1%　③适量运动 70.1% ④悲伤 2.9%　⑤心情愉快 73.6%　⑥多吃肉 2.9% ⑦不吸烟 21.9%　⑧生活有规律 80.3% ⑨多吃蔬菜 39.4%　⑩多吃补药 1.9%
自然科学常识	选三项正确的知识	①抗生素能杀死病毒 24.1%　②地球绕太阳一圈需 1 年 50.2% ③开水温度是摄氏 90 度 7.3%　④燃烧是化学反应 51.4% ⑤栽树对保持水土的作用不大 4.9%　⑥父亲基因决定孩子性别 34.1% ⑦月亮自己可发光 4.9%　⑧光速比声速快 71.6%　⑨电子比原子大 8.3% ⑩月亮对地球的引力是大海产生潮汐的原因 42.8%
最新科技动态	选三项正确的知识	①克隆技术 86.5%　②空间技术 32.1%　③植物嫁接 9.4% ④经济膨胀 4.6%　⑤九章算术 1.9%　⑥光纤技术 36.7% ⑦基因技术 68.3%　⑧水力发电 7.2%　⑨多媒体技术 52.9% ⑩蒸汽机 2.4%

说明：生活常识中，③⑤⑦⑧⑨为正确选项。自然科学常识中，②④⑥⑧⑩为正确选项，其中，②⑥为医学常识，④为化学常识，⑧为物理常识，⑩为地理常识。最新科技动态中，①②⑥⑦⑨为正确选项。

（二）媒介人员的科学意识有待加强

人类的一切实践活动都是从意识开始的，科学意识是科学素质结构要素的内核。调查结果显示（见表 2），部分媒介人员的科学意识欠缺：在工作或学习中，8.5%的媒介人员首先考虑"按他人意志办事"，34.6%的媒介人员首先考虑"按自己兴趣办事"，仅有 57.9%的媒介人员首先考虑"按客观规律办事"。这表明有相当数量的媒介人员在认识问题时，不按客观规律行事，而是凭自己的兴趣或他人意志去分析和判断，其科学意识十分模糊，这样会使其科学素质结构中出现一些薄弱点；当在面对一些被渲染过的伪科学现象时，这种受个体主观影响的薄弱点就会暴露出来。

尊重科学和按科学规律办事是科学意识的重要标志，也是新闻专业主义"客观公正"的必然要求。但是部分媒介人员科学意识欠缺，导致了在风险报道中"按自己兴趣办事"，未能坚守客观性、公正性的专业要求，从而引发信息的失真。尤其是在社会安全、事故灾难等方面的风险报道中，一些媒介人员"按自己兴趣办事"，缺少对公众的疏导抚慰，却偏重于

① Fleming, Kenneth. Going Beyong Exposure to Local News Media: An Information-Processing Examination of Public Perceptions of Food Safety[J]. Journal of Health Communication, 2006(11): 789-806.

② 大卫·米勒，凯文·威廉姆斯．艾滋病毒与艾滋病信息的磨合[M]//[英]约翰·埃尔德里奇．获取信息：新闻、真相和权力．张威，邓天颖，主译．北京：新华出版社，2004：160.

③ 汶川地震救灾报道满意度调研报告[M/OL].[2008-11-12]. http://ws.3edu.net/dybg/ws_124941.html.

煽风点火，借冲突的加剧来营造故事化、戏剧化效果，从而使报道得到关注率。媒介在事实上充当了风险的助燃剂角色，这无疑是媒介社会责任的失范。

在媒介化生存时代，大众传媒不但重构了公共空间，而且改变了当代社会审美文化的存在状况及其价值取向。人们在评价事物美丑的时候有不同的价值取向，但媒介人员因为自身工作的特殊性，其传达出来的价值观必须能健康有序地影响社会。对于中国而言，媒介人员的价值判断标准应该在国家、社会、受众的需要的基础上坚持具有中国特色的“百花齐放”原则。有的媒介人员以“按自己兴趣办事”为价值判断的出发点，将怪诞离奇、反主流、反传统的个性化审美标准展现在媒介景象中，这必然削弱中国文化凝聚力，从而在价值层面构成一种潜在的风险。

表2　媒介人员的科学意识和科学精神

项目	问 题	选 项
科学意识	学习中你首先考虑什么？	①按他人意志办事 8.5%②按自己兴趣办事 34.6%③按客观规律办事 57.9%
科学精神	你对科技常抱哪三种态度和行为？	①欣赏它 74.3%　②对它兴趣不大 16.2%　③对它很反感 2.9% ④设法弄懂它 48.2%　⑤有机会才学习它 46.8%　⑥对它缺乏学习和认识 23.1% ⑦坚决维护和宣传它 36.8%　⑧有时宣传它 33.1% ⑨总担心它的负面影响 14.2%　⑩不清楚 6.3%

说明：“科学精神”中，①表示欣赏真理，④表示追求真理，⑦表示捍卫真理。

(三)媒介人员的科学精神有待进一步培养

科学精神是构成科学素质的根本性要素及其前进的动力，有了科学精神，媒介人员才会在风险报道中更加自觉地树立科学观念，学习科学知识，掌握科学方法。调查主要从欣赏真理、追求真理和捍卫真理这三个方面考察了媒介人员的科学精神(见表2)。从中可见：74.3%的媒介人员对科技持欣赏的态度，48.2%的媒介人员选择设法弄懂它(追求真理)，36.8%的媒介人员选择捍卫真理。另外，还有相当一部分媒介人员对科技抱有消极的态度，如16.2%的人“对它兴趣不大”，14.2%的人“总担心它的负面影响”等。可见，媒介人员的科学精神不够强，其中对新问题做深入研究的人不够多，部分人缺乏追求真理的精神。学习新的科学知识的主动性不够强，有46.8%的媒介人员“有机会才去学它”。

调查表明，几乎三分之二的媒介人员没有捍卫真理的精神，不敢大胆批评在研究中发现的错误问题，缺乏同反科学、伪科学现象作斗争的精神。如此一来，媒介人员越来越缺乏勇于挑战的性格，在风险报道中面临各方压力或者诱惑的时候，容易放弃职业操守，从而丧失媒介的风险预警和监督反思功能。有学者通过比较分析84个国家或地区的媒介，认为媒介人员在很多方面缺乏同反科学、伪科学现象作斗争的精神①。

(四)媒介人员科学行为有待提高

科学行为是指人在学习和实践过程中的思维方式和行为方式。调查从三个方面考察了媒介人员的科学行为：发现问题、思考问题和解决问题(见表3)。结果显示，媒介人员中53.8%的人经常遇到问题，38.6%的人善于发现问题产生的原因，42.9%的人善于提出解决问题的办法，41.6%的人善于解决问题。数据表明，目前媒介人员独立分析和解决问题的能力还不足，对新的科学方

① 陈中原．点击新闻职业道德关键词[J]．新闻记者，2007(6)，2007(7)．

法和研究手段还运用得不够，不善于思考问题、发现问题产生的原因。

表 3　　媒介人员的科学行为

问　题	选　项	
在工作、学习、生活中，你总是	①经常遇到问题 53.8%	②很少遇到问题 22.3%
	③善于发现问题的原因 38.6%	
	④善于提出解决的办法 42.9%	⑤善于解决问题 41.6%

说明：①表示善于发现问题，③④表示善于思考问题，⑤表示善于解决问题。

风险报道既需要对风险进行预警和呈现，更需要对其背后的原因和机制进行剖析和反思。部分媒介人员缺乏思考问题、解决问题的科学行为，导致了他们在风险报道中“只见树木，不见森林”，很多时候只是追逐报道的刺激感、冲突性，难以对风险进行哲学、文化和社会机制等深层次的思考。以环境报道为例，诸多研究证明，媒介很少报道关于环境的潜在风险以及相关解决措施，却热衷于已经发生的或者经常性发生的、伤害性的环境破坏因素，尤其是具有政治和经济冲突的环境问题。

著名风险学家贝克认为，风险反思有三个不同的层次：第一，只关注表象的“现实主义”，这是“沉淀的、碎片的”、“软弱无力的”；第二，只关注风险背景的“质朴的”结构主义，没有抓住风险的“具体性和强制性特征”；第三，剖析风险背后的决策性、制度性问题，这种“制度结构主义”反思是更为贴切的。①

但是在实践中，部分媒介人员因为不善于思考问题、不善于发现问题产生的原因，缺乏独立观察、独立判断的能力，其报道大多缺乏深层次的制度结构主义反思，对事件的报道，较多地还是停留于“蜻蜓点水”式的呈现，往往只注重对灾难的“叙述”，而忽略了对灾难的深入调查与深刻思考。由此造成灾难发生时媒体“众声喧哗”，灾难过后的“惨痛”被迅速遗忘的情况。

（五）不同人口特征的媒介人员的科学素质差别较大

前面将媒介人员作为整体来调查，而媒介人员因为不同的人口特征也必然表现出不同的科学素质。下面分别从地区、学历和年龄三个方面进行考察。

表 4 显示，不同居住地媒介人员的科学意识取向，在按他人意志办事和按自己兴趣办事两个方面分别存在着显著和极显著的差异（$P<0.05$；$P<0.01$；$P<0.001$）。在按他人意志办事的取向上，西部极显著高于东部和中部（$P<0.01$；$P<0.001$）；在按自己兴趣办事的取向上，东部和中部显著高于西部（$P<0.05$）。在进行风险报道时，西部媒介人员可能更容易丧失自我、人云亦云或者服从于长官意志；而东部和中部的媒介人员可能更具有独立性。

表 4　　不同居住地媒介人员在科学意识取向各因素上的差异检验

	东部		中部		西部		东＊中		东＊西		中＊西	
	M	SD	M	SD	M	SD	T	P	T	P	T	P
按他人意志	0.07	0.259	0.06	0.221	0.11	0.300	−1.190	0.017*	−1.561	0.002**	−2.325	0.000***
按自己兴趣	0.34	0.471	0.34	0.475	0.31	0.451	0.282	0.571	1.250	0.013*	1.295	0.014*
按客观规律	0.56	0.490	0.58	0.483	0.57	0.483	0.328	0.489	−0.287	0.562	0.092	0.849

注：M 为平均数，SD 为标准差，T 为平均数差异检验值，P 为显著性水平。

＊＊＊表示 $P<0.001$；＊＊表示 $P<0.01$；＊ 表示 $P<0.05$。

① ［德］乌尔里希·贝克．世界风险社会［M］．吴英姿，孙淑敏，译．南京：南京大学出版社，2004：30-38.

在本次调查的媒介人员中，高学历(本科及以上)有428人(46.3%)，低学历(本科以下)有496人(53.7%)。从图1我们可以直观地看到不同学历的媒介人员科学意识各因素的发展趋势。随着学历的提高，高学历的媒介人员更倾向于选择按客观规律办事，低学历的媒介人员更倾向于按他人意志办事。并且，高学历与低学历的媒介人员之间的差异非常显著。

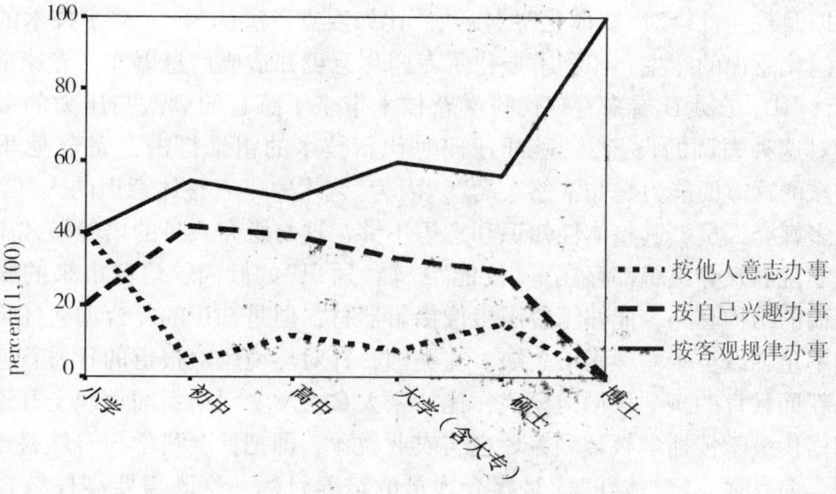

图1 不同学历媒介人员科学意识各因素发展趋势

从图2可以直观地看到不同年龄媒介人员科学意识各因素的发展趋势。随着年龄的增长，按他人意志办事和按个人兴趣办事的科学意识趋势有所下降，按客观规律办事的科学意识趋势有所增强。而在60岁以后，按自己兴趣办事的科学意识趋势上升，按客观规律办事的科学意识趋势下降。

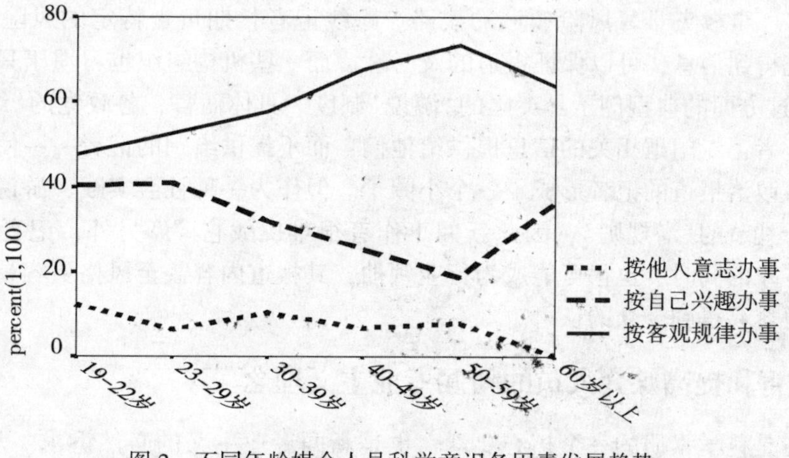

图2 不同年龄媒介人员科学意识各因素发展趋势

六、小　　结

中国媒介人员的科学素质尚有不足，这在一定程度上使得媒介在风险报道中成为风险的近视眼、哈哈镜甚至助燃剂。因此加强媒介人员科学素质的培养，是迫在眉睫之事，对此，提出以下建议：

(一)培养具有“整体性意识”的媒介人员

专业知识、人才专门化是紧随现代性而来的产物，其核心是知识的分门别类和人才的专业领域化，其概念对立于“整体性意识的人”、“整体性知识或文明”。中国古代和西方的古希腊以及欧洲前现代时期，知识的整体化是文明的基本特征。众多学者都指出了“整体化”的重要性，以及现代社会对“整体化”的侵蚀。比如麦克卢汉认为，“文字技术的出现导致知识分割及专门化意识的产生，印刷术强化了专门化意识并造成信息爆炸，专家成为知识专门化的人格载体”①。在麦氏看来，现代科学新技术带来了感官的刺激与压力的失调，艺术与艺术家是应对这种失调的良药，“避开任何时代新技术的粗暴打击，完全避开它强暴的锋芒——艺术家的这方面能力是非常悠久的”，因为“艺术家是有整体意识的人”②。

当今很多媒介人员，其整体性知识和意识不够，这与媒介人员的培养模式不无关系。中国不少新闻学院和媒介组织都存在重“技能”、轻“通识”的倾向，培养出来的媒介人员尽管通晓新闻文稿的结构套路，能熟练使用摄像摄影器材，但是知识的复合型人才需具备的整体性意识远远不足，以至于科学素质欠缺。在美国，针对环境风险报道的日益普遍，不少高校形成了环境新闻教育的多学科构建模式，比如蒙大拿大学专门给新闻学硕士开设了环境新闻课程，伊利诺伊大学传播学教育涵盖环境与农业教育，即把社会科学与自然科学结合起来研究环境新闻。简言之，“整体性”应是媒介人员的培养目标，这既需要高校教育场域为之努力，也需要媒介组织的有意为之以及媒介人员自身的不懈追求。

(二)加强跑线记者的培养

媒介面临报道对象/信源的多样性，为合理分配资源和进行组织的分工，各媒介机构都会对信源进行资源配置，如此产生了不同路线，每条路线都产生相应的“跑口记者”(也称跑线记者)。

媒介组织应根据人员特点，着力培养从事风险报道的跑线记者，让不同的跑线记者分别负责自然灾害、事故灾难等风险领域的线路。跑线记者长期负责特定的风险内容和相关部门，便于最先得到消息，可以保证报道的及时性。而一些机构组织也习惯于只将消息透露给跑线记者。“这方面的典型例子是英国的‘游说’制度。具体而言，各政党的‘组织秘书’委托某些特定的记者，专门把相关的信息提供给他们，而不提供给别的记者……使得少数经过精心挑选的从事政治报道的记者形成了一个小圈子。但作为一种社会实践，游说制度已经成为一种不拘泥于礼节的‘潜规则’，因此新闻工作者很难挑战它。”③另外，记者经过长期的跑线，在成为专家的同时，也很可能成为行业领袖，其报道内容甚至风格更容易成为同行效仿的对象，也更容易得到受众的认可。

(三)培育和提高媒介人员的新闻专业主义理念

客观公正是科学素质的一个核心要素，也是新闻专业主义的必然诉求。从这一点来说，二者在本质上是相通的：提高媒介人员的科学素质，也就是要提高他们的专业主义理念。

政府控制、经济压力和新闻专业主义这三者之间的矛盾和张力，普遍存在于媒介人员的实践逻辑中。随着民主政治的兴起，媒介人员的新闻专业主义意识日渐成长，往往会突破种

---

① 秦州．媒介环境学家对“专门化(专家)”问题的警觉性认识[J]．国际新闻界，2009(8)．

② [加]赫伯特·马歇尔·麦克卢汉．理解媒介——论人的延伸[M]．何道宽，译．北京：商务印书馆，2000：102.

③ [英]格雷姆·伯顿．媒体与社会——批判的视角[M]．史安斌，主译．北京：清华大学出版社，2007：309.

种禁锢，从而使得专业理念与“宣传体制”、经济压力的冲突浮出表面，甚至不时有“整顿”和“触雷”的现象。但风险报道往往涉及政府形象，因而政治权力起着尤其重要的作用。政府以刚性控制和柔性“收编”的方式，影响着媒介人员的价值观和职业观，影响着风险报道的内容。

如果媒体沦为政府的传声筒，必将丧失公信力，媒体、政府和公众都是受害者。因此，政府应尊重媒介人员的专业主义理念，鼓励他们在政策和法律允许的范围内拥有客观、及时、多角度地发布信息的权利，以保证风险报道的时效性和全面性。同时，媒介应加强职业道德的自律机制，坚持独立公正的专业主义理念，抵抗经济诱惑和不合理的政治压力，在风险报道中要“早说话，多说话，说明白话”。

（四）实行双轨制的考核

在市场机制的压力下，量是媒介重要的考核指标（记者考核稿件数/字数，编辑考核版面数，节目考核收视率），短平快新闻成了绝大多数记者的首选。而现代风险，因为其潜伏性和不确定性，往往需要做深入的追踪调研。以蕾切尔·卡逊为例，她从1958年开始探索杀虫剂的危害，经过整整4年即1962年才发表《寂静的春天》这部改变世界环境理念的作品。如今，在收视率魔棒的统治下，“新闻工作者的至理名言是，灾难报道题材必须重大，图片必须刺激”①。一些媒介人员错误理解“灾难是记者的节日”这一说法，过分追逐风险事件，有的版面几乎成了“风险事件专版”，这使公众过高估计社会的风险，反而影响了社会安定。

鉴于此，有必要实施双轨制的考核方式：市场取向的娱乐性媒介/节目，理应遵循市场逻辑，优胜劣汰；风险报道等“公共利益领域”的媒介/节目，其考核标准不仅仅是收视率，而更应是它在多大程度上体现了公益特色，在多大程度上促进了和谐、增强了文化的向心力和凝聚力。要达到这个目的，既需要媒介自律，也需要政府给予信息津贴的补助。

（五）重视媒介人员的人口学管理

调查显示，西部以及60岁以上的媒介人员的科学素质都相对偏低；同时，低学历的媒介人员在科学素质方面明显弱于高学历的同行。从一定程度上说，接受了更多教育的人员，在新闻专业主义理念、审美情趣、知识的复合性等方面，应该更具有优势。媒介组织应从人口学角度，加大对从事风险报道的人员的对口配置和管理。

【作者简介】

胡登全，四川外国语大学中文系副教授，博士，硕士生导师，主要研究方向为文艺与传媒。

殷俊，重庆工商大学艺术学院院长、《重庆晨报》副总编辑、中国新闻史学会传媒教育实践基地主任，博士、教授、博士生导师，上海市高校人文社会科学重点研究基地——上海大学影视与传媒产业研究基地特聘研究员，研究方向为媒体发展与文化创意产业研究。

① ［英］格瑞格·费娄．从伯克到乐队援助：媒体与1984年埃塞俄比亚饥荒［M］//［英］约翰·埃尔德里奇．获取信息：新闻、真相和权力．张威，邓天颖，主译．北京：新华出版社，2004：138.

中西全媒体新闻教学比较研究

肖 珺

新闻学教育正在面临关键性的选择："逆境求生或是蓬勃发展？(Surviving or Thriving)"这一选择的必然性来源于新闻生态的全面改写、传播技术的革命性改变："新闻作为一种社会实践受到多重威胁：媒体及其商业化压力，崭新的信息技术，公众的不信任，持续驱赶人们远离政治及新闻的政治气氛，新闻文化自身的缺陷。"新闻实践面临着生存还是灭亡的巨大困境，进而导致新闻学教育必须反思自身、创新求变。教育界的追问包括：如何重新定位新闻学教育在网络时代的使命和义务？如何改变学院教育延续多年的传统框架？如何超越自媒体等公民新闻业对专业新闻人的挑战？如何提升学生对数字新技术、新媒介商业模式的适应能力？中外新闻学教育都正在应对这些扑面而来的全新议题。本文的目的在于：立足媒介融合发展的时代背景，观察新闻业的最新发展趋势，检视新闻教育面临的挑战，在借鉴中外新闻学教育经验的基础上，提出我国全媒体新闻学教学设想。

一、媒介融合与新闻业的发展

(一)西方概况

20世纪70年代末，最早的家庭计算机在美国出现，电子公告牌(BBS)的出现开始建立人们与计算机的紧密联系。20世纪80年代，计算机技术的提升、笔记本电脑的推广使得一些新闻编辑部开始广泛使用计算机，新闻组(Usenet)、电子邮件(E-mail)的使用让世界各地的新闻信息流动起来，一些报纸开始尝试电子版。技术发展的无限可能性催生媒介融合(Media Convergence)的想象，1984年，美国马萨诸塞州理工大学浦尔教授(Ithiel de Sola Pool)在其《自由的技术》中描述了媒介融合的模型，指出它更多集中于电视、报刊等传统媒介的融合，认为媒体融合就是各种媒介呈现出多功能一体化的趋势，最终，电子技术将所有传播方式都融汇进一个庞大的数字化系统中。20世纪90年代，西方世界的宽带网开始应用，互联网得到普及，浏览器创造了人类进入互联网的路径，传统媒体纷纷尝试网络新闻，独立的商业新闻网站迈入繁荣发展的新阶段。20世纪末期，网上还出现了第一个社交网站和博客，美国网民马特·德拉吉(Matt Drudge)因率先报道克林顿"拉链门"性丑闻而让网民记者的概念被人们所了解。21世纪以来，在新闻业发展历经21世纪初的网络寒冬后，互联网成为增幅最快的媒介，迈入繁荣兴旺的多元化阶段。其中，自媒体(We Media)成为对传统新闻业冲击最大的业态，社会公众通过个人网站、博客、BBS、微博等多种形式改写自身仅仅作为受众的历史，他们集传者、受者于一身，通过参与、原创、传播成为这个时代最为重要的新闻业者。同时，传统新闻业不断加深对网络新闻业的探索，2010年，普利策新闻奖首次将调查性报道奖授予非盈利新闻调查网站ProPublic和《纽约时报》(New York Times，下文简称NYT)周末副刊，社论漫画奖则颁发给《旧金山纪事报》网站sfgate.com。媒介融合已成事实，也同时改变了传媒形态。

(二)中国概况

中国进入互联网时代略显滞后，但其互联网发展迅猛。我国于1994年正式加入国际互联网，1995年出现第一份通过互联网发行的杂志《神州学人周刊》，1997年《人民日报》正式进入互联网，新浪、搜狐于1998年陆续成立。20世纪末，中国网络媒体发展呈现出“大跃进”(彭兰，2005)的繁荣态势。21世纪初以来，中国新闻业面临着和西方类似的机遇和困境，新闻网站、商业网站、社交媒体都加入了新闻传播的行列。“在网络传播技术方面，其宽带化、移动化、互动性等技术特征得到进一步强化；在网络内容发展方面呈现出参与性、创造性、视频化等特征；在网络传播发展方面热点迭出，博客传播、手机媒体、媒介融合、网络实名制等不断成为社会和研究界持续关注的焦点。”(陈力丹，2007)2006年，中国新闻奖也首次针对新闻网站设立了网络新闻奖项，这表明我国政府对于网络新闻社会意义的公开肯定。截至目前，网络新闻(指在互联网上通过任何网站和应用看到的新闻)成为中国网民网络应用使用率排行榜的第四位，表现出公众强劲的消费需求，第30次《中国互联网络发展状况统计报告》(2012年7月)显示：“网络新闻的用户规模达到3.92亿，网民对网络新闻的使用率为73.0%。随着微博、社交网站等社交媒体的盛行，网民可以通过更多的渠道接触到新闻信息，并在对新闻的分享和转发过程中提升新闻的覆盖量。其次，随着智能手机的普及，更多网民可以利用碎片化时间且不受场地限制阅读新闻，极大促进了网民对网络新闻的阅读。”针对Web2.0技术为传播实践带来的冲击，有学者认为：“这种让全民共同决定和编织传播的内容与形式，让每个个体的知识、热情和智能都融入其中，让人们在具有最大个性选择的聚合空间内实现共享，这恰恰是新传播时代的价值真谛。”(喻国明，2006)Web2.0会促使网络能量的成倍增长，这种变化“更多的是信息互动传输，即应用方式的新变革，它可能会对网络中人与计算机、人与信息、人与人的关系产生重大的变革推动力”(李海峰，2006)。

(三)新闻业的挑战和机遇

媒体环境被改写的速度超出了人们的想象：“从传播媒体的演变史看，一种传播媒体普及到5000万人，收音机用了38年，电视机用了13年，互联网用了4年，而微博只用了14个月。”①跳跃式的发展对既有传统媒介市场格局形成了颠覆性的冲击，据2012年2月的数据显示，在全球广告市场整体增长较为缓慢的情况下，电视、网络广告仍保持了较高增速，但报纸、杂志等媒体广告市场则出现明显萎缩。总的来看，互联网对平面媒体的冲击较大，预计未来两年内，全球网络广告总规模将会超过报纸。而在2011年，我国网络广告已经超过报纸广告规模，并逐渐接近电视广告的市场规模。其中，报纸广告规模达453.6亿元，网络广告规模达511.9亿元，电视广告规模达724.4亿元，网络广告同比增长57.3%，2012年预计将达790.9亿元。② 市场选择揭示出新闻业发展的动态和趋势，一些传统媒体面对挑战显得步履蹒跚，甚至不堪重压，但也有一些找到了媒介融合的全新路径。本文以中外传媒业的发展为例，展示当前媒介融合背景下新闻业面临的挑战和机遇。

英国《金融时报》(Financial Times，下文简称FT)作为一家世界领先的商业新闻机构，以其报道内容的权威性、真实性和准确性享誉世界，同时，FT在2002年成为全球第一家采用网络收费模式的报业，尽管这一举措在当时被视为异类，但随着FT相关收益的增加，其收费模式逐渐成为被模仿的战略选择。研究表明，2008年经济危机后，FT网站收费在一定程度上弥补了广告收入下滑带来的损失。2012年7月27日，FT宣布其网络付费用户已达30

① 李开复. 微博：改变一切[M]. 上海：上海财经大学出版社有限公司，2011：33.

② 数据来源于艾瑞网数据报告。

万，超过29.7225万的报纸订户，合计付费用户逼近60万，这是FT成立125年来的最高值。2012年伦敦奥运会期间，英国广播公司（British Broadcasting Corporation，BBC）提供了丰富的多媒体接入服务，数据表明，BBC奥运会网页的点击率增加了80%，观众通过笔记本电脑、平板计算机、移动智能手机等进行网站点击，移动智能手机在BBC的总点击量中占33%，而智能电视观众则少得可怜，仅占总收视人群的3%。在美国，160岁高龄的NYT发展前景却并不明朗。过去几年，NYT不断通过出售的方式剥离非新闻业务，通过和社交媒体（如Facebook）的合作来开拓新的市场，并在2011年对其网络版再次实行付费模式。2012年6月，其合计订阅用户已达53.2万。可是，截至2012年8月，NYT"过去11个月股价下跌6%，广告收入下降8%"，公司正寄望于全新数字业务来扭转颓势。

中国传媒业的发展也面临类似的状况，但呈现出不一样的特点。以脱胎于传统媒体的新闻网站为例，他们的发展路径因传媒体制而表现出迥异于西方的路径选择。2012年4月27日，人民网在政策的利好推动下成功上市，其发展方向定位于利用资本优势"进一步扩大新闻编采和发布业务的优势，充分展现图文、音讯、视频等多媒体形态，提高多媒体业务的影响力和盈利能力；将进军新业务领域，包括地方频道、舆情监测、无线增值业务、多媒体视频业务及全媒体数据库业务"①。可见，党的机关报将自身发展寄托于媒介融合的转型。商业化报纸的全媒体转型则更加具有市场化的特色。2012年5月30日，《南方都市报》正式推出全媒体战略下的移动终端产品"南都PAI"，这款产品"不仅是一款平板计算机，更是阅读先锋"。它以电子终端设备取代纸质媒体，将南都全媒体内容集中置于"南都PAI"桌面，但是，用户只能通过订阅南都全媒体数字信息服务才能获得这款终端产品。南都的战略决定表明，销售硬件并非其目的，通过终端让使用者产生内容消费习惯和依赖才是最终目标。相比而言，凤凰全媒体的发展更加成熟。2005年，凤凰新媒体业务正式从凤凰卫视剥离；2006年，通过协议控股方式在中国开展新媒体移动服务，凤凰网开始由企业官网向门户网站转型；2007年，手机凤凰网正式上线，后正式注册域名ifeng.com，整合之前的phoenixtv.com和phoenixtv.com.cn两个平台。同时，凤凰新媒体有限公司注册成立，该公司于2011年在纽约证交所成功上市。目前，凤凰新媒体业已形成了凤凰门户网、凤凰视频、凤凰无线三位一体的跨平台、全媒体业务构架。

媒介融合的想象在突破技术瓶颈后演变为中外传媒业的现实选择，在主动转型和被动进入的双重市场抉择下，新闻业全媒体发展趋势不可逆转。

二、全媒体环境对新闻学教育的挑战

技术变迁的历史进程决定了媒介融合的形态演变，其中，信息技术革命扮演了核心的角色，微电子学和计算机改变了人们交流传播的工具，电信业的发展引领人类的沟通行为进入全新的层面。全媒体的设想首先由美国商业巨头马莎·斯图尔特（Martha Stewart）带入现实新闻业，1997年，她整合与其相关的所有品牌，将电视、印刷业、网站、电子商务等进行整体运作，这一全新的媒介融合概念使其公司（Martha Stewart Living Omnimedia）于两年后在纽约证交所成功上市，其开创的Omnimedia媒介形态被称为"全媒体"。全媒体被实践者理解为："综合运用多种媒介和终端，以文字、图片、声音、影像等元素全天候、全方位、立体化地展示传播内容。"未来全媒体将实现任何人在任何时间、任何地点，以任何方式获取任何内容的信息消费需求。这种革命性的传媒变局让新闻业进入媒介聚合的新场景，一条新闻内容需要同时满足平面媒体、电视媒体、网络媒体、手机媒体等多终端的生产、传播和营

① 人民网总裁兼总编辑廖玒：站在巨人的肩膀上再出发[EB/OL].[2012-04-13].http://meclia.people.com.cn/GB/40606/11915912.html/.

销需要，这些变化不仅冲击着新闻采编业务流程，也同时挑战着传统的新闻传播理念。

(一)对学生的挑战：日益演变的数字移民和数字原住民

目前，新闻学教育直接面对的学生群体主要集中在20世纪80年代、90年代出生的人。按照西方学者的研究，这批年龄结构的群体具备了"数字原住民"和"数字移民"的特质。

"数字原住民"是指生来就习惯于网络的年轻一代。他们一般在社交媒体的影响下长大，会长时间在线，用手机拍照，看所谓的游戏电影，上 YouTube 网站；他们虽然与"数字移民"居住在同一个星球上，却生活在不同的世界里；他们可以同时做很多事，能随时和素未谋面的人融洽合作；最重要的是，过去几代人消费媒体的热情，在他们这里变成了创造媒体的热情。这些年轻人有时也会被冠以"网虫"的符号。在西方国家，这批已建构明显社会身份的学生在"80后"一代已经出现，他们对于数字新媒体应用的熟稔程度非常高，这给新闻学教学带来很大的压力。但在中国，则因为城乡差异、家庭收入差异、基础设施差异等，学生群体更多地体现出"数字移民"的特征。"数字移民"则是指原本对于数字环境不太熟悉，但努力去了解数字媒体，并适应社交网络等新媒体应用的公众。新闻学教育面对的学生群体即使在中小学阶段，因为家庭管束、技术或终端限制等原因对网络世界缺乏深入了解，进入大学阶段的自主学习和专业要求，也能让他们迅速进入"数字移民"的社会身份建构中，并使其快速成长为网络应用行家。这部分学生群体在学习初期可能会滞后于任课教师的技术知识结构，但在四年或更长的学习过程中，投入程度高、悟性佳的学生则会和教师营造共同学习、彼此激励的专业教学氛围。

当然，属于"数字原住民"、"数字移民"的学生的比例因所在国家、地区的不同，也因学生的经济、文化背景的不同而表现出差异性。但可以肯定的是，目前活跃在教学一线的新闻学教师绝大部分是数字移民，教师们大都具有学习的动力和热情，但也有部分教师表现出对数字新媒体的排斥拒绝或消极应对。学生群体的转变、业界的转型共同挑战新闻学教师的知识结构，已沿用几年甚至几十年的陈旧教案面对不得不革新的压力。

(二)对实验室的挑战：传播技术更新加快、融合实验需求增加

新闻学是一门强调实践的学科，培养的人才也以应用型人才为主，因此，实验室教学是新闻学教育非常重要的环节，至少占新闻实务教学学时的1/3。传统新闻学教育强调分离新闻采、写、编、评的流程，独立进行新闻采访、新闻写作、新闻编辑和新闻评论四门课程的教育，将实验室教学较多地集中在新闻编辑课程中，教授学生使用报业、广电业的相关软件，以便学生进入工作状态后能迅速上手。网络媒体出现后，中国大部分高校增设了以网络新闻/传播或数字媒体为主要内容的本科、硕士、博士课程，实验室教学多集中在网站设计、语言程序设计、网页设计、视觉美化、流媒体制作等工具性的技术教学部分。新闻业的快速发展、颠覆性的技术采纳，给新闻学实验室教育带来了巨大挑战。

1. 挑战一：传播技术更新加快，实验室技术教学明显滞后

全媒体的新闻业要求从业人员在短时期内被训练成为对传统媒体和新媒体都能熟练掌握的专业人士，新闻学实验室教学的目的之一就是满足实践的需求。但是，由于软件购置成本高、师资水平欠缺、对业界发展动态跟踪不足等原因，目前的实验室教学明显滞后于新闻业采纳的传播技术应用。以摄影及排版为例，最新涌现的软件就包括一系列对应不同手机平台的拍照及图片处理应用，如适合 iOS 平台的拍照软件 Camera+、基于 Android 平台的多相片排版软件 Photo Grid、Android 手机专用的拍照搜索应用程序 Goggles 等。那么，新闻学实验室教学当中是否需要讨论这些业界最新的变化呢？从新闻报道的过程来看，在线新闻进化的速度惊人，新闻采写编评的过程可以在微博这一个技术平台中同时实现，新闻内容的生产、

传播和营销演化为个人到个人、个人对多人、多人对多人、差异化内容付费等多个阶段，那么，针对不同的技术平台、不同的新闻传播目的和不同的消费方式，新闻业者要采用不同的技术手段分流信息。比如，面对丰富的新闻信息，筛选与创造类的软件十分流行，如 Google News、Digg、Hacker News，连微博始祖 Twitter 也推出了类似的 Medium、Branch 等在线新闻工具，那么，实验室教学该如何引导学生进行内容生产呢？毫不夸张地说，传播技术的发展日新月异，特别是针对手机等移动终端的 App 应用软件的开发与推广，给新闻学实验室教学造成了巨大的压力。

2. 挑战二：新闻内容生产的聚合化教学尚未提上议事日程

现状表明，新闻学实验室教学中，工科类的技术性教育与文科类的内容生产培养还处于彼此疏离的状态。新闻学的学生只将报纸编排系统应用设为必修课；广播电视专业的学生只将非线性编辑软件应用设为相关专业课，进行视频编辑、音频制作、合成、添加字幕和编码的训练；广告类专业则关注平面设计的相关软件，如 Photoshop；网络传播方向的学生将更多的精力投入网页设计与制作、流媒体创作与应用等工科性更强的技术学习中，并经常被要求能够独立完成网站的设计。但是，这些不同专业之间的技术关联性却未受到重视，实验室教学的各自为政与全媒体的新闻实践要求相去甚远。在中国，自 2008 年始，全媒体采编系统已在不少地方报业投入使用。这类"全媒体数字采编发布系统"从报业集团层面再造采编流程，通过内容的集约化制作，完成新闻信息的多层级开发，整个系统包括了记者个人平台、编辑待编稿库、线索、策划、统计、数据等不同模块，通过资源库的整合有效地解决了报业各报社之间以及新媒体与老媒体之间的信息壁垒，降低了采编成本，提高了工作效率。面对移动终端新闻生产的问题，2011 年还出现了"全媒体移动采编"系统，这一设计主要是为了解决 3G 手机进行信息采编的问题，可以实现"记者在现场采访，用手机采写新闻信息、进行现场拍照，通过 3G 网络迅速传递，第一时间提交稿件，编审者第一时间审核稿件，执行者第一时间发布稿件"的全流程需要。可见，全媒体的媒介发展对新闻学实验室教学提出了聚合化的要求，但是，高校新闻学教育准备好了吗？

（三）实践对理论的挑战：传统新闻理论还有生命力吗？

新闻学讨论的核心命题主要集中在新闻自由、公共利益、社会责任、新闻客观性等问题上，新闻专业主义则是现代新闻教育中确立新闻独立性的基本职业规范。1911 年，美国密苏里大学新闻学院首任院长沃尔特·威廉斯主持制定八条《新闻工作者守则》，开篇即是"新闻为神圣的专门职业"。100 多年来，业界、学界围绕新闻作为专业的社会工作进行了大量理论建构，新闻学教育则是传播这些经典理论的重要通路。但是，网络社会的崛起却在一定程度上消解了传统理论的合理性，甚至是颠覆新闻独立成学的社会基础。下文试举两例。

1. 挑战一：对新闻专业性的挑战——自媒体普及带来的质疑

2003 年，美国新闻学会出版自媒体研究报告，指出："自媒体(We Media)是一种解读普通公众如何促成和分享他们自己生产的真相和新闻的路径，大众借由联系全球知识体系的数字技术来实现自媒体目标。"自媒体表现出传播的私人化、平民化、普泛化、自主化的新特点。2004 年，美国著名的科技作家和专栏作者丹·吉尔莫(Dan Gillmor)出版《自媒体：公众生产、为了公众的草根新闻》一书，作者陈述了新闻业从 Web 1.0、Web 2.0 到 Web 3.0 时代的演变历史，博客等媒体的出现真正带动新闻媒介进入 Web 3.0 的互动传播时代，因其具有的分享(share)、连接(link)等特性，非专业记者的社会公众完全可以实现新闻的生产与传播，这类自媒体应用催生了无数的草根新闻人，公民新闻得以实现。其后，各类社交媒体的横空出世，特别是微博在全世界的流行，使得"微博时代，我们都是记者"、"人人都是

‘通讯社’”等论调比比皆是。于是，一个严峻的问题随之而来：还需要大学来培养专业的新闻工作者吗？新闻教育如何在理论上响应这一挑战？

2. 挑战二：新闻伦理与法规的挑战——抄袭、隐私、谣言的盛行

全媒体生态挑战既有的新闻伦理与法规，层出不穷的新现象都难以在传统理论框架中得到解释和处置，公然抄袭、刺探隐私、制谣传谣等违背专业主义的行为竟然成为新闻业的常态，下文以微博谣言为例试说明。谣言作为一种古老的舆论现象，近年来，与最新、最流行的社交媒体应用“微博”构筑了紧密的联系。微博，作为微型博客，能够实现信息或新闻的快速写作、实时发布和实时互动，它神奇地在短期内成为全球增长最为迅猛、社会化程度极高的互联网应用。这种基于圈子(粉丝圈、关注圈)间信任的病毒传播模式，极大地加速了信息的流通速度，“速度优于准确”似乎成为新闻业默认的规则，不少媒体在商业压力、速度竞争中背离客观性的职业操守。鼠标点击即可实现的传播速度加深了人们对微博客观性的忧虑：“微博上的新闻由于没有权威机构做保证，所以在客观性上有点悬，微博人的新闻也不使用记者常用的那套新闻报道话语，个人性的言语和偏好性的表述使得其报道的公正性又悬上加悬。”不过，也有研究强调微博传播信息时的“自清功能”，认为当所有知情人的观点汇聚在一起的时候，就会形成一种互相补充、互相纠错、互相印证、互相延伸的结构性关系，真相就会在这样的信息结构中毕现，因此微博不是制造谣言的地方，而是粉碎谣言的地方。关于微博谣言的争论指向若干教育命题：如何让学生通过教育理性地反思这些老议题的新表征？如何提示学生在未来的新闻实践中绕开陷阱，坚守专业道德？这些都汇聚成新闻伦理与法规教育的新难点。

三、现有教育模式的启示

作为对新闻业巨变和新闻教育所面临的挑战的响应，海内外若干新闻学院已进行了一些调整。普遍的改变是，大家都增设了与网络传播、数字媒介、新媒体相关的专业课程，但少有对教育体系、学科设置等进行整体性改革的模板。本文归纳美国、中国香港和内地等地新闻学院的最新发展状况，希望提供教育模式创新的启示。

(一)美国新闻教育的启示

美国匹兹堡的自由撰稿人和律师珍·赫斯克维茨(Jean E. Herskowitz)2011 年发表的文章显示，纽约大学、纽约市立大学、密苏里大学哥伦比亚分校、哥伦比亚大学等进行了各有特色的教育拓展。本文按照上文线索，进一步研究相关学校在全媒体新闻教育方面的创新，发现了一些有意思的现象。

1. 纽约大学：双学位制度、项目式教学

从 2001 年开始，纽约大学新闻学院就要求学生们选修双学位，他们认为新闻学需要拥有“挖掘其他学科知识”的能力。纽约大学新闻学教授杰·罗森(Jay Rosen)说：“新闻业内人士，尤其是在纽约，经常打电话或者写信给我们，询问我们能否推荐具有程序设计技能的人去他们的报社里工作。”出于对未来新闻业技术创造力需求的判断，本科生双学位计划在 2012 年将发生改变，该院计划实施计算机和数字化教学模式，其中包括计算机科学五门课程和新闻学一门课程，这一新的双学位制度是为了适应市场需求的变化。

在针对硕士生的教学计划中也出现了一些有价值的探索，该院“20 工作室”(Studio 20)项目式教学模式就很有意思。该教学模式以项目为基础，持续三个学期，专门针对研究生。学生、教职员工、访问学者、新闻业界在编辑和网页开发项目上共同努力，学生们将掌握如何利用一切资源去挑战网络时代的新闻业。比如，2010 年 9 月，工作室开发了一个网络新闻实验品：东村(Local East Village)博客，计划建立一个覆盖纽约东村地区的交互式网站，学生们将小区居民提交的故事和小建议变成网络新闻内容，发表在博客自媒体上。该创意得到《纽约时报》的支持和合作，该报负责提供在线空间，学生作品可全部上线，在通过《纽约时报》验收后，很快就能整篇发表。工作室的教学原则是“教授技能、分享技能、学习新知”，为实现这一原则，工作室会招募一批作家、编辑、电视录像制作人、音频记者、程序员、设计师和网站策划加入教学团队，从而使学生们可以适应多种媒体并且随时准备迎接挑战。罗森教授认为：“这个项目代表着新闻教育的未来方向。”项目式教学模式培养全才式的人才，而项目要求的就是学生可获得的技能。为此，工作室提供一个“中心”用来组织活动和创造公共空间，使学生们可以对项目中不同的方案进行调查、探究和深思，让学生们保持灵活变通和充分的好奇，乐于分享技能，不断渴望新知识，并能适应项目合作的要求。

2. 纽约市立大学：研究生教育、互动新闻科目、带薪实习

纽约市立大学新闻学研究生院是 2006 年成立的美国教育新秀，这使得该院能够直接基于最新的媒介发展进行教学计划的制定。该院院长认为，新闻业并不会逐渐衰落，当今人们获取新闻的途径增加，所以人们反而对新闻的需求更旺盛。该学院的硕士课程极具挑战性，不仅要求学生全勤，而且课程参与者需要在三个学期的时间内完成 45 个单位的课程，其中包括一个综合性暑期实习和最终提交实体性成果或顶级设计，比如：合格的广播成果是至少在大学电台直播 9 分钟的片段；印刷媒体成果是至少 3000 字的可发表文章；互动新闻成果则是制作一个多媒体的或是互动性的网站。

此硕士教学体系建立在诸多常见课程的基础上，其中就提供了许多数字化的科目，包括新闻伦理和新闻法、广播的基本原理、互动新闻(如在线新闻等)、多媒体演示、网站设计、博客等。这些课程强调基本技能以及做一名好记者所应具备的素质，包括新闻报道、写作、编辑技能以及对于复杂问题的分析思考能力。学院中超过 2/3 的学生都会参与互动新闻的学习。为此，该院也和《纽约时报》合办了一个网站，报道一些报纸没有涉及的地方新闻。教学过程中，学生们不仅可以在教室里得到媒介方面的指导，同时也能与专职作家、职业广播电视人、多媒体专家和摄影记者进行一对一的交流。来自业界的老师们不仅可以给学生课程方面的个人指导，也能使学生的习作在校外媒体上发表。

夏季带薪实习项目是该院富有特色的教学设计。作为课程的一部分，所有学生都被要求在第二、第三学期之间的暑假去全球各大媒体进行全职实习，大部分学生靠自己找到了实习机会；那些没找到岗位的学生可以做无偿的新闻实习生，学院会支付给他们每人 3000 美元作为暑期工作的赞助。该院称，2009 年从新闻学院毕业的学生中，有 1/3 毕业后直接从实习单位获得工作，而毕业生在毕业 6 个月后的就业率，2008 年为 79%，2009 年为 78%，这还不包括那些全职的自由职业者。

3. 密苏里大学哥伦比亚分校：自办媒体数字化、本科跨学科课程、项目教学

该校新闻学院拥有一份其历史长达 104 年、值得骄傲的院报《哥伦比亚密苏里报》(The Columbia Missourian)，它从影响力、广告收入等方面对本地报纸造成了不小的市场压力。为将自办媒体更好地融入新闻教学，该院为报纸创立了独立网站(Columbia Missourian. com)，旗下的娱乐杂志也拥有独立网站(VoxMagazine. com)，还创办了一个交互式的频道(MyMissourian. com)，供读者写下自己的故事，其中的许多内容随后都在报纸上发表。自办媒体数字化让学生在学习期间拥有了一个全媒体的实践平台，这让他们能切身感受到传统媒体与数字媒体在新闻生产上的异同。

该院为本科生教学提供了跨学科课程设计，这些课程方向包括融合新闻、杂志新闻、新闻摄影、印刷和数字新闻、广播电视新闻、战略传播。其师资均由两个或两个以上的新闻学院教研组参与教学过程。其中，融合新闻(Convergence Journalism)提供的课程有融合新闻摄影报道、融合电台制作和报道、融合电视报道和新媒体，其他类似的课程还有多媒体制作、多平台设计、可视化编辑和管理等。

该院也创办了项目教学模式，比如“转型”项目(The Transition)。这是该院创办的一个试验性、融合性的项目，此项目十分强调创建纸质媒体和创建数字媒体的区别，用以培养学生的数字化思维。他们将项目中印刷媒体和在线新闻部分严格区分，尽管二者在同一个房间工作。实验表明，二者彼此激励的心理影响似乎卓有成效，项目开展后，自办网站点击率上升了10%~15%。项目进行中，作为文字编辑的学生常常被要求分担网站编辑的工作，目的是希望学生们成为有判断力的思考者，希望他们有能力与读者进行对话，在网上交流观点，使用社会媒体寻找更多的写作素材。从根本上来说，是希望学生利用各种新技术，用他们想用的方式抓住读者。

4. 哥伦比亚大学：硕士双学位课程设计

作为美国最好的新闻专业学院之一，哥伦比亚大学新闻学研究生院从2011年秋季开始为硕士提供可供选择的双学位课程，这些课程包括与其他院系合作的项目以及一些海外项目，其中就有新闻学和计算机科学(Journalism & Computer Science)的教学方案。

这一课程是由该院和“工程与应用科学 Fu 基金学院”(The Fu Foundation School of Engineering and Applied Science)共同制定的培养方案，目的是培养在数字媒体和新闻生产方面都具有专业技能的新一代新闻人。除了在上述两个学院上课外，学生们还需要参与讨论会和专门为双学位项目设计的工作室学习活动。讨论会中，教师将会指导学生思考诸多行业动态，如数字技术对新闻学的影响、公民在新闻报道过程中日益显著的作用、社会媒体的影响、商业模式的变化对新闻采集的有利影响。在工作室教学中，学生们将亲身体验如何利用信息挖掘技术将一个概念落实到一个实际目标，比如，建立一个网站或一个新闻专题。据称，这类训练能帮助学生在毕业后更好地进入新媒体和高科技产品领域。

除上述四个高校外，本文研究还发现美国不少大学都增设了相关课程。密苏里新闻学院在其开设的融合新闻课程中提出了明确的媒介融合实际操作方法，比如：纸媒或广电媒体编辑记者与网站、广电媒体和移动媒体终端编辑人员的多媒体协作采访和资源、内容等方面的共享；媒介融合全能记者采访经验和技术的使用；媒介融合在移动终端上的新发展；等等。另外一些大学则开设了具体的新闻业务课程，如佛罗里达大学新闻系、堪萨斯大学新闻系等均开设了“多媒体新闻报道”(Multimedia Reporting)课程。

(二)中国香港和内地新闻教育的启示

中国香港和内地的新闻学院也积极进行了新闻教育的探索和创新。

1. 香港相关院系的课程设计

香港中文大学新闻与传播学院在传播学教学中开设了互联网、多媒体与信息社会、多媒体设计技巧、新媒体广告、创意媒体与新媒体专题等不同课程供学生选择。香港城市大学媒体与传播系在传播学课程中专列“新媒体/数字传播流”(New Media/Digital Communication Stream)方向，所涉课程包括互动数字传播、网络传播管理、传播数字营销、多媒体管理战略、流媒体等选修科目。本文基于对资料占有的丰富程度，重点介绍香港浸会大学传理学院的课程创新。

香港浸会大学传理学院开设了一系列相关课程。新闻学中专门开设了“网络新闻”课程，该课程旨在向学生讲述网络和其他新传播技术对新闻业的影响，向学生介绍在新闻中使用新媒体技术的方法，课程内容涉及网络新闻的概念、理论和相关技术知识，特别注重对学生网络新闻实践技巧的培养。该课程分值分配中，75%是评价学生的项目操作表现，其中，25%是评价学生对课程主要相关项目的试验情况，如基础软件和应用、基础网页程序设计等，教师主要检测学生们对该课程的理解及其网络新闻实践操作能力；其余50%则集中在“期末项目”的考评中，课程会要求学生们制作一个网页，用以检测其对理论以及相关技巧的掌握程度。广播电视课程中专门设有“多媒体故事叙述”课程，课程从绘画、图形、摄影、电影、视频、文本等多样的视觉语言视角，介绍了情境中影像的运用，阐明不同的媒介如何应对各种不同观点和想法，并通过可视化文化理念予以整合。该课程的目的在于提高学生们在摄影和数字图像媒介中运用可视化视觉语言的技能。基于在课上学到的不同媒介方式，学生们将会被指定完成5个项目，这些项目都将提供一个创意平台，让学生体验到无局限的、自由的创造过程，使其细致地对每种媒介方式的影响和意义进行分析。课程还安排项目放映会，学生们可以观摩彼此的作品，然后通过比较、分析和讨论，增强自己的评价和批判能力。传播学中则开设了“多媒体传播”课程，这一课程旨在考察全媒体以及网络传播技术（如互联网和移动设备）对人们信息接触行为所产生的影响，课程采用一种跨学科的讲述方式，评估急剧涌现的各种传播方式，同时向学生介绍制作大众和个人传播作品可运用的多媒体技巧，从而将理论框架与实践技巧进行结合。该课程的内容主要包括多媒体的定义、多媒体在现实社会的运用、多媒体产品分析、全媒体产品应用、多媒体平台设计、后报纸时代、新媒体时代等。学生将被要求独立和分组完成两个项目试验，撰写多媒体演示文稿和音视频档案，实现阅听人、内容和讲者的互动。

2. 内地相关院系的课程设计

内地许多相关院系已进行了多年的新闻学教育探索和创新。中国人民大学新闻学院是国内较早从事网络新闻、手机新媒体研究和教学的高校之一，在其本科、研究生培养方案中均已开设相关课程。如“数字媒体传播实务”课程旨在培养学生在媒介融合环境下的数字媒体应用能力，主要包括网络新闻编辑、社会性媒体应用、手机媒体应用。复旦大学新闻学院于2012年9月推出本科生“2+2”培养模式，即“本科第一、第二学年，学生可在经济学方向、社会学方向、汉语言文学方向、电子信息科学与技术方向中任选一个方向，并按上述四个方向的教学计划进行学习；第三、第四学年，按照新闻传播学各专业的培养方案学习。在四年中，通过紧凑的学习安排，系统掌握两门学科本科专业知识”。这一培养模式响应了当前媒介变革、学科融合的趋势以及对新型复合人才的要求。北京大学新闻与传播学院在其本科生培养方案中开设了多门与网络新闻相关的选修课程，如网络传播、新媒体与网络传播、网络采编实务等；在其硕士学位研究生培养方向中，也专门设有“新媒体与网络传播”方向，并开设“网络传播研究”课程。清华大学新闻与传播学院成立十年来，将“新媒体传播”视为其具有学术影响、社会影响的学科发展方向，并相应地开设了网络新闻学、新媒体导论等相关课程。2012年9月，人人网与清华大学联合成立中国首家社会化媒体研究中心，该院部分教授担任相关学术带头人，对社会化媒体进行极具前瞻性的新兴交叉学科研究，并将研究过程引入人才培养计划中。汕头大学长江新闻与传播学院则具有自己鲜明的国际化特色，他们成立了“融合媒体实验室”，提出“学界与业界结合”的教学理念，其课程体系建设方面则借助密苏里新闻学院的设计，创立了“融合媒体”专业方向。近年来，该院与多家网络媒体合作进行的世博会报道、缅甸大选报道等都取得了良好的评价。本文同样基于对资料占有的丰富程度，重点介绍武汉大学新闻与传播学院的课程创新。

武汉大学新闻与传播学院是国内第一批创立“网络传播系”及其专业方向的新闻院所。2001年至今，该院已拥有独立的相关本科专业（传播学）、2个硕士招生方向（网络传播、数字媒体）和1个博士招生方向（数字媒介），是国内少有的、拥有完整学科和教学体系的高校。2012 年开始，该院将“多媒体新闻报道”打通为学院通开必修课，显示该院对全媒体新闻教育的创新勇气。该院传播学本科人才培养目标建立在媒介融合和传播新技术更替的发展趋势之上，旨在培养兼具传播学基础知识和数字媒介内容表达、创意、管理和营销实务的高级复合型专门人才。本专业学生应具备系统的数字媒介传播理论知识与技能，熟悉数字媒介发展的基本规律和熟练使用数字媒介创意理论和技术，了解网络传播道德与法规，并具有合作和创新精神，从而不仅能服务于新闻与出版机构、网络媒体、政府部门、学校、大型企事业单位等机构，而且具备新媒体创意传播的基本素养。该专业的主干核心课程包括网络传播概论、网络社会学、媒介调查与分析方法、网络经济概论、电子商务与政务、网络信息编辑、网络传播技术与应用、流媒体创作与应用、网络视觉传播、网页设计与制作、数字媒介工程实践等，开设海外新媒体评析、电子商务与政务两门双语课程，并在大三上学期将流媒体创作与应用实验、Web 视觉表达实验、网页设计与制作实验、网络程序设计实验、网络动画设计与制作实验、网站策划等数字媒体技术课程打通，相关任课教师以整体教学模块，向学生教授数字媒介的实践知识，并要求学生在学期末通过“数字媒介工程实践”课程，以小组方式完成一个网站的设计与运行。在网络传播概论、网络社会学、网络伦理与法规等理论课程的讲授中，则特别关注网络传播与社会发展间的关联，要求学生建构反思、批判现实问题的能力。其硕士专业方向培养方案的设计中，也突出了全媒体内容生产、传播和营销的流程概念，设立了网络传播专题研究、新媒体技术、网络传播伦理与法规、新媒体营销与管理、网络内容生产、海外新媒体发展、Web 视觉策划与创意、网络平台开发等课程。

四、新闻学教育改革方向讨论

上述研究表明，媒介融合从技术、理念、文化等层面全方位地重塑新闻业生态，传播业、产业界、教育界、管理层都在思考下一步的发展方向。从新闻学教育面对的挑战和现有教育模式来看，本文认为，新闻学教育改革方向应有如下维度的思考：

(一)“满足雇主的需求”是新闻学教育改革的指挥棒吗？

美国人赫斯克维茨于 2011 年得出的研究结论是，新闻学变革的方向应是“满足雇主的要求”(Giving Employers What They Want)，强调培养学生挖掘和报道新闻的技巧。应该说，她的观点顺应了某些市场化教育产业的人才生产模式，体现出弥漫于中外新闻学院的“以业界为中心的新闻教育”(胡泳，2011)观念。但是，这样的教育理念真的无懈可击吗？不可否认，传播技术更新速度的加快迫使新闻学教育必须在技能培训层面迅速地予以回应，进而为业界输出合格的劳动力，但如果未来新闻学教育仅仅定位于技术工人的孵化，那么需要大学教育做什么？

历史的发展不断指明，新闻作为专业性的意义在于其对社会发展的积极推动作用，新闻应该实现表达民意、告知公众、监督政府、组织公共讨论等多重社会功能，从而展现世界的多样性、开放性和包容性，以期建构符合公众利益的公共生活。全媒体传播环境在技术上更好地塑造了公共空间，使得公众成为新闻业的主要参与者和生产者，可是，也同时带来了非理性(情绪化的、片面的、谣言式的、虚假的)传播的增多，更糟糕的是，许多业界人士在浮躁的新闻环境中正在抛弃专业主义精神，甚至不再坚守真实性的底线。与此同时，碎片化新闻的流行加深了人们对调查性严肃新闻的忧虑，调查、研究、核实、平衡的专业性工作还有社会意义吗？或者说，它对真相的科学性揭示还具有社会建构意义吗？中国新闻专业主义话语已陷入三个话语体系的交叉重叠中，即机构(职业)话语、官方话语和民间话语。三个体系间互相对抗并充斥着权力协商的过程，而民间话语体系所获得的社会权力正是市场主义数字革命的产物，那么，在社会控制力量的转移之间，新闻学教育是否应调整目标？

北京大学新闻与传播学院胡泳副教授于2011年所做的研究颇具价值，他指出，新闻学教育改革的方向应是“以公众为中心的新闻教育”。

这种新模型的产生基于如下考虑：第一，除了传统的新闻学院和新闻业界之间的双向关系外，出现了一个更大的群体，那就是“联网公众”。他们不仅依靠以地理上的接近为基础的地理小区，还形成了以心理上的亲近为基础的兴趣小区，这些公众积极主动地介入新闻业界和新闻学院的活动。第二，新闻业界和新闻学院无法对“联网公众”这样一个庞大群体的存在视若无睹，必须同样积极主动地与他们发生互动，由此，传统模型的双向结构被打破，新闻教育现在不仅是为了新闻业界的事情，更是为了全社会的事情。第三，新闻业界的边界在坍塌，逐渐形成一个新闻生态系统，而这个系统虽然部分地由新闻教育所塑造，但更大程度上会为联网公众所影响。在网络上，社会公众常常可以不依赖传统媒体，自主表达、形成舆论甚至组织社会行动，进而影响媒体，有时甚至主导传统媒体的议程设置，在一定情况下对公共政策产生作用。

这一教育模式的想象既满足了全媒体新闻业发展的需求，又指出了新闻教育脱离盲目追随市场需求的危机的可能性，更重要的是，它将公众从传统意义上的非新闻专业人士纳入了新闻专业教育的视野。其实，从上述研究中不断出现的项目教学模式中，人们就已经看到小区新闻学教育的现实意义。

(二)偏技术抑或偏理论：新闻学教学设计应如何保持平衡?

现有新闻学教育模式的共同点在于，将新技术环境下的新闻教学视为文科与理工科结合的产物，对学生培养的目标也就定位于复合型人才，强调学生对多学科知识的识别、贯通和驾驭能力；因此，中外新闻学院都开设了双学位课程，或在自身教学体系中植入理工科课程，基本采用的方法是在学分上平均分配数字新技术和新闻传播学理论课程。但是，这种教学模式在实际教学中正面临来自新闻学毕业生和业界的质疑，已出现的现象是：新闻学毕业生在技术上可能比不过理工科学生，在理论积累和文化创新上又可能比不过文科生。这种“夹缝人”的困境让人们不由得追问：未来的全媒体新闻学教育应该如何保持不同学科间的平衡?

回答这个问题的前提是了解新闻学究竟是个什么样的学科，它要培养的人才的特质是什么。问题的关键在于：新闻工作究竟是否是专业工作?微博等交互式媒介的出现的确改写了传统新闻传播规律，公众开始参与新闻传播的全过程，因此，在很多报道中，公众表现出时效性、在场性、多元化的优势。但就新闻而言，它需要调查研究、反复核实、平衡客观等专业态度；就记者职业来说，要求他们心有社会公正、关怀公共利益。新闻学教学改革的方向不能偏离这个合法性基础，更不能因为传播技术的更替而忽略或抛弃新闻学的学科独立性。因此，新闻学教学体系中文、理、工科课程都必须围绕新闻学专业性进行甄别，而不能直接复制其他学科课程，不同学科知识间比例的调整则应围绕专业方向来进行，不宜做硬性要求。

与此同时，新闻学还需从理论上坚守对现实世界的质疑、批判和创新。新闻业发展正处于混沌的转型期，其生产模式、传播模式、赢利模式到职业规范都处于先破后立的历史新阶段，既有理论体系在很多时候显得对现实的解释性不足，更谈不上前瞻性。此时，新闻学教育更需要从灰色、冷峻的理论遗产中，建构多学科的框架和视野，从思想争鸣的角度引领学生对于现实问题的观察和思考。

(三)全媒体环境下应开创“融合教学模式”

上述海外新闻学教育模式的经验表明，应该打破传统新闻学教育中对报纸、广播、电视、网络等媒体形态的割裂式教育方式，开创“融合教学模式”。密苏里大学哥伦比亚分校的新闻教育模式就值得借鉴，将多形态自办校园媒体打通，作为学生全媒体实习的平台；或者借鉴纽约大学的新闻教育模式，与《纽约时报》网站进行项目合作，指导和鼓励学生进行全媒体新闻报道的尝试；亦可参照香港浸会大学的新闻教育模式，一门专业课作业必须以多媒体方式予以呈现，让学生体验新闻多媒体报道的价值。

其实，从硬件上来说，内地新闻学教育已具备采用“融合教学模式”的条件，许多院系都拥有自办媒体，有的学院甚至拥有多个自办媒体，或者拥有条件较好的多媒体实验室。另外，内地网络媒体发展成熟，各地都有代表性的网站或新媒体应用，学院教育完全有条件承接网络媒体某一个新闻频道的日常更新工作，让学生进行实战式的专业学习。对许多内地新闻学院而言，“融合教学模式”是具有操作性的改革方向，关键是教育理念的突破。

（四）教师知识结构更新迫在眉睫

全媒体发展速度和呈现出的现实复杂性给新闻学教师带来知识更新的压力，这种压力仅依靠教师自我转化难以有好的效果，因此，新闻学院系必须从管理机制上保障教师再培训的机会。武汉大学新闻与传播学院于2011年推出的青年教师培训“双一”计划就是创新性的尝试，这一计划要求学院每年拨出专项经费，资助教师到国外一流大学进修一年和到新闻媒体挂职锻炼一年，目的就是提升教师的国际视野和紧跟理论、实践前沿的能力。

【参考文献】

[1] Jean E. Herskowitz. Journalism Schools: Surviving or Thriving? Students Need More Than Note-Taking Skills to Enter News Media Today[J]. Editor & Publisher, 2011, Vol. 144, No. 8.

[2] Ithiel de Sola Pool. Technologies of Freedom. Harvard University Press[EB/OL]. http://www.google.com/books? id=BzLXGUxV4CkC&printsec=copyright&hl=zh-CN&source=gbs_pub_info_s&cad=1#v=onepage&q&f=false.

[3]彭兰. 中国网络媒体的第一个十年[M]. 北京：清华大学出版社，2005.

[4]李开复. 微博改变一切[M]. 上海：上海财经大学出版社，2011.

[5][美]约翰·帕尔弗里、[瑞士]厄尔斯·加瑟. 网络原住民[M]. 高光杰，李露，译. 湖南：湖南科学技术出版社，2011.

[6][美]理查德·克雷格. 网络新闻学：新媒体的报导、写作与编辑[M]. 刘勇，主译. 北京：中国时代经济出版社，2010.

[7][澳]Stephen Quinn，[美]Vincent F. Filak. 媒介融合——跨媒体的写作和制作[M]. 任锦鸾，译. 北京：人民邮电出版社，2009.

[8][美]杰夫·豪. 众包：大众力量缘何推动商业未来[M]. 牛文静，译. 北京：中信出版社，2009.

[9]陈力丹，付玉辉. 繁荣而活跃的网络传播研究——2006年我国网络传播研究概述[J]. 当代传播，2007(1).

[10]胡泳. 在网络时代重思新闻教育[N]. 时代周报，2011-02-24.

[11]中国互联网络信息中心. 中国互联网络发展状况统计报告(第30次)[R/OL]. [2012-07-21]. http://www.cnnic.cn/hlwfzyj/hlwxzbg/hlwtjbg/201207/P020120723477451202474.pdf.

[12]喻国明. 微内容的聚合与开发：网络媒体内容生产的技术关键[J]. 网络传播，2006(10).

[13]李海峰. 网络传播技术及应用的新态势[J]. 新闻记者，2006(8).

[14]申金霞. 报纸网站收费问题探析[J]. 中国报业，2011(7).

[15]蒋原伦. 让生活新闻化[J]. 读书，2012(2).
[16]童静荣. 中国语境下的新闻专业主义社会话语[J]. 传播与社会学刊，2006(1).

【作者简介】

肖珺，武汉大学新闻与传播学院副教授，主要从事网络传播研究。

认同的异化与重塑

——对当前两岸关系发展困境的跨文化思考

王丽红

文化是民族凝聚力和国家认同的基础。正是因为文化的发展，人类社会才能在物质文明累积的基础上，不断创造出新的政治思维，从而影响到处于这种政治思维之下的社会众生的认知和相应的政治思考。从这个意义上来讲，政治在相当程度上受到文化的深刻影响。而当政治发展到一定阶段后，其又会反作用于文化。一旦文化与政治相割裂或扭曲，就会造成该共同体集体认同的错乱乃至异化。本文认为这是为什么今天在台海两岸间会存在国家认同差异及岛内政治乱局频现的重要原因之一。而就影响程度而言，此种差异将是深化两岸关系和平发展进程并最终推进两岸和平统一的最大障碍所在。

一、文化、文化认同与国家认同

鉴于其内涵的丰富性，作为跨越多学科的学术概念，文化曾长期处于说不清、道不明的状态。尽管早在1952年，美国学者克罗伯和克拉克洪在《文化：概念和定义的批判回顾》中就曾列举了欧美等国给予文化的160多种定义①，但时至今日，关于文化究竟为何物的争论仍未终止。

综合各家观点，在最宽泛的意义上，文化指代的是特定民族的生活方式，它包括观念形态和行为方式，提供道德的和理智的规范。作为学而习得的行为方式，文化并非源于生物学，其为社会成员所共有。作为信息、知识和工具的载体，文化是社会生活环境的映照。而作为机制、器物与精神产品，文化给予我们以历史感、自豪感，据此我们可以理解人存在的意义和人在宇宙中的地位。

文化认同是基于文化而来的概念，指一种群体文化认同的感觉，是一种个体被群体文化所影响的感觉。认同(identity)就其本意而言指的是自身独特的、与他人不同的特征。一个人或群体对这种不同特征的自觉意识即被称为认同。认同本身是一个认知过程，在这一过程中自我和他者的界限逐渐模糊化，进而交织融合，并在交界处产生完全的超越，最终形成一个整体。从进程角度来讲，认同过程是跨越行为体的"知识"边界的文化过程，是从自我延伸到他者，将他者纳入自我的身份界定，从而建立更为广泛的身份共同体、利益同心圆，即形成一个共有知识的群体。这种跨越及由之而来的身份共同体、利益同心圆的建立过程是自我身份社会化的过程。通过认同，个体明确自己身处的世界究竟为何，同时也得以确定自我与他者之间的关系。进一步来讲，认同是一种建立在彼此相同的认知及起源，而与一些个人或团体分享属于彼此的共有特性及理念的过程，凭借着这种基础，团结感、自然的亲近感和对认同目标的忠实得以建立。文化认同由此成为个人或集体界定自我、区别他者，加强彼此

① Alfred Louis Kroeber, Clyde Kluckhohn. Culture: A Critical Review of Concepts and Definitions[M]. New York: Vintage Books, 1952.

的同一感以凝聚成拥有共同文化内涵的群体的标志。① 使用相同的文化符号、遵循共同的文化理念、秉承共有的思维模式和行为规范，是文化认同的依据。②

正是因为有这种基于文化的认同的存在，人们才有可能以共同的生活方式、共同的历史记忆，维持对国家的共同理解，从而形成国家认同。

所谓国家认同，是一个政治概念，主要指的是一个国家的公民对自己归属于哪个国家的认知以及由此而对这个国家构成的情感，国家认同是族群认同和文化认同的升华。作为一种想象的共同体，国家认同是政治、历史、文化、族群等多种因素复合而成的共同体。国家之所以成其为国家，正是通过文化、心理的认同而构成的，这种以符号方式存在的历史记忆时刻提醒着当事方对共同国家的认可与尊重。而只有保持并不断强化这种文化认同，才有可能捍卫国家内各行为体对国家的强烈向往。而一旦文化认同缺失，则必然要导致国家认同的偏差，诱发内部各行为体间的对峙与对抗，乃至最终的分裂。

二、两岸关系发展中的认同异化

抛开历史性因素与意识形态上的固有分歧，台海两岸当前这种矛盾状态的背后，正是深层次的认同异化。如前所述，共同的“文化认同”构成两岸间国家、民族认同的基础。这种共同文化认同主要表现为对历史经历的共同记忆及对共同族群的美好情感。回顾整个台湾史，几乎在99%的时间里③，台湾民众都自然地将中华民族和中国作为自己的民族归属和国家归属。“两蒋”时代的台湾，无论与大陆政治关系如何敌对，台湾人始终认同自己是中国人。

只是到20世纪80年代特别是80年代末，随着岛内政治民主化的开启，一股主张台湾独立的政治势力开始在岛内以合法身份出现后，认同异化的问题才开始显现；但这时的“台独”还仅仅是一种不具有主导性影响的零星观念，并没有进入台湾社会意识形态主流，其表现形式更多的是对本土文化的强调，出现了将中华文化与台湾文化对立起来的现象：如陈树鸿的《台湾意识——党外民主运动的基石》一书，即将台湾意识与民主画上等号，而把中国意识等同于不民主，从而开始以民主为标尺将两岸分隔开来④；高伊哥的《台湾历史意识问题》则更为直接地质问“为何必须在‘台湾人’之上，必然地有‘中华意识’存在”⑤。尽管如此，但由于台湾当局始终坚持“一个中国”，这时的异化还主要集中在文化界，广大民众依然保持着强烈的中华认同。据台“陆委会”网站公布数据，1992年6月之前时认为自己是“中国人”的比例接近受访者总数的一半，认为自己“既是中国人也是台湾人”的占三成，而自认为只是“台湾人”的比例不到两成。⑥

两岸间真正出现实质性认同异化现象，肇始于李登辉时代。1988年，蒋经国去世后，具有强烈“台独”意识和“皇民化”思想的李登辉主政台湾，其在推动“政治革新”的旗号下，假借化解“中华民国法统”危机，通过推进“宪政改革”，走“中华民国在台湾”路线，从体制层面逐步消解“中国”影响力。从1991年至2000年，李登辉先后六次推动“修宪”，企图把台湾变成一个“独立的政治实体”，公开制造“两个中国”、“一中一台”言论，并纵容“台独”势力及其活动，使“台独”思潮蔓延。⑦ 2000年，在李登辉的操纵下，奉行“台独”纲领的民

① 张旭鹏. 文化认同理论与欧洲一体化[J]. 欧洲一体化研究，2004(4).
② 崔新建. 文化认同及其根源[J]. 北京师范大学学报，2004(4).
③ 将台湾历史从三国时期算起。
④ 陈昭瑛. 台湾文学与本土化运动[M]. 北京：中正书局，2000：146.
⑤ 陈昭瑛. 台湾文学与本土化运动[M]. 北京：中正书局，2000：146.
⑥ 刘国深. 当代台湾政治分析[M]. 北京：九州出版社，2002：79-80.
⑦ 国务院台湾事务办公室. 中国台湾问题外事人员读本[M]. 北京：九州出版社，2006：47.

进党成为执政党，至此人们终于看到了他的“台湾定位”的“中华民国”国家认同的真面目——“要摆脱一个中国的纠缠，台湾内部必须有认同台湾的国家意识”①。为将这种异化的国家认同观植入民众的内心深处，削弱台湾同胞特别是青少年的中华民族意识和与祖国的文化联系，李登辉借行政之利，向青少年一代灌输台湾为主体的“国家认同”意识，塑造“脱中国化”的台湾人意识。台湾教育部门为此新编了一套名为《认识台湾》的中学教科书。该套书歪曲、割裂、否认台湾与祖国大陆的历史联系，否认中华文化在台湾的主体地位；宣传“台湾文化观”，不讲台湾人是中国人、是中华民族的一部分，而强调“我们都是台湾人”，向青少年灌输“台湾生命共同体”和“台湾人的台湾”的观念，淡化他们对中华文化和祖国的认同。② 受到政党属性的影响，尽管李登辉竭力鼓吹“脱中国化”，但其割裂两岸间认同的企图在这一时期并没有产生根本性效应。

李登辉只是在国家认同异化的问题上打开了一个豁口，而真正对于两岸间的认同构成根本性影响的是陈水扁执政的八年。2000 年，在李登辉的有意支持下，以“台湾独立”为党纲的民进党领导人陈水扁当选为台湾地区领导人。民进党的胜出，标志着台湾当局正式开启了“台湾”国家认同观。在民进党 1999 年通过的《台湾前途决议文》中明确规定，“台湾是主权独立国家”，“现阶段的国号为中华民国”，“任何有关独立现状的更动，必须经由台湾全体民众以公民投票的方式决定”。③ 2002 年 8 月，陈水扁提出，《台湾前途决议文》是民进党当局处理两岸关系问题的最高指导原则。④

自成立以来，民进党政治诉求集中体现在反对国民党专制的“民主”思想和追求“台湾独立”的“台独”思想两个方面，这两方面随着民进党的发展壮大不断地调整完善，逐渐形成“反对外来政权，认同本土政权，追求台湾独立”的所谓“国家认同”模式，其核心内容就是“追求台湾独立”。民进党正是打着这个政治旗号上台的。

为证明其所提出的“台独”理念的正确性，陈水扁上台后，挟执政之势，沿着李登辉的老路，从文化、教育、宣传等多个角度，潜移默化地改变台湾民众的“国家认同”。其中，由认同中华文化转为认同“台湾文化”，是陈水扁主政下“国家认同”转变的主轴。

一是在思想文化上刻意区隔“台湾文化”与中国文化，企图从历史和文化上割断台湾与祖国大陆的联系。在 2000 年 5 月 20 日的就职演说中，陈水扁一反过去领导人把“台湾文化”作为中华文化传承的重要组成部分的定位，将“台湾文化”独立于中华文化之外，并以“华人文化”取代中国文化，刻意将“台湾文化”与中国文化分开并对立起来。他起用一批具有浓厚“台独”倾向的文化学者接掌“国史馆”、“故宫博物院”等重要文化机构，扶持“台独”御用学术力量鼓噪“台独史观”，吹捧日本殖民文化和西方文化，宣扬“台湾主体意识”。台湾“故宫博物院”文物被改称“中国文物”；各级“国家考试”命题决定“不考国学常识”。⑤

二是刻意强化“本土观念”，加强“本土化”教育。摒弃汉语拼音，强力推广“台语”教学，削弱汉语的影响力，改变青少年的语言认同。2001 年 3 月，台湾当局公布“本土化教育”政策，决定在中小学开设“乡土语言”课，规定中小学生必须在闽南语、客家话和原住民语中选修一种，以弱化“国语”(普通话)在台湾的地位。2002 年，台湾教育当局正式实施“通用拼音方案”，在小学提前施行乡土语言音标符号系统教学。2001 年 8 月起，台湾小学、中学 9 年义务教育开始推行“乡土教学”，以具有浓厚“台独”倾向的《认识台湾》对中小学生

---

① 陈以定. 试析台湾当局国家认同观与两岸政策[J]. 重庆社会主义学院学报，2009(2).

② 国务院台湾事务办公室. 中国台湾问题外事人员读本[M]. 北京：九州出版社，2006：21.

③ 方明. 陈水扁改“国号”谋“台独”阴谋不可能得逞[EB/OL]. [2012-02-13]. http://tw.people.com.cn/GB/14811/14869/2769881.html.

④ 国务院台湾事务办公室. 中国台湾问题外事人员读本[M]. 北京：九州出版社，2006：138.

⑤ 参见国务院台湾事务办公室. 中国台湾问题外事人员读本[M]. 北京：九州出版社，2006：142-143.

进行台湾历史、地理、社会、人文等方面的乡土教育，同时取消中国历史、地理等教学内容。2003年台湾出台的新"高中历史科课教纲要草案"公然将明朝中叶以后的中国历史归类到世界史。① 同时，在台湾当局的推动下，"国立台湾历史博物馆"、"国史馆台湾文献馆"等一批具有浓厚"本土"色彩的博物馆相继建立，并在台湾"故宫博物院"增设台湾本土文物陈列馆，借以推动台湾各地文化传承。

三是加紧推动"正名"活动。民进党执政后，即开始为未来"台湾独立"作全面准备。当政之初，受制于陈水扁"四不一没有"的承诺，民进党当局一时无法推动激进的"台独"活动，便采取了相对柔性的"去中国化"政策，一步步消除含有"中国"、"中华"概念的符号、文字、历史，企图造成事实上的"台湾国"，切断台湾与中国大陆的历史、文化与政治联系。"正名"活动中，取消了带有"中国"政治象征的符号、文字、标语，为带有"中国"或"中华"字样的公营企业、财团法人机构与公立学校"正名"，并以"去蒋化"为名，行"去中国化"之实，先后下令拆除了"总统府"大楼及其他地方的"三民主义统一中国"等标语牌，强令军队清除基地营区有关宣传"统一中国"、"复兴中华文化"等的标语和口号。

除在文化观念上给台湾普通民众进行政治洗脑外，民进党还利用国民党主体来自于台湾岛外的特征，刻意制造"本省"与"外省"的差异性，不断利用各种机会以本省人"爱台"、外省人"卖台"这一简单的省籍标签煽风点火，操弄"台湾人 VS 中国人"的认同议题，宣扬"台湾人当家作主"、"台湾人选台湾总统"的"台湾意识"，强调对中国情感的排斥，鼓吹所谓的"台湾民族"，并通过一系列举措进行"台湾民族"认同的建构。在民进党当局的操弄之下，族群认同在台湾民众中逐渐浮现出"我是中国人，还是台湾人?"的矛盾冲突，使中华民族这一传统的概念成为模糊区，从而从民族情感上弱化并不断拉开台海两岸间自古就已经存在的族群认同，破坏彼此间的信任与理解，培养怀疑与敌对情绪。这种台湾族群认同的升高，代表着"台湾民族"与中华民族是两个不同民族的认知已逐渐被部分台湾民众所接受。

正是经过四年的准备，在文化认同上不断蚕食旧的认同理念、消除旧的影响、刻意制造两岸间种种不同的基础上，2005年6月25日，陈水扁最终抛出其破坏国家认同的杀手锏，提出"宪改"主张，要从根本上与"中华民国"划清界限，图谋通过"宪政改造"实现"法理台独"，彻底去除台湾现有"宪法"和法律架构中的"一个中国"表述，即台湾法律体系中的"法理一中"，建构新的"国家认同"。其试图从政治上、以法律形式正式去除民众"大中国意识形态"，将台湾与中国主权相剥离的分裂图谋十分明显。这种以民众意愿为幌子，通过政治资源挟持民意，通过对民众传统文化认同的破除与改造，最终引导新的具有明确"台独"意识的国家认同的过程，是十分危险的。

任何民族、国家、社会都需要有承载其历史记忆的符号，正是依赖这些历史记忆符号，一个民族的集体记忆才会一代又一代传承下去，从而保留其民族本色。集体记忆是通过塑造历史、左右政治趋向的方式达成的。正是在这一过程中，国家认同开始形成并不断固化。从这个意义上来讲，李登辉、陈水扁之流对于台湾岛内民众集体记忆的改造是极其阴险的，它从根本上威胁到了岛内民众的政治观，造成了客观上的混乱与力量分化，极不利于中华民族的团结与海峡两岸关系的和平发展。

尽管2008年以马英九为代表的国民党重新上台执政，在多个场合反复强调"一个中国"的国家认同，并大力推进两岸间的经济、文化交流，但客观上而言，在经过李登辉、陈水扁前后近20年的"去中国化"认同改造后，两岸间的认同差异不是短时间内能消除的。台湾本土化外衣下的认同异化，还是对民众心目中神圣的民族观念与历史记忆构成了严重的冲击，诱发其怀疑意识，对于两岸关系的发展已经构成了严重阻碍。从认同的角度来看，2007年民进党陈水扁执政末期，台湾当地民众中，主张自己既是中国人、也是台湾人的认同比率约

① 国务院台湾事务办公室. 中国台湾问题外事人员读本[M]. 北京：九州出版社，2006：143.

为44.7%，主张自己只是台湾人的认同比率约为43.7%，主张自己是中国人的认同比率约为5.4%。马英九执政后，这个趋势并没有改变。2011年6月的台湾民调显示，台湾当地民众中，认同自己是中国人的比率下滑至4.1%，认为自己既是中国人、也是台湾人的比率降到39%，认为自己只是台湾人的比率则增加到54.2%。①

三、重塑两岸文化认同需关注的几个要点

认同的异化起源于文化上的割裂，尽管台湾文化与大陆文化在个体上存在着差异性，但就其本原及文化主体构成而言具有不可分隔的血脉联系。目前两岸间存在的认同差异并非自然发展的结果，完全是岛内"独"派势力政治操弄使然。正如台湾学者谢大宁所透露的，陈水扁的主要助手罗文嘉自己就曾说过，他曾经是坚定的大中国主义者，那时满腔旺盛的中华民族情怀，要为中华民族的未来抛头颅洒热血；他的转变是进了台大，因为参加台大几个著名独派团体，进去接受洗脑后才开始有了重要转变。② 可见文化教育对于人特别是青少年认同观转变的重要影响力。而两岸间目前这种认同上的严重撕裂绝不仅是一两个社团所导致的，它是李登辉、陈水扁挟执政之利，对于整个社会思想刻意操弄的结果。要打破目前这种错误的怪圈，进行认同观上的拨乱反正，仍然要从文化上入手，通过重新打造文化共同体而达到重塑认同的目的。从世界上类似情况的处置过程来看，这一重塑进程大体上要包含两个层面：一是唤醒历史记忆，通过对共同历史记忆的回顾与再现，引导分离的民族重新认识其共有文化的伟大，重新点燃其共同民族性与国家属性；二是共创未来篇章，在坚持追溯文化圣迹的同时，应谋求在新的起点上，在发展中共同塑造新的政治认同，用实际行动为后人开辟新的认同基点，进而有效地在民族群体之间形成相互认同。具体就两岸关系间认同重塑而言，在总体谋划、充分交流的基础上，在操作进程中宜重点从以下几个方面入手：

(1)需从台湾政治文化与教育改革领域的拨乱反正入手，打牢重塑认同的根基。

就两岸关系发展特别是两岸民众认同的重构而言，最为根本和最具持续性影响力的是行政当局的文化导向和教育，特别是历史教育的内容。如果不能在教育领域中打开局面，形成新的客观的教育体系，不能还历史以真实，不能将两岸关系发展的新变化融入其中，而还是用所谓的"台湾四百年历史"来毒害台湾的青少年，未来的台湾与中国大陆间将仍然难以突破认同的隔阂。就目前而言，尽管2008年起，支持两岸交流、坚持"九二共识"的马英九政权上台执政，客观上推动了两岸关系的大发展，并在政治文化导向上恢复了一些被陈水扁所废除的具有中国历史符号意义的文化标识，但在最为根本的历史教育环节上，其政府的作为仍相当有限。岛内目前的历史教育仍在延续着陈水扁时期所修订的历史课纲，在这份课纲中，历史教育分为台湾史、中国史与世界史，结构配置上已经出现将台湾与中国割裂的迹象。而就台湾史本身来看，从史前时期讲起，但当中的几千年没有任何记载，直接跳入荷兰人到台湾来，完全没有时序的概念。其中最大的阴谋在于，把荷兰、明郑、清领、日本、国民政府时期，依时序做等同式的对待，其中暗含不管是荷兰人、郑成功、康熙、日本人还是国民政府，通通都是外来政权之意。这种历史教育下走出来的年轻人如何会将台湾与中国连成一体？而现实情况是，当前台湾岛内青年主体(30岁以下)对两岸的认知基本上就是"一边一国"。③ 如不能对历史课纲进行正本清源，那么这种流毒还会持续下去，这才是两岸认同上越来越弱化的根本原因所在。但正如强烈要求重修课纲的台湾岛内统派学者王晓波所指出的："从民调来看，马英九上台之后，台湾的'一边一国'认同仍持续增高，而且我认为还

① 张亚中，等. 从台湾历史教科书看两岸认同危机[J]. 中国评论，2012(7).

② 张亚中，等. 从台湾历史教科书看两岸认同危机[J]. 中国评论，2012(7).

③ 张亚中，等. 从台湾历史教科书看两岸认同危机[J]. 中国评论，2012(7).

未到高潮，还会再升高。接受这套历史教育的学生还不到20岁，加上在李扁统治20年中，培养出许多台独政治人物、学者，现在都位居政治界、学界要津，包括我的学生在台大，我都很担心他们毕不了业；连他们在《海峡评论》发表文章，我都要求他们不要用真名，以免在学校升等时碰到台独人士的审查……这些危机一时三刻要解除恐怕还不容易。”①从政治角度来看，随着陈水扁的下台，“台独”似乎已经到了穷途末路，但是在潜移默化的文化教养上来说，事实上推进“台独”的“台湾人运动”通过教育仍在延续，且做得非常成功。因此，要重塑两岸认同，必须要在台湾岛内历史教育改革上有所作为。按照台湾现行的课纲修改规定，2014年正是课纲修订调整的关键年，马英九政府应当把握时机，有所作为，大陆方面在两岸交流过程中可以通过正式或民间的方式对此表示关切。

(2)宜从普通人的经历中寻找历史的大记忆，切实抓住认同重塑的主体。

海峡两岸彼此隔绝了六十余载，相互间虽然都是黑头发、黑眼睛、黄皮肤，在生活的细节与历史的记忆上却有着看似相似实则不同的特点；对于这些，两岸同胞都急于了解。这些历史的碎片，在大历史中已经有了太多的描述，然而大历史往往较多地表现两岸间的对抗与对立和伟人在关键时刻的抉择。这种历史记忆固然是值得我们回味的，也提醒我们不要再犯类似错误的警钟，但需知道，在历史的进程中，普通人永远是主体，普通民众才是历史记忆的直接参与者，是文化认同的直接体验者。可以说，两岸间的文化认同重塑说到底要靠这些“小人物”。

在普通民众的文化关切中，最直观的是对对方的了解。正如当年的一部《八千里路云和月》让许多没有到过中国大陆的台湾人看到了什么是江山如画，什么是气势磅礴，从心里真正触摸到了祖国。

而台湾著名剧作家赖声川指导的《宝岛一村》让大陆的民众通过话剧这种轻松的方式，用最短的时间补习了一下离开大陆赴台的60万台军在台湾的生活变迁。其中的亲情与乡愁通过“没有亲戚却有很多邻居、一起祭祖却无坟可上”的无奈与北方菜、南方菜交汇而成的眷村美食，让人深切体会到两岸难以割舍的亲情、无法割断的文化。

虽然历史在关键时刻往往会闪现出伟人的身影，但真正创造历史的却是一个又一个小人物，小人物的生活才是我们最应该关注的，这才是两岸间加深了解的根本。要了解对方，就应该从小人物的点点滴滴入手，真正了解对方的生活。一部《海角七号》在台湾引起的轰动让我们重新反思台湾作为一个曾经离开母亲怀抱的孩子重新见到母亲时复杂的心态。由此可见，只有彼此了解，才有可能用对方所能接受的方式彼此融合。

(3)宜从两岸共同的历史关切中发掘切入点，找准重塑认同的历史驱动力。

从有效推进认同重塑的角度来看，两岸文化交流的着力点不宜过于泛化，应充分考虑到现实情况，选择能够在两岸民众中引起广泛影响的历史文化焦点，通过共同回顾这些历史胜迹，在缅怀历史的同时，引导今天的人们认识到两岸本是同根生，在实践中重新唤醒台湾民众的历史记忆，从而在台湾与大陆间搭起心灵桥梁，帮助岛内民众认识到两岸间的手足情。为此，宜从带有全局性影响、两岸都在坚持的历史文化事件中选取带有典型性意义的文化焦点，如2011年两岸共同纪念辛亥革命一百周年。

作为结束封建帝制的重要标志，辛亥革命在中国的近现代史上具有重要地位。为纪念辛亥革命一百周年，大陆宋庆龄基金会以“追寻历史足迹”为主题，以“历史为根，文化为魂”为理念，于2011年开展了30多项活动，两岸及港澳近千名青少年参与其中。同年2月19日，台北孙中山先生纪念馆的“精诚笃爱——孙中山与宋庆龄文物特展”开幕，这是台湾首次以孙中山和宋庆龄为主题举办文物展览，也是北京宋庆龄故居馆藏文物首次赴台展出。马英九亲率台湾教育部门负责人吴清基、台北“国父纪念馆”新任馆长曾坤地、沈春池文教基

① 张亚中，等. 从台湾历史教科书看两岸认同危机[J]. 中国评论，2012(7).

金会董事长沈庆京等人参观。2011 年 10 月 20 日，由两岸文史机构联合举办的《西方人眼中的辛亥革命历史图像特展》，在福建泉州中国闽台缘博物馆展出，展览共有图片 100 多张，实物 40 多件，其中有部分展品是首次面对公众展出。①

在北京宋庆龄故居吹响纪念辛亥百年两岸“集结号”之后，两岸及港澳青年的足迹遍布两岸与港澳 20 多个地区。参加活动的台湾学子表示，两岸青年学子将把促进两岸和平发展和向前迈进作为奋斗目标，传承辛亥革命的精神。② 在武汉参观时，来自台北艺术大学的张哲瑜说：“尽管以前在书本上学过辛亥首义这段历史，但都比较粗略，没有实际感受。此次来到辛亥革命爆发地——武昌游览，感觉更形象、更具体，脑海中不时浮现那段烽火岁月的场景，更深刻地体会到两岸血脉相连。”③

在当下两岸的具体情境下，历史文化记忆已经成为表达民族认同诉求的象征符号。在这些具有历史名片意义的缅怀活动中，共温历史，认识我们民族的伟大与坚强，认识两岸一家的历史渊源，对于两岸认同的重塑与巩固意义深远。

(4)宜逐步将两岸关系改善引入双方教育体系，在交流中扩大重塑认同的现实基础。

长期的隔绝，不可避免地在两岸间遗留下了太多的意识形态因素，虽然今天的时代已经不是双方剑拔弩张的年代，但在两岸普通民众中，仍然有一部分人怀着敌对情绪，用带有意识形态色彩的目光看待两岸间的交流与合作，总是有太多的担心，担心在交流交往中面临这样或那样的问题。事实上，这些问题的出现不是因为交往得多了，恰恰是因为交往得还不够。只有充分了解对方，才有可能做出与事实相接近，既能满足对方的利益关切，也能满足己方合理要求的政治选择。

目前，两岸在教育问题上仍存在着一些隔阂。台湾现有教育中，对于两岸关系发展的关注没有任何提及。而在大陆方面，许多高校的政治教学中，已经开始将两岸关系改善列入教学内容。为此，两岸间应加强合作，两岸学者都应当从自身做起，超越意识形态束缚，客观评说包括台湾在内的中国历史。同时，应努力推动两岸教育衔接，逐渐扩大对方学生比例，通过整合教育资源，在互补中逐渐完善两岸青少年对中华民族和完整的中华文化的理解，使之成为衔接大陆文化与台湾文化的桥梁，为未来的两岸进一步融合储备人才。2011 年，台湾当局根据“陆生三法”修正案，陆续出台“大陆地区学历采认审议办法”、“大陆地区人民来台就读专科以上学校办法”等配套政策，台湾教育当局成立了“招收大陆地区学生招生委员会联合会”，公布了相关招生简章、名额、方式，使陆生入台成为现实，揭开了两岸交流的历史新页。④ 截至 2012 年，共有上万名各类大陆高校交换生在台湾交流，有 1858 名台湾青年在大陆高校就读。⑤ 应当说，两岸教育的合作与衔接已经有了一个比较好的开头。

受到台湾方面政策瓶颈的影响，目前的交流还是相当有限的。但随着两岸关系和平发展进程的深化，相信交流的渠道与方式会越来越丰富。2012 年 2 月 8 日，首部经过两岸专家审查的网络版“中华语文知识库”的上线启动，为两岸教育文化交流又开拓了新模式，马英九在致辞时期盼“中华语文知识库”成为两岸文化交流的平台。⑥

(5)宜以打造引领世界发展的新型中华文化为契机，为两岸重塑认同增添新助力。

---

① 辛亥革命一百周年　海峡两岸共同纪念[EB/OL]. [2011-12-21]. 华夏经纬网，http://www.huaxia.com/zt/pl/11-049/2702160.html.

② 辛亥革命一百周年　海峡两岸共同纪念[EB/OL]. [2011-12-21]. 华夏经纬网，http://www.huaxia.com/zt/pl/11-049/2702160.html.

③ 两岸四地千余学子聚首武汉　开启辛亥百年交流之旅. [EB/OL]. [2011-08-13]. 中国台湾网，http://www.taiwan.cn/xwzx/la/201108/t20110813_1960738.htm.

④ 全国台湾研究会. 台湾 2011[M]. 九州出版社，2012：7.

⑤ 全国台湾研究会. 台湾 2012[M]. 九州出版社，2013：7.

⑥ 陈洛薇. 中华语文知识库两岸今同步上线[N]. 旺报，2012-02-08.

文化是不断更新与发展的体系，仅仅停留在回顾历史上，希望靠重温往日辉煌来构建精神动力，以期凝聚民心，推动当事国认同的再造与巩固，是远远不够的。在国际社会飞速发展的今天，各种文化交相辉映，都在试图成为引领世界的先进文化，特别是对于处于国际社会变动前沿的国家，这种文化上的竞争更为明显；这就决定了，一国的文化必须要与时俱进，成为先进文化。先进文化的吸引力与感召力是巨大的，能够参与其中并成为这种文化的缔造者，无疑是感到自豪的。在重塑两岸文化认同的过程中，事实上存在着共同打造并向国际社会推介中华文化的历史责任。

作为崛起中的大国，中国在保持经济高速发展的同时，必须要对文化有所创新。只有具有能够引领世界潮流的先进文化，大国崛起才是持久的、完整的，也才会在精神层面上将国家凝聚为一个坚强的整体，使其中的每一个成员都能从这种文化中感受到身为其中一员的骄傲。其典型代表是感召了一代又一代美国人的“美国梦”(American Dream)。事实上当代中国已经提出了同样富含感召力的“中国梦”，在圆梦的过程中必然要将台湾包含在其中。

对于当代中国而言，历史给了我们重新崛起的机会，我们要做的就是把握住机遇，以中国崛起为契机，把台湾统合进共同打造精神家园的进程中，在发展中重新树立包括台湾在内的新型的中华文化，让两岸在世界羡慕的目光中共同享有中华民族成功的骄傲。这一共同创造的过程对于两岸认同的重塑具有里程牌意义，它事实上是在创造中华民族新的历史，这一伟大的历史进程对于两岸年轻人的影响将是巨大的。

【参考文献】

[1]李功勤．百年大业——中华民国发展史[M]．台北：幼狮文化事业股份有限公司，2011.
[2]萧元恺．台湾问题政治解决策论[M]．香港：三联书店有限公司，2010.
[3]张国城．两岸关系概论[M]．台北：新学林出版股份有限公司，2009.
[4]赵遐秋，曾庆瑞．文学台独面面观[M]．北京：九州出版社，2001.
[5]全国台湾研究会．台湾2011[M]．北京：九州出版社，2012.
[6]全国台湾研究会．台湾2012[M]．北京：九州出版社，2013.
[7]Albert K. Weinberg. Manifset Destiny：A Study of Nationalist Expansionism in American History[M]. Chicago，1935.
[8]Gilbert Chinard. Thomas Jefferson：The Apostle of Americanism[M]. Boston，1929.

【作者简介】

王丽红，武汉大学传播学2009级在职博士生，主要研究兴趣为话语权、跨文化交流、国际传播与危机传播。

不在场的"对话"：新媒体场域中跨文化冲突的建构与调适①

——基于"切糕事件"的考察

吴世文

文化是"一种物质上、知识上和精神上的整体生活方式"②。人与人相遇，不同的文化随之"相遇"。索尔斯坦·塞林(Thorsten Sellin)等人指出，每一种文化都有其自身独特的价值观和规范，不同的文化规范相互接触时很有可能发生矛盾并引发冲突。③ 身处跨文化冲突之中的人们，各自如何建构和调适文化冲突，这是本研究感兴趣的议题。本研究基于新媒体的传播情境，选择"切糕事件"为个案，探讨新媒体场域中跨文化冲突事件如何被冲突双方建构起来，考察冲突双方基于新媒体平台的"对话"何以调适跨文化冲突。

一、理论背景与研究问题

(一)跨文化冲突的建构与调适

文化冲突是指两种及以上不同性质的文化及其主体在相互接触与交流的过程中，由于生产方式、社会制度、宗教信仰、价值观念、思维方式、生活习惯、语言等方面的差异，出现一方文化主体对另一方文化主体及文化现象产生心理上的排斥，甚至是对抗与冲突的现象。从本质上讲，文化冲突是一种文化异化现象，其表现形式有初级与次级文化冲突两种。前者是指两个异质的文化之间发生的冲突，后者是指在同一地域或同一文化圈内部，各自形成独特的文化规范的亚文化之间发生的冲突。跨文化冲突是指两种及以上不同性质的文化类型在接触过程中所产生的冲突，本研究在次级文化冲突的框架内展开。

跨文化冲突何以产生？细究起来，身份、民族文化、宗教、高语境与低语境、观念、语言、非语言行为等因素都可能引起跨文化冲突。从建构主义的视角观之，跨文化冲突是行动者共同参与建构的产物。

跨文化冲突带来紧张关系，如何调适跨文化冲突是研究者们热衷探讨的议题。有论者指出，理应采取丰富信息摄取途径、培养第三种文化、提高行动者的跨文化能力、提升文化适应能力等途径来调适之。④ 有论者认为，对处于跨文化冲突之中的个体来说，需要从主体间性出发，提高互惠性理解能力、跨文化倾听能力、移情能力、跨文化敏感力来理解他者，从而更好地管理跨文化冲突。⑤ 本研究基于这些一般性论述，从建构主义的视角出发，从"细

---

① 本文系2013年度教育部人文社会科学研究青年基金项目(项目编号：13YJC860034)的阶段性成果。

② [英]威廉斯．文化与社会：1780—1950[M]．高晓玲，译．长春：吉林出版集团，2011．转引自：韦森．文化与制序[M]．上海：上海人民出版社，2003：9.

③ 参见[英]布罗尼斯拉夫·马林诺夫斯基，[美]索尔斯坦·塞林．犯罪：社会与文化[M]．许章润，幺志龙，译．桂林：广西师范大学出版社，2003：151.

④ 参考陈国明．跨文化传播学关键术语[M]．北京：中国社会科学出版社，2010.

⑤ 参考单波．跨文化传播的问题与可能性[M]．武汉：武汉大学出版社，2010.

部”探究行动者何以建构和调适跨文化冲突。

(二) 刻板印象、偏见与跨文化冲突

刻板印象是人们针对某个特定群体所形成的概括而稳定的态度与看法。虽然刻板印象一词多少带有贬抑的意味，但从性质上来看，还是有“积极、中性与消极”之分。消极的刻板印象总是通过设想他者的邪恶、野蛮来确定统治的权力关系①，容易导致对他者的偏见。一般说来，刻板印象效应、内群体—外群体效应、公平世界效应等都是偏见的诱因。② 对于不同的民族及民族文化来说，历史原因或战争、利益冲突，以及宗教、文化等因素容易诱致民族偏见。③

刻板印象和偏见是跨文化冲突的心理认知因素。在跨文化冲突中，行动者“勾连”对他者的刻板印象和偏见来建构冲突，而冲突的结果则可能导致刻板印象的固化和偏见的加深。基于以上文献探讨，本研究以“切糕事件”为个案，聚焦研究：

(1) 身处“切糕事件”冲突之中的人们，各自如何建构和阐释事件，其建构事件的主题选择和情感取向是怎样的。

(2) 冲突发起方和回应方在“切糕事件”中如何基于新媒体平台开展“对话”。

(3) 在“切糕事件”中，冲突发起方和回应方的“对话”如何调适跨文化冲突。

二、案例选择与研究方法

(一) 案例选择

“切糕事件”缘起于湖南“岳阳公安警事”2012 年 12 月 3 日在微博上发布的一条消息。消息称，村民凌某在购买新疆人卖的核桃仁糖果(俗称“切糕”)时，发生群体殴打事件，造成 2 人轻伤，损坏的核桃仁糖果价值约 16 万元，加损坏的摩托车的价值和受伤人员的医药费共计 20 万元。该条微博引起广泛关注，网友在微博、网络论坛中转发、评论，并发起“网络造词”运动，共同建构出“切糕事件”。

从本质上讲，“切糕事件”是一起“次级跨文化冲突”事件，涉及人们对维族人及其文化的认知，对新疆人的刻板印象等议题。在新媒体场域中，冲突发起方是除新疆网民以外的网民群体，以汉族网民为主，回应方是新疆网民，冲突双方是“切糕事件”的行动者。该事件由一起治安事件演变成为跨文化冲突事件，为观察跨文化冲突的建构过程提供了契机。

(二) 资料收集

本研究选取天涯社区的“天涯杂谈”板块作为冲突发起方建构事件的文本来源。检索时段为 2012 年 12 月 3 日至 2013 年 1 月 2 日(共计 30 天)，选择回复量在 50 条及以上的主帖作为样本，并按比例抽取其回复：回帖在 500 条及以上的按 5%的比例抽样，回帖在 101～499 条的按 10%的比例抽样，回帖在 50～100 条的按 20%的比例抽样，回帖在 50 条以下的全部计入(下同)。共计得到主帖 28 个，回复 489 条。

本研究选取新疆天山网“天山论坛”、新疆喀什都市网“喀什人论坛”、天涯社区的“乌鲁木齐城市论坛”作为冲突回应方建构事件的文本来源。选择这三个论坛是因为其用户以新疆人为主。共计得到主帖 24 个，回复 259 条。

为进一步考察事件冲突方与回应方对话的情况，在百度搜索平台中以“新疆+切糕+澄清/回应”为关键词立意检索，获取网友澄清事件的帖文及回复。共计得到主帖 16 个，回复

---

① 单波．跨文化传播的问题与可能性[M]．武汉：武汉大学出版社，2010：112.

② 张中学，宋娟．偏见研究的进展[J]．心理与行为研究，2007(2).

③ 蔡浩．社会认知偏见及其对策研究[J]．新疆师范大学学报(哲学社会科学版)，2001(2).

204条。在统计分析时，主帖和回帖作为同等效力的文本计入。

(三)研究方法与资料分析

网民发帖或回复往往都较为直接地表达观点与情感，本研究从主题和情感取向两个维度建构类目。

1. 主题

(1)探讨案发事实与细节；(2)讨论政府行为(包括政府有关部门对事件的处理等)；(3)讨论案件指向的社会问题(包括诚信、道德、法律、社会公正等问题)；(4)评价新疆人或汉族人；(5)讲述自身或亲朋好友的经历；(6)调侃事件；(7)介绍关于新疆或切糕的知识；(8)其他。

2. 情感取向

(1)同情或指责商贩；(2)同情或指责村民凌某；(3)歧视新疆人或新疆地区之外的汉族人；(4)平和对待新疆人或新疆地区之外的汉族人；(5)指责或认可政府有关部门及其行为；(6)指责或认可有关政策；(7)娱乐或恶搞；(8)其他。

编码由四名编码者完成。编码前对编码者进行培训，并选取5%左右的样本进行信度测试，豪斯提(Holsti)可信度指数计算结果为0.90，编码的可信度和可靠性较高。

三、新媒体场域中冲突双方建构跨文化冲突事件的主题选择与情感取向

(一)冲突双方建构的主题

本研究对冲突发起方和回应方建构的事件主题进行交叉分析来考察其如何建构事件(见表1)。

表1 冲突发起方、回应方与事件主题的交叉分析

			事件双方		Total
			冲突发起方	冲突回应方	
主题	探讨案发事实与细节	Count	16	13	29
		% within 事件双方	3.1%	4.6%	3.6%
	讨论政府行为	Count	84	35	119
		% within 事件双方	16.2%	12.4%	14.9%
	讨论案件指向的社会问题	Count	87	19	106
		% within 事件双方	16.8%	6.7%	13.3%
	评价新疆人或非新疆地区的汉族人	Count	129	54	183
		% within 事件双方	25.0%	19.1%	22.9%
	讲述自身或亲朋好友的经历	Count	35	10	45
		% within 事件双方	6.8%	3.5%	5.6%
	调侃事件	Count	77	35	112
		% within 事件双方	14.9%	12.4%	14.0%
	介绍新疆或切糕的知识	Count	24	28	52
		% within 事件双方	4.6%	9.9%	6.5%
	其他	Count	65	89	154
		% within 事件双方	12.6%	31.4%	19.3%
Total		Count	517	283	800
		% within 事件双方	100.0%	100.0%	100.0%

($\chi^2=65.71$, $df=7$, $p<0.001$)

从表 1 可见，冲突发起方主要建构了评价新疆人或新疆地区之外的汉族人、讨论案件指向的社会问题、讨论政府行为、调侃事件(比重分别为 25.0%、16.8%、16.2%、14.9%)等主题。冲突回应方则主要建构了评价新疆人或新疆地区之外的汉族人、调侃事件、讨论政府行为、介绍关于新疆或切糕的知识(比重分别为 19.1%、12.4%、12.4%、9.9%)等主题。

冲突发起方和回应方均关注政府有关部门处理事件的行为，并且都在帖文中调侃事件。但它们都较少关注案发事实与细节(仅有 3.1%、4.6%)。与冲突回应方相比，冲突发起方更多地讲述自身或亲朋好友的经历，而冲突回应方则较多地介绍关于新疆或切糕的知识。

(二)冲突双方的情感取向

为考察冲突发起方和冲突回应方各自的情感取向，本研究对其进行交叉分析(见表 2)。

表 2　**冲突发起方、回应方与情感取向的交叉分析**

			事件双方		Total
			冲突发起方	冲突回应方	
情感取向	同情或指责商贩	Count	54	52	106
		% within 事件双方	10.4%	18.4%	13.3%
	同情或指责村民林某	Count	2	1	3
		% within 事件双方	0.4%	0.4%	0.4%
	歧视新疆人或新疆地区之外的汉族人	Count	70	16	86
		% within 事件双方	13.5%	5.7%	10.8%
	平和对待新疆人或新疆地区之外的汉族人	Count	100	39	139
		% within 事件双方	19.3%	13.8%	17.4%
	指责或认可政府有关部门及其行为	Count	50	19	69
		% within 事件双方	9.7%	6.7%	8.6%
	指责或认可有关政策	Count	73	40	113
		% within 事件双方	14.1%	14.1%	14.1%
	娱乐或恶搞	Count	85	35	120
		% within 事件双方	16.4%	12.4%	15.0%
	其他	Count	83	81	164
		% within 事件双方	16.1%	28.6%	20.5%
Total		Count	517	283	800
		% within 事件双方	100.0%	100.0%	100.0%

($\chi^2=40.49$，$df=7$，$p<0.001$)

由表 2 可知，冲突发起方的情感取向以平和对待新疆人(19.3%)、恶搞(16.4%)、指责有关政策(13.53%)最为突出，而冲突回应方以同情或指责商贩(18.4%)、平和对待新疆人或新疆地区之外的汉族人(13.8%)、指责或认可有关政策(14.1%)为主。

在情感取向上，两者都能平和对待新疆人，并对有关政策发表了看法。不过，冲突发起方表现出较高的恶搞倾向，而冲突回应方则将无良商贩与新疆人区分开来，多指责无良商贩。另外，在歧视新疆人或新疆地区之外的汉族人方面，冲突发起方的取向(13.5%)明显高于冲突回应方(5.7%)。

(三)澄清事件的努力及其回应

针对“切糕事件”存在的误解，主题建构方面，致力于澄清事件的主帖主要介绍关于新疆或切糕的知识、评价新疆人或新疆地区之外的汉族人、讲述自身或亲朋好友的经历，而回帖以评价新疆人或新疆地区之外的汉族人、讨论案件指向的社会问题、讲述自身或亲朋好友的经历为主(见图1)。情感取向方面(见图2)，这类主帖和回帖都倾向于平和对待新疆人或新疆地区之外的汉族人(分别为62.5%、46.6%)。该部分回帖的情感取向与冲突发起方的情感取向相比较，平和对待新疆人或新疆地区之外的汉族人的情感(冲突发起方为19.3%)有显著的增长，而歧视新疆人或新疆地区之外的汉族人的情感(9.8%)有较为显著的降低(冲突发起方为12.95%)，娱乐或恶搞(3.9%)的情感亦有显著的降低(冲突发起方为16.4%)。

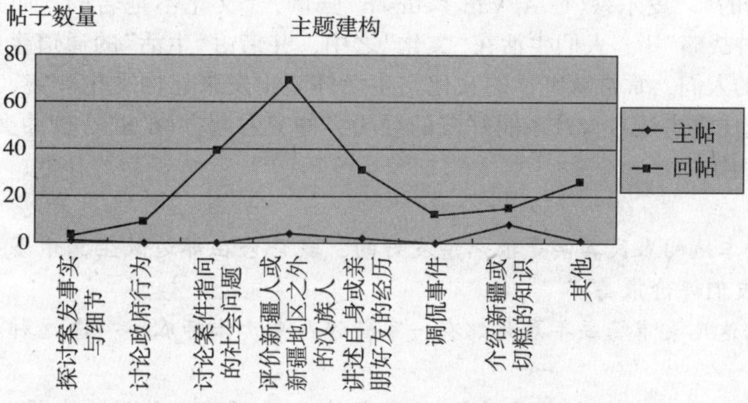

图1 澄清事件的主帖以及回帖的主题建构

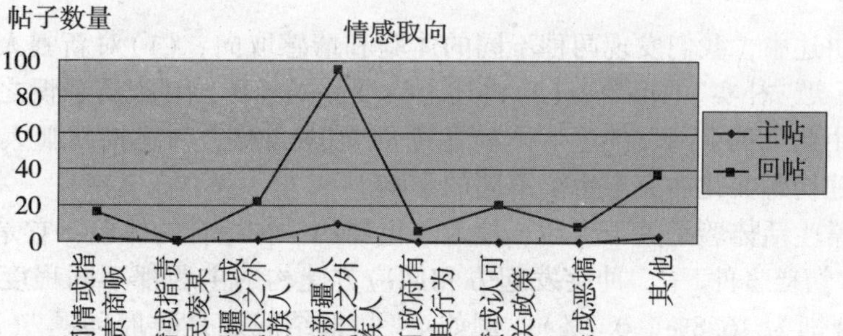

图2 澄清事件的主帖以及回帖的情感取向

四、对新媒体场域中跨文化冲突建构与调适的理论探讨

(一)跨文化冲突事件中的娱乐化表达

在“切糕事件”中，冲突发起方和回应方的主题建构都倾向于调侃事件(分别为14.9%、12.4%)，情感取向均表现出娱乐或恶搞事件的倾向(分别为16.4%、12.4%)。这意味着，冲突双方喜采用娱乐化的表达方式。例如：“你是我的切糕啊!”；“啊！原来在你心里我这

么贵重!”。调侃名言，如“切糕天然不是货币，但货币天然是切糕”；改编广告词，如“切糕恒久远，一块永流传”；与社会热点问题联系起来，如“糕富帅”。娱乐化表达一方面解构名言与广告词，影射社会问题，另一方面解构并异化事件。

首先，娱乐化表达使跨文化冲突的“火药味”消散了。网友们纷纷加入“造句热潮”，把“切糕事件”变成一场“集体狂欢”。集体狂欢抹杀事件冲突的本质，导致人们对跨文化冲突习以为常，并减弱人们调适冲突的动力。其次，娱乐化表达为人们所喜闻乐见，更容易成为传播和记忆的“标签”，巩固刻板印象。最后，娱乐化表达遵循娱乐精神而不是事实或真理的尺度，并存在“污名化”问题。总的来说，虽然“切糕事件”中的娱乐化表达在某种意义上是一种“补偿性”表达，是情绪化表达的一种良性变体，但对于它加深刻板印象的负面作用，我们需要保持高度警惕。

(二)行动者的日常生活体验与跨文化冲突的建构

文化是“活的”。皮尔森(C. A. Van Peursen)强调，“文化不是名词，而是动词。文化是人类生存的一种战略”①。人们生活在“文化”之中，并借由“生活”的通道生产文化。身处跨文化冲突之中的人们，常常从鲜活的文化与生活体验出发来建构文化冲突。例如，在“切糕事件”中，人们注重讲述自身或亲朋好友的经历，冲突发起方(6.8%)较冲突回应方(3.5%)讲述得更多。例如：

> “新疆本地的人民其实是很热情友好的，我爸爸在那边做生意十多年了，一直都对那边的朋友们评价很高。”
>
> “我们这儿菜市场每年夏天都有一家新疆人来卖伽师瓜……像这种都是正正经经做生意的。”
>
> “今年4月份中午在大马路十字路上被一帮新疆人抢过手机啊，现在回想都怕怕……”

从网民的讲述中，我们发现两种不同的体验和情感取向：(1)对新疆人有好感，建构新疆人“热情、豪爽、朴实”的形象；(2)讲述上当受骗的经历，并抱有恐惧之心，建构新疆人的负面形象。由此可见，网友的生活体验在评价“切糕事件”和建构新疆人的形象中发挥着双重作用，对建构跨文化冲突产生了不同的影响。

人们的日常生活体验是关于生活、他人与世界的一种综合的体验，它是零散的，但却不是孤立的。在“切糕事件”中，冲突发起方和回应方建构的主题都不同程度地讨论案件指向的社会问题(分别为16.8%、6.7%)。例如：“归根结底还是政府问题”(政府社会治理)；“哪里也有好人，坏人是少数，依法严惩坏人才是根本”(法律层面)；等等。这意味着人们基于生活体验建构文化冲突，难以做到就事论事(双方讨论案发事实与细节的帖文仅有3.1%、4.6%)，而是将事件与整体的日常生活体验结合起来，并寄望于解决更大范围内的政治、经济与社会问题。这也说明跨文化冲突与政治、经济和社会问题密切相关。正如亨特(1991)所指出的：“文化冲突是一种政治和社会的敌意，这种敌意基于不同的道德理解系统之上，其结果是一种文化和道德精神占主导地位。”②

(三)刻板印象、群体切割与跨文化冲突的“叠加效应”

冲突发起方大多以偏概全地将卖切糕的商人与新疆人联系起来，甚至将两者等同对待。

---

① [荷]C. A. 冯·皮尔森. 文化战略[M]. 刘利圭，等，译. 北京：中国社会科学出版社，1992：2-3.

② Hunter, J. D. Culture wars: The struggle to define America[M]. New York: HarperCollins, 1991: 42.

不过，在新疆本土论坛对事件的回应中，网友较多地指责无良商贩，而且这是冲突回应方最主要的情感取向。如“卖切糕的真心丢了新疆同胞的脸面!”，“本土的(新疆)人确实特别热情好客心眼好”。这意味着，冲突发起方对新疆人的不当联想和刻板印象，使大多数新疆人感受到外部压力，从而急于同“无良商贩”切割开来。这有可能导致新疆汉族人对维吾尔族人的偏见，从而产生“叠加的”跨文化冲突。

(四)新媒体空间中不在场的“对话”与跨文化冲突的调适

跨文化冲突因沟通不畅、信息不对称而产生，对话是调适跨文化冲突的重要机制。在“切糕事件”中，冲突发起方与回应方之间、冲突发起方内部、冲突回应方内部均利用新媒体传播平台开展不在场的“对话”。特别是，澄清事件的网友致力于传播关于新疆与切糕的知识，促进人们了解新疆和切糕，促成对话和理解。例如：

> “楼主扯得太远点了吧！切糕这些年早就臭名远扬了，这明显就是个刑事案件嘛，敲诈勒索诈骗寻衅滋事聚众斗殴，这貌似和民族没关系吧?!”
>
> “不能以偏概全吧，新疆还是好人多。”

通过对话和讨论，在澄清事件的回帖中，平和对待新疆人或新疆地区之外的汉族人的比重(46.6%)较之冲突发起方(19.3%)有明显的提升，而歧视新疆人或新疆地区之外的汉族人的比重(9.8%)则有一定程度的降低(冲突发起方为13.5%)。

在不在场的“对话”中，网民们围绕事件的讨论还产生了一种“自我纠错机制”。表现在：(1)通过讨论来纠正不当的观点。如：“坏人是有的，但是不能一巴掌拍死所有人。”(2)将新疆人区分为不同的人群。如：“不过切糕只是个独立的事件，不代表新疆的整体形象的。”(3)站在对方的角度来思考。如：“说实话，切糕一点都不黑好不好，成本本来就有那么贵……”

有帖文主张理性看待事件，大有劝诫之意味。例如：“新疆人淡定做好自己，管他别人怎么说……保持头脑的清醒，知道自己该做什么，胸中自有一颗明辨是非真假善恶的心。”

自我纠错机制是网民“对话”的积极成果，是公共商讨理性的体现。不过，跨文化冲突是冲突双方建构的产物，调适跨文化冲突不能仅靠对话或行动者的自我纠错，而是需要提升行动者的跨文化素养和行动能力。特别是，冲突双方理应通过参与跨文化实践活动，培养跨文化行动能力，调适跨文化冲突。唯其如此，才能产生调适文化冲突的内生性力量。

【参考文献】

[1][英]布罗尼斯拉夫·马林诺夫斯基，[美]索尔斯坦·塞林．犯罪：社会与文化[M]．许章润，幺志龙，译．桂林：广西师范大学出版社，2003.
[2]陈国明．跨文化传播学关键术语[M]．北京：中国社会科学出版社，2010.
[3]单波．跨文化传播的问题与可能性[M]．武汉：武汉大学出版社，2010.
[4]张中学，宋娟．偏见研究的进展[J]．心理与行为研究，2007(2).

【作者简介】

吴世文，武汉大学新闻与传播学院讲师。

后现代语境中新观念摄影的先锋语言与文化传播反思[①]

田欣欣 李文渊

当今，以消费社会和消费主义为基础的视觉文化传播形态奠定了图像和影像的霸权地位。而后现代的“表征危机”，出现了诸多与现代社会大相径庭的“崭新语言现实”，它剧烈地改变了图文符号原有的交流功能，形成一种为传统批判理论无法解释、无法接受的后现代文化。其中，新观念摄影的先锋语言即为其典型例证之一。

后现代语境中，新观念摄影以其先锋姿态动摇了传统摄影艺术的根基，其摄影表现的“先锋语言”处处显露出强烈的反抗意图与颠覆性危机。特别是运用仿像这一重要的视觉表现模式，激进的新观念摄影人制造的图像常常令人费解甚至无法解读，打破了观者对摄影作品和摄影经验认知的惯性思维方式，并强迫受众调整自己或许陈旧的认知体系。

一方面，新观念摄影其以独有的先锋语言展现自己独到的先锋姿态，并以令人目眩神迷的鬼魅魔力将人们紧紧吸引；另一方面，它借助摄影这种大众所熟知并深度喜爱的视觉传达方式，对当下社会与人性进行深度的触摸与表达，并由此引发对现代社会的反思。更重要的是，在当今影像改变世界的时代，观念摄影通过摄影与美术、装置、行为艺术形态的复杂交织，并逐渐渗透现代主义风格的艺术形式，可更多地关注艺术作品所蕴含的社会学和人类学意义，展现对人类生存状态的剖析。

新观念摄影的先锋语言在对当代社会的赞美、批判、嘲讽展现其独特魅力的同时，也带来了广泛意义上较为严重的视觉危机问题：真实的可建构性；理性、秩序、主体性被解构；身体的符号化；视觉狂欢的快感原则；摄影文化表层的多样化和文化意义上的扁平特征；等等。由此带来的诸多文化传播方面的问题同样值得我们反思和审视。

一、先锋艺术的内涵及存在表征

先锋，《辞海》中解释为行军或作战时的先遣将领或先头部队，由此意义衍生出在事业中起先导作用的个人或集体的含义。先锋的源头在法语中是对“军中前卫”(Avanrt Guarde)的借用。先锋，首先是时间跨度意义上的概念，它的意思是超前、先进、前卫。而从艺术理论梳理的角度来看，“先锋”表现为一种文化姿态和一种文化精神，其目的在于向已经约定俗成并被社会接受的“体制”或文化现象、文化表现进行反叛式的表达。

不仅如此，先锋还被理解为一种处于永远运动状态的概念。常常被称为“先锋”的艺术有一个共同的特质：其艺术形式或方式的创新不被理解时，人们就称其为“先锋”艺术或“前卫”艺术，一旦人们习惯之后，其“先锋”、“前卫”的含义将会消失。先锋的具体表现随着时间的推移总是会发生巨大的变化，作品在社会意义上的超前性就成为验证它时首先考虑的问

① 本文系2011年度国家艺术科学“十二五”文化部项目“当代摄影艺术的数字化生存与文化传播研究”(项目编号：11DF24)的研究成果。

题。比如，在20世纪的中国，1979年的“星星画展”，以马原、刘索拉、余华为代表所开始的小说叙述，“85”美术思潮的崛起，1989年的“现代艺术大展”等，其精神观念、创作方式、表达方法以及“姿态”上明显地显示出了这种先锋的文化特质。而这些先锋性都是在变成“后”的时候，才被大众认知并认可。所以，先锋艺术有以下存在表征：时代上的超前性；对“主流”文化的挑战；与公众品位的对抗以及自身的悲剧性。

首先，先锋艺术所具备的既不是对过往艺术形式或流派的回顾，也不是对当下艺术形式的模仿和复制。它具有一种前瞻的态度和锐意向前的勇气，对艺术不仅有居高临下的总结，更有明察秋毫的近观。先锋艺术应当是对当下的一种深度触摸，是对人类现世精神意识、日常习俗和内心情感的透彻发现，深度摹写和抽象、另类的表达。先锋艺术具有一种独特的魅力，这种魅力完全区别于正统的言说和主观意识上狂妄的预言式表达，而是切入内心、击中灵魂、穿透生命的，对于当下大众内心情感、精神状态和日常行为的一种卓越发现和艺术创造。比如，20世纪80年代上海的先锋艺术《凹凸展》和《M观念艺术表演展》，是国内艺术家在西方现代艺术在上海艺术圈滥觞之后，想进一步探索边缘，寻求更彻底的现代性的最激进的表达方式。这在当时的时代大背景之下，堪称是对当下艺术状态和艺术家思想地位的一次前沿式触探。

其次，“先锋”词义本身，即意味着对传统表达方式的变革。同时包含了从现有的体制或是陈旧、固化的体系中解放出来的艰苦努力。比如野兽派，他们崇尚艺术表达上的主观主义精神，着力对传统和自然写实主义进行反抗，野兽派的画家是以绘画“暴力”的姿态呈现出与传统的决裂。再如，浪漫主义对色彩的重新定义，又是对古典主义写实与平稳的绘画风格的否定。同样，塞尚作品的平面化、几何化以及毕加索作品的立体物像等，都是在对传统的艺术形式进行否定之后，建立并发展起来的。说到底，先锋的革命性与创新性均可理解为是对同时代主流文化的挑战。

再次，先锋艺术由于其超前的审美态度和激进的表达方式，其作品总是在与公众品位的对抗中一步步向前发展。它不仅受众群体稀少，且常与当下主流的艺术类型产生激烈的冲突。甚至一些主流艺术家会觉得受到了来自先锋艺术的强烈威胁和嘲弄。就像杜尚的作品《带胡须的蒙娜丽莎》，杜尚买来许多《蒙娜丽莎》的复制品，并且给图画中的蒙娜丽莎添上了小胡子。他说：“蒙娜丽莎是如此广为人知和受到赞美，用她来出丑是颇有诱惑力的。我尽力使胡须具有艺术性。我也发现，有胡须的那个可怜姑娘变得很有男子气——这与达·芬奇的同性恋很相配。我们为什么把这张画捧为绝世杰作？让我们嘲弄她吧。”杜尚将达·芬奇的经典名作当作公然嘲讽的对象，展示了他藐视传统、无视约束的品性。他把反艺术推向了极致，给后继的艺术运动以新的启迪。

最后，纵观历史来看，由于“先锋”的时代性特点，先锋艺术在它所处年代的当下，总是不被主流社会所接受，甚至常常失去了自身存在的标志与特征。这里我们注意辨别“先锋派”与“现代主义”各自的特征。“先锋”是动态的，“它有为艺术发展开辟新前景的可能性，可惜只有未来才能证明这一点，我们无法用此来判别当今出现的先锋派”①。而“现代主义”相对于“先锋派”则是固定的，它已融入自己的时代。虽然具有前瞻的态势，但“现代主义”已经形成自己的风格并被社会大众所接受；虽然其受众比较少，但是它在社会文化当中占有自己的一席之地，正在将自己打造成经典，或是已经成为经典。事实上，20世纪初的许多“先锋派”在产生了强烈的历史影响后成为经典，变成被认可的“现代主义”。但是对于“先锋派”来说，一旦其形式、精神、思想成为经典，并被社会所接受，那么其使命便已完成，其已有的先锋意义也就丧失了，必须转入对现有经典的突破和反思。因为在先锋派的眼中，经典即为固守和过时。这样一种无果乃至无休止的推翻和塑造，在成就自己之前，其悲剧性便

① 陈吉德．中国当代先锋戏剧1979—2000[M]．北京：中国戏剧出版社，2004：83.

自然诞生了。

二、新观念摄影先锋语言的独特表达

“与其拍摄一个东西，不如拍摄一个意念；与其拍摄一个意念，不如拍摄一个梦幻。我从不拍摄自然景物，我只拍摄我的幻想。”①当代摄影史上最重要的先驱之一，被誉为“现代摄影之父”的美国摄影家曼·雷此言验证了依照摄影者的主观思维进行拍摄的大胆探索与可能性。“观念”的语义是思想和意识，简单说是思想意识的特定表现。“观念艺术”观念作为艺术核心，亦称思想艺术、思考艺术、形而上艺术。观念艺术是后现代艺术的显著特征之一，突出强调排除传统艺术的造型性，认为真正的艺术作品并不是由艺术家创作的物质形态，而是概念或观念的组合。那么，观念摄影就是借助摄影的手段表现和表达个体某种观念的一种艺术创作形式，其实质是观念艺术在媒介上的一种延伸与演变，是从艺术中抽离出来的一种相对独立的创作手段与形式。通过拍摄自己精心导演设计的画面，展现对人类生存状态的剖析，提出一些有意味的话题，引发更多、更深层次的思考。

近年来，国内影界与学界颇为流行的“新观念摄影”的提法，意在突出强调其先锋性。更多的人将新观念摄影定义为一种先锋艺术，甚至直接称其为“先锋摄影”。但当今，想要对现代新观念摄影的先锋语言表达作出准确的阐释，并不是件容易的事。

尽管国内的研究者至今没有对新观念摄影的定义以及它与先锋艺术的关系作出完整的梳理与总结，但可以肯定的是，新观念摄影的表达方式体现了对传统摄影艺术标准的一种颠覆。这种关注当代生活状态以及人物内心世界的图像表达形式，以个人虚构的精彩为基础拓展对摄影的认识，用更丰富的内心感受开拓摄影的资源，并在传统摄影纪实纪录的特性上增强了表现性，无疑有益于深化摄影艺术的表达潜力，并可拓展摄影实践的研究视野，且对于摄影创作本身的丰富与发展、警醒与反思均有着深刻的影响。

更进一步，与纪实摄影的强调抓拍和记录的真实性不同，新观念摄影常常采取摆拍和表演的手法，利用对具象事物的挪用、复制、拼贴、悬置表现虚构的内容，抽空事物原有的意义，将生活的真实幻化成图片中的虚构，造成一种荒诞的感觉和意义消解的效果。这种“解构”的形式显示了新观念摄影的后现代艺术特征，表明了其实验性。② 实验性即具有了先锋的意义。新观念摄影的先锋语言无法满足于世界的秩序，且不愿让现实来掌控自己的思维，其所要表达的内涵往往不是给出一个答案，而是有多种可能性的指向，含有不同的意味。这种意味传达的往往是对于生存现状、社会、人性等主客观世界的反思。由此，这种先锋语言使得人们的精神变得可视化，人们的需求变得可观赏，人们的思想得以延伸，人们丰富的内心世界得以最大化地呈现。

无疑，摄影对于观念的表达，从来都是不矛盾的。传统摄影作为理性的视觉传达，其主观处理的手法仅是强调隐喻，并不能很好地阐释观念的多样与复杂。而新观念摄影运用的则是讽喻，这种讽喻是对隐喻的拆解和颠覆。其中关键并不在于其“观念”以及“新”的程度，而在于其运用了反隐喻的、以讽喻为主的修辞方式。由中国观念摄影的代表人物刘铮的作品，就可以看出这种讽喻是显而易见的。《国人》、《三界》、《长征》系列罗列了沉重的历史，岁月的创痛，死亡和战争的阴影，情欲、渴望、感情的误置，浅薄的世俗享乐和现代人的精神贫困。这些兼具纪实、表现和象征手法且蕴含着强烈的讽喻意味的图像，所传达的意象是复杂和立体的。对它的解读又是多元的，同时也是很难被完整、准确表达的。这即是新观念摄影先锋语言的魅力，同时也是新观念摄影成为现今生命力强盛的先锋艺术的原因之

① 梁勇．游离在似与不似之间——美国现代摄影大师曼雷[J]．美苑，2003(4)．

② 常青．谈“观念摄影”的兴起发展与艺术特征[J]．沧桑，2004(4)．

一。它使得人们的视觉不再停留在摄影作品的表面，而是着重表达作品形式内容之外的价值和观念，是一种不脱离传统摄影的“语言”和“符号”的传达。更重要的，其先锋性的意义还在于：新观念摄影不是引领更多的后来者与之并肩，而是将更多的后来者推向新的探索空间。

三、后现代语境中新观念摄影的文化传播反思

先锋语言融合与渗透了现代主义风格的艺术形式，包括立体主义、超现实主义、拼贴艺术、波普艺术等。而此种反讽在悲剧之上的游戏状态，以其对于现实的嘲讽、扭曲，应用图像进行意义的延伸和创造等，与后现代人们的心理产生了强烈的共鸣，对其肯定与观赏如其说是行为上的支持，倒不如说是心理上的认同。

人们对时尚热议的话题背后的先锋艺术，仍有着认知上的误区和误读。后现代语境中，新观念摄影也由过去孤独、不被理解的状态到今天迅速地被认同和走红。人们以最快、最豁达甚至于轻率的态度来宽容地接纳它，且以各种方式赞美并附庸之。但需要警惕的是，这种接纳并未证明大众对这个另类的艺术形式有清晰明确的理解和认识，轻率的误读和盲目的追捧降低了先锋艺术和新观念摄影的时尚本质，使之沦落为形式上的个体喜好展现和仪式上的大众狂欢，这就提醒人们应该以理性的眼光、谨慎的态度和开放的心态来审视先锋艺术和新观念摄影的现实图景。

其一，新观念摄影反映着摄影人对当代文化的追求，体现着时代的印迹，影响着摄影文化的定位。

罗兰·巴特曾经说过：“在美国无一物不转换成影像：存在的，生产的，消费的，只有影像。今日进步的社会，其特色在于消费的是影像，而非如过去接受的是信仰。”摄影作为影像生存的特殊性，不能不影响摄影文化的基本定位。① 摄影作为现代文化中极具冲击力的视觉样式，在当今影像消费与视觉文化的大背景中，对其传播形态、传播方式与传播效果的解读和分析无疑应该有更为广阔的视野与更敏锐的眼光。同时，我们应该看到，在后现代语境中，摄影与美术、装置、行为艺术等的交融和结合使其不断被边缘化，而这正是观念摄影发展的出路，也已成为世界艺术发展的大趋势。当今，新观念摄影所面对的“个性”和“公共性”之间的关系，是其能否良性生存的关键。作品在传达个人观念的同时，也要在观者心中产生观念的共鸣，只有在二者之间找到平衡点，新观念摄影才能持久发展，并在人类思维进步的里程中走向更高的境界。

其二，新观念摄影基于影像文化的批判意识，培养人们对视觉文化的批判性接收能力，倡导一种文化反思精神，重构影像文化传播的价值判断和伦理道德标准。

新观念摄影制造错幻视觉，产生奇特怪诞、富有神秘意味的画面的“仿像”手法，常导致视觉再现的真实性被人质疑，包括视觉的异化、视觉的虚拟和视觉的狂欢，极易引发公共舆论的震惊和反感。摄影师通过实物的扭曲和再造所表达的虚幻，有时会面临严重的公共伦理挑战，或遭到普遍的道德控诉，在艺术家和公众之间会出现某种话语的尖锐对抗。也许，此时“先锋”作品的真正含义得到了彰显，但因受到道德、伦理等方面的约束，会显得更加反叛，其成长道路也会更加漫长。所以，当代摄影不仅要突出视觉盛宴，更要注重视觉内涵，实现传统审美、内涵传达和视觉震惊的完美融合。

其三，从“着重叙事”到“强调景观”，新观念摄影的结构性模式变化，决定了当今摄影影像的风格特征和受众接收习惯。

消费社会的背景，使得当今社会的审美原则发生了重大变化，后现代思潮与消费文化的

① 林路．摄影文化的传统性与现代性[J]．中国摄影家，2006(5)．

共谋强化了后工业社会人们反传统、去中心、无理性的意识，以及对自由、独立的追求。影像消费中人的主体性的消解、影像消费的后现代景观决定了当今摄影影像的风格特征和受众接收习惯。所以，强化对大众摄影审美的心理特征分析，关注摄影从“着重叙事”到“强调景观”的结构性模式的变化，同样是我们在影像消费过度膨胀之后应作的思考。在新观念摄影实践中，回归理性和“韵味”的形态，秉承传统摄影审美文化，提高摄影作品的审美品格，观照影像传播的价值取向，加强传播媒介自身的视觉自律，防止媒体霸权等，不仅有利于正确解读当代摄影先锋姿态引发的与文化传播相关的焦点问题，也有助于梳理摄影与艺术、科技、生活、社会文化之间的复杂关系，探寻当今技术复制和数码信息时代摄影文化传播的新维度。

【参考文献】

[1][德]瓦尔特·本雅明．机械复制时代的艺术作品[M]．王才勇，译．北京：中国城市出版社，2002.

[2]朱其．1990 年以来的中国先锋摄影[M]．长沙：湖南美术出版社，2004.

[3]陈履生．以“艺术”的名义[M]．北京：人民美术出版社，2002.

[4]李文．观念摄影[M]．长沙：湖南美术出版社，2005.

[5]徐金．观念艺术[M]．北京：人民美术出版社，2004.

[6]张来民．作为商品的艺术[M]．北京：中国社会科学出版社，2002.

[7]周宪．视觉文化的转向[M]．北京：北京大学出版社，2008.

[8]赵毅衡．先锋派在中国的必要性[J]．新华文摘，1994(3).

【作者简介】

田欣欣，河南大学新闻与传播学院教授，河南大学传媒研究所研究员。

李文渊，河南大学新闻与传播学院传播学 2011 级研究生。

图书在版编目(CIP)数据

中国媒体发展研究报告.2013年.媒体卷/武汉大学媒体发展研究中心,武汉大学新闻与传播学院,武汉大学“社会转型与中国大众与传媒改革”创新基地主办.—武汉:武汉大学出版社,2014.8
ISBN 978-7-307-13650-2

Ⅰ.中… Ⅱ.①武… ②武… ③武… Ⅲ.传播媒介—发展—研究报告—中国—2013 Ⅳ.G219.2

中国版本图书馆CIP数据核字(2014)第136205号

责任编辑:韩秋婷 程牧原 责任校对:刘 欣 版式设计:支 笛

出版发行:**武汉大学出版社** (430072 武昌 珞珈山)
(电子邮件:cbs22@whu.edu.cn 网址:www.wdp.com.cn)
印刷:湖北金海印务有限公司
开本:880×1230 1/16 印张:31.5 字数:878千字 插页:3
版次:2014年8月第1版 2014年8月第1次印刷
ISBN 978-7-307-13650-2 定价:65.00元
